사회복지실천론

-일반주의 관점-

제 8 개정판

LOUISE C. JOHNSON
STEPHEN J. YANCA

한인영 · 장수미 · 최정숙 · 박형원 옮김

圖書出版 하나醫學社

SOCIAL WORK PRACTICE
A GENERALIST APPROACH

차 례

2부 상호작용 과정 --- 101

서 문

일반주의 관점으로 쓴 사회복지실천론 8판은 사회복지실천의 배움과 가르침을 위한 역사적 발달과정과 현재를 종합적으로 다룬다. 초급 과정의 학생들을 위한 교과서로, 학부에서는 개론이나 방법론에 특히 유용할 것이고, 대학원에서는 실천 입문용 혹은 1~2학기 코스용으로 사용될 수 있다.

일반주의 사회복지는 개인이나 사회체계의 필요에 의해서 시작한다. 사회복지사는 클라이언트와 다른 사람들 사이에서 욕구가 존재하는 상황을 탐색하고 판단한다. 이러한 탐색을 바탕으로 상황을 개선하기 위해 계획을 수립하고, 클라이언트와 사회복지사간의 합의를 도출해낸다. 이러한 계획의 초점은 개인이 될 수 있고, 가족, 집단, 조직, 공동체가 될 수 있다. 계획이 수립되면, 사회복지사와 클라이언트, 또는 다른 관계자들이 함께 계획을 실천한다. 어떤 시점에서 사회복지사와 클라이언트는 관계를 종료시킬지, 함께 일을 계속 진행할 것인지 결정한다.

학생들은 본서에서 다루는 내용들을 이해하기 위해서 다음과 같은 선수과목들이 필요하다. 구체적으로 살펴보면,

1. 사회복지의 역사와 발전, 사회복지 전문직을 다룬 적어도 한개 이상의 입문과정이 있다.
2. 폭넓고 자유로운 인문과학은 인간 관계, 역사적 관점, 그리고 지식의 본질에 대한 이해와 관련된 다양한 지식을 제공한다.
3. 인간 행동과 사회 환경에 대한 이해를 돕는 심리학, 사회학, 인류학, 정치학, 경제학 과목이 있다. 인류의 발달 과업인 종과 종족의 다양성을 포함하는 인간의 다양성에 대한 과정은 특히 중요하다.

사회복지프로그램이 이루어지는 사회 환경속에서의 인간 행동 과목은 선수과목이거나 필수과목이 아니다. 본서에서는 사회복지실천을 근간으로 하는 사회과학의 통합에 대한 내용을 다룬다. 학생들이 이러한 지식을 실전에 적용하는데 필요한 개념에 대한 예시와 실천 상황에서 어떻게 작용했는가에 대한 내용들이 도움이 될 것이다.

본서는 한 가지 모델이나 사회복지 접근법을 제시하기보다는 다양한 경로를 통한 유기적인 통합 접근법을 제시하고자 한다. 주요한 관점은 개인으로 보일 수 있으나 그것이 전부는 아니다. 학생들이 개념을 이해하고 적용하는데 있어서 개인을 대상으로 하는 사례가 보다 용이하기 때문이다. 이러한 예들은 가족이나 집단, 조직, 공동체 같은 다른 체계에 응용될 수 있다. 또한 어떤 특정 집단이나 사회적 문제가 있는 집단을 대상으로 하는 실천을 배제할 의도도 없다. 그보다는 포괄적인 관점에서 다양한 상황을 대상으로 가정한다. 가령, 신체적인 건강과 정신건강 문제를 가진, 다양성 때문에 차별 받는, 그리고 그들의 기본적 욕구가 충족되지 않는 사회적 상황 때문에 고통 받는 노인집단의 경우가 있을 수 있다.

교재의 개요

제 1장은 사회복지실천에 대한 5가지 개념과 다른 두 장의 기초가 될 개념을 다룬다. 제 1장과 제 3장에서는 사회복지 시도에 중요한 두 가지 과정-사정, 계획, 실천, 평가, 종결로 개념화된 상호작용과정과 사회복지과정을 다룬다.

개정된 부분은 다음과 같다. 제 1장의 자료를 통합하였고 다인 상호작용에 관한 자료는 제 3장에서 다룬다. 제 3장은 개인을 초점으로 사정, 계획, 실천, 평가, 종결을 다룬 장으로 전면 개정되었다. 가족, 집단, 조직이나 공동체를 대상으로 하는 일반주의 실천에 관한 별도의 장이 있다. 이러한 분류가 다소 진부해 보일 수 있고 학생들로 하여금 일반주의 실천의 강점인 체계범위에 관계없이 적용될 수 있다는 점을 간과할 우려도 있다. 그러나 오랜 교수 경험에 따르면 입문 과정의 학생들에게는 교과서의 구성이 통합되어 있을 경우, 다양한 체계를 대상으로 하는 변화 과정을 소화하기에 어려움이 있다. 그러므로 체계범위에 제약 받을 필요가 없음을 강조하고 교수들도 강의 중에 이 사실을 강조하길 바란다.

본서에서는 다양성을 배경으로 하는 집단과 여성을 대상으로 한 사회복지를 중점적으로 다루었다. 본서에서 다양성이란 특정 집단을 대상으로 한 것이 아니라 학생들로 하여금 모든 사람들을 이해할 수 있는 큰 틀을 제공하고자 하였다. 사회복지사가 보다 큰 집단을 대상으로 일할 때 필요한 지식과 태도에 대한 이해를 높이고자 하는 것이 본서의 목적이다. 실제 사회복지실천 현장에서 부딪칠 수 있는 상황을 학습 환경에서 제공하였다. 읽는 것 또한 다양성을 포용하는 사회복지실천에 대한 이해를 높이는데 유용한 방법이다. 사실성을 고취시키고 중립성을 유지하기 위해 그 또는 그녀라는 대명사를 사용하였다.

본서를 채택한 단체의 대부분은 일반주의 사회복지실천에 대한 교습을 바탕으로 본서를 저술한 저자에게 감사해한다. 개념이 확립되어감에 따라 초기에 제시했던 자료들이 주목을 끌게 되었다. 반복은 학습을 강화시킨다. 저자는 과거에 대한 이해 없이 현재를 이해할 수 없다고 생각한다. 본서는 입문 과정을 위한 책이므로 현시점과 역사적 발달과정을 다루었고 소개되는 모든 개념을 상세히 설명하지는 않았다.

피상적이지는 않으나 임상 경험이 없는 학생들에게 부담이 가지는 않을 정도로 개념을 소개했다. 아직 익숙지 못한 학생들을 위하여 전문 용어의 사용을 최대한 자제했다. 도표와 도식은 학생들의 이해를 돕기 위해 상당한 정보를 제공하고 있다.

본서는 많은 사례들을 담고 있다. 각 장의 주요 과업에는 각 행동을 묘사하는 삽화가 실려 있다. 뿐만 아니라, 보다 자세한 사례가 실려 있다. 어떤 장들에서는 사례들이 여러 부분에 걸쳐 소개되어 있고 여러 가지 주요 개념들을 설명하고 있다. 사례들은 각 다양한 상황에서의 실천 사례에서 비롯된 것이다. 사례를 선정할 때, 지역사회의 크기와 종류차원에서, 클라이언트의 연령과 욕구, 기관 목적, 사회적 승인의 출처를 고려하였다. 교과서를 통해 많은 것을 배울 수 있으나 개념화가 실제 현장 임상 경험을 통해 개념이 적용될 때 보다 완전히 배울 수 있다. 각 장에서는 요약, 학습 목표, 질문, 학생과 교수를 위한 권장 도서 목록을 실었다. 부록에는 사회복지실천 모델에 대한 요약과 용어 설명을 담았다.

감사의 말

이 교재를 감수해 준 감수자 여러분께 감사드리며 이 분들의 조언이 개정에 많은 도움이 되었습니다.

Jean Brooks, Jackson State University; Margaret R. Calista, Marist College: David K. Chenot, California State University, Bakerfield; Shirley M. Clark, Chattanooga State Technical Community Clloege; Jean E. Daniels, California State University, Northridge; Diane Dwyer, State University of New York-Brockport; Ralph J. Gilmore, Westfield State College; Susan Grettenberger, Michigan State University; Kenneth J. Herrmann, Jr., SUNY, Brockport; Patricia Hunter, California State University, Chico; Lillie C. Kirsch, Marion Technical College; Anna Martin-Jearld, Bridgewater State College; Christine McGill, San Francisco State University; Barbara L. McGregor, Saginaw Valley State University; Judith Norman, Brigham Young University; Jean L. Nuernberger, Central Missouri State University; Art Preciado, California State University, Chico; Emma Quartaro, Seton Hall University; Jeanette Simon, Upper Iowa University; Louise M. Walton, Norfolk State University

L. C. J.

S. J. Y

제 1 부

사회복지 실천의 관점

제1장 관심사와 욕구에 대한 반응으로서의 사회복지

학습목표

1. 욕구의 개념, 관심사와 욕구의 차이 이해
2. 일반 사람들의 욕구를 인지하는 능력
3. 욕구를 정의하는데 필요한 인간 발달 개념 이해
4. 인간 욕구와 무기력함의 관계 이해
5. 인간 다양성 개념과 인간의 욕구 정의에 이 개념이 사용됨을 이해
6. 사회체계, 생태체계 개념과 인간의 욕구 정의에 이 개념이 사용됨을 이해
7. 사회복지의 중심이 되는 사회적 기능과 강점에 대한 이해

사회복지 실천의 "이유"는 인간의 관심사와 욕구에 반응하는 것으로 사회복지서비스의 목적을 정의하고 적절한 목표를 수립하도록 돕는다. 이는 사회복지 실천에서 "클라이언트가 있는 곳에서 시작하라"라는 전제를 일깨워주고, 클라이언트의 관심사가 인식되고 욕구가 정의되도록 한다. 따라서 이 관점은 인간 행동에 관한 지식을 사람들의 욕구를 충족시키는 사회복지 실천의 사회적 환경과 통합하는 수단을 제공한다.

1장에서는 사회복지실천을 분명하게 이해하는데 필요한 주요 개념을 탐색한다. 이 개념은 전통적으로 사회복지사가 인간 욕구의 본성을 설명하는데 사용해온 주제이다. 사회복지 전공생들은 이러한 주제들을 사회학 및 인간 행동과 사회 환경과 같은

교과목을 통해 접한 경험이 있을 것이다.

관심사에서 욕구로

인간이 속한 복잡한 상황을 이해하기 위해 한 상황에서 발생할 수 있는 여러 관심사를 찾아보자. 예를 들어, 부모는 자녀가 학교생활을 잘 하지 못하는 것이 관심사일 수 있고, 교사는 학생의 파괴적인 행동이 관심사일 수 있으며, 장사를 하는 사람은 청소년들이 자신의 물건을 훔치는 것이 관심사가 될 수 있다. 또 학생은 부모가 겪는 경제적 스트레스가 관심사가 될 수도 있다. 기관은 의사소통 문제를 갖고 있는 가족을 도울 자원이 없는 것이 관심사이고, 지역사회는 젊은이들이 법적 문제를 갖고 있는 것이 관심사일 수 있다. 이러한 관심사는 아마 동일한 상황에 존재하고 있을 것이고, 각각은 인간과 사회 체계에 나타나는 어려움을 나타낸다.

인간의 상황과 그에 따른 인간의 욕구는 복잡하다. 사회복지사는 인간의 행농 뒤에 숨어있는 원인을 이해할 수 있는 틀을 갖는 것이 필요하다. 또한 사회복지사는 인간의 행동에 영향을 주는 환경적 요인을 이해해야 한다. 모든 상황은 독특하고 다양한 측면을 갖고 있음을 인식해야 한다.

관심사란 자신과 타인의 안녕에 대해 관심을 보이고 주의를 기울이는 것이다. 관심사는 사람들의 관계에 영향을 미치는 행동의 결과로 나타난다. 모든 행동에는 의미가 있고, 사람들은 행동을 통해 욕구를 표현하고 충족한다. 욕구는 또한 감정을 일으킨다. 무엇이 관심사를 유발하고, 왜 관심사를 다루는 것이 중요한가를 이해하기 위해 관심사를 둘러싼 인간의 감정을 살펴보고 탐색하여야 한다. 사회복지실천은 행동과 욕구를 확인하기 위해 연관된 감정들에 반응하고, 각 이해 당사자의 욕구가 만족되도록 다양한 욕구충족 방법을 밝혀내는 것이다.

욕구

욕구는 사람이나 사회 체계가 주어진 상황의 합리적 기대 범위 내에서 기능하도록 하는데 필수적이다. 욕구란 좋아 보이는 어떤 것을 갖고자 하는 것보다는 사람 또는 체계가 발전하고 기능할 수 있도록 한다. 예를 들어 어떤 아이가 절도죄로 잡혔다면 아이가 물건을 갖고자하는 욕구 때문에 비합리적인 기대가 그 물건을 훔치도록 했을 것이다. 합리적인 기대는 물건을 갖고자하는 자신의 욕구 뒤에 존재하는 이유를 확인하고 사회적으로 용인될 수 있는 방법으로 그 욕구를 만족시킬 수 있는 방법을 찾는 것이다.

"규범적 욕구(다른 사람에 의해 확인된 욕구)"는 사회복지의 중심이 되어 왔다. 타인에 의해 확인된 욕구는 사람들에게 자신이 원하는 바를 말하도록 한다. 그러나 인지적 욕구(클라이언트 스스로 확인한 욕구)도 중요하다. 규범적 욕구와 인지적 욕구는 서로 불일치하기도 하고 다른 방식으로 표현된다. 사회복지사는 사회복지의 전문적 지식과 전문적 가치 체계를 잣대로 클라이언트에게는 적절해 보이지 않는 욕구를 정의하곤 한다. 항상 클라이언트가 인식하는 욕구와 이에 관련된 사람들을 고려하여야 한다. 이는 "클라이언트가 있는 곳에서 시작하라"라는 기본적인 사회복지 실천 원리와도 일치한다. 사회복지사는 이러한 원칙을 사용하는데 있어 클라이언트와 이에 관련된 사람들의 욕구와 관심사에서부터 시작해야 한다. 즉 주어진 상황에서 다양한 욕구(인지적 욕구와 규범적 욕구)를 확인하고 이에 기반해서 목표를 설정해야 한다.

다음 사례는 사회복지서비스가 John과 가족에 초점을 맞출 것인가 아니면 가족 기능을 방해하는 주변 환경에 초점을 맞출 것인가에 대한 논쟁을 보여준다. 조사가 필요한 질문들은 다음과 같다. 아버지가 일하는 시간이 너무 길지 않은가? 가족의 욕구를 충족시키기에 수입이 너무 적지 않은가? 가족 내에 알코올 문제가 존재하는가?

사례

A 부인은 13살 된 아들 John이 학교생활을 잘 못하는 것 때문에 정신보건센터에 찾아왔다. John의 지난 학기 성적은 모두 C와 D였다. 지난해에는 B와 A 두 개를 받았었다. A 부인은 담임과의 면담에서 John이 수업에 집중하지 않고 다른 학생들을 방해한다는 사실을 알게 되었다. A 부인은 John이 가게에서 캔디바를 훔쳤다는 전화를 받은 사실을 사회복지사에게 말했다. A 부인은 John이 자신의 성적에 크게 당황하여 그와 같은 일을 저지르게 됐다고 생각하고 있으며, 남편이 가게에서 너무 오래 일을 하며 집에 있는 시간이 얼마 되지 않는다고 불평했다. 남편 가게는 대형 할인점과 경쟁을 하고 있으며 앞으로도 계속 유지될 수 있을지 알 수 없다.

사회복지사는 자신이 John과 이야기 해 보겠다고 제안했으며, A 부인이 동의했다.

John은 학교에서 잘못된 행동을 한 사실을 인정했다. John은 선생님이 자신에게 너무 많은 것을 기대하고 자주 소리를 지른다고 했다. John은 단지 "학교에서 시간을 때우고 있을" 뿐이었다. John은 막대 사탕 사건에 대해서는 자세히 말하고 싶어 하지 않았다. 사회복지사가 John에게 집에서는 어떻게 지내는지 물어보았는데, John의 대답은 거의 "맞아요, 그렇다고 해두죠"였다. 사회복지사는 John의 목소리에 슬픔이 담겨있는 것에 주목하고, 아버지와의 관계에 대해서 물었다. John은 아버지가 거의 집에 있지 않다는 등의 이야기를 했었고, 마침내 아버지 사업의 불확실함에서 오는 스트레스에 관한 이야기를 꺼내었다.

사회복지사는 이러한 상황에 처한 John의 욕구에 대해 생각해 보았다. 13세 소년의 발달적 욕구에 비추어보면, John은 안전성이 부족하므로 이점은 부분적으로 John의 학교생활의 어려움과 물건을 훔친 사실을 설명한다. 사회복지사는 학교 선생님이 John이 학교생활에 집중할 수 없게 만드는 가정환경에 관심을 갖지 않고서는 John을 가르칠 수 없다는 점을 인식했다. John이 다른 학생들을 방해한다면 그 학생들의 학습도 중단될 것이다. 사회복지사는 점원이 물건을 훔치도록 내버려 두지 않았을 것이라는 점, John의 아버지가 동료 상인에 대해 잘 생각해 보아야 한다는 점 등을 떠올렸다. 가장 중요한 체계는 가족이다. 이 가족은 스트레스에 대응하는 방법과 의사소통 기술의 증진이 필요한 것으로 보인다. 이 가족은 이탈리아계 이민 3세대 가족이다. 사회복지는 가족기능에 영향을 주는 문화적 요인을 고려해야 한다. 사회복지사는 아직 이와 관련된 욕구에 대해서는 잘 알지 못하고 있다.

이와 같은 상황에서 우리는 사회복지사가 A 부인과 John이 표출하고 있는 명백한 관심사로부터 욕구 확인을 위해 다른 체계의 드러나지 않은 관심사를 찾기 위해 이동하고 있음을 알 수 있다. 사회복지사는 어떤 체계와 개인이 욕구를 갖고 있는지, 각각의 욕구가 무엇인지 확인한다. 사회복지사는 John과 가족의 욕구에 초점을 맞추고 있지만 학교와 지역사회에서 John의 행동수정 욕구 또한 고려되었다.

이 상황의 구성요소는 관련된 사람들-아동, 부모, 교사, 상인, 같은 반 학생-과 가족과 학급이라는 사회체계이다. 또한 기관, 학교, A씨의 사업, 지역사회 집단 등이 포함되고 문화와 지역사회의 기대가 반영된다. 각 구성요소의 욕구가 확인되면 이러한 욕구들의 상호의존적이고 상호관계적인 특징들이 분명해진다. 여기서 사회복지 실천노력이 시작된다.

원인-기능 논쟁

사회복지사는 욕구에 대한 반응이 개인 대 개인의 문제인지, 혹은 욕구충족을 방해하는 사회 문제들이 무엇인지를 고려할 필요가 있다. 이 이슈는 원인-기능 논쟁으로 알려져 왔다. Poter Lee는 1929년 논문에서 원인을 "불행을 제거하기 위한 움직임 또는 사람의 욕구를 충족시키는 새로운 방법"이라고 정의하고, 일단 불행이 제거되면 욕구에 대한 반응은 "잘 조직화된 일상생활에서의 역할"이 된다고 하였다. 그는 사회복지실천이 원인에서 역할로 옮겨가도록 해준다고 하였다. 이때 사회복지는 개인의 욕구에 대한 반응과 한 전문직이 사회 문제와 개인 욕구에 모두 대응할 수 있는 지에 관심을 가진다. 이 문제는 욕구를 충족시키는 다양한 접근방법을 포괄하기 위해서 임상전문가와 지역사회 조직가를 모두 포함시키는 이슈로 발전한다. 한 전문직이 개인적 욕구, 사례별 수준, 개인의 문제에 영향을 끼치는 사회적 수준까지 반응할 수 있는가의 여부는 여전히 중요한 논쟁으로 남아있다.

사회학자인 C. Wright Mills는 이러한 두 가지 욕구를 사적 고민과 공적 이슈로 정의했다. 사적 고민은 "개인과 직접적인 관계에 있는 사람들과 지역 환경을 넘어선 문제들이 함께 관계된 이슈"이다. William Schwartz는 이를 "한편으로는 문제를 가진 개인을 도우면서 다른 한편으로는 사회적 개혁에 대한 책임을 갖고 있는 심리적 이슈 대 사회적 이슈"로 이것이 사회복지의 딜레마라고 하였다. 그는 두 가지 역할이 양극화되지 않아야 한다고 하였다. 이는 사적 고민은 보다 큰 사회와 관련되어 나타난 것이며, 사회복지사는 개인의 욕구뿐 아니라 보다 큰 사회체계에서 욕구를 규명해야 하기 때문이다. 이러한 접근은 개별 클라이언트의 욕구와 함께 그 상황에서 중요한 타인의 욕구 또한 인지하는 것이다. 또한 지역사회와 사회제도를 고려하고, 상황이 어떻게 개인의 욕구 충족을 방해하고 있는가를 알기 위해 개인이 속한 주요체계(가족, 소집단)를 검토하는 것도 필요하다.

인간의 욕구

Charlotte Towle은 인간의 욕구란 인간 발달에 영향을 주는 요인과 관련된 욕구라고 정의하고, 사람들이 사회적 목표를 향해 가도록 동기를 부여하기 위해서 다음 요소가 필수적이라고 하였다.

1. 물리적 복지-음식, 주거, 보건
2. 정서적 · 지적 성장을 위한 기회
3. 타인과의 관계
4. 영적 욕구

Charlotte Towle은 연령 및 생활환경과 관련된 욕구를 지적했다. 예를 들어 유아는 물리적 보호, 학습의 기회, 사랑을 주는 성인과의 상호관계가 중요하다. 반면 성인은 음식, 주거, 의복과 같이 생존을 위한 요소가 필요하지만 물리적 보호는 필요하지 않다. 성인은 인간관계가 정말로 필요하지만 관계의 속성은 다양해질 수 있다.

Abraham Maslow는 욕구의 위계단계를 개발하여, Towle의 주장을 지지하고 욕구에 대한 이해를 확장했다. 그의 이론은 각각의 욕구를 충족하기 위해서는 이전 단계의 욕구가 충족되어야만 한다는 위계적 순서를 갖고 있다.

1. 생리적 욕구-음식, 물, 공기
2. 안전의 욕구-외부 압력으로부터의 고통이나 물리적 손상을 피하는 것
3. 소속감과 사랑의 욕구-타인과 밀접하고 친밀한 관계에 있을 때 안전함을 느끼는 것
4. 존경에의 욕구-자신이 속한 집단에서 인정을 받고 지위를 얻고자 하는 것
5. 자아실현의 욕구-잠재력과 능력을 표현하고자 하는 욕구
6. 인지적 이해에 대한 욕구-자신과 외부 세계에 대한 이해

Abraham Maslow의 욕구 위계에 따르면 인간은 사회적 욕구가 고려되기 전에 음식 등과 같은 생리적 욕구가 우선 만족되어야 한다. 그러나 어린 아동의 경우 음식에 대한 욕구는 타인과의 관계가 없이는 만족될 수 없다는 것을 기억해야 한다.

사회복지사는 개인이나 집단에게 그들의 욕구를 충족시키고 욕구 충족에 영향을 미치는 환경을 변화시키는데 필요한 힘과 통제권을 그들 자신이 갖고 있다고 느끼게 하는 것이 중요하다는 사실을 알아야 한다. 여러 문헌에서 유색인종과 여성 등 차별받는 집단에게 임파워먼트(empowerment)가 필요하다는 사실을 강조하고 있다. 현대 미국 사회는 많은 개인과 집단에게 무력함을 느끼게 한다. 따라서 그들에게 희망을 갖

게 하고 욕구 충족에 영향을 주는 상황과 자원을 통제할 수 있다고 느끼도록 하는 것이 현대 사회복지 실천의 중요한 측면이다.

인간의 욕구를 확인하고 이해하기 위해 인간 발달, 인간의 다양성, 사회 체계 이론, 생태체계, 강점 접근 등의 다섯 가지 지식체계가 도움이 될 것이다. 각각은 인간의 욕구를 서로 다른 관점에서 보고 있으며 인간 상황의 다양성을 고려하여 사회복지실천의 기초를 제공하고 있다.

인간 발달의 관점

인간 발달의 관점은 사람이 생애주기를 통하여 신체적, 정서적, 사회적, 인지적, 영적으로 발달한다는 것을 보여준다. 각 영역에는 발달 측정에 사용하는 척도가 있다. 신체적 영역에서는 걷기를 시작하는 연령이나 사춘기가 시작되는 연령 등을 측정할 수 있다. 인지적 영역에서는 인간이 개념을 다루는 방법을 관찰하기 위해 Piaget 이론이 사용되며 또는 지능을 측정하기 위해 IQ검사를 할 수도 있다. 사회-정서 영역에서는 Erickson의 이론이 참고 된다. Erickson의 "인간발달의 8단계"는 각 연령에 적합한 심리사회적 과업의 습득에 기초하고 있으며 이는 각 시기 별로 기대되는 심리사회적 발달이 이루어졌는가를 알아보는데 유용하다. Kohlberg는 도덕성 발달의 6단계 이론, Gilligan은 세 가지 수준과 두 개의 변이를 갖는 여성의 도덕성 발달에 관한 이론, Fowler는 7단계로 구성된 신념 발달에 관한 이론을 제안하였다. 이러한 각각의 이론들은 인간 발달을 바라보는 관점에 따라 다르다.

발달적 관점에서 인간의 욕구는 두 가지 방법으로 정의된다. 첫째, 생의 단계는 각 연령에 맞는 특정 방법으로 발달해야 하며, 발달이 이루어지기 위해 조건들이 제시되어야 한다. 유아는 감각적 자극과 더불어 사랑과 물리적 보호를 필요로 한다. 학령기 아동도 물리적 보호를 필요로 하지만 유아와 같은 수준은 아니다. 학령기 아동은 보호와 함께 기능을 습득하고 창의성을 개발시킬 수 있는 기회와 자유가 필요하다. 청소년은 성장과정에서 일상적으로 겪는 갈등을 해결할 수 있는 기회, 자신이 누구인가를 발견할 수 있는 기회, 성적 이슈를 다룰 기회, 직업에 대한 결정을 할 수 있는 기회 등이 필요하다. 성인은 성취감을 느끼고, 양육에 대한 욕구를 충족하고, 집단생활과 사회에 참여할 수 있는 기회가 필요하다. 더 나이가 들면 경제적 안정과 건강에 관한 욕구를 준비하는 것이 필요하며, 퇴직 후와 건강을 잃었을 때, 죽음을 앞두었을 때의 감정을 다룰 기회를 갖는 것이 필요하다.

인간의 욕구를 정의하는 두 번째 방법은 생의 특정 단계에서 일어날 것이라고 기대하였으나 일어나지 않은 발달에 주목하는 것이다. 이는 충족되지 않음으로 인해 현재 사회 기능상의 어려움을 겪게 만드는 과거의 욕구를 포함한다. 또한 발달 지연이나 기대되었던 발달이 일어나지 않았을 경우에 발생하는 위험한 상황이 포함된다.

John과 함께 일하면서 사회복지사는 John이 발달단계상 많은 청소년들이 혼란을 경험하는 시기인 사춘기에 접어들었다는 것을 알았을 것이다. John은 아마 타인과의 관계 속에서 자신이 누구인가를 발견하려고 했을 것이다. 그는 새로운 성적 감정을 경험하고 있으며, 다양한 가치체계를 시험해 보고 있다. 아버지 사업의 불안정성은 John이 이러한 과업을 수행하는 능력에 영향을 미치었을 것이다.

발달적 관점에서 욕구에 대응하는 것은 발달이 진행되도록 필요한 조건들을 제공하고 발달에 방해가 되는 것은 제거해 가는 것이다. 이러한 조건들은 주로 개인과 개인을 둘러싼 환경 간의 사회적 상호작용에 달려있다. 보통사람의 욕구에 대응하기 위해 사회복지사는 인간발달에 대해 완벽히 이해해야 한다.

[표 1-1] 인간 발달 단계에서 성취되어야 할 심리사회적 과업

단계 Ⅰ. 신뢰감 vs. 불신감(유아기)

음식의 제공, 편안한 환경, 성인의 보호를 통해 보호받고 있다는 느낌의 발달.

기초적 욕구가 충족될 것이라는 느낌과 성인 보호자가 믿을만하다는 느낌의 발달.

단계 Ⅱ. 자율성 vs. 수치감과 의심(초기 취학 전 아동)

자신을 분리된 개인으로 인식하는 것이 발달

자신이 주장을 할 수 있고 자신의 기능을 통제할 수 있지만 아직은 스스로 보호할 능력에 제한이 있기 때문에 성인이 필요하다는 인식이 발달.

단계 Ⅲ. 주도성 vs. 죄책감(후기 취학 전 아동)

활동에 대한 계획을 세우고 그것을 수행하는 능력의 발달.
이를 위해 새로운 것을 시도해보고 새로운 힘을 시험해 볼 기회가 필요.
활동을 하는 즐거움과 자신이 한 행동에 대한 책임성 사이의 균형을 맞출 수 있는 능력의 발달.

단계 Ⅳ. 근면성 vs. 열등감(학령기 아동)

특정 문화와 사회에서 역할을 하기 위해 필요한 기술 발달. 이를 위해서는 역할 수행을 하고 수행에 대한 좋은 느낌을 가질 수 있는 기회 필요.
긍정적인 자아이미지와 타인과의 우정이 발달.

단계 Ⅴ. 자아정체성 vs. 역할혼미(청소년)

이전 단계로부터의 심리사회적 성장을 통합하고 결합하는 기회.
개인의 자아정체성 발달.
성 정체성을 받아들이고 자기 자신을 욕구와 소망을 가진 독립적 인간으로 인식.
타인과의 관계에서 자아에 대한 인식 발달.
사람이 어떻게 세상에 맞추어나가는 가를 볼 수 있는 기회와 자신의 가치 체계를 발달시킬 수 있는 기회.

단계 Ⅵ. 친밀감 vs. 고립감(청년기)

생활양식과 직업에 대한 결정을 할 기회.
다른 사람과의 친밀한 관계를 발달시키고 실행하는 기회.
가족의 지도 하에 성인 사이의 관계 발달.

단계 Ⅶ. 생산성 vs. 침체(중년기)

다음 세대를 양성하고 지도하는데 참여.
인생에 있어 물리적 힘보다 지혜가 더 가치 있는 것이라는 견해 발달.
성적인 관계보다는 사회적 관계 발달.
인생에 대해 유연하고 개방적인 사고 발달.

단계 Ⅷ. 자아통합 vs. 절망감(노년기)

인생의 영적의미에 대한 이치 발달.

인생이란 일어났을지도 모를 일에 대한 후회 없이 살 수 없다는 사실을 수용.

직업 역할로부터 자아의 구분.

신체적 노화를 수용.

신체집착보다 자기 가치감을 인식.

죽음을 현실적으로 다룰 기회 마련.

인간의 다양성

보통사람은 욕구를 가지고 있고, 사람들은 욕구를 서로 다른 방법으로 충족한다. 욕구 충족방법은 주로 신체적 · 정신적 장애, 사회 경제적 요인, 연령, 성별, 성적 경향성, 특징 집단에 대한 시회적 치별뿐 아니라 문화적 요인에도 영향을 받는다. 인간 다양성 접근법은 다문화 사회의 인간 욕구를 고려하는데 유용하다.

인간 다양성 접근법은 문화, 장애, 성, 연령, 성적 경향성 등의 본질과 인간 발달 및 기능에 미치는 영향을 함께 이해하도록 한다. 이 관점은 구조화된 사회에 내재한 차별적 권한과 인간 행동에 영향을 미치는 사회 제도에 관심을 갖고 있다.

인간 다양성 개념은 미국 사회가 매우 다양한 문화와 다양한 집단으로 구성되었다는 것을 전제로 한다. 어떤 문화나 집단은 지배적 문화와 다르기 때문에 욕구충족에 어려움이 있었다. 이들 중 어떤 집단은 편견과 차별을 경험해왔으며, 또 어떤 집단은 빈곤과 제도 상에 존재하는 민족 차별주의(사회에 부정적 영향을 미치는 사회제도의 뿌리 깊은 특성)를 경험해 왔다. 이와 같이 한 사회에서 우위에 있지 않은 집단은 사회제도가 문화적인 면에서나 다양한 집단의 욕구를 충족시키는데 적합한 방법으로 변화하는 과정에서 권한이 없어지기 때문에 더 많은 영향을 받게 된다.

인간 다양성 접근법은 인간의 행동을 문화적 상대성 관점에서 생각한다. 이러한 접근법은 '정상적' 행동이란 부적절한 개념이라고 보고, 행동은 행동을 하는 사람이 속한 사회적 상황에 따라 상대적으로 적절할 수도 있고 부적절할 수도 있는 것으로 보았다. 어떤 상황에서는 적절한 것이 또 다른 상황에서는 부적절할 수도 있다. 서로 다른 문화에서 발달의 유형이 다르게 나타나는 것을 비정상적인 것으로 간주해서는 안

된다. 인간 다양성 접근에 따르면 욕구에 대한 대응은 어떤 기준을 측정하는 것이 아니라 개인이 자신의 문화적 맥락 내에서 성장하고 역할을 수행하는데 영향을 미치는 지각, 경험, 사건 등을 결정하는 것이다.

Ronald Federico는 인간 다양성에 대한 개념을 논하면서 행동은 ① 유전적 요인 ② 문화적 요인 ③ 사회적 요인에 의해 영향을 받는 것으로 보았다. 유전적 요인은 정신적 · 신체적 성장의 잠재력, 스트레스를 견디는 능력, 스트레스에 대응하는 방법 등에 영향을 준다. 문화적 요인은 인생의 목표, 행동 양식, 자원 활용 양식, 자아 개념과 태도, 사건을 인지하는 방식 등에 영향을 준다. 사회적 요인은 사회화, 사회 통제, 사회적 만족감, 사회적 변화 등 체계를 구성하는 사회제도의 구조에 영향을 준다. 세 가지 요인은 복잡한 방식으로 서로 상호 작용한다.

Dolores Norton은 위와 비슷하게 "이중 관점" 개념을 만들었는데, 이는 각 개인을 ① 가족과 친밀한 지역사회 환경(개인의 문화)을 포함하는 보호 체계 ② 상품 및 서비스, 정치권력, 경제 자원, 교육 시스템, 보다 큰 사회 체계 등을 포함하는 지지 체계라는 양 체계의 일부로 보았다. 만일 두 체계 사이에 일치하지 않는 부분이 존재한다면 개인은 역할을 수행하는데 어려움을 겪을 것이다. 각 개인은 독특한 욕구를 갖고 있다. 우리 사회에서 이와 같은 불일치는 여성과 유색 인종의 경우에 더욱 명확하게 나타난다. 이중관점은 다양한 사회에서의 인간 발달과 역할에 대한 또 다른 탐색 방법을 제공한다. 욕구에 대응하는 것은 개인과 집단 모두 욕구 충족을 극대화하는 방법을 찾아갈 수 있도록 돕는 것이다.

인간의 욕구를 이해하기 위하여 사회복지사는 인간 발달과 기능에 영향을 미치는 환경의 역할에 대해 잘 알고 있어야 한다. 환경 요인은 개인을 둘러싸고 있는 사회적, 경제적, 지리적, 풍토적 조건 등을 포함한다. 인간, 극단적 기후조건, 사회문화적 기대 등에 대한 차별적 태도는 개인의 행동에 영향을 미친다. 사회복지사는 신체적 · 정신적 장애와 더불어 편견과 차별과 같이 기능 수행과 발달을 저해하는 상황을 이해해야 한다. 편견과 차별의 원인뿐만 아니라 그로 인한 영향, 사회경제적 계층간 생활 방식의 차이까지 이해해야 한다.

예를 들어 만일 John과 가족이 아프리카계 미국인이었다면 차별과 문화에 대한 이슈를 고려해야 한다. 지역사회는 John의 절도에 대해 경찰을 개입시키는 방식으로 대응했다. John은 아마 구속될 것이다. 사회복지사는 John이 속한 문화, 특히 아프리카계 미국인 문화의 특징, 가족과 또래문화를 이해하는 것이 필요하다. 이 상황에서 욕구를 결정하는데 이 모든 요인이 관련된다.

환경적 요인을 이해하기 위해 사회복지사는 소수 민족이나 클라이언트가 속한 인종집단에 대한 상당한 지식이 필요하다. 이러한 지식에는 특정 문화 집단의 역사, 가치, 관습, 가족, 지역사회 패턴, 태도와 사고의 양식, 종교적 전통, 아동양육 방식, 변화와 스트레스에 대응하는 방식 등이 포함된다. 이와 더불어 중요한 것은 지배적 문화에서의 집단에 대한 경험이며 이는 사회경제적 요인, 문화 변용에 대한 경험과 결과이다. 사회복지사는 특정 문화 집단에 속한 하위 집단을 인식해야 한다. 이와 같은 지식은 인간의 다양성 때문에 발달과 기능에 있어 어려움을 겪는 개인과 집단의 특별한 욕구를 확인하는데 사용될 수 있다.

일부 사회복지사는 인간 다양성이라는 용어 대신 특별 인구집단이라는 말을 사용한다. 이 용어는 특별 인구집단에 속하는 사람들을 고정 관념을 갖고 바라볼 위험을 야기힌다. 빈대로 인긴 다양성 개념은 사회복지사에게 개인이 갖고 있는 방식의 다양성을 인식하도록 한다.

사회체계 이론

인간의 욕구는 인간이 기능하고 있는 보다 큰 체계와 분리하여 생각할 수 없다. 이것은 가족, 소집단, 지역사회, 학교와 교회 등과 같은 다양한 사회 제도, 사회 기관 등을 포함한다. 모든 인간은 몇 개의 체계 안에 속해 있고, 이 체계는 때로 서로 다른 것을 요구한다. 이러한 체계들은 각 개인이 속한 환경의 일부분이며, 체계가 요구하는 것을 **환경적 요구**라고 한다. 사회체계이론은 체계를 이해하고 각 체계의 욕구를 확인하는 방법을 제공한다.

Ann Hartman은 사회체계 접근을 "세계를 관련성에 따라 순서 짓는 방법이며... 체계는 서로 관련되고 상호의존하는 부분으로 구성될 것이다... 각 체계는 경계를 갖고 있다"라고 설명했다. 중심 체계는 개인과 체계의 외부에 존재하는 체계와 관계를 갖고 있다. 경계를 넘나드는 관계는 경계 안에서의 관계보다 강하지 않고 하위체계에 영향을 미칠만한 힘을 갖고 있지 않다. 환경은 사회 체계에 영향을 미친다. 사회체계 이론에서는 하위체계, 전체체계, 환경, 이들 간에 존재하는 상호관계 등을 모두 고려한다.

사회체계이론은 개인, 가족, 소집단, 기관, 지역사회, 단체 간의 연계와 관계를 개념화하기 위한 수단을 제공함으로써 사회복지사에게 유용하게 사용된다. 이 이론은 서로 다른 체계 내에 존재하는 유사성과 차이점에 주목하고, 사회복지사가 사정하는 보호체계와 지지체계에서 사적 고민과 공적 이슈를 함께 고려하도록 한다.

사회 체계가 유지되고 본연의 기능을 할 수 있기 위해서 개인과 집단과 같은 하위체계는 보다 큰 체계의 욕구를 충족시킬 수 있도록 자신의 역할을 조정하는 것이 필요하다. 이러한 조정이 개인의 욕구 충족과 부합할 때는 문제가 발생하지 않는다. 그러나 꼭 그렇지 않을 경우가 있다. 이 때 사회복지사의 역할은 사적 고민(개인의 욕구)과 공적 이슈(체계의 욕구) 양 쪽 모두에 초점을 맞추는 것이다. 이는 각 개인과 체계가 갖고 있는 욕구를 확인하고 욕구 충족이 상호 보완적이 되어 모든 욕구가 충족될 수 있도록 방법을 찾는 것이다. 이러한 대응은 욕구가 존재하는 상황의 모든 체계를 확인하도록 하며, 상황과 관련된 각 체계의 욕구를 고려하도록 한다. 인간의 기능에 대한 사회체계 분석은 기능 수행의 복잡성을 보여주며, 욕구 대응에 이러한 복잡성이 고려되어야 함을 시사한다.

생태체계 관점

생태체계 관점은 체계이론과 밀접한 관련이 있다. *생태학*이라는 용어는 유기체와 환경 간의 상호작용을 연구하는 생물학에서 온 것이다. 생태체계 관점은 변화과정과 인간 발달을 둘러싼 환경, 인간의 다양성, 사회 체계 이론을 포함한다. 이 접근법은 원인-기능 논쟁에서 나타났던 원인과 역할 사이의 간격을 이어준다. 생태체계 관점에서는 환경 요인을 포함시켜 사회기능이나 사회활동의 측면이 일상생활과 보다 관련 있는 것으로 본다. Carol Meyer와 Carel Germain이 생태체계 관점을 발달시키는데 공헌하였다.

생태체계 관점에서 욕구란 개인과 환경이 상호작용하는 상태이다. 인간과 인간이 속한 환경은 욕구와 자원을 갖고 있다. 환경이 인가의 욕구를 만족시키는 방식으로 대응할 때 욕구가 충족되며, 사람은 환경에 존재하는 욕구를 만족시키는 방식으로 환경에 대응한다. 인간과 환경 간에는 상호 유용한 관계가 요구된다. 욕구가 충족되면 사람과 환경이 조화로운 **일치성**의 상태로 된다.

충족되지 않은 욕구는 인간과 환경의 상호대응에 불균형이 일어났음을 의미한다.

때로는 활용 가능한 자원이 부족했기 때문에 욕구가 충족되지 않으며, 인간과 환경 사이의 상호작용에서 욕구 균형을 맞추는 것이 유지되지 않기도 한다. 위와 같은 상황은 사람과 환경 사이에 **조화**가 부족한 불일치를 가져온다.

생태체계 관점은 환경 속의 인간(PIE) 접근의 모든 체계를 포함한다. 이는 체계 내 과거, 현재, 미래로 시간이 흐르는 동안 일어나는 물질, 에너지, 정보의 교환을 고찰한다. 생태계의 한 부분에서 이루어지는 변화는 생태계의 다른 부분에 영향을 줄 것이다.

생태체계 접근은 변화에 대한 계획을 세울 때 모든 체계들이 포함된 상태에서 발생하는 변화의 효과를 고려한다. 욕구충족은 단지 한 사람이 갖고 있는 특정 시점의 욕구를 정해진 시간 내에 충족시켜주는 문제가 아니다. 만약 욕구충족이 같은 환경에 속해있는 타인이나 체계의 희생을 통해 이루어진다거나 체계 간의 교류가 상호 이익을 발생시키는데 균형을 맞추지 못하면 클라이언트는 사회복지사의 도움으로 획득한 이익을 유지하기 어려울 것이다. 또 균형을 이루지 못했다면 상황은 이전 상태로 돌아가거나 더 악화될 것이다. 인간과 환경의 변화를 촉진하고 인간과 환경 간의 교류 촉진을 위한 욕구 충족 수단으로 클라이언트 원조에 생태체계 관점을 사용한다면 욕구와 자원 간의 균형이 보장될 것이다.

강점 접근

강점 접근에서 사회복지사는 단점을 보기보다 능력과 장점에 주목한다. 이 접근은 클라이언트가 갖고 있는 역량, 적응유연성, 치유력, 전체성을 중요하게 여긴다. 강점 접근은 Kansas 대학의 사회복지학과 교수진을 중심으로, 특히 Dennis Saleeby에 의해 발달되었다. 이 접근의 두 가지 기본 시각은 다음과 같다. ① 모든 개인, 집단, 가족, 지역사회는 강점을 갖고 있다. ② 모든 환경은 충분한 자원을 갖고 있다.

사회복지사는 욕구에 대응할 때 클라이언트가 자신과 자신의 환경에서 강점과 자원을 찾을 수 있도록 하며, 이를 욕구에 적절히 대응하는데 사용할 수 있도록 도와주어야 한다. 욕구 충족 과정에 강점 접근을 포함시키는 데는 몇 가지 중요한 이유가 있다. 대인 서비스 정책의 변화는 서비스 기간에 제한을 가져오며, 단기간 동안 문제 해결 중심 개입에 초점을 둔다. 개인의 병리를 이해하기 위해 결점, 역기능, 과거사건에 관심을 갖는 개입방법은 단기간의 개입으로 잘 되지 않는다. 강점 접근은 미래에 초점을 두고 있고 단기간의 개입형식에 잘 맞는다. 강점 접근은 새로운 기술이나 자원의 습득보다는 클라이언트와 환경이 이미 갖고 있는 강점과 능력을 바탕으로 이루어지므로, 변화가 일어나기 위해 보다 견고한 기초를 보장한다. 사회복지사는 환경 속의 인간이라는 생태체계 내에서 주어진 환경이 새로운 균형을 유지해 갈 수 있도록 지지체계를 만든다.

본 교재에서는 사회복지사가 욕구에 대응하기 위해 성장과 변화 촉진을 위한 방법으로 생태체계 접근과 강점 접근을 문제해결 과정과 결합하였다. 논의의 초점은 환경과의 상호작용에서 발생하는 클라이언트의 관심사와 욕구에 맞추어질 것이다. 사회복지사는 욕구에 대응하기 위해 환경 속의 인간에 대한 이해를 증진하고, 클라이언트에게 자신의 욕구를 충족하는데 필요한 계획을 실행할 수 있도록 도와준다. 이를 달성하기 위해서는 강점, 능력, 자질, 재능, 가족, 이웃, 지역사회가 포함되어야 한다.

사회적 기능

사회복지사는 개인이 타인과의 관계 속에서 생활하는 것에 어려움을 느낄 때, 자신의 잠재력을 극대화하여 성장하는데 어려움을 느낄 때, 또는 환경의 요구를 충족하기 어려울 때, 또는 발달적 욕구가 충족되지 않음으로써 잠재적 위험이 높아질 때 개입한다. 이 때 관심사와 욕구는 분명해진다. Harriet Bartlett는 이 상황을 "인간의 대처"와 "환경적 요구"로 설명하였다. 이 두 가지 측면을 사회생활에 결합하여 **"사회적 기능"**으로 명명한다. 사회복지 노력의 핵심은 사회복지사와 클라이언트가 상호작용을 통해 건강한 사회적 기능을 장려하고 충족되지 않은 욕구에 대한 걱정을 감소시키는 것이다. 욕구에 대응한다는 것은 사회복지사와 클라이언트가 함께 복잡한 상황에서 욕구를 사정하고, 욕구에 대응할 계획을 세우며, 계획을 실행하고, 결과를 평가하는 것이다. 사회복지사와 클라이언트 양 쪽이 이 과정에 대한 책임을 갖는다. 역할은 상호적인 것이기 때문에 작업이 잘 이루어지기 위해서는 사회복지사와 클라이언트 양자가 자신의 역할을 수행해야 한다.

이것은 일반주의 사회복지 **실천의 핵심**이다. 계획을 세울 때 변화 초점 체계는 욕구 충족이 충분하지 않거나 욕구 충족을 부족하게 만든 체계가 된다. 변화 전략은 일반주의 실천을 지향하는 사회복지사가 갖고 있는 전략 목록 중에 사용될 것이다. 전략

목록은 개인, 가족, 소집단, 기관, 지역사회 등 다양한 체계에 포함되어 있다.

사회복지실천 과정은 대부분 클라이언트의 관심사에서부터 시작하는데, 관심사는 욕구가 충족되지 않았기 때문에 나타난다. 사정이라 불리는 고유의 방법으로 상황에 대해 사고한 후에 행동이 취해진다. 이러한 대응-**감정, 사고, 행동**-은 순환적 성질을 갖고 있다. 사회복지사와 클라이언트가 함께 사고하고 행동할 때 관심사나 욕구가 명확해진다. 양자는 행동하면서 무슨 일이 발생하였는지 생각하고 상황에 대한 새로운 통찰을 얻게 된다. 인간발달, 인간 다양성, 사회체계 이론, 생태체계, 강점 접근법에 대한 사회복지사의 지식은 상황을 인식하는데 사용된다.

요약

이 장에서 사회복지 관점은 사회복지 실천을 관심사와 욕구에 대한 대응으로 본다. 사회복지사는 한 상황에서 충족되지 않은 욕구를 확인하는 것으로 관심사에 대응한다. 이렇게 하는 것은 사회복지사가 인간 발달, 인간 다양성, 사회 체계, 생태체계, 강점 등에 관한 지식을 사용하는 것이다. 사회복지사는 충족되지 않은 욕구, 클라이언트의 강점, 개인이 속한 환경에서 개인과 체계의 욕구와 강점을 확인한다. 인간이 욕구 충족을 위해 시도할 때, 환경이 인간에게 환경적 욕구에 대응하도록 요구 할 때 사회적 기능이 수행된다. 사회적 기능은 사회복지 실천의 주요 논점이다.

사회복지의 핵심은 개인의 대처기술을 높이고 사회적 기능에 영향을 주는 환경적 요인에 관심을 갖는 것이다. 사회복지서비스의 초점을 결정하는 것은 무엇이 욕구 충족의 장애를 유발하는가와 어떤 것-클라이언트, 환경, 또는 둘 다-을 변화시킬 것인가에 대한 것이다.

[그림 1-1] 사회복지 과정: 감정, 사고, 행동에 대한 노력

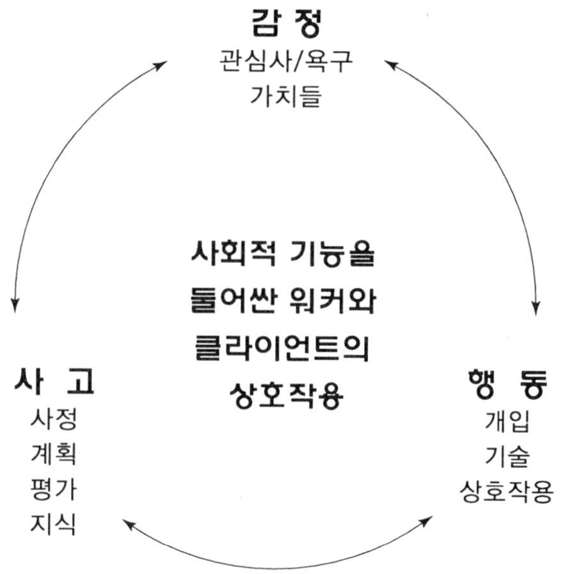

학습 질문

1. 현대 사회에서 인간의 기능수행을 위해 필요한 최소한의 수준은 무엇이라고 생각하는가? 이상적인 수준은 무엇인가?
2. 개인적 관심사와 공적인 이슈를 망라한 욕구의 개념을 논하시오.
3. 발달적 관점과 인간 다양성 접근은 사회복지 실천에 어떻게 통합될 수 있는가? 두 관점의 차이는 무엇인가?
4. 현재 자신의 역할수행과 관련된 상황에서 환경의 요구와 이에 대한 대처행동을 설명하시오.

제2장 전문직으로서 사회복지의 발전

학습목표

1. 전문직의 본질과 전문직으로서의 사회복지에 대한 이해
2. 사정, 상황속의 인간, 상호관계, 과정, 개입에 대한 이해와 개념의 발달과정 이해
3. 현대 사회복지 실천에 영향을 미치는 사회복지의 초기 개념화에 대한 이해
4. 사회복지 실천에 영향을 미치는 현재 및 미래 이슈에 대한 이해

두 번째 주제는 전문직으로서의 사회복지의 발전이다. 오늘날 사회복지의 개념화와 실천을 이해하기 위해서는 사회복지의 발달과정을 이해하는 것이 필수적이다. 현대 사회복지의 실천은 다른 시대와 상황의 관심사와 욕구에 대한 대응에서 비롯된 부산물이다. 욕구에 대응하는 것은 항상 그 시대의 사건, 당시의 철학적 사조, 지식 배경, 사회복지에 대한 관심과 사건 등에 영향을 받는다.

사회복지 전문직으로 발전하는 것과 사회복지 이론의 기초가 발전하는 것은 미국의 사회복지 발달과 관련이 있음에도 불구하고 두 가지가 항상 일치하지는 않는다. 현대의 일반주의 사회복지 실천을 이해하기 위해서는 전문직으로의 발달을 이해하고 특히 실천이론이 발달해온 방법을 아는 것이 도움이 되는데, 특히 초기 사회복지 실천의 개념화에 주의를 기울이려고 한다.

사회복지는 19세기 후반에서 20세기 초 우리의 삶에서 시작되었다. 사회복지가 기독교적 바탕에 깊은 뿌리를 두고 있음에도 불구하고 상당히 새로운 전문직으로 출현하였다. 모든 전문직들은 끊임없는 시대의 변화에 맞추어 변화해야 한다. 새로운 전문직으로서의 사회복지는 변화하는 시대 분위기와 지식, 가치, 기술의 발달 과정 속에

서 성장해왔다.

전문직으로서의 사회복지

전문직이라는 용어는 명확한 정의를 내리기 어렵다. 그동안 전문직의 특성을 설명하기 위한 틀을 만들려는 시도가 있었다. 사회복지가 전문직인가에 대한 몇 가지 의문점들이 존재하지만 사회복지는 전문직의 정의와 기준에서 요구하는 것을 대체로 만족시키고 있다. Ernest Greenwood는 "모든 전문직은 ① 체계적 이론 ② 권위 ③ 지역사회의 재가 ④ 윤리강령 ⑤ 문화를 갖고 있다고 설명했다." 이는 사회복지 문헌에서 사회복지를 전문직으로 묘사할 때 가장 자주 언급되는 것이다.

Leslie Leighninger는 Greenwood의 업적을 "특성-속성" 접근으로 부르며, 전문적 조직과 전문가 교육 발달에 초점을 두며 전문직의 위치로 나아가는 "과정 모델"을 제시하였다. 또 다른 접근은 전문직의 지위를 고려한 "권력-통제" 접근이다. 서비스 전달에 있어 권위와 독점력은 전문적 지위의 지표가 된다. Elizabeth Howe는 의사와 법률가 등의 전문직은 "개업 실천모델(private practice)"에 따라 기능하지만, 대부분이 기관에 고용되어 있는 사회복지와 같은 전문직은 "공적 모델"에 의해 기능을 수행한다고 하였다. 두 모델의 차이점은 자율성에 달려있다. 공적 전문직들은 많은 부분에서 통제를 받으며, 자율성이 더 낮을뿐만 아니라 클라이언트와 기관에 대한 책임을 갖고 있다.

사회복지를 전문직으로 생각할 때 Greenwood의 특성을 고려하면서 시작하는 것이 가장 적절해 보인다. 첫째, 전문직은 체계적 이론을 갖는다. 사회복지는 이 부분을 개발하기 위하여 많은 노력을 기울여 왔다. 인간의 상황과 다른 요인들이 복잡성을 갖고 있기 때문에 체계적 이론 발달은 계속되고 있다. 이 시점에서 전문직으로서 사회복지의 지식 발달 과정에 대한 고려가 유용하다(과정모델). 이 접근법은 사회복지가 전문직으로서 끊임없이 발달하고 있으며 현재에 미치는 과거의 영향을 고려한다.

권위와 지역사회의 재가 특성에 대해서는 권한/통제 모델이 유용하다. 사회복지 전문직은 사회적 기능에 대한 서비스 전달에 있어 아직 독점권을 확립하지 못했다. 사회복지는 사회적 기능과 관련된 교육, 간호, 약물 남용치료와 같은 전문직 중 하나이다. 공공 사회복지 기관에 고용되어 사회복지사라는 이름을 달고 역할을 수행하는 사람들조차 사회복지 교육을 전혀 받지 않은 경우도 존재하기도 한다. 면허제도는 사회복지사를 구분하는데 가장 도움이 된다. 이는 학사(BSW) 또는 사회복지석사(MSW) 학위 등 교육제도와 관련되어 있다. 면허제도와 규정을 통해 현재는 사회복지에 권위, 지역사회의 재가, 전문가와 서비스 영역에 대해 인식이 되고 있다. 사회복지 윤리강령과 문화는 NASW(National Association of Social Workers)에 의해 제시되었다. NASW의 윤리강령은 1996년 수정되었고[그림 3-1, p.68 참고], 이는 3장에서 사회복지실천을 위한 결정을 할 때 사회복지사가 고려해야 하는 가치체계 부분에서 논의될 것이다.

사회복지 실천의 본질을 이해하는데 있어 중요한 영역은 시간이 지나면서 지식배경이 어떻게 발달되었는가, 현재의 실천 특히 일반주의 실천은 어떻게 이루어지고 있는가 등을 평가하는 것이다.

사회복지 지식의 발전

사회복지가 발달하면서 사회복지실천의 본질을 표현하는데 중요한 개념이 생겨났다. 이 중 다섯 가지의 개념이 사회복지의 배경 지식의 발달에 대한 이해를 증진시키는데, 이는 당시의 사회적 분위기와 현대 사회복지의 관점을 반영한 것이다. 다섯 가지 개념은 사정, 환경속의 인간, 관계, 과정, 개입이다.

사회 역사가 사회복지 제도 또는 전문직의 발달에 미친 영향을 자세히 설명하기는 어렵다(역사적 사건 및 주제에 대한 개괄은 부록 2-1 참고). 이 장에서는 특정 역사적 기간 동안 사회복지 실천 이론의 다섯 가지 개념이 어떻게 발달되어 왔는가에 초점을 맞춘다. 다섯 가지 개념은 일반주의 사회복지실천을 분명히 이해하도록 하며, 교재 후반부에서 더욱 심도있게 다룰 것이다.

1920년대 이전

일반적으로 초기 사회복지 실천은 이론체계가 갖추어있지 않은 채, 사회복지사들이 욕구를 발견하고 대응했다. 당시 사회복지사들은 실용주의 철학사조에 사로잡혀 가난이 게으름, 자기관리의 실패, 알코올중독과 같은 개인적 결함에 의해 발생한다는 선입견을 갖고 있었다. 사회복지사는 개인의 어려움을 극복하도록 돕기 위해 "우애방문가"가 접근하는 방법을 사용했다.

사회복지 실천 이론에 대한 가장 중요한 부분은 Mary Richmond의 사회 진단(Social Diagnosis)으로, 이는 사정을 위해 개발된 틀이다. Richmond는 사정이라는 용어보다는 **의료적 모델**에서 가져온 전문용어인 **진단**이라는 단어를 사용했다.

Richmond의 업적은 사회과학 중 특히 사회학이 사회복지 실천에 큰 영향을 미쳤던 시대를 반영하는 것이었다. 이 때까지 심리학은 인간의 실재를 설명하는 데까지 발전하지 못하였다. 사회복지는 광범위한 학문에 기반하고 있음에도 불구하고, 진단을 하는데 가장 중요한 요인을 알아내는 것은 여전히 불확실했다. 사회복지사는 원인-결과 관계를 가정하고 문제의 원인을 찾는 작업을 한다. 원인은 도덕적으로 적절하지 않은 것이거나 적절한 사회적 자원 활용이 부족한 상태이다. 서비스가 필요한 사람이 속한 환경에 대해 주의 깊고, 철저하게, 체계적으로 조사하고 이러한 근거들을 통해 사회복지사가 정확한 그림을 그릴 수 있도록 모으는 것이 사회복지의 핵심 과정이었다. 이것은 **과학적 박애**로 사회복지는 사회 상황에 대한 학문이었다. 수집한 정보는 포괄적이면서 구체적이었다. 정보원은 클라이언트 뿐만 아니라 가족, 친척, 학교, 의료적 정보, 고용주, 이웃, 관련서류 등 모두를 포함하였다.

힘들여 정보를 수집하는 것은 문제의 원인을 파악하도록 할 것이라는 가정이 있었던 것으로 보인다. 또 원인을 알게 되면 간단히 치료법이 적용될 수 있을 것이라는 가정도 존재했다. 이러한 생각은 자선조직협회(Charity Organization Society)로부터 발달된 것인데, 문제가 주로 개인에게 있다는 가정에서 나온 것이다. 예를 들면 빈곤의 원인을 부도덕, 재산을 잘못 사용하는 것, 과도한 음주 등으로 생각하는 것이다.

집단사회사업과 지역사회 조직의 원조인 인보관은 같은 사회상황에 대해 자선조직협회와는 다른 대응을 하였는데, 문제의 근원을 환경 및 개인이 주변 상황에 대처하는 방법에 대한 이해 부족으로 보았다. 사회복지사들은 교육적이고 수준 높은 집단 활동을 활용하였고 변화를 이루어내기 위해 정치적 체계와도 작업하였다.

자선조직협회는 빈곤의 원인이 개인에게 있다고 보는 보수적인 관점을 가진 반면, 인보관은 빈민이 자신이 의도하지 않은 상황에 의해 그렇게 된 것으로 보았다. 차별, 억압, 착취를 가하는 정치 · 경제적 상황은 많은 사람들에게 자신의 환경을 변화시키는데 무기력하게 만든다. 인보관 사회복지사는 체계 변화를 가져올 수 있는 집단 활동을 통해 사람들에게 권한을 부여할 수 있는 방법을 모색했다. 이 관점에서는 체계의 완전한 변화가 필요하다는 급진적 의견이 개진되었다. 한편 자유주의자들은 급진적 변화는 일어나지 않을 것으로 보고, 보다 인간적이고 욕구를 잘 반영하는 체계를 만듦으로써 사회문제에 대한 개선이 가능하다고 보았다.

전문적 사회복지의 시작은 20세기 초반 사회 환경에 대한 대응으로부터였다. 이 시기는 다른 문화와 생활방식을 가진 이민자들이 사회의 관심이 되었을 때이다. 진보주의자들은 빈곤 퇴치를 위한 개혁에 앞장섰다. 발전하고 있던 사회과학의 저변에는 과학적 방법이 빈곤과 일탈의 원인을 규명할 수 있을 것이라는 믿음이 자리 잡고 있었다. 만일 이러한 원인들을 규명할 수 있다면 해법이 명확해지고 사회적 병폐가 사라질 것이라고 생각했다.

상황 속의 인간의 이해와 반대 관점인 사회복지 실천의 초기 이론은 새로운 이민자들에게 "도덕적으로 바르게" 살도록 하고 이를 통해 빈곤퇴치를 강조하였다. 이 이론은 새로운 사회학적 이해에 바탕을 두고 있었고 일탈의 원인규명을 요구하였다. 이는 과학적 방법으로 원조하고자 하였던 자선조직협회의 보수적 관점을 반영한다. 과학은 사실의 기반 위에 존재하며, 이러한 사실들이 해답을 가져온다. 따라서 어떻게 도울 것인가에 대한 해답은 수집된 사실 내에 있다. 진단(사정)을 강조하는 것은 현대의 사회복지 실천에 있어서도 중요한 영역으로 남아있다.

1921-1930

1930년까지 진단에 대한 시각 변화가 일어났다. 이 시기에 작성된 문헌을 보면 사회복지사들이 프로이드의 정신분석 관점을 많이 사용하고 있는 것을 볼 수 있다. 이 관점이 생각한 것만큼 완벽한 것은 아니었지만 프로이드의 영향은 대단했고 오랜 기간 지속되었다. 사회 행동에 대한 심리학적 견해가 사회 사례 발달사(Social case history)에 있어 유력한 관점이 되었다.

Milford 협회는 개별사회사업 기관들의 대표 집단이다. 이 협회 보고서에는 1920년대 사회복지에서 개별사회사업 이론의 발달이 나타나있는데, 다양한 실천영역에서 실시되는 사회 조사의 공통요소를 정의하고 있다. 이 보고서에는 실천 영역에 고유한 전문 지식이 존재하지만 각 실천 영역의 사회력 부분은 기본적인 것만 나타내고 있음을 지적했다. 이 보고서에서는 치료라는 의료적 개념이 사용되고 있는데, 이것은 개입에 대한 개념이 발달하는 출발점이 되었다. 이 시기 치료는 클라이언트를 "적응"하도록 돕는데 목적을 두었고, 클라이언트가 정상적인 사회적 기준에서 벗어났다는 가정을 하고 있다. 가장 중요한 세 가지 과정은 다음과 같다. ① 자원을 활용한다 ② 클라이언트가 자신에 대한 이해를 할 수 있도록 돕는다 ③ 클라이언트가 "스스로 사회적 기능을 할 수 있는" 능력을 개발시키도록 돕는다.

사회복지사는 사회 상황에 초점을 두기 보다는 "개인이 경험하는 가치와 의미"에 더 관심이 있다. 관심의 초점은 개인으로 개인의 행동, 태도, 상호관계에 대해 상세히 연구한다. 특히 아동의 초기 경험을 강조하며 다양한 정보제공자를 활용한다. 클라이언트를 이해하기 위해 주의 깊은 면접과정을 통해 정보를 얻는다. 사정 또는 진단과정은 원인과 결과를 강조하던 과거보다 더 조직화되었다.

개입 개념은 "클라이언트에 대한 즉각적인 행동"에서 "클라이언트의 개별성을 존중하고 클라이언트의 경험을 통해 확인하도록 이끄는 것"으로 변화하였다. 이 시기의 치료과정에 대해서는 거의 알려져 있지 않지만 클라이언트와 사회복지사 사이의 상호관계를 강조하였다. 클라이언트와 사회복지사 간의 의미 있는 상호작용은 사회복지사가 클라이언트를 더 잘 이해하도록 하고 이는 치료를 위해 양자가 중요한 경험을 공유할 때 볼 수 있다. 이는 "~를 위한 활동" 또는 "~을 하는 활동"에서 벗어남을 의미한다. 1920년대의 이러한 이론적 발달은 사회문제에 중점을 두기보다는 당시의 개인주의적 사조를 반영하는 것이다. 심리학 중 특히 정신분석학은 개인의 기능을 설명하는 데 유용한 이론으로 실용적인 도구가 되었다. 사회가 개인 내부로 관심을 돌림에 따라 사회복지도 그렇게 되었다. 사회복지는 이론적 배경을 모색하였다. 사회복지는 전문직으로서의 굳건해지기 위해 다양한 상황에서 사용되는 공통적인 기본 지식을 찾고자 하였으며, 당시 더 이상 인기 있는 주제가 아니었던 빈민과 일하는 것보다 더 넓은 영역에서 사회복지의 기능을 찾고자 하였다. 배경 지식이 발달하면서 지식을 전달하기 위한 수단이 필요하였고, 교육과 이론의 발달에도 관심을 가졌다.

이 시기 집단사회사업은 상황보다는 개인을 더 강조하였다. 청년 서비스 조직과 여가활동이 발전되어 집단 활동을 강조하였으며 성장, 민주적 기능, 변화를 강화하기 위한 수단으로서의 집단과정을 강조하였다. 이 시기의 영향으로 오늘날의 사회복지도 "~를 위해, ~을 하는 것에서" 클라이언트와 함께 하는 것으로 변화하였다.

1931-1945

Gordon Hamilton은 진단적 접근법에 있어 중요한 이론가이며 진단이라는 용어를 명확히 하였다, 그는 1940년 진단을 "문제를 가진 사람뿐만 아니라 문제 자체를 이해하기 위해 가정하는 것"이라고 정의하였다. 이 정의는 상황에 대한 클라이언트의 주관적인 견해도 포함한다. 진단은 해석적이며 항상 임시적이다. 진단에 대한 이러한 관점은 "상황 속의 인간"이라는 개념을 발달시켰다. Hamilton은 이를 진단적이라기보다는 평가적인 것으로 보았다. 평가는 클라이언트에게 활용 가능한 자원을 고려하고 개인과 사회의 문제를 함께 인지한다. 원조 과정은 "연구, 진단, 치료"로 개념화되었다. 이는 논리적 순서에 맞추어 하나 하나 진행되는 것이 아니라 번갈아 가며 나타나고 함께 보여지기도 한다. 원조 과정에서는 치료적 관계가 중요하며, 관계의 본질과 강도는 클라이언트의 욕구와 제공되는 서비스에 달려있다.

Hamilton은 치료를 "서비스의 공급" 또는 "누군가를 향해 행동하는 것"으로 정의하였다. 이는 상담 및 치료와 더불어 사회적 자원, 프로그램 변형, 자원 조절 등의 방법으로 부족한 부분을 충족시키는 것을 말한다.

Hamilton이 *개별사회사업 이론과 실천*이라는 책에서 제시한 개별사회사업 이론은 수년간 사회복지 실천 접근에서 중요한 진술이 되어왔고 이는 **진단적 접근법**으로 알려졌다. Hamilton의 전통적 형식은 차후 실천에 의해 큰 영향을 받았고 앞으로의 사회복지 이론 발달이 전제가 되었다. 이는 정신분석적 사고를 기반으로 함으로써 인성에 대한 관련틀로 사용되었다.

이 시기에는 사회복지실천에 있어 진단주의와 다른 접근법이 발전되고 있었다. 바로 **기능적 접근법**으로 이는 클라이언트가 질병이 있거나 일탈되었다고 보기보다는 특별한 서비스가 필요한 사람들이라고 보았다. 기능주의는 Otto Rank의 연구에 많은 기반을 두고 있다. Jessie taft와 Herbert Aptekar는 초기 기능주의 접근과 관련이 있는 사람들이다.

진단이라는 용어는 기능적 접근에서 다른 의미를 갖고 있다. 진단이란 사회복지사와 클라이언트가 함께 작업하기 위해 공통적인 바탕이 있는 지를 알아보는 시도이다. 이것은 치료가 아니라 함께 작업하도록 하는 것이며, 사회복지사가 기관의 기능을 수행하고 사회복지사의 전문적 지식을 클라이언트와의 작업에 적용할 때 전문적 관계가 형성되는 것이다. 관계의 과정은 시작, 중기, 종결로 이루어졌다. 상호관계가 발전하고 개인들이 서로에게 영향을 주고 받게 될 때, 변화에 대한 기회가 발전된다.

이 시기의 세 번째 중요한 발전은 집단사회사업과 지역사회 조직이 사회복지의 방법론으로 인식되었다는 것이다. 하지만 새로운 방법론에 대한 이론적 발달은 아직 기초단계였다.

이 당시 이론의 발전은 사회복지 영역에 미친 경제공황의 영향으로 인한 것으로, 빈곤과 일탈을 개인의 결함으로 보는 이전의 이론은 더 이상 지속될 수 없었고, 이보다는 환경이 인간에게 미치는 영향을 보게 되었다. 프로이드에 기반한 심리학적 지식은 일탈의 원인을 인간의 심리 내부에서 찾도록 하였으며 유용하고 조직화된 사정 틀을 제공하였다.

심리적 측면에 대한 관심은 대공황 동안 정부 원조와 사회적 서비스 제공으로 인해 더 심화되었다. 민간 기관들은 심리적 요인뿐만 아니라 새로운 클라이언트에게도 관심을 갖게 되었다. 1930년대 초 사회복지사들은 이론 개발에 열심이었고 이러한 경향은 나중에 사회복지사 자신의 경험에 반영되어 이론적 발달을 가져올 수 있었다. 현대 사회복지 실천에서도 나타나는 중요한 발전 중의 하나는 개인을 상황(맥락 혹은 환경)속에서 보아야 한다는 것과 사정 과정에 이 부분이 포함되어야만 한다는 것이다.

1946-1960

이 시기의 초반에는 진단-기능 논쟁이 계속되었다. 사회복지사들은 실천의 진단적인 면을 고수하는 프로이드의 정신분석적 접근법을 사용하거나 또는 기능적 면을 강조하는 Rank의 접근법을 모두 사용하였다. 이론의 발전은 하나의 관점 또는 이와 다른 관점에 대한 선언이고 이는 각 관점을 명확히 한다. 1951년 Hamilton은 1940년에 집필한 저서를 개정 출판하였다. 이 개정판은 정신분석학의 최신 견해를 반영하고 있으며 정신분석학과 사회복지의 차이점을 분명히 기술했다. 개정판에서는 진단의 내용을 강조하면서 치료 요소의 설명과 심리내적 요인에 관심을 기울이고 있다.

Felix Biestek은 1957년 자신의 저서 *개별사회사업 관계(The Casework Relationship)*에서 개별사회사업 관계란 "개별사회사업 사회복지사와 클라이언트 간에 이루어지는 태도와 감정에 대한 역동적 상호작용으로 클라이언트가 자신과 환경 사이에서 더 잘 적응할 수 있도록 돕는 목적을 갖고 있는 것"이라고 하였다. 그는 관계의 7가지 원칙을 정의하였다.

1. 개별화
2. 감정에 대한 의도적인 표현
3. 통제된 정서적 환경
4. 수용
5. 비심판적 태도
6. 클라이언트의 자기결정
7. 비밀보장

Biestek의 업적은 당시 사회복지 이론의 발전과 새로운 시도를 보여준다.

이 시기가 끝나갈 무렵 개별사회사업에 대한 새로운 시각이 Helen Harris Perlman의 *사회적 개별사회사업: 문제해결 과정(Social Casework: A Problem-solving process)*에 나타나고 있다. 여기서는 다양한 방법으로 진단적 접근과 기능적 접근이 혼합되어 결과적으로 진단-기능 논쟁의 종결을 가져온다. Perlman은 개별사회사업 실천을 "문제를 갖고 있는 사람이 전문적 도움을 받을 수 있는 장소로 찾아오는 것"으로 보았다.

Perlman은 진단이라는 용어를 계속 사용하였으나, 이 의미는 현대 사회복지 문헌에서 사용되고 있는 사정의 뜻에 더 가깝다. Perlman은 진단을 역동적인 것으로 보고 "클라이언트의 문제 상황에 상호작용 하는 힘을 관통해 보는 것"이라고 언급했다. 진단은 사회복지에 "경계, 관련성, 방향"을 제공하는 계속되는 과정이다.

Perlman의 저서는 자아 기능에 초점을 두고 있다. 이는 본능, 자아, 초자아가 모두 중요하다고 생각한 진단적 접근법과 대조되는 것이다. 적응은 자아의 중요한 기능 중 하나로 보고, Perlman의 연구에서 적응에 대해 "대처"개념이 사용되고 이는 상황 속의 인간 관점을 반영하는 것이다. Perlman은 개별사회사업을 과정-문제해결 과정-으로 보았고 과정 또는 활동이라는 개념을 발전시켰다. Perlman은 사회복지사와 클라이언트 관계는 문제해결 작업에 필수적이라고 주장했다. 전문적 관계는 목적이 있고, 수용적이고, 지지적이고, 보호적인 것으로 인식되었다. Perlman 업적의 기저에는 인간의 능력을 전제로 한 인간능력 개발의 목적이 있다. 문제는 병리적이기보다는 일상생활의 한 부분으로 사회복지에서 사회 기능을 강조하기 시작했다.

이 시기의 또 다른 경향은 실천 배경이 되는 이론을 확인하고 구체화하기 시작하는 문헌이 나타났다는 것이다. 문헌은 개별사회사업 방법뿐만 아니라 집단 사회사업과 지역사회 조직을 포괄하고 있으며 이는 주로 사회학에서부터 온 것이다. 사회복지에서는 소집단 과정에 대한 지식과 집단 상호작용에 대한 사정에 관심을 두었다. 이 두 방법에 초점을 맞춘 것은 과정을 중시하는 것으로 클라이언트가 아닌 사람들과의 상호관계를 고려하기 시작하였다는 것을 의미한다. 사회복지 실천의 공통 기반을 찾기 위해 기초원리가 사용되었고, 이 개념들은 사회복지 실천이 이루어지는 체계에 모두 적용되는 것이었다.

1946~1960년은 사회복지의 팽창기였다. 이 시기는 불안과 변화보다는 조화의 시기라고 할 수 있다. 당시에는 빈곤이 제거될 것이라는 믿음이 있었기 때문에 빈곤이 관심이슈가 아니었다. 사회복지의 많은 에너지가 조직의 전문화와 교육 개발에 투자되었다. 많은 클라이언트들이 중산층 시민으로서 적응의 문제를 갖고 있었다. 이러한 경향은 조화로운 사회에 대한 요구와 풍요한 사회에 대한 환상을 반영하는 것이다. 사회복지는 시대 사조를 반영하는 정형화된 전문직이 되기를 추구하였다. 관점(진단주의 또는 기능주의)에 따라 이론 발달이 이루어지고 그 관점이 고수된다. 현재의 이론 확장과 접근법의 통합을 모색하면서 새로운 이론이 발달된다. 이 시대의 두 가지 유산은 워커와 클라이언트 관계에 대한 관심과 실천의 과정적 측면에 대해 주목하게 된 것이다.

1961-1975

이 시기에는 새로운 문제영역, 클라이언트 집단이 생겨남에 따라 새로운 서비스가 개발되었고 이전의 방법을 다른 방식으로 사용해 봄으로써 이론의 발전이 풍부해졌다. 이 시기 이론의 개발은 ① 전통적 방법의 계속적 발전 ② 사회복지 실천에 포괄적이고 통합적인 접근법 개발 ③ 특정 클라이언트 집단에 적용하기 위한 새로운 접근법 개발에 초점을 맞추었다.

1960년대에는 진단적(이제는 **심리사회적 접근**이라고 불리는) 접근과 기능적 접근 모두 확장되고 개정되어 정교한 이론체계를 갖추어 나가고 있었다. 이 체계화작업에는 사정, 환경 속의 인간, 과정, 상호관계, 개입 등 다섯 가지 개념을 채택하고 사회과학의 지식을 결합하여 사회체계이론과 의사소통이론을 사용하기 시작했다.

이 시기 동안 집단사회사업과 지역사회 조직이 체계화되기 시작했다. 이는 이 방법론에 따른 실천이론의 지속적 개발 뿐만 아니라 개별 사회사업, 집단사회사업, 지역사회 조직에 공통적인 개념 정의가 가능해졌다는 것을 말한다. 따라서 모든 유형의 사회복지실천에 존재하는 이론적 공통점들이 나타났다.

특히 이 시기에는 의료적 용어인 진단과 치료를 사용하는 것에서 보다 일반적 용어인 사정과 개입의 사용으로 옮겨지게 되었다. 지역사회조직이론이 발달되면서 사정과 개입이라는 용어가 더 폭넓은 지지를 받게 되었다. 이 시기 초반에는 문제해결과정 개념이 사회복지의 세 가지 전통적 방법인 개별사회사업, 집단사회사업, 지역사회조직 모두에 사용되고 있음이 나타났다. 문제해결과정에 개별사회사업을 이용하는 것은 Perlman 접근법의 중요성이 반영되는 것이다. 과정은 시간의 경과에 따른 이동이다.

이 시기에 환경속의 인간과 클라이언트-워커의 상호작용 개념이 새로운 사회과학 이론의 적용을 통하여 다시 확장되었다. 1970년대에는 사회체계이론이 사회복지의 중요한 지식으로 급속히 그 사용이 증가하였다. 또 상호관계에 대한 개념이 확대되었는데, 상호관계는 클라이언트와 함께 작업할 때 중요한 것이다. 이와 다른 종류의 상호관계의 중요성이 집단사회사업과 지역사회조직 문헌에서 지적되었고, **상호작용 기술**에 관한 논의가 시작되었다.

1970년대 사회복지를 통합적 관점에서 개념화하려는 두 개의 시도가 책으로 출판되었다. Carol Meyer의 *사회복지실천: 도시의 위기에 대한 대처*에서는 현재 사회복지 이론은 1960년대 도시의 혼란과 관련하여 제한점을 갖고 있기 때문에 새로운 개념 구조가 필요하다고 강조하였다. Harriett Bartlett의 *사회복지 실천의 공통 기반*은 사회복지 실천의 본질을 명확화하기 위한 것이었다. 두 책 모두 앞에서 논의된 다섯 가지 개념의 발달을 반영하였다. 두 책은 이론 개발보다는 통합의 문제에 초점을 두고 있긴 하지만, 유용한 몇 가지 개념을 소개하고 있다. Bartlett는 사회적 기능, 사정에 있어서의 전문적 판단, 개입 활동을 정의하였고, Meyer는 개별화 과정, 개입의 시점, 활동 계획 등을 강조하였다. Meyer는 진단적 과정을 사정의 도구로 보았고 개입을 다양한 가능성을 갖고 있는 **개입목록**으로 보았다. 위의 두 책은 사회복지이론 개발에 있어 전환점이 된다. 이론은 더 이상 개별사회사업, 집단사회사업, 지역사회조직의 전통적 방법으로 개발되는 것이 아니라 사회복지 전문직을 위한 특정 문제와 욕구대응을 위해 개발될 것이다.

1970년대 초반, 사회복지 통합방법론에 관한 몇 개의 교재가 출판되었다. 그중

Allen Pincus와 Anne Minahan의 교재는 가장 대표적인 것으로 여기에서는 사회복지를 문제 사정을 통해 수립된 개입 계획에 의한 계획된 변화로 보고 있다. 사정은 "문제의 확인, 사회상황의 역동분석, 목적 및 목표 수립, 과업과 전략의 결정, 변화 노력을 유지하는 과정"이다. 통합방법론의 한 가지 중요한 측면은 개인 또는 체계 발달에 영향을 미치는 권위를 사용한 것이다. 상호관계를 활용하는 것이 그중 하나이다. 통합방법론에서도 다섯 가지 개념이 사용되었으나 Pincus와 Minahan은 이 개념을 새로운 시각으로 보았고 또 다른 개념들을 추가했다. 발달하는 전문직은 새로운 실천방법을 찾아 나아간다.

이 시기는 통합방법론 또는 일반주의 실천의 개발에 중요한 공헌을 했다. 새로운 클라이언트집단에게 새로운 서비스가 제공되었다. 이 클라이언트들은 개별사회사업, 집단사회사업, 지역사회조직 등의 전통적 방법으로는 잘 맞지 않았고, 이러한 클라이언트가 보이는 복잡한 상황과 문제에 대처하기 위해서는 실천방법의 조합이 필요해졌다. 전문직 발달을 위한 NASW와 여러 단체는 동합방법론의 개념화를 위해 이론의 공통점들을 확인하는데 노력했다. 위대한 사회와 빈곤에 대한 전쟁(Great Society and the War on Poverty)에 관한 연구는 사회복지사의 훈련을 위한 기금을 제공하였고 이는 사회복지지식의 구축을 가져왔다. 지방에서의 사회복지 실천은 일반주의 접근을 요구했는데, 이러한 움직임은 사회적, 전문적 견지에서 사회복지 이론 개발을 위해 적절한 것이었다.

이 시기 세 번째 경향은 특정 욕구에 개입하는 새로운 접근법들이 개발되었다는 것이다. 이러한 경향은 가족이 관심의 단위가 되고 가족을 대상으로 한 접근법이 발달되었던 1960년대부터 시작되었다. 위기 개입과 같이 단기간의 개별사회사업에 대한 관심도 이러한 경향을 이끌었다. 사회복지사들이 새로운 클라이언트 집단과 문제를 다루게 되면서 초기 단계에 제공되는 일반적 접근보다 구체적인 초점을 가진 접근들이 필요해졌다. 동시에 현재의 집단사회사업와 지역사회조직 실천이 검토되면서 각각의 전통 방식에서 또 다른 접근법들이 개발되었다. 1969년 Charlotte Towle을 기념하는 심포지움에서 개별사회사업 실천의 주요한 이론적 접근법이 제시되었다.

이 시기에는 이 전의 실천 접근방법을 완전히 동의하지 않았다. 예를 들어 사회복지사들은 더 이상 상황 속의 인간이라는 개념 구조에 동의하지 않고 새로운 접근법 중 위기 개입, 과업 중심 개별사회사업, 사회-행동적 사회복지를 중요시 여겼다[부록 2-

1, p.53~56 참고].

사회복지 실천은 욕구에 대응하고 상황 속에서의 클라이언트 사정에 사용된 일반적 이론배경을 가지고 시작되었으나, 사회복지 실천과정에서 관계가 활용되고 구체적인 접근방법이 사용되었다. 이러한 실천은 클라이언트 집단이 확대되고 새로운 문제의 발생을 반영하는 것이었다.

1976-1990

이 기간은 사회복지시스템에서 사회적 환상이 깨지는 것을 볼 수 있는 시기로, 당시 사회적 관심은 인플레이션, 실업, 국방에 관한 것이었다. 사회복지 전문직 내에서 상당한 주목을 받았던 이슈는 학사학위(BSW) 사회복지사와 석사학위(MSW) 사회복지사의 서로 다른 역할, 사회복지대학원 수준에서의 전문성의 개발, 일반주의 실천에 대한 개념화 등이다. 모든 사회복지 실천의 기초와 핵심을 찾는데 많은 노력을 기울였다. 이 시기에는 노숙인, AIDS, 약물 남용, 평화와 정의 등의 사회적 문제에 관심이 있었다.

사정은 상황 속의 인간에 대한 이해와 개입활동의 기초가 된다. 사정은 계속 진행되는 과정으로 다양한 정보원으로부터 수집된 정보를 활용한다. 특히 개인의 행동에 영향을 미치는 문화적 민족적 요인과 도움이 되는 개인과 가족에 대한 사정이 중요하다.

상황 속의 인간(이제는 **환경 속의 인간**)개념은 사회복지 실천에 생태학적 접근의 발달로 상당한 관심을 끌었다. 개인의 지지망을 찾아내고 개발시키고 지지하며 원조과정의 일부로 활용되었다. 문제해결에는 인간과 사회체계는 모두 중요하다. 사회체계 접근은 거의 보편적으로 받아들여지고 있다. 또한 이 시기에 여성주의관점이 시작되었는데, 이는 클라이언트 체계의 사회적 · 정치적 스트레스원을 인정하고 클라이언트에게 권한을 부여하며 환경 체계를 변화하도록 하는데 중점을 두는 것이다.

관계는 전문적 · 원조적 측면에서 행동 체계의 핵심이다. 관계는 클라이언트뿐만 아니라 중요한 사회 체계와 그 체계에서 영향력을 갖고 있는 개인과의 상호관계도 중요하다.

과정은 오랜 시간에 걸쳐 발생하는 일련의 변화에서 발견되는 계속되는 패턴이다. 다시 말하면 다양한 실천단계가 구체적인 순서를 갖고 진행되는 것이다. 이론가들은 과정을 서로 다르게 개념화하였다. 개입에 대해서도 마찬가지였으며, 모든 상황에 적절한 실천방법이나 개입은 존재하지 않는다는 생각이 자라나고 있다.

1986년 James K. Whittaker, Steven P. Schinke, Lewayne D. Gilchrist는 사회복지사의 사고와 실천에 새로운 패러다임이 나타났다고 했다. 새로운 사고방식, 즉 생태학적 패러다임은 "다양한 환경적 원조를 통해 사회적 지지를 증진시키고 '일상생활기술' 등의 교육을 통해 개인의 능력 증진"에 기초하고 있다. 이러한 사고방식은 일반주의 실천과도 일치하며, 이 틀에서 일반주의 실천은 환경변화에 초점을 맞출 것을 제안할 것이다. 이후 경향은 이러한 생각을 공고히 하는 것으로 보인다.

1991-현재

1990년대의 실천 이론은 몇 가지 정책 변화에 영향을 받았다. 첫 번째는 다양한 사회복지 프로그램 기금의 제한 또는 감축이다. 공적 부분에서는 이 시기 10년이 사회보장법에서 제공되는 공적 부조 프로그램이 마지막으로 제공되었다. 1990년대에 보수당 의회에서 제정된 복지개혁(Welfare reform)은 욕구에 대해 원조를 보장받던 공적 부조의 원칙에 근본적인 변화를 가져왔다. "TANF(Temporary Assistance to Needy Families)"는 개인의 책임성과 일할 기회의 조정에 대한 법으로 명명된 새로운 법률로서, 이 프로그램은 수급 기간을 5년으로 제한하고 주정부의 수입 제한을 허용하며 출산에 대한 결정을 포함해 빈곤을 유발하는 행동에 대한 규제와 함께 근로 의무를 부여하는 것 등을 포함하고 있다. 이러한 변화는 명백히 개인에게 빈곤에 대한 책임이 있다는 보수주의적 관점을 나타내고 있다. 위와 같은 방법으로 또 다른 변화가 단행되었다. 이전 체계에서는 주정부가 예산 지출의 50~80%를 연방정부로부터 받았었다. 경기침체, 인구 증가 등과 같은 요인으로 인해 욕구가 증가하면서 비용부분은 연방 보조금을 증액하여 보충하였다. 하지만 TANF 프로그램에서 주정부는 고정된 총액보조금을 받고 필요한 부분이 증가하여도 더 받지 못한다. 또한 TANF는 주정부가 영리기관을 포함한 사단 법인과의 프로그램 계약을 허용한다. 이 10년 동안 미국은 번영의 시기로서 낮은 인플레이션과 실업률을 나타내었다.

2001년 미국은 911사태 이후 경제발전의 침체기를 맞이한다. 2002년 대형회사의 스캔들과 부정은 법인의 파산을 가져왔는데, 이러한 경제적 문제들이 빈곤, 사회복지 정책 및 지출에 미치는 총체적인 영향은 아직 알려지지 않았다.

민간영역에서는 매내지드 케어(Managed Care)라는 것이 보건, 정신보건, 약물

남용 치료의 주요 의제였다. 관리의료의 목적은 비용을 통제하고 서비스의 질을 보장한다는 것이지만, 비용 통제가 주된 관심사인 것으로 보인다. 관리의료에서는 서비스 수혜자를 서비스 제공 전에 조사하고, 관리의료를 제공하는 기관으로 의뢰한다. 그 후 서비스 제공의 효과성에 대해 모니터를 해야 한다. 관리의료 기관의 서비스가 효과적이었다는 구체적인 증거에 대한 요구가 늘어나고 있다. 대다수의 관리의료 기관들은 인두제(Capitation)로 운영되고 있고, 일정 기금을 얼마나 오래 걸릴지 알 수 없는 서비스에 할당하고 있다. 어떤 관리의료 기관들은 서비스 당 요금(Fee-for-service)으로 운영되고 있으며, 이는 각 서비스 회기별로 요금을 계산하는 것이지만 한 클라이언트 당 받게 되는 회기 수에는 제한이 있다. 두 가지 접근 모두 장기적 문제나 장애를 가진 클라이언트에게 개입하는 사회복지사에게 본질적인 문제를 제기한다. 이러한 집단은 서비스기간의 확장이 필요할 수도 있지만 매내지드 케어 아래서는 적절한 서비스를 받지 못해 위험한 상황에 처하기도 한다. 더욱이 몇몇 주에서는 사회복지 프로그램을 관리의료 법인으로 넘기려는 과정에 있다. 이것이 장기적으로 클라이언트에게 어떤 영향을 미칠 것인가를 지켜보아야 할 것이지만, 사회복지사는 클라이언트와 지역사회를 위해 일한다는 사실을 잊지 않아야 할 것이다.

이러한 정책변화로 인해 사회복지사는 더 적은 자원으로 일할 것이 요구되었다. 사회복지실천은 해결에 초점을 둔 단기 개입에 의존하게 되었으며, 사회적 지지망의 사용과 지속적 지지를 위해 자조 그룹의 활용이 증가되었다.

부분적으로는 매내지드 케어(Managed Care)의 결과로 인한 서비스 제한 때문에 이전에 성공적이었던 활동에 초점을 맞추는 **해결 중심 개입**을 제공하는 경향이 나타나고 있다. "개입의 기본전제는 문제에 대한 예외가 문제해결의 열쇠나 실마리를 제공한다는 것과 성공적인 해결에 초점을 둔 활동에 관심을 갖는 것이 더 바람직하다는 것이다." 이러한 논의과정에서 클라이언트가 직면한 도전에 대한 해결방법을 신속히 찾고 개입방법이 계획된다.

생태체계 관점(1장 참고)은 보편적으로 수용되고 있고, 이는 특히 인간 및 환경, 그 상호작용에도 중점을 두는 학부사회복지(BSW) 수준에서는 더욱 그렇다. "생태체계 사고"는 선형적이 아니라 시간이 지나는 동안 인간과 환경을 조성하고 영향을 미치며 변화를 가져오는 교환을 조사하는 것이다. 인간과 환경과의 상호작용에 초점을 둠으로써 생태체계 접근법은 인간과 환경의 변화 사이의 간극을 메울 수 있는 지배적인 이론이 될 가능성을 갖는다.

강점 접근(1장 참고)은 결점과 병리보다 성장과 변화를 촉진할 수 있는 강점에 초점을 맞춤으로써 실천 이론에 기여하고 있다. 생태체계 관점과 강점 접근이 문제해결 접근에 접목되어 클라이언트 욕구에 대응하는 강력한 도구가 되었다. 이 교재에서는 이를 **생태체계 강점 접근**으로 부를 것이다. 이는 3부에서 다룰 일반주의 접근의 핵심적 특성이다. 이는 상황 속의 인간에 대한 포괄적인 사정 틀을 제공하고 사회복지사가 클라이언트의 성장과 변화를 촉진할 수 있는 다양한 개입을 사용하도록 한다. 클라이언트의 강점을 강조하고 환경에서 강점을 발견하도록 함으로써 변화가 가능하고 클라이언트에게 스스로 역량강화를 할 수 있다는 메시지를 계속 전달한다.

여성주의 관점은 일부 사회복지사에 의해 다수의 집단에 적용 가능한 것으로 제시된 패러다임이다. 여성주의 패러다임은 다음의 다섯 가지 원칙 ① 잘못된 이분법과 인위적 분리 제거 ② 권력의 재개념화 ③ 과정도 결과와 마찬가지로 중요하다는 가치의 창조 ④ 개명의 나당성 ⑤ 인긴은 정치적이라는 것을 배경으로 한다. 다시 말하면 이 접근은 전인적 관점, 광범위한 권력 분배, 목적이 실행되는 방법에 대한 관심, 차별적 언어를 없애기 위한 활동, 인간의 문제는 정치적 판단의 결과이며 개입의 초점은 보다 큰 체계의 변화를 필요로 함을 요구한다. 여성주의 패러다임은 여성 또는 소수민족의 경우처럼 차별이 주요 관심사인 어떤 상황에서나 유용하다.

여성주의관점의 사회복지사는 클라이언트에게 어떻게 스스로 역량강화하는지 가르칠 뿐만 아니라 클라이언트에게 영향을 주는 체계에 대응하는 법을 가르치는 것이 필요하다고 강조한다. 또한 그들은 다른 환경적 상호작용에서는 보편적인 "한사람이 최고가 되는 것"이 재현되지 않도록 클라이언트와 동등하게 작업하는 것이 중요함을 강조한다. 여성주의 사회복지사들은 연결망, 지지, 교육에 활용할 수 있는 체계 구축을 위해 클라이언트를 비슷한 문제를 가진 사람들과 연결해주려고 한다. 여성주의 관점과 방법은 클라이언트 자체가 문제를 갖고 있기 보다는 환경이나 주변 상황과의 상호작용의 결과로 차별의 위험을 가진 집단의 문제처럼 사회적 불평등 이슈에 더 적절하다.

21세기의 사회복지

21세기 전반부에는 인구학적 변화가 미국의 얼굴을 바꾸어 놓을 것이다. 미국이나 다른 산업 국가에서 노인 인구의 증가가 나타나고 있으며, 미국은 민족과 인종 구성에 있어 극적인 변화를 경험하였다. 2050년과 2060년 사이의 어느 시점에서는 유색인종이 백인의 수를 넘어설 것이고 소수 집단으로 구성된 국가가 될 것이다. 이때까지 과반수 이상의 고등학교 졸업자들은 유색인종의 자녀일 것이고 근로연령 성인의 과반수도 유색인종이 될 것이다. Martha Ozawa는 이러한 경향을 연구하면서 특히 흑인과 스페인계 아동의 빈곤률이 높은 것에 주목했다. Ozawa는 연방 정부가 노인에 대해 지출하는 비용이 아동의 11배라는 것을 지적하며, 아동에 대한 투자를 늘리지 않는다면 아동 빈곤, 특히 유색 인종 아동의 빈곤이 우리 경제와 사회복지의 쇠퇴로 이끌 것이라는 결론을 내렸다.

인구학적 변화는 사회복지사가 노인인구나 유색인종과 함께 일할 준비가 필요함을 의미하는 것으로 앞으로 다양하고 사회복지사의 능력이 요구되는 실천이 필요해질 것이다. 또한 사회복지사는 사회정책에 보다 많이 참여해야한다. 미국은 다른 산업국가보다 부자와 가난한 사람과의 불균형이 심하다. 미국은 "가진 자"와 "못 가진 자"의 나라가 되어가고 있으며, 인종과 민족에 의해 어떤 집단에 속하게 되는 지가 결정된다. 시간이 지난 후 심각한 일상생활의 쇠퇴와 민주주의의 생존에 위협을 가져오는 경험을 하지 않는다면 이러한 불균형을 방어할 수 없을 것이다. 1980~2001년 사이에는 세금 삭감으로 인하여 사회복지 정책과 비용지출에 변화를 가져왔고 부의 재분배 기능이 감소하였다.

미국사회의 다양성은 증오 범죄의 증가로 나타난다. 다양성에 대해 보다 관대해지지 않으면 이러한 범죄들이 계속 될 뿐만 아니라 증가할 것이고 다수 집단인 백인이 소수가 될 것이다. 사회복지사는 다양성에 대한 관대함과 수용성을 증가시키는 노력을 해야 한다. 미국이 민주주의 국가로 생존할 것인가의 여부는 균형에 달려있다. 만일 우리가 다양성에 대한 가치를 찾지 못한다면 러시아나 유고, 또 민족의 다양성이 폭력과 파괴를 가져왔던 다른 나라들처럼 분열된 사회가 될 수 있다.

2001년 9월 11일 뉴욕과 워싱턴에서의 비극적인 사건은 나라 밖 집단의 혐오 범죄에 면역되지 않았음을 보여준다. 사회복지사들은 이 공격의 여파에 대응하는데 중요한 공헌을 했다. 사회복지사는 이러한 위기에 대응하기 위한 준비를 해야 하고 필요할 때 우리의 기술을 제공해야 한다. 사회복지는 전 세계에서 발생하는 많은 사회적 이슈에 대해 관심을 갖기 시작했다. 빈곤, 폭력, 착취, 혐오, 편견, 차별, 억압 등은 세계적인 이슈이다. 세계가 모든 인류에게 보다 좋은 곳이 되기를 바란다면 국제 사회복지가 보다 강력해져야 한다.

개발도상국에서의 사회복지실천 이슈가 미국, 캐나다의 이슈와는 다르다. 개발도상국이 당면한 불리한 위치를 고려하고 위험에 처한 집단의 욕구를 만족시킬 수 있는 방법으로 서비스를 제공하는 것에는 도전이 있지만 자원 감소와 욕구 증가를 겪고 있는 사회복지사들에게 지침이 된다. 더욱이 국가간에 무엇을 해야 하고 하지 말아야 하는가에 대한 의견을 공유하는 것은 국적에 관계없이 모든 클라이언트에게 영향을 주는 공통적인 문제들을 찾도록 하였다. 또 국제 사회복지에 초점을 두는 것은 다양한 문화와 민족을 교육하는 것으로 이는 타국에서 온 1, 2세대 클라이언트에 관한 지식을 풍부히 얻을 수 있다.

여러 다양한 집단에 대한 개입에 필요한 기술 개발에 관한 교재가 출판되었다. James W. Green은 문화 내에서 기대되는 방식으로 어떤 문화적 집단과 작업하는 것을 설명하면서 문화적 유능성이라는 용어를 처음 사용했다. Green, Doman Lum, James Leigh는 문화적 배경이 다양한 집단에 개입하기 위한 모델을 개발해왔다. 우리는 이 교재 뒷부분에서 전문 사회복지사가 "다양성을 포용하는 사회복지실천"을 하고 있는 지를 확인하기 위해 또는 다양한 집단의 구성원들이 기대하는 방식대로 그 집단과 일할 수 있기 위해서 문화적 유능성이라는 개념을 발전시킬 것이다. 이는 21세기로 나아가면서 사회복지사들에게 필요한 배경지식을 갖추는데 중요한 공헌을 한다.

일반주의 실천은 지난 세기 동안의 사회적 관심, 욕구, 사건, 사고 등에 대한 대응의 진화를 반영한다. 일반주의 실천은 사정, 환경 속의 인간, 상호관계, 과정, 개입 등 전문직으로서의 이론적 배경을 반영한다. 사회복지는 계속 변화하고 계속 발전하는 전문가적 노력을 의미한다. 사회복지는 클라이언트를 대상으로 혹은 클라이언트를 위해 일하는 것보다는 클라이언트와 함께하는 작업과 사정을 강조하고 있으며 상황 속의 인간, 관계의 중요성, 실천과정에 대한 관심은 오늘날 사회복지실천의 핵심으로 남아있다.

요약

이 장은 전문직으로서의 사회복지와 이론의 발달을 논의하였다. 사회복지는 사회복지가 가지는 몇 가지 특징 때문에 전문직의 기준을 충족한다. 다섯 가지 개념들(사정, 환경 속의 인간, 관계, 과정, 개입)이 사회복지 배경 지식의 발달을 추적해 보는데 사용되었다. 이러한 배경 지식은 역사적 · 문화적 상황에 대응하면서 발달되었다. 사회복지의 역사적 배경을 이해하는 것은 현대 사회복지 실천을 이해하는 하나의 방법이 된다.

학습질문

1. 왜 사회복지가 다른 전문직처럼 존경을 받지 못하는가?
2. 사회복지 체계가 사회적 경향과 사건들에 의해 어떻게 영향을 받았는가? 이는 사회복지실천에 어떤 영향을 주었는가?
3. 변화된 사회복지 실천방법은 어떻게 클라이언트를 변화시켰는가?
4. 사회복지 실천 이론에 대한 합의의 부족으로 인한 사회복지전문직의 문제는 무엇인가? 이점은 무엇인가?
5. 사회복지 실천의 발달이 현대 사회복지 실천의 수준을 어떻게 높여 왔는가? 이러한 발달은 현대 상황을 어떻게 방해하고 있는가?
6. 여성주의 관점은 어떻게 사회복지사들이 유색인종, 위험에 처한 집단, 장애를 가진 사람과 일할 수 있도록 하였는가?

[부록 2-1] The Development of Social Work in the United States

Societal	Social Welfare	Social Work
1885–1900		
Immigration (new groups); population increase. Industrialization-urbanization puts populations at risk. Closing of the frontier. Big business influence on politics. Agragarian revolt; beginning of trade unions. Beginnings of federal control (commerce and trusts). Social Darwinism vs. Puritan ethics.	Search for cause of poverty and individual breakdown. Emphasis on moral behavior, personal influence, and "neighborliness." Search for improved methods of government responsibility for care of children, the insane, etc. Emphasis on the "deserving poor." 1873—National Conference of Corrections and Charities.	Concern for urban situations in response to religious motives. Movement from volunteer to paid employment. 1863—First state social welfare board. 1866—First settlement house in the United States. 1887—Charity Organization Society comes to the United States.
1901–1919		
Age of progressives, liberalism, Social Darwinism. Emphasis on the real rather than	Age of philanthropy. Environmental improvement and social reform focused	Beginnings of social work education with emphasis on method. Age of scientific philanthropy.

(continued)

Societal	Social Welfare	Social Work
Development of the social sciences as a body of knowledge. Rise of the "Social Gospel." Growth of the Muckrakers. Growth of labor movement—concern for work conditions. Influence of John Dewey and "progressive education." World War I—"Make the world safe for democracy."	Concern for labor conditions, safety, hours, wages. Establishment of programs in highly specialized and fragmented form. Concern for care of dependent children; institutional vs. foster care; juvenile courts, widows' pensions, child labor laws. Social welfare legislation for special groups. 1909—First White House Conference (Children). 1912—Establishment of the Children's Bureau. Welfare programs for military personnel. Restriction of immigration. Prohibition. Women's suffrage.	base, clarify goals, and establish itself. Social science theory predominant; sociology emphasis. Beginning attempt to establish practice theory with Richmond's *Social Diagnosis*. Development of practice in specialty areas. 1905—Medical social work. 1906—School social work. 1907—Psychiatric social work.
1920–1929		
Conservatism returns; disillusionment and dissatisfaction prevalent. Emphasis on production and distribution; responsiveness to corporations. "Return to normalcy"; individualism. Prosperity—national income high, unemployment low. Reduction in immigration—deportation of alien radicals. Antisocialism, racial intolerance, upsurge of Ku Klux Klan. Era of laissez-faire and intolerance. Urbanism—indifference to social reform, sensationalism, skepticism. Development of psychology.	Disillusionment with political solutions to social problems. Marked increase in philanthropic foundations. Multiplication of service clubs. Formation of community chests—reorganization of charities. Rise of public administration, state agencies, institutions. Change from "charity and corrections" to "public welfare." Rise of "child guidance," "mental hygiene," character-building agencies, concern for the prevention of delinquency.	Emphasis on function of social work rather than on the social cause. Withdrawal from social responsibility and emphasis on adjustment of individuals. Use of casework with middle class. Milford Conference of 1923–24; search for generic aspects of casework, definition of social casework. Development of specialized professional organizations; medical, school, and psychiatric social workers and American Association of Social Workers.

(continued)

Societal	Social Welfare	Social Work
1920–1929 (continued)		
	Some state laws on unemployment compensation, mothers' pensions, old-age pensions, help for the blind. County-level organization of child welfare services in some states.	Search for a body of knowledge and theoretical framework led to adoption of psychoanalytic theory by many workers and educators. By 1930 twenty-eight schools of social work had been established.
1930–1945		
Depression—solutions for economic and social ills in action by the federal government. Social experimentation—pragmatism. New Deal; federal regulation of business. Rise of organized labor. Mass movement from rural to urban settings. Collectivist mood for building a new social order.	Federal government becomes heavily involved in social welfare, relief programs, and public works programs. Social Security Act of 1935. Federal funding—state administration of categorical assistance for the unemployable (children, aged, blind). Federal administration of social insurance against old age.	Concern over public-private functions—major responsibility for relief becomes public. Role of family agency redefined. Diagnostic and functional approaches develop. Group work becomes a part of social work; formation of the National Association for the Study of Groups, 1936. Lane Report on Community

Societal	Social Welfare	Social Work
totalitarianism, but an emphasis on unity. Rise of communism—fear of communism.	insurance. 1939—Social Security amendment includes survivor's insurance.	Formation of many national planning organizations; rise of community chests. Continued growth and development of social work education; minimum curriculum requirements, formal accreditation, university affiliation, strong concern that it be graduate education. Debate over uniqueness of rural social work.
1945–1960		
Postwar prosperity; partnership of business and government. Threat of nuclear war—fear of communism. "New conservatism," McCarthyism. Korean War; Cold War. Farm problems; decline of family farm. Gains for labor; higher wages and welfare packages. Population explosion. Growth of metropolitan communities; migration of minorities to cities. Television. "Happy home" illusion; *Growing Up Absurd;* affluent society.	1946—Hill-Burton Act (hospital survey and construction). 1946—National Mental Health Act. 1950—expansion of Social Security; aid to the disabled added. Growth of interest in services and their delivery. Business and labor unions support private philanthropy. Growth of community chests and councils. 1953—establishment of Department of Health, Education, and Welfare. 1955—Joint Commission on Mental Illness and Health. 1956—amendments to Social Security Act add services. 1956—Federal Housing Act.	Time for introspection, cooperation, and search for unity. Development of group work, community organization, and research; continued diagnostic-functional dichotomy. Expansion into new settings; new problem areas. 1946—National Council on Social Work Education established. 1952—Hollis-Taylor Report, *Social Work Education in the United States.* 1952—Council on Social Work Education formed; MSW the professional degree; curriculum policy, accreditation standards developed; 85% of social work students in casework.
1945–1960 (continued)		
	Growth of national institutes of health. Concern about juvenile correctional institutions and delinquency.	1955—NASW formed; *Code of Ethics* adopted; ACSW established. 1958—eight-volume curriculum study.
1961–1975		
High unemployment; growth slowed. Cold War; Cuban Missile Crisis; Vietnam War. Space program. Desegregation. Growth of government bureaucracy. Kennedy assassination. Concern with consumerism. From civil rights to Black Power; minority rights. Women's Liberation Movement. Counterculture; New Left. Federal support for education. Family farm declines. Concern for law and order.	Discovery of poverty; *The Other America.* War on Poverty; Great Society. Drift toward "universalism." Growing ADC roles; AFDC (1962). 1962—Social Security amendments implement service provision. 1962—Manpower Training Act. 1965—Medicare-Medicaid. 1965—Office of Economic Opportunity. 1965—Older Americans Act. Concern for health care; discussion of income distribution; focus on rehabilitation and accountability. Federal Grants-in-Aid Program; intermingling of public and private sectors; revenue sharing; purchase of service. Rent supplement program; food	Growth in number of social workers, in areas of concern, and in knowledge development. Knowledge base expanded; use of social systems theory, lessening of psychoanalytic influence. Return to concern for multiproblem, difficult-to-serve client. Proliferation of new practice modalities. Involvement in social reform, social action, and social policy. Emphasis on research and theory development. Concern with manpower and deployment issues. Development of integrated or generalist methods. Reappearance of rural social work. Rise of "clinical social work"

(continued)

Societal	Social Welfare	Social Work
	stamps; WIN. Separation of income maintenance and services. Rebirth of rural concerns. 1970s—effectiveness doubted; reorganization and accountability themes. 1972—SSI replaces AA, AB, and AD, become federal programs. 1975—Title XX of Social Security Act; decentralization of services; child support enforcement. 1975—original passage of fairly liberal entitlements.	movement and private practice. Tremendous growth in social work education. Accreditation of BSW programs; development of doctoral programs; considerable diversity of educational programs. NASW accepts BSW as member. Proliferation of new practice modalities including planned short-term approaches
1976–1991 Inflation. Fiscal retrenchment. Conservatism prevails. New Realism; New Federalism. High unemployment. Changing family structure. Changing role of women; defeat of ERA. Aging of the population	1980s—restrictions that crippled entitlement programs. 1981—block grants restrict Title XX. Block grants. Revenue sharing. Civil Service declassification. Deinstitutionalization. Curtailing of social welfare budget; cost containment.	Generalist at BSW level; specialization at MSW level. Tension between BSW and MSW. Rise of social work in industrial and rural settings. Clinical Register; growth of private practice. New *Code of Ethics.* Emphasis on political involvement.
1976–1991 (continued) Escalation of health care costs. New technology, age of computers. Concern about nuclear energy, defense, and peace issues. Farm crisis.	Third-party payments. Health care planning mechanisms. "Workfare" and other "welfare reform." 1983—introduction of prospective payment for health care costs for Medicare recipients through Diagnostic Related Groups (DRGs).	Concern with: Child and spouse abuse, displaced homemakers, community resources, homelessness, AIDS, substance abuse, and peace and justice. Growing support for an ecological paradigm. Education: New curriculum policy statement and accreditation standards
1992–2002 Low inflation. Low unemployment. Economic globalization. Conservatism dominates. Republicans gain control of Congress. Welfare reform. Continued aging of the population. Continued escalation of health care costs. The Internet rapidly expands. President Clinton impeached but stays in office. Budget surpluses. George W. Bush elected president; signs huge tax cut. 9/11 terrorist attacks. Economic recession, deficits reappear, corporate scandals.	Family Leave Act. Downsizing of government. End of Aid to Families with Dependent Children (AFDC). Personal Responsibility Act. Temporary Assistance to Needy Families (TANF); block grants replace federal aid formulas. Federal funding for welfare frozen. Managed care. Concern over aging population. Debates about saving Social Security and Medicare. Concern over increasing violence. Welfare rolls shrink dramatically. Future funding of Social Security debated.	Private practice by MSWs expands. Continued tension between BSW and MSW. New *NASW Code of Ethics.* Brief solution-focused interventions. Education: Revised curriculum policy statement. Revised accreditation standards. Increased use of ecological and strengths perspectives. Growth of cultural competence and working with diversity. New Educational Policy and Accreditation Standards.

제3장 지식, 가치, 기술의 창의적 조화로서의 사회복지

학습목표

1. 사회복지사가 활용하는 지식의 범위 이해
2. 가치의 본질에 대한 이해
3. 사회복지의 기저가 되는 가치에 대한 지식
4. 기술의 본질과 일반주의 실천 사회복지사의 기술에 대한 기초지식 이해
5. 사회복지에서 지식, 가치, 기술이 함께 활용되는 방식 이해

지식, 가치, 기술의 창의적 조화로서의 사회복지는 세 번째로 주요한 사회복지 실천의 관점이다. 2장에서 논의된 것처럼 전문성의 중요한 특징은 체계적 이론과 윤리강령이다. 실천에서 체계적 이론의 발전이란 지식의 기초에 근거하는 것이며, 사회복지사는 의사결정에 기초가 되는 지식을 실천에 활용한다는 의미이다. 사회복지 실천은 실천에 대한 가치 기반을 설명하는 윤리강령에 따르며, 사회적 가치와 클라이언트, 사회복지사의 가치를 모두 고려해야만 한다.

사회복지사협회(NASW : National Association Social Workers)가 구성된 후 전문직의 통일된 요소를 성문화하기 위해 사회복지실천에 대한 정의 및 명확화가 필요하였다. NASW의 사회복지실천위원회는 Harriet Bartlett가 의장으로 있는 소분과위원회와의 협의를 통하여 "사회복지실천의 작업적 정의(Working definition)"를 개발하였다. 이 과정과 Bartlett, William Gordon의 계속된 작업을 통하여 전문적인 사회복지 실천의 이해를 위해 지식체계를 보다 명확히 해야 할 필요성이 생겨나기 시작했으며, 실천의 방향을 제시하며, 일련의 기술을 통해 조작적으로 정의된 가치(사람들에 대한

태도)도 명확히 할 필요성이 제기되었다. 지식, 가치, 기술의 집합은 사회복지실천의 본질을 묘사하는데 아주 중요한 수단 중의 하나로서, 2장에서 사정, 관계, 환경 속의 인간, 과정, 개입의 5가지 개념에 대해 조작적 정의를 내렸다. 이는 상황이나 체계의 초점, 사회복지사 역할 또는 실천의 맥락과 상관없이 조작화된 실천 틀을 제공한다. 이는 전문적 관계와 돕는 과정의 기초이며, 사회복지사가 직면한 욕구와 관심에 주요한 본질을 제공하는 것이다.

지식, 가치, 기술은 1장[그림 1-1, p.33 참고]에서 소개했던 감정, 사고, 행동의 구성요소와 관련 있다. 지식과 가치 모두 사고의 요소를 가지고 있지만, 구분하자면 지식은 실천의 인지적, 사고적 요소이고, 가치는 실천의 감정적, 정서적 요소의 일부이다. 기술은 사회복지의 행동 또는 활동, 즉 행동적 요소이다. 그러나 본질적으로 기술 역시 인지적인 것임을 주목해야한다. 실천상황에 대한 사고 능력의 개발, 즉 폭넓은 지식기반의 활용과 상황에 적합한 지식을 선택하는 것, 신중하게 관련된 가치를 결정하는 것, 적절한 행동을 찾는 것 등은 이 책에서 논의된 바처럼 기술 영역에서 소개된다.

사회복지 실천에서 각 구성요소의 내용 뿐 아니라 본질을 조사하는 것이 중요하다. 또한 이러한 구성요소들이 실천에서 어떻게 함께 사용되는지 고려한다. 이는 세 가지 요소의 연결이 "창의적 조화"의 결과라는 관점을 제공한다. 지식, 가치, 기술의 관계와 이를 실천을 위한 사정과 계획에 통합할 때에 조화의 중요성을 고려하면서 과학과 예술을 적용해야 한다.

지식

Bartlett은 사회복지 실천의 공통 기초(The Common Base of Social Work Practice)에서 사회복지활동은 확실한 지식을 바탕으로 이루어져야 하고, 지식이 실천을 선도해나가야 한다고 주장했다. **지식**은 광범위하고 다양한 의미를 가진다. Goden은 "지식은 인간이 자신이 속한 세계에 대해 지닌 그림"이라고 정의했다. Max Siporin은 Goden의 정의를 강조하면서 "지식은 적절한 증거에 기초하고, 명확하게 지각되는 사실로 받아들이는 현실에 대한 인지적 정신적 내용(사고와 신념)"이라고 정의하였다.

사회복지는 미확인된 사고에 관한 신념보다 과학적 지식을 강조한다. 과학의 엄격함을 따르는 지식의 기초를 개발하려는 시도가 이루어지고 있다. 하지만 사회 환경에 둘러쌓인 인간의 복잡한 현실에 관심을 갖고 있는 사회과학의 특성은 이를 어렵게 하며, 지식기반에 유연성을 부여한다.

사회학의 학문 발전 과정에서 사회학자들은 사회복지와 유사한 문제를 경험했다. Paul Reynolds는 과학적 지식의 본질을 "사건이 일어나는 원인을 확인하고 사물을 묘사"하기 위한 것으로 보았다. 그는 지식의 본질을 조직화와 범주화, 미래 사건의 예측, 과거 사건의 설명, 사건의 통제 가능성과 사건 원인에 대한 이해 수단으로 이해했다. 따라서 지식은 과학으로써 다음과 같은 속성을 지닌다고 했다.

1. 추상성 – 시간과 공간으로부터의 독립
2. 상호주관성
   a. 명백성 – 개념의 의미에 동의할 수 있도록 상세하고 선택된 용어로 기술
   b. 정확성 – 이론 예측과 설명에 대해 확실히 동의할 수 있도록 과학자에게 공유되고 수용되는 논리적 체계의 사용
3. 실증적 관련성 – 다른 과학자들이 이론과 실증적 조사 결과간의 상호관련성을 평가할 수 있는 가능성의 존재

또 다른 사회학자들은 사회가 실재와 사고의 내용을 어떻게 결정하는가, 사회적 가치가 현상을 어떻게 정의하는가, 현상을 해석하는 데 어떤 영향을 주는가를 논의했다. 이는 과학적 방식으로 지식이 개발, 시험될 수 있을 지라도 이는 사회복지실천이 행해지는 사회적 맥락에 의해서 많은 영향을 받는다는 것을 보여준다. 예를 들면 개인에 관한 사회적 가치는 개인의 욕구를 강조하는 지식의 발달에 영향을 준다.

사회복지 지식 중 특히 기초가 되는 지식에는 생물학과 생리학 등 자연과학뿐만 아니라 인류학, 정치학, 경제학의 공헌이 크며, 심리학과 사회학 등 사회과학으로부터 많은 지식을 가져왔다. 이러한 지식은 피상적 수준이 아니라 다양한 학문의 복잡하고 깊이 있는 지식이다.

사회복지 지식은 인간과 사회체계에 대하여 아는 것이며, 지식이 개발되는 상황과 관련이 있다. 사회복지 지식은 상황 속의 인간에 대한 현상적 기술이며 사회적 체

계와 개인의 기능을 설명한다. 또 사회복지 지식은 보다 큰 사회 체계와 상황에서 인간을 이해하고 개인의 사회적 기능을 증진시키고자 할 때 사회복지사의 행동을 이끌어나간다. 여기에는 1장에서 논의되었던 인간발달과 인간의 다양성, 사회체계이론과 생태체계 관점, 강점관점에 대한 지식과 욕구에 대한 반응, 사정, 관계, 사회복지 과정, 개입에 대한 지식이 포함된다.

클라이언트에 대한 사회복지 개입의 방향을 제시하는 지식은 대개 사회복지사에 의해 개발된다. 이 지식의 대부분은 과학적 방법을 통해 엄격하게 조사되지 않았지만, 실천 지식의 일부분은 증명이 되고 있다. 과제 중심 사회복지가 그 한 가지 예이다. 하지만 사회복지실천에서 과학적 지식만을 활용하는 것은 인간에 대한 지식과 변화가 일어나는 방법에 대해 많은 부분을 설명하지 못한다. 현실은 대부분 증명되거나 구체적 방법을 통해 관찰되는 것 그 이상이다. 협소한 과학적 방법외의 또 다른 앎의 방식을 *실천적 지혜*로 설명한다. Howard Goldstein은 이를 "클라이언트의 삶에서 배우고, 그들과 함께 공유하는 경험으로부터 배우는 것"이라고 설명하였다. Goldstein은 이러한 지식에 대해 새로운 범위를 열어가는 실천의 타당함으로 인식했다.

실천적 지혜는 사람과 환경에 대한 강점을 볼 수 있고 다양성과 개별화를 존중하는 능력을 포함한다. 사회복지사들은 가치를 중요시 여기고, 클라이언트의 삶과 경험을 공유함으로써 배울 수 있도록 개방되어야 한다. 이런 방식으로 사회복지사는 성장하고 클라이언트를 임파워먼트 할 뿐만 아니라 사회복지의 지식 기초를 강화할 것이다. 클라이언트는 단점이나 자신의 한계보다 강점과 능력을 찾도록 도움 받는다. 개입의 초점은 무엇을 잃어 버렸나가 아닌 무엇이 가능한가이다. 주의할 사항은 클라이언트를 일반화하거나 선입견을 갖는 것이다. 실천적 지혜는 독특하고 개별화된 인간의 특성을 잘 설명한다.

사회복지 지식의 기초는 절충적이고, 다학문적이며, 시험적이고, 복잡하고, 때로 주관적이다. 사회복지는 공통의 개념과 관련 틀을 계속 찾아나가고, 보다 과학적으로 되기 위해 실천의 본질에 대한 가설을 계속 검증해간다. 이러한 특성으로 인해 사회복지의 지식 기반은 다음과 같은 몇 가지 문제점을 가진다.

1. 다른 학문에서 지식을 차용함으로써 발생하는 문제-지식을 차용하는 것은 지식을 개발하는 학문분야에서 현재 통용되는 것이기 보다 과거의 지식이라는 문제를 가

진다. 때로 그러한 지식을 발전시키는 학문분야보다 학문을 빌려주는 분야가 더 확실한 지식을 갖고 있다. 또 지식을 차용하는 것은 지식의 단순화 경향을 가져온다. 빌려온 지식이 부적절하게 사용될 수도 있는 문제가 있다.

2. 실천의 가치와 지식이 분리되면서 발생하는 문제-가치에 대한 고려는 현실을 바라보는 관점에 영향을 주어 가치와 갈등을 일으키는 관찰과 실재현상이 간과된다. 지식이 개발되고 사용되는 방법이 어려움의 원인이 된다.
3. 실천적 지혜가 종종 사실, 지각, 사고, 가치와 분리되어 불충분하게 개념화되기 때문에 발생하는 문제-실천적 지혜는 통제된 방법으로 다른 상황에 적용할 수 있도록 검증되지 않고, 다른 상황에서의 타당도와 신뢰도도 조사되지 않는다. 따라서 실천적 지혜로부터 얻어진 지식이 주어진 상황에 적절한 것인지를 결정하기가 어렵다.
4. 사회복지사와 클라이언트의 상호작용과 인간상황에 관련된 다양한 변수 때문에 발생하는 문제-이는 개입가능성을 결정하는데 사용하는 지식의 일반화를 어렵게 한다. 특히 고려해야할 점은 행동과 원조 상황에 대한 인식을 변화시키는 문화적 요인이다.
5. 완전한 정의 또는 정의에 관한 합의 없이 용어와 개념을 사용하는 경향 때문에 발생하는 문제-합의되지 않은 상태에서 같은 용어와 개념이 때로 다른 의미로 사용된다.
6. 용어와 개념 사이의 불충분한 관계로 인한 문제-사회체계이론은 상황속의 인간을 이해하기 위해 사용되는 지식을 다룰 수 있는 틀을 제공한다. 실천적 이론 지식은 추상적 수준 밖에서 조직화된 구조적 틀로 배열하기 어렵다.

사회복지지식의 기초에는 많은 문제점들이 내재하고 있지만 동시에 많은 강점도 있다. 사회복지가 상황속의 인간과 사회 기능에 있어 광범위한 시각을 갖고 있기 때문에 실천적 정보를 제공할 수 있는 막대한 양의 지식이 존재한다. 사회복지사들이 삶의 경험으로부터 얻는 지식, 다른 사람의 인생 경험 관찰, 광범위하고 자유로운 예술적 교육활동을 통해 얻을 수 있는 이해 등이 모두 활용할 될 수 있다.

사회복지사가 지식에 기반한 실천을 하고자 한다면 유용한 지식을 평가할 수 있는 능력을 갖추어야 한다. 또한 특정 상황에 적용할 수 있는 지식을 선택하는 능력, 상황속의 클라이언트에 대한 지식과 새로운 지식을 시험적으로 사용하는 개방성도 갖추어야 한다. 사회복지사는 반드시 논리적, 체계적, 비판적, 창의적으로 생각할 수 있어야 한다. Goldstein은 이는 과학이기보다 예술에 더 가깝다고 하였다. 그는 "반영적이고, 창의적이며, 상상하는 실천가의 마음이 그저 애매하게 '이해하기'라고 부르는 것을 이론, 정보, 직관, 감각, 인식으로 통합하고 조화해나갈 수 있다"고 하였다.

사회복지 지식의 원천은 다양한 학문으로부터 활용되는 것이다. 이런 상황에서 어떤 지식을 활용할 것인가를 선택하는 일은 항상 문제점을 가지고 있으며, 다양한 원천으로부터 지식의 조각들이 연결되는 것이므로 어려운 일이다. 인간의 상황은 복잡한 현상이다. 충분한 지식기반을 갖추기 위해서 사회복지사들은 다음 사항을 필요로 한다.

1. 폭넓은 자유주의적 예술의 기초–이는 사회학, 심리학, 인류학, 역사학, 정치학, 경제학 등 광범위한 사회과학의 지식을 포함하며, 인간사회의 특성과 인간상황의 특성을 설명하는 학문이다. 자연과학의 연구는 인간상황의 물리적 측면에 대한 이해와 과학적 사고 수단을 제공한다. 인본주의 학문은 창의적이고 비판적 사고과정의 발달을 돕는다. 이는 인간사회의 문화와 창의적 노력을 검토함으로써 인간상황의 본질을 이해하도록 한다. 사회복지사는 폭넓은 자유주의적 교육경험을 통해 개인적 능력을 신장시키고 개발해간다.
2. 인간, 상호작용, 사회적 상황에 대한 충분한 지식 토대–이는 인간에 대한 정서적, 인지적, 행동적, 발달적 관점의 지식으로 인간상황의 다양성과 기능의 다양성, 발달을 고려해야 한다. 인간 상호작용에 대한 깊이 있는 이해는 필수적이다. 이러한 지식은 일대일 관계, 가족관계, 소집단 관계와 현대사회의 일부분인 사회 조직과 기관에 대한 이해와 함께 인간기능에 영향을 미치는 사회문제에 대한 이해를 포함한다.
3. 원조과정과 돕는 과정, 다양한 상황과 체계에 적합한 개입전략에 관한 실천이론–이는 원조가 필요한 개인에게 서비스를 전달하고, 적응 방법과 보다 적절한 욕구충족을 위한 서비스 구조를 개발하기 위해 전문가, 사회구조, 기관에 대한 지식을 포함한다.
4. 특별한 상황에 처한 클라이언트 집단과 작업하는 데 필요한 특정지식–각 사회복

지사가 선택하는 지식은 실천상황과 직업에 대한 열망에 달려있다.

5. 다양한 출처에서 가져온 지식을 반영적, 상상적, 창의적으로 사용하는 능력-이는 인간과 환경의 강점을 찾아내고 미래를 구축하는 힘을 사용하도록 하므로 특히 중요하다.

사례

65세 이상의 노인과 일할 때 사회복지사들은 노인 클라이언트의 욕구를 이해하는데 필요한 특정지식이 필요하다. 생물학과 생리학은 신체의 노화과정에 대한 지식을 제공할 것이다. 또 노인학 분야에서 노화과정과 관련된 분리이론, 활성화 이론, 발달이론 등이 있다. 특히 발달이론은 이 책이 강조하는 바와 일치한다. 충만한 삶이되기 위해서 노년기에 요구되는 특정 과업의 달성여부를 확인해야 한다. 노인들은 건강에 대한 지식이 죽음과 임종에 대한 지식만큼 중요하다.

사회학적 지식은 우리 문화에서 노인의 기능과 역할 만큼이나 은퇴의 의미를 이해하도록 한다. 이는 개인과 기관에 대한 사회적 맥락을 이해하도록 한다. 노화의 관점에 대한 문화적, 성적 차이는 매우 중요하며, 가족구조와 노인 기능에 관한 지식도 필수적이다. 다른 중요한 개념은 연령의 차이이다. 이는 사회적 변화가 특정 연령집단이 전혀 다른 방식으로 삶을 경험하도록 이끈다는 점에서 중요하다. 한정된 재정자원, 연령차별, 고립과 고독과 같은 노인에게 영향을 주는 다양한 사회적 문제에 대한 지식은 필수적이다. 사회복지사는 이러한 노인의 문제를 돕기 위해 개발된 다양한 사회적, 지역사회 자원들을 자세히 알아야 한다. 개발되고 있는 사회정책을 자세히 이해하는 것도 노인과 일할 때 필요한 또 다른 지식이다. 이 모든 지식은 사회복지사가 상황 속의 인간을 이해하도록 돕는다. 또 과거에 유용하다고 입증된 광범위한 개입전략에 대한 지식도 요구된다.

가치

지식과 가치는 가끔 혼동된다. 사회복지실천의 이 두 가지 구성요소를 구분하는 것은 중요하다. 지식은 잠재적으로는 입증할 수 있는 것으로써 행동을 설명하고 실천을 개념화하는 데 이용된다, 반면 가치는 입증할 수 있는 것이 아니다. 가치는 바람직한 상태로 유지되는 것이며, 무엇이 우선되어야 하는 지 확인하도록 한다. 가치는 인간행동에 대한 바람직한 가정과 바람직한 원조 방법을 포함하는 것으로 지식과 가치에 대한 가정은 다른 원조방식을 가져온다.

다음의 **가치**에 대한 몇 가지 정의는 이 용어를 이해하는데 유용하다. Muriel Pumphrey는 "가치는 개인 또는 사회집단에 의해 유지되고, 우선시되는 행동의 구조틀이다. 이는 특정 수단, 목적, 삶의 조건에 대한 일반적 선호로 때로 강한 감정을 수반한다." Herbet Aptekar는 가치의 의미를 다음과 같이 정의하였다. "가치는 한 사회에서 의미 있는 집단이 가지는 표준과 기준들이 의식적으로 통제되거나, 논리적으로 일관된 관련 체계가 아닐지라도 제도화된 행동과 개인이 이미 알고 있는 행동구조 내에서 서로 관련되어 행동하는 유형을 반영하는 것이다." 이러한 정의는 가치가 "사회의 의미 있는 집단"에 의해서 유지된다는 것에 의의를 제기할 수 있다. 그러나 이 정의는 가치의 사회적, 또는 가치발달의 다른 측면에 있어서의 영향을 제시하였다는 측면에서 유용하다.

사실상 현대 비국사회의 다양성 속에서 사회적 가치가 합의된 것인지의 여부에 대해 질문해야 한다. 사회의 다양한 영역에서 믿고 있는 가치가 있다는 것은 이 가치가 사회적 가치여야 하며 모두에게 부가되어야 한다는 의미이다.

사회복지분야 이외의 영역에서 가치의 뜻을 찾아보는 것이 유용하다. 문헌에서는 다음과 같이 가치를 설명한다. ① 행동의 지침 ② 개인적 경험들로부터 성장하는 것 ③ 축적된 경험에 따라 수정된 것 ④ 본성으로부터 끌어낸 것. 이 문헌들은 가치가 갈등적 요구를 가져온다는 사실에 주목함으로써 가치의 본질을 추가적으로 이해했다. 몇 가지 가치가 같은 상황에서 작용하여 기능적, 갈등적 방식으로 상태를 종결시키기도 하다. 예를 들면 신체적으로 허약한 여성노인에 개입하는 사회복지사의 경우 신체적 안전과 자기결정의 가치에 직면하게 된다. 노인은 자신의 집에서 살기 원하지만, 이는 현실적으로 안전하지 않다. 어떠한 가치를 우선할 것인가에 대한 가치판단이 요구된다.

Milton Rokeach는 가치를 "특정한 방식 또는 존재의 목적상태가 개인적 또는 사회적으로 존재의 목적 상태에 바람직하다는 신념을 유지하는 것"이라고 정의했다. Rokeach는 가치가 "홀로 존재하기 보다는 체계 내에 존재한다"고 했다. 즉 개인의 가치는 자신의 가치가 다른 가치에 비해 상대적인 중요성을 가지고 있다는 방식으로 조직화된다. 그는 가치를 상대적으로 유지되는 것, 우선순위에 의해 인간이 행동하도록 하는 믿음, 행동 방식 또는 존재의 목적상태로서 해석한다. 가치 신념은 바람직한 것에 대한 개념으로서 가치는 감정적, 정서적 측면으로서 인간의 행동을 이끈다.

가치에는 몇 가지 유형이 있다. 궁극적 가치는 가장 추상적이고, 대다수의 사람이 가장 쉽게 동의하는 자유, 가치, 인간 존엄, 진보, 정의 등이다. 이에 반해 유사 가치는 보다 바람직한 특정의 목적상태를 의미하며, 낙태에 대한 권리, 특정한 방법으로 아동을 훈육할 권리 등이 예가 된다. 이 가치는 불일치되는 경향이 있다. 도구적 가치는 목적에 대한 바람직한 수단을 일일이 열거하는 가치로 일종의 행동방식이다. 자기결정과 비밀보장은 도구적 가치의 예로서 개인의 가치와 존엄을 조작화하는 수단이다.

가치는 사회로부터 비롯된다. 만약 개인이 사악한 존재로 간주되어 진다면 가치와 존엄을 갖고 있다고 생각하기 어렵다. 개인의 가치에 영향을 주는 요소는 ① 개인의 문화적 유산 ② 개인과 집단에 의해 유지되는 가치 ③ 개인적 경험 ④ 인류와 인간 상황의 본성에 대한 가치 등이다.

사회복지사들은 인간의 삶에서 종교적, 영적 가치의 중요성을 때로 무시한다. 종교적 신념과 영적 틀은 개인의 신념을 개발하는데 중요한 원천으로, 개인과 문화적 집단의 가치체계에 강한 영향을 준다. 클라이언트의 가치를 존중하기 위해 사회복지사는 가치 발달에 있어서 종교와 영성의 역할을 인식해야만 하며, 또한 어떤 신념이 인간이 기능하는데 중요한 구성요소인지에 대해 알아야 한다.

가치 갈등은 개인에게 다른 행동을 기대하는 다른 가치체계에 노출될 때 나타난다. 사회적 가치체계는 일반적으로 사회의 지배집단에 의해 유지되는 가치를 포함한다. 미국사회에서 이러한 가치는 성공과 성취, 활동과 일, 도덕적 책임감, 자연재해, 일시적 재난의 희생자에 대한 관심, 효율성과 실용성, 진보, 물질적 안정, 평등, 자유, 외적 순응, 과학과 현실적 합리성, 국가주의, 애국심, 민주주의, 개인의 가치, 지배집단의 우월성 등이다. 이러한 가치는 다양한 출처에서 비롯된 것으로 ① 자본주의적 청교도 윤리 ② 유대-기독교 유산 ③ 인본주의, 낙관론, 이상향적 사고를 포함한다. 갈등, 긴장, 모순은 사회적 가치와 전문적 가치, 클라이언트와 사회복지사의 개인적 가치 간에서 뿐만 아니라 다양한 출처 가운데서도 존재한다. 긴장과 갈등은 궁극적 가치에서 특정 목표와 수단을 선택할 때, 추상적인 것에서 구체적인 것으로 이동할 때 더 분명해진다. 이러한 긴장은 개인의 욕구에 대한 가치와 집단의 욕구에 대한 가치의 차이로 나타나기도 한다.

사회복지실천은 개인의 존엄과 가치, 자기결정, 비밀보장의 원칙으로 표현되는 일련의 가치에 토대를 둔다. Gordon은 이와 관련하여 "가치는 인간의 잠재력을 충분히 발휘하고, 자신에 대한 이해와 타인이 자신과 자신의 능력을 이해하도록 조화시키는 데 있어 바람직하고 선한 것이다." Aptekar는 궁극적 가치를 "집단의 안녕과 보전을 위한 인간의 존엄과 가치. 개인과 사회의 안정을 위한 개인과 사회의 개발과 발전"으로 표현했다. Armando Moris와 Bradford Sheafor는 Charles Levy의 가치를 위한 도식을 활용하여 사회복지전문직의 가치를 확인하였다.

인간에 대한 개념

1. 사회복지사는 인간의 천부적 가치와 존엄을 믿는다.
2. 모든 인간은 변화를 향한 선천적 동기와 능력을 가지고 있다.
3. 모든 인간은 사회 및 인류와 자신에 대한 책임감을 가진다.
4. 인간은 소속의 욕구가 있다.
5. 모든 인간은 공통된 욕구를 가지지만 각 개인은 독특하고 타인과는 다른 존재이다.

인간에 대한 기대

1. 사회는 인간이 자신의 잠재력을 충분히 발휘할 수 있도록 성장과 발달을 위한 기회를 제공해야 한다.
2. 사회는 굶주림, 부적절한 교육, 차별, 질병치료기회의 제한, 부적절한 주택 등의 문제를 피하기 위해 개인의 욕구 충족을 돕는 서비스와 자원을 제공해야 한다.
3. 인간은 사회라는 형태에 참여할 동등한 기회를 가져야 한다.

인간에 대한 개입도구

사람은 존경과 존엄으로 대우받아야 한다. 자신의 삶의 방향을 결정할 수 있는 최대한의 기회를 가져야 하며, 모든 인간의 욕구에 대응하는 사회를 건설하기 위해 타인과 상호작용하는 것을 돕고 촉구해야 한다. 어떤 특정한 성격 또는 삶의 경험 때문에 편견에 사로잡히기보다는 독특하고 유일한 개인으로서 인식되어야 한다.

가치로부터 윤리강령이 나온다. 윤리강령은 행동에서의 가치이고, 인간을 다루는 데 우선시되는 수단이다. Werner Boehm은 가치가 책임감과 관련된 행동적 기대와 선호라고 하였다. 이는 특정상황에서 우선순위를 갖는다는 점에서 합의를 이끌어낸다. 윤리강령은 전문적 실천에서 수행되어야 할 것을 상세히 기술하고 있다. 1996년 Delegate 회담에서 NASW는 새로운 윤리강령을 채택하였다. 원래는 1960년에 만들어졌으며, 1967년, 1979년에 개정된 것이다. 새로운 윤리강령의 개발은 이전 윤리강령의 결점 뿐 아니라 사회복지 전문직의 변화와 성장으로 이루어졌다. 새로운 윤리강령은 사회복지사가 클라이언트와의 관계에서 지침이 되는 행동을 더욱 구체화하였고, 대중매체를 사용하는 방법을 소개하고 있다. 그림 3-1은 윤리강령의 서문, 원칙, 핵심 가치를 소개하고 있다. 윤리강령은 NASW 홈페이지(www.socialworker.org)에서 구할 수 있다. 모든 사회복지사들은 윤리강령 내용을 숙지해야 한다.

사회복지사들이 이러한 가치를 실천에 접목시키는 것은 쉽거나 간단한 일은 아니며, 몇 가지 문제를 가져온다.

1. 가치에 대한 추상적 진술은 갈등 해석의 주요인이다.
   가치의 추상적 개념이 조작화 될 때는 하나의 가치뿐만 아니라 여러 가지 가치를 고려해야 한다. 가치를 행동으로 나타내는 것은 때로 어렵다. 예를 들면 클라이언트가 감옥에 가게 될지도 모르는 선택을 할 때 사회복지사는 인간의 존엄성과 가치를 고무시킨다고 볼 수 있는가? 그러한 클라이언트가 자기결정권을 인정받을 수 있는가?

2. 개인의 권리와 사회적 책임감의 균형을 유지하기 어렵다.
   이러한 균형을 유지하는데 발생하는 갈등과 긴장의 잠재적 요소는 ① 현재의 사회구조를 인간에 대한 원조기능을 가진 사회 구조로 개선할 필요 ② 서비스 수혜자와 동시에 서비스 비용을 지불하는 사람에 대한 책임 ③ 집단과 사회의 선을 제공 ④ 욕구의 평등성 등이다. 미국문화에서 개인은 독립적인 생활을 통해 존엄성을 느끼기 때문에, 타인의 도움을 받는 것은 자기존중감을 낮춘다.

[그림 3-1] NASW 윤리강령 – 핵심 가치와 윤리적 실천

서문

사회복지전문직의 주요 사명은 인간의 복지를 증진시키고 기본적인 인간 욕구의 충족을 돕는 것이다. 특히 취약하고 억압받고, 빈곤한 사람들의 욕구에 관심을 가진다. 사회복지의 역사적, 어의적 특성은 사회적 맥락 안에서 개인의 복지와 사회의 복지에 초점을 두는 전문직이라는 것이다. 사회복지의 기초는 환경이 생활 속의 문제를 일으키고, 원인이 되며, 설명해준다는 데 있다.

사회복지 전문직의 사명은 일련의 핵심 가치에 근거한다. 이 가치는 전문직의 역사를 통해 지켜온 것이며, 사회복지의 독특한 목적과 관점의 기초이다. 핵심 가치와 윤리원칙은 인간 경험의 맥락과 복합성 내에서 조화를 이루어야 한다.

핵심가치와 윤리원칙

• 가치 : 서비스
 윤리원칙 : 사회복지사의 주요목표는 사회문제를 설명하는 것이며 욕구가 있는 사람들을 돕는 것이다.
• 가치 : 사회정의
 윤리원칙 : 사회복지사는 사회정의에 도전한다.
• 가치 : 인간의 존엄성
 윤리원칙 : 사회복지사는 인간 본연의 존엄성과 가치를 존중한다.
• 가치 : 인간관계의 중요성
 윤리원칙 : 사회복지사는 인간관계의 중요성을 인식한다.
• 가치 : 통합
 윤리적 원칙 : 사회복지사는 신뢰를 주도록 행동한다.
• 가치 : 능력
 윤리적 원칙 : 사회복지사는 능력있고 발전하는 영역에서 전문성 향상을 위해 실천한다.

출처 : NASW 윤리강령, 1997

3. Henry Miller는 실천에 가치를 적용할 때 또 다른 문제가 발생함을 지적한다.
 "어떻게 존엄성을 해치지 않고 고통을 경감시킬 수 있는가? 이는 사회복지 실천에서 항상 존재하는 질문이다.

4. Alan Keith-Lucas도 위와 같은 문제를 지적한다.

"어떻게 인본주의적 접근과 과학적 접근법을 동시에 사용할 수 있는가? Roland Warren은 사회적 변화의 관계에서 나타나는 진리와 사랑이라는 두 가지 가치를 살펴보았다. 변화방법에 따라 각각의 가치는 다른 가정을 이끌어낸다. 진실은 이론, 과업 지향에 관한 지식을 필요로 한다. 이 가치에서 사람과의 관계는 나-그것(I-It)으로 사회복지사는 대변자의 자세를 취한다. 반면 사랑은 직관력과 과정 중심의 지식을 요구한다. 이때 사람과의 관계는 나-당신(I-Thou)의 관계로 사회복지사는 화해자의 자세를 나타낸다. 이러한 구분은 과학적 방식과 각 개인의 가치 및 존엄성을 모두 사용하는 것에 가치를 두기 때문에 나타난다. Warren은 이 딜레마에서 사회복지사는 양심을 강요하지 말고 설득하고, 사랑보다 존중하며, 과정을 잘 파악하여 과업을 다루고, 이해를 할 뿐만 아니라 직접 경험을 해보고, 대변자와 화해자의 자세를 취해야 한다고 했다.

사회복지실천에서 가치는 중요하다. 사회복지사는 사회적, 개인적 가치 즉 클라이언트의 가치와 자신의 가치 모두를 고려해야만 한다. 사회복지사는 사회복지 가치와 윤리 체계 내에서 기능해야만 한다. 사회복지사는 가치갈등을 해결하고 신념과 행동을 일치시키는 일에 편안해져야 한다. 이러한 작업은 인내와 경험을 요구한다. 현대 사회복지 실천에서 가치판단의 갈등이 발생하는 이슈들은 낙태, 동성애, AIDS 치료자를 위한 개입, 만성정신질환 치료 등이다.

윤리적 이슈를 다룰 때 특정상황에서 윤리적 행동을 결정하기 위한 명확한 과정이 있는 것은 아니다. 예를 들면 학대 위험에 처해있는 아동의 사생활은 보장될 수 있는가? 법정은 학대를 보고할 것을 요구한다. 그러나 단지 학대가능성만 있다면 어떻게 해야 하는가? 또는 클라이언트가 서비스 과정에서 다른 사람을 위협하면 어떻게 해야 하는가? 정신질환자가 스스로를 위협하고 있다면 어떻게 해야 하는가? 이러한 상황은 그 심각정도에 대해 전문적 판단이 요청된다. 오늘날 또 다른 딜레마는 HIV 양성반응자나 AIDS 환자와 일할 때 발생한다. 만약 클라이언트가 성적 파트너에게 위험을 알리지 않는다면 사회복지사는 어떻게 해야 하는가? Tarasoff v Regents of the University of California(1976) 사례는 사회복지사가 경고하지 않아 발생한 책임감을 거론할 때 자주 인용된다.

이러한 상황에 대해서는 명확한 해답이 없다. NASW 윤리강령은 사회복지사들이 전문적 이유에 해당하는 경우를 제외하고 비밀보장을 지키도록 한다. 사회복지사가 비밀보장의 윤리를 깨뜨리기 전에 현재 당면한 위험이 사실인지 확인해야만 한다. 실제 위험이 존재 한다면 사회복지사는 위험에 처한 사람을 위해 개입해야만 한다. 우선 현 상황에 대해 주의 깊고 완전히 시행한 사정을 문서로 남겨야 한다. 그 다음 클라이언트를 위험에 스스로 노출하도록 설득하여야 한다. 만약 이러한 작업을 시기적절하게 하지 못한다면 사회복지사들은 클라이언트에게 고지한 후 다른 사람들을 보호하기 위해 다음 단계를 취해야 한다.

클라이언트는 비밀보장의 한계가 있음에 대해 고지 받아야 한다. 사회복지사들은 비밀보장의 한계와 법적 보호에 대해 명확히 알고 있어야만 한다. 또한 고지된 동의에 대한 지침과 위험에 대해 알고 있어야 한다.

가치는 일반적인 인간의 경험이다. 이것은 인간이 자존감을 유지하도록 한다. 즉 목적, 경험, 조건, 자질, 인간의 노력과 관심에 가치가 있는 목표를 유지하도록 한다. 사회복지사가 가치과정에 참여하는 것은 매우 중요하다. 사회복지사는 자신이 관련되는 사회적, 자연적 가치 체계로부터 개인의 가치체계를 개발해 왔다. 사회복지사의 가치는 어떤 면에서 사회적 가치체계와 비슷하다. 그러나 차이점은 있다. 사회복지사는 이러한 차이점들을 인식하고, 이로 인한 긴장과 갈등을 다룰 수 있는 방법을 개발해야 한다. 자신이 잘 인식하고 있지 않은 가치가 실천에 영향을 미치지 않도록 자신의 가치를 잘 인식해야 한다.

가치의 다양성을 인식하는 것은 중요하다. 마치 한 쪽이 우월하면 다른 쪽은 열등한 것처럼 다르게 보는 이분법적 경향은 사람들을 열등하게 취급하도록 하며, 편견과 차별, 억압을 가져오는 명분을 제공한다.

다양성의 가치를 인정할 때, 사회복지사는 새로운 경험과 인식을 하게 된다. 다양성을 통해 강점이 있음을 보게 된다. 처음에는 모든 색깔을 흑백렌즈를 통해서 무지개를 봤던 것이라고 한다면 다양성에 가치를 두는 것은 각 개인이 가치 있고 존중받을 존재라는 사실과 인간존재의 독특성을 평가하는 기초를 만드는 것이라고 할 수 있다.

사회복지사의 노력은 개인의 존엄성, 사회적 책임감이라는 두 가지 가치에 토대를 둔다. 이 가치는 다음의 행동원칙으로 표현된다.

1. 사람은 선택의 자유를 가진다.
2. 개인은 중요하다. : 개인의 욕구와 관심은 사회의 욕구에 종속될 수 없다.
3. 사회복지사는 개인과 개인의 관심, 욕구에 대하여 비심판적 접근을 해야 한다.
4. 사회복지사의 역할은 통제가 아니라 원조와 조력이다.
5. 감정과 개인적 관계는 중요하다.
6. 사람은 타인에 대한 자신의 욕구와 관심에 대한 책임을 진다.

사례

노인과 일할 때는 노인의 가치를 이해하는 것이 중요하다. 우리사회는 젊음, 건강, 신체적 능력, 그리고 젊은 육체의 아름다움은 숭배하지만 노인과 노화에 대해서는 부정적 태도를 보인다. 이러한 사실은 노인의 자기가치감에 영향을 준다. 노인에 대한 부정적 감정이 노인클라이언트와의 관계에 영향을 준다는 것을 의식하지 못한 사회복지사도 사회적 가치에 영향을 받을 수 있다. 사회복지사는 또한 '노인은 모두 비슷하다. 노인은 신뢰할 수 없다. 노인은 학습할 수 없다' 등의 노인에 대한 신화를 수용하지 않도록 경계해야 할 필요가 있다. 고령자 및 노인에 대한 차별 행동은 가치에서 비롯된다. 이러한 차별은 사회복지 윤리강령에 위배된다.

사회복지사는 클라이언트의 자기결정권, 비밀보장권을 빼앗지 않았는지, 클라이언트가 자신의 소망보다 가족의 희망과 제도적 규범을 더 중요하게 여기지는 않는지 지속적으로 주의를 기울여야 한다. 때때로 삶의 질에 대한 문제는 찾아내기가 어렵다. 그러나 클라이언트의 삶의 질에 대한 인식을 사정해야하고 사정이 서비스 제공에 근간이 되도록 해야 한다.

노인과 일할 때 죽음과 죽어가는 것에 대한 가치가 나타난다. 대다수의 젊은 사회복지사는 이 분야를 피하고자 하지만 노화과정을 다루고 노인의 운명에 관해 진지하게 시작할 사람을 필요로 한다. 이 문제에 대하여 노인에게 개입하는 사회복지사는 자신의 삶에서 이와 관련된 내용을 고려하고, 이 주제에 대하여 편안해져야 한다.

노인과 일하는 사회복지사는 사회복지 윤리뿐만 아니라 사회의 가치, 자신의 가치, 클라이언트의 가치를 고려해야한다. 이 가치들은 일치하지 않을 때가 있다. 노인이 경험한 차별, 노인에 대한 사회적 신화가 받아들여짐으로써 노인들이 받는 상처는 크다. 사회복지사가 노인 클라이언트와 일할 때 가장 먼저 해야 할 과업은 가치

문제를 확인하는 것이다.

기술

기술은 지식과 가치를 융화시키며, 이를 관심과 욕구에 대한 반응으로 전환하는 실천의 요소이다. 기술의 의미를 이해하는데 다음의 사회학적 정의가 유용하다. 기술은 학습을 통해 개발되고 특정 목적을 이끌고 특정 활동에 집중되는 신체적, 언어적 행동의 복잡한 조직체이다.

Bartlett는 사회적 기능상의 문제에 가치와 지식을 융화할 때 개입목록이라는 용어를 사용한다. Bartlett는 개입목록은 조직적 방법(method), 전문적 기법(technique), 기술(skill)로 구성된다고 했다. 기술은 특수한 전문적 기술을 유능하게 수행하기 위해 효과적으로 지식을 사용하는 능력이다. 이 공식은 실천에서 특별히 중요한 두 가지 속성을 내포하는 것이다. 첫째, 기술은 지식과 기치에 토대를 둔 다양한 가능성에서 선택해야한다. 둘째, 그 선택은 사회적 기능에 대한 행동과 관련이 있다는 것이다.

최근 사회복지 문헌에서는 실천의 행동요소를 논할 때 개입목록보다는 기술이라는 용어를 사용한다. Morales와 Sheafor는 "사회복지 기술은 특별한 상황에 적절한 기술의 선택과 효과적으로 기술을 사용하는 능력을 요구한다"고 했다. 이들은 기술의 선택과 지식의 활용에 대해 논하고, 사회복지 서비스를 제공할 때 사회복지가치에 기반한 적절한 기술을 결정하는데 이러한 지식이 통합된다고 했다. 그들은 기술이 적절한 전문적 테크닉을 선택하고 이를 효과적으로 사용하는데 필요하다고 했다. 또 사회복지사의 능력을 나타내는 기술은 클라이언트의 특정 상황에서 사회복지 가치와 지식에 기반 한 변화의 심리사회적 개입을 유도하는 능력이라고 정의했다. 이 기술적 개입의 결과로 발생하는 변화는 클라이언트의 능력을 활용하고 감정을 고려함으로써 최상의 수준으로 변화를 초래한다. 이는 원조상황에서 뿐만 아니라 일반적 기능에서도 클라이언트가 자신의 강점과 능력을 활용하도록 한다.

사회복지는 여러 상황에 적용할 수 있는 다양한 기술이 있다. 실천의 행동요소를 기술이라고 하는 것처럼 기술을 유능하게 사용하는 것을 '능숙함' 이라고 표현한다.

모든 사회복지사에게 필요한 기본적인 핵심기술을 규명하는 작업이 이루어졌다. Betty Bear와 Ronald Federico는 네 가지 실천의 기술요소를 ① 정보수집과 사정 ②

전문적 자아의 개발과 활용 ③ 개인, 집단, 지역사회에 대한 실천 활동 ④ 평가로 규정했다. 이들은 필요한 기술을 분야별로 목록화 하였다. 사회복지사의 능력에는 억압받고 차별받는 집단의 이익을 위해 일하는 기술이 필요하다. 우리 사회에 만연된 편견을 생각할 때, 여러 집단 간의 장애물을 극복하기 위해서는 다양한 기술이 필요하다. 이는 사회복지사 내부의 장벽을 인식하는 기술뿐 아니라 클라이언트 문제를 인식하는 기술까지 포함한다. 이는 복잡한 상황을 이해하고 개방적, 창의적이어야 한다는 의미이다. 이를 위해 사회복지사는 자기인식, 공감, 관계, 특별히 인종, 문화, 성, 연령, 성적 취향, 무능력과 관련된 기술을 개발해야한다. 사회복지 실천의 본질에 관한 많은 설명이 이러한 상황에 토대를 두고 개발되고 있다.

사회복지교육위원회의 '교과과정 교육정책'은 학사와 석사학위 사회복지사에게 기대되는 기술수준을 공표하고 있다. 이는 2가지 기술유형으로 인지적 기술과 상호작용 혹은 관계기술이다. 인지적 기술은 상황 속의 인간 개념을 기반으로 개인과 상황에 관한 이해를 발전시키는데 필요한 지식을 확인하고, 개입계획을 세우고, 평가를 수행하는데 사용된다. 상호작용 기술은 개인, 집단, 가족, 조직, 지역사회들과 일할 때 이들에 대한 이해를 돕고, 의사소통하며, 공동 계획의 수립 및 행동계획 수행에 사용되는 것이다. 사회복지사는 이 두 가지 기술유형에 능숙해야만 한다.

숙련은 다양한 기술과 방법론을 사용하는 실천의 결과로서 반복되어 개발된다. 기술숙련은 지식의 적용, 가치의 조직화뿐 아니라 사회복지사의 개인적 특성과 업무스타일 개발과 관련이 있다. 기술의 발달을 이해하는데 음악가의 비유가 유용하다. 음악가는 오랜 훈련 후에야 능력과 기술이 발달한다. 손가락 운동, 악보읽기, 박자감각 등 간단한 기초를 익히는 것으로 시작한 후 점점 더 복잡한 기술과 음악으로 진전한다. 음악가의 개인적 스타일은 음악의 해석을 통해 개발된다. 이와 유사하게 사회복지사는 인지적, 상호작용 기술의 조화를 배움으로써 숙련된 사회복지사로 발전하는 것이다.

사례

사회복지사가 노인에게 사용하는 기술은 많고 다양하다. 대부분의 경우 사정기술, 문제해결기술, 계획기술, 관계기술이 요구된다. 어떤 상황에서는 개별노인, 노인 집단, 노인의 가족, 지역사회집단과 함께 일하는데 필요한 기술이 요구된다. 어떤 노인은 이야기하기, 감정과 사고를 표현하는 그림그리기 활동이 적절할 수 있다. 위기에 처한 노인에게는 지지가 필요할 수 있다. 사회복지사는 욕구, 자원, 클라이언트가 원하는 바에 따라 각 상황에 적용 가능한 기술을 선택할 것이다.

지식, 가치, 기술의 창의적 조화

원조상황에서 지식, 가치, 기술을 창의적으로 발휘하는 능력은 사회복지사에게 정말 중요하다. 이 특성은 적절한 지식과 가치기술을 선택, 적용하는 것뿐 아니라 이 세 가지 요소가 서로 부합하고 모순되지 않는 일관된 전체로서 원조노력이 이루어지도록 세 요소가 조화되는 기를 요구한다. 이 능력은 지식, 가치, 기술의 조화를 필요로 한다. 이 능력은 관련이 없는 지식을 가려내고 적절한 지식을 선별하는데 사회복지 가치뿐 아니라 클라이언트와 기관의 가치를 사용하는 데 필요하다. 이는 상황에 지식과 상호작용기술을 능숙하게 적용하는 것이다. 상황 속의 개인은 모두 다르며, 원조에 대한 욕구도 다르기 때문에 지식, 가치, 기술도 다르게 사용된다. 상황 속의 개인에게 접근하는 일반적인 절차와 접근 방법은 있겠지만 구체적인 지침서는 있을 수 없고 표준화된 과정도 없다. 지식, 가치, 기술의 적용은 창의적 자세로서 접근될 수 있다.

창의적 자세는 때로 *사회복지라는 과학(Science)*에 반대되는 것으로 *사회복지 기술(Art)*이라고 표현된다. 이 기술은 설명이 불가능하지는 않지만 어려운 것으로 경험에 근거한 직관, 육감, 사회복지사의 개인적 속성에 그 토대를 둔다. 사회복지사는 원조노력이 하나의 독특한 작품이 되도록 지식, 가치, 기술의 요소를 찾아내고 선택하고 적용한다. Benlar Compton과 Burt Galaway는 기술이 감정, 공감의 수준, 높은 주관성과 자아의식에 초점을 맞추는 것이라고 기술했다. 기술은 새로운 관점과 전망을 창조하며, 사회복지사 개인의 스타일을 규정짓는 핵심이 되어야 한다.

Lydia Rapoport의 창의성에 대한 설명은 지식, 가치, 기술의 조화를 이해하는데 유용하다. Rapoport는 창의력이 있는 사람들은 특정 의견과 관점을 무조건 따르지 않으며, 과업 수행에 대한 높은 동기와 인내심을 갖고 있으며, 새로운 정보와 사고에 대해 개방되어 있고 수용적이며, 복잡한 상황을 피하지 않으며, 모호한 상황을 인내하며, 너무 빨리 종결하는 우를 범하지 않으며, 갈등과 모순적인 상황을 견디며, 특정한 이론적 견지에 너무 빠지지 않으며, 문제의 다각적 측면에 대한 지식을 갖추고 있는 자라고 하였다.

지식, 가치, 기술의 조화는 특히 다양한 클라이언트와 일할 때 중요하다. 앞서 지적한 바처럼 미국사회는 점점 더 다양해지고 있어 사회복지사는 다양한 클라이언트에 대한 지식을 가지고 있어야 한다. 앞에서 우리는 다양성에 대해 작업할 수 있는 능력을 갖추는 것에 대해 논의했는데, 이를 성취하기 위해서 사회복지사는 다양한 클라이언트 집단의 기대에 맞는 서비스를 제공해야 한다. 클라이언트 집단의 가치, 규범, 전통, 의사소통과 관계 맺는 방식 등 각 집단에 대해 특정한 지식을 익히는 것이 필요하다. 사회복지사는 자신의 가치와 문화의 영향으로 개입의 한계를 가져올 수 있는지 명확한 자기 인식이 필요하다. 사회복지사는 자신의 가치와 다양한 집단의 가치를 인지하면서 사회복지 가치와 윤리를 활용해야 한다. 또 사회복지사는 다양한 집단이 도움을 구하고 받는 과정을 고려하면서 이에 요구되는 기술을 갖추어야 한다. 이들은 독특한 방식으로 사회복지사와 만나고 조화를 이루어 나간다.

다음 사례는 특정 상황 속에서 사회복지사에게 필요한 지식, 가치, 기술을 제시한다. 이 사례에서는 지식, 가치, 기술의 창의적 조화가 클라이언트의 욕구충족이라는 사회복지사의 과제를 수행해야함을 강조한다.

변화과정을 가져오는 문제해결에 대한 생태체계와 강점관점의 조화는 복잡하고 산재한 지식을 응집력 있는 전체로 조직화하고 사회복지사의 창의적 능력을 증진시킨다. 이러한 접근은 상황 속의 체계가 가지고 있는 자산과 능력을 확인하도록 한다. 이를 위해 사회복지사는 개방적, 창의적이어야 한다. 사회복지사는 클라이언트가 자신의 강점과 생태체계 관점에 기반한 계획을 수행할 수 있도록 창의성을 활용한다. 이 관점은 클라이언트를 "문제를 가지고 다니는 사람"이라고 보기보다 상황이 해결된다면 반드시 변화한다고 보는 것이다. 생태체계 강점 관점은 개인과 체계의 자산과 능력을 찾고, 개인의 삶에 관련되는 모든 체계에 초점을 둔다. 초점을 확대하는 것이 처음에는 익숙하지 않지만 생태체계 관점은 관련된 다양한 체계를 인식하도록 한다. 성장과 변화를 위해 활용할 수 있는 자원을 확대하는 데에는 사회복지사의 노력을 필요로 한다. 이 관점은 클라이언트가 자신의 삶에 대한 통제능력을 존중하는 것이며, 비록 충족되지 않는 욕구가 있다하더라도 클라이언트에게 잘 적응할 수 있는 능력이 있음을 인식하는 것이다.

Rolly May는 창의성이란 "매우 의식적인 인간과 세상과의 만남"이라고 했다. 또 "창의성은 만남의 행위에서 발생하고, 만남은 창의성의 핵심으로 이해되는 것"이라고 했다. 사회복지사 가지는 과학과 기술의 측면은 갈등적이라기보다 상호 보완적이다. 지식, 가치, 기술의 사용에서 과학과 기술이 창의적으로 결합될 때 사회복지 전문직의 본질이 나타난다.

사례

Abbott 여사는 86세의 여성으로 시드니사이드의 요양원에 입소하였다. 클라이언트는 힙(hip) 골절 이후 회복중으로 약간의 혼란상태를 나타내었다. 가족과 의사는 Abbott 여사가 더 이상 혼자 살 수 없으며, 전문적인 간호가 필요하다고 결정했다. 사회복지사는 클라이언트가 새로운 환경에서 편안하게 지낼 수 있도록 돕고, 치료와 관련된 심리사회적 측면을 다루고자 한다. 사회복지사는 클라이언트와의 관계형성을 위해 필요한 지식, 가치, 기술을 확인하고, 클라이언트 욕구를 이해하고지 했다. 우선 사회복지사는 노인에 대한 지식에 관심을 갖고, 노인이 변화와 문제에 대처하는 방식, 가족과 친구 등 타인과 관계하는 방식, 노화의 심리사회적 과업을 다루는 기능을 파악한다. 사회복지사는 클라이언트의 대처 유형과 대처기술, 대인관계의 특성, 심리사회적 발달 정도를 살펴볼 것이다. 또 사회복지사는 위기에 대한 지식, 특히 자신이 살던 집과 친숙한 환경을 떠나는 위기에 대하여 조사할 것이다. 이를 통해 사회복지사는 노인이 새로운 환경에 처하면 혼란을 일으킬 수 있다는 지식을 알게 될 것이다. 요양원으로 입소할 때, 새로운 환경에 정착할 때 노인은 지지와 도움이 필요하다. 클라이언트는 골절로 인해 이동범위가 제한적이라는 사실이 위기를 부가한다. 이러한 지식은 클라이언트 행동을 이해하도록 할 뿐 아니라 사회복지사에게 클라이언트에게 개입하는 방식에 대한 정보를 제공한다. 위기 개입에 관한 지식은 사회복지사가 위기발생상황에서 가능한 한 빨리 클라이언트에 적극적으로 개입해야 함을 알려준다.

이러한 상황에 처한 노인과 일하면서 사회복지사는 어떤 과업이 달성되어야 하는지 알게 된다. 클라이언트는 요양원의 하루일과가 어떠한지에 대해서, 또 자신이 해야 할 일에 대해서 알아야 한다. 사회복지사는 클라이언트가 가족과 친구와 관계 유지가 필요하며, 가족도 이와 같은 새로운 상황에서 도움을 필요로 할 것이라는 것을 알게 된다. 사회복지사는 요양원이 어떤 기능을 갖고 있으며 입주자에게 어떤 서비스를 제공하는지 알고 있어야 한다. 사회복지사는 한 번의 면담에서 너무 많은 정보를 얻으려고 하는 것이 바람직하지 않다는 것을 경험을 통해 알기 때문에 몇 번의 단기면담을 통해 계획을 수행할 것이다.

사회복지사는 기본적인 사회복지 가치를 이 사례에 적용한다. 이는 클라이언트가 자신의 삶에 대한 선택을 할 수 있으며, 최대한의 자기결정을 유지하도록 하는 것을 의미한다. 이를 가능하게 하는 것은 클라이언트가 집에서 갖고 올 수 있는 개인 소지품을 결정하도록 하고, 요양원에서 제공하는 프로그램 중 원하는 것을 스스로 선택하도록 하는 것이다.

사회복지사는 클라이언트의 과거경험과 현재감정을 다루면서 클라이언트의 존엄성과 가치를 인식할 것이다. 이러한 과정은 비밀보장이 유지되기 위해 사적인 장소에서 조용하게 이루어질 것이다. 사회복지사는 좋고 나쁜 것을 판단하거나 클라이언트에 대해 충분히 이해하기 전에 계획을 세우기보다는 클라이언트의 감정과 행동을 이해하기 위해 노력할 것이다.

사회복지사는 클라이언트가 자신의 감정과 걱정을 편안하게 표현할 수 있도록 사회복지 기술을 사용하며, 개입계획을 수립하기 위해 정보 수집을 통해 클라이언트의 사회력을 파악할 것이다. 또 사회복지사는 계획 수립 과정에서 클라이언트 개인과 가족에 대한 기술을 사용할 것이다. 사회복지사는 심리사회적 계획이 클라이언트에 대한 종합적 치료계획의 일부분이 되도록 할 것이다.

위 사례는 사회복지사에 의해 요구되어지는 지식, 가치, 기술의 일부만을 제시하고 있지만, 사회복지사가 클라이언트의 욕구충족을 위한 과업수행에서 요구되는 지식, 가치, 기술의 창의적 조화를 설명하고 있다.

요약

사회복지 개입에서 지식, 가치, 기술은 항상 사용되는 것이다. 지식은 현실을 반영하는 것으로 사회복지사의 지식토대는 복잡하고 일부는 다른 학문으로부터 도입된 것이다. 지식은 인간 기능과 사회 환경에 대하여 설명하며, 욕구에 대한 반응을 설명한다. 가치는 우선시되는 것 또는 행동에 대한 지침이다. 사회복지에서 가치는 일반적인 문화적, 사회적 가치 상황 뿐 아니라 사회복지 전문직, 클라이언트의 가치를 포함한다. 이러한 가치는 서로 갈등을 빚을 수 있다. 사실 어떤 가치체계는 항상 갈등적인 부분을 가진다. 사회복지 가치는 인간에 대해 선호되는 개념, 선호되는 결과, 선호되는 개입도구의 기반이 된다. 사회복지 윤리강령은 전문적 실천에서 기대하는 것을 설명한 것이다. 기술은 지식과 가치를 동반하며 이를 행동으로 변화시킨다. 기술은 계속적인 사용을 통해 발전되며, 사회복지사는 실천에서 사용할 다양한 기술을 구비해야 한다. 사회복지 실천상황에는 지식, 가치, 기술을 기반으로 한 개입이 이루어진다. 각 요소의 융화를 창의적 조화라고 한다. 창의성은 사회복지의 예술(art)이다.

학습질문

1. 사회복지사로서 도움이 될 현재 자신이 가지고 있는 지식을 살펴보시오. 지식을 어떻게 획득했는가? 지식의 다양한 측면 사이에서 부조화가 나타나는가? 또 이미 반드시 가지고 있다고 생각되는 지식이 무엇인지 확인해보시오.
2. 인간관계에 대하여 자신이 가지고 있는 가치는 무엇인가? 이 가치는 사회복지 윤리강령과 사회복지 가치에 일치하는가? 자신의 클라이언트에 개입하는 데 어떤 영향을 미치는가?
3. 사회적 가치와 자신의 가치가 조화로운가, 아닌가? 자신의 가치와 사회적 가치가 다른 상황에서 어떻게 할 것인가?
4. 일상생활에서 기술을 개발하는 자신의 방식은 무엇인가? 사회복지기술을 배우는 데 이 방식을 어떻게 활용하는가?
5. 클라이언트의 욕구를 충족시키기 위해 사용되는 "창의성"의 개념을 설명하시오.

제4장 변화과정으로서의 사회복지

학습목표

1. 성장과 변화 과정에 대한 지식
2. 사회복지실천에 변화과정이 사용되는 방법 이해
3. 원조 과정에서의 생태체계 강점 접근의 공헌 이해
4. 개입개념 이해
5. 대인간 상호교류의 본질 이해
6. 사회복지사가 추구하는 변화의 본질 이해

이 장에서는 일반주의 사회복지실천을 설명하기 위한 네 번째, 다섯 번째 접근법을 소개한다. 첫 번째 파트에서는 사회복지를 성장과 변화를 촉진시키는 과정으로 보는 네 번째 접근법으로 변화과정에 관한 배경 지식과 함께 간단한 설명을 첨가할 것이다. 이 장의 마지막 부분은 사회복지실천을 대인간의 교류에 있어서의 개입으로 보는 다섯 번째 접근으로, 이 부분은 개입의 개념과 변화과정에 있어서의 대인간 상호교류의 중요성에 대해 설명할 것이다. 이 접근법은 변화과정에 있어서 생태체계 강점 관점을 이용할 때 요구되는 상호작용 접근을 강조하기 위해 함께 소개될 것이다. 클라이언트와 환경에 초점을 맞추고 변화를 촉진하는 것은 어려운 것이며, 어쩌면 부적절할 수도 있다. 사람과 체계는 변화에 대해 개방되어 있지 못하며, 특히 변화가 잠재적인 위험성을 가지고 있을 때 더욱 그렇다. 그러나 변화라는 것은 사람과 체계가 서로 어떻게 연관되어 있는가에 따라, 어떤 상호작용을 하느냐에 따라 쉽게 일어날 수도 있다. 적어도 생태체계 강점 관점은 클라이언트와 환경 속의 체계, 사람과 체계 간에 발생하는 상호교류의 성장과 변화를 요청한다.

성장과 변화의 과정으로서의 사회복지

네 번째 접근법에서는 사회복지 실천 방법 중 하나인 성장과 변화를 촉진하는 과정으로서 일반주의 사회복지실천에 대해 설명하고 있다. 이것은 클라이언트의 관심사와 욕구에 대한 접근으로 지식, 가치, 기술을 조직화하고 적용하는 한 방법이 될 수 있다. 또 사정, 환경속의 인간, 관계, 과정, 개입에 대한 생각을 조직화하는 방법이기도 하다.

이 장은 3부의 도입부로서, 변화 과정에 대해 더 깊이 다루게 되며 독자들에게 여러 관점에 대하여 전체적인 이해를 돕기 위해 1부에 수록되었다. 독자들은 이를 통해 변화 과정에 있어서의 "상호작용 과정"을 다루는 2부에 대한 이해에도 도움을 받을 수 있을 것이다.

1960년대에 사회복지실천이 공통성을 추구함에 따라 개별사회사업, 집단사회사업, 지역사회 조직에서 문제해결이 공통 개념이 되었다. Helen Harris Perlman은 *사회적 개별사회사업: 문제해결과정*(Social Casework:A problem-Solving Process)에서 다음과 같이 말했다. 개별사회사업과정은 행동을 향한 효과적인 사고와 감정의 기초가 되는 질서정연하고 체계적인 도구를 사용하는 문제해결 과정이다.

Murray Ross는 *지역사회조직: 이론, 원칙, 실천*(Community Organization: Theory, Principles and Practice)에서 지역사회 조직 형성의 핵심 개념인 계획 과정에 관해 논하였다. Ross의 논의에서 알 수 있는 것은 계획 과정이 전통적인 문제해결 과정에서 반드시 적용되었다는 점이다. *집단에 대한 사회복지*(Social Work with Groups)에서 Helen Northen은 집단사회복지실천에서 문제해결의 중요성을 다루었다. 다양한 분야에 문제해결과정이 광범위하게 적용되면서 이것이 사회복지실천의 공통요소로 규명되었으며, 상호작용적 혹은 일반주의 사회복지실천 이론의 발달에 중요한 개념이 되었다.

물론 **문제해결과정**이 사회복지의 독특한 것이 아니지만, 사회복지실천에서 인간의 욕구에 접근하는데 매우 중요한 접근법이 된다. 문제해결 과정은 과학적인 과정으로 사회복지의 예술적이고 창의적 과정과 대조적으로 사회복지실천의 과학적 요소를 밝혀내는 수단이 된다(3장 참고). 학자들이 새로운 분야에 대한 연구를 할 때, 공식적인 조사 연구를 계획하고 실행할 때, 자신의 연구 분야에 대한 답을 구할 때, 과학적 과정이 보편적으로 사용된다.

사회복지에 있어서 강점 접근과 생태체계 접근은 긍적적, 포괄적으로 클라이언트의 욕구충족을 유도하는 변화과정의 중요한 차원이다. 강점 접근에서는 문제에 주목하지 않으며 전반적인 목적과 클라이언트를 고무시키는데 초점을 두고 있다. 생태체계 관점은 환경과 환경속 인간의 상호작용적 본질을 조직하고 이해하는 방법을 제시해준다. 이 장에서는 변화에 생태체계 강점 접근을 사용하기 위해 강점 접근과 생태체계 관점을 전통적인 문제해결과정과 혼합할 것이다. 이 접근법은 문제해결을 개인, 환경, 개인과 환경간의 상호작용에 있어서 자연스러운 성장을 이끌고 변화를 촉진시키는 방법으로 보고 있다. 또한 생태체계 강점 접근은 사회복지사가 개인, 환경, 개인과 환경간의 상호작용에 있어서 클라이언트가 바라고 실제 클라이언트 환경에 맞는 변화를 가능하도록 한다.

생태체계 접근과 강점 접근은 건강함에 기초하고 있다. 두 관점 모두 성장과 변화는 인간 발달에 있어 자연스러운 부분이라고 보고 있으며, 건강한 기능은 클라이언트 삶의 모든 영역에 있어서 목적이자 실제라고 본다. 변화란 개인 및 상황 전체에 발생할 필요는 없으며 오직 욕구가 충족되지 않는 영역에서만 발생해도 된다. 보통 사람들은 사회적으로 승인된 방식으로 대부분 자신의 욕구를 충족할 수 있다. 두 접근법을 사정, 계획, 실행, 평가에 혼합하여 사용하면, 충족되지 않은 욕구에 대한 개입방법으로 사회복지사와 클라이언트의 개인 및 환경적 강점을 개발하게 될 것이다.

문제해결과정과 생태체계 강점 접근의 조화

문제해결 과정에 참여하는 것은 개인, 가족, 소집단, 조직, 지역사회의 구성원 등 모든 사람들의 일반적인 삶의 한 부분이지만, 문제를 강조하다보면 체계가 가진 강점을 과소평가할 우려가 있다. 이 때문에 문제해결 과정을 새롭게 보게 하는데, 한 예로 David Cooperrider와 Suresh Srivasta는 조직 발달분야에서 전통적인 문제해결에 대한 대안으로 '감식력 있는 질문(appreciative inquiry)' 이라는 개념을 개발하였다. 변화에 대한 이 접근은 개발과 성장의 가능성과 방향을 탐색하는데 공조노력을 추진하고 기능하는 조직체계 측면에 가치를 둔다.

사회복지실천에서 문제에 초점을 둔다는 것은 희생자를 비난하는 경향과 연결된다. 이 과정은 사회 문제로 희생자가 된 사람과 문제를 경험하지 않은 사람을 구분하며, 클라이언트를 사회 문제의 희생자로 만든다. 이 과정은 사회 문제에 책임이 있는 환경요소를 무시하는 경향을 발생시키며, 이와 같은 억압적인 환경에서 살아남은 개인의 강점을 인식하지 못하게 하기도 한다. 궁극적으로 문제에 초점을 맞추는 것은 클라이언트를 문제로 낙인 시킨다.

강점접근은 이러한 우려에 대한 대응으로 사회복지실천에 사용되었다. 이 접근은 클라이언트의 강점에 기반하며 클라이언트의 문제 해결 과정에 참여, 클라이언트의 독특성과 강점, 원조 과정에서 클라이언트와 협력, 환경 속에 있는 자원과 가능성의 인식, 클라이언트의 성장과 복지를 위한 고유한 능력을 강조한다. 또한 이 접근은 클라이언트를 자신이 통제할 수 없는 환경의 희생자로 보고 '클라이언트의 가치관, 희망, 바라는 목표'에 초점을 둔다.

강점 접근에서도 클라이언트가 직면하는 문제(예: 정신분열병, 아동학대, 암, 폭력 등)가 있다. 문제의 실체를 인정하는 과정에서도 강점 관점은 문제에 대해 진단중심의 사정을 하는 등 병리적으로 보지 않으며 클라이언트의 삶의 주요문제로 보지 않는다. 대신 강점 관점에서는 역경에서 살아남도록 하고 클라이언트의 '선택, 통제, 헌신, 발전' 가능성에 초점을 두고 최대한 참여하도록 격려한다.

심리학이나 정신의학에 근거한 개입은 행동의 심리적 측면을 지나치게 강조하고, 클라이언트 상황을 병리적 또는 질병의 증상으로 해석한다. 이러한 개입은 개인 안에 깊이 자리 잡은 원인을 발견하고 클라이언트의 문제를 치료한다. 사회복지의 전통적 문제해결 과정에서도 무엇이 잘못되었는가를 먼저 찾음으로써 이와 같은 위험이 나타났다. 이는 문제를 해결로 변화시키는 것을 어렵게 한다. 이 책에서는 **문제**를 욕구의 차원에서 정의한다. 강점에 기초한 접근은 욕구 충족을 모든 사람의 정상적인 한 부분으로 바라본다. 이 접근법에서 인간은 대부분 삶의 영역에서 자신의 욕구를 충족시킬 수 있다고 보며, 충족되지 않는 욕구의 원인에 초점을 두기보다 욕구 충족에 이르도록 하는 능력과 자원에 초점을 둔다.

강점에 기초한 접근은 '희생자를 비난' 하지 않는다. 강점 접근은 클라이언트의 능력, 역량, 자산을 탐색함으로써 개인의 결점과 한계보다 환경 속의 인간이 가진 긍정적인 측면을 발견하려고 한다. 생태 체계적 관점을 적용하게 되면 사회복지사는 클라이언트의 독특함을 간과하고 '인간'을 보편적, 제한적으로 사정하는 것이 아니라 환경 속의 통합적인 인간으로서 사정하게 된다. 또한 이 접근법은 욕구를 충족시킬 수 있는 수많은 일련의 가능성들을 확대한다.

사회복지사가 어떤 상황을 잘못되어 고쳐야 한다고 여기면 원조 과정에서 전문가의 입장을 취하게 된다. 이러한 자세는 사회복지사가 클라이언트의 삶에 의미 있는 변화를 가지고 올 수 있을 것이라고 기대하도록 한다. 하지만 실제로는 오직 클라이언트만이 할 수 있다. 과업은 클라이언트에 의해 이루어져야 한다. 그렇지 않으면 과업이 이루어지지 않거나 변화가 되더라도 일시적인 현상이 되고 만다. 반면 사회복지사가 클라이언트와 환경의 강점을 긍정적인 방법으로 조합할 수 있으면 변화를 향한 추진력은 확실하고 지속적인 것이 된다. 생태체계 강점 접근은 장기간의 변화를 목표로 한다.

결점 접근(deficit approach)에서는 실패에 초점을 맞추기 때문에 클라이언트는 스스로를 가치 있는 존재로 느끼지 못한다. 이 접근에서는 클라이언트 자신의 삶을 통제하는 능력에 의문을 갖는다. 만일 클라이언트가 자신이 처한 상황의 변화를 가져오는 것보다 자신이 변화되어야 한다는 생각만 가지게 된다면 자신감은 낮아질 것이다. 하지만 사회복지가가 클라이언트를 격려하고 환경속의 능력, 역량, 자원을 찾는 일 등과 같은 목적설정과정에서 클라이언트와 함께 한다면, 클라이언트는 자신이 능력 있으며 환경은 자신의 욕구를 충족시켜줄 자원을 가지고 있다는 메시지를 얻게 될 것이다. 이것은 희망을 불어넣어 주며, 어쩌면 워커가 원조과정에서 제공해야 하는 가장 중요한 요소일 것이다.

생태체계 접근에서 욕구란 체계 간의 불균형 또는 부조화에서 발생되는 것으로 본다. 클라이언트와 환경 모두가 하나의 생태체계가 되며, 이 때 환경속의 인간은 전체 체계 가운데 한 체계인 것이다. 사회복지사와 클라이언트는 불균형을 초래하는 요인을 규명하기 위해 함께 작업한다. 강점 접근을 사용함으로써 사회복지사와 클라이언트는 클라이언트자신과 환경속의 이용 가능한 능력, 역량, 자원에 기초한 상호작용의 균형을 다시 찾는다. 사회복지의 지식, 가치, 기술은 클라이언트와 환경의 강점 및 자원을 찾는 동시에 상황을 이해하고 실현가능한 목적을 규명하는데 사용된다.

강점 접근은 사회복지실천의 다음과 같은 상황에서 없어서는 안 될 중요한 부분이 되었다. ① 독특한 개인 혹은 클라이언트 체계의 긍정적인 성장과 변화의 가능성에 원조과정의 초점을 맞출 때 ② 클라이언트 체계의 강점과 능력이 사회복지사에게 존중받고 가치 있는 것으로 여겨지며 이것이 원조과정의 주요 자원으로 사용되어질 때 ③ 클라이언트가 모든 원조과정에 함께 하고 최대한의 자기결정 기회를 가지게 될 때 등이다. 클라이언트 체계와 함께 일하면서 이러한 원칙을 통합하는 사회복지사는 변화 과정이 클라이언트가 자신의 목적과 목표를 달성하도록 돕는 유용한 도구라는 것을 알게 될 것이다.

성장과 변화의 본질적 과정

사회복지사는 성장과 변화가 인생발달주기에서 자연스러운 부분임을 인식하고 있다. 욕구를 가지는 것과 그 욕구를 충족시키는 것은 인생에서 지속적으로 나타나는 것이며, 이러한 현상의 변화도 마찬가지이다. 앞에서도 지적하였듯이 유아기일 때 갖는 욕구와 성인이 되어서 갖은 욕구는 다르다. 각 인생발달 단계에서는 불변하는 욕구도 있지만 변하는 욕구도 있다. 또 욕구 충속의 방법도 삶의 과정에 따라, 환경에 따라 변하게 된다. 욕구라는 것은 광범위한 의미에서 평범한 것이기도 하지만 각 개인에게 매우 독특하고 개별적인 것이 될 수 있다. 사회복지사는 클라이언트가 가지는 욕구의 독특성과 함께 욕구가 가진 일반성을 볼 수 있어야 한다.

생태체계 강점 접근에서는 충족되지 않은 욕구를 건강하지 못하거나 지체된 성장과 발전으로 보기보다는 각 개인이 성장과 발전을 향한 잠재력을 가지고 있지만 충족되지 않은 욕구가 이러한 잠재력 발견하는데 도전이 된다고 보았다. 사회복지사는 클라이언트가 어떠해야 한다고 믿는 사회복지사 자신의 신념에 따라 변화시키기보다는, 클라이언트 스스로가 자신이 어떠해야 한다고 원하는 바를 이끌어낼 수 있어야 한다. 클라이언트가 성장과 발전을 경험함으로써, 변화는 자연스런 인생발달주기의 한 부분이 될 수 있다. 사회복지사는 자신의 기대를 클라이언트에게 강요하기보다는 클라이언트가 가지는 문화적인 요소에 민감해야 한다.

충족되지 않은 욕구를 성장과 변화의 과정에 통합시킨다는 것은 사회복지사가 '고치는 사람' 혹은 문제 해결사 역할을 하기 보다는 촉진자의 역할을 함을 의미한다. 이 접근은 클라이언트에게 자신의 인생에 대한 전문가의 역할을 부여한다. 사회복지사는 클라이언트로 하여금 충족되지 않은 욕구를 충족되도록 상황을 창조해내는데 사용되는 지식과 기술을 가진 사람이다. 사회복지사는 환경 또는 생태체계 속의 인간을 이해하고, 생태체계 내의 강점과 자원을 규명하고, 클라이언트가 의사결정을 내리고 발전해가며 계획을 세우고 그 결과를 평가하도록 하는 과정에 자신의 지식과 기술을 사용한다.

가령 어떤 사람이 이웃에 사는 나이 어린 미혼모가 4개월 된 아기를 오랜 시간동안 울도록 내버려두는 것이 염려되어 아동 보호 기관에 신고를 했다고 하자. 사회복지사는 미혼모와 이야기를 나누는 중에 아기가 실제로 계속 '울어대도록' 내버려졌다는 사실을 발견하게 될 것이다. 또 사회복지사는 미혼모가 어린 아기를 어떻게 돌보아야 할 지에 대한 지식이 거의 없다는 것도 알게 될 것이다. 아기는 반응해 줄 모가 필요하고 모는 자녀 양육에 대한 지식이 필요하다. 하지만 이것만이 그들이 가지고 있는 유일한 욕구라고 확신할 수는 없다. 모의 개인적인 욕구, 자원의 결핍, 지역사회의 기대와 태도와 같은 다른 요소들이 아기의 욕구를 충족시키는데 걸림돌이 된 것은 아닐까?

과정

과정에 대한 정의가 필요하다. Sal Hofstein은 사회복지실천에서 '과정이란 시간의 흐름과 특정한 방향성에 따른 변화의 결과가 연속적으로 일어나는 패턴이다' 라고 하였다. 과정에서는 다음 세 가지가 중요하다. ① 반복적인 패턴 또는 단계에서 발생한다 ② 시간에 따라 일어난다 ③ 특정한 방향을 따라 일어난다. 하지만 과정에는 순환적 측면도 있기 때문에 이상의 설명이 과정의 본질을 완벽히 설명해주지 못한다.

변화 과정은 의사를 결정하고 이를 실현하기 위해 행동하는 것으로, 이 과정에서는 성공적으로 의사결정이 이루어지기 위해 적응이 필요하다. 새로운 정보는 상황이나 욕구를 충족시키는 데 유용하게 사용되어진다. 때로 새로운 정보는 결정이나 계획을 변화시키기도 하며, 더 중요한 욕구가 충족되지 않을 수도 있고, 즉각적으로 집중하도록 요구하기도 한다. 어떤 경우이든 과정은 단계적이거나 일직선상에 있는 것이 아니라 적응을 이루기 위해서 이 전 단계로 되돌아가야 하는 순환적인 것이다.

어린 아기를 '울어대도록' 내버려 둔 어린 미혼모의 예에서 보듯이 사회복지사는 무엇을 해야 할 지 결정하기 위해 변화 과정을 사용할 수 있다. 먼저 정보수집이 이루어져야 하는데, 사회복지사는 미혼모와 이야기하고, 아기를 검사하고, 이웃과 대화해야 한다. 사회복지사는 환경속에 있는 자원뿐만 아니라 미혼모가 가지고 있는 강점과 능력들을 찾아내야 한다. 사회복지사는 어머니와 아기의 욕구 간에 충족되지 않은 것을 찾아야 하고 도움을 받을 경우 모가 욕구를 충족시킬 수 있을지 생각해야 한다. 가장 긴급한 욕구를 어떻게 최선의 방법으로 충족시킬 수 있을지에 대해 모와 함께 계획을 세워야 한다. 계획이 수립되면 사회복지사는 다음의 정보를 계속 수집해야 한다. 모가 자신과 아기의 욕구를 가장 최선의 방법으로 충족시키도록 하는 개인적, 대인 관계적, 조직적, 또는 사회적 자원은 무엇인가? 엄마로서의 목적은 무엇인가? 모가 계획을 실행할 수 있도록 현재 가지고 있는 능력은 무엇인가? 이 상황에서 어떤 다른 욕구가 있는가? 상황에 대한 추후 평가와 계획에서 결과를 알 수 있다. 이러한 과정은 순서대로 이루어지기보다는 순환적 방식을 보이며, 모와 아기의 욕구를 충족시키기 위한 목적을 향해 나아간다.

변화과정의 단계

모든 사람이 난처한 상황에 직면하고 다양한 방법으로 해결하려고 함을 인식해야 한다. 하지만 사회복지실천의 과정은 문제해결을 위해 고도로 조직화되고 전문적 방식을 따른다.

여러 학문분야의 학자들은 다양한 방식으로 변화 과정을 설명하고 그 단계를 구체화하였다. 이 책에서 욕구충족의 과정은 변화에 대한 의사결정을 내리고, 결정을 완성하기 위해 계획을 발전시키고 실천하는 단계를 포괄하는 변화를 향한 생태체계 강점 접근이다. 기본적인 과정은 다음과 같다.

1. 사정 단계
2. 계획 단계
3. 실행 단계
4. 평가와 종결 단계

1. 사정 단계–사정이라는 것은 변화 과정에 있어 매우 중요한 단계이다. 왜냐하면 이것에 기초하여 계획 단계와 실행 단계가 설정되기 때문이다. 문제해결 및 변화 과정을 조직화할 때 독립적 단계로 사정이 이루어지지만, 사정은 전 변화과정에 걸쳐서 일어나는 복잡한 과정이다. 본문에서는 사정을 다섯 단계로 설명하였는데, 각

단계는 학생이나 초보 사회복지사가 사정의 복잡한 과정을 이해하는 지침이 될 것이다. 숙련된 사회복지사는 다음과 같은 질문을 할지도 모른다. 나는 어디서부터 시작했는가? 무엇이 중요하고 무엇이 중요하지 않은 것인가? 나는 어디로 가고 있는 것인가? 행동을 취할 시점을 어떻게 알 수 있는가? 각 단계를 이해하면 이와 같은 질문에 대답할 수 있게 된다. 결론적으로 숙련된 사회복지사는 변화 과정 전체에서 지속적으로 정보를 수집하고 욕구를 파악하면서 각 단계를 사용하는 법을 배우게 된다.

성공적인 사정은 성공적인 계획을 만들 수 있도록 한다. 컴퓨터와 관련된 비유에서 '쓰레기를 넣으면 쓰레기가 나온다.'는 말이 바로 이 상황에 적용된다. 부족하고 부적절하거나 부정확한 사정에서 좋은 계획을 만들어낼 수 없다. 학생이나 초보 사회복지사는 철저하게 사정하는 방법을 이해해야 한다. 사정은 아래의 단계를 포함한다.

(1) 관심사와 욕구를 찾아라
(2) 관심사와 욕구의 본질을 파악하라
(3) 생태체계에서 강점과 자원을 찾아라
(4) 정보를 선택하고 수집하라
(5) 이용 가능한 정보를 분석하라

사정은 초기의 욕구와 관심사를 확인하는 것에서부터 시작되며, 그 다음 단계는 욕구나 관심사의 본질을 파악하는 것이다. 동시에 사회복지사는 개인과 환경 속에 있는 잠재적인 강점과 자원을 파악해야 한다. 이 첫 단계가 다음 4단계, 곧 정보를 선택하고 수집하는 것을 결정한다. 이 단계에서 사회복지사는 욕구와 근심, 잠재적인 강점과 자원에 관한 정보를 선택하고 수집해야 한다. 정보가 유용함에 따라 사회복지사와 클라이언트는 강점과 자원에 근거한 변화의 기초를 제공하면서 환경속의 인간을 이해하기 위한 목적을 가지고 정보를 분석해야 한다.
일반주의 사회복지실천에서 사회복지사와 클라이언트는 현재 클라이언트 체계에서 다른 클라이언트 체계로 변화를 결정한다. 대체로 이러한 결정은 개인으로부터 가족, 집단, 조직, 또는 지역사회로의 움직임을 포함한다. 만약 클라이언트가 가족

간의 의사소통에 대해 불만이 있다면 사회복지사와 클라이언트는 가장 적절한 클라이언트 체계를 구성하기 위해 가족과 함께 일할 수 있다. 혹은 비슷한 욕구를 가진 클라이언트가 여러 명 있다면, 사회복지사는 집단을 이용해 돕는 것이 가장 좋은 방법이라고 결정할 수도 있다. 일반적으로 클라이언트 체계의 변화는 사정 단계 또는 계획 단계에서 일어날 수 있다. 하지만 언제 변화가 발생하든 사회복지사와 클라이언트 체계는 전 사정단계에서 클라이언트의 욕구를 충족시켜 나가야 한다.

2. 계획 단계–정보와 정보의 분석은 클라이언트가 욕구 충족을 위한 결정을 내리는데 도움이 되는 기초를 마련해준다. 하지만 의사 결정을 한다고 해서 실행까지 이어진다고 보장할 수 없다. 생태체계 강점 접근에 기초한 변화과정에서는 욕구를 충족시켜왔던 예전의 방식을 보완하고 새로운 방법을 찾고 새로운 방법과 통합한다. 계획은 의사결정이 욕구를 충족시키도록 하기 위해 필요하다. 계획 수립은 사회복지사와 클라이언트가 함께 협력하는 과정으로 사정을 통해 파악된 생태체계의 강점과 자원에 기초하고 있으며 앞으로의 상황과 관련된 것이다. 계획은 실행될 수 있는 것이어야 하고 구체적이고 긍정적인 용어로 욕구를 설명하고, 목적, 목표, 희망하는 변화를 위해 고안된 과업을 포함하여야 한다. 목적과 목표는 가능한 구체적인 방식으로 행동적인 용어로 기술되어야 한다. 예를 들어, '가족이 잘 지내는 것' 보다는 '모든 가족 구성원이 함께 갈등에 대해 터놓고 이야기하며 해결하는 것' 으로 기술하는 것이 좋다. 목적은 성취 가능한 것이 되어야 하기 때문에 계획의 제약점과 실현가능성을 분석해야 한다.

3. 실행 단계–실행 단계는 계획의 완성이다. 일반적으로 클라이언트와 사회복지사 모두 이 단계에서 어떤 행동을 취한다. 행동은 계획에서 정해진 과업과 연관이 있다. 계획을 세울 때 클라이언트와 사회복지사는 목적과 목표를 달성하기 위해 고안된 과업을 실행하는데 동의를 한다. 이에 덧붙여 사회복지사와 클라이언트는 성공을 방해하는 상황이 발생할 때 다른 행동을 취해야 할 필요도 있다. 이 단계에서 사회복지사는 클라이언트와 함께 일 할 수 있다. 이것을 직접적 실천행동이라고 한다. 만일 사회복지사가 클라이언트를 대신해서 개인 또는 체계변화를 위해 행동한다면 간접적 실천 행동을 하는 것이다. 생태체계 강점 접근에서는 변화를 위해 사회복지

사가 환경속의 클라이언트와 체계를 동원하는 직접, 간접 행동을 한다. 개인, 가족, 집단, 조직, 지역사회와 함께 하는 직접적, 간접적인 행동은 3부에서 다룰 것이다.

4. 평가와 종결 단계–평가는 변화과정 전체에 걸쳐 일어난다. 사회복지사는 변화를 가져오는 사정, 계획, 과정의 질을 지속적으로 평가해야 할 것으로, 평가과정은 3부에서 더 자세히 다루어질 것이다. 계획이 수립되면 사회복지사와 클라이언트는 계획이 욕구 충족에 성공적인지 평가한다.

종결은 변화 과정 어디에서든 일어날 수 있다. 평가가 계획 달성 전에 일어난다면 이는 보통 계획되지 않은 종결을 의미한다. 이와 같은 종결은 여러 이유에서 발생할 수 있다. 계획된 종결은 욕구가 충족되었거나 다른 사회복지사에게 사례가 의뢰되어서 클라이언트가 원래의 사회복지사에게 더 이상 서비스를 필요로 하지 않을 때 생긴다. 계획된 혹은 계획되지 않은 다양한 형태의 종결에 대해서는 3부에서 논의할 것이다.

사례

1. 욕구를 파악하라 : 아기는 자신의 욕구를 만족시킬 수 있는 돌봐줄 사람이 필요하다.

2. 어머니와 아기가 가지는 욕구의 본질을 살펴보라.
   (a) 어머니는 아기를 돌보는 방법을 알 필요가 있다.
   (b) 어머니는 충족되지 않은 자신의 욕구를 가지고 있을 수 있다.
   (c) 어머니는 아기의 욕구를 만족시켜줄 충분한 수입이나 자원이 필요할 수 있다.
   (d) 양육방식에 대하여 어머니와 다른 사람들 간에 문화적 차이가 있을 수 있다.

3. 잠재적인 강점과 자원을 확인하라.
   (a) 어머니는 대체로 자신과 아기의 욕구를 충족시킬 수 있을 것으로 보인다. '나이 어린 미혼모'라는 도전에 맞서 레질리언스(resilience)와 창의력을 보여준다. 좋은 어머니가 되려는 소망을 가지고 있으며, 필요한 자원과 함께 어떻

게 좋은 어머니가 될 것인가에 대한 지식이 갖춰지면 아기를 잘 돌볼 수 있다.

(b) 어머니 자신의 욕구가 충족되면 아기의 욕구를 만족시켜줄 수 있는 능력을 갖게 될 것이다.

(c) 어머니의 환경 속에서, 사회복지사와 지역사회 조직을 통해서, 경제적 욕구충족에 필요한 자원과 아기의 욕구를 충족시키기 위해 필요한 다른 자원을 얻을 수 있다.

(d) 어머니가 속한 문화에도 적절한 자녀 양육가치와 규범이 있다.

4. 정보를 선택하고, 수집하라.

사회복지사는 욕구의 본질과 클라이언트가 가지고 있다고 생각되는 강점과 자원에 대한 자신의 판단이 타당한가에 대해 지속적으로 검토한다. 사회복지사는 클라이언트가 아기를 어떻게 돌볼 것인가에 대해서 잘 모를 뿐 아니라, 탈출구 없이 계속 '갇혀있는' 현재의 상황에 좌절하고 있음을 알게 된다. 클라이언트는 아기를 사랑하고 잘 키우기 원한다. 클라이언트의 어머니는 어렸을 때 사망하였으며, 현재는 돌아가신 할머니가 키웠다. 사회복지사는 이 어머니가 공적부조수혜자란 사실을 알았다. 클라이언트의 이웃은 현재의 상황이 정말로 아기와 어머니 모두에게 염려가 되는 상황이라는 것은 알지만, 어떻게 도와야 할지는 몰랐다. 클라이언트는 누군가의 간섭을 두려워하고 있다. 클라이언트의 어머니는 혼혈 유럽인으로 긍적적 자녀 양육방식을 강조하는 문화에서 아이를 키웠으나, 도움을 받을 수 있는 가족과 친구와의 접촉은 제한되었다.

5. 이용 가능한 정보에 대한 분석

수집된 정보를 통해, 사회복지사는 어머니가 자녀양육에 대한 동기가 높다는 것을 알게 되었다. 따라서 클라이언트는 자녀양육에 대한 교육이 필요하다. 클라이언트는 휴식시간이 필요한데, 그렇게 되면 친구들과 어울릴 수 있는 시간을 갖게 된다. 재정관리에 관한 도움도 필요하다. 클라이언트와 이웃과의 관계도 살펴보아야 한다. 이웃과의 관계가 현재 상황에서는 중요한 자원이 될 수 있다. 주요 욕구는 자녀양육에 대해 더 많은 지식을 갖는 것이라고 판단된다. 그 다음으로는 클라이언트가 타인과 의미 있는 관계를 맺고자하는 욕구이다. 클라이언트가 공적부조수혜자의 자격을 유지하기 어려워지면 클라이언트가 일을 해야 하므로 더 많은 문제에 빠지게 할 수도 있다. 하지만 교육이나 훈련을 받는 기회를 가지게 됨으로써, 자녀양육에 도움을 받을 수 있는 기술과 직업을 가지게 됨으로써 경제적 독립이 가능해 질 것이다.

6. 의사결정, 계획 세우기, 행동, 평가

사회복지사와 클라이언트는 함께 계획을 수립해 나간다. 먼저 사회복지사는 공중보건간호사 등에게 자녀양육교육을 제공해줄 것을 제안할 수 있다. 사회복지사는 지역사회센터에 있는 미혼모 클럽을 통해 클라이언트가 여러 가지 정보와 자녀양육에 대한 지침을 얻고 관련된 이슈에 대해 토의할 수도 있다. 클럽에 참여할 때는 탁아서비스가 제공될 수 있다. 이 그룹을 통하여 클라이언트는 교육적 욕구 뿐 아니라 사회화의 욕구도 충족시킬 수 있다. 이웃 주민들은 서로 도움을 수 있음을 알게 된다. 주민들이 나이가 많아 힘든 일은 할 수 없기 때문에 클라이언트가 아이를 돌봐준 도움에 대한 답례로 일주일에 한 번 힘든 일을 대신해 줄 수 있다. 이웃 주민이 이러한 상황을 이해하게 되면서 클라이언트는 지지와 동료의식을 느낄 수 있다. 클라이언트는 자신의 할머니가 그런 말을 했던 것처럼 친절한 사람들이라고 말한다. 사회복지사는 석 달 동안 일주일에 한번씩 클라이언트를 계속 만나면서 금전관리 계획을 세우고 서비스를 조정하며 지지한다. 이웃주민들은 어떤 도움이 필요한지, 염려되는 사항에 대해 한 달에 한 번 만날 기회를 가질 수 있다. 석 달 후 원조가 계속 필요한지 평가한다.

사회복지실천과 변화과정

사회복지실천에 있어서 변화 과정의 중요한 특성은 가능하면 각 단계마다 클라이언트가 참여하도록 하는 것이다. 클라이언트는 욕구나 근심을 표현하지만 동시에 변화과정에서 필요한 정보를 제공하고, 다양한 출처에서 수집된 정보의 정당성을 입증하고, 의사결정을 하고, 행동을 위한 계획을 발전시키고, 평가에 참여하며, 다양한 상황에 대처하기 위한 문제해결 기술을 개발하는 등의 역할을 한다. 가장 중요한 것은 클라이언트의 욕구를 충족시킬 수 있는 것이 클라이언트 고유의 강점과 능력이며, 이것이 현재 혹은 미래의 욕구 충족에 활용된다.

사회복지 실천은 변화 과정 이상의 의미를 나타낸다. 변화 과정은 인지적 과정이지만 사회복지 실천에 핵심이 되는 또 다른 측면도 갖고 있다. 이는 인간과 체계가 상호작용 하는 능력을 포함한다. 이 내용은 2부에서 중점적으로 다루어질 것이다. 사회복지사는 클라이언트와 함께 작업하는 관계를 구축해야 하며 욕구충족을 위해 자원을 공급해줄 사람과의 관계도 맺어야 한다. 관계형성에 장애가 되는 것으로 인종, 성별,

민족성, 연령, 성적 지향성(sexual orientation) 등이 있다. 클라이언트가 비자발적으로 사회복지사를 만나는 경우도 장애가 될 수 있다. 이 경우는 법원이나 다른 기관조직으로부터, 혹은 부모나 배우자와 같은 가족 구성원으로부터 의뢰된 경우이다. 함께 작업하는 관계를 구축하기 위해서는 의사소통, 경청, 공감, 신뢰를 형성의 기술이 필요하다.

만일 사회복지사가 환경과 욕구에 대해 사정할 수 있을 만큼 충분한 관계를 맺었다면 사회복지사의 의사결정에 도움이 될 것이다. 다른 기관이 클라이언트 욕구충족에 더 적절한 경우 다른 기관으로 의뢰될 수도 있으며, 클라이언트와 사회복지사가 잘못 연결될 수도 있다. 이러한 문제가 해결되지 않으면 클라이언트는 다른 사회복지사를 찾아야 할 필요도 있다. 어떤 경우 클라이언트가 원하는 것은 오직 상황을 명확히 하는 것으로, 더 이상의 도움을 필요로 하지 않는 것일 수도 있다. 클라이언트가 도움을 받는 것을 받아들이지 않을 수도 있다. 만일 클라이언트가 변화과정에 참여하도록 요구받더라도 그렇게 하지 않음으로써 발생하는 결과를 선택할 수도 있다 또 클라이언트가 욕구 충족을 위한 결정을 하더라도 어떤 도움을 받을 것인가를 결정하는데 도움이 필요할 수도 있다. 사회복지실천의 계속적인 의사결정으로 변화 과정은 완성된다. 이에 관해서는 3부에서 더욱 자세하게 다룰 것이다.

인간 상호작용에 대한 사회복지개입

인간 상호작용에 대한 개입은 일반주의 사회복지실천에서 다섯 번째이자 마지막 관점으로 사회복지 실천의 내용을 논하는 또 다른 방법이다. 이 논의를 위해서는 개입의 의미를 숙고해야 하며, 변화의 초점으로서 상호작용에 대한 논의를 필요로 한다.

변화를 위해 생태체계 강점 접근을 사용할 때 사회복지사는 클라이언트 체계와 환경 간의 상호작용에 초점을 맞춘다. 사정단계에서 이러한 상호작용을 이해하고 클라이언트 체계와 환경의 욕구를 파악하고, 욕구충족을 위한 강점과 자원을 찾아내야 한다. 계획단계에서는 강점과 자원에 기초하여 클라이언트 체계와 환경간의 욕구를 충족시키고 상호작용의 균형을 맞추기 위한 목적과 목표를 개발해야 한다. 상호작용에 대한 개입은 변화촉진과정과 관련있는 활동이다. 사회복지사는 클라이언트가 계획을 수행할 때, 계획수행에 방해요인이 발생할 때 클라이언트를 지원하기 위해 생태체계의 다양한 부분에 개입할 수 있다. 개입에는 지식, 가치, 기술의 창의적 통합이 필요하다.

이러한 관점은 사회체계 접근과 실천적 지혜에 기초한 실천의 본질에 대한 최근의 시각을 반영한다. 이러한 개입방식은 여러 체계와 일하는 일반주의 사회복지실천에서 특히 유용하다.

개입

'개입' 이라는 용어는 1950년대 후반 및 1960년대 초반 사회복지 문헌에 등장하였다. 처음에는 이 용어에 대한 설명이 거의 없었고, 사회복지실천 과정을 설명하는 '연구, 진단, 치료' 에서 '치료' 를 대신해 사용되었다. 보통 개입이라는 단어는 '진단' 이라는 말과 함께 사용되었으며, '사정' 은 이보다 더욱 전통적인 '진단' 이라는 말을 대체한 것이었다.

용어 사용의 변화는 여러 요인의 영향을 받은 것으로, 사회복지실천의 현대적 개념화가 시작되었음을 의미한다. 몇 가지 중요한 영향은 다음과 같다.

1. 자아 심리학에 관한 새로운 개념사용은 의료 모델에 반대되는 적응과 사회 기능에 초점을 둔다. 의료 모델에서는 진단이나 치료와 같은 용어를 사용한다.
2. 개별사회사업, 집단사회사업, 지역사회조직 실천이론의 공통성을 찾는 시도에서 공통성을 획득하기 위해 이제까지와는 다른 용어가 필요함을 의미한다.
3. 의료 모델을 거부하는 사회복지실천에서 다양성의 증가는 실천을 위한 새로운 접근과 새로운 용어가 필요함을 의미한다.
4. 상황속의 인간에 대한 관점을 변화시킨 사회체계 이론은 '사회체계에 대한 개입' 을 요구하였으며, 이는 체계와 체계간의 관계변화를 포함한다.
5. 다양한 인구집단을 대상으로 하는 실천은 강점 관점을 더욱 강조하였다.
6. 강점에 기초한 접근은 탁월하였으며, 모든 사회복지 프로그램에서 요구되었다. 강점접근은 강점과 자원에 기초한다.
7. 생태학적 관점은 환경속의 인간이라는 개념을 생태체계로 불리는 전체로 확장하고 수정하였다. 개입은 욕구충족을 위한 인간과 체계 간 상호작용의 균형을 목적으로 한다.

개입에 대한 변화는 단지 용어뿐만 아니라 환경속의 인간을 보는 시각의 변화를 뜻한다. 이는 2장에서 논의된 새로운 패러다임에 대한 지표이다. 사회복지실천에서 사정은 클라이언트 삶에서 대인관계 측면보다 역할, 관계, 상호작용에 초점을 두기 시작하였다. 사정은 환경적 요소를 더 중요시하게 되었고, 사회복지사는 방대한 새로운 지식을 유용하게 사용하였으며 새로운 방식으로 정리하였다. 체계를 분리해서 보기보다 체계간의 관계에 대해 더 초점을 두게 되었고, 이러한 초점의 이동은 새로운 방식의 분석을 요구하는 것으로 다차원적인 것이었다.

개입이란 체계변화를 촉진시키는 사회복지사의 활동이다. 이것은 상황속의 인간을 이해하는 것에서 '개인–상황' 이라는 현상에 전문적 변화를 가져오는 것으로의 사회복지 사고의 도약이다. 이 맥락에서 개입이란 인간과 체계간의 관계에서 사회복지사의 구체적인 활동 혹은 변화촉진을 위한 과정이다. 활동은 사회복지사의 숙련정도, 지식, 전문적 가치에 인해 이루어진다. 개입은 목적 지향적이며 사회복지사의 창의성, 지식, 가치, 기술이 사용된다.

사회복지실천에서 개입은 클라이언트나 상황을 통제하려 하지 않는다. 완벽한 통제가 불가능할 뿐만 아니라 사회복지의 가치에도 위배되는 것이다. 사회복지사는 관계에서의 체계의 발달적 과정을 의미하는 '삶의 흐름' 을 이용해서 움직일 수 있다. 사회복지사는 행동이나 상황에 어떤 것을 투입함으로써 삶의 흐름에 영향을 미칠 수 있고 방향을 변화시킬 수 있다. 사건의 경과는 이에 대한 반응에 의해 변할 수도 있고, 클라이언트와 상황 속의 여러 사람 간의 상호작용을 통해서 달라질 수도 있다. 변화는 현재 상태를 개선하는 것이기도 하지만 예방적이기도 하다. 사회복지실천에서는 현재 어떤 일이 발생하고 있는가에 대해 인식하고 이해하는 것, 그 상황에서 어떤 욕구가 있는가를 확인하는 것, 필요한 기술을 향상시키는 것, 강점을 인식하는 것, 욕구충족을 위해 사회복지사가 동원할 수 있는 구체적인 자원에 대한 지식을 갖추는 것과 같은 과정이 지속적으로 일어난다. 개입을 위한 접근법은 클라이언트를 원조과정에 끌어들이는 것뿐만 아니라 스스로 변화를 가져올 수 있는 행동을 하는데 상당한 스트레스를 부여한다. 이 접근법은 환경속의 관련 있는 모든 체계와 체계간의 상호작용에 관한 변화 과정을 확장시킨다.

개입은 특정 목표를 수행하기 위한 사회복지사의 지식, 가치, 기술에 의해 좌우된다. 개입이 사회복지 문헌에 사용될 때는 치료, 계획된 변화, 사회적 개입에 관한 개념을 포괄한다.

사례

지방에 위치한 작은 병원의 사회복지사는 한 AIDS 환자가 필요한 간호를 받지 못하고 있음을 인식하고 개입하기로 결정하였다. 먼저 사회복지사(Karen)는 환자(Bob)와 직원에게 지난 24시간 동안 받았던 간호의 내용에 대해 자세히 물었다. 사회복지사는 Bob이 목욕도 하지 못했고 방도 치워지지 않았다는 사실을 알게 되었다. Bob은 침대에서 휴식을 할 수는 있었지만 침대 옆에 소변용기가 구비되어 있지 않은데다 이 소변용기는 24시간동안 단 2번만 비워졌다. 챠트에 지시되어 있었지만 Bob은 식사 선택의 권한이 주어지지 않았다. Karen은 Bob이 간호를 받는데 차별대우를 당하고 있다는 충분한 정보를 가지고 있다고 판단했다.

Karen은 사회복지의 가치에 따라 개입할 책임이 있다고 판단했고, 이를 통해 Bob은 필요한 간호를 받을 수 있게 될 것이다. Karen은 Bob이 이 병원에 입원한 첫 번째 AIDS 환자임을 알고, 이 상황에 대해 수간호사에게 직접 물어보기로 했다. 간호사는 병동이 심각한 상태의 환자들로 매우 바쁘다고 했다. 최선을 다하고 있음에도 불구하고, 일상적으로 요구되는 간호가 늦게 이루어지고 있었다. Karen은 수간호사가 자신의 질문에 대해 언짢게 생각한다는 것과 Bob의 간호를 불편하게 여긴다는 것을 감지하여, 더 이상의 조사가 오히려 Bob에게 어려움을 줄 수 있겠다고 생각했다.

다음단계로 Karen은 주치의(Dr. Blue)를 찾아가 자신이 생각한 바를 나누었다. Dr. Blue는 직원들이 Bob을 두려워한다는 것을 알고 있었다. 주치의는 AIDS 환자를 치료할 때 발생할 수도 있는 위험을 걱정하는 사람들은 치료자로서의 자격도 없는 사람들이라고 하며, 환자를 당연히 돌보아야 한다고 했다.

Karen은 병원 관리자를 만나서 Bob의 간호에 대해 얘기했다. 관리자는 몇 명의 직원들이 환자를 두려워하고 있는 것이 분명하므로, 예방에 관한 지식을 강화하고 직원들의 공포를 다루기 위해 원내 교육이 필요하다고 하였다. 관리자는 사회복지사에게 이를 위한 계획에 도움을 줄 것을 부탁하였고, 사회복지사는 수간호사에게 도움을 요청할 것을 제안하였다. 사회복지사는 이렇게 하는 것이 수간호사의 도움을 받으면서도 저항을 최소화하는 방법이라고 생각했다.

사회복지사는 상황에 어떻게 개입할 것인지를 결정할 때 병원체계와 다양한 체계간의 상호작용에 관한 지식을 활용하였다. 사회복지사는 Bob이 더 좋은 간호를 받게 하는 것과 직원들이 Bob 뿐만 아니라 앞으로의 AIDS 환자에 대해서도 전염의 두려움 없이 간호하는 태도로 변화시키는 것을 목적으로 했다. 사회복지사는 이 상황에 대해 어느 누구도 비난하고 있지 않다는 메시지를 기술적으로 전달하고, 왜 이러한 상황이 발생하는지, 어떻게 이를 해결할지에 대해 노력하였다. 사회복지사의 개입은 병원 체계 안에서 체계간의 관계를 변화시키는데 초점을 두었다. 이러한 접근으로 인해 직원들이 자신의 간호태도에 대해 주시하게 되었다.

사회복지사가 추구하는 변화

오랜 역사에 걸쳐 인간의 사회기능을 가능하도록 한 사회복지의 역할에 대하여 많은 토론과 논쟁이 있어왔다. 초기의 이에 관한 논쟁은 원인-기능 논쟁으로 일컬어진다. 이에 관한 논의는 다음과 같은 말로 풀이될 수 있다. 변화는 더 큰 사회체계에서 추구되어져야 하는 것인가, 아니면 체계내의 개인이 변화되어야 하는 것인가? 변화와 사회 기능에 대한 논의에서 Harlett Bartlett는 '인간의 적응'과 '환경적 요구'라는 용어를 사용하였다. Harlett는 이 두 가지는 같은 차원에서 생각해야 하며, 이를 가능하게 하는 것이 '사회적 상호작용'에 관한 사고이다. 생태체계 접근에서는 체계 간의 상호작용에 초점을 두고, 클라이언트와 환경의 욕구를 충족시키기 위해 상호작용의 균형을 맞추는 변화과정을 활용함으로써 여러 차원을 하나로 통합한다.

사람들은 환경의 맥락에 적응해야 한다. 적응과정에는 환경 더 구체적으로 그 환경 속의 사람들과 관계를 맺게 된다. 따라서 관계를 변화시키거나 새로운 관계를 개발시킴으로써 바라는 변화가 일어나게 된다. 위에서 살펴본 예와 같이 사회복지사는 환자의 욕구와 이러한 욕구에 대한 직원의 반응을 사정하기 위해 환자와의 관계를 개발시켜야 한다. 사회복지사는 클라이언트의 환경 속에서 다른 정보를 수집하기 위해 수간호사나 의사와의 관계를 활용할 수 있다. 사회복지사는 변화를 위한 자원을 얻기 위해 병원 행정가와의 관계를 활용할 수도 있다. 궁극적인 목적은 환자와 환경간의 관계를 변화시킴으로써 환자의 욕구를 충족할 수 있다.

어떤 관계의 변화이든 이것이 개입의 주된 초점이며, 이 때 개인과 환경의 변화가 발생할 수 있다. Genevieve Oxley는 개인의 성장이 긍정적으로 일어나도록 하는 5가지 방법 ① 성숙 ② 상호작용 ③ 행동 ④ 학습 ⑤ 위기를 제시하였다. 이런 공식화는 개인의 **'생활 과정'**과 시간에 걸쳐 일어나는 변화과정을 주시하고, 관계를 중요시하기 때문에 논의할 필요가 있다. 상호작용에 대한 개입 접근은 삶의 과정 또는 관계에 주목하고, 변화를 위해 삶의 과정에 영향을 미치려고 한다. 성숙, 상호작용, 행동, 학습, 위기관리를 가능하게 하거나 향상시키는 것은 관계에 영향을 미치는 도구가 될 수 있다.

더 큰 체계에서의 변화는 사람의 역할변화를 통하여, 체계내의 관계 구조의 변화를 통하여 발생할 수 있다. 이는 의사소통 양식과 의사결정 과정 모두에서의 변화를 포함한다. 하위체계의 변화는 더 큰 체계의 변화로 인해 가속되거나 감소될 수 있다. 변화는 과업이 실행되게 하는 새로운 방법이 개발될 때 일어난다. 모든 변화는 개인의 변화와 더 큰 체계가 삶의 과정에서 연관되는 것을 요구한다. 사회복지사는 관계의 변화를 가능하게 하고 향상시키고, 지원, 촉진, 관리하는 역할을 한다. 개인과 더 큰 체계간의 관계에서 어떤 변화를 목표로 할 것인가를 결정함에 따라 특정한 개입목표가 결정된다.

Schwartz는 중재자로서의 사회복지사의 역할을 설명하였다. 사회복지사의 역할은 "개인과 개인이 속한 사회가 목표달성을 위한 성숙한 욕구를 통하여 서로 노력하는 과정을 중재하는 것"이라고 하였다. 이것은 인간이 성장하고 배우며, 욕구를 충족하고, 위기를 해결하는 관계를 통하여, 사회 기능을 수행하는 데 필요한 더 큰 체계와의 관계를 통하여 가능하다. 사람과 체계간의 관계는 사회 기능 가운데 문제해결을 중재하거나 가능하게 하는 원조과정에서 중요한 측면이다. 사회복지사와 사회복지에 연관된 사람과 체계간의 관계 역시 중요하다. 사회복지사가 중재자의 역할을 수행할 때, 성숙한 방법으로 개인과 체계간의 노력을 강화하고 지지한다. 이는 클라이언트가 더 효과적인 사회기능을 갖게 할 뿐만 아니라 개인의 성장도 경험하도록 한다. 개인과 환경간의 교류에 대한 개입에서 사회복지사는 관계의 본질에서의 변화를 유념하여야 한다. 이는 개인과 더 큰 체계간의 변화를 포함한다.

요약

변화과정이란 클라이언트의 관심사와 욕구에 반응하는 도구이자 사정, 환경속의 인간, 관계, 과정, 개입이라는 개념을 가지고 클라이언트와 함께 작업하기 위해 지식, 가치, 기술을 적용하는데 필요한 수단이다. 변화 과정은 욕구충족을 위하여 시간에 걸쳐 순환적인 양식으로 단계적으로 진행된다. 사회복지실천에서 클라이언트는 가능한 최대한으로 변화과정에 개입한다. 사회복지사와 클라이언트는 정보 수집, 분석, 계획 세우기, 행동, 평가를 통하여 욕구를 파악하는 것에서부터 함께 일을 진행해나간다. 이러한 과정을 통해 사회복지사는 클라이언트 체계와 환경이 가진 독특한 강점과 능력, 생태체계에서 일어날 성장과 변화의 가능성에 초점을 둔다.

개입은 변화를 촉진시키기 위하여 사회복지사가 체계 또는 과정과 관련하여 목적 지향적인 행동을 하는 것을 말한다. 개입을 할 때 사회복지사는 모든 상황을 통제할 수 있다고 가정하지 않으며, 그보다는 생활의 흐름을 움직이거나 영향을 미치려고 한다. 인간의 상호작용은 본질적으로 거래적인 것이다. 이는 모든 상호작용은 다른 상호작용에 의해 영향을 받는다는 뜻이다. 사회복지 개입은 서로 교류하는 하나의 또는 여러 요소의 욕구 충족시 사회 기능에 문제가 발생할 경우, 변화를 촉진시키기 위해 상호교류에 초점을 맞추는 것이다. 특히 클라이언트의 강점을 확인하고 활용하는데 집중한다.

개입-교류 접근에서는 사회복자사가 욕구를 확인하는 것이 필요하다. 이는 지식, 전문적 가치, 기술의 창의성을 적용하기 위해서, 상호작용의 변화를 가져오기 위해서 욕구와 관련된 현재의 상호작용형태에 영향을 미치기 위해서이다. 사회복지사가 추구하는 변화는 관계에서 모든 영역의 욕구가 완전히 충족될 수 있도록 관계를 발전시키는 것이다. 이러한 개발은 새로운 관계를 맺어야하거나 또는 기존의 관계를 변화시키는 결과를 낳을 수 있다. 변화 과정에 참여하기 위해서 사회복지사는 두 가지 활동 양식을 취하여야 한다: ① 변화의 초점이 되는 상호교류적 체계와 함께 원조 관계를 개발시키는 것 ② 변화의 초점이 되는 상호교류 체계와 원조 과정을 실천하는 것이다.

학습질문

1. 당신은 어떤 방식으로 자신의 욕구를 만족시키는가? 어떤 강점과 자원을 갖고 있는가? 이 장에서 기술된 과정과 유사한 혹은 다른 변화와 성장을 경험한 적이 있는가?
2. 당신이 인식하고 있는 욕구에 대해 생각해 보시오. 욕구충족을 위한 계획을 발전시키기 위해 사회복지 변화 과정을 활용해 보시오.
3. 이 장에서 다루어진 변화 과정과 다른 방법으로 문제를 해결하는 자신의 방식을 비

교해 보시오.

4. 클라이언트와 함께 생태체계 강점 관점을 사용하는 것의 장점과 단점은 무엇인가?
5. 변화를 위한 생태체계 강점 관점은 지역사회에서의 성장과 변화를 향상시키는데 어떻게 사용될 수 있는가?
6. 당신이 다른 사람과 상호작용을 하고 있는 상황을 생각해 보시오. 타인과 어떤 물질, 에너지 또는 정보를 교환하는 것을 포함하여 발생할 수 있는 모든 상호교류를 파악해 보시오.
7. 사회복지사는 물질, 에너지, 정보를 교환하고 있는 클라이언트와 어떻게 상호작용을 할 수 있을 것인가?
8. 이 장에서 소개된 사회복지실천의 관점은 현재 당신이 가지고 있는 이해와 어떻게 유사한가? 또는 어떤 차이점이 있는가?

제2부

상호작용 과정

제5장 사회복지사

학습목표

1. 자신에 대한 지식이 점차 확장되어 나가는 연속적 과정에 대한 이해의 틀 정립
2. 실제 사회복지실천 수행에 필요한 자기 탐색 과정 시작
3. 각 발달단계에서의 인간 욕구 이해
4. 인간 발달과정, 다양성, 공동체에 소속되면서 발생하는 개인의 욕구 파악
5. 타인을 돕는 사람의 특성을 이해하고 다양성에 익숙해짐
6. 타인을 돕는 사람이 되고자 하는 동기, 태도, 지식 이해 및 필요한 기술 확인
7. 권한과 책임이 독립적 결정과 사회적 책임의 가치관과의 관계 이해
8. 클라이언트, 전문가, 기관, 서비스를 지원하는 지역사회의 책임 이해
9. 다양한 형태의 기록방법과 기술 이해
10. 다양한 역할을 하는 사회복지사가 사용하는 용어와 의미 이해
11. 다양한 역할을 하는 사회복지사에게 요구되는 지식과 기술 파악

일반주의 실천 사회복지사와 클라이언트의 상호 작용에서 사회복지사는 자신의 삶에 대해 인간적 욕구를 지니며, 고유의 인생스타일과 가치관을 지닌 한 사람의 인간이다. 또 사회복지사는 개인 및 집단과 관계를 맺고 이를 발전시켜나가는 기술을 갖춘 돕는 사람이다.

사회복지사는 원조상황에서 특정 환경에 처해 있는 인간을 이해하는 틀, 돕는 방법과 이를 실천하는 수단에 대한 지식, 유사한 상황에서 획득한 지식을 갖고 임한다. 사회복지사는 전문직업적 가치관, 기관, 지역사회 가치관, 자신의 개인적 가치관에 입

각한 가치 체계를 가진다. 사회복지사는 매우 다양한 클라이언트와 능숙하게 일할 수 있도록 실력을 쌓아야만 한다.

전문직업인으로서 사회복지사는 클라이언트, 기관, 자신의 직업에 책무를 진다. 책임감이란 경우에 따라선 도덕적 갈등을 야기시키는 매우 복잡한 문제이다. 사회복지사의 책무 중 중요한 것은 바로 클라이언트에 관한 기록을 유지하는 방법이다. 이를 전문적으로 하기 위해선 다양한 기록방법을 사용하는 데 필요한 지식과 기술을 갖춰야 한다. 또한 클라이언트 기록에 대해 비밀을 유지함으로써 사회복지 가치관을 반영해야 한다.

복잡한 사회 문제와 다양한 인간욕구가 뒤섞여 있는 복잡한 사회에서는 때로 사회복지사가 **다인 원조 체계**의 한 부분이 되는 것이 유리할 때가 있다. 다인 원조 체계란 서로 협력관계에 있으면서 각자 필요한 서비스를 제공하는 사회복지사들로 구성된다. 각 사회복지사는 목표 달성을 위한 특별한 지식과 기술을 가진다. 사회복지사의 개념과 의미를 탐색하기 위해 아래 다섯 가지 주제가 논의될 것이다. (1) 인간으로서의 사회복지사 또는 자신에 대한 이해 (2) 남을 돕는 사람 (3) 다양성에 익숙해지기 (4) 책무성 (5) 다인 원조 체계.

자신에 대한 이해

사회복지사의 가장 중요한 도구는 바로 자기 자신이라고 한다. 이 도구를 능숙하게 사용하기 위해서는 자기 자신을 잘 알아야 한다. 자신에 대해 앎으로써 사회복지사 자신과 클라이언트와의 차이를 이해할 수 있게 된다. 예를 들어 사회복지사의 개인적 요구나 관심을 클라이언트와 구분할 줄 알아야 한다. 이는 자신의 관심, 태도, 가치관을 의식적 사고 속으로 부상시키는 자성적 자세를 요구하며, 자신에 대해 끊임없이 탐구하는 동시에 자신을 있는 그대로 편안하게 수용해야 함을 의미한다.

사회복지사는 다양한 경로를 통해 자신을 알아간다. 수퍼비전 또는 사례의 상황이나 문제점을 동료와 분석해보는 기회는 중요한 경로이다. 본인이 알지 못하는 사이에 자신의 관심이나 태도, 가치관이 어떻게 다른 사람과의 관계형성에 영향을 미치는지, 원조능력에 영향을 미치는 지는 타인이 더 잘 파악한다. 사회복지사가 자신을 더 잘 알기 위해서는 다른 사람의 도움에 개방적이어야 한다.

자신을 이해하는 또 다른 방법은 인간의 행동에 대해 학문적으로 연구하는 것이다. 인간의 기능을 설명하는 심리학적, 사회학적, 인류학적, 생물학적 지식은 자신을 이해하는 데 도움이 된다. 자신의 부족함을 인정하는 것은 매우 중요하다. 의과대학 학생들은 흔히 공부하는 동안 질병에 걸려있다고 믿곤 한다. 심리학이나 사회학은 병적, 역기능적, 일탈적인 인간 행동을 탐구한다. 사회복지 전공 학생들도 자신의 내부에 병적, 역기능적, 일탈적인 면이 있다고 생각하기로 한다. 이러한 생각은 자신을 이해하는 폭을 넓혀줄 것이다. 하지만 주의해야 할 점은 지나치게 자신을 성찰한 나머지 실제로 있지도 않은 역기능적인 면을 찾아내서는 안 될 것이다. 자신에 대한 이해를 넓히기 위한 성찰이어야 하되 균형감각을 가져야 한다. 자신에 대한 지식은 하루아침에 얻어지는 것은 아니라 오랜 시간에 걸쳐 얻어지는 것이다. 또한 자신의 결함을 인식하되 이를 자기가치감과 존엄성을 높이는 쪽으로 다룰 수 있는 방법을 익혀야 한다.

초보 사회복지사로서 자신을 알 수 있는 또 다른 방법은 조직적으로 자기에 대해 탐색해 들어가는 것이다. 자신의 라이프 스타일, 삶에 대한 철학, 도덕관념, 가치관, 근원, 삶에 대한 기대, 개인적 욕구, 기능에 대한 숙고가 필요하다.

느끼고, 생각하고, 행동하는 체계로서 개인

[그림 1-1, p.33 참고]는 사회복지사가 스스로를 한 사람의 인간으로 이해하는 데 유용하다. 이 그림에는 인간이라는 체계는 감정, 사고, 행동의 상호작용이라고 설명한다. [그림 5-1]은 [그림 1-1, p.33 참고]를 응용한 것으로 감정, 사고, 행동으로서의 개인을 나타낸다. 이 세 가지 차원과, 이들 차원이 서로 어떻게 영향을 미치는 지를 이해하지 않고는 그것이 인간, 클라이언트, 환경, 다양성, 인간체계이든 간에 완전히 이해했다고 볼 수 없다. 감정, 사고, 행동은 선형적이 아니라 순환적으로 얽혀있다. 그림의 화살표는 각 측면이 어떻게 다른 두 측면에 영향을 미치고, 또 다른 측면으로부터 영향을 받는 지 나타낸다. 이 측면들은 환경과의 상호작용으로부터 영향을 받는다.

이는 인간체계가 성장하고 발전하며, 서로 접촉하고 상호작용하면서 감정, 사고, 행동이 변화하는 동적 시스템임을 의미한다. 이들 중 한 차원에서의 변화는 다른 차원에 영향을 미치게 된다. 우정을 예를 든다면 상호작용을 경험하는 과정에서 서로에게 느끼는 감정이나 생각, 행동은 계속 바뀔 것이다. 일반적으로 친구에 대해선 긍정적인 감정과 생각을 가지게 되며 긍정적으로 행동한다. 하지만 친구에게 화가 났을 때는 감정이 순간적이나마 바뀌게 된다. 이러한 감정의 변화는 친구를 다르게 보도록 한다. 심지어 더 이상 친구라 생각하지 않게 될 지도 모른다. 이에 따라 행동이 변화하여 더 이상 친구와 대면하길 꺼리게 될 지도 모른다. 만약 상황이 해결된다면 감정이나 생각, 행동은 그 전의 상태로 돌아가거나 더 긍정적이거나 부정적인 방향으로 변화할 수도 있다. 함께 위기를 겪었기 때문에 관계가 더 가까워질 수도 있을 것이고, 서로에 대한 의심을 지울 수 없기 때문에 더 소원해질 수도 있을 것이다.

[그림 5-1] 느끼고, 생각하고, 행동하는 체계로서 개인

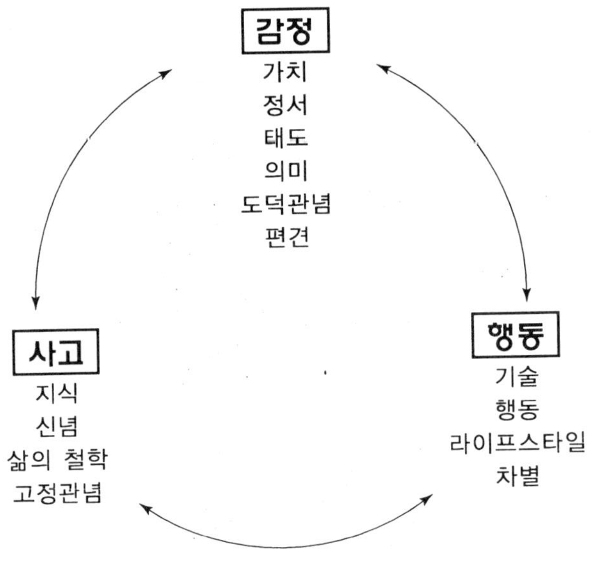

인간 체계의 감정과 사고, 행동의 상호작용을 이해하는 것은 자신과 클라이언트, 환경, 인간간의 상호작용, 다양성을 이해하며 변화를 꾀하는 데 더없이 중요하다. 따라서 이 책의 2, 3부에서 다시 한번 [그림 5-1]을 설명할 것이다.

다양성을 이해할 때 인간체계가 다양성에 대해 부정적으로 반응할 때 감정, 생각, 행동의 관련성을 이해하는 것은 매우 중요하다. [그림 5-1]에서 "편견"은 "감정"밑에 제시되어 있다. 이는 사람들이 자신과 타인에 대해 갖는 태도로서 어떻게 편견이 작용하는 지 보여준다. 고정 관념은 자신과 다른 집단에 속한 구성원에 대해 갖는 편견에

찬 태도와 선입견을 의미한다. 차별이란 편견 및 고정관념에 근거한 행동이며, 억압은 차별이 사회 체계에 제도화되었을 때 발생한다.

[그림 5-1]에서 개인의 라이프 스타일은 행동을 나타내며, 삶의 철학이란 생각을, 도덕관념이나 가치관은 감정을 나타낸다. 혈통, 문화적 뿌리, 삶에 대한 기대, 개인적 욕구, 기능은 환경으로부터의 영향, 혹은 환경과의 상호작용을 의미한다. 이는 우리의 감정, 생각, 행동에 영향을 미친다.

라이프 스타일과 삶의 철학

유전, 과거 인생 경험, 자라온 환경 차이 때문에 인간은 모두 서로 상이하다. 이러한 차이점은 삶을 살아가는 방식과 삶에서 비롯된 문제에 대처하는 방법에 영향을 끼친다. 어떤 사람들은 좀더 실질적이고 현실적이다. 어떤 사람들은 좀더 동정적이며 정겹다. 어떤 사람들은 정열적이고 통찰력이 있으며, 또 다른 사람들은 논리적이고 잘 조직화되어 있다. 어떤 사람은 기술적이고 전문적인 내용을 다루길 선호하며, 어떤 사람들은 실질적인 도움이나 서비스를 베풀기를 선호하고, 타인을 이해하고 의견을 나누길 원하며, 이론적이고 기술적인 것을 좋아한다. 어떤 사람들은 신체적 장애 없이 건강하며, 또 어떤 사람들은 시력이 약하거나 기력이 떨어지거나 장애를 갖고 있기도 하다. 사람들은 성별, 사회경제적 상황, 문화집단, 종교적 신념에 따라 다르며, 배우는 방식이나 학습 능력에 차이가 난다. 이들은 서로 다른 에너지 수준을 갖는다. 이러한 모든 것이 라이프 스타일에 영향을 미친다. **라이프 스타일**은 인간욕구를 만족시키기 위해, 다른 사람과 상호 작용하는 방식을 말하며, 일하고 즐기며 휴식을 취하는 패턴을 말한다. 있는 그대로의 라이프 스타일을 기술하는 것도 중요하지만, 왜 특정한 라이프 스타일을 선호하는지를 아는 것도 중요하다.

삶의 철학-라이프 스타일이 삶의 철학으로부터 영향을 받는다는 면에서 라이프 스타일과 **삶의 철학**은 관련이 있다-은 더 직접적으로 자신에 대한 이해와 연관되어 있다. 한 사람의 삶의 철학은 타인이나 사회, 인간의 생활과 목적, 어떻게 살아야 하는지 등에 대한 믿음을 포함한다. 삶의 철학을 알아보고자 할 때는 다음의 질문을 한다. 인간성의 근본 속성에 대한 나의 생각은 어떠한가? 인간은 선천적으로 선한가 아니면 악한가? 남성과 여성의 관계는 어떠해야 하는가? 개인의 삶에 있어 직업, 가족, 여가는 어떤 위치를 차지하는가? 다른 사람에게 의지하는 것이 허용되는 경우는 어떤 때

인가? 타인의 행복과 복지를 위해 개인이 갖는 책임은 어떤 것인가? 초월적 존재 또는 신과 인간이 맺는 관계는 어떤 것인가? 인간과 대자연의 관계는 어떤 것인가? 개인의 삶의 철학은 느끼고 생각하고 행동하는 모든 것, 존재의 모든 측면에 영향을 미친다. 삶의 철학은 종교적 가르침이나 믿음에 크게 영향을 받는다. 또한 문화와 가족의 영향에도 좌우된다. 초기의 믿음의 영향은 후에 이를 거부하는가 아니면 순종하고 전념하느냐를 결정한다. 삶의 철학을 곰곰이 생각하고, 우리 각자가 어떤 사람인지 충분히 반영하는 것은 매우 중요하다. 삶의 철학은 성장하고 새로운 경험을 쌓아가면서 변화한다.

도덕관념과 가치관

도덕관념과 가치관은 삶의 철학과 밀접하게 연결되어 있다. **도덕관념**은 행동측면에서 무엇이 옳고 그른지 상술해 놓은 것이다. 가치관이란 무엇을 더 원하고 선호하는지를 가리킨다. 가치 있다고 여기는 행동이나 물건은 상대적인 순위가 매겨짐으로써 가치 체계가 존재한다. 개인의 도덕관념이나 가치관은 문화유산, 가족의 영향, 소속집단(종교적 소속 포함), 개인 및 교육 경험의 영향을 받는다. 어떤 사람에게 있어 도덕관념은 외부에서 주어진 것이며, 상황과는 상관없이 고정불변이다. 또 다른 사람에게 도덕관념이란 도덕적, 가치적 판단을 유도하는 몇 가지 원칙에 의해 결정되긴 하지만 어느 정도의 융통성을 허용한다. 어떤 사람에게 이러한 결정은 순전히 상황에 따라 달라진다.

Florence Kluckholm과 Fred Strodtbech는 가치 기준의 방향을 논하면서 가치체계를 발전시키는 차원을 구분했다.

1. 인간성 : 악한가, 중립적인가, 선과 악이 섞여 있는가, 아니면 근본적으로 선한가?
2. 인간과 자연의 관계 : 자연에 복종하여야 하는가? 자연과 조화를 이뤄야 하는가? 혹은 자연을 정복해야 하는가?
3. 시간에 대한 태도 : 과거 혹은 미래 어느 쪽이 강조되고 있는가?
4. 활동 : 삶의 모습 자체, 이상적인 삶에 도달하기 위한 과정, 아니면 행위 그 자체 어느 쪽에 초점이 맞추어져야 하는가?
5. 관계성 : 그 성격이 선형적이어야 하는가, 상호 협력적 혹은 개인적이어야 하

는가?

위 5개의 차원에서 자신이 어디에 위치하는 가를 알아보는 것은 근본적 가치관-욕구와 상황에 어떻게 대처 하는가-에 대해 알려줄 수 있다. 예를 들어 인간은 근본적으로 악하다고 믿는 사람이라면 자신이 좋아하지 않는 행동에 대하여 "올바른" 행동을 이끌어내기 위해 처벌을 가하는 식으로 반응할 지도 모른다. 여기서의 전제는 인간이란 근본적으로 악하게 되려는 성향이 있으며, 바람직하지 않은 행동을 억제하려면 처벌이 필요하다는 믿음을 깔고 있다. 반면 인간을 선하다고 믿는 것은 인간은 항상 올바른 행동을 하려 애쓰며, 다른 사람과 그들의 욕구를 배려하며 정의를 위해 힘쓴다는 믿음을 내포한다. 인간이 근본적으로 선하다고 믿는 자세가 그렇지 않은 자세보다는 사회복지 가치관에 더 부합한다.

소수 민족의 가치 체계를 점검해보면 흔히 주류 사회와 소수 민족 간에 존재하는 가치관의 충돌을 찾아볼 수 있다. 스페인 계 주민 중 일부는 자연에 대해 복종하는 것만이 자연에 대한 올바른 관계라고 믿는다. 홍수나 허리케인과 같은 자연재해는 신 또는 대자연의 힘이 인간을 단죄하기 위해 내리는 벌이라 여긴다. 대부분의 아Mary칸 인디언은 자연과의 조화에 근거한 가치체계를 갖고 있다. 그들에게 자연재해는 대자연의 힘과 인간 사이의 부조화를 나타내는 지표가 된다. 예를 들어 홍수란 인간이 땅을 잘못 사용한 결과라는 것이다. 미국문화에서는 자연을 정복해야 한다는 믿음을 갖고 있다. 홍수에 대한 반응은 댐이나 다른 홍수조절 장치를 설치함으로써 향후 일어날 홍수를 예방하는 것이다. 이러한 차이는 개개인이 동일한 상황을 왜 다르게 지각하는지를 설명해준다.

많은 사회복지사가 주류 사회에 속해있기 때문에, 주류 문화와 다르고, 사회적 혜택에서 소외되거나 억압받고 있는 집단의 구성원인 클라이언트와 일할 때에는 상당한 가치관의 충돌을 경험하곤 한다. 자신을 바라보고 모든 이를 수용할 수는 없다는 한계를 깨닫는 데는 용기가 필요하다. 동료나 수퍼비전에 의한 지도는 매우 중요하다. 일반적으로 이러한 갈등을 논의하고 해결하지 않는다면 원조관계를 형성하는 능력에 부정적인 영향을 끼칠 것이다. 논의되지 않거나 논의될 수 없는 것은 흔히 장벽으로 작용한다.

시간에 대한 태도 역시 가치관 충돌을 일으킨다. 어떤 사람은 과거에 일을 어떤 식으로 행해왔느냐에 큰 비중을 두기 때문에 "과거에 항상 해왔던 식"에 따라 결정을 내린다. 어떤 사람들은 미래에 초점을 둔다. 이들은 앞날을 미리 내다보는 데 중점을 두고, "궂은 날을 위해 저축하며", 자식이나 미래세대의 욕구에 중점을 둔다. 또 다른 사람들은 현재에 집중한다. 이들은 오늘만을 위해 살며, 저축과는 담을 쌓고, 자식들은 스스로 알아서 살아나가겠거니 한다. 하루 하루 먹고 살아가는데 전 에너지를 바쳐야 하는 가난에 찌든 사람들이 이런 식의 태도를 갖는다. 이들은 상황에 너무나 압도된 나머지 미래를 생각할 여유가 없는 것이다. 동일한 상황에 대해 다른 결정을 하는 것은 시간에 대한 태도나 가치관 차이로 설명될 수 있다.

많은 미국인은 성과가 눈에 보이는 행위를 중요시 한다. 반면 어떤 사람들은 삶의 모습 자체에 가치를 둔다. 즉 결과에 연연하지 않는 것이다. 이런 자세는 결과나 생산물보다는 사람 자체에 더욱 중점을 둔다. 이상적 삶에 도달하기 위한 과정 역시 사람에 중점을 두지만 개인이 성장하는 매개체로서의 행위를 강조한다. 행위의 목적이나 가치에 대한 사회복지사의 신념은 실제 사회복지실천을 어떻게 수행할 것인지, 클라이언트와 어떤 목표를 세울 것인 시에 큰 영향을 끼친디. 이러한 믿음을 살펴보면서 사회복지사의 가치 체계에 부합하는 접근방법을 선택하는 것은 매우 중요하다.

사람이 세상을 지각하는 또 하나의 차원은 서로 다른 사건이나 상황이 어떻게 연관을 맺는 지에 관한 것으로 Kluckholm과 Strodtbeck이 제안한 관계성 개념과 관련이 있다. 관계성은 원인과 결과 즉 선형적 관계로 설명되는데, 이는 현대 사회복지 사상과는 맞지 않는다. 현대 사회복지 사상은 요인간의 상호작용이 특정 상황의 행동에 영향을 끼친다는 상호협력의 개념을 강조한다. 어떤 사람들은 각 상황이 독특하며, 다른 상황이나 과거 또는 현재와의 관계를 보려 하지 않는다. 이는 상황에 대한 개별주의 접근이라 할 수 있다. 관계성에 대한 이와 같은 다양한 시각은 서로 다른 가치관에 기인한다.

사람들은 자신이 부분적으로 인식하는 도덕관념이나 가치 체계에 따라 행동한다. 그들은 특정한 도덕관념이나 가치 체계가 갖는 의미나 영향력에 대해 충분히 살펴보지 않고 그냥 수용해 버린다. 어떤 경우 한 개인이 갖고 있는 신념이 서로 상충하기도 하며, 우선순위가 되는 가치를 의식하지 못하는 경우도 있다. 사회복지사의 자신에 대한 지식이란 자신의 도덕관념이나 가치관이 어디서 유래되었는지를 알고, 우선순위와 우선 순위 간의 융통성을 인식하는 것이다.

가족적 문화적 뿌리

자신의 라이프 스타일, 삶의 철학, 도덕관념, 가치관을 생각해보면 가족적 문화적 배경 즉, 뿌리가 얼마나 중요한 지 명확해진다. 각 개인은 뿌리에 대해 다른 식의 반응을 보인다. 어떤 이는 전통을 계승하고, 지난 세대의 라이프 스타일을 이어가는 것을 편안하게 느끼며 다른 이들은 과거의 삶의 방식을 전부 혹은 부분적으로 거부한다. 많은 이들은 무엇을 계승하고, 무엇을 거부해야 할지 확신이 없이 혼란스러워 한다. 또 다른 이들은 유용하다고 생각되는 일부 전통을 받아들이고 현재의 상황에 맞도록 수정하거나 변경시키는 데 균형점을 찾는다.

자신의 문화적 유산을 이해하는 방법은 그 유산을 공부하는 데 시간을 할애하는 것이다. 이는 몇 가지 과정을 통해 이루어질 수 있다. 그 문화에 속했던 사람이나 문화유산에 대한 책을 읽거나, 가족 관습, 라이프 스타일, 신념에 대해 가족 구성원과 대화를 나눠보는 방법 등이다. 문화적 유산을 역사적 배경이나 상황의 산물로 이해하려는 시도가 꼭 행해져야 한다. 문화유산의 탐구에 파묻혀 본 많은 사람들은 그 경험이 매우 가치 있으며, 자신을 이해하는 데 많은 도움을 주었다고 생각한다.

가계도에는 적어도 삼 세대 이상의 구성원에 대한 중요한 정보가 표기되는 데, 사회복지사 자신의 가족을 이해하는 데도 유용한 도구이다. 가계도를 살펴봄으로써 가족원의 사망, 가족의 크기, 출생 순서, 이름을 짓는 양식, 공통적 행동 패턴 등의 영향을 살펴볼 수 있다. 이렇게 가족을 하나의 체계로 보고 연구하는 것은 이전에 몰랐던 정보를 발견할 수 있게 해주며, 자신이 가족 내에서 차지하고 있는 위치를 보게 해줄 뿐 아니라 자신이 어떻게 가족의 영향을 받았는지 알 수 있게 해준다.

자신에 대한 지식을 늘리는 데 도움이 되도록 가족의 영향을 살펴보는 다른 방법도 있다. 가족을 사회학 혹은 심리학적 관점에서 보는 것으로서 중요한 통찰을 준다. 가족 구성원과 함께 중요한 가족사에 대해 이야기해보는 것 또한 가족과 그 기능에 대해 풍부한 이해를 얻는 유용한 방법이다.

자신의 뿌리를 찾는 일은 평생에 걸친 작업이며, 흥미진진한 사실들이 들추어지게 되는 일이다. 이는 옛 상처를 건드려 고통을 불러오기도 한다. 하지만 고통을 인식하고 해결하는 것은 다른 사람의 고통에 더욱 민감하게 하고, 더욱 능숙하게 도울 수 있는 사람으로 사회복지사를 성장시킨다. 무엇보다 자신에 대해 더욱 깊은 깨달음, 즉 내가 누구이며 왜 내가 독특한 사람인지를 알 수 있게 해준다.

삶의 경험

가족적, 문화적 뿌리를 연구하는 것은 한 사람을 성장시키는 데 중요했던 경험을 이해할 수 있도록 해준다. 가족 내에서의 경험뿐 아니라 교육 경험, 습득한 지식, 배움에 대한 태도 등을 비롯한 다양한 경험들이 중요하다. 동료나 지역 사회 주민, 이웃, 그 밖의 사람들-나이, 인종, 민족적 배경이 다른 사람들, 신체적 정신적 장애가 있는 사람들-과의 경험이 있다. 조직된 집단이나 종교 활동에 참여함으로써 얻었던 경험, 질병, 장애, 가난, 또는 부유함으로 인해 얻은 경험 역시 중요하다.

개인적으로 큰 영향을 끼쳤던 과거 경험을 찾아내는 것 역시 자신에 대한 지식을 넓히는 중요한 방법이다. 이러한 경험이 다른 경험과 어떻게 연관되고, 각 경험이 생각, 감정, 행동에 어떻게 영향을 끼쳤는지 평가하는 것이 도움이 된다. 또한 하나의 경험이 어떻게 과거 경험으로부터 유래되었는지 고려해보는 것 역시 중요하다.

개인적 욕구

자신에 대한 지식의 또 다른 영역은 스스로의 욕구와 욕구를 해결한 방법을 이해하는 것이다. 이는 인간의 공통된 욕구, 다양성에서 비롯된 욕구, 사회 체계와의 관계에서 비롯된 욕구를 포함한다(12장 참조).

인간의 공통욕구를 말할 때는 의식주, 보살핌, 안전, 소속감, 성장과 배움의 기회 등에 초점이 가해진다. 개인의 욕구를 이해할 때는 이러한 욕구가 어떻게 충족되고, 그 충족이 적절한지를 살펴본다. 신체 발달의 측면에서 개인의 발달 패턴을 고려하는 것도 유용하다. 인간의 발달을 이해하는 것은 나이에 걸맞은 발달 수준에 대한 정보를 제공한다. 또한 이전 발달 사항에 따라 기대되는 발달 정도를 고려하는 것이 중요하다. 건강과 안녕, 질병과 장애, 신체적 강건함이나 한계, 노화에 따른 신체와 기능의 변화, 육체적 친밀감에 대한 욕구 역시 고려되어야 한다.

개인의 욕구를 고려하기 전에 현재 어떤 발달단계에 와있는가를 알아보는 것이 필요하다. 예를 들어 사춘기 초기에 급속히 신체적으로 성장할 때에는, 당연히 신체발달을 위해 더 많은 음식을 섭취해야만 한다.

Erik Erikson등의 학자들은 인간 발달의 각 단계에 해당되는 심리사회적 욕구를 구분해내었다. 이러한 욕구를 알아보는 것은 각 단계에서의 심리사회적 욕구가 충족되기 위해서 반드시 성취되어야 하는 발달 과제에 대해 관심을 갖도록 한다. 예를 들어 어린아이가 인지적으로 성장할 때는 학습을 위해 필요한 활동이 필요한 법이다.

어떤 이는 Erikson의 인간 발달 이론이 여성에게도 타당한 지 반론을 제시하였다. 남성과 여성의 발달과정의 차이에 대한 새로운 이론이 나오고 있기 때문이다. Erikson의 이론은 유럽계 남성에 근거해서 이루어진 것이기 때문에 유색인종에게도 타당한 지 역시 의문이 제기되었다. 하지만 Erikson의 이론을 대신할만한 어떤 이론도 아직 폭넓게 받아들여지지 못하고 있다. 그럼에도 불구하고 Erikson의 이론을 적용할 때는 융통성을 발휘해야 하며 다른 가능성을 항상 염두에 두어야 한다. 심리사회적 욕구를 고려할 때, 현재 발달단계에서의 욕구만을 알아보는 것이 아니라, 과거 단계에서 충족되지 못한 욕구들을 알아보는 것도 유용하다. 현재의 기능은 부분적으로 과거에 욕구들이 어떤 식으로 충족되었는지에 따라 영향을 받는다. 따라서 충족되지 못한 욕구를 파악하는 것은 자기에 대한 이해를 넓히는 또 다른 방법이 된다.

인간의 공통된 욕구가 드러나는 또 다른 차원은 영적 차원이다. 이 영역은 흔히 사회복지사로부터 관심을 받지 못하는 데, 그 이유는 영적차원의 속성이나 내용에 대해 일치된 의견이 없고, 이 영역에서 이루어진 연구가 많지 않기 때문이다. 영적 성장은 흔히 종교적 성장의 한 부분으로 여겨진다. 물론 그런 경우가 많지만 더 넓은 의미가 내포되어 있다.

Carton Cornett는 영성을 "삶의 의미, 시간과 도덕성에 대한 이해와 반응, 죽음 후에 무엇이 따라오는 지에 대한 기대, 초월적 힘에 대한 믿음이나 불신"이라고 정의하였다. 따라서 영적 성장이란 영적인 존재로 거듭나기 위한 과정이라 할 수 있다. 비록 사회복지사들이 이 영역에 대해 그다지 관심을 쏟진 않았지만 이는 가치 체계나 삶의 철학을 이해하는 데 매우 중요하다. 특히 사회복지사가 직업적 가치기준을 마련하기 위해 필요한 자신에 대한 지식을 쌓는데 중요하다. 도움이 많이 되는 참고 문헌으로는 Lawrence Kohlberg와 Carol Gilligan의 도덕 발달에 대한 문헌과 James W. Fowler와 Sharon Parks의 신앙발달에 대한 문헌이다.

자신이 속한 문화 공동체가 구성원의 심리사회적 욕구를 어떻게 충족시켰는지 돌아보는 것도 유용하다. 이는 자신이 속한 문화 공동체 내에서 과거에 겪었던 경험이 일반적이었는지, 아니면 특별했는지 이해하는 데 도움이 된다.

개인적 욕구가 발생하는 두 번째 영역은 인간의 다양성으로부터이다. 다양성에서 비롯된 욕구란 특정 집단에 소속하는 것이 개인에게 어떤 영향을 끼쳤는지에 관한 것이다. 다양성이란 연령, 계급, 성별, 피부색, 문화, 장애, 소속 민족, 결혼여부, 가족 구조, 혈통, 국적, 종교, 성적 취향과 관련된 차이를 말한다. 제도화된 인종주의나 편견, 차별은 인간기능에 심각한 영향을 미친다. 이러한 영향 때문에 소수 민족, 장애인 등 특정집단에 속한 개인은 특정한 욕구를 갖는다. 언어, 외모, 지적 능력의 차이는 욕구를 만족시킬 수 있는 자원이나 기회로의 접근을 제한할 수 있다. 사회의 기대, 책임에 대한 반응이나 대응 방식은 모두 차이가 난다. 개인의 욕구에 대해 이해하려면 서로 다른 라이프 스타일에서 비롯된 욕구를 이해해야 하고, 이에 뒤따르는 스트레스를 이해해야 한다.

개인적 욕구가 발생하는 세 번째 영역은 다른 사람과의 상호연관성이다. 가족, 동료, 직업이나 교육 때문에 소속된 기관, 조직, 이웃, 지역사회, 문화 공동체 등과 같은 체계들은 구성원에게 기대와 함께 책임을 부과한다. 사람들은 이러한 기대와 책임에 반응할 필요를 느낀다. 개인은 기대와 책임을 받아들이거나 변경시키기 위해 체계와 협상할 수 있다.

개인적 욕구의 리스트를 작성해보는 것은 자신에 대한 지식을 심화시키는 또 다른 방법이다. 개인욕구를 이해하게 되면, 행동, 감정, 다양한 삶의 경험에 대한 반응을 자연스레 이해할 수 있게 된다. 이는 자신의 심리사회적 측면뿐 아니라 생물학적이고 영적인 측면을 이해할 수 있도록 해준다.

개인의 기능

자신에 대한 지식은 라이프 스타일, 삶의 철학, 도덕관념, 가치 체계, 뿌리, 개인적 욕구가 무엇인지 알고 이해하는 것이며, 이러한 요소들이 어떻게 일상기능에 영향을 미치는 지 이해하는 것이다. 또 개인이 어떻게 학습하고, 타인과 공유하며, 여러 가지 상황에 반응하고, 편견이나 선입견이 어떤 역할을 하는 지 이해하는 것이다. 자신에 대해 어떻게 느끼며, 이러한 느낌이 일상의 기능 수행에 어떤 영향을 미치는 지 역시 중요하다. 자신에 대한 지식은 스스로의 욕구를 어떻게 해결하는 지, 자신이나 환경의 변화를 어떻게 받아들이는 지, 자신이 속한 사회 체계에 대해 어떤 의무를 진다고 보는 지, 또 그 체계에서 어떤 역할을 맡고 있는 지를 포함한다.

자신에 대한 지식에서 특히 중요한 것은 건강한 자아상과 긍정적인 자부심이다. 사회복지사가 긍정적인 자부심을 지질 수 있다면 상기 영역에 대해 자신에 대한 지식을 얻는 것이 좀더 수월해진다. 자신을 부정적으로 바라보는 것은 사람을 방어적으로 만들고, 자아상이나 또한 타인을 왜곡하여 볼 가능성이 높다. 이에 비해 자신에 대한 긍정적인 자부심은 모든 인간의 가치와 존귀함에 대한 사회복지의 핵심적인 믿음과 연결되어 있다. 이러한 믿음은 인간이란 완벽하지 않으며, 모두 결함이 많고 실수를 한다는 것을 인정한다는 것이다. 실수를 한다는 것은 결국 인간임을 증명하는 것이다. 자신의 결함이나 실수에도 불구하고 스스로가 가치 있다고 받아들이는 것은 자신이나 타인을 좀더 순수하게 바라보는 것이다.

사회복지사가 자신을 부적합한 인간으로 느끼는 경우 남을 돕는 과정에 부정적인 영향을 미치게 될 것이다. 사회복지사는 클라이언트가 자신을 필요로 한다는 데 대해 기분 좋게 느낄지 모르며, 자신에게 의지하도록 부추기고 싶은 유혹에 굴복할 지도 모른다. 이는 남에게 필요한 사람이 되었으면 하는 자신의 욕구를 만족시킬 것이다. 하지만 이는 클라이언트가 스스로의 인생에 대해 통제력을 행사하는 능력을 훼손시키며, 홀로 서는 것을 어렵게 만든다. 반대로 사회복지사가 건강한 자아상을 갖고 있다면 클라이언트를 돕는 데 좀더 순수해질 수 있을 것이다. 이러한 도움이나 돌봄은 사회복지사의 욕구가 아니라, 클라이언트 역시 한 사람의 인간이라는 데 기반하고 있다. 사회복지사는 보답을 바라고 클라이언트를 돕지 않을 것이며, 클라이언트의 성장과 발달을 촉진시키는 데 대해 만족할 것이다. 사회복지사는 자신이나 내담자가 가지고 있는 강점을 더욱 잘 찾아낼 수 있을 것이다. 왜냐하면 자신이나 클라이언트 모두 가치 있는 인간이라는 전제조건으로부터 출발할 것이기 때문이다.

자신을 둘러싼 사회 체계와의 상호작용을 인식하는 것은 남을 돕는 과정에서 생태학적 접근을 사용하는 시각을 발달시키는 데 중요하다. 환경이 자신에게 미치는 영향이나 스스로가 환경에 미치는 영향에 대해 잘 알게 될수록, 클라이언트와의 작업에서 환경적 요소를 끌어들이는 데 더 자신감을 갖게 된다. 지지적인 환경을 경험하는 것은 성장이나 변화를 위해 필수적이다. 사회복지사가 직접 클라이언트를 도와주는 데에는 시간이나 범위에 있어 한계가 있다. 클라이언트를 둘러싼 환경에서 강점을 찾아내는 일은 이러한 한계를 넘어서서 성장과 변화를 할 수 있도록 돕는 일이다.

이 장에서 논의된 자신에 대한 지식은 쉽게 발달시킬 수 있는 것이 아니다. 내면을 돌아보고, 다양한 상황에 처한 자신을 관찰하며, 나에 대한 다른 사람의 관찰한 바를 찾아나서는 것은 시간을 요한다. 또한 어느 정도의 위험을 무릅써야 함을 의미한다. 자신에 대해 아는 데는 희생이 따를 수도 있다, 찾아낸 자신이 만족스럽지 않을 수도 있고, 과거 경험에 대한 아픔이 살아날 수도, 현재 자신의 위치나 역할에 대해 화가 날 수도 있다. 자신을 알고 이를 받아들이는 것은 평생에 걸친 여정이다. 그러나 이는 남을 돕기 위해 매우 중요한 도구인 자기 자신을 충분히 활용하여 최선의 결과를 얻어내기 위해 꼭 필요한 여정이다.

[표 5-1] 개인적 욕구에 대해 생각해 볼 때의 지침

인간의 공통적 욕구

1. 의식주에 대한 나의 욕구는 무엇인가? 어떻게 충족시키고 있는가?
2. 통증과 신체적 손상을 피하는 등 안전에 대한 욕구는 어떤 것이 있는가? 어떻게 충족시키고 있는가?
3. 건강관리에 대한 욕구는 어떤 것이 있는가? 어떻게 충족시키고 있는가?
4. 사랑이나 소속감에 대한 욕구는 어떤 것이 있는가? 어떻게 충족시키고 있는가?
5. 타인으로부터의 평가나 지위에 대한 욕구는 어떤 것이 있는가? 어떻게 충족시키고 있는가?
6. 능력이나 잠재력을 개발하려는 욕구는 어떤 것이 있는가? 어떻게 충족시키고 있는가?
7. 나 자신, 그리고 내가 살아가고 있는 세계를 이해하려는 욕구는 어떤 것이 있는가? 어떻게 충족시키고 있는가?
8. 또 다른 생물학적 욕구를 가지고 있는가?
9. 나의 영적 성장과정을 어떻게 기술할 수 있는가? 이러한 성장의 주된 원천은 무엇인가? 현재의 내 욕구는 무엇인가?

발달단계 상의 욕구

1. 신체발달경험에서 비롯된 욕구는 어떤 것이 있는가? 어떻게 충족시키고 있는가?
2. 인지발달과 관련된 욕구는 어떤 것이 있는가? 어떻게 충족시키고 있는가?
3. 현재 나의 심리사회적 발달단계는 무엇인가?
4. 현재 발달단계에서 요구되는 과업에서 비롯된 욕구는 어떤 것이 있는가?
5. 이전 발달단계의 과업을 얼마나 잘 수행하였는가?
6. 이전에 완수하지 못한 과업 때문에 비롯된 현재의 욕구는 어떤 것이 있는가?

인간의 다양성에서 비롯된 욕구

1. 내가 속한 지역사회의 주된 라이프 스타일과 나의 라이프 스타일이 차이가 나는 부분은 어떤 것인가?
2. 이러한 차이의 근원은 무엇인가? 인종, 문화공동체, 성별, 종교, 장애, 아니면 다른 요인이 있는가?
3. 이러한 차이의 의미는 무엇인가? 나는 다양성에 대해 어떻게 느끼는가?
4. 이러한 차이가 내 주변 환경에 갖는 의미는 무엇인가? 주변 환경은 나를 어떻게 대하고 있는가?
5. 이러한 차이 때문에 겪는 스트레스나 긴장을 나는 어떻게 대처하고 있는가?
6. 이러한 차이에 대처하기 위하여 요구되는 힘이나 특별한 능력은 무엇인가?

내가 속한 사회 체계에서 비롯된 욕구

1. 내가 속한 여러 사회 체계가 내게 갖는 기대는 어떤 것인가? (가족, 동료, 학교나 직장, 소속 기관, 이웃이나 문화공동체 등의 사회체계)
2. 내가 속한 사회 체계에 대한 나의 책무는 무엇인가?
3. 사회 체계가 갖는 기대나 책무와 관련한 나의 욕구는 무엇인가?

사례

나(Janie)는 20세로 사회복지를 전공하고 있다. 나는 만 명 정도의 주민이 사는 미드웨스턴의 작은 마을에서 자랐다. 나의 가족은 한평생 한 마을에서 거주했으며, 나는 다섯 자녀의 중간이다. 첫째 오빠는 25세로 결혼했고, 근처 도시에서 아나운서로 일하고 있다. 22세의 언니는 고등학교 친구와 결혼하여 고향에서 살고 있으며, 3세가 된 딸과 돌이 된 아들이 있다. 여동생 Mary는 16살로 중도의 정신지체가 있으며 집에서 지낸다. 막내 남동생은 11세이다.

나는 열정적이고 통찰력이 있으며, 많은 것에 흥미를 가지고 있고, 여러 상황에서 벌어지는 현상에 대해 감지할 수 있는 능력을 갖고 있다. 나는 논리적이고 영리하다고 생각한다. 나는 사물에 대해 생각하기를 좋아하고, 어떤 것을 하기 위해 논리적인 방법이 무엇인지를 단계적으로 결정하는 것을 좋아한다. 나는 어떤 것을 시작할 때 어디로 가고 있는지를 추측해 보고, 목표에 도달하기 위한 여러 가지 방법을 생각하며, 새로운 목표달성 방법을 제시하곤 한다.

사람들과 이야기하는 것이 편안하며, 다른 사람들도 나에 대해 그렇게 생각하는 것 같다. 나는 다른 사람들을 내 경험에 근거해서 함부로 추측하지는 않기 위해 사려 깊게 행동한다. 나는 사람들이 왜 그렇게 생각하고 느끼는지를 알아내고 배운다. 사람들은 실제로 흥미진진한 이야기를 갖고 있으며, 내게 이야기하는 것을 즐기는 것 같다. 또한 친구들의 경험에서 많은 것을 배운다. 나는 다른 사람들이 왜 그런 방법으로 생각하고 행동했는지를 이해하기 위해 그 사람에 대해 깊이 알 필요가 있다고 생각한다.

보통 여자들은 핸디캡을 갖고 있다고 생각하지만, 나는 스스로 어떤 장애를 갖고 있다고는 생각하지 않는다. 나는 낙관적인 성격이며 우리 세대는 구시대의 핸디캡에 신경 쓰지 않고 자신이 원하는 것을 하려고 한다. 가족은 중산층으로 돈이 많지는 않지만 늘 편안한다. 우리가족은 불편함 없이 살아왔다. 내 기억에 아버지는 오랜 동안 작은 규모의 자영업을 해 오셨다. 아버지는 모든 사람들에게 존경받으며, 나도 그런 아버지의 딸로서 존중되었다. 우리는 감리교신자로 우리 가족에게 교회활동은 매우 중요하다.

나는 학교생활을 재미있게 했다. 치어리더, 드라마, 음악활동을 적극적으로 했고, 늘 우등생이었다. 대학생이 되어 첫 학기는 그다지 좋지 않았다. 주어진 과제나 시험에 대해 익숙하지 않았지만 너무 스트레스를 받지는 않았다. 나는 시간을 잘 관리하여 A와 B학점을 받았다. 물론 한 과목은 C를 받았지만 말이다. 나는 새로운 아이디어를 탐색할 때, 나의 사고방식에 대해 생각하고 표현하는 것을 도전받을 때 가장 많이 배운다. 현재 나는 3명의 여자친구와 한 아파트에서 살고 있다. 기숙사에서 살다가 이렇게 사는 것도 괜찮지만, 같이 어울리는 것과 식사문제에 대해서 처음에는 갈등도 있었다.

나는 긍정적으로 생각하는 사람이고 낙관적이다. 사람들과 어울리는 것이 좋다. 특정 사람들이 다른 사람들보다 더 좋다고 생각하지는 않는다. 나는 좋지 않은 일에 관해 많은 시간을 이야기하거나 다음 주 시험과 같은 일을 걱정하며 시간을 보내고 싶지 않다. 나는 독립적이기를 원하나, 아직 가족에게 경제적으로 의존하고 있어 불편하다. 하지만 친구들에 관해서는 그들이 필요로 할 때 내가 의지가 될 수 있기를 바란다. 많은 사람들은 어떤 일이 일어날 때 자기 확신과 자신에 대한 좋은 느낌을 갖지 못하는 것 같다. 나는 그들에게 도움을 주고 싶다.

나는 인간과 자연의 관계를 조화로 본다. 나는 과거나 미래보다는 현재를 중요시하며 살고 있다. 물론 졸업 후에 무엇을 할지에 관해 관심을 갖고 있지만 말이다. 나는 큰 도시에서 일하면서 더 큰 세상을 경험하고 싶지만 두렵기도 하다. 나는 혼자 일하는 것이 아니라, 다른 사람들과 함께 일하는 것이 중요함을 알고 있다. 다른 사람들과 함께 일하는 기술을 더욱 발전시켜야만 한다고 생각해 본다.

나는 우리 가족에 대해 많이 생각해 보지는 않았다. 아버지 가계는 4세대 전 독일에서 왔으며, 어머니 가계는 같은 시대 동양에서 이주했다. 우리가족은 당연히 서로 다른 문화를 흡수했다. 외삼촌은 엄마가 외할머니를 요양시설에 살게 하는 것에 대해 화가 나 있다. 하지만 엄마는 외할머니와 정신지체인 여동생을 같이 보살필 수 없다. 아버지는 자영업으로 바빠서 많은 도움이 되지 못한다. 아버지는 엄마가 외할머니를 집에서 돌볼 수는 없다고 말씀하신다. 우리 가족은 여동생의 상태를 걱정하고 있다. 나는 사회복지 수업에서 동생에게 도움이 될 만한 것들을 몇 가지 배웠다. 지난 번 집에 갔을 때 이에 관해 이야기했고 가족들이 도움이 되었다고 하여서 정말로 좋았다. 나는 아버지의 가계에 대해서는 많이 알지 못하며 앞으로 좀 더 알 기회를 가지려고 한다.

나는 형제 중 중간이기 때문에 다른 형제보다 더 도움을 주는 역할을 많이 하게 된다. 나는 여동생이 특별한 관심을 필요로 하고, 남동생이 아직 어리기 때문에 내가 도움을 주는 역할을 하게 되었다고 생각한다. 엄마는 동생들을 돌보기에도 벅차다. 오빠와 언니는 결혼을 했기 때문에 별 도움이 되지 않는다. 나는 이러한 경험 때문에 더 성숙해진 것 같다. 이러한 가족에서의 경험과 고등학교시절의 좋은 경험이 나의 대학 생활을 준비시킬 수 있었다. 고등학교 때처럼 모든 역할을 잘 해내기를 원한다면 시간관리를 잘 해야 한다.

"공통적인 인간의 욕구"로 분류되는 나의 욕구는 가족 내에서 잘 충족된다. 부모님은 학업에 필요한 돈을 지원해 주셨다. 나는 대출을 받았는데 이를 갚기 위해 방학동안 일을 하고 있다. 지금 나는 의식주와 같은 일상의 욕구와 관련한 계획을 세워야 한다. 나는 이 부분에서 그렇게 잘 하지는 못한다. 나는 건강관리를 잘 하지 못한다. 엄마는 언제나 나를 치과의사나 의사에게 보내곤 했다. 이제 나는 내 자신의 건강에 책임을 질 때라고 생각한다. 나는 돈을 벌고 독립적으로 생활하기 위해 진학했다. 나는 학교를 통해 주어진 기회를 이용함으로써 욕구를 충족하고 있다.

나는 정상적으로 발달했지만. 여동생이 문제를 가지고 있다. 나는 이 영역에서 나의 욕구를 한번도 생각해 보지 않았다. 나는 아직 결혼 등에 대해 깊이 생각해보지 않았다. 살아가면서 세상에 대해 더 알고 싶다. 나는 함께 사는 친구들과 정말로 친밀하며 때때로 그들이 가족을 대체할 수 있지 않을까 생각해 보았다. 아직 잘 모르겠지만 나의 발달 과업상의 이슈라고 생각된다. 나는 스스로를 독립적인 성인으로 시험해 볼 필요가 있다고 생각한다. 나는 집에서 남동생의 엄마 역할을 하고 있는데, 여동생에게도 그렇게 해야 하는지 잘 모르겠다. 이에 대해 생각해보고 엄마와 이야기할 필요가 있다. 그 밖의 다른 심리적 단계는 잘 발달하고 있는 것 같다. 나는 사람들을 신뢰한다. 스스로에 대해 좋은 감정을 갖고 있다. 일하는 것을 좋아하며 꽤 책임감도 있다. 나는 친구가 많다.

나는 변화에 대해 깊이 생각해 보지 않았다. 나는 그냥 평범한 사람으로, 이것이 나의 "다양성"일 것이다. 내가 아는 대부분의 사람들은 어떤 면에서 서로 다르다. 그들은 성장하는 동안 좋지 않은 경험을 했고, 지금 문제를 갖고 있다. 나는 정말로 행운아다. 나는 많은 다른 인종의 사람들을 알지 못한다. 나는 다른 인종을 가진 사람이 어떤 차이를 가져오는 지 생각해 볼 필요가 있다.

나는 운이 좋기 때문에 많은 책임감을 갖고 있다. 이점이 사회복지사가 되기 원하는 하나의 이유가 될 것이다. 사회 체계는 나에게 어떤 것을 기대한다. 부모님은 더 자주 집에 오기를 원하는데, 이것에 문제가 되기 전에 부모님과 이야기할 필요가 있다. 대학의 교수들은 많은 독서와 숙제를 기대한다. 친구들은 더 많은 시간을 함께 보내기 원한다. 가끔 이 모든 일을 조정하는 것이 어렵다. 나는 아직 혼자 있는 시간이 필요하다. 나는 잘 균형을 맞추며 일하는 것이 필요하다. 아마도 계획을 세워 일을 해야 할 것 같다.

전반적으로 나는 꽤 잘하고 있다고 생각되나 해야 할 몇 가지 일이 있다.

1. 나는 타인에 대해 잘 이해하며, 모든 사람이 내가 가졌던 기회와 경험을 갖지 않았음을 깨달아야 한다. 타인의 말을 주의 깊게 듣는 것이 필요하다.
2. 나는 혼자만의 시간을 가져 나 자신에 대해 더 많이 아는 것이 필요하다. 이것은 나의 책임을 수행하기 위해 내 시간을 더 구조화하는 것을 의미한다.
3. 나의 확대 가족에 대해 더 많이 알 필요가 있다.
4. 부모님에게 성장과 독립에 대한 나의 감정을 이야기 할 필요가 있다. 가족 내의 나의 역할에 대해 확신을 갖고 있지 않으며 이에 대한 대화가 필요하다.
5. 나는 다른 사람들과 협동적으로 일할 수 있는 능력을 개발하는 것이 필요하다.

도움을 주는 사람

일반주의 실천을 하는 사회복지사는 자신을 효과적으로 이용하여 타인이 자신의 욕구를 충족하거나 적절하게 문제를 해결하도록 돕는 사람이다. 사회복지사는 환경을 구성하는 사람과 체계 사이의 욕구와 상호작용에 초점을 둔다. 따라서 사회복지사는 개인과 집단 간의 생산적인 상호작용을 위해 필수적인 기술을 발전시켜야 한다.

사회복지사가 돕는 상황에 들어가게 되면 먼저 자신을 사용한다. 다른 사람에게 관심을 갖고 이론적, 경험적 지식, 전문직과 자신의 가치, 변화의 본질에 대한 관점, 인지적, 상호작용적인 기술을 가진 '자신'은 바로 다른 사람들과 작업하는 데 있어서 주된 도구가 된다.

이러한 기술은 돕는 사람의 특성이다. 사회복지 전문가는 돕는 사람이며, 돕는 행위는 지식, 가치, 사회복지 전문직 기술을 이용하는 맥락 속에서 이루어진다. 남을 돕는 것은 확고하게 규명된 지식과 가치 기반을 의식적으로 활용한다. 전문적인 도움의 또 다른 특징은 도움이 상호적이지 않다는 점이다. 즉 도움을 주는 사람은 도움을 받는 사람에게 어떤 보답을 기대하지 않는다.

도움을 주는 사람의 특징

도움을 주는 사람에 대해 많은 연구가 이루어졌다. Arthur Combs, Donald Avila, William Purkey의 조사에서, 사회복지사의 신념 체계가 다른 사람을 돕는 데 중요한 특징을 가져온다는 사실을 제시했다. 도움을 제공하는 사람은 다음의 신념체계를 가진다.

1. 불가능보다는 가능
2. 비우호적보다는 우호적
3. 무가치보다 가치
4. 외적동기화보다는 내적동기화
5. 불신보다 신뢰
6. 간섭보다 도움

그들은 자신에 대한 사회복지사의 신념 체계 또한 중요하다고 했다. 유능한 사회복지사는 자신을 (1) 사람들과 동일시하고 (2) 적절하며 (3) 신뢰할 수 있고 (4) 무언가를 원하는 (5) 가치 있는 사람으로 여긴다. 연구자들은 도움을 주는 사람의 특징으로 (1) 통제하기 보다는 자유롭고 (2) 작은 이슈 보다는 큰 이슈에 관심을 가지며 (3) 자기를 감추기보다는 자기를 드러내고 (4) 자신을 소외시키기 보다는 참여하며 (5) 목표 지향적이기 보다는 과정 지향적이고 (6) 자기도취적이기 보다는 이타주의적이라는 것이다.

Beulah Compton과 Burt Galaway는 도움을 주는 사람의 또 다른 특성으로 성숙을 강조하였다. 성숙은 다른 사람과의 상호작용 속에서 창의성, 자신을 관찰할 수 있는 능력, 도와주려는 태도, 용기와 분별력이라는 자질로 구성된다. 성숙한 사람은 자신의 문제를 실험하고, 위험에 직면하며, 자신을 활용하여 타인에게 서비스를 제공할 만큼 충분히 자유로운 사람인 것 같다. 분별력은 좋은 판단력으로 표현된다. 좋은 판단력은 클라이언트와 클라이언트의 욕구에 대한 서비스를 제공하는 데 좋은 결정을 내릴 수 있는 능력을 의미한다.

David Johnson은 도움을 주는 사람을 다음의 특성을 가진 사람으로 묘사하였다. 첫째, 사회복지사가 말하거나 행동하는 것에 대해 다른 사람들이 어떻게 느끼는지를 인식하고 관심을 보여주는 동시에 자기를 개방하는 능력이다. 이러한 특성은 정직하고, 참되며, 진실한 것이다. 둘째, 신뢰에 대한 능력으로, 따뜻함, 수용, 지지, 의미를 확인하는 능력이다. 셋째, 의사소통 능력이다. 이는 다른 사람이 이해할 수 있도록 메시지를 보내고, 경청하고, 적절하게 반응하며, 잘 이해하지 못한 부분을 분명히 하는 능력을 포함한다. 넷째, 감정을 표현하는 능력이다. 다섯째, 자신과 다른 사람을 수용할 수 있는 능력이다. 여섯째, 다른 사람에게 건설적으로 직면할 수 있는 능력이다. 일곱째는 바람직한 행동을 강화하고 모델링 하는 능력이다.

도움을 제공하는 사람은 다음과 같은 사람이다.

1. 타인과 자신의 행동에 대해 긍정적 관점을 가진다.
2. 타인에게 관심을 가지며 타인의 복지에 관심을 갖는다.
3. 개방적이고, 신뢰감을 주며, 따뜻하고, 우호적이며, 정직하다.
4. 자신을 위해서가 아닌 도움을 받는 사람과 함께 일한다.
5. 특정 기술을 사용하는 데 매달리지 않고 사람 자체에 반응한다.
6. 성숙하고, 현명한 판단을 하며, 서비스를 제공하는데 요구되는 위험을 감수할 수 있다.
7. 인간이 처한 상황과 변화 가능한 정도, 변화를 위해 걸리는 시간에 대해 현실적이다.

Anthony Maluccio는 클라이언트와 사회복지사의 관점에서 치료 결과에 영향을 주는 요인을 검토했다. 그는 사회복지사와 클라이언트의 관점이 일치함을 발견했다. 수용, 관심, 따뜻함, 지지를 바람직한 사회복지사의 특징으로 보았고, 이에 더하여 클라이언트는 인간적이고 이해심 있는 것, 돌보고 신뢰하며 우호적인 것, 함께 작업하는 것을 격려하고 해결책을 찾는 것, 충고나 제안을 하는 것, 불안감을 덜어주는 것 등을 나열했다.

사회복지사의 스타일을 토론하면서, Edward Mullen은 도움을 제공하는 사람은 기술을 적용하는 사람이기 보다는 개인적 영향력을 발휘하는 사람이라고 하였다. 이것은 사회복지사 자신을 이용하는 것이 도움의 주요한 요인임을 나타낸다. 따라서 도움을 제공하는 사람이 되기 위해서는 일상의 인간 상호작용을 잘 파악하는 것이다. 기술은 유용한 도구이지만, 기술은 개인적 영향력을 행사할 수 있는 방법을 아는 사람에 의해 활용되어질 때 유용하다.

사회복지사는 감정보다는 지식만 있는 냉정하고 객관적인 인문학도는 아니다. 또한 강한 욕구가 있거나, 자신만을 만족시키려하거나, 다른 사람에 대해 우월감을 느끼는 종류의 사람도 아니다. 사회복지사는 전적으로 낙관적이거나 개인의 희생 없이 문제가 해결되리라고 확신하는 사람이 아니며, 인생 문제의 해결은 도덕적 색채를 가지기 때문에 매우 민감한 것으로 보는 사람들이다. 사회복지사는 자신과 타인의 감정을 두려워하지 않는다. 사회복지사는 지식을 이용하고, 이해를 하기 위해 다양한 경험을 한다. 단지 지적으로 이해하기 보다는 정서와 느낌을 통해 이해하려고 한다. 인간 욕구에 민감하게 현실적으로 반응하게 하는 것이 바로 이해이다.

도움을 제공하는 사회복지사는 자신의 욕구를 지연시킬 수 있되, 그 욕구를 인정하고 두려워하지 않는다. 사회복지사는 자신의 감정을 인식하여, 충동적인 결과를 낳지 않는다. 개입과정에서 자신과 자신의 과업에 책임을 느낀다. 성장을 촉진하며 공감적이다. 명백하고 효과적으로 의사소통할 수 있다. 사회복지사는 클라이언트와 함께 역할, 지위, 가치, 목적을 명료화할 수 있다.

책임감과 권위

도움을 주는 사람의 두 가지 특성인 책임감과 권위는 사회복지사에게 쉽지 않은 문제이다. 이 두 가지는 원조 상황에서의 개인적 영향력과 관련되지만, 자기 결정권에 대한 가치 판단에 혼란을 가져온다. 사회복지사는 클라리언트와 함께 일할 때 이 두 가지 특성의 조정을 배워야 한다.

사회복지사는 자신의 책임이 아닌 것을 자신의 책임으로 착각하기 쉽다. 사회복지사는 클라이언트의 자기 파괴적 행동을 주요 문제로 인식하지만, 클라이언트는 자신의 행동을 변화시키거나 다른 해결책을 마련하려고 하지 않는다. 사회복지사는 클라이언트에게 최선의 해결책을 제시해줄 수 없으므로 부적절한 감정을 느낀다. 사회복지사의 위치는 사회적 압력에 의해 클라이언트의 행동에 책임감을 느끼도록 한다. 친구, 공공기관의 직원, 대부분의 사람들이 왜 사회복지사가 클라이언트가 잘 하도록 만들지 않느냐고 질문한다. 보통 사회복지사는 클라이언트 행동의 결과를 예측할 수 있고 "자신이 클라이언트를 구하고 싶은" 상당한 바램을 가진다. 바람직한 자기 결정은 스스로 선택할 권리를 의미하는 것 뿐만이 아니라, 그 선택을 통해 고통을 짊어지는 권리를 포함한다.

만약 사회복지사가 원조 상황에서 클라이인드의 선택에 책임을 지지 않는다면 무엇이 사회복지사의 책임인가? 이는 다음을 포함한다.

1. 원조 상황에서 환경 속의 개인을 이해하는 것
2. 원조 상황에서 클라이언트에게 가장 도움이 될 수 있는 방법으로 자신을 이용하는 것
3. 클라이언트가 도움을 이용할 수 있도록 분위기를 조성하는 것
4. 사회복지사의 지식과 경험에 근거하여 클라이언트 욕구에 대한 관점을 제공하는 것
5. 사회복지 전문기술을 사용하여 성장과 변화를 촉진하는 과정에 초점을 두면서 욕구 이해의 틀을 제공하는 것
6. 자원을 획득하는 원조 과정에서 필요한 자원의 강점과 정보를 파악하는 도움을 제공하는 것

사회복지사와 클라이언트는 함께 일한 결과에 대한 책임을 공유한다. 사회복지사는 제기된 문제에 함께 개입하면서 자원과 기회를 제공한다. 만약 사회복지사가 기회와 자원을 제공하는 책임을 졌지만 클라이언트가 기회와 자원을 이용하지 않기로 했

다면, 이는 사회복지사의 책임이 아니다. Robert Foren과 Royston Bailey는 클라이언트가 사회복지사에게 이양한 권위에 대해 토의하면서 권위의 측면을 다음과 같이 서술했다.

1. 아동보호 파워
2. 개인 특성, 사회 계층, 교육
3. 부모상과의 연합
4. 지식과 기술
5. 상상속의 마술적 파워

사회복지사가 자신에게 부여된 권위를 인지하는 것은 매우 중요하다. 사회복지사는 자기 결정의 가치를 수용하면서, 권위를 부인하거나 불편해 한다. 이들은 자기 결정과 권위의 사용을 모순으로 느낀다. 하지만 사회복지사의 권위에 대한 고찰은 이것이 반드시 사실이 아님을 보여준다. 권위를 부청하는 것은 도움이 되지 않는다. 도움을 주는 사람은 클라이언트로부터 부여받은 권위를 인정하고 편안해져야 한다. 사회복지사는 클라이언트와 함께 사회복지사의 권위에 대해 검토할 수 있으며, 이에 따라 클라이언트는 사회복지사가 적절하지 못한 권위를 내세우지 않음을 알게 된다.

클라이언트가 자유롭게 자기 결정하도록 돕는 것도 중요하다. 사회복지사는 법적인 권위를 수행하는 것으로 사회 통제 기능의 수행을 의미한다. 이 영역은 아동보호서비스, 정신기능의 손상, 집행유예 및 보호관찰과 관련된 업무를 포함한다. 사회복지사는 사회체계의 욕구를 인지해야 한다. 사회복지사는 다른 사람, 특히 스스로를 보호할 수 없는 약자에게 파괴적으로 행동하는 것을 허락할 수 없다. 사회복지사는 부여받은 권위에 편안해질 것을 배울 필요가 있으며 여기에 자기결정의 한계가 있다.

클라이언트가 자기결정권 뿐 아니라 또 다른 사회복지의 가치인 사회적 책임성을 이해하는 것은 중요하다. 자기 결정 또는 선택은 사회적 책임에 의해 제한된다. 만약 사람들이 사회적으로 책임감을 고려하지 않고 결정한다면, 그들은 자신의 행동 결과가 어떠하든지 받아들여야 하는 것이다. 사회복지사는 원조 과정에서 클라이언트의 사회적 책임에 대한 선택이 진정한 자기 결정이 될 수 있도록 행동의 결과를 받아들이는 데 권위를 이용해야 한다. 사회복지사는 아동, 허약한 노인, 학대받은 사람들, 범죄의 희생양과 같이 스스로를 보호할 수 없는 사람들을 위한 책임을 수용해야 한다.

돕는 사람이 되기 위해서, 사회복지사는 책임져야 하는 상황을 받아들여야 한다. 하지만 이것이 클라이언트의 책임을 대신 떠맡아야 한다는 뜻은 아니다. 사회복지사는 자신의 역할에 부과된 현실적 권위를 받아들여야 한다. 부여받은 권위를 실행하면서 사회복지사는 계속적으로 자기 결정과 사회적 책임의 가치를 경험할 것이다.

돕는 기술

유능한 사회복지사는 돕는 기술을 발전시킨다. 이 기술은 초자연적이거나 난해한 것이 아닌 인간을 더 잘 기능하도록 하는 것이다. 사회복지사는 사회 기능을 수행하는 데 어려움을 겪는 사람들과 일하면서 기술을 활용한다. 사회복지사는 자신과 다른 사회문화적 맥락에서 상호 작용하는 사람들과의 관계에서 책임을 완수할 수 없다. 이러한 요인은 같은 배경을 가진 사람들과의 상호작용에서보다 사회복지사에게 더 큰 책임을 부여한다. 따라서 인간의 상호작용 기술은 세밀하게 숙련되어야 하며 이를 사회복지사는 의식적으로 인식해야 한다. 발전시켜야 할 기술은 다음과 같다.

1. 환경 속의 인간 및 독특한 환경 속에서 도움을 받는 사람들을 이해하기 위해 필요한 기술–이 영역의 기술은 듣기, 자기를 표현하게 하기, 듣고 반영하기, 요약하기, 직면시키기, 해석하기, 정보 제공하기 등이다.
2. 상호작용을 격려하는 분위기를 조성하는 데 필요한 기술–낯설거나 새로운 상황에서 사람들을 편안하게 만드는 기술은 압도되기 쉬운 상황에서의 지지, 위기 개입, 신체 및 정서적으로 편안한 분위기로 만드는 것이다.
3. 클라이언트 욕구충족을 실행하는 데 필요한 기술–문제해결, 의사 결정, 계획, 의뢰, 모델링, 가르침, 가능하게 만들기, 강점과 자원 파악, 사회복지사가 이용할 수 있는 실천 전략에 대해 필요한 기술과 활동을 이용하는 것이다.
4. 의사소통 및 관계형성에 이용되는 기술–다른 사람과의 의사소통할 때 경청하고 주목하는 기술, 명료화, 의미 검토하기, 시작하기, 격려하기, 정교화하기, 초점두기, 질문하기, 감정과 다른 사람의 경험에 반응하기, 요약하기 및 생각 끌어내기, 해석하기, 정보 제공하기 등이다.

위에 요약한 기술은 사회복지사에게 요구되는 기술의 범위를 나열한 것이다. 돕는 사람으로서 성장하려는 모든 사회복지사에게는 부단한 기술의 발전이 필요하다.

다양성에 대한 능력을 갖는 것

학생들은 자신의 다양성을 파악하기 어렵다고 말한다. Marty Dewees는 W. Nichols의 논문을 인용하여 "백인, 주류, 중산층 학생들은 지리학적 이유로 인종의 다양성을 인정하는 것에 한계를 가지며 다른 인종은 문화나 민족성을 가지고 있지 않다고 간주한다." 저자는 학부 학생을 가르치면서 경험을 통해 이를 알게 되었다고 한다. 미국사회에 문화적 정체성이 결핍된 이유는 다양한 인종 집단이 혼재해 있기 때문이다. 하지만 문화 또는 인종의 정체성을 찾지 못하는 것이 문화나 인종의 영향을 받지 않는다는 것을 의미하지 않는다. 이는 우리가 이러한 영향을 인식하지 못하고 있음을 나타낸다. 또한 저자는 많은 여학생들이 성차별을 경험하고 있음을 알게 되었다. 불행하게도 이러한 차별은 빙산의 일각이다.

위험한 것은 사회복지사가 도움을 주는 관계에서 다양성의 영향을 인식하지 않거나, 개방적이지 않은 태도를 보이는 것이며, 클라이언트의 다양한 경험에 대한 이슈를 다루어 나갈 준비가 되어 있지 않다는 것이다. 유능한 사회복지사가 되기 위하여 학생들은 "다양성을 이해"해야 하고 자신과 다른 클라이언트와 함께 일하는 데 숙련되어야 한다. 다양한 상황에서 유능하다는 것은 자신의 다양성을 인식하고, 다양성이 우리의 삶에서 갖는 결과를 인식하는 데서 출발한다. James W. Leigh는 문화적 영향력을 아는 것은 문화적인 유능성을 개발시키는 데 중요하다고 말한다. 무의식적으로 갖고 있는 문화적 영향력은 다른 문화에 편견을 갖게 하거나 문화적 차이로 인하여 어떤 방향으로 우리를 이끈다. Barbara Okum, Jane Fried, Marcia Okum은 타인을 잘 인식하기위해서는 자기 인식을 발전시켜야 한다고 하였다. Doman Lum은 자기 인식의 필요성을 강조하는 수많은 연구를 제시하였다. Jerry V. Diller는 "클라이언트의 문화적 배경에 민감하지 않다면, 다른 사람, 특히 클라이언트의 삶에서의 문화적 영향력을 평가하는 것은 불가능하다."고 했다. Yuhwa Lu, Doman Lum, Sheying Chen은 "사회복지사는 개인 및 전문적 사회화의 부분이 되는 문화적, 윤리적 경험을 인식하기 시작하면서 문화적 유능성의 개념틀을 발전시켜 왔다. 인종, 성 차별, 동성애 혐오, 다른 형태의 편견과 차별에 대한 자신의 경험과 반응을 평가할 필요가 있다."고 하였다.

사회복지실천현장에서 문화적 능력 모델은 학생 또는 사회복지사가 자신의 문화적인 인식을 발전시키는 것이 중요함을 지적한다. 사회복지사는 사회내의 모든 형태의 문화적 다양성을 이해해야 한다. 다양성을 이해하기 위해 학생 또는 사회복지사는 자신의 경험이 어떻게 자신 및 타인의 다양성에 대한 태도 형성에 영향을 미쳤는지를 검토해야 한다. 문화적 영향력은 이러한 노력에 중요한 역할을 한다. "인종에 대해 무지", "문화에 대해 무지", "다양성에 대해 무지"해서는 안 된다. 무작정 참는 것이 우리와는 다른 클라이언트에 대한 신뢰를 발달시키지 않는다. 클라이언트는 다양성을 인식하고 있으나 사회복지사가 문제가 된다고 생각하지 않으면 오히려 불신이 생길 수도 있다. 다양성에 대한 전문가의 내성이 다양성에 대한 무감각으로 여겨질 수도 있다. 다양성을 이해하기 위해서는 클라이언트에 대해 적극적 경청을 해야 한다. 다양성은 클라이언트와의 대화를 통해 나타나며 클라이언트와 환경을 더 깊이 이해하도록 한다.

여러 문헌은 학생 또는 사회복지사에게 클라이언트가 속한 문화와 그 문화에서 일하는 데 필요한 기술을 쌓을 것을 강조한다. Gargi Sodowsky, Richard Taffe, Terry Gutkin, Steven Wise는 문화적 유능성과 관련된 다문화적인 상담에 대해 다음과 같이 말했다. 지식과 기술의 발전에 필수적인 것은 모든 형태의 다양한 문화를 넘어서 확장시키는 것이다.

Lu, Lum, Chen은 사회복지사가 "조사와 탐구를 증진시키는 귀납적 학습에 참여한다."고 했다. Doman Lum도 문화적으로 다양한 실천현장에서 일하면서 이러한 생각을 갖게 되었다. 귀납적 접근은 과학 방법에서 사용되는 연역적 접근과는 다르다. 연역적 접근은 이론에서 출발하여 가설을 검증하며 이를 통해 이론이 지지되는지를 확인한다. 귀납적 과정은 현상에 대한 관찰로부터 어떤 동일한 패턴이 있는 지 밝혀내며 이론의 발달을 이끌어낸다. 다양성에 유능하게 되기 위하여 귀납적 학습을 적용시키는 것은 열린 마음으로 하나하나 질문하고, 관념적으로 미리 추측하는 것을 뒤로 하고, 클라이언트의 경험에 대해 경청하는 것을 의미한다. 사회복지사는 자신의 경험적인 시각 틀을 가지고 클라이언트의 이야기를 들어서는 안 되며, 클라이언트의 경험으로부터 나온 클라이언트의 이야기를 들어야만 하므로 자기 인식이 필요하다.

전문가로서 사회복지사는 평생 동안 학습하는 자세를 갖는다. 학습의 중요한 영역이 다양성에 대한 학습이다. 학생은 수업과정, 조사연구, 과제, 읽기, 수업 참여, 개인으로서 그리고 발전하는 전문가로서의 자신에 대한 검토를 통하여 이러한 학습을 시작한다. 사회복지사는 경험을 통해 다양성에 대한 본질을 탐구한다. 임상 영역에서 학생은 대개 처음으로 다양한 사람들과 함께 일하는 현장에 서게 된다. 많은 사람들은 다양성에 대해 상당한 편견과 차별을 경험해 왔다. 학생은 새로운 임상 현장에서, 학습 경험을 통해 배운 것을 적용시키면서 다양한 클라이언트와 함께 일하는 방법을 배우게 된다. 학생들은 기관, 지역사회, 대학에서 도움 받을 수 있는 전문가로부터 배우게 된다. 가장 중요한 것은 사회복지사는 클라이언트로부터 배울 수 있다는 것이다. 클라이언트는 다양한 경험을 가진 전문가들이다. 전문 사회복지사는 이러한 학습을 계속하며 서비스 제공 훈련, 사례회의, 다른 지속적인 교육을 통해 훈련을 받는다.

"다양성에 대한 능력을 갖는 것"은 자신에 대한 지식을 발전시키는 것, 자신의 다양성에 대한 지식을 발전시키는 것을 의미하기도 한다. 다양성에 대한 학습은 학생 또는 사회복지사가 타인의 다양성에 적극적이고, 경험적(귀납적)인 학습을 계속하는 것이다. 이러한 학습은 평생 동안 전문 사회복지사로서 자기-검토 과정에 참여하며, 다양성에 대한 지식습득을 추구하고, 다른 사람들과 일하면서 기술을 발전시키는 것이다.

사례

Janie Brian은 자신을 도움을 주는 사람으로 생각한다. 대학에서 사회복지 수업을 들은 후에 과거에는 도와줄 때 너무 많이 충고했으며, 상황을 제대로 이해하기도 전에 행동으로 바로 뛰어들었다는 것을 알게 되었다. 예전에는 왜 사람들이 자신의 충고를 받아들이지 않고 다른 방식으로 문제를 해결하는 지를 이해하기 어려웠다. 지금에서야 도움은 그 상황에서 무엇을 하라고 이야기하는 것이 아니라는 것을 알게 되었다.

Janie는 도움이 무엇에 근거한 것인지에 대한 확고한 지식을 갖고 있다. 자신의 가치 체계, 많은 다른 라이프 스타일과 가치체계를 인식하고 있다. 자신의 가치 기반의 한 부분은 사회복지 전문직의 윤리 규범이다. Janie는 사람과 상황에 대한 이해를 발전시키고, 폭넓은 사람들과 관계하면서, 변화기술을 발전시켜 왔다. Janie는 원조전문가의 자질인 분별력을 갖고 있다. 물론 이것이 평생 동안 경험을 통해 이루어진다는 것을 알고 있지만 말이다.

책무성

최근 사회복지 영역에서 책무성이 더욱 강조되고 있다. 간단히 보면 **책무성**은 책임감이다. 누구에 대한 책무인가? 사회복지사는 서비스 제공에 동의하고 계약을 맺은 클라이언트에게 책임이 있다. 사회복지사는 전문가로서 사회복지 가치와 사회복지사 윤리 강령에 대해 책임을 진다. 사회복지사는 소속 기관에 대해서도 책임이 있는데, 기관 지침, 프로그램, 정책 서비스를 전달한다.

기록

책무성의 중요한 영역은 기록 수행과 클라이언트에 대한 정보 유지이다. 사회복지실천에서는 기록 업무를 매우 강조한다. 기록은 다양한 형태로 존재한다. 클라이언트와의 접촉 시 발생한 일에 대한 사회복지사의 감정과 생각을 이야기체로 기록하는 **과정기록**은 한때 상당히 강조되었으며, 교육과 수퍼비전 과정에 빈번히 이용되고 있다. 최근에는 과정 기록이 너무나 시간이 많이 들기 때문에 그렇게 자주 쓰이지 않으며, 부분적으로 활용된다. 사회복지사에 대한 강도 높은 개별 수퍼비전은 필수적이며, 기록을 포괄적으로 이용하는 것 또한 중요하지만 더 이상 많은 셋팅에서 바람직하다고 여겨지지 않는다. 그럼에도 불구하고, 과정 기록은 학생과 임상 수퍼바이저가 평가할 때 상당한 가치를 갖는 기술이다. 과정 기록은 사회복지사가 새로운 기술을 발전시키기 위해서 당면한 상황 또는 어려운 상황을 더 잘 이해하는 데 있어 특히 유용하다.

과정 기록의 유용성은 정확하게 어떤 순서로 무엇이 일어났는지를 회상하고, 기본적인 감정과 의미를 알기 위해 객관적인 태도로 사실을 바라볼 수 있는 사회복지사의 능력에 상당히 영향을 준다. 사회복지사는 사회복지사, 클라이언트 양쪽의 행동과 의사소통을 정직하게 기록해야 한다. 이러한 기술이 지도감독 상황에 이용될 때 사회복지사는 수퍼바이저와 신뢰 관계를 갖고 있어야 한다. 과정 기록은 매우 많은 시간을 소비하므로, 모든 사례나 상황에 적용되어서는 안 되며 사회복지사의 발전과 학습에 적용시킬 수 있는 사례를 신중하게 선택해야 한다. 과정 기록은 개인과 일할 때 가장 빈번히 이용되지만 보다 큰 체계와 작업할 때도 이용될 수 있다.

과정 기록이 활용될 때에는 비밀보장이 반드시 지켜져야 한다. 작성된 기록은 안전한 장소에 보관되어야 하며 직접적으로 상황에 관여되어 있거나 수퍼바이저만 볼 수 있도록 한다. 만약 기록이 교육이나 사례회의와 같은 목적으로 사용된다면, 개인이나 상황이 노출되지 않도록 완전히 변조해야 한다. 과정 기록의 목적은 사회복지사가 상황을 이해하도록 돕는 것이며 학습도구로 사용하는 것이다. 따라서 사용된 후에는 과정 기록이 폐기되어야 하며 영구적인 기록의 부분으로 남아서는 안 된다.

과정 기록과 같은 목적을 가진 기술적 접근으로 인터뷰, 집단 회합 등에 대한 오디오나 비디오 형태의 테이프 녹음이 있다. 이러한 기술은 사회복지사가 클라이언트와 함께 행동하는 모습을 볼 수 있게 해준다. 때때로 클라이언트에게도 유용한데 행동과 상호작용을 평가하는 수단으로 어떤 일이 일어났는지 볼 수 있게 해준다. 만약 이를 통해 감정과 행동의 의도 등 상황을 파악할 수 없다면 이러한 기술에 대한 학습적 잠재력은 상실된다. 녹음 기술을 사용하여 기록할 때, 사회복지사는 클라이언트에게 녹음 진행에 관한 서면 허락을 받아야만 한다. 녹음은 클라이언트를 부자연스럽게 하며 상담에 부정적인 영향을 줄 수도 있다. 비밀보장은 중요한 고려 사항이며 녹음이나 녹화는 학습목적으로 사용된 후에 폐기되어야 한다.

사회복지사가 이용하는 또 다른 형태의 기록은 요약 기록이다. 이 기록 형태는 기관의 정책에 따라 차이가 있지만, 상담 시작 날짜, 사회력, 실천 계획, 중요한 정보에 대해 주기적인 요약, 사회복지사가 취한 행동, 사례 종결시 성취된 목표 등이 반드시 포함된다. 주기적인 요약은 특별한 기간(예를 들어 매주)을 두고 행해지거나 어떠한 사실 또는 행동에 대해 문서화할 필요가 있을 때 행해진다. 요약 기록은 전체적인 서비스 과정을 고려할 때 짧고 쉽게 이용할 수 있다. 요약 기록은 사회복지사의 노력 보다는 클라이언트에게 일어난 일에 초점을 두며, 필요 없는 부분은 빼버리고 중요한 사실만 골라내어 기록한다.

요약 기록은 장기간 클라이언트와의 계속적인 접촉이나 사회복지사가 바뀌는 상황에서 매우 중요하다. 요약 기록은 특별히 클라이언트와 작업하면서 과거에 어떤 일이 있었는지에 대한 밑그림을 제공한다. 이러한 기록의 형태와 내용은 기관 정책에 의해 세분화된다. 기관 정책은 특정 사례를 다루면서 문제가 제기될 때 기관을 보호하고, 목적에 따라 특별한 정보를 제공하는 두 가지 필요성을 가진다. 요약 기록은 수많은 사람들이 볼 수 있으므로 비밀보장 유지가 중요하다. 실천 현장에서는 요약 기록을 필수 정보로만 제한하고 오해의 소지가 있는 정보에 대해서는 기록하지 않는다.

보편적으로 쓰이는 기록의 종류로 **문제 중심 기록**이 있다. 이 방법은 사회복지사뿐만 아니라 정신보건전문가들이 많이 이용하고 있다. 이는 다학제간 팀에서 일할 때 유용하다. 문제 중심 기록은 컴퓨터 데이터베이스에 변환이 쉽고, 간결하며 초점이 분명하다.

문제 중심 기록은 네 가지 부분으로 구성된다. 첫째는 클라이언트와 개입과 관련된 데이터베이스이다. 이 부분은 연령, 성별, 부부 관계, 기능적 한계, 참여하는 사람(가족 또는 전문가), 경제 상황, 검사 결과로 이루어진다. 둘째는 문제목록으로 클라이언트가 호소하는 문제와 직원의 평가 내용을 포함한다. 셋째는 각 확인된 문제에 대한 계획과 목표이다. 넷째는 사후지도로 개입활동과 결과를 간략히 기록한다.

문제 중심 기록에는 몇 가지 형태가 있다. 대개 컴퓨터로 입력하는 최소한의 체크리스트와 같은 것이다. 그 중 한 가지는 soap이다. soap은 문제 확인을 위해 클라이언트의 주관적 보고(subjective), 객관적 임상관찰(objective), 사정(assessment), 계획(plan)으로 이루어진다.

문제 중심 기록은 생태체계 강점접근과 모순된다. 그럼에도 불구하고 유사한 형태로 문제 확인 및 욕구 파악에 근거한 변화 중심 접근 또는 욕구 중심 접근이 사용된다. 이 기록은 욕구 또는 관심영역에 대한 확인과 환경속의 인간 또는 생태체계에 대한 사정으로 구성된다. 계획은 생태체계의 강점과 자원을 기반으로 수립되며, 클라이언트와 생태체계의 욕구를 충족시키는 쪽으로 설계된다. 진행노트는 목적과 목표에 대한 진행과정을 기술하게 된다. 정기 보고서는 지금까지의 과정을 요약하고 더 나은 서비스를 위해 필요한 것을 첨부한다.

Jill Doner Kagle의 조사연구에 의하면 사회복지사들은 "새로운 형태의 기록" 사용을 꺼린다고 하였다. 클라이언트가 어떠한 서비스를 원하는지, 서비스가 지향하는 궁극적 목적과 계획은 무엇인지, 서비스는 어떻게 수행될 것인지, 클라이언트가 처해 있는 상황에 서비스가 어떤 영향을 미칠 것인지에 집중하여 기록하고 명료하게 정의하는 것이 "새로운 형태의 기록"이다. Kagle은 많은 사회복지사가 이러한 종류의 기록으로는 서비스 제공에 필요한 모든 정보를 포함할 수 없다고 느끼는 것을 알았다. 그는 연구결과를 통하여 사회복지사는 클라이언트가 처해있는 상황에 얽힌 역동, 상황의 전체적 맥락에 대한 정보가 꼭 있어야 한다고 믿고 있다는 시사점을 얻었다. "새로운 형태의 기록"에 대해 사회복지사가 느끼는 또 다른 어려움은 모든 전문직업인이 법적 소송 위협에 시달리는 요즘과 같은 시대에 "새로운 형태의 기록"이 "완벽한 기록"이 되지 못한다는 점이다. 이 문제에 대한 해답은 어떤 사례에 대해선 심도 있게 기록하고, 어떤 사례에 대해선 "새로운 형태의 기록"을 사용할 지에 달려있을 것이다. 기록 업무는 사회복지사의 중요한 업무로 새로운 실천현장의 요구와 기술에 따라 변화해 왔다. 기록의 목적은 사회복지사 숙련에서부터 책무성과 조사연구를 위한 기본자료를 얻는 것까지 다양하다. 기관에 고용된 사회복지사에게 기관에서 요구하는 기록을 정확하고 효과적으로 작성하는 능력을 발전시키는 것은 중요한 일이다. 사회복지사는 개인적 성장과 전문가로서의 성장을 위해 어떤 기록 기술이 요구되는지 알아야 한다.

클라이언트는 사회복지사와 함께 하는 작업이 비밀보장이 되지만 비밀보장의 한계 또한 있음을 이해해야 한다. 즉 획득된 정보는 수퍼바이저나 전문직 팀원과 함께 토의될 수 있다. 클라이언트에게 기록이 될 것이라는 것과 누가 이 기록에 접근할 수 있는지, 얼마나 오랫동안 기록이 보관되는지를 반드시 알려야 한다. 또 기관에서 사용되는 기록과 프로그램 평가는 클라이언트가 어떤 사람인지 알려지지 않도록 인적 상황을 지운다는 것도 알려야 한다. 어떠한 사람들이 어떤 이유로 정보를 공유하는지도 알려야 한다.

사회복지사는 클라이언트가 기록에 대한 정보사용의 동의하는 권한을 가진 사람이라는 것을 확실하게 할 필요가 있다. 클라이언트가 서비스를 원할 때 동의를 요구해서는 안 된다. 사회복지사는 함께 일하는 동안 반복해서 정보의 사용에 대해 토의하는 것이 현명하다. 만약 클라이언트가 정보를 공유하지 않을 때의 결과에 대해서도 알고 있다면, 사회복지사는 클라이언트의 사생활 보호를 위해 정보를 지킬 권리에 대해 존중해 주어야만 한다.

클라이언트에 대한 정보를 공유하기 위해서는 클라이언트의 서면 동의가 필요하다. 이는 구체적이어야 한다. 즉 정보 고유의 목적, 만료 기간, 어떤 사람과 정보를 공유할 것인지가 명시되어 있어야 한다. 클라이언트는 정보 노출에 동의한다고 서명할 수도 있지만 서명하지 않을 권리 또한 갖고 있다는 것을 이해해야 한다. 대개 클라이언트가 서명할 때 증인을 두는 것이 현명하다. 정보 노출은 법적 행위의 한 부분이므로, 정보 노출이 필요한 경우 법적 전문가의 조언이 반드시 필요하다.

사회복지사는 기록에 나타난 정보가 부적절하게 이용되지 않도록 클라이언트 기록이 사용되는 것을 모니터해야 한다. 기록 사용이 부적절하거나 의문의 여지가 있다면 수퍼바이저나 다른 책임자가 변경시킬 의무를 갖는다. 클라이언트의 권리를 보호하기 위해서 인적사항을 지우는 등의 방법을 제시할 수 있다. 계속 부적절하게 사용된다면 사회복지사는 비윤리적인 사용을 막기 위해 어떤 행동을 취할 것인지 결정해야 한다.

사례

아래는 같은 사례 내용을 세 가지 기록방법 즉 과정 기록, 요약 기록, 문제 중심 기록으로 설명한 것이다.

과정 기록

2003년 2월 4일, 외과병동 간호사가 Mrs. Heart씨를 사회복지사에게 의뢰했다. 간호사는 Mrs. Heart가 이틀 전 응급실에 내원하여 맹장수술을 했다고 말했다. 어제 오후부터 클라이언트는 돌봐야 할 자녀 때문에 매우 걱정을 했고 당황스러워 했다. 저녁 근무 간호사는 면회 온 남편과 함께 이 상황을 토의하였다. 클라이언트는 4세 남자 아이와 2세 여자 아이가 있으며, 낮에는 이웃 사람이 돌보고 있다. 어젯밤에 남편은 베이비시터에게 아이들을 맡겼다. 남편은 걱정스러워 했으며, 부부는 이웃에게 아이들을 맡기고 싶지 않다고 하였다. 하지만 다른 대안이 없었고, 아동보호를 위해 사회복지사에게 의뢰된 사례이다.

사회복지사는 차트를 통해서 클라이언트가 수술 후 별 문제없이 회복되고 있음을 알았다. 차트에는 환자의 정서적 상태가 회복에 영향을 줄 것이라는 염려도 있었다. 사회복지사는 클라이언트 병실로 갔다. 클라이언트는 28세로 수술 후 통증으로 힘들어 했다. 사회복지사는 자신을 소개했다. 클라이언트는 "제발 우리 아이들을 데려가지 마세요."라면서 울기 시작했고, 계속해서 "어쩔 수가 없어요. 왜 이렇게 되어야만 하지요? 나는 아이들을 사랑해요."라고 말했다. 사회복지사는 클라이언트의 손을 잡고 마주보면서 아이들을 데리고 가기 위해 온 것이 아니라고 조용히 말했다. 사회복지사는 사람들이 아프고 병원에서 지내는 동안 발생하는 문제를 돕는 것이 업무임을 설명하였다. 클라이언트가 아이들 문제로 상당히 염려하고 있는 점 때문에 오게 되었으며, 입원 기간 동안과 퇴원 후 잠시 동안 아이들을 돌보기 위해 도움이 필요할 것 같다고 말하였다. 클라이언트는 다시 아이들에게 대한 근심을 표현했으나 처음처럼 불안해하지는 않았다. 사회복지사는 부모가 입원할 때 아이들이 집에 있는 것이 낯선 상황에서의 당혹감을 덜 수 있으므로 집에 있는 것이 좋다고 말했다. 클라이언트는 "뭘 어떻게 해야 할지 모르겠어요. 전화 할 친척도 없어요. 남편이 아이들 때문에 집에 있게 되면 직장을 잃을 것이구요."

사회복지사는 상황을 잘 이해하게 되었다. 사회복지사는 클라이언트가 도움을 청할 수 있을 것이라고 생각했다. 클라이언트는 차분해졌고 사회복지사의 말을 경청할 수 있었다. 사회복지사는 아이들에 대해 말해달라고 하였다. 이 기록은 사회복지사와 클라이언트가 상황을 탐색하면서 무엇을 해나가야 할지 결정하는 상호작용을 계속 묘사하고 있다. 실제의 면담에서의 대화가 축어로 기록되었다. 이 기록은 상황의 두드러진 측면, 수립된 계획, 사회복지사와 클라이언트의 과업, 사회복지사의 면담 평가에 대한 요약으로 이루어진다.

요약 기록

2003년 2월 4일, 간호사 Brown에 의해 사회복지서비스가 요청되었다. Mrs Heart씨가 4세 남아와 2세 여아에 대한 양육 문제로 걱정스러워 한다는 것이다. 클라이언트를 만났고 아동 양육계획을 수립하였다. 클라이언트가 퇴원할 때까지 낮 동안 아동양육이 가능한 친구를 확인해 보았다. 남편이 방문하는 저녁시간에는 계속 베이비시터를 이용할 것이다. 사회복지사는 클라이언트가 아동 양육이 가능해질 만큼 신체적으로 회복될 때까지 퇴원 후에도 이용할 수 있는 가사도우미 서비스를 접촉할 것이다.

문제 중심 기록

이름 : Mrs. Linda Heart　　나이 : 28세

의뢰자 : 간호사 Brown　　날짜 : 2003. 2. 4

의료상태 : 2003. 2. 4 응급 맹장 수술

Subjective : 환자가 입원 기간 동안 자녀 양육에 대해 걱정하고 있음. 엄마로서 적절하게 염려하고 있음. 지능도 좋아 보이며, 남편과 좋은 관계를 맺고 있음.

Objective : 아이들은 낮 동안 이웃이, 밤에는 아빠와 베이비시터가 돌봐주고 있음. 부모는 낮 동안 아이들을 맡기는 것을 불안해함. 엄마는 병원에 3일 이상 입원할 예정이며 퇴원 후에도 최소 2주간 자녀 양육을 위해 도움을 필요로 함.

Assessment : 클라이언트가 원하는 계획을 수립하기 위해서는 가족과 함께 자녀보호방법을 탐색하는 것이 필요함. 클라이언트 부부는 도움이 될 만한 지역사회 자원에 대해 알지 못하고 있음. 클라이언트는 함께 계획을 수립하는 것이 가능함. 하지만 남편 또한 계획에 함께 참여시켜야 함.
Plan : 지역사회 자원 목록이 클라이언트 부부에게 도움이 될 것임. 2003년 2월 4일 면담시간 동안 클라이언트 부부와 가능한 해결책에 대해 토의하고, 앞으로 3주간의 자녀양육 계획을 수립함.

사생활보호와 개방-접근에 관한 법률

연방 및 주는 평가 목적을 포함하여 다양한 종류의 기록 사용 규정을 만들어 제한을 두고 있다. 이 규정은 법률 적용과 관련한 해석과 재판 결정에 대한 관심을 가져왔고, 기록 보유에 대해 더욱 복잡한 이슈를 제공했다.

1974년의 연방 사생활 보호법(the Federal Privacy Act of 1974)의 핵심은 클라이언트는 자신에 대한 기록을 볼 권리가 있다는 것이다. 클라이언트의 서면 동의 없이는 어떤 기록의 정보도 공개될 수 없으며, 다른 사람에게 정보가 공개되는 것도 제한되었다.

공공 기록에 대한 개방을 요구하는 것의 법안도 제정되었다. 이 법은 몇 사례를 통해 공공 기관기록은 정부 자금이 투입된 어떤 상황에서 법정 진행 과정을 포함한 다양한 상황에서 공개될 수 있다는 의미로 해석되었다. 개인 사생활 보호와 개방-접근에 관한 법 간에는 완전히 해결될 수 없는 갈등이 존재한다.

이 두 가지 상황에 대한 다른 함의는 비밀보장을 훼손시키는 문제이다. 사회복지사와 사회복지기관은 어떤 기록에 대해 비밀을 보장할 것인지, 클라이언트, 서비스 제공 기관, 공공 기관의 서로 다른 관심이 조화를 이루기 위해서 어떻게 기록이 관리되어야 하는지 결정해야 한다. 사회복지사는 이러한 이슈를 해결하기 위한 토론에 진지하게 참여해야 한다.

기록에 대한 비밀보장과 접근에 대한 이슈는 계속적인 대화, 창조적인 생각, 사회복지 전문직 윤리에 의해 검토되어야 한다. 이는 클라이언트 기록에만 관련된 이슈는 아니다.

컴퓨터의 사용

컴퓨터는 평가의 중요한 도구이다. 많은 양의 정보가 기록되고 분석되며, 책무성을 입증하기 위해 자료를 저장한다. 사회복지사는 컴퓨터가 무엇을 할 수 있고 어떤 한계를 갖는지에 대해 인식할 필요가 있다. 사회복지사는 정보 처리 과정, 즉 정보 입력 방법, 입력된 데이터에 접속하는 방법, 사회 복지 목적에 유용한 하드웨어와 소프트웨어를 평가하는 방법에 대해 알아야만 한다. 사회복시자는 컴퓨터 전문가 및 프로그래머와 프로그램에 대한 문제를 상의하기 위해서 컴퓨터에 대해 충분히 알고 있어야 한다. 사회복지사는 컴퓨터가 수행하기를 원하는 과업에 대해 의사소통할 필요가 있다.

누가 정보에 접근할 것인지, 어떤 목적으로 정보가 사용될 것인지를 이해하는 것도 매우 중요하다. 이는 사회복지사가 적절한 정보를 갖추었는지, 클라이언트의 신원 또는 비밀보장이 보호되고 있는지 평가하는데 도움을 준다. 만약 클라이언트의 신원이나 비밀보장이 드러날 위험에 처해있다면 사회복지사는 프로그램 작동에 대한 윤리적 책임을 가진다.

컴퓨터는 프로그램 평가 뿐 아니라 기관에서 사례 기록을 보관하는 데도 이용된다. 소프트웨어가 발전되고 정교해지면서 전체 사례 기록을 시스템에 입력하는 것이 가능하며, 수기로 작성한 기록을 보관하는 것보다 많은 장점을 갖는다. 프로그램의 상호 이용이 가능하며 필요한 경우 도움이 된다면 클라이언트 또는 사회복지사가 상황과 욕구, 관심에 대한 질문에 답할 수 있게 한다. 컴퓨터 프로그램은 계획을 제시하고, 목적과 목표를 완성하기 위해 설계되고, 선택된 프로그램이 무엇이든지간에 수정되거나 새로운 목표가 추가될 수 있다. 컴퓨터는 진행 노트가 입력되고 분기별, 년도별 종결 요약을 할 때 목표와 관련된 피드백을 도출할 것이다. 다양한 기능을 가진 휴대용 컴퓨터의 음성 인지 프로그램의 발달과 함께 앞으로는 거의 모든 사회복지사가 어떤 형태로든 전산 기록 보관을 이용할 것이다. 기술을 통해 앞으로 사회복지사의 효율성을 증진시킬 수 있는 잠재력을 갖게 되며, 이로 인해 클라이언트와 작업하는데 더 많은 시간을 갖게 될 것이다 .

전산 기록의 관심영역 중 하나도 비밀보장 유지에 관한 것이다. 시스템은 기록 접근을 제한하도록 배열될 수 있다. 하지만 많은 사회복지사와 클라이언트가 일하는 거대 시스템 안에서는 복잡해질 수 있다. 전산 시스템의 장점 중 하나는 기록이 한 장소에서 안전하게 보관될 수 있다는 점이다. 컴퓨터의 다른 장점은 누가 그 파일을 열었는지를 추적할 수 있으며, 안전망의 균열을 쉽게 확인할 수 있다는 점이다. 이것은 문서 기록에서는 불가능한 것이다. 한 가지 단점은 훌륭한 안전 시스템에서는 접근이 제한되어 기록에 접근 권한을 가진 사람도 비상 상황에서 이용하지 못할 수도 있다는 점이다. 그럼에도 불구하고, 전산 기록에 대한 비상시 접근은 자료 손실을 막을 수 있다. 전산 체계는 필요한 정보에 대한 기록 접근을 허용하면서도 안전을 유지해야만 한다.

컴퓨터의 안전하고 신뢰할 만한 백업 시스템은 기록이 손실되거나 파괴되지 않도록 지키는데 이용되어야 한다. 메인 시스템은 매일 매일 종결시 컴퓨터의 테이프 시스템을 백업해야만 한다. 개인 컴퓨터는 하드 드라이브에 정보를 백업하기 위해서 디스크, CD-Rom, ZIP 드라이브를 사용해야 한다. 백업 시스템은 화재, 홍수, 유사 재난시에는 주된 정보 시스템으로부터 분리된 안전한 영역에 보관되어야 한다. 각각 분리된 장소에 두 가지 시스템을 갖는다는 것은 비밀보장의 유지에 있어 또 하나의 도전이다.

다인 원조 체계

사회복지 실천은 흔히 개인, 가족, 소집단, 조직, 지역사회 등 인간체계를 돕는 한 사람의 사회복지사의 시각에서 논의된다. 지식의 폭증, 그리고 전문화의 가속화가 특징인 현대의 복잡한 사회에서, 이와 같은 도움이 항상 가능하지는 않다. 사회복지사는 여러 체계의 일원이다. Susan Lonsdale, Adrian Webbk Thomas Briggs은 이렇게 말하였다. "개인의 문제는 서로 연관되어 있으며, 특정 전문영역으로 명확히 구분지 않는다. 바로 이 때문에 효과적인 상호작용을 위해 요구되는 전문지식은 혼자 일하는 사회복지사나 전문가에게는 지나친 부담이 될 수 있다." 현재 사회복지는 여러 사람-몇 명의 사회복지사, 사회복지사 한 명과 전문직보조원 혹은 자원봉사자, 또는 몇 명의 사회복지사와 다른 분야의 전문가-이 힘을 합쳐 일할 것을 요구한다.

Allen Pincus와 Anne Minahan은 사회복지 개입을 클라이언트체계, 변화촉진체계, 표적 체계, 행동 체계로 나누어 정의하였다. 행동체계는 변화과정에 참여하는 사람들로 구성된다. 표적 체계는 변화활동의 목표를 가리킨다. 변화촉진 체계는 변화 촉진자 혹은 다인원조체계일 수 있다.

*다인 원조 체계*란 다양한 방식으로 표현된다. 어떤 의미에서 사회복지사와 수퍼바이저 역시 다인원조체계라 할 수 있다. 수퍼바이저는 보통 사회복지사에게 기술적 지도와 사회복지사와 클라이언트 상호작용에 관한 균형 있는 시각을 제공하며, 서비스 제공에 필요한 도움을 줄 능력을 갖춘 경험 많은 사람이다. 다른 형태의 다인원조체계는 외부에서 자문을 구하거나 공동작업을 하거나 의뢰의 형태로 이루어진다. 각 상황에서 사회복지사는 클라이언트의 욕구를 만족시키기 위해 다른 전문지식을 이용하기도 한다. **자문**은 사회복지사가 다른 사회복지사의 도움을 받거나, 혹은 전혀 다른 전문적 배경을 지닌 사람의 도움을 받음으로써, 클라이언트와 클라이언트의 욕구를 더 잘 이해하고, 가능한 치료전략을 세우며, 효율적으로 수행되도록 한다. 물론 도움을 받아들이거나 거부하거나 혹은 수정하는 것은 전적으로 사회복지사의 자유이다. 하지만 자문에 응한 사람은 실행 체계의 일원으로 참여하는 것이다. **공동작업**은 둘 이상의 돕는 전문직이 클라이언트에게 행하는 서비스의 특정 영역을 책임지는 형태로 이루어진다. 이들은 한 기관에 소속될 수도 있고 아닐 수도 있으며, 모두 사회복지사일 수도 있고, 서로 다른 영역에서 활동하는 전문가일 수도 있다. 공동작업은 서비스를 통합하고, 각 전문가가 행할 역할이나 제공해야 할 서비스를 명확히 정의하며, 클라이언트에게 상충되는 메시지가 전달되지 않도록 조율하는 수단이 될 수 있다.

의뢰란 클라이언트가 제공되는 서비스 혹은 다른 서비스를 이용할 수 있게 하는 과정이다. 이에는 클라이언트와 욕구에 대한 정보를 서로 공유하고, 새로운 서비스의 내용을 설명하며, 클라이언트로 하여금 새로운 자원을 이용할 수 있도록 돕는 과정이 요구된다. 이상적으로 제일 처음 사례를 맡은 사회복지사가 계속 추적 관찰함으로써 주어진 서비스가 클라이언트의 욕구를 충족시켰는지 확인하는 것이 바람직하다. 사회복지사가 서비스를 제공하는 상황에서 의뢰하는 것은 공동작업의 특별한 경우라 생각할 수 있다.

다인원조체계가 동시에 여러 명의 내담자에게 서비스를 제공할 수 있도록 조직화되는 경우가 있다. 이 체계는 지속적으로 존재하며 **팀**으로 불려진다. Lonsdale, Webb, Briggs는 사회복지사가 참여하는 네 가지 형태의 팀이 있다고 하였다; (1) 사회복지사가 서로 다른 기관이나 조직을 대표하는 경우 (2) 서로 다른 영역의 전문가가 참여하는 경우 (3) 같은 기관에 속한 여러 명의 사회복지사가 팀을 이루는 경우 (4) 전문가뿐 아니라 클라이언트 및 지역사회 구성원이 참여하는 경우이다.

서로 다른 조직이나 기관을 대표하는 전문가로 구성되는 팀은 이들 기관이 동일한 대상들에게 서비스를 제공할 때 사용된다. 보건기관이나 정신보건기관이 공공 사회복지기관과 함께 특정한 영역의 클라이언트에게 서비스를 제공하는 경우가 이에 해당된다. 소아를 대상으로 서비스를 제공하는 기관의 경우 공공 사회복지기관이나 의료, 정신보건기관 이외에도 학교, 청소년 보호관찰 기관이나 지역사회 문화센터 등이 연계된다. 이들 팀의 목적은 함께 계획을 짜고, 특정 클라이언트를 위해 공동으로 작업하는 것이다. 팀은 또한 예방 혹은 개입프로그램을 기획하기도 한다. 팀은 **사례회의**를 하기도 한다. 여기서는 팀 구성원이 클라이언트에 대한 정보를 나누거나 기관이 제공하는 서비스의 내용을 설명하기도 한다. 또한 사례회의에서 내담자에게 제공할 서비스를 함께 계획하기도 한다. 또 다른 형태로는 "총괄" 서비스가 있다. 이는 심각한 상황에 놓여 아동을 집이 아닌 다른 곳에서 돌보아야 하는 가족에게 서비스를 제공하기 위해 개발되었다.

서로 다른 영역의 전문가들이 팀으로 참여하는 것은 정신보건 영역에서 처음 이용되었다. 여기에는 정신과 의사, 임상심리사, 간호사, 사회복지사가 클라이언트에게 서비스를 제공하기 위해 공동으로 작업한다. 의료 영역에서도 환자에게 심리사회적 또한 신체적 욕구에 대응하기위해 다학제간 팀 접근을 하며, 진단 센터 역시 이러한 형태의 팀을 운영한다. 팀에 합류하는 전문가의 영역은 매우 광범위하며 셋팅이나 클라이언트의 욕구에 따라 달라진다.

다학제간 접근은 사회복지사로 하여금 함께 일하는 다양한 전문직에 대해 지식을 쌓고 이해해야 함을 요구한다. 이에는 다음 사항이 포함된다.

1. 타 전문가의 역할과 기능, 과업수행 방식
2. 가치 체계와 도덕관념
3. 지식 기반
4. 교육 수준이나 전공분야
5. 현대 해당분야의 이슈
6. 사회복지와 중복되는 영역과 긴장관계

타 전문직에 관한 지식이나 이해는 여러 방법을 통해 얻을 수 있다. 각 전문직을 대표하는 사람과 이야기를 하거나, 함께 일해보거나, 또는 관련 문헌을 읽어보는 것이다. Rosalie Kane은 두 가지 형태의 다학제 팀을 구분하였다. 조정 중심의 팀과 통합 중심의 팀이다. 조정 중심 팀에서는 각 전문가는 서로 명확한 역할을 유지하며, 정해진 리더가 있고, 합의를 중요시 하지 않고 의사 결정을 하며, 팀 전체 진행상황에 대해 큰 비중을 두지 않으며, 형식적인 의사소통을 하며, 초기 평가에 중점을 둔다. 반면 통합 중심 팀에서는 의도적으로 역할간의 경계를 모호하게 하며, 합의에 따라 의사결정을 하고, 상호의존하며, 전체 진행상황에 관심을 쏟는다. 대부분의 다학제간 팀은 두 가지 형태의 요소가 연속선상에서 서로 섞여 있으며 이중 어느 한쪽에 가깝다.

서로 다른 사회복지 기관에 속해있는 사회복지사가 팀을 이루는 것을 사회복지팀이라고 한다. 팀은 해당 과업을 수행하는 보조원이나 비전문가를 포함할 수 있다. 석사학위나 학사학위가 있는 사회복지사가 리더로서 팀을 이끈다. 서비스영역을 나누어 담당 사회복지사가 팀을 구성할 수도 있다. 예를 들면 정신병원에서 한 사회복지사가 노인 환자와 요양시설 의뢰를 맡고, 다른 사회복지사가 특정 병동이나 특정 환자를 맡는 식이다. Thomas Briggs는 이러한 형태의 팀에 대해 다음과 같이 말하였다. "각 기관은 서로 다른 수준의 직원을 갖고 있으므로 일을 분담하는 합리적인 계획을 수립함으로써 적절한 서비스와 책무의 수준을 유지하면서 팀 목표나 우선순위에 부합하는 서비스가 제공되도록 해야 한다."

전문가와 함께 지역사회 주민들로 구성되는 팀은 Pincus와 Minahan의 변화촉진체계와 유사하다. 지역사회나 단체 내에서 무언가를 변화하고자 하거나, 새로운 자원이나 프로그램을 개발하고자 할 때, 정책입안에 영향력을 행사하고자 할 때 사용된다. 지역사회의 아동 보호팀은 이런 형태의 한 예이다.

팀 활용에 대해서 상당한 논란이 존재해왔다. Gene Hooyman은 팀 활용의 이유와 문제점을 논하면서, 대부분의 문제는 제대로 기능하지 않는 팀에서 발생한다고 하였다. 팀워크란 많은 시간을 소요한다. 사람들이 서로 다르듯 팀 역시 서로 다르다. 클라이언트에게 영향을 끼치는 다양한 사회 체계의 복잡한 욕구 때문에 팀에 소속되어 일하는 것이 사회복지사에게 요구되는 서비스의 일부가 되기도 한다. 사회복지사는 팀에 소속되어 일하는 기술을 개발하여야 한다.

생태체계 강점 접근에 있어 사회복지사는 자신과 클라이언트를 둘러싼 자연적 원조 체계를 적극적으로 규합하여 일종의 연합을 구성한다. 자연적 원조 체계는 클라이언트의 가족이나 친구, 직장 동료, 아니면 클라이언트를 도울 수 있는 생태체계에 소속된 구성원 등이다. 이들은 전문적 훈련을 받은 적도 없고, 남을 돕는 역할이 주어지지도 않았지만, 클라이언트와 사회복지사의 작업에 결정적인 역할을 한다. 생태체계 강점 접근에서 복합원조를 제공하는 사회복지사란 비공식 집단과 교류하는 사회복지사를 의미한다. 사회복지사는 공식 행정기관을 대표하기도 한다. 생태체계 내의 강점이 무엇인지 알고, 강점에 근거하여 성장과 변화를 촉진하는 계획을 세우는 것은 클라이언트의 욕구를 효율적이고 지속적으로 충족시킬 수 있도록 보장해준다.

복합원조체계를 이용할 때 발생할 수 있는 한 문제는 돕는 과정에서 클라이언트가 소외되는 것이다. 사회복지사는 체계와 관계를 맺기 위해 많은 시간을 할애해야 하는데, 이 과정에서 클라이언트의 참여가 배제되기 쉽다. 클라이언트와 함께 계획을 세우는 것이 아니라 클라이언트를 위해 세워지는 것이다. 특히 클라이언트와 함께 일하는 것을 그다지 높이 평가하지 않는 전문가들과 함께 일할 때 까다로운 이슈가 된다. 해결책 중 하나는 클라이언트를 팀에 합류시키는 것이지만, 이는 항상 효과적이지는 않다. 클라이언트의 상황 때문에 기가 죽었거나 자존감이 낮은 내담자는 전문가 집단과 함께 일하는 것을 편하게 느끼지 못한다.

또 다른 문제는 시스템을 갖추는 데 필요한 시간이다. 어떤 팀들은 클라이언트에게 서비스를 제공하는 원래 팀 목적은 뒷전으로 밀려나고, 팀의 기능이 일차적 목적이 된다. 수단과 목적이 도치된 것이다. 팀을 구성하고, 기능을 점검하는 데는 시간이 든다. 하지만 이런 목적에 사용되는 시간은 최소화해야 되며, 과업의 일부로서만 수행되어야 한다. 팀으로 일한다는 것이 어렵고 시간이 많이 듦에도 불구하고, 어떤 상황에서는 혼자서는 도저히 제공할 수 없는 서비스를 팀이 제공할 수 있는 경우가 있다.

이 상황에서 사회복지사는 클라이언트를 적극적으로 참여하도록 격려하는 것이다. 이 방식이 효과적이지 못하면 클라이언트 원조 체계의 일원으로 하여금 클라이언트를 지지하거나 옹호할 수 있도록 참여시킬 수 있다. 사회복지사 역시 다인원조체계 및 팀과 함께 클라이언트를 옹호하여야 한다. 클라이언트가 스스로 참여하지 못할 정도로 어려운 상황이라면 보호자나 후견인이라도 참여하여야 한다.

다인원조상황에서라도 각 사회복지사는 독립적이다. 다인원조상황에서 클라이언트를 위해 일하기 위해서는 이 상황에 필요한 지식과 가치, 기술을 개발하여야 한다. 집단역동과 집단이 문제를 해결해나가는 방식에 대한 지식이 필요하다. 또한 다른 사람과 어떻게 협조적이고 조화롭게 일하며, 다른 전문영역이나 자연적 원조 체계를 어떻게 이해할지에 대한 지식이 필요하다. 사회복지사는 공동노력에 대한 긍정적 태도를 가져야 할 것이며, 서로 의존하는 관계에 대해 편안해져야 한다. 다른 전문가와 정보를 나누고 신뢰하는 것은 매우 중요하며, 의견의 불일치가 생겼을 때 포용하는 능력 또한 필요하다. 팀의 진행과정을 촉진시키고, 협조적이며 조화로운 관계를 유지해나가는 능력 역시 중요하다.

요약

사회복지사와 클라이언트의 상호작용은 사회복지실천의 핵심이다. 사회복지사가 남을 돕는 능력을 최대화하려면 자신에 대해 깊이 이해해야 하며, 건강한 자존감을 발달시켜야 한다. 자신을 이해하는 것은 자신의 가치, 라이프 스타일, 뿌리, 개인적 욕구, 문화를 평가하고 이해해나가는 지속적인 작업이며 이는 평생 동안 계속된다.

사회복지사는 자신을 주요한 도구로 사용한다. 원조자의 특성으로는 타인에 대한 배려와 수용, 따뜻함, 지지, 성숙함이 있다. 남을 돕는 것을 직업으로 하는 사람은 전문적 지식을 기반으로 하여 전문적인 윤리기준에 따라 행동하는 사람이다. 올바른 판단은 매우 중요한 요소이다. 원조자는 클라이언트의 상황을 이해하고, 상호작용을 격려하는 분위기를 조성하며, 클라이언트의 욕구에 기반 하여 행동하고, 다른 사람과 의사소통하고 관계 맺는 기술을 습득하여야 한다. 사회복지사는 정부행정기관과 상대하는 데 편안해야 하며, 전문가 역할에 따르는 책임감을 키울 필요가 있다. 책무란 전문직 수행의 중요한 측면이다. 기록을 잘 작성하고 보관하는 것은 전문 사회복지사의 중요한 책임이다. 기록의 비밀 유지 또한 관심을 기울여야 한다.

한 사람 이상의 개인이나 사회복지사가 원조 상황에 포함되기도 한다. 자문, 의뢰 또는 공동 작업이란 형태를 가진다. 팀 상황에서 기능하는 것 또한 사회복지사의 중요한 기술 중 하나이다. 팀은 여러 가지 형태를 띠며 여러 전문가들이 모이거나 다른 기관의 다른 기술을 가진 사회복지사가 모이기도 한다. 팀 형태와는 상관없이 다른 사람과 협조적이며 조화롭게 일하는 것은 필수적이다.

학습질문

1. 돕는 능력을 개발하기 위해 자신에 대한 어떤 영역의 지식이 반드시 검토되어야 하는가?
2. 인생철학과 가치체계간의 차이는 무엇인가?
3. 돕는 사람으로서 당신의 강점과 한계점은 무엇인가?
4. 다양한 기록방법의 장점과 단점은 무엇인가?
5. 다양한 형태의 기록방법은 언제 어떻게 사용되는가?
   각 방법의 장 · 단점은 무엇인가?
6. 기록의 비밀보장과 접근성을 어떻게 조화를 이루어야 하는가?
7. 다인원조체계에서 일할 때 발생하는 기록의 문제점은 무엇인가?

※ (한 항목은 우리나라 상황에 맞지 않아 제외함)

제6장 클라이언트

학습목표

1. 클라이언트 및 클라이언트와 유사한 의미의 용어 이해
2. 사회복지 기관에 도움 요청의 의미 이해
3. 클라이언트가 되어가는 경험 이해
4. 사회력 조사에 필요한 사회복지사의 초기 능력 이해
5. 개인 욕구의 다양성 이해
6. 서비스 제공에서 문화적 요소에 대한 지식의 필요성 이해
7. 다양한 클라이언트에 관한 지식의 필요성 이해
8. 일반주의 사회복지 실천에서 다인 체계에 초점

사회복지실천에서 **클라이언트**는 사회복지사의 원조 활동의 대상이 되는 개인, 가족, 집단을 지칭한다. 하지만 일반주의 사회복지실천에서는 이 용어가 다소 부정확할 수 있다. 왜냐하면 사회복지사가 상황을 평가하고 계획을 수립하는 과정의 초점이 도움을 요청한 개인이나 체계가 아닐 수도 있기 때문이다. 즉 변화의 초점이 개인이나 가족의 욕구 충족을 방해하는 다른 체계가 될 수 있다. 변화의 초점은 또한 집단, 지역사회, 기관이나 시설이 될 수도 있다. 일반주의 실천 사회복지사는 초점이 될 수 있는 모든 체계에 대한 기본적인 지식을 갖고 있어야 한다. 이 장에서는 도움을 요청하는 개인으로서의 클라이언트에 초점을 둘 것이다. 이 책의 후반부에서는 클라이언트 참여자로서 보다 큰 체계에 대한 개입이 다루어질 것이다. 보다 큰 체계는 개인뿐 아니라 사회체계로 구성되어 있다. 따라서 일반주의 실천 사회복지사는 다양한 클라이언

트 체계와 일하며 개인과 사회 체계에 대한 지식을 활용한다. 개별 클라이언트에 대한 이해는 개인으로 구성된 보다 큰 체계를 이해하는데 기초를 제공해준다. 사회복지사는 보다 큰 체계를 이해하고 개입하기 위해서 개인과 사회체계에 관련된 지식을 활용한다.

사회복지사가 가장 우선시 해야 하는 것 중 하나는 클라이언트와의 관계를 발전시키고 유지하는 것이다. 다양성에 대한 지식과 기술에 근거한 원조관계를 수립하는 것이 가장 기본적이다. 사회복지교육협의회에서 제시한 다양성에 관한 정의를 살펴보면, 다양성은 연령, 계층, 성, 인종, 문화, 장애, 민족성, 결혼상태, 가족 구조, 인종, 국가적 배경, 종교, 성적지향성의 차이를 포함한다. 사회복지 학부졸업생이 실천과정에서 만나게 되는 대부분의 클라이언트는 위에서 언급한 한 가지 이상의 다양성을 갖고 있을 것이다. 5장에서 우리는 사회복지사가 자신의 다양성과 문화와 경험이 사회복지사와 다른 다양한 집단에 대한 태도에 어떤 영향을 주는지를 이해할 필요가 있다고 하였다. 클라이언트의 다양성을 이해하고 이에 능숙하게 개입하기 위해서는 귀납적 학습을 수행할 수 있는 개방적이며 심도 깊은 자신에 대한 지식이 필요하다. 그 다음 단계는 클라이언트 관점에서 다양성을 이해하는 것이다. 이에 대한 이해가 없으면 사회복지사가 클라이언트에 대한 다양성의 영향력을 인식하지 못하며 원조과정이 심각한 손상을 입거나 존재하지 못할 수도 있다.

이 장에서는 클라이언트를 이해하는 과정과 내용을 설명하고, 이를 위해 각 단계의 방식을 이해시킴으로써 클라이언트의 다양성을 다루는 사회복지사의 능력을 발달시키고자 한다. 사회복지사는 클라이언트의 다양성에 대해 개입할 때, 귀납적 방법을 통해 클라이언트에 대해 알아갈 때 자신에 대한 지식, 기술을 5장에서 논의된 과정에 따라 활용할 것이다. 클라이언트는 자신의 다양성을 독특하고 개인적 방식으로 경험하기 때문에 이러한 과정이 전부는 아니다. 클라이언트의 다양성에 대한 사회복지사의 경험과 반응을 다시 확인하며, 클라이언트와 다른 자원에 대한 지식을 쌓으며, 클라이언트의 다양성을 이해하고, 적극적 경청을 통해 자연스럽게 귀납적 접근을 하는 것이다. 사회복지 가치는 원조관계의 형성단계에서도 중요하다.

도움을 요청한 개인은 원조 상황에 욕구를 가지고 오지만 원조상황을 불편해하기도 한다. 클라이언트는 도움을 요청할 때 제공되는 도움의 특성이나 이유를 이해하지 못한 채 찾아온다. 클라이언트는 자신의 욕구를 인식하지 못하기도 한다. 인간은 인류의 공통적인 특성을 갖고 있지만 사회적, 문화적 환경에서 비롯된 인생의 경험과 타인과의 교류를 통해 독특성을 갖고 있다.

도움을 요청하는 이유와는 상관없이 클라이언트는 원조상황에 대한 욕구와 염려가 더 많다. 클라이언트는 생물학적, 심리사회적, 문화적, 영적인 존재로서 통합적 자아를 가지며, 이는 자신 및 환경이 가지고 있는 자원과 환경적 제약, 자신과 상황에 대한 지각, 스트레스, 대인관계에 대처하는 방식이 포함된다. 클라이언트의 현재 욕구는 발달단계상의 욕구와 클라이언트의 인생의 다양한 측면과 환경적 기대에서 야기되는 욕구의 영향을 받는다.

클라이언트와의 상호작용에서 사회복지사의 주요 과업은 독특한 상황에 있는 독특한 인간으로서 클라이언트를 이해하는 것이다. 클라이언트에 대해 전부 아는 것은 불가능한 일이다. 클라이언트를 잘 이해하는 것은 서비스 전달에 필요하다. 클라이언트는 환경속의 인간을 이해하는데 있어서 중요한 자원이다.

첫 단계로 사회복지사는 도움을 요청하고 이용하는 의미를 이해해야 한다. 또한 클라이언트는 다인 체계가 될 수 있음을 고려해야 한다. 6장에서는 일반주의 사회복지실천에서의 클라이언트 체계를 다룰 것이다. 다인 체계의 각 유형에 대해서는 다른 장에서 다룰 것이다.

클라이언트 되기

Emanual Tropp는 클라이언트가 도움을 요청하는 사람, 사회복지기관이나 시설의 서비스를 받는 사람으로 정의되고 있음을 설명하면서, 이 정의의 모순점을 지적하였다. 위와 같은 정의는 사회복지사, 기관, 지역사회 주민이 클라이언트를 보는 시각에 영향을 미친다. 이상의 정의에서 다음과 같은 질문이 발생한다. 클라이언트는 고객인가, 의존적 사람인가? 클라이언트는 존중받을 가치가 없거나 보호하고 부양해야 할 존재인가? 클라이언트는 자기 결정을 내릴 수 있는 신뢰할 만한 사람인가? 비자발적으로 의뢰된 사람은 자발적으로 도움을 요청할 때까지 클라이언트로 고려될 수 있는가?

Scott Briar와 Henry Miller는 클라이언트의 사회적 역할에 대해 논의했다. 사회적 역할은 역할 수행 행동에 대한 일반적 기대를 가진다. 이 기대는 사회기관, 준거 집단,

공공기관에 의해 나타난다.

Allen Pincus와 Anne Minahan은 다소 제한적 의미로 클라이언트 용어를 사용했다. 클라이언트 체계는 도움을 요청하는 체계이며, 목표체계는 변화를 필요로 하는 체계이다. 도움을 요청하는 체계는 변화를 필요로 하는 체계가 아닐 수도 있다. 목표체계는 변화의 필요성을 인식하거나 도움을 요청함으로써 클라이언트 체계가 될 수도 있다.

이 책에서 클라이언트는 사회복지사의 도움을 요청하거나 사회복지사를 고용한 기관의 서비스를 받는 사람이다. 클라이언트가 도움을 요청하지 않을 때, 사회복지사의 과업중 하나는 클라이언트가 도움의 이유와 도움을 받았을 때와 거절했을 때의 결과를 이해하도록 클라이언트를 원조관계에 참여시키는 것이다. 클라이언트를 보다 적극적으로 참여하도록 하는 것은 의사결정에 도움이 되도록 적절한 정보를 제공하고, 클라이언트의 능력과 잠재력, 상호 합의한 과업수행을 최대화하는 것이다.

클라이언트는 개인 혹은 사회체계로서 여러 유형이 있다.

1. 자신을 위해 도움을 요청하는 사람
2. 타인이나 체계를 위해 도움을 요청하는 사람
3. 도움을 요청하지는 않으나 타인의 사회적 기능을 방해하거나 위협하는 사람 (예: 아동학대 사례에서 방임 부모)
4. 자신의 목표와 목적에 도달하기 위한 수단으로 도움을 요청하거나 이용하는 사람 (예: 보다 심각한 법적 제재를 피하기 위해 수강명령 서비스를 받는 경우)
5. 부적절한 목적을 위해 도움을 요청하는 사람

클라이언트 유형을 구체화하는 것은 서비스 전달의 첫 번째 단계이다. 왜냐하면 사회복지사-클라이언트 관계와 상호작용은 클라이언트의 유형과 요청한 도움의 특성에 따라 달라질 수 있기 때문이다.

클라이언트는 욕구와 강점을 가진 사람들로서, 욕구는 클라이언트가 책임져야 할 사람과 관련될 수도 있다. 예를 들면 자녀의 욕구 때문에 부모가 클라이언트가 될 수 있다. 환경 체계와 협상하거나 역할 수행에서 대인관계와 관련된 욕구일 수 있다. 욕구는 역할수행에 필요한 사전 지식, 물질적 수단, 개인의 능력 부족이나 결핍일 수도 있다. 욕구는 정신내적혼란, 위축, 왜곡에서 기인한 불안이나 장애 때문일 수도 있으며, 개인의 기대 수준과 환경의 다양한 요구간의 불일치 또는 환경적 기대와 개인의 욕구 간 불일치의 결과일 수도 있다.

예를 들면 클라이언트는 불경기로 인해 직장에서 해고되어 수입의 어려움을 겪을 수 있다. 클라이언트는 직장의 희생자로 볼 수 있다. 클라이언트는 어린 자녀를 양육하는데 도움을 필요로 하는 편부모로 대리 양육자의 도움을 받고 있다. 대리 양육자가 갑자기 아프거나 더 이상 도움을 줄 수 없을 때 통제할 수 없는 외부환경으로 인해 편부모의 어려움은 가중된다. 클라이언트는 알코올중독으로 꾸준한 직업을 갖기 어려울 수도 있고 이는 욕구충족의 장애가 된다.

상호관계에서 발생하는 욕구가 있다. 예를 들면 부모가 청소년기 자녀의 욕구를 이해하지 못하고 너무 엄격해 부모와 자녀사이에 대화가 불가능하며 자녀가 반항하는 경우이다. 욕구는 환경 체계와 협상하지 못할 때 발생하기도 하다. 예를 들면 병원에 입원한 환자가 자신의 고충사항이나 궁금한 점을 의사에게 질문하지 못하는 경우이다. 욕구는 부적절하고 불충분한 역할 수행에서 나타날 수 있다. 즉 부모가 아동에게 필요한 영양을 충족시켜주지 못하거나 적절한 주거환경을 유지하지 못하는 경우이다.

욕구는 결핍된 것일 수 있다. 이는 일시적이든 영구적이든 개인이 상황에 대처하기 위해 필요한 과업을 수행할 능력이나 물질적 수단을 가지고 있지 않은 경우이다. 또는 제한적인 수입과 신체 능력을 가진 노인은 적절한 주거환경이나 영양가 있는 식사를 유지하기 어려울 수 있다. 아동기 당시 적절한 돌봄을 받지 못하고, 이후 자녀양육에 대한 교육도 받지 못한 어머니는 어린 자녀를 어떻게 돌보아야 하는지 모르기 때문에 자녀를 적절하게 돌볼 수 없을 수도 있다.

욕구는 정신 내적 혼란, 위축, 왜곡으로 인한 장애로 인한 것도 있다. 이런 상황에서 클라이언트는 정신 질환이나 인지적 어려움으로 인해 생활 사건에 대처하는 데 부적절하고 비효과적인 방법을 사용하게 된다. 욕구는 개인의 기대수준과 환경의 다양한 요구사이의 불일치로 인한 것일 수도 있다. 예를 들면 클라이언트는 자신의 노력 없이도 지역사회 복지관에서 음식, 의복, 주거지가 제공될 것이라고 기대하지만 기관이 클라이언트 욕구의 일부분만 제공할 수 있을 때이다. 다른 욕구로는 환경적 요구와 개인의 욕구 간의 불일치에서 발생한다. 어머니가 아픈 10대 소녀는 어린 동생을 돌보도록 기대되지만, 클라이언트는 자신의 학업을 마치고 사회화 과정을 위한 시간이 필요하다.

다양한 클라이언트는 다양한 욕구를 경험할 수 있으며, 유사한 욕구를 다르게 경험하기도 한다. 욕구는 직, 간접적으로 클라이언트의 다양성과 관련되어 있으며, 클라이언트는 다양성으로 인해 차별을 경험할 수도 있다. 차별에 대한 대응이 필요할 수도 있다. 예를 들면 여성 클라이언트가 직장 성희롱으로 괴로움을 호소할 때, 성희롱은 불법이지만 사회의 비공식적으로 자행되는 성희롱을 없애는 것은 실제로 어렵다. 이런 차별은 욕구 충족에 장애가 되기도 한다. 흑인이나 히스패닉 클라이언트의 고용이나 주거와 관련된 욕구를 다룰 때, 사회복지사는 클라이언트의 노력이 차별적 관행으로 인해 어려움을 겪는 것을 발견하게 될 지도 모른다. 관행은 불법이지만 여전히 존재한다.

실제로 클라이언트 역할을 나타내는 많은 용어가 있다. 일반적으로 사회복지기관은 클라이언트라는 용어를 사용하지만, 병원이나 정신건강 셋팅에서는 **환자**라는 용어가 사용된다. *환자*라는 용어를 사용할 때, 사회복지사는 클라이언트를 상호의존적인 존재라기보다는 전통적인 환자역할인 아프고 의존적인 존재로 간주한다. 청소년 기관이나 학교 현장에서는 클라이언트는 학생으로 불린다. 이는 가르치고-배우는 관계, 지시적-종속적인 관계를 초래할 수 있다. 옹호자 역할을 하는 사회복지사는 클라이언트를 희생자로 본다. 어떤 용어가 사용되던지 간에 사회복지사는 클라이언트의 효과적인 사회기능을 위한 구체적 과업을 설정하고 책임감을 가짐으로써 클라이언트는 종속적인 위치에 있는 자가 아닌 협력자로서 역할을 함을 인식해야 한다.

사회복지사, 클라이언트, 환경 모두 클라이언트 역할 수행에 대한 기대를 갖고 있다. 사회복지사와 서비스를 제공하는 기관은 클라이언트에 대해 약속, 원조 기간동안 시간의 활용, 회합시간 및 장소, 원조과정에서 정보공유의 기대를 갖고 있다. 또한 지역사회는 클라이언트에 대하여 제공된 도움이 만족스러운지에 대한 관심을 갖고, 클라이언트의 음주, 성적행동, 아동보호, 재정문제에 관하여 기대를 갖고 있다. 클라이언트는 원조 상황에서 자신에게 요구되는 것이 무엇인지 모르기도 한다. 클라이언트는 무엇을 해야 하며 어떤 충고나 도움을 받을 수 있는지 또 도움을 필요로 하기 때문에 이류 인간으로 대우받을 지도 모른다고 생각할 수도 있다. 클라이언트는 무기력하고 낮은 자존감을 갖고 있는 상태에서 잘 알지 못하는 사람에게서 도움을 받는 상황에 대하여 불안을 갖고 있다. 도움을 요청하는 것과 클라이언트 역할이 되는 것은 이미 스트레스를 받은 상황에서 스트레스가 더욱 가중된다.

사회복지기관에 도움을 요청하기 전 클라이언트는 이전에 해왔던 방식으로 욕구를 충족시키려고 시도한다. 그러나 이 방법이 성공적이지 않으면 클라이언트는 비공식 원조망, 예를 들면 친구, 가족, 친척, 목사, 교사, 의사 등에게 도움을 청할 수도 있다. 일반적으로 기관에 오는 것은 마지막 보루이다. 클라이언트는 욕구를 충족시키지 못한 시도를 한 후에 기관을 찾게 된다. 기관을 찾아오는 것이나 **대처**할 수 없는 상태는 클라이언트에게 두려움, 낮은 자존감, 분노의 감정을 초래한다.

서비스를 제공하는 기관과 다른 다양성의 요소를 가진 클라이언트가 기관에 찾아왔을 때 또 다른 스트레스가 가중된다. 예를 들면 주로 백인이 직원인 기관에 흑인이 도움을 요청할 때, 클라이언트는 다른 상황에서 경험해왔던 차별 때문에 백인을 향한 적개심과 분노를 갖고 있을 수 있다. 클라이언트는 백인 사회복지사가 흑인 문화에 관해 충분한 지식을 갖고 있지 않기 때문에 자신의 상황을 제대로 이해하지 못한다고 생각하지 못할 수 있다.

클라이언트는 다양한 경로로 기관을 찾아온다. F. M. Lowenberg는 원조 경로를 다음과 같이 제시했다. (1) 이웃이나 아는 사람에 의한 비공식적 의뢰 (2) 사회복지 기관 사업에 대한 지식 (3) 스스로 찾아오는 경우 (4) 전문가나 다른 기관의 공식 요청이나 의뢰 (5) 기관이 욕구를 가진 사람을 발굴하고 서비스를 받도록 권유하는 경우 (6) 법원이나 권위를 가진 기관에 위한 강제 의뢰. Lowenberg는 클라이언트가 되는 것은 문제를 갖고 있다는 것을 인정하도록 요구하며 낯선 장소, 잘못 해석된 상황에서 잘 모르는 사람과 협력하도록 요구받는 것이라고 하였다.

클라이언트는 낯선 사람과 익숙하지 않은 새로운 상황에 대한 불편함 때문에 기관의 도움을 받는데 저항을 나타낼 수 있다. 클라이언트는 도움을 받는 것에 대한 문화적 규범 때문에 저항할 수도 있다. 문화적 규범은 원조방법, 원조에 대한 태도, 도움을 받을 수 있는 상황들에 대해 규정한다. 또한 클라이언트는 어떤 도움도 불가능하다고 느끼기 때문에 도움을 요청하는 것에 저항을 보이기도 한다.

David Landy는 개인이 도움을 요청하거나 클라이언트가 되어가는 과정에 대해 설명하였다.

1. 도움을 요청하는 사람은 무엇인가 잘못되었다는 결정을 내려야 한다.

2. 도움을 요청하는 사람은 가족, 친구, 이웃이 자신의 무능력을 알 수 있다는 가능성에 직면해야 한다.
3. 도움을 요청하는 사람은 원조자 자신이 스트레스 상황에 처해있으며 실패했거나 스스로 자신의 문제를 다룰 수 없음을 인정해야 한다.
4. 도움을 요청하는 사람은 자율성을 포기하는 결정을 내려야 한다.
5. 도움을 요청하는 사람은 자신을 잘 알지 못하는 사람과 자원사이에서 직접 도움을 요청해야 한다.
6. 도움을 요청하는 사람은 도움을 받기 위해서 일을 그만두어야 할 것을 결정해야 한다.
7. 도움을 요청하는 사람은 도움을 받는데 있어서 다른 대인관계가 위협을 받을 수 있음을 인식해야 한다.

농촌가정의 사회복지 서비스 이용에 관한 연구에서 Emilia Martinez-Brawley와 Joan Blundall은 도움을 요청하는 태도와 선호도를 탐색하였다. 도움을 요청하고 수용하는 것은 매우 복잡한 과정이다. 이 연구에 의하면 도움을 요청하거나 받는데 주요 장벽은 지역사회의 평판, 서비스에 대한 지식 부족, 지역사회 문화에서 나타나는 도움을 이용하는 것에 대한 태도, 사회복지사에 대한 불신 등이다. 이 연구가 표본 집단의 크기에 제한점을 갖고 있지만, 도움을 요청하는 클라이언트의 감정과 행동을 이해하는데 문화와 맥락의 중요성을 제시하였다. 이 연구에서는 클라이언트의 현재 상황뿐 아니라 클라이언트의 과거 맥락을 고려하는 것이 중요하다는 결론을 이끈다. 예를 들어 대부분 농촌 가정은 농촌지역사회내의 어려움 때문에 대도시로 이주한다. 새로운 곳에서의 스트레스와 긴장은 개인과 가족의 사회기능에 영향을 미친다. 비록 사회적 서비스가 필요하다 할지라도 농촌 지역에서 형성된 태도와 방식이 클라이언트에게 나타나기 쉽고 이는 도움을 요청하는 능력에 영향을 미친다.

클라이언트 역할을 받아들이는 것은 쉬운 일은 아니다. 사회, 문화적 집단의 규범과 자기가치감 등은 클라이언트가 되는 것을 위협하기도 한다. 클라이언트는 불편함, 근심, 스트레스를 갖고 온다. 심지어 기관에 찾아올 때 위기감을 느낄 수도 있다. 클라이언트 역할을 수용한다는 것은 욕구를 충족시키려는 노력의 에너지가 고갈되었을 때 새로운 에너지를 필요로 한다는 것을 의미한다. 사회복지사는 도움을 요청하는 현상에 대해 이해해야 하고, 클라이언트가 되어가는 과정을 지지해야 한다.

클라이언트 이해

사회복지사가 클라이언트 욕구에 반응하거나 관계를 발전시키고 클라이언트와 함께 계획하고 의사결정에 참여하기전에 클라이언트와 상황을 이해하는 것은 필수적이다. 비록 인간은 보편성을 갖고 있다 할지라도 차이점 또한 존재한다. 차이점은 개인의 발달 단계와 욕구충족, 상속, 유전 등 과거로부터의 유산과 환경적 요인에 기인한다.

인간은 매우 복잡하다. 각 개인은 독특한 생물적, 정신적, 사회적, 영적 존재이다. 체계적 관점에서 환경속의 인간을 살펴볼 때, 개인과 환경의 다양한 국면이 서로 상호작용하는 것을 볼 수 있다. 이런 상호 작용을 통해 인간은 독특한 방식으로 세상을 보고, 개별화된 방식으로 보편적 인간의 욕구와 발달단계상의 욕구에 반응한다. 환경속의 인간을 이해하는 것은 사회복지실천에서 매우 중요하다.

사회복지사가 자신에 관한 지식을 발전시켜야 하는 것과 마찬가지로 사회복지사는 클라이언트에 대한 지식도 발전시켜야 한다. 자신을 이해하는 데 필요한 지식을 쌓기 위해 사용되는 도구 중 일부는 클라이언트를 이해하는데 유용하게 사용된다. [그림 5-1, p.106 참고]은 인간을 감정, 사고, 행동체계로 묘사하고 있다. 환경 속의 인간에 대한 이해를 발전시키기 위해 사회복지사는 클라이언트의 감정, 생각, 행동을 이해하고자 노력해야 한다. 클라이언트의 삶의 양식, 삶의 철학, 도덕적 기준, 가치 체계는 클라이언트가 자기 자신을 사회복지사와 기꺼이 공유하고자 할 때 가능하다. 또한 사회복지사가 클라이언트의 배경, 문화적 특성, 삶의 경험에 대한 지식에 근거하여 가정을 세울 때 가능하다. 가정을 확신하기 위해서는 클라이언트와 가정한 내용을 공유해야 한다. 이러한 클라이언트 요인을 이해하기 위한 범위는 클라이언트의 욕구와 제공되는 서비스 수준과 관련된다.

클라이언트의 근원, 즉 클라이언트의 문화적 배경을 이해하는 것이 서비스를 제공하는데 중요하다. 사회복지사는 클라이언트를 이해하기 위해 클라이언트가 속한 문화를 이해할 수 있는 유용한 도구를 사용할 수 있다. 클라이언트를 특정 인종 및 민족의 구성원으로 고정하지 않는 것이 매우 중요하다. 어떤 인종이나 민족의 구성원을 이해하기 위해서는 개인을 개별화하는 것이 필수적이다. 클라이언트의 문화를 이해하는 것은 "인간의 다양성" 부분에서 좀더 자세히 다룰 것이다.

클라이언트의 가족 구조와 기능, 가족 내 위치를 이해하는 것은 매우 중요하다. 가족 요인은 개인의 인생에서 가장 강력한 영향중의 일부이다. 개인은 가족의 생활방식을 수용하거나 순응함으로써 가족의 영향을 받는다. 때로 클라이언트는 가족의 기대를 거부하기도 한다. 이 두 상황에서 클라이언트 가족을 이해하는 것은 클라이언트의 욕구, 바램, 강점을 이해하는데 필요하다. 가계도는 사회복지사와 클라이언트가 가족의 영향을 이해하기 위해 사용하는 유용한 도구이다.

클라이언트의 욕구와 기능방식을 이해하는 것은 서비스를 제공하는데 매우 중요하므로 필요한 서비스를 제공할 때까지 발전되어야 한다. 따라서 사회복지사는 수집된 정보를 선별적으로 선택하며 클라이언트의 욕구와 제공된 서비스에 근거하면서 클라이언트를 개별화해야 한다. 특히 클라이언트의 강점과 생태체계를 구체화하면서 원조 단계에 착수하는 것이 중요하다. 이것은 작업 진행의 본실석 노대를 세공하는 것이다. 강점에 근거한 계획은 성공을 위한 기회를 갖게 한다. 생태체계 강점 접근은 클라이언트의 기술과 삶의 양식 바꾸기를 강조하기보다는 좀더 빨리 욕구를 해결하는데 잠재력을 갖는 접근이다. 이 접근은 힘든 상황에서 긍정적인 측면을 봄으로써 희망을 제시한다.

클라이언트의 욕구와 강점을 이해하기 위해 사용되는 방법으로 **사회력**을 들 수 있다. [표 6-1]은 사회력 발달 개요이다. 모든 항목이 클라이언트에게 중요하거나 유용한 것은 아니며, 기관 유형, 클라이언트 및 클라이언트가 처한 상황에 따라 중요한 정보가 달라질 것이다. 예를 들면 요양원에서 사회복지사는 클라이언트가 활동적으로 참여할 수 있도록 클라이언트의 취미나 친구관계에 대한 정보, 종교적 유대감과 경험을 알아보는 것이 중요할 수도 있다. 7세 때 입양된 청소년에 대해서는 입양에 관한 지식, 입양에 관한 클라이언트의 태도와 감정을 아는 것이 도움이 된다. [표 6-1]은 사회력에 포함되어야 하는 내용을 의미하는 것이 아니라 기관의 실천과정, 클라이언트의 욕구, 추구하는 서비스에 따라 수정되고 채택될 수 있는 일종의 지침이다. 표는 3개의 부분으로 구성된다. (1) 환경 속의 인간에 대한 기술 (2) 클라이언트의 관심과 욕구의 구체화 (3) 환경 속의 클라이언트 강점과 한계점에 대한 기술. 사회력은 평가적이기보다는 서술적이어야 한다. 예를 들면 가족관계는 단순히 "좋다"라고 평가되기

보다는 어떤 사람이 관련되고 어떤 방식인지가 나타나야 한다. 강점과 한계점은 가치 판단이 아니라 사실로 언급되어야 한다.

개인 및 가족을 포함한 사회력은 사회복지실천의 독특한 도구이다. 다른 어떤 전문직도 개인과 가족의 사회력을 이해할 수 있는 지식과 기술을 갖고 있지 않다. 최근 학교, 의료기관 등 인간을 대상으로 하는 서비스 셋팅에서는 사회복지사가 사회력에 관한 정보를 수집하여 서비스 전달 팀에게 제공할 책임을 갖고 있는 전문가로 여겨진다. 사회복지실천의 변화 과정에서 사회력은 누가 클라이언트인지 사정하는 양식으로 활용된다. 사정단계와 사례 기록 시에도 사용된다. 세 번째 영역은 다양한 클라이언트 체계와의 변화과정을 평가하는 단계이다. 9장에서는 개인, 13장에서는 가족, 14장에서는 집단을 다룰 것이며, [표 6-1]을 사정을 위한 참고자료로 다시 언급할 것이다.

[표 6-1] 사회력 도식 : 개인

I. 개인

A. 인구학적 정보 : 이름, 주소, 생년월일, 출생지, 결혼 유무, 종교, 인종, 의뢰처 및 의뢰 사유

B. 가족

1. 부모 : 이름, 생년월일, 사망일, 거주지, 관계
2. 형제 : 이름, 생년월일, 거주지, 관계
3. 배우자 : 이름, 연령, 결혼일, 이혼여부, 관계
4. 자녀 : 이름, 연령, 생년월일, 거주지, 관계
5. 클라이언트의 가족 자원 : 클라이언트에 대한 기대

C. 교육 수준과 직장 경력

1. 최종 학력, 특별한 훈련 과정 : 교육 경험에 대한 태도, 교육체계의 자원과 기대
2. 직업력 : 직업 경험, 직장을 그만 둔 이유, 직업에 대한 태도, 직장체계의 자원과 기대

D. 다양성

1. 장애 요소 : 신체 및 정신 건강, 현재 기능
2. 문화 및 종교적 사항, 클라이언트에게 중요한 정도
3. 기타 다양성 요인(종교, 영적 요인 포함)
4. 클라이언트의 다양한 특성과 관련된 자원과 기대

E. 환경적 요소
1. 가족 이외의 중요한 관계 : 클라이언트를 위한 자원과 기대
2. 중요한 이웃과 지역사회 요소 : 클라이언트를 위한 자원과 기대

II. 관심사, 욕구

A. 서비스 요청 이유
B. 관심사 및 욕구 : 욕구나 관심의 시작 시기, 대처방법의 특성과 결과, 관심과 욕구에 영향을 미치는 요소
C. 중요한 역할을 수행할 수 있는 능력
D. 클라이언트의 욕구
1. 인간의 공통 욕구/발달단계상의 욕구
a. 신체, 인지, 심리사회적 발달
b. 이전 단계에서 욕구 충족의 적절성
c. 현재 욕구(발달 단계상의 욕구와 미해결된 이전 단계의 욕구 보충)
2. 다양성 요인에 근거한 욕구
a. 어떤 지배적 사회 요소와 태도가 다양성을 가진 개인의 보편적 발달 욕구를 충족시키는 방식에 영향을 미치는가?
b. 어떤 문화적 요소가 다양성을 가진 개인의 보편적 발달 욕구를 충족시키는 방식에 영향을 미치는가?
c. 다양한 집단에서 클라이언트 개별화하기, 다양성에 대한 클라이언트의 태도, 다양성에 대처하는 수단, 다양한 집단의 적응 또는 생활 방식, 사회적 기대에 대한 대처방식이나 적응 여부
d. 다양성에 기인한 클라이언트의 기능방식과 사회적 기대 수준 간에 어떤 불일치가 존재하는가?
e. 지배적인 사회적 태도와 기대, 인간의 보편적 욕구와 발달 단계와 관련된 문화적 요소, 다양성 및 사회적 기대와 간섭에 대한 개인의 태도 등으로부터 발생하는 클라이언트의 기능방식과 사회적 기대 간의 다양성의 불일치로 인한 욕구는 무엇인가?
3. 환경적 기대에 근거한 욕구
a. 가족, 동료 집단, 직업, 조직, 지역사회를 향한 클라이언트의 책임감
b. 클라이언트에 대한 환경의 기대, 이에 대한 클라이언트의 태도
c. 클라이언트의 책임감과 기대가 현실적인가?
d. 책임감과 기대로 인한 클라이언트의 욕구

4. 서비스 요청과 관련된 클라이언트의 욕구
   a. 어떤 일반적 욕구가 서비스를 요청하게 했는가?
   b. 서비스와 관련된 클라이언트의 욕구는 무엇인가?
   c. 욕구충족을 방해하는 요인은 무엇인가?

III. 원조에 대한 강점과 제한점

A. 서비스의 결과로 기대되는 변화는 무엇인가?
B. 서비스에 관한 클라이언트의 신념, 관심, 계획은 무엇인가?
C. 서비스를 이용하고 변화에 대한 클라이언트의 동기는 무엇인가?
D. 문제에 대처하고 변화하려는 클라이언트의 능력은 무엇인가? 장애물은 무엇인가? 변화를 위한 클라이언트의 내부 자원은 무엇인가?
E. 클라이언트의 강점은 무엇인가?
F. 환경적 자원은 무엇인가? 대처와 변화를 방해하는 요소는 무엇인가?
G. 변화를 위한 클라이언트의 동기, 능력, 기회에 영향을 미치는 다른 요소들이 있는가?
H. 스트레스의 특성은 무엇인가?
I. 클라이언트의 기대가 현실적인가?
J. 욕구 충족과 관련하여 클라이언트의 강점과 제한점 요약하기.

중요한 역할

사회력에서는 중요한 역할, 예를 들면 직업, 결혼, 양육 등에 특별히 주의를 기울여야한다. 아동과 청소년에 대한 개입에서는 어떻게 양육되어 왔고 학업이나 직업을 준비해오고 있는지, 은퇴하였거나 배우자를 상실한 노인에 대해서는 과거의 기능이 현재 기능에 어떻게 영향을 주는지 관심을 기울여야만 한다. 이런 중요한 역할에 하나 또는 그 이상의 곤란은 기관과 사회복지사의 관심 영역인 사회적 기능이 어려움을 겪는 것을 의미한다.

인간의 다양성

인간의 다양성은 개인과 가족을 이해하는데 중요한 요인이다. 사회복지사는 특정 클라이언트의 다양성을 이해하기 전에 다양한 인간집단을 이해해야 한다. 이에는 특별한 노력이 요구된다. 하지만 사회복지사가 만나는 다양한 집단의 일반적 특성을 파악하는 것은 모두 사회복지사의 책임이다. 여러 가지 방법을 통해 이러한 지식을 얻을 수 있다. 한 가지 방법은 다양한 집단에 관한 공식 교과과정이나 문헌, 논문을 통해 얻을 수 있으며, 다른 방법으로는 해당 집단 구성원이나 전문가를 통해 지식을 얻는 것이다. 가장 중요한 것은 클라이언트를 전문가로서 인정하는 것이다. 클라이언트의 다양성을 존중할 뿐 아니라 클라이언트가 어떻게 자신의 다양성을 경험했는지 인정하는 것이다. 사회복지사는 클라이언트가 자신의 다양성에 관해 말할 수 있도록 격려해야 하며 클라이언트집단의 다양성내에서 각 클라이언트를 개별적 존재로 이해하는 것 또한 중요하다. [표 6-2]는 사회복지사가 특정 집단으로부터 개별 클라이언트를 이해하기 위해 고려되어야 할 다양성과 문화적 요인을 간략히 나타낸 것이다. 표에 제시된 항목이 중요하지만 충분하지는 않다. 사회복지사는 어떤 지배적 사회가 특정 집단의 개인에게 어떻게 영향을 미치는지 이해해야만 한다. 한 개인의 욕구는 문화적 집단의 기대 수준과 태도로부터 나타나며 영향력 있는 사회와의 관계로부터 발생한다. 또한 지배적 사회로부터 발생하는 집단의 제한점을 이해해야 한다. 다양한 집단에 대해 이해를 하는 것은 문화적 집단에 존재하는 차이의 범위를 고려하는 것이다.

[표 6-2] 인간의 다양성: 다양성과 관련된 욕구와 강점을 구체화하는데 고려해야 할 요소

A. 다양성과 문화적 요소

1. 가치
   태도 : 사건, 시간 사용, 지배적 문화, 권위, 직업, 감정이나 정서의 표현 수준 · 과거, 현재, 미래에 대한 생각.
   금기사항
2. 관계 : 관계 맺는 방식
   타인과의 관계
   물리적 세계에서의 관계
   영적인 세계에서의 관계
3. 가족구조
   가족관계의 특성
   가족생활에 대한 만족
   다양성과 가능한 변화

의사결정방법

일반적 요소 : 연령, 성적 지향성

자녀 : 양육, 가사 노동

4. 기타

이민여부

지배적 문화와의 관계

변화와 발달의 의미

5. 의사소통 유형

언어 : 표현방법, 관용구, 숙어, 구어적 표현, 호칭, 사투리, 상징, 문법

비언어적 측면

유형 : 짧은 대화, 대화시간 등

6. 지역사회 구조

정치적, 경제적, 교육적, 종교적

상호 원조 방법, 사회화, 사회 통제

사회적, 문화적, 종교적 활동

건강관리

개인과 가족을 위한 자원

7. 대처방식

적응, 보상, 스트레스에 대한 반응, 새로운 상황과 환경에 적응

B. 지배적 사회의 태도와 행동과 관련된 요소

1. 편견, 차별, 낙인, 사회계층, 고정화
2. 민족성 또는 다양성 의식
3. 주류 문화와의 관계

   거리감의 정도, 다수의 기대, 소수의 과민 반응, 고통, 의심, 권력관계
4. 질적인 삶의 문제
5. 주류 집단과 관련된 집단의 정체성과 기대
6. 차이에 대한 평가
7. 기회제공 또는 제약

C. 개별적 차이

1. 방향 : 문화에 대해 전통적, 동화적, 적응적, 혼돈적인가?
2. 태도 : 자기 자신, 소수집단, 지배 집단에 대한 태도

3. 자아 개념, 대처 및 적응 방식, 언어 및 다른 의사소통 방식
4. 가족 또는 문화적 집단과의 관계, 관계의 책임감과 자원
5. 집단 구성원으로서 의미 있는 삶의 경험
6. 다양한 상태로 인해 영향을 받는 자아 역동, 자신에 대한 다양성의 영향

사회 계층의 영향도 문화적 집단의 개인을 이해하는데 고려되어야 할 요소이다. 민족문화를 사회계층에 의해 구분되는 문화와 구분하는 것이 중요하다. 이는 얼마나 많은 다양성이 문화적 집단의 구성원 때문에 존재하는지, 또 얼마나 많은 사람이 빈곤하게 살고 있는 사실 때문이기도 하다. John Longres는 약자의 위치가 문화적 다양성 문제뿐 아니라 상대적인 권력, 특권, 이득, 명성과도 관련되어 있음을 지적하였다. 여기서 사회 계층은 중요한 요인이다. John Longres는 이런 요인이 사회에서 자신의 위치에 대한 시각과 정체성을 이끈다고 하였다. 이는 도움 요청과 도움을 이용하는 행동에 영향을 미치고 사회적 약자로 생각되는 사람이 문제를 인식하는 방식에도 영향을 미친다. Kenneth L. Chau는 "개인의 발전을 방해하는 장애물이 욕구 평가에서 고려되지 않는다면, 클라이언트의 문제해결 시도의 의미와 중요성을 적절히 이해할 수 없을 것이다"라고 하였다.

인간의 다양성은 단지 민족성이나 인종만을 의미하지 않는다. 연령, 성별, 신체적 또는 정신적 능력, 외모, 종교적 소속, 성적 지향성, 사회경제적 위치 등을 포함한다. 다양한 개인이 한 문화에서 동일시할만한 집단을 형성할 때 문화적 다양성의 요인이 존재하며, 이에 대한 사회복지사의 이해는 중요하다.

인종, 피부색, 태어난 국가, 종교, 민족성은 문화와 관련된 요소들이다. 미국은 다양한 뿌리와 배경을 가진 사람을 환영하는 국가로 선언하였으나 실제 소수 집단 대다수의 경험은 매우 다르다. 역사적으로 미국에서 정치, 경제, 사회적으로 지배적인 집단은 앵글로 색슨 개신교 전통을 가진 백인 남자이었다. 독립선언문의 서명자, 대통령, 초기 연방 지도자들 대다수가 이 범주에 해당한다. 게다가 건국의 선조라고 불리는 1787년 미국 헌법 제정자 대다수도 그렇다. 이 전통을 공유하지 못한 사람은 차별과 억압의 오랜 역사를 경험하여 왔다. 대다수 아프리카계 미국인들은 노예로 전락되었고 정치, 경제, 사회적 정의와 영향력을 얻는데 어려움을 겪어왔다. 이들은 법적 제한 속에서 편견과 차별에 대한 대항을 계속하고 있다.

미국 원주민들은 지배적 미국 문화로 인해 어려움을 경험해 왔다. 일부는 과거 미국의 여러 원주민에 대한 정책을 대량학살로 분류한다. 아무튼 역사는 지키지 못한 협약과 약속의 형태를 보여준다. 오늘날 많은 미국 원주민은 빈곤, 실업, 알코올 중독, 그리고 절망으로 뒤덮인 보호구역에서 살고 있다. 라틴아Mary카계 사람들은 미국과 멕시코 간 전쟁의 결과로 많은 사람이 재산을 빼앗겼고 약속됐던 시민으로서의 완전한 권리는 주어지지 않았다. 오늘날 이민 정책은 라틴 아Mary카계 이민을 제한하려고 한다. 아시아인 또한 이민법에 관해서는 불공정과 차별대우의 오랜 역사를 가져왔다. 2차 대전, 한국 전쟁, 베트남 전쟁은 아시아 국가에 대한 싸움이었다. 그 결과 상당한 편견과 고정 관념이 아시아계 미국인에게서 잔존해 있다. 아시아인에 대한 더욱 극단적인 차별 사례는 2차대전 동안에 있었다. 서부 해안에 살고 있는 일본계 미국인들이 수용소에 감금되었을 때 독일과 이탈리아계 미국인은 이러한 운명을 경험하지 않았다. 종교적 관점에서도 경제적, 정치적, 사회적 평등의 기회는 제한되어 왔다. 가톨릭교도는 미국에서 가장 큰 종파였지만 자신의 정치권력 몫을 위해 싸워왔다. 2002년 현재 미국의 유일한 가톨릭교도 대통령은 John F. Kennedy였다. 남성도, 백인도, 개신교도도 아닌 사람은 아무도 대통령이거나 부통령이 된 적이 없었다. 2001년 9월 11일에 있었던 테러리스트의 공격으로 회교 신앙을 가진 사람들은 점차로 편견, 차별, 살인을 포함한 여러 증오 범죄의 대상이 되어왔다. 일부 사람들이 우리의 역사상 가장 심각한 범죄의 하나인 9.11 사건에 대하여 더 큰 증오와 범죄를 저지르는 방법으로 반응하는 것은 유감스러운 일이다. 백인 앵글로 색슨 개신교 남성으로 이루어지지 않은 집단이 경험하는 편견, 차별, 억압의 역사는 의심과 불신을 야기한다. 이러한 태도는 다양성을 포용하는 사회복지실천(Diversity-competent practice)을 위해 필요로 하는 지식과 기술을 발전시키는데 중요한 장애이다. 게다가 대부분의 미국 학생은 역사의 부정적인 면은 거의 빠진 주로 유럽인 후손인 백인 미국 남성의 공적중심, 미국역사의 유럽 중심 견해를 배운다. 그래서 일반 학생은 유색인, 비유럽 민족 집단 구성원, 비개신교도가 그들의 권리를 위해 싸우면서 직면해야 했던 노력은 거의 알지 못한다. 대신에 많은 학생은 "모든 사람에게 동등한 기회가 주어졌고 잘 살지 못하는 사람은 오로지 자신에게 책임이 있다."라는 보수적인 견해를 배워 왔다. Elaine P. Congress는 문화적으로 다양한 가족을 이해하는 도구로 문화도(Culturagram)을 발전시켰다. 이 도구는 다양한 문화에 속한 개인을 이해하는데 사용될 수 있다. 문화도는 가족과 지역사회에서 사용되는 언어, 문화기관과의 접촉, 건강신념, 휴일과 특별 행사, 위기적 사건의 영향, 가족, 교육, 일에 대한 가치 등 다양한 환경을 포함한다. 어떤 형태의 다양성은 문화집단으로 존재하지 않는다. 예를 들어 신체장애를 가진 사람은 신체장애를 가진 또 다른 사람과 똑같이 동일시될 수 없다. 그럼에도 불구하고 신체장애를 가진 사람은 차별, 고정 관념, 착취, 기회 제한의 대상이 될 수 있다. 다양성을 가진 사람에 대한 사회적 태도와 행동은 다양성으로 인한 클라이언트의 욕구를 파악하는데 중요며, 다양성을 가진 사람으로 자신에 대한 본인의 태도도 중요하다. 다양성을 가진 사람에게 미치는 사회적 영향력을 고려하는 것이 중요하다. 나이 또한 다양성의 한 요소이다. 가끔 나이가 매우 많거나 적은 사람은 미국 사회에서 내버려진다. 노인이나 아동은 자신의 목소리를 높이는 것이 어렵다는 사실을 알게 된다. 일반적으로 이들은 스스로 가치 있다고 생각지 않는다. 아동은 제한된 권리를 갖는다. 아동빈곤, 아동학대, 무관심은 주요한 사회문제이다. 연속선상의 다른 측면에서 연로한 노동자는 회사가 규모를 줄일 때 일이 없어지는 스스로를 발견하게 된다. 더 많은 보수를 받는 중간관리자와 근로자는 낮은 보수를 받는 젊은 근로자와 반대로 가장 먼저 표적이 된다. 중년층, 특히 중년여성은 제한된 소득으로 건강을 충분히 돌보지 못한 채 살고 있다. 연장자들은 많은 배려를 받지 못하고 있다. 연령과 관련된 문제는 복지와 생산성에 가치를 두는 경제체계에서 기인한다. 아동과 은퇴노인은 생산에 참가하지 않으며 심지어 경제적 부채로 간주된다. 신체, 정신장애를 가진 사람에게도 이와 유사하다. 불과 얼마 전에 장애를 가진 사람은 시설에 격리되었다. 당시 많은 사람이 멀리 떨어진 지하실, 다락방, 헛간에 숨겨졌었다. 신체장애를 가진 사람에 대한 태도가 약간 긍정적으로 바뀐 반면 정신장애를 가진 사람에 대한 태도는 여전히 부정적이다.

다양성의 관점에서 상당한 주목을 받아온 집단은 여성이다. 여성은 여권주의집단과 같은 하위집단의 문화가 있음에도 불구하고 문화 집단이 아니다. 특별한 다양성을 가진 집단으로 여성을 인식하고, 여성의 능력, 기회, 자기 인식을 약화시킬 수 있는 사회적 요인의 영향을 받는 존재로 여성을 보는 것이 중요하다. 사회 변화 시기에는 변화이슈에 대한 태도와 자아상을 파악하는 것이 변화에 대한 개인의 생각을 알아볼 수 있으므로 특히 중요하다. 주요한 사회 변화는 여성의 역할과 기능을 배려하면서 이루어졌다. 그러므로 사회복지사는 변화에 대한 여성 클라이언트의 적응, 즉 클라이언트가 어떻게 한 개인으로서 자신에게 영향을 주는 사회를 지각할 것인가, 한 여성으로서 자신의 역할과 기능에 대해 정통해야 한다. 특히 여성 사회복지사는 모든 여성이 여성 운동에 대해 같은 태도를 가지고 있고, 가져야 한다는 생각을 해서는 안 된다는 점을 인식해야 한다. 상당한 차별과 억압을 경험해온 또 다른 두 집단은 게이와 레즈비언이다. 이 차별을 합리화 하는데 사용되는 도덕적, 종교적 이유가 있다. 즉 게이와 레즈비언은 동성에 끌리도록 선택되었다는 것이다. 동성애를 부정적으로 보는 주류사회의 엄청난 부정적 태도 때문에 선택 혹은 선호라는 용어를 사용하는 것이 의아하다. 관련 연구는 인간의 성적 특징은 훨씬 더 복잡하고 이성 및 동성으로 이분화 할 수 없다는 것을 보여주고 있다. 동성애는 환경과 함께 생물학적, 유전적인 요인이 중요한 역할을 하는 것처럼 보인다. 성적인 특징과 관련하여 선택이라는 용어를 사용하는 것이 합법적임에도 불구하고 사회복지 및 민주적 사회에서 게이와 레즈비언에 대한 차별과 억압의 여지는 없다. 사회복지사가 유능해지기 위해서는 클라이언트의 시각에서 클라이언트를 이해해야 한다. Dolores Norton은 다양성에 대해 이중관점을 취하면서 사회복지사는 개인을 보호하는 체계와 지지하는 체계 양자의 효과를 이해할 필요가 있다고 하였다. 개인의 다양성을 바라보는 가족의 반응과 가까운 지역사회 환경은 클라이언트의 자기 가치감과 복지에 중요하다. 만약 보호체계가 지지, 수용, 애정을 보여준다면 클라이언트는 조직이나 더 큰 사회체계와 같은 유지하는 체계의 부정적 태도에 직면할 수 있다. 좋은 예로 "검은 것이 아름답다"라는 말이 있다. 가족체계 내에서 이 말을 듣는 아프리카계 미국인은 더 큰 사회체계로부터의 지속적인 편견과 차별에 대해서도 건강한 자존심을 발전시킬 수 있다. 한편 보호 체계로부터의 부정적인 말은 보다 큰 사회체계가 그 다양성을 받아들임에도 불구하고 개인을 황폐화시킬 수 있다. 이것의 좋은 예는 게이와 레즈비언의 커밍아웃에 대한 반응일 것이다. 게이와 레즈비언이 점차 허용되고 심지어 보다 큰 사회체계에서 일부 수용이 되고 있는 상황에서도 보호체계로부터 부정적인 결과가 나타날 수 있다. 만약 가족이 그들을 거부한다면 클라이언트는 보호체계에서 완전히 고립되는 기분일 것이다. 만약 클라이언트가 가까운 친구나 게이 공동체 같은 대체 보호 체계를 가진다면 이러한 부정적 반응을 극복할 수 있도록 수용되고 충분한 지원을 받을 수 있을 것이다. 사회복지사는 편견, 차별, 억압을 겪어온 집단 구성원의 현재와 과거 경험을 조율해야 한다. 어떤 사회복지사는 다양한 집단의 편견, 차별, 억압의 역사적 경험을 살펴보는 것을 꺼릴 수 있다. 하지만 현재의 태도는 과거의 경험이 토대가 되고 반영된다. 이러한 과거 경험의 자취는 지배

집단에 대해 다양한 집단이 갖고 있는 태도와 다양한 집단을 향해 지배 집단이 갖고 있는 태도에서 발견될 수 있다.

동기, 능력, 기회

클라이언트의 강점과 제한점을 결정하는데 있어 유용한 틀은 클라이언트의 동기, 능력, 기회를 사정하는 것이다. 동기는 무엇을 원하고 얼마만큼 원하느냐에 따라 영향을 받는다. 이는 클라이언트가 서비스를 이용하거나 문제를 해결하고자 해야 한다는 것을 가정한다. 동기에 영향을 주는 요소는 불편함을 떨쳐버리고 욕구를 충족시키고 과업을 성취할 수 있다는 희망을 주는 것, 목표를 성취하려는 내적인 압력과 충동 등이다.

능력은 관계, 성장과 변화를 향한 능력, 신체적 능력 등 세 가지 범주로 구분된다. 관계 능력에서는 사회복지사 및 도움을 위한 자원으로서 활용될 수 있는 타인과의 관계를 형성할 수 있는 클라이언트 능력이 결정적인 요소이다. 성장과 변화를 위한 능력은 클라이언트의 인지발달과 관련된다. 클라이언트에 의해 독립적으로 이루어지거나 사회복지사의 도움으로 이루어던지 간에 성장과 변화에 참여하는 클라이언트의 능력은 결정적인 것이다. 한 사람의 신체적 능력은 컨디션과 나이의 영향을 받는다.

기회는 두개의 요소를 고려해야 한다. 첫째는 클라이언트의 환경이 클라이언트가 서비스를 이용하거나 변화할 수 있도록 하는 가이다. 기회의 일부는 클라이언트가 자신의 환경을 유지하고 책임감을 다하기 위해 요구되는 에너지를 소비한 후에도 변화활동을 위한 충분한 에너지를 갖고 있느냐 하는 것이다. 예를 들어 편부모이며 가족부양자의 역할을 하는 여성이 보다 더 많은 소득을 위해 필요한 퇴근 후 교육을 받을 에너지를 갖고 있지 못한 경우이다. 기회는 문제해결과 변화를 지지하는 자원과 서비스를 이용하는 것이다. 클라이언트가 유용한 자원과 서비스를 이용할 수 있는지 관심을 가져야 한다. 클라이언트가 자원과 서비스를 이용하는데 문화적 요소 등이 걸림돌이 될 수도 있는데, 이는 자원과 서비스가 존재한다 할지라도 기회가 부족한 결과를 야기한다. 이상의 개념 틀은 클라이언트와 작업하는 사회복지사의 동기, 지식, 기술, 에너지 등 능력, 담당 사례 건수, 기관의 인가 등의 기회와 관련된다. 기회는 편견과 차별로 인해 부정적 영향을 받을 수도 있다.

Nora Gold는 클라이언트를 이해하는 데 동기의 중요성을 지적하였다. 특히 중요한 두 가지 요인 중 첫째는 **통제소**(Locus of Control)이다. 이는 동기가 내적 과정인지, 환경의 영향으로 인한 외적 과정인지 파악하는 것이다. 통재의 소재에 관련된 것으로 개인의 자기 결정 능력이 있다. 중요한 것은 기회가 개인의 선호와 같은 내적 요인에서 발생하는 것인지, 상황적 불가피성이나 통제와 같은 외적 요인에 근거한 결정에 근거한 것인지이다. Gold에 따르면 동기는 클라이언트가 목표를 선택하고 정의하는 방식에 영향을 미치며 결국 가치에 의해 영향을 받는다고 하였다. 변화 목표 중 하나는 임파워먼트이다(11장 참조). 사회복지사는 클라이언트의 역량강화를 위해서 개인의 동기가 매우 중요함을 이해해야 한다. 또한 사회복지사는 클라이언트가 자기 결정을 위해 자신의 능력을 최대한 발휘하도록 하고 클라이언트가 원하는 데로 돕기 위해 최선을 다해야 할 것이다.

스트레스와 위기

클라이언트의 강점과 제한점을 고려하는 또 다른 요소는 클라이언트가 경험하고 있는 스트레스의 특성과 정도이다. 스트레스는 내적, 외적 사건 또는 상태가 개인 및 사회체계의 일상적 상태나 기능을 혼란시킬 정도로 영향을 주었을 때 나타난다. 스트레스가 발생하면 대처방식과 문제해결 방식이 사용되고 다시 안정된 상태로 돌아간다. 만약 이러한 기제가 안정 상태로 되돌리지 못한다면, 또는 대처해야 할 문제가 너무 심각하거나 사건의 수가 너무 많다면 위기 상태가 초래될 것이다.

위기 상태는 불안정과 무질서로 나타난다. 위기는 대체로 잘 기능하고 대처해온 사람이 갑자기 불안정과 무질서의 상태가 될 때 발생한다. 위기상태와 만성적 와해상태를 구별하는 것은 중요하다. 검토해야 할 또 다른 요소는 이전의 위기가 어떻게 해결되었는가 하는 것이다. 위기가 해결된다 하더라도 이후 사회 기능에 역기능을 초래할 수 있으며, 부적절한 해결방식은 발달을 저해하거나 부정적 감정이나 관계를 초래할 수도 있다.

클라이언트의 강점과 독특성

클라이언트에 대한 논의를 마치기 전에 고려할 점이 두 가지 더 있다. 모든 사람은 강점을 가지고 있다는 것을 동기, 능력, 기회에 대한 부분에서 이미 설명하였다. 강점은 클라이언트의 주변 관계망 속에 존재하기도 한다. Elizabeth M. Trace와 James

Whittaker는 개인과 가족에 대한 사회적지지 사정 도구를 개발하였다. 이 도구는 관계망의 구성요소와 능력, 비지지적 측면을 찾아낸다.

강점에 초점을 두는 것은 사회복지사와 클라이언트가 성취하거나 지속하기에 많은 어려움이 있는 접근법이다. 왜냐하면 원조과정의 목표는 충족되지 못한 욕구에 대해 클라이언트를 돕는 것으로, 이 과정에서는 결함이나 상실된 것에 초점을 맞춰 나가기 때문이다. 초기 사회복지 개입은 클라이언트와 작업하며 문제 중심 접근을 사용하였다. 강점 접근에서 사회복지사는 결점이나 역기능을 찾으려는 유혹을 뿌리쳐야 한다. 대신 클라이언트 안에 있는 강점과 생태체계를 구성하는 다양한 체계를 찾아내야만 한다. 강점 접근은 성장과 변화를 위한 단단한 토대가 되는 "할 수 있다" 시각을 가진다. 첫 번째 단계는 클라이언트의 장점, 자원, 능력과 생태체계 안에 있는 다양한 체계를 이해하기 위해 사회력을 조사하는 것이다. 사회력을 알아보는 데는 두 가지 목적이 있다. 첫째는 환경 및 클라이언트와 환경 사이의 상호작용을 이해하면서, 독특한 하나의 인간으로서 클라이언트를 좀 더 잘 이해하고 인식하기 위해서이다. 둘째는 충족시키지 못한 욕구를 충족시킬 수 있게 하는 잠재적 방법을 발견하기 위해서이다.

이 장(표 6-1)에서 제시했던 도식을 이용할 때 개인이나 가족의 독특한 특성들을 놓치기 쉽다. Jackie E. Pray는 "처음부터 클라이언트는 모든 사람과 다를 것이다"라고 가정하는 것이 중요하다고 했다. Pray는 클라이언트의 독특성을 고려하는 데 실무자의 실제 경험에서 나오는 지혜와 암묵적 지식을 활용하라고 요구한다. 상황과 클라이언트, 특히 클라이언트의 개인적 신념과 삶의 경험의 의미에 대해서 클라이언트와 사회복지사의 상호 이해를 발전시켜 나가는 것이 중요하다. 따라서 사회복지사는 표에 포함되지 않은 항목에 대한 정보와 이해에 민감해야 한다.

사회복지사는 클라이언트 스스로 상황에 대처하고, 문제를 해결하고, 욕구 충족을 위해 상당히 노력한 후에 개입하게 된다. 클라이언트는 높은 수준의 스트레스를 경험하고 있거나, 위기가 닥칠 위험에 처해 있거나, 심지어 위기 속에 있을 수도 있다. 사회복지사는 욕구에 적절히 반응할 수 있도록 스트레스 수준을 측정하는 것이 필요하다.

사례

I. 클라이언트

A. 확인된 정보

1. 개인 정보

- 이름 : Rachel Smith
- 주소 : 204 Main, Any Town
- 성별 : 여자
- 생년월일 : 1970/5/8, 미시건주 디트로이트
- 민족성 : 아일랜드, 독일, 영국인 혼혈
- 결혼기념일 : 1990년 4월
- 결혼 상태 : 1993년에 이혼
- 종교 : 가톨릭(현재 성당에 나가지 않음)
- 남편 이름 : Michael Smith

2. 의뢰된 정보 : Rachel은 개인병원 입원병동에서 지역사회정신건강센터로 의뢰되었다. 클라이언트는 자해로 자살을 시도하던 중 정신병적 삽화를 보여 입원하였다. Rachel은 편집형 정신분열병으로 진단되었다. 클라이언트는 자해하라는 소리가 들렸다고 주장하였다. Rachel의 주치의는 클라이언트가 가족의 도움을 받을 수 없고, 현재 독립적 생활이 불가능하므로 지역사회 정신건강센터의 도움이 필요하다고 생각한다.

B. 가족

1. 부모 : 부(68)와 모(63)는 아버지의 장애로 인해 모두 은퇴한 상태이다. 아버지는 업무와 흡연으로 인한 폐 기능 이상으로 추운 날씨에서 살 수가 없다. 몇 년 동안 이들은 따뜻한 계절에는 미시건에서 살다가 겨울에는 플로리다의 이동 주택에서 살고 있었다. 그동안 클라이언트는 부모와 함께 살았지만, 작년에 아버지의 건강으로 인해 부모님 모두 플로리다로 아주 이주하게 되었다.
2. 형제 : 클라이언트는 같은 동네에 살고 있는 결혼한 남동생이 있다. 남동생은 어린 두 명의 자녀가 있으며 건설 분야에서 일하고 있다.
3. 배우자 : 클라이언트와 남편은 대학에서 서로 만났다. 클라이언트가 임신하게 되어 1990년 결혼을 하였고, 클라이언트는 딸을 낳은 직후 처음으로 정신병적 삽화를 보였다. 남편은 결혼을 유지하려고 애썼으나 결국 이혼을 결심하게 되었고, 1993년에 이혼을 하였다. 그 후 남편은 재혼하여 두 번째 아내 사이에서 자식 하나를 낳았다.
4. 자녀 : 클라이언트는 9살 된 딸아이가 있는데, 현재 딸은 전 남편과 재혼

한 부인과 함께 살고 있다. 클라이언트의 불안정한 정신 건강상태로 인해 전 남편이 보호하고 있는 것이다. 클라이언트는 격주로 면회가 허용되고 있다.

5. 가족의 자원과 기대 : 최근까지 클라이언트의 가족은 클라이언트의 정신질환에 많은 관심과 도움을 주었다. 하지만 부모님이 플로리다로 옮기게 되면서 가족지원의 상당부분을 잃었다. 부모님은 같이 살자고 하지만 클라이언트는 낯선 곳으로 사는 것이 내키지 않고 딸아이를 자주 못 보게 될 수도 있다. 남동생도 최대한 도우려고 애쓰나, 자신의 일과 가족에 대한 책임이 한계로 작용하고 있다. 남동생은 부모님이 안 계실 동안 클라이언트가 스스로를 잘 돌보고 있는지 확인하러 가곤 했다. 부모님이 이사를 가고 난 후에는 남동생은 클라이언트가 약 복용을 잘하는지 확인할 충분한 시간이 없었다. 클라이언트는 점점 심해지는 편집증으로 인해 남동생의 방문을 꺼려하게 되었다. 클라이언트의 전 남편도 도우려고 애쓰고 있으며, 딸을 잘 보호하고 있다. 전남편은 클라이언트가 약 복용을 잘하지 않으면 딸을 못 만나게 할 수도 있다고 말했다.

C. 교육과 직업 경력

1. 교육 : 클라이언트는 고향에서 고등학교를 마치고 주립대학에서 미술을 공부하며 2년 간 대학을 다녔다.
2. 직업 경력 : 클라이언트는 고등학교 졸업반일 때 패스트푸드 식당에서 일했으며, 미술에 재능이 있었으며 고등학교 졸업 후 2년 동안 미술 재료 가게에서 일했다. 임신 후에는 일을 하지 않았지만 상태가 안정적일 때는 자신의 그림을 팔았다.

D. 다양성

클라이언트는 정신질환을 앓고 있는 여성이다. 클라이언트는 정신 장애로 인해 일자리를 갖지 못하였고 자녀 양육능력이 심각하게 손상되었다. 안정 상태일 때는 약 때문에 사고가 느리긴 하지만 건강해 보인다. 동네 사람들은 클라이언트를 무관심한 엄마라고 무시하고, 왜 일을 안 하는지 의아해 하였다. 여성으로서 클라이언트는 딸과 모든 시간을 함께 하는 엄마가 될 수 없다는 사실에 대해 매우 우울해 하였다.

E. 환경적 요인

클라이언트는 지지적 가족을 가졌지만 가족이 클라이언트를 돕는 데는 한계가 있다. 클라이언트는 친구도 많이 있었지만 발병 이후로 친구관계를 유지하는 것이 어려웠다. 지역사회에는 정신 건강 체계가 완벽하게 마련되어 소비자의 독립적 삶을 지탱하고 삶의 질을 최대화하는데 많은 도움이 되었다. 지역사회는 경제발전으로 많은 일자리 기회가 있다. 복지 전달 체계가 잘 확립되어 있어서 서비스 제공 기관 간 협력과 공조가 잘 이루어졌다. 클라이언트는 자신의 그림을 팔아서 생기는 수입과 함께 공적 부조혜택을 받고 있다.

II. 관심사 또는 욕구

A. 서비스를 신청한 이유

앞에서 언급했듯이 클라이언트는 편집형 정신분열병을 앓고 있고 독립적으로 삶을 유지하려면 지원이 필요하다. 클라이언트는 처방된 약물을 복용해야 하며 일상생활을 하기 위해 어느 정도 도움을 필요로 할 것이다. 클라이언트는 가족, 친구와의 관계를 회복하고 유지하는데 도움이 필요하기도 하다.

B. 관심사나 욕구의 역사

클라이언트가 처음으로 상태가 악화된 것은 결혼 생활과 딸 출산이후 적응시기에 발생하였다. 그 이전에도 스트레스가 있었지만 정신 질환으로 발전될 조짐은 없었다. 클라이언트는 보통 사람보다 걱정이 많은 편이었다. 클라이언트의 어린 시절은 행복했다. 첫 번째 삽화 이후 클라이언트는 세 번 더 입원 하였다. 그럴 때마다 약 복용을 중단하였고 다시 상태가 악화되었다. 약을 먹고 있을 때는 건강해 보이지만 사고의 속도가 느려져 생각하는 데시간이 많이 걸렸다. 클라이언트는 약을 먹는 것을 좋아하지 않으며, 자신도 "다른 사람들과 똑같아"질 수 있고 약을 먹지 않아도 되기를 바라고 있다. 발병 이전에 클라이언트는 많은 친구가 있었고 활동적이었다. 하지만 이제는 대인관계에 스트레스를 느끼며, 사람들과 어울리고 싶지만 외롭다고 느낀다.

C. 역할 수행 능력

아내와 엄마 역할을 하는 클라이언트의 능력은 심하게 손상되어 있다. 또한 스트레스가 많거나 타인과 많은 상호작용이 필요한 일에 종사하는데 어려움이 있다. 약을 복용할 때는 요리하고 청소하고 자신을 돌볼 수 있다. 하지만 약을 꾸준히 복용하기 위해서는 격려와 관심이 필요하다. 수입이 적어서 음식을 사거나 청구서 지불할 돈이 부족할 때가 있다.

D. 클라이언트의 욕구

1. 인간 발달단계에 근거한 욕구 : 클라이언트의 발달적 욕구는 처음으로 상태가 악화되었을 때까지는 적절하게 충족되어졌다. 그 때 이후로 좋아졌다 나빠졌다를 반복하고 있다. 클라이언트는 청구서를 지불하기에 충분

한 수입을 원한다. 클라이언트는 직업을 갖고 싶지만 공적부조혜택을 잃게 될까 두려워하고 있다. 클라이언트는 사람들과 어울리고 싶지만 이것이 너무나 스트레스가 될 때 자신만의 시간을 가질 수 있기를 원하다. 한편 딸아이가 아빠와 사는 것이 더 낫다고 생각하며, 이 상황에서 할 수 있는 한 좋은 엄마가 되기를 원한다. 클라이언트는 딸이 자신의 병을 이해하고 비록 함께 살 수 없는 엄마일지라도 자신을 인정해주기 바란다. 자신이 늙으면 딸아이가 자신에게서 떠날까봐 매우 두려워한다. 클라이언트는 늘 도중에 대학을 그만둔 것을 후회하고 언젠가는 전업 미술가가 되기를 꿈꾼다.

2. 다양성 요인에 근거한 욕구 : 여기서 클라이언트의 욕구 대부분은 정신질환을 가진 사람에 대한 지역사회의 태도와 연관된다. 정신분열병에 대해 잘 알고 있는 사람들이 있는 반면 많은 사람들은 이들을 이해하지 못하고 두려워하거나 부정적이다. 클라이언트의 병에 대해 모르는 사람들은 약 복용으로 사고가 느려진 상태를 정신지체 혹은 반사회적이라고 의심한다. 클라이언트는 슈퍼마켓 계산대에서 식권(food stamp)을 사용할 때 사람들이 흘겨보는 걸 느꼈다. 엄마로서 클라이언트는 딸아이와 의미 있는 관계를 형성할 기회를 원한다.
3. 환경적 기대에 근거한 욕구 : 클라이언트는 지역사회에서 독립적으로 살아갈 수 있기를 기대한다. 지역사회가 정신병적 삽화에 부정적으로 반응하기 때문에 독립적으로 살기 위해서는 정신적으로 안정되어야 함을 깨닫는다. 가족은 클라이언트가 가족의 도움에 대해 고마워하길 기대한다. 클라이언트가 대학에 가거나 일을 하고 싶다면 교수나 고용주의 기대에 맞추어야만 할 것이다.
4. 서비스와 관련된 욕구 : 클라이언트는 부작용을 줄이면서 증상을 통제하는데 최대 효과를 가지는 약을 지속적으로 복용해야 한다. 자살 충동에서 벗어나야하는데, 자살충동은 상태가 악화되었을 때 일어난다. 클라이언트는 클럽하우스 프로그램에 참여하면서 지역사회 정신건강센터의 독립생활 지원 프로그램의 혜택을 받을 수 있을 것이다. 또한 고용 지원 프로그램이나 이용 가능한 교육 지원 프로그램의 혜택을 받을 수도 있다.

III. ***원조를 위한 강점과 도전 :*** 클라이언트는 센터의 서비스를 받는 것이 부모가 플로리다로 이주한 후 자신이 직면한 어려움을 극복하는데 도움이 될 것이라는 데 매우 희망적이다. 클라이언트는 자신의 아파트에서 살면서 독립적이길 원한다. 클라이언트는 대학으로 돌아가서 교육을 마치고 싶어한다. 딸과의 관계에서는 감독을 받지 않고서도 자유롭게 딸을 방문할 수 있게 되리라는 희망을 가지고서 정기적인 방문이 재개되길 원하다. 클라이언트는 자신이 시간이 필요하고 한번에 너무 많은 걸 하려고 해서는 안 된다는 것을 깨닫고 있다. 현재 클라이언트는 자살을 생각하지 않지만 상태가 악화된다면 다시 그렇게 될 수도 있다. 이 시점에서 클라이언트는 할 수 있는 한 어떤 기회든 활용하려는 강한 동기가 있다. 클라이언트는 매우 똑똑하고 창조적이며 예술적 재능을 가지고 있다. 예술적 재능과 동기로 볼 때, 클라이언트는 잠재력이 있으며 어쩌면 그림을 팔아서 수입을 증가시킬 수도 있다. 가족은 클라이언트를 도와주는 자신의 능력에 한계가 있음에도 불구하고 지지적이다. 지역사회는 많은 일자리 기회와 광범위한 복지 전달 체계와 정신 건강 체계를 가지고 있다. 센터는 진보적, 혁신적이며 클라이언트의 욕구를 충족시킬 수 있는 좋은 프로그램을 가지고 있다. 하지만 클라이언트는 이를 이용하는데 지원을 필요로 할 것이며, 한번에 한 가지씩 시도해야 할 것이다. 클라이언트는 정기적 종교활동을 하는데 어느 정도 흥미를 표현하고 있고, 교회의 사회성 집단과 행사에서 혜택을 받을 수 있을 것이다.

일반주의 사회복지 실천에서의 클라이언트 체계

이미 언급했듯이 일반주의 사회복지 실천에서는 어떤 규모의 체계라도 클라이언트 체계로 고려된다. 일반주의 실천가는 개인, 가족, 집단, 조직, 지역사회와 능숙하게 일해야 한다. 공인된 학부 교과과정은 석사과정 프로그램의 일차년도와 마찬가지로 일반주의 사회복지사가 되는데 필수적이다. 이차년도에 일반주의 실천을 하는 사회복지사를 위해 고급 과정을 제공하는 석사과정 프로그램은 몇 개 없다. 석사과정 프로그램의 이차년도는 다양한 전문적 실천을 준비하도록 한다.

일반주의 실천 사회복지사는 클라이언트와 상담하고 상황에 맞는 클라이언트 체계 규모를 함께 선택한다. 9장에서는 어떤 규모의 체계가 적절한지를 결정하는 요인을 논의할 것이다. 클라이언트 체계의 욕구가 학부과정을 마친 사회복지사가 제공하는 서비스에 적절하다면 사회복지사로부터 직접 서비스를 받게 될 것이다. 클라이언트 체계는 간접 서비스도 자주 받는다. 이런 서비스는 클라이언트 체계를 위해 제공되며 개인이나 체계에 변화를 야기하고자 하는 목표를 갖는다. 이 상황에서 개인이나 체계, 클라이언트 체계와 체계 사이의 상호작용은 변화를 위한 표적이 된다. 어떤 경우에서든 사회복지사는 어떤 규모의 클라이언트 체계와도 일할 수 있도록 준비되어야만 한다.

일반주의 접근을 하지 않는 사회복지 실천에서 사회복지사는 실천상황에 맞는 클라이언트들을 받아야 한다. 상황에 맞지 않는 클라이언트는 적절한 서비스를 제공할 교육과 기술을 가진 사회복지사에게 의뢰되어야 한다. 일반주의 사회복지 실천에서 사회복지사는 어떤 수준이 적절하든지간에 서비스를 제공한다. 하지만 사회복지사의 기술이 클라이언트의 욕구충족을 하는 데 부족하다면 석사학위이상의 전문 사회복지사에게 의뢰되어야 한다. 클라이언트가 서비스를 원할 때, 일반주의 사회복지사는 보통 연락을 유지하며 서비스를 조정한다. 따라서 일반주의 실천 사회복지사는 다양한 규모의 클라이언트 체계와 직접 일하거나 클라이언트 체계를 위해 다른 체계와 일할 수 있다. 사회복지사는 클라이언트와 상황이 클라이언트 체계의 크기를 결정하도록 두어야 한다.

3부에서는 일반주의 실천 사회복지사가 클라이언트 체계이면서 변화의 표적이기도 한 개인, 가족, 집단, 조직, 지역사회에 대하여 어떻게 생태체계 강점접근을 활용하는지 논의할 것이다. 클라이언트 체계의 크기와 상관없이 사회복지사는 클라이언트 관점에서 클라이언트 체계에 대한 지식을 획득하려고 애쓴다. 사회복지사는 이런 체계가 개인으로 이루어져 있음을 깨닫고, 다른 규모의 체계와 일할 때 개인과 사회 체계에 대한 자신의 지식을 활용한다. 일반주의 실천을 하는 사회복지사는 환경을 파악하고자 하며, 클라이언트 체계와 환경 간의 상호작용과 교류에 대한 지식을 추구한다. 사회복지사는 "환경속의 클라이언트 체계"를 이해하고, 클라이언트 체계와 환경간의 상호작용과 교류에 존재하는 강점과 자원을 찾으려 한다. 사회복지사는 기술을 가지고 변화를 야기하는데 필요한 서비스로 사회복지 가치와 윤리 틀 내에서 다른 원조 체계를 활용한다. 7장에서는 환경에 대한 이해를 다룰 것이고, 8장에서는 일반주의 실천 사회복지사가 되는 과정에서의 상호작용에 대해 논의할 것이다.

요약

클라이언트는 사회복지사로부터의 도움을 요청하거나 서비스를 받고 있는 개인 혹은 사회 체계이다. 도움을 요청하거나 활용하는 클라이언트의 능력은 도움 받는 것에 대한 클라이언트의 문화적 태도, 도움을 활용해본 과거 경험, 도움이 주어지는 맥락의 압력과 제약의 영향을 받는다. 도움을 구하고 받는 것에 대한 태도가 도움을 받는 상황에서 기능하는 클라이언트의 능력에 어떤 영향을 미치는지 사회복지사가 이해하는 것이 중요하다.

클라이언트의 과거, 현재 기능, 그 기능에 영향을 끼치는 다양한 요인을 이해하는 것이 사회복지사의 중요한 기술이다. 이는 사회력을 통해 알 수 있는데, 특히 중요한 고려사항은 클라이언트가 일, 결혼, 양육이라는 역할을 어떻게 수행해 나가는 지 살펴보아야 하는 것이다. 즉 어떻게 인간의 다양성이 개인의 사회적 기능에 영향을 주는가 하는 것과, 클라이언트의 동기, 클라이언트가 경험하고 있는 위기와 스트레스의 정도 등이 중요하다.

클라이언트를 이해하는 것은 또한 다양한 클라이언트 체계를 이해하는 것이다. 중요한 것은 개인, 가족, 집단, 조직, 지역사회와 일하는 데 사회복지사의 역할을 이해하는 것이다. 클라이언트 체계를 이해하는 것은 클라이언트와 전문적 관계를 발전시키는 데 매우 중요하다.

학습질문

1. 환자, 클라이언트, 소비자라는 용어가 불러일으키는 이미지는 무엇인가? 용어가 원조방식에 어떤 영향을 끼친다고 생각하는가?
2. 어떤 경험이 사회 복지사로부터의 도움을 요청한다고 생각하는가? 도움 요청을 어렵게 만드는 경험은 무엇인가?
3. 문화는 어떻게 도움을 활용하거나 피하도록 사회화하는가?
4. 최근 자신이 도움을 주었던 대상의 사회력을 조사해보라.
5. 자신의 문화와 다르고 생소한 문화 집단을 대상으로 사회복지사로서 그 문화집단의 구성원에게 개입하기 위한 지식을 갖기 위해서 어떤 요인을 알아내야 하는지 밝혀보라.
6. 개인의 사회력 도식을 이용하여 자신과 생태체계의 강점, 욕구, 도전을 알아보라.
7. 인간 다양성에 대한 도식을 활용하여 다양성과 연관된 강점, 욕구, 도전을 밝혀 보아라.

제7장 환 경

학습목표

1. 사회복지사와 클라이언트의 상호작용과 관련하여 클라이언트의 생태체계와 그 영향의 일부로서 환경의 중요성 이해
2. 사회체계로서 지역사회 이해
3. 지역사회 연구를 시작하는 기술
4. 사회체계로서 사회복지 서비스 제공 기관 이해
5. 사회복지서비스 제공 기관의 연구를 시작하는 기술
6. 관료조직에서 일하는데 필요한 기술 이해
7. 매내지드 케어와 사회복지서비스 전달의 민영화 등 최근의 "개혁"의 영향을 이해하는 초기 기술

원조의 상호작용 즉 사회복지실천에 있어서 환경은 지역사회와 사회복지서비스 제공 기관이다. 클라이언트는 원조과정에서 고려되는 기대와 자원을 가진 한 지역사회 또는 그 인근에서 온다. 사회복지사는 보통 한 기관의 직원이고 그 기관으로부터의 기대와 자원을 갖고 있다. 또한 그 기관은 한 지역사회의 일부이다. 지역사회는 그 기관에서 제공하는 서비스에 대한 기대를 가지고 있고 자원을 제공한다. 그 클라이언트와 기관의 지역사회는 같을 수도 있고 다를 수도 있다. 원조노력에 있어서 지역사회와 기관의 영향을 이해하기 위해서 사회복지사는 조직화하는 틀로서 사회체계 접근 방식을 사용할 수 있다. 원조노력은 진공상태가 아닌 환경에서 일어난다. 인간의 상호작용의 교류적 특성상 환경과 그 영향을 이해하는 것은 효과적인 서비스 제공을 위해 꼭

필요하다.

때때로 지역사회 또는 기관과 클라이언트 사이의 교류는 그 클라이언트의 욕구와 부합되지 않는다. 따라서 지역사회, 기관, 또는 이들 간의 교류가 변화의 표적일 수 있다. 일반주의 실천을 하는 사회복지사들은 기관과 지역사회를 이해하고 평가면서 그 기관 또는 지역사회에 언제 관심을 기울여야 하는지, 언제 그 지역사회, 기관, 클라이언트사이의 교류가 적절한지 주의를 기울여야 한다. 이 장의 처음 부분은 지역사회와 기관 연구의 내용에 초점을 맞출 것이다. 마지막 부분에서는 지역사회와 클라이언트 그리고 기관과 클라이언트 사이의 교류를 살펴볼 것이다. 이들 체계의 변화를 위한 활동 전략은 15장에서 다룰 것이다.

앞 장에서 다양성을 포용하는 능력(diversity competent)의 개념을 소개하였다. 환경을 이해하는데 있어서 사회복지사는 그 환경에 있는 사람과 체계의 다양성에 대한 반응을 이해해야 한다. 여기서 다시 Dolores Norton이 제안한 이중 관점(dual perspective)이 특히 관련이 있다. 보호환경(nurturing environment)에 대한 그녀의 논점은 가족과 인근 지역사회 환경을 포함한다. 인근 지역사회 환경은 그 사람이 살고 있는 곳의 인근을 말한다. Norton의 지지환경(sustaining environment)은 재화와 서비스, 정치적 권한, 경제적 자원, 교육체계, 그리고 더 큰 사회 체계들의 조직으로 이루어진다. 우리는 지역사회를 환경의 일부로 보면서 이 장에서 이 체계들을 살펴볼 것이다. 그러나 이 장에서 다루는 내용들은 인근과 같은 지역사회의 일부를 연구하는데 사용될 수 있다. 13장에서 우리는 가족을 다룰 것이고, 15장에서는 조직과 지역사회들과 함께 변화 과정을 활용하는 것을 다룰 것이다.

환경 속의 인간

생태학 용어로서, 환경속의 인간은 생태체계를 나타낸다. 한 생태체계는 사람들, 그 사람들이 상호 작용하는 모든 체계, 그리고 그 사람들과 체계 간의 교류와 함께 더 큰 환경을 포함한다. 따라서 사람들과 그들의 환경은 여러 부분들이 상호 의존하는 하나의 전체이다. 사람들은 환경으로부터 영향을 받고, 행동함으로써 환경에 영향을 미친다. [그림 5-1, p.106 참고]은 감정, 사고, 그리고 행동하는 체계로서 한 생태체계를 묘사하고 있다. 하나의 생태체계로서 환경을 이해하는데 있어서 사회복지사는 사람들의 감정, 사고, 행동, 환경속의 인간 체계, 생태체계에서의 다양성의 영향, 환경 속의 인간과 체계들의 교류를 이해해야 한다.

환경속의 인간을 둘러싸고 있는 생태체계 접근 방식을 사용하는데 있어 '안'(*in*)은 사회복지서비스의 초점이 될 수 있다. 안(*in*)은 한 체계(또는 한 다양한 클라이언트 체계)로서의 사람과 환경사이의 접촉영역(*in*terface)을 나타낼 수 있다. 접촉영역은 두 체계 사이의 접촉점이다. 접촉영역에서는 상호작용이 발생한다. 사람과 환경 모두가 자원, 에너지, 상호작용에서 발생하는 정보(*in*formation)를 교환하는 범주에서 교류가 일어난다. 이들 상호작용(*in*teraction) 또는 교류가 균형을 이룰 때 사람과 환경 모두가 이익을 얻는다. 상호관계(*in*terrelationship)가 형성되고, 어느 정도의 상호의존(*in*terdependence)이 존재한다. 생태체계의 한 부분의 변화는 그 생태체계의 다른 부분들에 영향(*in*fluence)을 줄 것이다. 상호작용(*in*teraction)과 교류가 불균형을 이룰 때, 균형이 잡혀있지 않을 때, 개인의 욕구 그리고/또는 환경, 욕구충족을 위해 이용할 수 있는 자원들 사이에 불일치(*in*congruity)가 존재한다. 이 불균형 또는 불일치(*in*congruity)는 사회복지사의 주목을 끌게 되고 사회복지 개입 이유이고 초점이다.

생태체계와 강점 접근의 결합은 사회복지사에게 클라이언트가 당면한 상황을 뛰어넘어 자신의 욕구를 충족시킬 수 있도록 클라이언트를 지원하기 위한 강력한 도구를 제공한다. 이 접근은 또한 환경을 건설적인 방법으로 다룰 수 있도록 하고, 사회복지사와 클라이언트를 넘어 변화를 위한 잠재적 자원들을 극적으로 확장시킨다. 사회복지사와 클라이언트가 원조상황에 무엇을 가져오든지 간에 가능성을 제한하지 않고, 사회복지사와 클라이언트는 그 환경 속에 있는 자원들을 개발하여 다른 가능성을 찾는다. 게다가 클라이언트는 사회복지사와 함께 이 확장된 자원들을 경험하면서 현재와 미래의 다른 욕구를 충족시키기 위한 일에서도 이 접근을 사용할 수 있게 된다.

생태체계를 이해하는데 있어서 다양성을 포용하는 능력을 갖기 위해 노력하는 사회복지사는 자신의 지역사회와 기관이 갖고 있는 다양성에 대한 태도를 고려한다. 사회복지사는 다양성을 이해함으로써 확인된 모든 집단을 조사한다. 사회복지사는 지역사회에서 다양성을 나타내는 표시들을 찾는다. 사회복지사는 지역사회 내의 인종과 민족의 형태를 조사한다. 사회복지사는 이러한 형태들이 현재 또는 과거에 다른 집단에 비해 어느 정도의 차별을 받았는지를 검토한다. 사회복지사는 유색인, 여성, 아동, 노인, 장애인들이 어떻게 평가되고 배려 받는지를 관찰한다. 사회복지사는 게이와 레즈비언에 대한 지역사회의 태도를 평가한다. 이러한 내용들은 각 집단이 이용할 수 있는 기관과 서비스의 차이에서 명백하게 나타난다. 일부는 관찰할 수 없지만 그 지역사회에 살고 있는 사람들의 이야기에서 들을 수 있다. 사회복지사가 다양성을 포용하는 능력을 갖게 되면서 다양한 전망으로부터 환경을 검토하는 법을 배우고 적극적인 경청자가 된다.

사회체계로서의 지역사회

지역사회는 사회복지사, 클라이언트, 그리고 기관의 환경이다. 지역사회의 다른 단위들은 각자에게 다른 영향과 작용을 갖는다. 사회복지사와 클라이언트의 상호작용은 그 지역사회의 교류로부터 영향을 받는다. 서비스 전달은 그 지역사회 체계의 한 부분이다. 이러한 영향을 이해하는 것은 일반주의 사회복지실천 지식의 중요한 부분이다. 이러한 이해를 위해서 사회복지사가 한 사회 체계로서의 지역사회를 아는 것은 최우선으로 필요한 것이다. 이 지식은 환경이 사회복지사와 클라이언트의 상호작용에 영향을 미치기 때문일 뿐 아니라 그 지역사회가 클라이언트 이거나 그 지역사회가 개입의 표적일 수 있기 때문이다. 이러한 경우들의 어느 하나에서 사회복지사는 보통 그 지역사회 구조와 기능을 변화시키기 위해 개인, 소집단과 함께 일한다. 일반주의 사회복지사의 실천은 보통 개인과 가족 기능을 강화하는데 도움이 될 지역사회 자원의 변화와 발전에 초점을 맞춘다. 그 지역사회 또는 지역사회의 일부 요소가 클라이언트이든 변화의 대상이든지 간에, 지역사회의 강점과 자원이 성장과 변화를 촉진할 수 있다고 보고, 지역사회를 그런 사회 체계로서 이해하는 것은 중요하다. 사회복지사가 지역사회를 연구하는데 있어 이러한 요소들에 특별히 주목할 필요가 있다.

그러한 지식은 지역사회의 경계, 지역사회의 구성 요소(개인, 가족, 협회, 이웃, 기구, 기관 등), 그리고 지역사회 환경의 인식을 필요로 한다. 또한 사회복지사는 그 지역사회의 기능과 그곳의 역사적인 발전을 알아야 한다.

한 지역사회의 경계를 확인한다는 것은 대도시의 사회나 다양한 기관이 집중된 지역에서는 중요한 문제를 야기한다. 한 기관의 지역사회는 지리적인 장소를 말하는가, 클라이언트들이 있는 집단 지역인가? 그 기관을 지원하고 인정하는 사람들은 그 기관의 지역사회인가? 바로 인접한 지역이 지역사회인가? 대도시 전 지역을 한 지역사회로서 고려해야 하는가? 또는 지역사회와 인근은 같은 것인가? 이들 질문 각각에 대해 특정 상황 하에서 그렇다고 답할 수 있다

또한 지역사회의 개념에는 시간 요소가 있다. 지역사회 체계는 이슈들에 대하여 기능하고 교육 등의 서비스를 제공한다. 지역사회 단위들은 이슈를 다루고, 서비스를 제공할 때 상호 작용할 수 있다. 지역사회 단위들은 집단(공식적, 비공식적 모두), 조직, 기관, 그리고 지역사회 경계 안에서 기능하는 다른 사회 체계들이다. 그러므로 그 지역사회 체계는 시간 요소를 갖는다. 즉 특정 상황 하에서만 지역사회가 존재한다는 것이다.

지역사회는 지리적 장소로서 보여 질 수 있다. 지역사회는 또한 전문직의 지역사회 또는 종교적인 지역사회와 같은 비장소적인 연합을 묘사하기 위해 사용되는 용어이다. 지역사회는 친척관계 집단, 확대가족, 또는 특정 문화집단들을 말할 때에도 관련된 개념이다. 지역사회 체계는 개인, 가족, 그리고 소집단간의 교류에 영향을 줄 수 있는 넓은 다양한 형태를 가질 수 있다.

사회학은 우리에게 한 지역사회를 고려하는 여러 가지 방법을 제공한다. Ferdinand Tönnies는 사회의 산업화와 함께 나타난 사람들 간의 관계의 변화를 발견하였다. 그는 이 변화를 **공동사회**(Gemeinschaft)로부터 **이익사회**(Gesellschaft)로의 변화로 설명하였다. 지역사회들 간에 이러한 차이는 아직도 존재한다. 시골이나 작은 지역사회는 훨씬 비공식적으로 기능한다. 즉 도시나 큰 지역사회는 더 공식적인 구조를 통하여 기능하는 경향이 있다. 한 지역사회를 이해하기 위한 조사에서 사회복지사는 그 지역사회에 존재하는 여러 관계들을 규명하는 것이 유용하다는 것을 알게 될 것이다. 보통 지역사회 기능에 의존하는 여러 종류의 관계가 존재한다.

토지의 사용을 이해하는 것은 지역사회 연구에서 또 다른 차원의 이해를 더해준다. 이 개념을 사용하는 한 가지 방법은 소매상점, 도매상점, 중공업과 상공업, 학교, 교회, 다양한 기관, 여러 형태의 거주지, 그리고 여러 민족 집단과 사회경제적 집단의 위치를 나타내는 지역사회 지도를 그리는 것이다.

또한 Floyd Hunter의 지역사회 권력에 대한 연구도 유용하다. 지역사회 권력 구조의 위치는 새로운 서비스를 개발하고자 할 때나 기존 서비스를 변화시키려 할 때 특히 중요하다. 이 권력 구조는 공식적일 수도 있고 비공식적일 수 있다. 또한 선거에 의해 선출된 경우도 있고 임명된 경우일 수도 있다. 그 권력의 영향은 권력을 가진 사람

과 다른 사람들이 그 권력을 어떻게 이해하는가에 따라 다양하다. 권력은 활동을 시작하고, 활동을 합법화하고, 아이디어와 계획을 승인하고, 결정을 시행하고, 이슈와 결정에 대한 토론을 차단하는 등의 과정을 통해 행사된다. 보통 특별한 권력을 가진 사람의 영향력은 당면한 이슈에 달려있다. 권력을 가진 쪽은 사회복지 이슈에 관해서 보다는 경제적인 이슈에 관해서 더 큰 영향력을 갖는 경향이 있다. 큰 지역사회에서는 권력이 더 분산되고, 권력이 지역사회 생활의 특별한 부분들에 관련되는 경우가 많다. 작은 지역사회에서 권력은 하나의 소집단에 속하는 경향이 있다. 권력구조 속에 있는 개인들을 확인하는 것 뿐 아니라 그들이 권력을 어떻게 행사하고 어떤 이슈들에 그들이 상당한 영향을 갖는지 하는 것은 지역사회 평가의 중요한 요소이다.

Eugene Litwak은 개인의 욕구충족에 있어서 인근(neighborhood)의 중요성을 지적하였다. 그는 여러 유형의 인근과 욕구충족에 있어서의 인근의 효과를 확인했다. 이동적 인근(mobile neighborhood)은 거주자들의 빠른 이동에도 불구하고 유대 관계를 유지하려고 한다. 전통적 인근(traditional neighborhood)은 거주자들이 오랜 기간 있고 안정성을 유지한다. 대중적 인근(mass neighborhood)은 통합의 기제가 없다. 클라이언트가 도움 받으며 살고 있는 인근의 종류를 이해하기 위해서 사회복지사는 클라이언트와 그를 위해 이용할 수 있는 자원을 이해해야 한다.

Roland Warren의 작업은 사회체계로서 지역사회를 고려하는데 특히 유용하다. 그는 지역사회의 지역적으로 관련된 기능을 (1) 생산-분배-소비 (2) 사회화 (3) 사회통제 (4) 사회 참여 (5) 상호 지지로 구분했다. 각각의 지역사회는 이러한 기능을 수행하는 지역사회 단위들을 가진다. 경제 지역사회는 생산, 분배와 소비의 중요한 책임을 가진다. 학교는 사회화와 관련이 있다. 정부는 사회통제와 관계가 있다. 여러 클럽과 기구들은 사회 참여적 욕구를 충족시킨다. 사회복지 기구들은 상호 지지와 관련이 있다. 또한 Warren은 많은 지역사회 단위들 그 지역사회 외부의 구조와 체계들과 관계를 갖는다고 하였다. 이러한 연결 고리는 수직적 패턴(vertical pattern)이다. 그리고 지역사회 내에서의 관계는 수평적 패턴(horizontal pattern)이다. 이 개념을 지역사회의 한 단위인 교회에 적용해보면 수평적 패턴은 그 지역의 교회 협의회나 성직자 집단일 것이고 수직적 패턴은 교파 단체일 것이다. Warren은 이 패턴을 연구하는 것을 지역사회 연구의 주요한 방법으로 보았다.

사회체계와 마찬가지로 지역사회 간에도 차이점들이 있다. 관련된 많은 변수들 때문에 지역사회를 분류하는 것은 거의 불가능하다. Dennis Poplin은 지역사회간의 차이점을 고려할 때 중요한 영역으로 규모, 지역사회의 배후지의 성향, 사회문화적 특징 등의 세 가지 영역을 확인했다. 보통 지역사회의 규모에 대해서는 시골과 도시의 연속선 개념으로 논의되어 왔다. 전미 조사국은 시골과 도시의 구분점으로 2,500명의 인구기준을 사용한다. 이것은 도시 구분에 있어서 여러 형태의 지역사회를 제외시킨다. 빈번하게 사용되는 다른 구분점은 대도시 표준 통계에 필요한 인구인 50,000명 기준이다. Louise Johnson은 대도시가 아닌 지역사회 서비스 제공 체계를 연구하는데 있어서 소도시(15,000~20,000명), 작은 자치구(8,000~20,000명), 시골 지역사회(10,000명 이하), 보호구역 지역사회(reservation community)의 네 가지 형태로 지역사회를 구분했다.

이후 연구에서 Johnson은 주거지 지역사회와 기관 지역사회의 두 가지 형태의 작은 지역사회를 추가로 구분했다. 주거지 지역사회는 그 지역사회의 거주자를 위한 다양한 서비스와 일자리를 갖춘 더 큰 지역사회 근처에서 발견된다. 기관 지역사회는 주립 정신병원, 교육기관, 행정관청 같은 큰 기관을 수용하고, 이들은 그 지역사회의 주요한 고용주이다. Johnson은 지역사회의 특징은 의료서비스, 사회적 서비스, 소매 등을 갖춘 지역사회들 간의 거리에 많은 영향을 받는다는 것을 발견했다. 다른 지역사회의 서비스로부터 상당한 거리에 있는 작은 지역사회들은 서비스를 얻을 수 있는 지역사회가 가까이 있는 같은 규모의 지역사회보다 풍부한 서비스 체계를 갖는다.

대도시 지역들은 도심 중앙, 근교 지역사회, 위성도시 등 다른 지역사회들을 포함한다. 게다가 일부 지역사회들은 상류층이 산다. 어떤 지역은 자유분방하고 지적이며 예술을 이해하는 사람들이 산다는 평판을 얻을 수 있다. 어떤 지역은 중산층 지역사회이다. 또한 사회복지사들이 특별히 관심을 가져온 대도시의 소수 민족 거주지, 히스패닉 거주 지역사회가 있다. 민족적인 지역사회(ethnic community)는 자신이 속한 집단의 문화로부터 갖고 온 특징을 갖는다. 사회복지사들은 자신이 일하고 있는 특별한 유형의 지역사회의 특징을 이해해야 한다.

지역사회는 인구, 공유하는 제도와 가치, 개인과 기관사이의 중요한 사회적 상호작용을 가지고 있는 사회체계로서 고려될 수 있다. 기관들은 중요한 사회적 기능을 수행한다. 지역사회는 항상 그렇지는 않지만 보통 공간과 지리적 지역을 차지하며, 많은 형태를 갖는다. 현대 사회에서 여러 지역사회들은 겹쳐질 수 있다. 지역사회는 자치의 정도, 그 지역사회에 살고 있는 사람들이 지역사회에 관여하는 정도에 따라 다르다. 지역사회를 사회 체계로서 고려할 때 많은 자료들로부터 이론적인 토대를 갖게 되고, 특정 지역사회에서 고려되어야 하는 특징을 알 수 있다. 다시 말하면, 다른 특징들로 인해서 어떤 지역사회들은 한 지역사회 연구에서 중요하게 다뤄지는 것에 대하여 다른 선택을 한다.

지역사회와 지역사회의 사람들, 정부 기관, 기관에 대한 영향을 이해하는데 있어서 사회복지사는 두 가지 주요 문제에 직면한다. 첫 번째는 상황에 따라 다양한 체계, 그 자체의 구분이다. 정치적인 단위는 제한된 체계이다. 즉, 이것은 경계를 정의하는데 상당히 쉬운 방법이지만, 인위적이고, 정치적인 경계 밖에 있을 수 있는 지역사회 체계의 부분들을 고려하지 않는다. 이웃 체계를 조사할 때 경계를 정의하는 것은 어렵다.

지역사회를 이해하기 위해서는 단위의 경계를 구분할 필요가 있다. 너무 넓은 지역의 연구는 어렵고, 너무 좁은 지역 연구는 제한된 내용을 나루게 된다. 대도시가 아닌 지역에서는 소도시나 자치구를 선택할 수 있다. 대도시 지역에서는 근린이나 다루기 쉬운 단위를 선택하는 것이 더 좋을 수 있다. 지역사회를 정의하는 방법을 결정하는데에는 창조성이 필요하다.

사회복지사는 큰 대도시 지역, 이웃 환경, 소도시, 시골 지역사회, 큰 기관, 미국 원주민 보호구역 등 다양한 지역사회에서 역할을 한다. 모든 지역사회는 각각 다른 특징을 갖는다. 사회체계로서 어떤 지역사회의 연구는 클라이언트와 문화가 조화를 이루도록 하고, 이용 가능한 자원을 보다 바람직하게 사용하도록 하고, 그 지역사회가 변화의 중심이어야 하는 때를 확인하게 하고, 어떤 사회복지 전략이 어떤 상황에서 가장 적당한지를 식별할 수 있는 이해를 제공한다.

사회복지사는 그 지역사회에 존재하는 다양한 요인들에 관심을 갖는다. 그 지역사회의 인종적이고, 민족적인 구성을 아는 것이 중요하다. 인종 및 민족과 관련하여 사회복지사는 여러 집단이 통합되고 분리된 정도에 대한 지식을 갖고 있어야 한다. 그는 여러 집단이 다른 집단에 대해 갖는 태도를 주목해야 한다. 차이점을 존중하는가? 가치를 인정하는가? 통합이 이루어져 왔는가? 적대적인 관계가 있는가? 이들 집단이 서로에 대해 얼마나 허용적인가, 또는 비허용적인가? 어떤 집단이 권력을 갖고 있는가? 누가 권력이 없는가? 그리고 권력이 없는 사람들이 전체 인구에서 어느 정도인가? 또한 성, 나이, 성적 지향성에 관하여 이와 유사한 질문들을 해야 한다.

다양성에 관한 어떤 정보는 조사 자료나 지역사회 조사로부터 얻을 수 있다. 그러나 이러한 정보의 많은 부분은 지역사회의 역사를 알고 있고, 여러 사람들에 대하여 개인적인 지식을 갖고 있는 핵심 정보 제공자와의 토의, 관찰을 통해 비공식적으로 더 많이 얻을 수 있다. 예를 들면 게이나 레즈비언 지역사회에 대한 지식은 게이나 레즈비언 지역사회의 구성원으로부터 또는 이들과 함께 일한 사람으로부터 얻을 수 있다.

두 번째로는 어느 지역사회에 대하여 얻을 수 있는 정보는 방대하다. 완전한 정보를 얻는 것은 불가능하다. 이해를 돕기 위한 정보가 언제 충분하겠는가에 관하여 결정을 해야 한다. 그 정보가 지역사회의 모든 단위에서 대표성이 있다는 확신을 갖기 위해서는 주의가 필요하다. 어떤 정보는 도서관, 지역 역사책, 조사 보고서, 인명록 등에서 찾을 수 있다. 어떤 유용한 문서 자료는 통상부, 지역 정부기구, 자원봉사 조직에서 얻을 수 있다. 일부 정보는 얻기가 쉽지 않다. 즉, 정보가 그 지역사회 안에서만 알려지고 외부인들에게는 공유되지 않을 수 있다. 이러한 정보에는 사람과 기관들 간의 관계, 그 지역사회의 의사결정과 권력 구조에 대한 정보 등이 있을 수 있다. 규범과 가치에 대한 정보는 일정 기간 그 지역사회의 구성원의 일부가 되어야 관찰한 후에만 얻을 수 있다.

지역사회 상호작용을 이해하기 위하여 여러 사람들과 소집단으로부터 정보를 수집하는 것은 필수적이다. 일반주의 사회복지사는 공식적인, 비공식적인 면담을 활용한다. 그리고 관찰하고 소집단에 참여한다. 일반주의 사회복지사는 그 지역사회와 지역사회의 개인, 집단, 가족의 기능을 이해하기 위하여 광범위한 지역사회 상호작용을 주의 깊게 관찰한다.

자료수집에서는 자료의 양 때문에 분량과 다양성 측면에서 계획을 조직화하는 것이 유익하다. 사회복지사는 새로운 지역사회에 들어가기 전에 일부 자료를 모으기 시작할 수 있다. 또한 사회복지사는 지역사회에서 일하면서 이 자료를 늘릴 필요가 있다. 모든 사회 체계처럼 지역사회 체계는 변화한다. [표 7-1]에서 보는 바와 같이 지역사회 연구를 조직화하는 한 가지 방법은 Warren의 지역적으로 관계있는 기능과 관련된 중요한 하위체계를 고려하는 것이다. 이 표는 가능한 영향과 작용, 지역사회 체계의 자원을 구분하는 방법을 제공하고, 수평적인 그리고 수직적인 관계를 찾는다. 이 표는 15장에서 우리가 거시 체계들과의 일반주의 사회복지실천을 다룰 때 다시 사용된다. 개인의 사회력과 마찬가지로 지역사회 연구는 지역사회 실천을 위하여 자료를 사정하는 것이다.

일단 사회복지사가 필요한 정보를 갖게 되면 지역사회의 현재의 관심사, 지역사회의 의사결정과정, 그리고 그 지역사회의 문제해결방법을 구분하고 이해하는 것이 중요하다. 지역사회 자치와 관련된 문제들이 명확해지면, 지역사회의 다른 기관과 제도들을 위한 서비스 분야들이 더 분명해진다. 예를 들어 학교 지역, 정치적인 경계, 쇼핑 서비스 지역은 다르다. 또한 이 점에서 그 지역사회 체계의 강점과 한계를 구분할 수 있다. 지역사회 체계 내 기구(하위체계)의 규모와 다양성 때문에 체계의 여러 부분들은 강점과 한계가 각각 다를 것이다. 강점과 한계에 초점을 맞추는 한 가지 방법은 지역사회 주민들이 지각한 총체적인 삶의 질을 고려하는 것이다.

[표 7-1] 지리적 지역사회 연구의 틀

I. 장소, 역사, 인구

A. 물리적 여건

1. 위치, 생태학, 규모
2. 지리적으로 함께 존재하는 실재들과의 관계
   a. 생태학적, 정치적, 경제적, 사회적
   b. 지역사회 외부로부터의 교통체계, 대중매체

B. 역사적 발달

1. 정착, 중요한 사건, 시간의 흐름, 문화적 요인

C. 인구학

1. 인구
   a. 연령과 성별 분포
   b. 문화, 인종, 민족집단
   c. 사회경제적 분포
2. 물리적 구조
   a. 누가 어디에 사는가
   b. 사업체, 산업, 시설 등의 위치
3. 기타
   a. 이동성

b. 주택의 상태

D. 문화적 여건

1. 지역사회의 규범, 가치, 기대
2. 지역사회의 전통과 사건들

II. 경제 체계

A. 고용

1. 산업 : 특성, 피고용인, 고용인의 수, 외부 지역사회의 영향, 지역사회와 고용인과의 관계
2. 소비분포 : 도매업과 소매업, 종류, 위치, 소유권, 고용인, 거래 구역
3. 피고용인의 수가 많은 시설 : 특성, 피고용인의 수, 고용 형태, 지역 사회와의 관계, 외부 지역 사회의 영향

B. 기타 경제적 요인

1. 경제적 안정성
2. 경제계 유력 인사
3. 경제 체계에 영향을 주는 사업이나 조직들

III. 정치 체계

A. 정부 단위(구조와 기능)

1. 통제 범위
2. 선출되고 임명된 직원들
3. 재정 정보
4. 기능(운영) 방식 – 회의 등

B. 사법체계를 포함한 법적 강제

C. 정당 : 집권 정당, 최근 선거 결과

D. 사회복지서비스 체계에 대한 영향

E. 제공된 서비스

IV. 교육 체계

A. 구조와 행정

B. 재정, 예산

C. 학생

1. 각각의 수준이나 다른 구분에 의한 인원 수

2. 출석률과 중퇴율

D. 교수 요인

1. 교사-학생 비율
2. 유용한 주제, 교과과정 및 철학
3. 특수 욕구를 가진 학생들을 대책

E. 과외활동

F. 지역사회 관계

V. 사회문화 체계

A. 여가-문화 활동, 행사

1. 공원, 공공 여가 프로그램
2. 문화 자원 : 도서관, 박물관, 극장, 공연장
3. 상업적 여가활동

B. 종교 시설과 활동

1. 교회: 종류, 위치, 구성원, 활동, 지도력
2. 태도: 가치, 사회복지 문제에 대한 관심, 소속 구성원들에 대한 관심
3. 지역사회에 끼치는 영향력

C. 협회와 조직

1. 종류, 구성원, 목적, 목표
2. 활동, 기능방식, 지도력
3. 지역사회 내부와 외부의 집단간 조직과 연계
4. 유용한 자원

D. 지역사회내의 대중매체

1. 라디오, 텔레비전, 신문

E. 인종, 민족, 기타 다양한 집단

1. 삶의 방식, 문화, 자녀 양육방식 등
2. 더 큰 지역사회와의 관계
3. 집단의 구조와 기능

F. 지역사회 주민

1. 권력가 : 권력이 드러나는 양상
2. 지도력과 존경받는 사람

VI. 대인서비스 체계

A. 건강 서비스와 시설
1. 의사, 치과의사, 기타 전문가
2. 병원, 클리닉, 요양원
3. 공공 건강 서비스
4. 사람들의 욕구에 대한 건강 보호 체계의 반응

B. 공식적인 사회복지 체계
1. 지역사회 내 기관 : 기능, 서비스제공의 자격을 갖춘 자, 지원 및 허가받는 방법, 직원, 위치
2. 지역사회를 위해 외부에서 서비스를 제공하는 기관 : 위치, 유용한 서비스, 서비스 조건, 기관의 통제
3. 사회복지기관들의 갈등, 중복, 보완

C. 비공식적 원조체계
1. 개인과 조직
2. 어떤 도움이 누구에게 주어지는가
3. 공식적 체계와의 관계

D. 계획의 구체화
1. 자금조달, 규정, 자문

VII. 일반적 고려사항

A. 지역사회의 현재 관심사 : 누가 관심을 받는가? 왜 관심을 받는가? 관심사에 대해 어떤 일이 진행되었나?
B. 지역사회의 통상적인 문제해결방식. 누가 포함될 필요가 있는가?
C. 지역사회 의사결정 과정
D. 지역사회의 자치성 여부 : 다양한 서비스 지역이 조화를 이루는가, 그렇지 못한가? 지역사회에 대한 심리적 정체성이 얼마나 강한가?
E. '삶의 질'에 대한 지역사회의 강점
F. '삶의 질'의 견지에서 지역사회의 제한점

지역사회 연구에서 적어도 지역사회 체계의 강점과 한계, 지역사회가 문제를 해결하는 방식, 변화를 위한 가능성과 동기를 고려해야만 한다. 기능을 가장 잘 수행하고 대다수의 욕구를 충족시키는 지역사회의 특성은 다음과 같다.

1. 적어도 일차적인 관계가 존재한다.
2. 비교적 자치적이다.(외부의 영향력을 받지 않는다)
3. 문제를 직면할 능력을 갖고 있고, 문제를 해결하기 위해 노력한다.
4. 권력의 분배가 폭넓다.
5. 시민들은 지역사회 참여에 책임을 갖고 있다.
6. 시민들의 참여가 가능하며 격려된다.
7. 지역사회에는 이질적이기 보다 동질적인 관계가 더 많다.
8. 갈등처리 방식이 발달되었다.
9. 다양성을 인정하고 다양성에 가치를 두고 있다.

지역사회가 다음과 같은 시민들의 욕구를 충족시키는 것은 어렵다.

(1) 문제가 지역사회의 해결능력보다 클 때
(2) 지역사회 조직과 시설에 자치권이 부족할 때
(3) 시민들이 지역사회에 대한 동일시가 부족할 때

지역사회 체계의 강점과 한계를 구체화할 때 이런 지역사회의 특성을 고려해야 한다.

지역사회는 단지 직관적으로만 이해되는 희미한 실재일 수 있다. 조직화된 연구를 통해 정의된 체계로 이해될 수 있다. 조직화된 연구를 통해 사회복지사는 지역사회가 사회복지 노력에 미치는 영향들을 파악하기 쉬울 것이다.

지역사회를 이해하는데 필요한 기술은 다음과 같다.

1. 정보를 조직화하기 위한 기본 틀
2. 정보와 자원의 소재를 찾아내는 능력
3. 특별한 상황에서 필요한 정보를 구체화하는 능력
4. 수집한 정보를 분석하고 지역사회 내의 하위체계나 정보들 간의 연결과 관계를 구체화하는 능력
5. 관계를 발전시키고 지역사회에 관한 정보를 수집하기 위한 목적으로 개인, 소집단들과 상호 작용하는 능력

6. 지역사회 기능을 주의 깊게 관찰하는 능력

조직화된 연구는 사회복지사가 지역사회 자원에 관한 지식을 얻고, 지역사회 구성원 모두에게 그 지식을 제공하고자 하는 것이다. 효과, 영향, 자원에 대한 지식은 개인, 가족, 소집단과의 활동을 효과적으로 이끈다. 또한 이러한 지식은 더 큰 체계들이 개인, 가족, 소집단에 영향을 미칠 때, 지역사회나 그 하위체계에 대한 개입을 고려하여 실천하게 한다. 그리고 나서 부정적 영향은 변화를 위한 합법적인 표적이 될 수 있다.

Padi Gulati, Geoffrey Guest가 설명한 지역사회중심 실천 모델은 퀘백, 캐나다에서의 경험에 기초하고 있다. 이것은 빈곤은 사회정의, 사회적 권리와 분리하여 생각할 수 없고, 현존하는 서비스 전달체계 구조에 대한 대안을 더 탐색해야 한다는 확신으로부터 발전되었다. 이것은 강한 예방적 요소를 갖고 있고, 지역사회 건강과 사회복지서비스 양자의 전달체계를 설명하고 있다. 이 모델의 주요 특징은 다학문적 팀접근, 서비스 공급의 보편성, 지역사회망의 활용, 정책과 서비스 전달체계에 있어 사용자의 참여, 일터에서의 평등주의가 포함된다. 이 모델은 정치적, 사회적 환경에서 개인에 대한 서비스를 개선시키기 위한 지역사회 조직 접근을 통해 발전해 왔지만, 다른 세팅에도 적용할 수 있다. 지역사회 기능에 대한 지식을 갖춘 일반주의 사회복지사는 지역사회 전달체계가 변화의 초점이 될 수 있다는 것을 고려해야 한다.

지역사회는 사회체계이다. 다른 사회체계들과 마찬가지로, 구조, 기능방식, 역사를 가지고 있다. 그리고 에너지와 조직을 갖고 있다. 원조체계의 기능은 지역사회가 기능하는 환경과 분리하여 생각할 수 없다.

사례

학부에서 사회복지학을 전공한 Helen은 기대와 불안으로 첫 직장을 향하고 있다. 그녀는 지금까지 자라고 학교를 다녔던 지역과 가까운 지역의 가족/아동 사회복지서비스 부서(the Family and Children's Division of a Department of Social Service)에서 일하게 되었다. 그녀는 고향에서 유사한 실무 경력을 갖고 있었기 때문에, 그녀는 그런 기관이 어떻게 기능하는지에 대해 약간은 알고 있었다.

그렇지만, 그녀는 또한 차이점도 인식하고 있었다. 그녀의 고향의 사회복지서비스 부서는 구역(district)에 기초하여 조직되어 있었으나, 지금 새로운 직장은 행정체계를 가진 주(state)내에 있었다.

그녀는 일하게 될 지역사회인 Pringvale의 새 아파트에 정착하면서 약 일주일간을 보냈다. 그녀는 지역사회에 대해 무엇인가 배우고 적응하는 시간을 갖게 되어 기뻤다. 이 지역사회는 그녀가 일하는 곳이자 삶의 터전이기도 했다. 그녀는 식료품점이 있는 곳과 생필품을 구입하는 방법을 발견했다. 같은 부서에 근무하는 한 이웃은 그녀가 어울리기 원할지도 모르는 집단들에 대해 이야기해주었다.

그녀는 도서관에 들르기 위해 잠시 시간을 내었다. 도서관 사서는 그녀가 지역사회를 이해할 수 있도록 도움을 주었다. 그녀는 사회복지 수업에서 지역사회 연구를 했고, 조사해야 할 것과 질문해야 할 것을 알고 있다는 것이 기뻤다. 인구조사 목록, 지역사회 보고서, 지역사회에 관한 책 등 모두 유용했다. 도서관 사서는 그녀가 집에 빌려갈 수 있는 좋은 역사서를 추천했다.

그녀는 통상부 사무실에 잠시 들러 많은 정보를 얻었다. 또한 지역 여행사도 그녀에게 자료를 주었다. 그녀는 지역 신문을 구독하였다. 그녀의 거처가 점차 안정되었고 그녀는 새 직장에서 일하기를 기대했다.

Helen은 자신이 지역사회를 이해하는 데 있어 좋은 출발을 했음을 알고 있었다. 또한 그녀는 자신이 배워야 하는 것들이 좀 더 많이 있고, 좀 더 시간을 투자해야 함도 알고 있었다. 그러나 그녀는 이미 필요한 정보에 대한 윤곽을 갖고 있고, 정보를 찾고 지역사회 활동을 하기 위한 질문을 함으로써 현재 개략적인 수준의 이해를 높여야 한다.

기관 이해하기

사회복지는 기관에 기초한 전문직이다. 기관이란 사회복지사와 클라이언트간의 상호작용이 일어나는 근접한 환경이다. 이 상호작용은 보통 기관이 위치한 사무실이나 건물에서 일어난다. 지역사회 어느 곳에서든지 상호작용이 일어날 때 기관의 영향력이 강하다. 피고용인으로서 사회복지사는 기관 체계의 일부분이고, 기관에 대한 책임이 있기 때문에 양식과 서비스는 기관의 권한과 지침 내에서 이루어져야 한다. 기관의 구조화된 방식과 기능은 사회복지사와 클라이언트 상호작용의 본질에 큰 영향을 준다. 클라이언트와 일하고, 기관의 서비스를 활용하기 위해서 사회복지사는 먼저 기관과 기관의 기능방식을 이해해야 한다.

사회복지사는 자신이 고용된 기관 뿐 아니라 다른 사회복지 기관도 이해해야 한다. 사회복지사가 클라이언트를 돕기 위해 자원을 사용하고 다른 기관의 서비스를 이용하는 것은 중요하다. 게다가 필요한 자원이 유용하지 않거나 쓸모없다면 필요한 변화를 야기 시키기 위해 기관이해가 선행되어야 한다.

생태체계 강점접근으로부터, 기관은 사회복지사의 생태체계의 일부이며 또한 원조과정이 발전하는데 있어 일시적으로 클라이언트의 생태체계의 일부가 되기도 한다. 게다가 기관은 지역사회를 구성하고 있는 생태체계이다. 또한 기관의 생태체계의 중요한 요소는 지역사회의 일부기관의 사회복지서비스 전달체계이다. 체계로서의 기관과 보다 큰 생태체계의 일부분으로서의 기관을 이해하는 것은 성장과 변화를 위한 중요한 자원들에 최대한 접근하는데 있어 필수적이다.

사회복지사가 고용된 기관은 그 유형과 조직이 다양하다. 어떤 기관은 사회복지 기능만을 담당하며, 사회복지 학부나 대학원을 졸업한 전문 사회복지사가 서비스를 전달한다. 가족서비스 기관이 좋은 예이다. 그러나 가족서비스 기관은 전문 사회복지사보다는 가정봉사원이나 다른 사람을 활용하는 서비스를 갖고 있기도 하다. 어떤 가족서비스 기관은 민간기관이다. 즉, 시민 이사회의 통제를 받고 지역사회의 후원을 얻기 위해 독자적으로나 다른 기관과 함께 기금을 모금한다.

어떤 사회복지사들은 다양한 정부 기관에서 일한다. 이 기관들은 주나 연방정부가 설립한 기관이다. 사회복지사는 정부의 정책, 규정과 법에 의해 관리된다. 다른 사회복지사들은 이차기관에서 일한다. 이런 기관에서는 사회복지서비스가 최우선이 아니다. 사회복지 서비스는 최우선적인 서비스를 향상시키기 위해 이용될 뿐이다. 이런 예로서는 병원의 사회복지사를 들 수 있다. 이런 세팅에서 사회복지사는 다학문적 팀의 일부이다. 서비스의 기본적인 초점이 사회복지 서비스이거나 다른 서비스일 수 있다. 지역사회정신건강센터가 이런 종류의 기관이다.

Barbara Oberhofer Dane과 Barbara L. Simon은 이차기관의 사회복지사는 몇 가지 예측할 수 있는 문제점을 갖고 있다고 하였다. 이것은 사회복지사와 기관의 기본원칙의 불일치를 포함한다. 종종 그런 기관에서는 사회복지에 주변적인 지위를 부여하고, 사회복지를 여성의 일로서 평가절하하고, 역할 갈등과 긴장 등이 발생한다. 따라서 기관은 규모, 지지 및 통제 수단, 제공하는 일차적 서비스의 특성, 고용된 사람들의 범위 등 여러 영역에서 다양하다.

사회복지서비스 기관의 또 다른 면은, 실천 현장이나 주목하고 있는 영역이다. 어떤 분야는 의료사회복지, 학교사회복지, 교정사회복지와 같이 구체적으로 분류할 수 있다. 그러나, 예를 들면 아동복지는 아동뿐 아니라 가족에 대한 서비스도 제공하기 때문에 명확하게 구분하기 어렵다. 기관을 이해하는데 중요한 구분은 기관 자체가 자신의 기관을 어느 영역으로 분류하느냐 하는 점이다. 이것은 지역사회가 관심 있는 실천 현장과 문제를 어떻게 보느냐 하는 것과 관련된다. 병들거나 일탈하거나 부적응 문제를 지닌 사람들을 도울 가치가 있는 사람으로 인식하는가? 이러한 지역사회의 태도는 기관과 서비스 전달능력에 영향을 준다.

이런 태도는 사람을 조사 · 분류하는 기능(people processing), 사람을 유지하는 기능(people-sustaining), 사람을 변화시키는 기능(people-changing) 기관으로 설명될 수 있다. 연속선상의 한쪽 끝 부분에 있는 조사 · 분류기능은 사후지도를 하면서 정보와 의뢰 서비스를 제공하는 것이다. 이것의 목표는 정보를 제공하는 것이다. 사람을 변화시키는 기능을 하는 기관의 범위에는 정신건강 기관내의 고도로 훈련된 임상사회복지사가 있다. 대부분의 사회복지서비스 기관은 조사 · 분류기능과 변화 기능 양자를 다양한 정도로 가지고 있다. 기관에서 주목하는 조사 · 분류기능은 사회화나 성장 중심 또는 재활이나 치료중심으로 나타날 수도 있다. 서비스 전달체계의 보편적인 문제는 조사 · 분류기능과 유지기능의 혼합 정도에서 언제 사회복지사, 기관, 지역사회가 다른 관점을 갖느냐 하는 것이다. 이러한 관점의 차이로 인해 서비스 결과에 대한 기대의 불일치가 나타난다.

지역사회는 기관에 재정, 지지, 재가를 제공한다. 지역사회는 또한 서비스의 특징과 결과에 대한 기대를 갖는다. 이러한 자원과 기대는 기관 구조의 특성과 기관의 서비스 제공에 따라 다양하다. 또한 기관은 지역사회 체계의 일부이기 때문에 지역사회마다 이러한 영향도 다르다. 변화는 더 큰 체계에서 일어날 수 있기 때문에 그 기관 체계에서 피할 수 없을 것이다. 기관과 지역사회의 이러한 관계를 이해하는 사회복지사는 클라이언트에게 서비스를 제공하는데 있어 기관 체계를 더 잘 이해하고 사용할 수 있다.

사회복지기관은 하나의 조직이다. 더 큰 형태들 속에서 사회복지기관은 복잡한 조직이거나 관료 체계이다. 이 복합적 조직은 하위단위, 소집단, 개인으로 구성된다.

기관은 독특한 기능방식을 갖고 있는 하나의 사회 체계이다. 즉,

1. 목표는 체계의 외부에 있다. 기관은 기본적으로 기관에 고용된 사람들을 위해 자기만족의 수준에서 일하지 않는다.
2. 기관은 생산보다는 서비스제공의 역할을 한다. 이러한 제공 기능은 상품을 생산하고 마케팅하는 목표를 가진 다른 기관과 차별점을 갖는 것이다.
3. 목표는 지식, 신념, 태도, 기술에 따라 다양하다. 이런 목표를 성취하기 위한 수단은 복합적이고 그 결과의 측정 또한 복합적이다.
4. 그 기관의 주요 구성요소는 전문 인력이다. 전문가들은 자율성과 클라이언트에 대한 헌신의 정도에 따라 기능하며, 조직의 본래 기능과 효율성의 기능 면에서 충돌한다.

사회복지서비스 기관의 이러한 특징들 때문에 사회복지사들은 전문가와 관리자의 두 가지 다른 종류의 기대를 갖고 일한다. 큰 조직일수록 두 가지 기대에서 더 큰 차이가 있다. 관료적 기대는 조직에 대한 충성, 권위의 수용, 규칙과 규정 내에서의 업무 수행, 공식적인 관계, 목표의 성취, 특수화, 효율성에 대한 강조를 요구한다. 전문적 기대는 전문가 가치에 대한 헌신, 클라이언트에 대한 서비스, 넓은 범위의 의사 결정권을 가질 능력, 단체 조직과의 관계, 클라이언트의 욕구충족, 클라이언트 자기 결정과 개별화의 허용을 요구한다. 이러한 두 종류의 기대는 서비스 제공에서 긴장감을 유발하고 다음과 같은 문제를 갖고 있다.

(1) 사회복지사의 능력은 어떻게 결정되어야 하는가? 관료적 관점에서인가 아니면 전문가적 관점에서인가?
(2) 사회복지사는 전문주의 실천을 해야 하는가 아니면 일반주의 실천을 해야 하는가?
(3) 초점이 클라이언트의 욕구인가 아니면 사회적 필요인가?
(4) 사회복지사에게 어느 정도의 전문적 판단이 허용되어야 하는가?
(5) 전문 사회복지사와 기술자가 가장 잘 수행할 수 있는 서비스와 과제는 무엇인가?

(6) 서비스가 분명한 활동이어야 하는가 아니면 불분명한 어떤 것이어도 되는가?

사회복지사가 관료조직에서 전문가로서 효과적으로 서비스를 제공하기 전에 우선 조직을 이해해야 한다. 사회체계접근은 이러한 이해를 발전시키는 방법이 된다.

기관 이해에서 첫 번째 과제는 그 경계를 정의하는 것이다. 충분히 자율성을 갖고 있는 조직은 독특한 구조와 기능 방식을 발전시킨다. 그리고 독특한 구조와 기능방식이 없는 경우보다 있는 경우에 그 영향력은 크다. 만약 어느 전문병원에서 부서간의 상호작용이 부서장에게만 제한된다면 사회복지부서가 체계의 중심으로 선택될 수 있을 것이다. 만약 의사, 간호사, 사회복지사의 팀 내에서 상호작용이 더 크다면 그 때 그 단위 팀은 하나의 기관으로 고려될 수 있을 것이다. 그러나 두 가지 상호 작용이 모두 중요하기 때문에 총체적인 방법이 더 좋은 선택일 수 있다. 어느 답도 완전하지는 않다. 어떤 경계를 사용하더라도 그것은 사회복지사와 클라이언트 상호작용에 가장 큰 영향을 주는 실재를 어느 하나로 정의하는 것이어야 한다.

두 번째 과제는 기관의 구조와 기능에 영향을 주는 환경적 요인을 결정하는 것이다. 이 영향들은 자원 제공이나 기대 부여에 의해 기관에 영향을 주는 것을 포함하여 다른 사회 체계와 광범위한 사회경제적 요인들을 포함한다. 고려해야 하는 사회 체계는 다음과 같다.

1. 기관이 소속된 조직이나 체계 (예를 들어, 전국적 회원 조직, 지역 조직, 사회복지서비스 부서가 속한 기구)
2. 클라이언트가 속한 지역사회 또는 기관을 지원하는 지역사회
3. 사회복지사가 속한 전문가 조직
4. 기금이나 다른 후원의 출처
5. 지역사회 기획이나 자금을 지원하는 조직
6. 서비스를 감독하거나 지하는 정부 조직
7. 고용된 전문가를 교육하는 대학, 교육기관
8. 기타 사회복지기관
9. 클라이언트 또는 잠재적 클라이언트인 개인과 가족들
10. 기관과 클라이언트에게 자원일 수 있는 교회와 서비스 클럽 등의 조직

고려해야 하는 사회경제적 권력은 다음과 같다.

1. 경제적 추세
2. 사회적 추세
3. 지역사회의 기대
4. 지역사회의 필요
5. 정치적 권력
6. 정부 정책 또는 규제
7. 지역사회내의 문화적 다양성에 대한 욕구

세 번째 과제는 기관 체계의 구조와 기능을 이해하는 것이다. 그 요인들은 다음과 같다.

1. 체계의 목적, 목표, 가치–이들은 기업의 정관, 특별한 권한을 부여하는 법률, 기관 핸드북, 기타 공식 문서에서 설명하고 있다. 또 중요한 것은 실제 서비스를 제공할 때 이러한 공식적인 표현을 어떻게 해석하고 실행하는가이다. 기관이 우선순위를 두고 있는 가치는 이러한 해석과 실행에 영향을 준다. 그 기관의 역사는 기관의 목적, 목표, 가치가 어떻게 발전했는지를 알아보는데 중요하다.
2. 재정 자원을 포함한 기관의 자원–자원은 지역사회가 후원물품이나 세금의 형태로 제공한 기금, 기관이 리스하거나 소유한 건물 또는 어떤 건축물, 전문가와 지원 직원, 유급 또는 자원봉사 인적 자원을 포함한다.
3. 전통적인 업무방식–모든 기관은 서비스 제공에 있어 특별한 접근 방식을 사용하는 경향이 있다. 예를 들면 장기 상담, 위기 개입, 특별한 자원 제공, 집단 사회복지실천 같은 것이 있다. 또한 과제중심, 정신분석 등과 같은 특별한 이론적 접근을 포함할 수 있다. 기관은 특별한 체계, 개인, 가족, 집단, 지역사회와 일하는 경향이 있다. 기관은 특별한 과업을 위해 특별한 교육 배경을 가진 사람, 예를 들면 석사학위 소지자, 대학졸업자, 그 지역사회 토박이 등을 고용하는 경향이 있다.
4. 이사회 또는 운영주체–공공 또는 민간 기관을 비준하는 방법을 생각해야 한다. 만약 공공 기관이라면 법률, 정책, 기관의 규제, 그리고 그 기관이 속한 더 큰 조직의 조직 구조를 구분해야 한다. 만약 민간기관이라면 이사회의 구조와 기능이 핵심이

다. 또한 기관, 기관 직원과 운영주체의 관계와 더불어 이사회 구성원과 그들의 동기, 욕구가 중요하다. 다른 요소는 위원회의 구조와 기능이다. 위원회의 구조는 이사, 직원 또는 둘의 조합으로 이루어진다. 가끔씩 위원회에서 새로운 아이디어가 형성되고 그 조직의 일이 실행된다.

5. 조직구조–이것은 공식적/비공식적인 구조, 행정 스타일, 규범과 가치, 의사결정과 의사소통 과정, 그리고 권력과 통제 형태를 포함한다.
6. 직원–개인이자 전문가로서, 직원들 간의 공식적/비공식적 관계, 직원, 클라이언트, 행정기관, 운영주체와의 관계이다. 또한 전문가적 정체성과 직원의 자격 요건도 고려되어야 한다.
7. 클라이언트–가끔 클라이언트들은 기관 체계의 일부로서 간과된다. 클라이언트 없이 기관은 존재의 이유가 없다. 고객 옹호의 시대에 기관 기능의 이러한 측면은 중요하다. 클라이언트의 욕구, 기대, 그리고 기관과 관계를 맺는 방법들을 고려해야 한다. 또한 신분, 호칭(환자 또는 학생 등) 그리고 클라이언트와 관련된 가치를 고려해야 한다.

기관체계의 구조와 기능의 이런 면들은 다른 면들과 중복된다. 기관을 이해하는 데 있어서 사회복지사는 이런 중복과 다양한 면들과의 관계와 연결도 알아야 한다. 또한 사회복지사는 자신의 기관의 특별한 면도 인식해야 하고, 이러한 것들이 구조와 기능에 영향을 주는 것을 인식해야 한다. 기관을 이해하기 위한 정보를 얻기 위해 [표 7–2]와 같은 조직화된 구조는 유용하다. 이 표는 15장에서 기관이나 조직의 변화 과정을 활용할 때 사정도구로 참고할 내용이다.

[표 7–2] 사회복지 기관연구의 개요

A. 기관의 경계를 구체화한다.
B. 기관의 역사를 논의한다.
C. 기관의 구조와 기능을 논의한다.
  1. 기관의 목적, 목표, 가치의 우선순위
  2. 기관의 자원 : 재정의 출처와 분량, 물리적 재산, 유급직원이나 자원봉사자
  3. 클라이언트와 일하는 방식

4. 공공기관 혹은 민간기관으로서의 재가. 만약 공공기관이라면, 기관의 기능에 영향을 미치는 법조항, 정책, 규정 등이 구체적일 것이다. 기관이 속한 더 큰 조직의 조직 구조를 구체화하라. 시민 참여와 투입 방법을 주시하라. 만약 민간기관이라면, 이사회의 구조와 기능을 설명하라. 누가 이사회를 돕는가? 이사회의 역할과 책임은 무엇인가? 위원회의 구조와 기능을 설명하라.
5. 기관의 조직 구조. 기관의 공식적, 비공식적 기능을 설명하라. 기관의 규범과 가치는 무엇인가? 의사결정은 어떻게 이루어지는가? 의사소통과정은 어떠한가? 권한과 통제방식에 대해 설명하라.
6. 한 개인으로서 그리고 전문가로서의 직원, 그들의 관계, 다양성, 역할, 직원/클라이언트/운영위원회/이사회와 일하는 방식. 공식적, 비공식적 직원 집단을 명확히 하고 그들의 기능을 묘사하라.
7. 클라이언트, 클라이언트의 다양성, 욕구, 특성, 기대, 역할과 지위

D. 기관의 강점과 한계를 구체화한다.
1. 클라이언트에게 서비스를 제공할 때 기관의 장점은 무엇인가?
2. 클라이언트에게 서비스를 제공할 때 기관의 한계는 무엇인가?

이제 기관 내부에서 기능하는 여러 하위체계가 있다는 것을 명확히 해야 한다. 우선, 사람들이 있다. 체계에서 모든 사람은 개인적 그리고 전문가적 속성을 갖고 있다. 그 기관의 일을 수행하는데 있어서 이러한 사람들이 상호작용하면서 그들의 특성은 상호작용에 영향을 준다. 둘째, 이들은 역할을 갖고 있다. 어떤 역할은 업무지침에 명시되어 있다. 또한 이 관계 구조는 다른 상호작용에 영향을 준다. 셋째, 소집단이 있다. 이들은 공식적인 업무집단이거나 비공식적인 사회집단일 수 있다. 이들 소집단의 기능은 기관내의 상호작용에 영향을 준다. 넷째, 조직도에 그려진 공식적인 권위를 포함하는 공식적인 구조가 있다. 조직도는 누가 누구에게 책임이 있는지, 그 조직의 여러 부분들이 어떻게 관련되어 있는지에 관한 위계 관계를 보여준다. 다섯째, 의사결정 체계 즉, 권력체계가 있다. 그 기관을 이해하는데 있어 누가 의사 결정을 하는지, 결정이 어떻게 영향을 받는지를 아는 것은 중요하다. 이들 체계는 기관의 기능에 있어서 중요하다. 사회 체계로서 그 기관을 이해할 때는 기관의 전반적인 것을 이해해야 한다. 만약 사회복지사가 그 기관의 구조에서 필요한 변화 또는 일하는 방법의 변화를 위해 효율적으로 일하고자 한다면 이러한 이해가 필요하다(기관을 변화시키려는 노력으로 기관과 함께 일하는 특별한 전략은 15장에서 논의할 것이다).

최근에 건강보호, 정신건강 기관들은 자금조달과 서비스 제공에서 제한을 받기 시작했다. 최근 들어 정부를 포함한 다양한 기금주들이 자금조달과 서비스를 마무리하기 시작했다. 특별히 이러한 기관에서 매내지드 케어는 빠르게 규범이 되어 왔다. 매내지드 케어하에서 클라이언트나 서비스제공자는 전문가에게 의뢰하거나 서비스를 계속 제공하는 것이 어렵게 되었다. 대신에 제 3자가 '보호의 관리자' 로서 관여한다. 제 3자는 의사이거나 서비스를 규제하기 위해 기금주와 계약한 독립 기관이거나 보험회사일 수 있다. 때로 이 보호 관리는 초기 사정, 참여 기관에 대한 위탁을 포함한다. 이것은 거의 서비스의 양을 제한하고, 그 제한을 넘어서는 서비스를 제공하기 위해서는 승인을 받는 것을 포함한다.

사회복지서비스의 다른 영역들이 매내지드 케어의 영향을 받지 않는 것처럼 보일 수 있지만, 한편으로 서비스 제공을 제한하고 통제하는 여러 형태들이 사회복지 전반을 휩쓸고 있는 개혁의 주요한 면들이다. 이 개혁에는 서비스 제공자간의 경쟁 증가와 영리조직을 포함하는 개인 기업들에 대한 전통적인 정부 서비스를 줄이려는 움직임이 있다. 결국, 모든 사회복지서비스 제공자들은 이러한 변화에 영향을 받을 것이다. 예를 들어 복지개혁의 최근 내용에서 지원을 5년간으로 제한하는 것은 기본적으로 인두제에 의한 서비스제공이다. 요건이 강화되면서 특히 클라이언트 선택이 제한된 이후로 복지개혁은 매내지드 케어 체계의 일부분에 나타나기 시작하였다. 여러 주들은 민간영리 기업에 대한 주 사회복지서비스 체계를 감소하는 것을 검토하고 있다.

이 변화는 기관들이 어떻게 기능하고, 사회복지사가 기관과 어떻게 기능할 것인지에 대해 중요한 영향을 끼칠 것이다. 기관은 더 적은 자원을 갖고 더 많은 일을 해야 할 것이다. 일부 기관은 생존을 위해 경쟁할 것이므로 자금조달을 위한 기관간의 경쟁은 격렬해질 것이다. 경쟁이 늘어나는 동시에 서비스를 조정하기 위한 협력의 필요는 더 커질 것이다. 성공하기 위해 기관은 경쟁과 협력의 밧줄 타기에 적응해야 할 것이다.

사회복지사들에게는 효율성과 클라이언트와 제한된 시간 구조를 가지고 일하는 것이 강조될 것이다. 집단사회복지서비스 뿐 아니라 단기접근과 해결중심 접근이 더 필요해 질 것이다. 사회복지사는 더 적은 것으로 더 많은 일을 해야 하는 한편으로 창조와 혁신을 위한 기회를 이용할 수 있을 것이다. 예방프로그램과 초기개입이 보다 중요해질 것이고, 자조집단과 같은 비공식적 지원서비스가 증가할 것이다.

또한 대부분 사회복지사가 해야 하는 서류작업의 분량 역시 개혁이 필요한 영역이다. 점차로 전산화된 기록과 지시를 받는 컴퓨터가 사회복지서비스에 도입될 것이다. 그러나 정말로 필요한 것은 수집된 정보의 양과 형태에 있어서의 근본적인 변화이다. 많은 사회복지서비스 기관에서 수집한 정보들은 활용되지 않거나 클라이언트의 상황 해결과 거의 관련이 없다. 사회복지사는 자신의 기관에서 기록 보관에 영향을 주는 모든 기회를 이용해야 한다. 이것은 수퍼바이저나 관리자의 책임만은 아니다. 사회복지사는 자신이 운영하는 기록보존체계에 문제 제기해야 한다. 서류작업으로부터 자유롭다는 것은 클라이언트에게 헌신할 수 있는 시간을 더 많이 갖는 것을 의미한다. 서비스의 형태가 간단해지면 기록도 간단해질 것이다. 만약 사회복지사가 단기간의 구조에서 서비스를 제공해야 한다면 사회복지사는 정보의 수집과 기록을 더 효율적으로 해야 한다.

개인과 생태체계간의 교류

생태체계 내 사회체계인 지역사회와 기관을 이해하는데 있어, 클라이언트, 사회복지사, 이들 체계들 간에 일어나는 상호작용을 이해하는 것은 필수적이다. 때때로 클라이언트의 욕구충족의 기회를 개선하기 위해 지역사회나 기관의 구조와 기능이 변화해야 한다. 그러나 많은 경우에 그러한 급진적인 변화를 시도하는 것이 필요하지는 않다. 클라이언트와 이 체계들 간의 욕구가 충족되도록 단지 교류의 변화가 필요할 수도 있다. 때로는 서비스를 받고 있는 특정 클라이언트 체계와의 교류에서만 변화가 필요하기도 하다. 어떤 경우에는 지역사회나 기관의 더 큰 집단과의 교류방식이 변화해야 될 경우도 있다. 사회복지사는 앞에서 설명한 개요를 통해 지역사회나 기관과 관련된 부분에 대해 이해할 수 있다. 그 때 사회복지사는 일어나는 교류를 평가하기 시작한다.

인간은 환경내의 다른 체계들과 마찬가지로 욕구와 강점을 갖고 있다. 생태체계 내에서 발생하는 교류는 물질, 에너지, 정보의 교환을 포함한다. 물질은 실체가 있는 대상이다. 사회복지실천에서 이것은 일반적으로 Towle과 Maslow의 욕구 위계(1장)에서 말하는 첫 번째 수준인 신체적 또는 기본적인 욕구들을 말한다. 이 기본적 욕구는 공기, 물, 음식, 의복, 주거지, 건강 등을 포함한다. 음식, 물, 공기는 신체에서 에너지로 전환된다. Towle과 Maslow의 나머지 욕구는 실체가 없고 개인을 동기화하는 것들이다. 이것은 사회적, 정서적, 지적, 영적인 성장을 포함한다. 개인의 생태체계가 이러한 높은 단계의 욕구 충족을 지원할 때, 그는 자신과 자신의 생태체계의 다른 부분들이 욕구를 모두 충족시킬 수 있는 에너지를 갖게 된다. 그러나 기본적 욕구들이 충족되지 못했거나 노력중일 때는 자신을 위한 높은 단계의 욕구나 환경의 요구나 욕구에 반응할 수 있는 에너지를 거의 갖지 못한다.

정보교환을 포함하는 교류는 사회복지사의 특별한 관심 영역이다. 생태체계 내에서 개인이 정보를 교환함에 따라 그들의 교류가 변화하는 것처럼 그들도 변화한다. 인간 존재와 그의 사회적 환경은 정보처리체계이다. 우리는 정보를 추구하고, 정보를 활용하여 환경을 해석하고, 욕구충족의 기회를 개선하기 위해 정보를 이용한다. 사실상, 높은 단계의 욕구는 정보를 교환함으로써 일차적으로 충족된다. 예를 들면, 사회적 욕구는 다른 사람들과 상호작용 함으로써 충족될 수 있다. 사회가 점점 기술적이고 복잡해짐에 따라, 우리는 점점 독립적으로 되어간다. 정보의 교환은 기본적 욕구인 음식, 의류, 주거들을 충족시키는 일차적인 수단이 되어가고 있다.

사회복지실천은 물품과 에너지의 직접적 교환을 포함할 수도 있다. 그러나 대부분의 경우는 정보의 교환이다. 클라이언트가 사회복지사로부터 정보를 얻으려고 하는 것과 마찬가지로 사회복지사도 클라이언트로부터 정보를 얻으려고 한다. 생태체계접근에서 사회복지사와 클라이언트는 모두 클라이언트의 생태체계의 다른 부분에 관한 정보를 추구하는 파트너쉽을 형성한다. 이러한 정보는 클라이언트와 그의 환경의 욕구를 충족시킬 수 있는 계획을 발전시키곤 한다. 9장에서 정보의 교환을 포함하는 상호교류를 깊이 있게 다룰 것이다.

개인은 환경에 영향을 줄 뿐 아니라 환경의 영향을 받는다. 생태학적 접근에서는 원조과정에서 개인과 환경간의 상호작용을 포함한 이 요소들의 협력을 위한 이론적, 개념적 근거를 제공하고자 한다. 강점접근에서는 환경뿐 아니라 클라이언트의 욕구를 충족시킬 수 있는 자산, 자원, 능력에 초점을 둔다. 장기적으로는 클라이언트가 환경 내의 다른 사람이나 체계를 희생하면서 자신의 욕구를 충족하는 것은 최선의 이익이 아니다. 이것은 생태체계의 균형을 벗어나는 일이며, 체계의 다양한 부분이 궁극적으로는 해소될 수 있는 긴장을 경험하는 것을 의미한다. 이 긴장이 해소되었을 때, 생태체계는 그 자체의 재균형을 추구할 것이다. 이 과정에서 클라이언트는 처음과 같은 상황에 처할 수도 있고 심지어는 더 나빠진 상황에 있을 수도 있다.

일반주의 사회복지실천을 하는 사회복지사는 클라이언트와 그의 생태체계 간의 물품, 에너지, 정보의 교환을 검토할 필요성을 인식한다. 사회복지사는 가능한 모든 욕구를 충족시킬 수 있고 상호이익이 될 수 있는 관계가 있는 강점 영역을 살펴본다. 사회복지사는 또한 상호교류의 균형이 깨져서 더 강해지거나 변화할 필요가 있는 부분을 주시한다. 클라이언트가 환경의 욕구와 기대가 균형을 이루고, 자신의 욕구와 기대가 충족됨을 경험할 때, 그들은 삶에 만족하고 타인과의 관계에서도 좋은 느낌을 갖는다. 게다가, 클라이언트는 삶에 대한 유능감과 통제감을 갖게 된다. 이것은 클라이언트가 사회복지의 가치인 개인의 존엄성, 자기결정권, 사회적으로 수용 받고자 하는 욕구를 사회적으로 수용되는 방식으로 충족시키는 것을 경험하는 것이다.

관료제도내에서 일하기

사회복지의 성장에 따라, 많은 사회복지사들이 관료주의 기관에 고용된다. 그들은 인간의 욕구, 고통과 사회의 부정의, 기관의 정책, 규칙, 규정 등의 측면에서 전문직의 기대와 관료주의적 기대 사이에서 갈등한다. 그들은 늦은 변화속도, 체계의 무책임성, 관료기관의 책임성에 대한 요구에 직면해 있다. 그들은 또한 클라이언트의 욕구를 충족시키기 위해 기관을 이용하고 자원을 활용할 수 있는 방법을 찾아야 한다. 이러한 것에 대응하기 위해 관료제 내에서 기능할 수 있는 기술을 가져야 한다.

Ralph Morgan은 사회복지사가 관료 조직에서 갖는 5가지 역할을 구체화했다.

1. 기능적 관료주의자–이 유형은 관료조직에서 일하는 사회복지사이다. 그들의 주요 태도와 충성심은 전문직과 전문직의 가치를 추구한다. 그들은 동료 전문가와의 상호작용과 인정을 요구한다. 관료체계 내에서의 상호작용과 활동에 저항이 나타난다. 이 유형의 사회복지사는 대체로 유능한 실천가로서 그들의 서비스는 기관에서 가치를 인정받는다. 따라서 기관은 그들의 관료적 충성심이 부족해도 관대하게 대한다.
2. 서비스 관료주의자–이 유형의 사회복지사는 클라이언트 지향적이면서도 자신을 관료적 구조의 일부로 본다. 그들은 동료 전문가, 기관 동료와의 관계를 유

지한다. 그들은 기관에 대한 자신의 정체성에 대해 양가감정을 갖지만, 기관은 클라이언트가 목표를 이루고 필요한 자원을 얻기 위한 방법이라고 생각한다.

3. 전문주의 관료주의자–이 유형의 사회복지사는 "관료주의를 인간에게, 인간을 관료주의에" 조화시키고자 한다. 그들은 규칙과 규정을 이용하지만 한편 전문가적 판단에 근거한다. 그들은 인간의 상황이 매우 복잡하다는 것과 이것이 결코 규칙과 규정에 포함될 수 없다는 것을 이해한다. 그들은 전문가적 판단을 활용하여 클라이언트에게 서비스를 제공할 때 체계와의 작업을 하고자 한다. 그들은 인간의 모든 노력과 마찬가지로 기관 또한 불완전하다는 것을 인식한다. 그들은 강한 전문가적 정체성을 가지고 있다.
4. 집행적 관료주의자–이 유형의 사회복지사는 권력의 활용을 지향한다. 그들은 개혁자, 실무에 능한 선수, 관료적 규범을 강조하는 경향을 가진 위험 감수자이다. 그들은 사람, 돈, 물품들을 관리하고자 한다.
5. 직업 관료주의자–이 유형의 사회복지사는 관료적 경력을 쌓고 직입직 인정성을 추구한다. 그들의 일차적 지향점은 기관이다. 그들은 규칙과 규정을 고수하며 기관의 규범을 따른다.

관료적 기관에서 일할 때, 기능적 관료주의자, 서비스 관료주의자, 전문주의 관료주의자, 집행적 관료주의자들의 특성이 결합할 때 매우 효과적이다. 이런 특성들의 결합은 전문적 충성심, 클라이언트 지향, 개입, 현실감각, 임의로 결정할 수 있는 재량권의 추구, 규칙과 규정의 존중, 혁신적인 서비스 접근 등을 포함한다. 이것은 젊고 경험이 부족한 사회복지사에게는 거창한 요구사항이겠지만, 이후에는 추구해야 할 것들이다. 그때 이 이슈들은 전문직 대 관료주의가 아니라 오히려 최상의 전문성과 최상의 관료주의의 결합을 위한 방법처럼 보여질 것이다.

Robert Pruger는 관료주의의 존재 없이 전문 서비스를 전달하는 것이 점차 불가능해고 있으며, 관료적 기술들을 배우는 것이 필수적임을 주장하였다. 그는 누구나 '훌륭한 관료주의자' 가 될 수 있다는 점을 지적했다. 이런 기술을 발전시키기 위한 첫 단계는 사회복지 실천을 할 때, 관료적 체계 내에서 그리고 관료 체계와의 작업이 포함된다는 현실을 인정하고 수용하는 것이다. 사회복지사가 관료체계에서 효과적인 존재가 되기 위한 열쇠는 가능한 한 재량권을 많이 유지하는 것이다. 이 자유재량권을 유지하기 위해, 사회복지사는 자기 지시적이 되어야 한다. 훌륭한 관료주의자는 스트레스, 기회, 제한점을 다루는 법을 알고 있다. Pruger에 따르면, 사회복지사는 다음과 같이 함으로써 스트레스, 기회, 제한점 등을 다루게 된다.

1. 첫 노력을 포기하지 않고 유지하는 것
2. 활기와 사고의 독립을 유지하는 것
3. 합법적 권위를 이해함으로써 책임감을 갖는 것
4. 에너지를 보존하고, 노력할만한 가치가 있는 이슈를 선택하고 일부 이슈들과 작업하는 것

모든 제도와 마찬가지로 관료제는 사회의 욕구를 충족하기 수단이다. 개인의 욕구를 충족시키는 사회복지서비스 관료조직을 도울 수 있는 사회복지사는 가치 있는 피고용인이 될 수 있다. 이것은 사회복지사가 재량권을 얻는데 영향력을 줄 수 있다. 이 영향력을 얻기 위한 또 다른 방법은 기관에서 중요하게 여기는 능력을 갖는 것이다. 예를 들면, 기관이 어떤 클라이언트와의 활동에서 사례관리 접근을 개발하고 있다면, 사회복지사는 정보를 찾고, 워크샵에 참석하고 자료를 수집하는 것이다. 이 재량권을 얻기 위해서 사회복지사가 옳은 판단을 내리는 것도 중요하다. 옳은 판단이라는 것은 기관의 규칙과 규정에 따르며 지역사회의 부정적 반응을 일으키지 않으며 클라이언트에게 효과적인 서비스를 이끌어내는 것이다. 또 다른 옳은 판단은 적절한 시기에 적절한 행동을 하는 것이다. 자기 주도적이고 옳은 판단을 갖는 것은 사회복지사가 전문가로서 현실적 자아 인식을 갖고 있을 때, 또한 의사결정에 지식기반을 사용할 때, 활용할 수 있는 기술을 발전시킬 때 가능하다.

사회복지사가 자신의 효과성을 강화시킬 수 있는 방법은 다음과 같다.

1. 비난을 찾지 마라. 오히려 해결책을 찾는데 에너지를 사용하라.
2. 적은 것을 가지고 많은 것을 만드는 법을 배우라. 자원을 현실적으로 보고, 그것을 가능한 한 확장시켜라.
3. 불확실성, 모호성, 비일관성에 편안해져라. 이러한 것들에 대해 신중한 태도를 가져야 한다.

4. 자기 확신, 창조성, 책임감을 갖춰라.

슈퍼비전의 활용은 좋은 관료주의자가 되는데 효과적인 방법이다. 수퍼바이저는 기관에 대한 많은 정보, 즉 무엇이 일어나고 있으며 무엇이 허용되는지를 알려준다. 사회복지사는 재량권의 정도를 논의할 수 있다. 수퍼바이저는 새로운 아이디어에 피드백을 준다. 슈퍼비전 과정을 효과적으로 활용하기 위해서는, 사회복지사는 수퍼바이저에게 질문과 문제를 갖고 가야 한다. 수퍼바이저는 체계의 다른 부분에서 문제가 발생할 때 사회복지사를 보호해주기 위해 문제에 대한 지식을 갖고 있어야 한다.

사회복지사가 근거 없는 결정을 내리거나, 자신이 계획의 실행여부를 결정하지 못할 때는 관료조직 내에서 어려움에 처하게 된다. 또한 사회복지사의 관심이 구체적이지 못하고 막연한 불만을 형성할 때 문제가 발생한다. 밤사이 변화가 일어날 것이라는 기대는 어려움을 야기시킨다. 기관의 노력과 사회복지사가 기대할 수 있는 것에 대한 이해는 효과적인 서비스를 발전시키는데 기본이다. 사회체계로서의 기관을 이해하는 것은 좋은 관료주의자가 되기 위한 필수조건이다.

매내지드 케어(managed care)의 발달은 서비스 전달체계에 있어 또 다른 관료제를 의미한다. 이 체계아래에서는 서비스의 분량에 관한 결정이 더 이상 사회복지사와 클라이언트에게 달려있는 것이 아니라 또 다른 기관이나 조직에 의해 조정된다. 매내지드 케어는 사회복지사의 서비스 제공방법에 영향을 미쳐왔고 사회복지사의 작업을 어떻게 문서화하는지에도 영향을 미쳐왔다. 서비스 승인이전에 사정내용을 검토해야 하며, 정해진 횟수보다 서비스를 더 제공할 경우에는 명분이 있어야 한다. 이것은 문서와 서비스 전달이 매우 밀접하게 연결되어 있음을 의미한다. 제공할 서비스 총량은 진단에 의해 정해진다. 정신보건영역에서 일하는 사회복지사는 정신건강관리가 전형적으로 질병모델에 기반을 둔 의료모델 서비스이기 때문에 진단을 내켜하지 않는다. 이런 저항감 때문에 대다수의 사회복지사는 발현된 증상에 대해 양성 진단을 주도록 이끈다. 매내지드 케어하에서는 서비스가 단기로 제공된다. 따라서 적절한 서비스가 유용하다는 것을 확보할 수 있는 정확한 사정과 진단을 얻는 것이 중요하다.

사회복지사는 매내지드 케어와 서비스 제한으로 인한 변화에 적응하는데 있어 좋은 위치에 처해 있다. 협상체계에서의 사회복지사의 기술, 즉 문제 해결과 대변은 기관과 클라이언트가 이 새로운 환경에 처하는데 필요한 기술이다. 사회복지사는 예방

접근을 발달시켜야 하며, 적절한 사후관리 서비스는 공식적인 개입기간을 넘어서 변화를 유지시키기 위해 필요할 것이다.

점차 매내지드 케어 조직은 서비스 검토자로서 사회복지사를 고용하는 추세이다. 서비스의 질과 효율성을 제공하려는 조직에서 일하는 사회복지사는 제한된 자원을 최대한 효율적으로 활용하면서 쉽게 틈새를 찾을 수 있을 것이다. 그러나 지나치게 이익과 서비스 제한을 강조하는 조직에서 일하는 경우에는 사회복지의 가치와 윤리를 지켜나가는 것이 거의 불가능해 윤리적 딜레마를 가질 것이다.

매내지드 케어의 발달과 부족한 자원에 대한 경쟁은 점차 문제가 되어가고 있다. 사회복지사는 자신의 결정을 책임져야 하며, 때로는 제공되는 서비스에 자체적으로 제한을 가해야 할 경우도 있다. 게다가 기금에 대한 경쟁과 제한은 그 기관의 존립을 위협할 수도 있다. 사회복지사는 직업의 안정성에 불안을 느끼기도 한다.

최근 주목을 받고 있는 현상중 하나가 사회복지사의 소진이다. Christina Maslach는 이것을 "원조 전문가들이 긍정적 감정, 공감, 클라이언트나 환자에 대한 존중을 잃어버리는 것"이라고 하였다. 소진은 기관 체계에서 스트레스의 증상일 수도 있다. 이것은 전문적인 능력으로 클라이언트와 타인과 상호 작용하는 사회복지사의 능력을 방해한다. Martha Bramhall과 Susan Ezell은 소진의 증상으로 감정의 부적절성, 웃음의 상실, 질병과 피로(두통, 등의 뻐근함, 위통), 고갈된 느낌, 일에 대한 두려움, 수면장애를 언급했다. 어떤 사람들은 특히 소진되기 쉽다. 그들은 지나치게 장시간동안 너무 열심히 일한다. 그들은 젊거나 일에 대해 열정적이다. 소진되기 쉬운 또 다른 집단은 자신의 삶에서 의미 있는 관계의 결핍을 보상하기 위해 일하는 사람들이다. 목표를 달성하지 못했다고 느끼거나 자신의 일에 대한 관리능력이 부족하다고 믿는 사회복지사들 또한 소진에 취약하다.

사회복지사들은 소진의 기능과 증상에 대해 민감해져야 한다. 발전하고자 한다면, 사회복지사는 소진을 극복하기 위한 계획을 세워야 한다. 기관 체계내의 스트레스가 소진의 원인일지라도, 사회복지사는 그 체계 내에서 기능할 수 있도록 삶의 양식을 변화시킬 수도 있다. 상태에 대한 인식은 첫 번째 단계이다. 일단 소진이 어려움의 근원으로 구체화되었다면, 사회복지사는 그동안 간과해온 자신의 개인적 욕구에 주목해야 한다. 충분한 휴식, 운동, 적절한 다이어트, 그 외 자신을 돌보는 것을 할 수 있다. 또한 개인적 욕구를 채워줄 수 있는 개인적 자원망을 발전시켜야 한다. 자신을 이해해

주고 처한 상황을 이해하는데 도움을 줄 수 있는 사람을 갖는 것이 특히 필요하다.

소진을 예방하는 것은 모든 사회복지사의 목표가 되어야 한다. 예방 절차로는 개인적 욕구를 위한 시간과 에너지를 갖는 것이다. 즉 일에 있어 자신의 속도를 유지하고 자신을 위한 시간을 갖는 것이 중요하다. 좋은 관료주의자의 기술을 발전시키는 것 또한 중요하다. 이것은 자신의 재량권한을 유지하고 강화시키기 위한 책임감을 갖는 것이다.

강점접근을 사용함으로써 사회복지사의 스트레스와 잠재적 소진을 줄이는데 도움을 줄 수 있다. 이 접근은 클라이언트와 환경 내에서 발견되고 발전된 클라이언트의 욕구를 충족시키기 위한 자원을 예측하고 클라이언트를 돕는 긍정적인 접근이다. 결함에 초점을 두는 대신, 자산, 능력, 가능성을 보는 것이다. 사회복지사가 스트레스를 느낀다 할지라도, 전문가로서 클라이언트의 문제에 답을 주어야 한다는 부담을 덜어준다. 대신 클라이언트를 그의 삶의 전문가로서 인식해야 하며 사회복지사는 클라이언트가 그의 욕구를 충족시킬 수 있도록 돕는 자원으로서 전문적 지식을 사용한다.

사례

Helen은 직장 첫 출근이라 매우 신중하게 옷을 입었는데 첫 인상이 매우 중요하다는 것을 알았기 때문이다. 그녀가 사무실에 도착하자, 비서 중 한명이 그녀의 책상을 보여주었고 연필, 펜, 종이 등 사무용품을 주었다. 사회복지사 중 한명이 그녀의 책상에 다가와 자신을 소개하였다. 그때 수퍼바이저가 와서 자신이 지금 급한 용무가 있어 10시 30분까지는 Helen을 만날 수 없음을 알려주었다. 그녀는 Helen에게 업무지침을 주었고 다섯 사례를 읽고 신속하게 기록해 보라고 하였다.

Helen은 처음으로 업무지침을 읽었다. 그녀는 조직표를 보고 부서가 어떻게 조직되어 있는지를 알 수 있었다. 그녀는 업무지침을 읽으면서 사무실에서 일어나고 있는 일을 관찰하였고 여러 사람들을 살펴보았다. 그녀는 업무지침을 읽으면서 생긴 질문을 적어 내려갔다. 그녀는 사회복지 정책 과목을 수강했던 것이 매우 기뻤다. 왜냐하면 그녀는 적어도 프로그램들이 무엇이고 그것과 관련된 것들을 알고 있었기 때문이다.

10시 30분이 되자 수퍼바이저가 돌아왔고 Helen은 부푼 맘으로 질문 목록과 사례 기록을 갖고 갔다. 수퍼바이저는 그녀에게 즉시 다섯 사례를 갖고 일을 시작하라고 하였다.

그들은 각 사례에 대해 논의했다. Helen은 업무지침과 읽은 자료에 대해 질문했다. 그녀는 슈퍼비젼 즉 그녀가 기대할 수 있는 것이 무엇이며, 얼마나 슈퍼비젼을 받을 수 있는지에 관해 질문했다. 수퍼바이저는 한 달 동안은 일주일에 두 번 만나도록 노력할 것이나, 때때로 정해진 시간에 만날 수 없을 것이라고 이야기하였다. 수퍼바이저는 이후에는 사례를 더 많이 할당하겠다고 하였다. 수퍼바이저는 Helen이 자신의 사례를 다 마치기도 전에, 다른 사회복지사들과 함께 아동 학대 사례조사를 2~3회 실시하도록 권하였다. 그녀는 그들이 오기 전에 미리 준비해야 했다. 그리고 나서 Helen은 고용과 관련된 서류를 받았고, 내일까지 수퍼바이저에게 제출해야만 했다.

Helen은 수퍼바이저에게 지역사회나 기관에 대해 알고 싶다고 말했다. 수퍼바이저는 "오! 그렇군요. 수요일에 나와 함께 기관 연합 오찬에 참석하시지요"라고 말하였다. Helen은 지역사회에 있는 다른 기관의 주소록이 있는지를 묻자 수퍼바이저는 오래된 주소록이 있기는 하나 비서 중 한 명이 최근 주소록을 갖고 있을 것이며 그것을 참고하는 것이 좋을 것이라고 하였다. 수퍼바이저는 Helen에게 지역의 지도를 갖고 있으라고 말하였다.

Helen이 사무실에 돌아왔을 때, 다른 사회복지사인 Bob은 그녀에게 그녀가 아동 학대 사례를 조사하러 갈 것인데, 그녀가 함께 갈수 있는지를 물었다. Bob은 Helen에게 전에 같이 일하던 한 가정을 방문할 것이라고 하였다. 그들이 그 가족을 만나기 위해 차를 타고 가는 동안, Bob은 Helen에게 몇 가지를 주지시켰고 그 기관의 많은 클라이언트들이 살고 있는 마을 서부지역에 대해 이야기 했다. Helen은 이 클라이언트들의 문제에 대해 질문하였고, 문제 중 대다수가 자원이 부족한데 기인함을 알 수 있었다.

그들이 사무실로 되돌아온 시각은 거의 4시였다. Helen은 나머지 시간동안 그 날 기록을 읽으면서 각 클라이언트에게 어떻게 접근할 것인지 생각하였다. 그녀는 집에 돌아와서, 직장에서의 첫날을 평가하면서 다음과 같은 것을 해야겠다고 생각했다.

1. 그녀는 지역사회에 대한 느낌을 갖기 시작했다. 어느 누구도 그녀가 원하는 정보를 모두 갖고 있는 것 같지 않았다. 그녀는 많은 것을 보고 들으면서 매일 밤마다 배운 것을 메모하기로 하였다.
2. 기관에 대한 정보를 얻는 것이 쉽지 않았다. 그녀는 계속 질문했고 일을 다 처리할 때까지 주의 깊게 살펴보기로 하였다.
3. 그녀는 수퍼바이저가 일을 시작하도록 허용하는 방식이 좋았다. 그녀는 이번 주에 다섯 사례를 모두 만나려고 노력할 것이다. 그리고 나서 그녀는 그들과

무엇을 할 것인지에 대한 계획을 세울 것이다. 그녀는 이 방식이 자신의 재량권을 유지할 수 있는 방법이라고 생각했다. 그녀는 클라이언트와 곧바로 만나서 일할 수 있고, 자신의 방식대로 일할 수 있는 것이 기뻤다.

요약

이 7장은 원조 노력의 환경, 지역사회와 기관을 고려하는 것이다. 둘 다 사회체계 관점에서 이해할 수 있다. 인간 기능의 교류적인 특성은 사회복지사가 지역사회와 기관의 강점과 자원들을 이해하고, 이 두 체계가 사회복지사와 클라이언트의 기능 둘 다에 영향을 미치는 바를 이해하는데 필수적이다.

만약 일반주의 실천을 하는 사회복지사라면, 이러한 이해는 변화를 위한 표적 대상과 개입 형태에 관한 결정을 내리는 데 중요하다. 만약 지역사회나 기관체계가 표적이라면, 사회복지사는 그 표적체계를 깊이 이해해야 한다. 지역사회와 기관을 변화를 위한 표적으로 하기 전에 지역사회와 기관을 심도 있게 이해해야 하는 것이다.

대다수의 사회복지사들은 관료적 기관에서 일한다. 이런 기관에서는 사회복지사들이 전문직으로서의 요구와 관료조직 내 요구 간에 갈등하게 된다. 사회복지사가 이런 갈등을 해결하는 기술을 발전시키고 "좋은 관료주의자"가 되는 것은 중요하다. 또한 사회복지사는 소진되기 쉬우며 자신을 이런 직업적 위기로부터 보호하는 방법을 개발해야 한다.

학습질문

1. 지역사회에 대한 사회복지사의 이해를 증진시키기 위하여 사회체계로서의 지역사회를 어떻게 개념화하는 것이 좋은가?
2. 이 장에서 설명하고 있는 내용으로 지역사회를 이해함으로써 당신이 얻을 수 있는 정보를 구체화할 수 있을 것이다. 특히 강점과 자원에 주목하라. 당신은 어디서 그런 정보를 얻을 수 있는가?
3. 기관의 기능에 가장 중요한 영향을 미치는 요인은 무엇인가? 잠재적인 강점과 자원이 될만한 것은 무엇인가?

4. 사회복지가 일차적인 전문기관과 그 외 다른 전문직이 일차적인 기관의 차이점은 무엇인가?
5. 당신이 일할 수 있는 기관을 이해하기 위한 정보를 수집하는 것에 대해 어떻게 생각하는가?
6. Morgan의 분류("관료조직에서 일하기"부분 참조)를 이용하여 관료조직 내에서의 사회복지사의 기능 방식을 구체화하라. 당신이 그렇게 선택한 이유는 무엇인가?
7. 사회복지사의 소진을 피하기 위한 방법은 무엇인가?
8. 당신이 살고 있는 지역에서의 사회복지서비스 전달체계의 매내지드 케어, 민영화, 사회복지 서비스 "개혁" 등의 영향을 설명하라.

제8장 상호작용

학습목표

1. 사회복지서비스를 전달하는 맥락으로서 1:1 행동체계의 이해
2. 1:1 행동체계를 형성하는 것에 대한 이해
3. 1:1 행동체계에서 관계의 개념과 그 중요성의 이해
4. 전문적 관계의 특성 이해
5. 원조관계의 특성 이해
6. 문화간 관계의 복잡성 이해
7. 전문적 원조관계에서 의사소통과정과 그 과정에서의 일반적인 장애물 이해
8. 사회복지실천의 도구로서 면담에 대한 지식
9. 면담준비 방법과 면담단계에 대한 지식
10. 1:1 행동체계에서 일할 때 필요한 기술과 일상적인 의사소통에서 이러한 기술들을 사용할 수 있는 기본 능력에 대한 이해

사회복지실천은 대인관계의 상호작용 과정에서 이루어진다. 이러한 상호작용은 사회복지사와 클라이언트간의 교환 이상의 것이다. 사회복지사는 동료, 지역사회주민, 그리고 원조상황에서 중요한 사람(의미 있는 타자)과 상호 작용한다. 상호작용은 사회복지사와 다른 사람사이에서 1:1이 되기도 하고 가족이나 팀 또는 작은 집단 같은 상황에서는 다수간의 만남이 될 수도 있다. 1:1 만남이나 다수간의 만남에서의 상호작용은 유사점이 있기도 하지만 차이점도 있다. 이 장에서는 한 개인과의 상호작용을 다룰 것이며, 다수간의 상황은 3부에서 다룰 것이다.

생태체계강점접근에서 사회복지사와 클라이언트에 의해 이루어지는 일은 클라이언트의 다른 생태체계의 부분과 관련된다. 대부분의 사례에서 클라이언트는 자신의 생태체계에서 유용한 강점과 자원을 동원한다. 이러한 접근은 클라이언트가 자신의 삶을 통제하도록 임파워시키고 자신의 환경에서 다른 사람들의 욕구를 충족시키면서 자신의 욕구를 성취하게 한다. 어떤 경우에 사회복지사는 클라이언트가 그런 기술을 개발하도록 도와야 한다. 클라이언트가 자원을 동원할 수 없거나, 자원동원에 중요한 장애가 있을 때 클라이언트와 사회복지사는 클라이언트와 함께 또는 클라이언트를 대신해서 좀더 직접적으로 개입해야한다고 결정할 것이다. 이 장과 3부에서 언급되는 기술들의 많은 부분이 그러한 개입에 중요하다. 사회복지사-클라이언트 상호작용은 사회복지실천의 핵심이기 때문에 그것은 중요한 초점이 될 것이다. 그리고, 클라이언트의 생태체계의 구성원들과의 1:1 상호작용도 언급될 것이다. 사회복지사-클라이언트 상호작용에 관계되는 기본 지식의 많은 부분은 사회복지사와 다른 개인들 간의 상호작용에도 적용된다.

7장에서 논의한 바와 같이, 생태체계접근에서는 체계들 간에 발생하는 상호작용과 교류를 강조한다. [그림 5-1, P.106 참고]은 생태체계의 상호 교류적 특성을 설명한 것이다. 사람들 간의, 생태체계 내에서의 상호교류는 사람들의 감정, 사고 그리고 행동에 영향을 미칠 수 있고 다른 사람들과 체계의 감정, 사고, 행동에 영향을 받을 수도 있다. 생태체계로서 환경에 대한 이해를 개발하면서 사회복지사는 생태체계내 사람들의 감정, 사고, 행동, 인간체계를 이해하려고 해야 하며, 생태체계내의 상호교류와 생태체계의 다양한 영향을 이해하여야 한다. 클라이언트는 생태체계의 한 부분으로 간주되고 문제, 에너지 그리고 정보는 생태체계를 구성하는 다양한 체계들 사이에서 교환된다. 이러한 교환에서 합치점이나 균형이 있을 때 모든 체계는 클라이언트와 다른 체계의 욕구를 충족시키는 방식으로 기능한다. 그러나 충족되지 못한 욕구가 있을 때 생태체계에는 불균형이나 불일치가 발생한다. 사회복지사와 클라이언트의 과업은 균형을 회복하거나 새로운 균형을 개발하는 것이다. 이는 클라이언트나 환경 내 체계에 기본적인 변화가 필요하다는 것을 의미하는 것은 아니다. 대신에 클라이언트를 포함한 체계들 간의 상호작용이나 상호교류에서 변화가 있어야 함을 강조하는 것이다. 이러한 접근은 클라이언트의 인성을 변화 또는 재구조화하는 것을 바라거나 가족, 조직, 지역사회의 기본 구조를 변화시키는 접근보다 더 현실적이다.

사회복지사는 직접적으로 또는 클라이언트와 다른 사회복지서비스를 연결시킴으로써 필요한 것이나 에너지를 임시로 제공할 것이다. 그러나 행해지는 대부분의 일들은 정보의 교환이다. 이것은 클라이언트의 생태체계에서 클라이언트로부터 사회복지사에게로, 사회복지사로부터 클라이언트에게로, 클라이언트로부터 다른 클라이언트에게로 전달되는 정보를 포함한다. 정보를 교환하는 목적은 욕구에 대처하고 균형을 회복하기 위해 생태체계의 다양한 부분들에서의 성장과 변화에 영향을 미치는 것이다. 이러한 과정의 많은 부분이 1:1 상호작용에서의 변화를 포함한다.

정보교환이 대부분의 사회복지실천의 초점이기 때문에 1:1 상호작용을 이해하는 데에는 (1) 1:1 체계의 형성 (2) 관계의 특성 (3) 의사소통이 중요한 이슈이다. 그리고 관계와 의사소통을 확장시키는 기술은 상호작용의 질을 증진시킬 수 있기 때문에 중요하다. 이미 언급했듯이 다양성을 포용하고자 노력하는 사회복지사는 클라이언트와 관계를 형성하는데 있어서 문화와 다양성을 고려하는 자연주의적 조사(naturalistic inquiry)와 직관적인 학습을 사용하고 변화의 국면을 거치면서 나아간다.

1:1 행동체계의 형성

새로운 과업을 수행해야 하고, 과업수행에는 한 사람 이상이 필요하기 때문에 행동체계가 구성된다. 또한 생태체계강점접근은 상호작용을 통해 욕구가 충족된다는 이론에 기반 한다. 사회복지사는 일과 관련하여 전문성을 가진 특수 분야의 동료들과 협력하며, 사회복지사는 그들로부터 상황에 대한 다른 관점을 얻을 수 있다. 사회복지사는 클라이언트를 돕는데 필요한 정보를 가지고 있거나 욕구충족을 위해 노력하는 클라이언트를 지지하거나 자원을 제공할 수 있는 의미 있는 타자와 상호 작용한다.

사회복지사-클라이언트 상호작용에서는 양자의 노력이 필요하다. 사회복지사는 전문적인 지식기반과 원조에 대한 일련의 전문적인 가치와 기술을 상호작용에 적용한다. 또한 사회복지사는 원조 상황의 욕구와 사회복지사의 능력에 적절하게 조율된 전체자아를 활용한다. 사회복지사는 상황을 이해하고 욕구를 확인하고 강점에 초점을 맞추고 성장과 변화를 조장하는 기술을 동원한다. 클라이언트는 욕구, 상황에 대한 지각, 이러한 지각에 영향을 미치는 생활 경험, 그리고 성장과 변화를 위한 능력을 가지고 온다. 클라이언트는 또한 욕구충족이나 자아의 변화, 상황의 변화에 대한 동기를 갖고 있다. 사회복지사와 클라이언트 간에 이루어지는 활동에서 사회복지사와 클라이언트가 각각 상호작용에 적용하는 것에 따라 각자의 역할이 결정된다.

Felix Biestek은 원조상황에서 클라이언트가 갖고 있는 7가지 욕구를 말하였다.

1. 어떤 유형이나 범주에 속하지 않는 개개인으로서 다루어지는 것 (개별화의 욕구)
2. 긍정적인 감정과 부정적인 감정을 모두 표현하는 것 (의도적 감정표현)
3. 표현한 감정에 대하여 공감적인 이해와 반응을 받는 것 (통제된 정서적 반응)
4. 천부적인 존엄을 가진 가치 있는 존재로서 받아들여지는 것 (무조건적 수용)
5. 자신의 상황에 대해 판단 받거나 비난받지 않는 것 (비심판적 태도)
6. 자신의 삶과 관련하여 자신이 선택과 결정을 하는 것 (자기결정)
7. 자신에 대한 정보가 가능한 한 비밀로 보장되는 것 (비밀보장)

첫 번째 만남은 행동체계를 형성하는데 중요한데, 첫 번째 만남의 상호작용의 특성(유형과 질)이 다음 세션에서 일어날 많은 부분을 결정하기 때문이다. 클라이언트는 사회복지사가 도움을 제공할 수 있는지, 신뢰할 만한지, 자신과 자신의 상황을 이해할 수 있을지 등을 생각할 것이다.

개인이 자신의 욕구나 다른 누군가와 관련해서 도움을 받기 위해 기관에 올 때 초기접촉이 이루어진다. 또는 사회복지사가 욕구를 가진 사람을 돕기 위해 누군가에게 접근할 때 이루어지기도 한다. 사회복지사는 새롭게 클라이언트를 만나기 전에 클라이언트의 이전 사회복지사의 기록을 읽는 것에 동의할 필요가 없다. 기록은 새로운 사회복지사의 생각에 영향을 미칠 수 있는 가치 없는 가정과 고정관념들을 담고 있을 수 있다. 그것들은 강점이나 자원이라기보다 문제나 결함에 초점을 맞추어 졌을 수도 있다. 그러나 사실을 알기 위한 열린 마음과 눈으로 기록을 읽는다면 클라이언트를 처음 만나는 시점에서 좋은 준비가 될 수 있다. 사회복지사는 클라이언트와 상황에 대해 선입견을 갖지 않도록 주의해야 한다. 입증되지 않은 선입견은 행동체계의 형성에 위험을 가져올 수 있다.

첫 만남을 준비하면서 사회복지사는 미래의 클라이언트에 대해 알아야 할 것을 결정하기 위해 어떤 유용한 정보를 수집하고 살펴봐야 하는지를 결정해야 한다. 클라이언트가 가져올 욕구 뿐 아니라 자신 내부와 자신의 생태체계에 있는 잠재적인 강점을 함께 고려해야 한다. 또한 사회복지사는 환경속의 특정 클라이언트와 그 클라이언트가 가질 수 있는 감정에 대한 사회복지사 자신의 감정에도 민감해야 한다.

환경 속의 클라이언트에 대한 사전지식을 가짐으로써 사회복지사는 클라이언트가 편안하게 느낄 수 있는 첫 만남을 만들 수 있다. 이 구조화는 만남의 시간과 장소와 관련된 환경적 요소도 포함하는데, 예를 들면 클라이언트가 기관에 들어와 사회복지사를 만날 때 사회복지사의 인사, 사회복지사와 클라이언트 간에 장벽이 되지 않도록 배려한 책상의 배치, 적절한 온도와 방문자의 프라이버시 등이 중요하다. 클라이언트를 위한 시간선택도 중요하다.

만나는 시점에 사회복지사는 클라이언트가 가능한 한 편안할 수 있도록 문화적 요소를 고려할 필요가 있다. 클라이언트가 어떤 일을 시작하기 전에 가벼운 대화를 하는 문화에서 왔다면 사회복지사는 가벼운 대화를 하면서 면담을 시작해야 한다. 반대로 클라이언트가 사회복지사와의 만남에 대해 불안해하고, 말을 거의 하지 않는 문화에서 왔다면 사회복지사는 함께 해야 할 일을 빨리 설명해야 할 것이다. 다시 말해 첫 만남은 사회복지사의 틀이 아닌 클라이언트의 상호작용 틀로부터 구조화하는 것이 중요하다. 사회복지사는 클라이언트와 함께 하는 작업에서 발생할 수 있는 일에 대해 가능한한 빨리 가능 범위를 말해야 한다. 사회복지사는 다음과 같이 할 수 있다.

1. 클라이언트가 말한 것을 경청하고 있고, 클라이언트의 감정이 받아들여지고 있다고 여겨지도록 한다.
2. 클라이언트를 돕고자 하는 진실 된 마음을 보여주고, 도울 수 있는 방법을 사회복지사가 알고 있다는 것을 표현한다.
3. 클라이언트가 자신의 환경에 대해 지각하고 있는 것을 공유하도록 한다(클라이언트에게 욕구의 의미, 욕구충족을 위한 노력과 시도, 바라는 해결방법에 대해 물어보는 것은 클라이언트를 참여시키고 함께 일하는 방법들을 보여줄 수 있는 방법이다).
4. 클라이언트가 갖고 있을 수도 있는 어떤 질문을 할 수도 있다(예를 들면 그는 공유된 정보가 다른 누군가에게 유용할 것인지 확신하지 않을 수도 있다).
5. 기관이 서비스를 전달하는 방식, 기관이 제공하는 도움의 종류, 도움을 활용하는 절차를 설명한다.

6. 클라이언트, 클라이언트의 생태체계가 갖고 있는 강점과 잠재적인 자원에 초점을 맞춘다(이것은 비난과 무력, 절망의 감정을 감소시키고 욕구충족을 위해 "할 수 있다"는 긍정적인 방법으로 의사소통하게 한다).
7. 일어날 일에 대해 클라이언트가 갖고 있는 감정에 접근하려고 시도한다.

다시 말하면 사회복지사는 클라이언트가 자신의 욕구충족을 위해 노력하고 문제해결 활동을 하도록 하는데 가능한 한 많은 노력을 한다. 또한 클라이언트의 자존감을 지원하고 발전시키는데 관심을 가져야 한다. 클라이언트가 해결책을 찾는 과정에 참여함으로써 이러한 것들이 부분적으로나마 이루어질 수 있다. 어떤 경우에서도 사회복지사는 클라이언트에게 서비스의 결과에 대한 비현실적인 확신을 주어서는 안 된다.

사회복지사가 클라이언트와 함께 일할 수 있는 방법을 클라이언트에게 보여줄 때 사회복지사는 정보를 수집하고 클라이언트의 욕구와 기능을 이해하며, 클라이언트가 상황에 대해 생각하고 새로운 관점으로 상황을 바라볼 수 있도록 할 수 있다. 사회복지사는 발전할 수 있다는 신뢰감의 분위기를 촉진한다. 클라이언트가 사회복지사를 신뢰할 수 있을 때까지 관계는 빈약하며, 사회복지사의 신뢰성에 대한 클라이언트의 불안이 상호작용에 영향을 준다. 클라이언트가 관심, 이해 그리고 사회복지사의 전문성을 경험함에 따라 이러한 불안은 줄어들고 관계성은 강해진다. 이것은 사회복지사가 생태체계강점접근을 사용할 때 더욱 촉진되는데, 잘못된 것을 밝히는 것보다 긍정적인 방식으로 상황을 해결하는 것을 강조하기 때문이다.

초기접촉의 탐색 국면에서, 사회복지사의 과업은 욕구의 본질과 잠재적인 강점들에 대한 생각을 시험해 보는 것, 상황속의 클라이언트에 대한 정보를 수집하는 것, 클라이언트와 클라이언트의 생태체계의 강점을 강조하는 것, 서비스, 관계 그리고 행동의 특성에 대한 클라이언트의 기대를 규명하는 것이다. 사회복지사는 비권위주위적이고 진실되고 수용적이며 감정이입적이어야 한다. 클라이언트는 기관, 기관의 서비스, 원조과정에 대한 정보를 수집하고, 사회복지사의 이해를 위해 필요한 정보를 제공한다. 이 단계의 목적은 Nick F. Coady가 "치료동맹"으로 명명한 것을 개발하는 것이다. 그는 치료동맹은 사회복지사와 클라이언트가 상호연계, 신뢰, 존중, 상담활동에 대한 헌신에 기반한 현실적인 협력관계에서 함께 활동하는 능력이라고 하였다.

때때로 클라이언트는 분노, 적대감, 그리고 저항적인 태도를 보인다. Carl Hartman과 Diane Reynolds는 이러한 태도가 클라이언트가 원조과정이나 사회복지사에게 두려움을 느끼고 마음의 상처를 입고 신뢰감이 부족할 때 나타난다고 하였다. 그들은 직면, 해석, 동맹이라고 알려진 접근을 사용할 것을 제안한다. 감정, 관련 행동의 원천을 탐색한 후 사회복지사는 질문에 대한 클라이언트의 행동이나 사회복지사가 확인한 원조에 대한 감정과 저항을 말하면서 직면한다. 이는 적대적이거나 개인적인 직면이 아니라 클라이언트로 하여금 사회복지사가 그의 분노를 수용하고 귀 기울일 의지가 있음을 알도록 하는 것이다. 따라서 사회복지사는 클라이언트에게 감정과 관련된 행동의 의미와 원천을 해석해준다. 사회복지사는 클라이언트를 지지하고 격려한다. 이러한 접근은 클라이언트가 수용 받는다고 느끼게 하여 신뢰할 수 있는 활동관계로 이끈다.

충분한 이해가 개발되었다고 생각될 때 사회복지사는 서비스 전달에 대한 논의로 다시 초점을 맞춘다. 이 단계에서 사회복지사와 클라이언트는 클라이언트가 욕구로 보고 있는 것이 사회복지사, 클라이언트, 기관의 만남으로 가능한 것인지를 논의한다. 그들은 기관이 기대하는 방법으로 클라이언트가 욕구를 충족시키기 위한 활동을 할 의사가 있는지도 논의한다. 사회복지사와 클라이언트는 욕구충족을 위해 할 수 있는 다른 가능성에 대해서 논의한다. 사회복지사는 상황이 과도한 것처럼 보이지 않게 하기 위해 상황들을 나누고 잠재적인 강점들을 확인하려고 한다. 사회복지사는 클라이언트가 서비스로부터 기대할 수 있는 것들의 윤곽을 그린다.

이 단계 중에 사회복지사와 클라이언트는 (1) 클라이언트가 갖고 온 관심사나 욕구에 대해 함께 활동할 수 있을지 (2) 다루어져야 하는 다른 욕구는 무엇인지 (3) 다른 자원을 통해 클라이언트가 요구하는 서비스가 더 잘 전달되는지 (4) 클라이언트가 차후의 서비스를 사용하기를 바라지 않는지를 결정해야 한다. 클라이언트의 모든 욕구를 논의하는 시간이 있고, 미처 생각지 못한 자원에 대한 지식이나 새로운 관점을 얻을 수 있다. 그러면 클라이언트는 차후 서비스 없이도 대처할 수 있다.

(행동체계를 형성하기 위해) 함께 활동을 지속할지를 결정함에 있어 사회복지사와 클라이언트는 각자의 기대, 서비스에 대한 가능한 목적과 기대결과, 각자의 역할, 그리고 함께 일하는 방법들을 분명히 할 필요가 있다. 사회복지사는 클라이언트가 가지고 있을지도 모르는 감정들을 탐색하고 부정적인 감정과 동의하지 않는 사항들을

개방하여 살펴보고 논의한다. 서비스와 관련된 비밀보장의 한계를 논의하는 것은 매우 중요하다. 또한 사회복지사는 사용되는 모든 용어들을 클라이언트가 이해하는지 확인해야 한다.

결정이 함께 이루어진다면 동의나 초기계약에서는 다음 단계의 일, 사회복지사와 클라이언트의 책임, 수행할 과업의 시간계획 등이 다루어질 것이다. 계약이나 동의는 서비스의 기대되는 결과들을 제시해야 한다(계약의 개념은 10장에서 다룰 것이다).

협의와 계약단계 동안 사회복지사는 저항을 개방적으로 직면하고 다룬다. Edith Ankersmit는 보호관찰기관에서 계약사항을 논의할 때 저항하는 클라이언트에게 다음의 두 가지 질문을 하도록 하는 것이 유용하다고 말했다; 내가 왜 여기 있는가? 내가 이 상태에 대해 어떻게 느끼는가? 이러한 논의과정은 클라이언트가 적대감을 정화하도록 할 것이다. 사회복지사는 그러한 감정의 존재를 부정해서는 안 된다; 오히려 사회복지사는 그러한 감정을 적극적으로 경청하고 그 감정의 실체를 지적해야 한다. Ankersmit에 의하면 그 상황에서 사회복지사가 갖고 있는 권한을 지적하고 특히 클라이언트가 갖고 있는 한계와 권한을 주목하는 것이 중요하다. 이러한 과정에서 클라이언트에게 클라이언트 자신의 행동에 책임을 갖고 있다는 것이 논의되어야 한다.

Charles Horejsi는 보호관찰 중인 클라이언트와 일할 때 동기, 능력 그리고 기회접근이 필요하다고 하였다. 그는 클라이언트의 관점에서 문제를 확인하고 문제에 대해 함께 활동할 수 있는지를 클라이언트가 결정하는 것이 특히 중요하다고 하였다. 그는 클라이언트가 해결에 대한 희망이 있음을 믿어야 하고, 문제에 대해 불편한 감정을 인식할 수 있어야 한다고 하였다. 고통의 제거에 대한 희망과 불편함의 인지 사이의 균형은 매우 중요하다. 두 가지 모두 표현되어야 한다. 그러나, 어느 하나가 다른 것보다 과도해서는 안 된다. 그는 변화에는 불편함이 존재한다고 하였다. 이는 변화에 대한 클라이언트의 능력을 결정할 때 고려되어야 한다. 사회복지사는 저항을 감소시키기 위한 하나의 방법으로 변화와 관련된 불편함을 감소시키려고 해야 한다. 저항의 근원이 환경적 요소가 될 수도 있다. 예를 들면 한 사람의 동료가 비행행동을 지지한다면 그것을 포기하기는 어려울 수 있다. 동료의 우정을 잃는 불편함이 너무 크기 때문에 변화는 클라이언트에게 큰 대가를 치루는 것이다.

이 단계 중에 사회복지사는 생산적인 논의가 허용되는 분위기를 조성하고, 함께 활동하는 것에 초점을 맞추고, 조만간 그리고 미래에 함께 활동하는 것에 대한 클라이언트의 행동적, 인지적, 정서적 반응을 확인해야 한다. 사회복지사는 또한 자신의 감정을 살펴보고, 적절하다면 그러한 감정을 클라이언트와 나눌 필요가 있다.

함께 활동하는 것을 동의하였을 때 사회복지사는 탐색과 협상단계에서 이루어진 것을 요약해야 한다. 다음단계, 다음 세션, 그리고 다음 세션 전에 이루어져야 할 과업을 명확하게 이해하는 것이 또한 중요하다.

행동체계의 형성은 한 세션 또는 여러 세션에 걸쳐 이루어질 수도 있다. 이 과정에서 사회복지사는 이해의 차이를 조정하고, 활동정도를 조절하고, 활동에 클라이언트를 관여시키고, 활동에의 초점을 유지하고, 클라이언트의 감정, 기능하는 방식 그리고 관심사들을 조율하고, 클라이언트와 그의 생태체계에서의 잠재적인 강점과 자원들을 확인하려는 시도를 한다. 사회복지사는 자신의 역할을 수행하면서 클라이언트가 활동의 한 단계에서 다음 단계로 넘어가는 데 준비되었는지에 민감해야 한다.

여러 가지 장애물들이 사회복지사-클라이언트 체계의 형성을 방해할 수 있다. 사회복지사는 이러한 장애물을 알아야 하며, 장애물이 체계의 기능을 방해하지 않도록 해야 한다. 먼저 인간 기능의 복합성이 장벽이 될 수 있다. 다른 생활 경험과 문화적 배경을 가진 사람들 사이의 관계는 특히 어렵다. 오해가 쉽게 일어난다. 편견과 선입견이 자주 발생한다. 이러한 것들은 함께 활동하는 중에 일어나는 것을 파악하는데 차이를 가져온다.

두 번째 장벽은 클라이언트의 두려움이 될 수 있다. 그는 비인간화, 무력감, 판단받는 것, 이루기 힘든 목적을 갖는 것을 두려워할지도 모른다. 이러한 두려움은 분노감정을 이끌 수 있다. 클라이언트는 자신과 사회복지사사이의 거리를 유지하고, 함께 일하면서 참여하기를 회피할지도 모른다. 두려움은 클라이언트가 갖는 선입견과 비현실적인 기대로부터 나온다.

세 번째 장벽은 관료주의 조직의 피고용인인 사회복지사가 될 수 있다. 클라이언트를 개별화 할 수 없는 규칙의 복잡성, 조직의 무능력은 필요한 서비스를 제공하는데 종종 방해가 된다. 사회복지사는 무력감을 갖게 되고 조직으로부터 인정받지 못한다고 느끼게 되며 클라이언트에게 적절하게 반응할 수 없는 좌절을 가져온다.

네 번째 장벽은 부적절한 의사소통이 될 수 있는데, 이는 또한 사회복지사와 클라이언트간의 문화적 차이와 관련이 있다. 빈약한 의사소통 때문에 클라이언트는 함께 활동하는 중에 기대되는 것을 이해하지 못할 수도 있다. 클라이언트는 또한 원조를 위한 사회복지사의 관심과 준비를 알아차릴 수 없고 사회복지사를 무능력한 사람으로 볼 수도 있다.

다섯 번째 장벽은 목적에 대한 사회복지사의 민감성과 관련이 있다. 사회복지사가 자신과 클라이언트에 대해 비현실적인 기대를 갖고 있다면 클라이언트는 이것을 알아차리고 이 과업에 관여하지 않을 것이다. 사회복지사는 때때로 모든 것을 치유하고 모든 것을 알고, 모든 것을 사랑하려는 열망을 가진다. 이것은 비현실적인 기대를 하게 한다. 어떤 사회복지사들은 강한 보살핌의 충동을 가지고 클라이언트가 과도한 의존관계를 갖도록 하는 경향이 있다. 어떤 사회복지사들은 갈등, 분노, 그리고 공격적인 행동들을 피할 것이다. 이것은 행동체계의 발달에서 고려해야 하는 감정의 표현을 억누른다.

마지막 장벽은 상황설명을 위해 사회복지사가 선택한 기본가정이나 이론의 전제이다. 예를 들면 사회복지사가 갖고 있는 가정으로 인해 클라이언트를 환자라고 낙인찍는다면 사회복지사는 클라이언트에게 활동을 요구하는 것을 주저할 것이고, 이것은 관계에서의 의존성을 더 증폭시킬 것이다. 학교에서 충동적으로 행동하는 아동과 가족들을 비난하는 가정을 갖고 있다면, 이러한 가정은 사회복지사가 그 가족과 관계를 맺는데 영향을 미칠 것이다.

비관여적인 클라이언트와 일할 때 이러한 장벽들에 관심을 가져야 한다. 의지가 없는 클라이언트는 서비스를 받기 위한 욕구를 보이지 않고, 도움이 가능하다는 것을 믿지 않거나 사회복지사와의 관계를 개발하는 것에 어려움을 갖는다. 이런 상황에서 사회복지사는 변화가 부족했을 때의 결과나 우려하는 이유를 지적함으로써 저항을 극복한다. 클라이언트의 관심사와 욕구에 초점을 맞추는 비판단적 접근은 비자발적인 클라이언트에게 독특한 원조 경험을 제공하고 도움에 대한 저항을 감소시킨다. 동기가 없는 클라이언트는 어떤 비난조에도 매우 민감할 수 있다. 따라서 원인을 찾는 것이 아니라 상호작용과 상호교류를 긍정적인 방식으로 변화시키는 것에 초점을 두기 때문에 생태체계강점접근은 비자발적인 클라이언트와 일하는데 매우 도움이 된다.

사회제도에 의해 서비스를 제공할 권한을 받았거나, 클라이언트가 심각한 위험에 처해 있을 때, 사회복지사는 저항적인 클라이언트에 관여해야 할 책임이 있다. 이렇게 하면서 사회복지사는 가능한 많이 클라이언트의 준거 틀에 관여하려고 시도해야 한다. 사회복지사는 클라이언트의 의사소통 패턴을 사용하려고 노력해야 하고 클라이언트가 알아듣도록 해야 한다. 사회복지사는 상황에 대한 불안과 상황이 해결되지 않았을 때의 결과를 말해야 한다. 사회복지사는 적대감이나 조용한 저항을 개방적으로 다루어야 하고 클라이언트의 강점을 지지해야 한다. 저항적인 클라이언트와 일할 때 사회복지사는 자신이 갖고 있는 권위에 대해 상당히 편안해야 하고 그 권한의 사용은 합리적이고 지지적이어야 한다. 저항적인 클라이언트는 종종 서비스의 본질을 오해하고, 상황을 다루는 것에 반대하면서 욕구를 억제하여 충족되지 못하게 하고, 상황을 다루는데 부적절한 인지적 능력을 가진다. 또는 욕구충족을 방해하는 방식으로 환경에 의해 영향을 받기도 한다. 저항적인 클라이언트와 일할 때 사회복지사는 저항의 원천을 파악해야 하고, 가능하다면 그것을 극복해야 한다. 그렇지 않으면 기능적인 행동체계가 형성되지 못할 것이다. 전략협상이 종종 사용될 수 있다. 사회복지사는 서비스에 저항하는 개인들이 사회복지사와 함께 일하면서 얻을 수 있는 이득을 알도록 해야 한다. 예를 들면 자녀를 방임하는 엄마는 사회복지사와 협력함으로써 자녀들의 격리를 막을 수 있다는 것을 이해하게 할 수 있다. 비행 청소년은 사회복지사와 협력하면 기관에 수용되지 않을 수 있다는 것을 알게 될 수 있다. 수용된 청소년은 어떤 규칙을 지키고 해야 할 과업들을 수행함으로써 바라는 특권을 얻을 수 있다는 것을 알 수 있다.

이러한 전략을 사용할 때 사회복지사는 클라이언트의 분노를 인식하고 클라이언트와 함께 그의 관심의 대상을 구체화하는 계획을 세우는 것이 중요하다. 예를 들면 클라이언트가 서비스를 받도록 법원으로부터 명령받는다면 그는 분노하고 적대감을 가지고 저항하기 쉽다. 사회복지사는 클라이언트에게 사회복지사와 함께 일하는 것에 대해 어떻게 느끼는지 물어봄으로써 시작한다. 이것은 그의 분노를 표면으로 떠오르게 할 것이다. 어떤 경우에 클라이언트는 그 자리에 있고 싶지 않다는 바람을 표현할 것이다. 클라이언트에게 분노를 말하도록 하고 그 상황을 좋아하도록 하는 대신에 사회복지사는 이러한 감정들을 수용하고 클라이언트가 서비스를 받기 위해 올 필요가 없는 방법들을 찾음으로써 동맹을 형성해야 한다. 물론 이것은 일반적으로 상황이 해결되어 법원을 만족시킬 수 있는 수준에서 클라이언트가 기능하는 지점에 도달함을 의미한다. 사회복지사는 클라이언트가 시간을 낭비하기보다는 자신의 관심사와 관련된 활동을 하는 것이 더 좋기 때문에 그곳에 있다는 것을 알도록 도울 것이다.

행동체계의 개발은 사회복지사와 클라이언트가 사용할 수 있는 시간, 사회복지사의 기술, 윤리적 고려, 기관의 기능, 클라이언트의 바람에 의해 제한받을 수 있다. 사회복지사와 클라이언트는 바람직한 것과 함께 활동하는 방식들을 함께 결정해야 한다.

사회복지사가 관여하는 다른 방식의 2인 행동체계는 사회복지사와 클라이언트가 아닌 다른 사람으로 구성된다. 이것은 생태체계강점접근을 사용할 때 흔한 방식인데 잠재적인 자원을 동원하고 상호작용과 상호교류를 변화시키는 것이 활동의 초점이기 때문이다. 일반적으로 클라이언트가 아닌 사람(nonclient)은 클라이언트의 생태체계의 구성원이고 클라이언트의 삶에 중요한 타자, 자원제공자, 또는 원조노력에 관여할 수 있는 사람이다. 생태체계 접근을 활용할 때 사회복지사는 지역사회 내의 자원과 일과 관련된 생태체계에서 자원을 활용한다. 이 경우에 개인은 지역사회에 영향을 줄 수 있는 다른 서비스 제공자일 수 있고, 또는 지역사회나 조직의 변화에 초점을 둔 행동계획에 관여하거나 관여할 수 있는 사람일 수 있고, 또는 사회복지사가 서비스 전달이나 사회복지체계의 어떤 양상에 대해 교육하는 대상일 수 있다.

사회복지사와 클라이언트가 아닌 사람의 관계가 다소 다를지라도 사회복지사는 여전히 행동체계의 형성에 관심을 가져야 한다. 사회복지사와 클라이언트 체계의 관계에 적용되는 원칙들이 이 체계에도 적용된다. 만약 사회복지사가 사전접촉, 탐색, 협상 그리고 동의의 과정을 사용한다면 양측은 함께 일하는 이유와 그 일에 대한 각자의 책임을 더 잘 알아야 한다. 클라이언트가 아닌 사람도 저항을 나타낼 수 있다. 이때 첫 번째 단계는 저항을 극복하고 가능한 기능적인 행동체계를 형성하기 위해 저항을 탐색하는 것이다. 긍정적이고 강점기반의 접근은 결함이나 문제를 강조하는 접근보다 저항을 덜 불러일으키는 경향이 있다.

관계

관계는 행동체계의 응집력을 나타내는 특성이다. 그것은 두 사람간의 상호작용의 산물이다. 관계성은 사회복지실천에서 상당히 역사적인 의미를 가진 용어이다(2장 참조). 그것은 흔히 클라이언트와의 "좋은 라포"(good rapport)로 표현된다. 좋은 관계의 개발은 원조노력의 필수 요소이다. Helen Harris Perlman은 관계와 관계의 중요성을 다음과 같이 기술했다. "관계는 촉매제로서 원조에 활력이 있게 하며, 문제해결과 원조의 활용에 대하여 사람들이 에너지와 동기를 갖도록 한다." Perlman의 관점에서 관계는 감정적인 결속이고 도움을 인간적으로 만드는 수단이다. 나아가 그녀는 "'좋은' 관계는 자극과 양육을 제공해서 상대방의 자아를 존중하고 강화한다. '좋은 관계'는 타인의 자아를 존중하고 육성하며, 안정감과 일치감을 제공한다"고 하였다.

사회복지관계는 전문적이고 돕는 관계이다. **전문적 관계**는 합의한 목적이 있는 것, 특정한 시간의 틀이 존재하는 것, 사회복지사가 클라이언트의 이익에 자신을 헌신하는 것, 특별한 지식의 권위, 전문적인 윤리강령, 전문적인 기술을 수반하는 것이다. 덧붙여 전문적인 관계는 사회복지사가 일에서 객관성을 유지하고 자신의 감정, 반응 그리고 충동의 변화를 알고 책임지도록 통제되는 것이다.

원조 관계

원조관계의 특성에 대한 문헌이 많이 있으며, 원조관계의 특성에 대한 논의에서는 다음의 내용들이 나타나고 있다.

1. 타인에 대한 관심—클라이언트에 대한 따뜻함, 진실된 동맹, 친근함, 지지와 관심을 보여주는 태도. 타인에 대한 관심이 있을 때 상황 속의 개인을 이해하고자 하는 진실한 마음으로 의사소통할 수 있다.
2. 헌신과 의무—원조상황에 대한 책임감. 또한, 신뢰성과 일관성이 있어야 한다. 사회복지사는 고통과 즐거움, 두려움과 헌신을 가지고 타인의 세계로 들어가려는 의지가 있어야 한다.
3. 수용—클라이언트에 대한 비심판적, 비판하지 않는 태도 뿐 아니라 클라이언트와 그의 감정에 대한 현실적인 신뢰. 클라이언트가 자신의 문제를 조정하고 자신의 삶을 변화시킬 수 있다는 신념.
4. 감정이입—사회복지사가 클라이언트에 대해 근심하고, 관심을 가지고 클라이언트가 지각하는 것에 귀 기울이고 있고, 클라이언트를 이해하고자 하며, 경청하고 이해하고 있다는 것을 클라이언트와 의사소통할 수 있는 능력.
5. 명확한 의사소통—클라이언트에게 보내는 메시지를 클라이언트가 완전히 이해할 수 있도록 의사소통하는 능력.
6. 진실성—사회복지사 자신과 자신의 감정에 대한 정직성, 사회복지사의 경험이

나, 감정을 클라이언트의 경험 또는 감정과 분리하는 능력, 사회복지사의 진실성은 클라이언트가 원하는 상태가 될 수 있도록 허용한다. 클라이언트가 사회복지사의 의사소통을 이해하고 편하게 느낄 때 진실성이 드러난다. 사회복지사는 기법을 고정적으로 사용하는 원조스타일을 가져서는 안 된다.

7. 권위와 권한—클라이언트가 욕구충족과 책임완수를 위해 일할 것이고 상황을 해결하기를 원할 것이라고 기대하는 것. 이것은 클라이언트가 현재기능 수준을 넘어서도록 격려하는 것과 목적을 달성하도록 지도와 자원을 제공하는 것을 포함한다. 그것은 클라이언트가 스스로 할 수 있는 것을 하도록 강조하는 것이다. 사회복지사의 지식과 기술은 권위와 권한에 기반을 둔다. 클라이언트는 사회복지사의 권위와 권한이 자신을 지배하고 통제하기 위해 사용되는 것이 아니라 클라이언트의 욕구와 주위의 다른 사람들의 욕구가 긍정적이고 이로운 방식으로 충족되도록 돕기 위한 것임을 알아야 한다.
8. 목적-원조관계는 사회복지사와 클라이언트 양자가 알고 수용하는 목적을 가진다. Beulah Compton과 Burt Galaway는 목적이 모든 것들 중에서 가장 중요한 특징이라고 하였다.

원조과정에서 조언을 하는 것에 대해 몇 가지 다른 견해가 있다. 전통적으로 사회복지사는 조언을 하는 것이 도움이 되지 않는다고 생각해왔다. 조언은 클라이언트를 위한 사회복지사의 해결책이지 상호적인 문제해결의 산물이 아니고, 클라이언트에게 유용하지 않은 것으로 여겨졌다. 그러나 클라이언트들은 조언을 기대하고 받고자 한다. 조언은 원조의 명백한 증거이다. 만약 조언을 해야한다면, 전체가 아니라 일부분을 선택해서 조언을 해야하고, 그 조언은 사회복지사와 클라이언트가 함께 문제 해결하는 과정에서 나온 결과여야 한다. 조언에 의해 해야 하는 어떤 것도 강요하는 방식으로 이루어져서는 안 되고, 최종 결정은 클라이언트가 해야 한다. 이러한 방식으로 이루어질 때 조언은 원조에서 유용한 도구가 될 수 있다. 그러나 조언은 사회복지사가 제공하고 클라이언트가 받되, 클라이언트는 조언을 여러 가지 선택 중 하나로 받아들이는 것이 중요하다. 일반적으로 클라이언트가 정말로 꼼짝 못하거나, 자신이나 다른 사람에게 해로운 상황에 처하거나, 위기에 의해 압도당한다면 마지막 보루로서 조언을 사용하는 것이 가장 좋다.

원조상황의 또 하나의 특징은 클라이언트가 사회복지사를 원조하는 경우이다. 클라이언트는 사회복지사가 환경, 문화, 다양성을 이해하도록 돕는다. 이것은 분명히 도움이고, 도움으로 인식해야 한다. 클라이언트가 원조의 수단으로 유용하고 목적달성에 유용하다고 평가할 때 이것이 바로 도움이다. 그러한 도움의 관점으로 볼 때 클라이언트의 역할이 종속적이거나 우월하다기보다 상호의존적인 것으로 볼 수 있다. 상호의존적 관계는 의존성보다 성장을 촉진하고 클라이언트에게 보다 도움을 준다.

Biestek의 고전적인 개별사회사업관계의 7대원칙과 각 원칙들을 활용하는 사회복지사의 역할을 살펴보면, 사회복지사-클라이언트의 상호작용이나 행동체계에서 사회복지사의 책임을 규정할 수 있다.

- 원칙 1 : 개별화—이 원칙은 "각 클라이언트의 독특한 특성의 인식과 이해, 그리고 원칙과 방법의 차별적 사용"이다. 사회복지사가 선입관과 편견이 없는 입장을 가질 때, 인간의 다양성에 대한 지식을 적용할 때, 클라이언트를 더 잘 이해하기 위해 경청하고 관찰할 때, 클라이언트에 맞추어 움직일 때, 클라이언트에게 감정이입할 때 이 원칙을 사용하는 것이다.
- 원칙 2 : 의도적인 감정표현— 이 원칙은 "클라이언트의 감정 -특히 부정적인 감정-을 자유롭게 표현하고자 하는 욕구"와 관련된다. 사회복지사가 클라이언트에게 편안한 환경을 조성하여 클라이언트가 도움받기 원한다는 것을 표현할 때, 클라이언트가 감정을 표현하도록 격려하고 클라이언트의 감정표현에 귀 기울일 때, 그리고 클라이언트의 상황을 이해하기 전에 조언과 해결을 제공하지 않고자 할 때 이 원칙을 사용하는 것이다.
- 원칙 3 : 통제된 정서적 반응—이 원칙은 "클라이언트의 감정에의 민감성, 그 감정의 의미에 대한 이해, 그 감정에 대한 목적적이고 적절한 반응"을 의미한다. 클라이언트의 욕구에 대한 사회복지사 자신의 반응을 조종하면서 사회복지사가 의도적으로 어떤 방법을 선택해서 클라이언트에게 감정 수준에서 반응할 때 이 원칙을 사용한다.
- 원칙 4 : 수용—이 원칙은 클라이언트를 있는 그대로 인식하고 다루는 것을 말한다. 그것은 클라이언트의 강점과 한계, 마음에 들거나 들지 않는 특성, 긍정적이거나 부정적인 감정, 건설적이거나 파괴적인 태도와 행동들을 인정하고 활용하는 것을 포함한다.

- 원칙 5 : 비심판적 태도—이 원칙은 "사회복지의 기능이 유죄, 무죄 또는 문제의 원인이나 욕구에 대해 클라이언트의 책임의 정도를 매기지 않는 것"을 의미한다.
- 원칙 6 : 클라이언트 자기결정—이 원칙은 "사회복지실천 과정에서의 결정과 선택의 자유에 대한 클라이언트의 권리와 욕구"를 인정한다. 사회복지사는 클라이언트가 문제와 욕구를 명확하게 보고, 적절한 자원들을 획득할 수 있도록 돕고, 사회복지사와 클라이언트가 함께 일할 수 있는 환경을 만듦으로써 이 원칙을 수행한다.
- 원칙 7 : 비밀보장—이 원칙은 전문적인 관계에서 클라이언트 자신과 관련된 정보의 비밀을 보장받는 클라이언트의 권리를 말한다. 전문적이고 법적인 의무의 범위 내에서 사회복지사와 클라이언트의 권리와 비밀보장의 한계를 설명하는 것은 사회복지사의 역할이다.

이러한 원칙들은 전문적인 원조관계를 이끌어가기 위해 사용된다. 이 원칙들은 클라이언트-사회복지사 행동 체계가 클라이언트의 욕구충족을 위해 활동할 수 있는 풍토를 조성하도록 돕는다. 또한 이 원칙들은 다른 2인 행동체계에도 선택적으로 적용할 수 있다.

원조 관계에 영향을 미치는 요인

클라이언트와 사회복지사간의 다양성으로 인한 차이가 행동체계의 기능에 영향을 미친다. 여기에는 사회복지사와 클라이언트가 인종이나 민족 배경이 다른 상황, 사회복지사의 성별이 클라이언트와의 상호작용과 활동이 이루어지는 환경에 영향을 미치는 것 등이 포함된다. 다양성이 존재하는 원조관계에서 여러 가지 장애물이 존재한다.

1. 상대방 문화에 대한 무지—사회복지사와 클라이언트 모두 타인의 문화나 상대편의 다양성에 대한 지식의 결여 때문에 고정관념이 생기는 경향이 있다. 상대방에 대한 두려움 역시 지식이나 이해가 부족한 결과이다. "좋다", "나쁘다"하는 부적절한 판단이 내려질 수 있고, 원조노력에서 필요한 상호신뢰와 공유를 부정하는 사회적 거리도 자주 나타난다. 특히 클라이언트의 전통적인 의사소

통 패턴에 대한 지식의 결여는 중요한 문제이다.

2. 상대편의 문화나 다양성에 대한 태도—부정적인 태도는 다른 문화나 다양한 요소들에 대한 제한된 지식으로부터 나왔을 것이다. 또한 이러한 태도는 상호 작용을 해왔던 동일한 문화적 · 인종적 집단 또는 자신이 속해져서 상호 작용하던 문화적 배경이 다양한 집단에서의 부정적인 경험으로부터 만들어졌을 수도 있다.
3. 다른 기회들의 유용성—문화적 배경이 다르거나 다양한 집단의 구성원들은 다른 기회들을 갖는다. 사회복지사가 기회의 차이를 이해하지 못할 때 사회복지사는 클라이언트가 도움을 활용하는 방법에 대해 비현실적인 기대를 가질 수 있다. 이러한 것은 적절한 자원의 활용과도 관련이 있다. 어떤 자원들은 특정 집단에는 유용하지 않을 수 있다. 예를 들면 감정표현을 허용하지 않는 문화나 제한된 언어적 표현을 하는 문화, 행동지향적인 문화에서는 전통적인 언어치료는 상당히 어려울 것이다. 어떤 자원들은 특정 인종 집단에 유용할 것이다. 예를 들면 Native American들은 전통적으로 종족의 주술사나 연장자를 자원으로 활용한다. 그들은 또한 Bureau of Indian Affairs의 지원과 재정적 원조 자원을 가지고 있다.
4. 사회적 · 문화적 기대간의 갈등—이러한 것들은 원조상황에서 문제 해결에 종종 어려움을 준다. 클라이언트는 이러한 갈등들을 인식하기 어렵고, 사회복지사는 갈등을 알아차리지 못할 수 있다.

문화적 배경이 다양한 집단의 구성원들인 클라이언트들은 심한 억압과 차별의 결과로서 낮은 자존감을 가지고 있을지도 모른다. 이것은 상황의 해결에 대한 낮은 기대, 특수한 관계에 대한 욕구, 그리고 자신에 대한 낮은 평가를 초래할 수 있다. 다른 세계관, 시간활용에 대한 다른 기대, 남성과 여성의 행동에 대한 다른 기대가 있을 수 있다. 이러한 것들은 활동관계를 개발하는데 방해가 된다. 클라이언트는 다른 문화나 다양성을 가진 사람에 대해 낮은 신뢰감을 가질지도 모른다. 이것은 고통과 분노를 만들었던 과거 관계의 결과일 수 있다. 낮은 수준의 신뢰감을 가진 클라이언트는 원조노력을 방해하는 은밀한 기제를 사용한다. 존경을 표현하는 어떤 방법이 오해를 불러일으키기도 하고, 생각과 감정을 표현하는 어떤 방법과 의사소통 패턴은 특히 다루기 힘들 수 있다. Ann Brownlee는 문화 간에 특수한 정보의 의사소통에 적당한 상황, 말의 속도, 금기, 비밀보장의 규칙, 정서 · 감정 · 평가의 표현, 침묵의 의미, 비언어적 의사소통의 형식과 내용, 설득과 설명의 방법 등에서 의사소통의 차이가 존재할 수 있다는 것을 확인했다.

다양한 문화적 환경에서 효과적으로 활동하기 위하여 사회복지사는 다양한 욕구들, 문화간 의사소통의 복잡성, 자신의 편견과 선입견을 이해해야 하고 또한 차이(differencel)에 대한 정확한 개념과 차이에 대한 포용력을 개발해야 한다.

생태체계강점접근을 사용할 때, 사회복지사는 클라이언트와 클라이언트의 생태체계 내의 강점과 자원을 발굴해내는데 있어서 부지런하고 유연성 있고 창조적이어야 한다. 자유와 포용에 대한 공공연한 신념과 반하여 미국은 소수민족 특히 유색인종에 대한 억압과 차별의 역사를 가지고 있다. 편견과 차별은 다른 문화를 약하고 열등하고 바람직하지 않은 것으로 보기 때문에 나타난다. 따라서 우세하지 않은 문화는 물론 우세한 문화의 구성원들 역시 다른 문화의 강점을 찾는데 익숙하지 않다. 사회복지사는 판단하지 않으려 하지만, 지배적인 문화에서는 이러한 것들이 만연하여 깊이 새겨져 있기 때문에 모든 선입견과 고정관념을 벗어나기가 어려울 것이다. 사회복지사가 강점을 찾는 경향을 가지고 있을지라도 다른 문화를 경험해 보지 못했거나 그에 대한 연구가 없다면 이러한 강점을 완전히 알 수는 없을 것이다. 그럼에도 불구하고 사회복지사와 클라이언트가 강점과 긍정적인 기회를 찾는 진실된 노력을 한다면 그들은 문화적인 편견의 부정적인 영향을 극복할 수 있다.

성(gender)은 관계에 영향을 미치는 또 다른 요소이다. 사회복지 문헌은 원조노력에서 사회복지사의 성의 영향을 거의 다루지 않고 있다. 여기에는 능숙한 사회복지사는 남성과 여성 클라이언트 모두와 일을 할 수 있어야 한다는 가정이 존재하는 듯하다. 이것은 사실이지만 사회복지사는 전문적 관계에서 성적요소를 좀 더 알아야 한다. 한 연구는 남성 사회복지사와 여성사회복지사가 여성 클라이언트를 사정했을 때, 남성 사회복지사는 여성 사회복지사보다 이 클라이언트를 덜 성숙하고 덜 지성적인 것으로 보았다. 남성 사회복지사에 비해서 여성 사회복지사는 여성이 정서표현의 욕구가 더 크고 가정이나 가족에의 관여의 욕구가 적은 것으로 생각한다. 남성 사회복지사와 여성 사회복지사간의 지각의 차이는 존재하는 듯하다. 이러한 지각의 차이는 아마도 성 역할 사회화의 결과일 것이며 전문적인 관계에 영향을 줄 수 있다.

Joanne Mermelstein과 Paul Sundet은 시골지역 클라이언트들이 성적인 요소에 기대의 차이를 갖고 있음을 발견했다. 여성 사회복지사–여성 클라이언트 상황에서 클라이언트는 양육, 모성, 우정을 기대한다. 여성 사회복지사–남성 클라이언트 상황에서 클라이언트는 자신이 갖고 있는 남성성의 개념과 상반되게 여성 사회복지사로부터 도움을 받기를 바란다. 여성 사회복지사와의 상호작용도 금기에 의해 영향을 받는다. 남성 사회복지사와 여성 클라이언트의 상황에서 남성 사회복지사는 여성을 돌보는 전통적인 역할을 하는 것 같다. 여성 클라이언트는 남성 사회복지사가 자신을 지지해 주고 도덕적인 지도와 명확한 지시를 해 주기를 기대한다. 남성 클라이언트와 남성 사회복지사 상황에서 남성 클라이언트는 남성 사회복지사가 그의 남성다움을 알아주기를 기대한다.

Louise Johnson, Dale Crawford, Lorraine Rousseau는 전통적인 Sioux Native American 문화에서 여성 클라이언트의 가정에 남성 사회복지사가 혼자 방문하는 것은 잘못이라는 것을 발견했다. 전통적인 문화에서 남성 사회복지사는 관련된 남성을 통하여 가야하고 여성은 남성 관련자를 통하여 말한다.

사회복지사는 클라이언트의 관점에서 남성과 여성행동에 대한 기대를 이해해야 하고, 이러한 체계들 내에서 행동체계를 개발하고 관계를 이해하고 사용할 것을 고려해야 한다. 사회복지실천에서 사회복지사와 클라이언트 모두에게 성의 영향력이 있음을 알아야 한다. 사회복지사는 또한 그들의 성적 기대가 어떻게 전문적 관계에 영향을 미치는지를 이해해야 한다.

사회복지사와 클라이언트 간에 존재할 수 있는 다른 차이는 노인 클라이언트–젊은 사회복지사, 노련한 부모–미혼 사회복지사, 배우지 못하고 가난한 클라이언트–교육을 많이 받은 중산층 사회복지사, 동성애 클라이언트–이성애 사회복지사 또는 반대의 경우, 위법자–규칙을 준수하는 모범행동 사회복지사 등이다. 이러한 예를 비롯하여 다른 차이들은 모두 행동체계의 기능, 원조 관계에 영향을 미친다.

사회복지실천에서 맥락이라는 요인이 관계요소에 어떻게 영향을 미치는지에 대해서도 거의 관심이 기울여지지 않았었다. 시골지역에서의 사회복지실천에 관한 문헌들은 실천의 맥락에 관심을 가져야 한다는 것을 지적해왔다. Sundet와 Mermelstein의 연구는 실천에서 맥락의 중요성을 설명하고 있다. 그들은 사회복지사가 새로운 시골지역에 들어올 때 클라이언트 입장에서 위험부담이 거의 없는 사회복지 역할이 가장 효과적임을 발견하였다. 아마도 이러한 연구결과는 사회복지사와 클라이언트 사이에 존재하는 맥락요인 중 문화적 요인에 대한 유용한 원칙을 제공할 것이다. 시골지역에서 비밀보장은 관계에서 새로운 양상을 갖는다.

사회복지사는 행동체계에서 클라이언트를 관여시키지 않는 2인 관계에 대해서는 거의 관심이 없었다–예를 들어 교사나 목사, 또는 지역사회 지도자와의 관계–그러나 사회복지사는 클라이언트에게 서비스를 제공함에 있어서 특히 생태체계 강점접근에서는 이러한 행동체계를 자주 활용한다. 상호작용 관점에서 이러한 체계를 논의할 때 Yvonne Fraley는 이러한 관계의 양상을 사정할 때 다음의 6가지 변수를 활용하면 상호문제해결이 보다 효과적이라는 것을 제시했다: (1) 사회복지사의 지위 ("한 사람의 행동가")–즉 기관이나 지역사회 체계에서 한 사람의 행동가(actor)의 위치 (2) 관계에서 한 사람의 행동가의 목적 (3) 또 다른 행동가 ("두 번째 행동가")의 위치 (4) 다른 행동가의 목적 (5) 사용되는 의사소통의 형태(언어적, 문자, 비언어적 매체 등 (6) 각 행동가가 활용하는 영향 미치는 방법 (문제 해결, 교사–학습자, 원조자–피원조자 등). 이러한 종류의 분석은 클라이언트가 아닌 사람의 행동체계에서 두 명의 행동가가 함께 활동해야 하는 필요성을 말해 준다. 만약 각자의 목적이 양립한다면, 만약 한 명의 행동가가 다른 한 명의 지위에 위협을 느낀다면, 그리고 의사소통의 형식과 영향을 미치는 방법을 신중하게 선택한다면 바라는 결과를 얻는데 좋은 기회가 될 것이다.

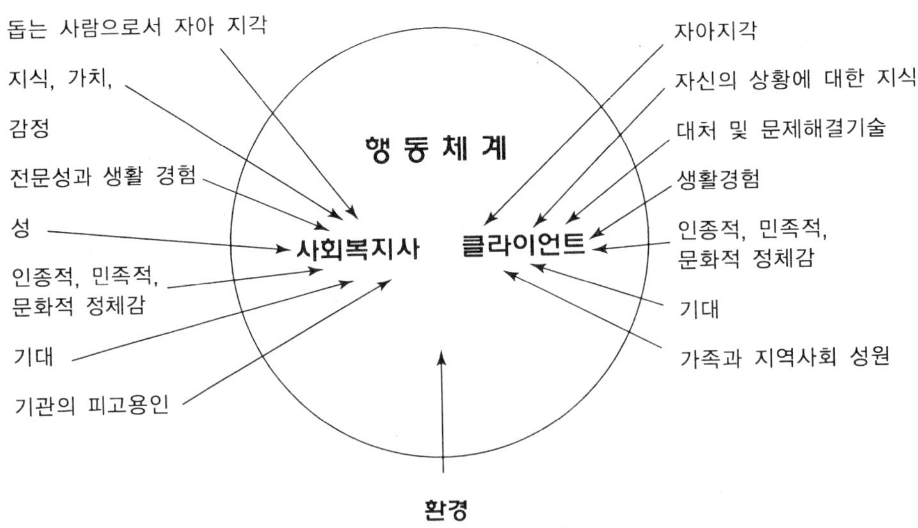

[그림 8–1] 관계

행동체계의 이러한 특성 외에도, 행동가들(사회복지사-클라이언트 또는 다른 사람)의 특징, 상호작용이 발생하는 상황, 두 사람의 관계는 함께 하는 활동이 바라는 성과를 만들어내는데 중요한 요소가 된다. 개개인은 체계로 많은 것을 가져온다. 사회복지사는 이러한 요소들을 알아야 하고 다른 사람들과의 기능적인 활동 관계를 개발하여 그것을 활용해야 한다[그림 8-1, p.230 참고].

관계는 원조 노력과 행동체계의 최종 목적이 아니다. 관계는 행동체계를 유지하는 역할을 하고, 행동체계가 잘 기능할 수 있도록 하는 필수 요소이다. 그것은 어떤 갈등도 없고, 모든 것이 행복하고 온정만 있는 관계가 아니며, 또 과도하게 의존적인 관계도 아니다. 그것은 갈등을 개방하고 살펴보고 상대방의 지위를 존중하는 관계이다. 그것은 활동하는 관계이고, 관계의 목적은 클라이언트의 욕구를 달성하고 성장과 변화를 촉진하기 위한 과업을 성취하는 것이다.

의사소통

효과적인 의사소통은 기능적인 행동체계의 중요한 요소이기 때문에 사회복지사는 좋은 의사소통 기술을 개발하는 것이 중요하다. 의사소통은 둘 이상의 사람들 간에 메시지를 보내고 받는 것이다. 효과적인 의사소통은 상황 속의 개인들이 정확하게 다른 사람의 메시지를 파악하고 수신자가 의사소통의 목적을 촉진하도록 송신자에게 행동하거나 반응할 수 있게 메시지가 전해지는 것이다. 사회복지 상호작용에서 의사소통의 목적은 다음과 같다:

1. 강점과 자원을 포함하여 원조노력에 필요한 정보수집
2. 클라이언트와 생태체계 내에서 강점과 자원에 기반 하여 욕구를 충족할 수 있는 아이디어, 감정, 방법을 탐색
3. 감정이나 생각들을 표현
4. 행동체계의 활동을 구조화
5. 지지, 정보제공, 조언, 격려, 필요한 지침을 제공하는 것

의사소통은 과정이다. 송신자는 메시지를 개념화하고, 메시지는 전달자(목소리나

시각적 산물)를 거쳐 채널(감각기관 그리고 현대의 기술적 수단들)을 통하여 수신자에게 보내지며, 수신자는 메시지를 인지적 · 감정적으로 해석한다. 이것은 반응, 즉 또 다른 메시지와 행동을 만들어 낸다. 반응은 피드백, 즉 송신자가 효과성을 평가할 수단들을 만들어낼 수 있다. 과정의 또 다른 요소는 방해나 소음이다. 방해는 메시지가 채널 내에 있는 동안 과정 외부로부터 영향을 미치고 송신자에게 도착할 때 그것을 파괴하는 것들로 구성된다(그림 8-2 참조).

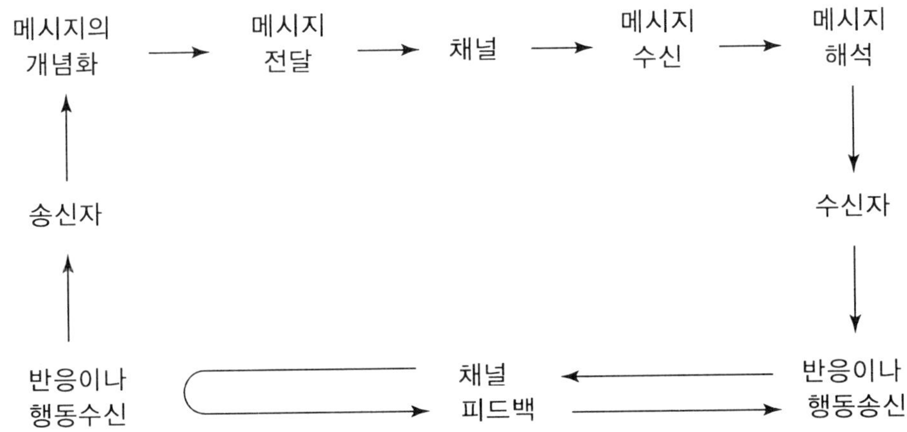

[그림 8-2] 의사소통

과정의 각 부분은 의사소통의 효과성을 방해하는 특정 기능과 특수한 문제들을 가지고 있다. 송신자는 수신자가 이해하는 방식으로 메시지를 개념화해야 한다. 이것은 수신자가 메시지를 다루는 방식, 아이디어와 정보를 해석하는 방식을 이해해야 한다는 의미이다. 메시지의 전달은 언어를 통해서 뿐만 아니라 비언어적인 방식으로도 일어난다. 비언어적 의사소통은 목소리의 톤과 행동, 몸짓, 얼굴표정, 신체위치를 통하여 일어난다. 송신자의 동기, 욕구, 감정, 태도는 메시지가 전달되는 방식에 영향을 미친다. 메시지는 내용-특수하게 사용되는 단어-과 의미-내용이 다루어지는 방법-를 가진다. 단어의 선택, 아이디어와 단어의 순서, 유머와 침묵의 사용 등 모든 것들이 메시지의 질과 관련된다.

단어의 의미에서는 문화적 · 개인적 차이에 특별히 관심을 가져야 한다. 문화는 태도, 가치, 신념을 가지고 단어를 해석하는 방식에 영향을 미칠 수 있다. 문화적 양상

외에도 개개인은 독특하고 개인적인 생활 경험을 갖고 있다. 예를 들어, '어머니' 라는 단어를 보자. 어머니와 따뜻하고 애정이 있는 관계를 가진 사람은 그 단어에 긍정적인 감정을 가질 것이다. 그러나 어린 나이에 어머니의 죽음을 경험한 사람은 '어머니' 라는 단어에 아마도 슬픔과 상실을 느낄 것이다. 형제, 자매조차도 자신의 개인적인 지각에 따라 어머니에 대한 다른 생각을 가질 수 있다.

메시지가 채널을 통해 전달될 때 메시지가 왜곡될 가능성이 크다. 과거 경험, 문화적 · 사회적 요구, 송신자의 정서는 메시지를 왜곡시킨다. 외부자극, 근심거리, 책임감 등 주의를 산만하게 하는 요인들도 메시지를 왜곡시킨다. 메시지의 왜곡과 소음을 이해하는 것은 의사소통의 상호교류적 특성을 이해하는 것이다.

메시지를 수신하는 방식 역시 메시지의 효과성에 영향을 미친다. 수신자는 송신자의 의도와 다소 다른 방식으로 메시지를 인식하거나 해석할 수도 있다. 수신자는 의도된 대로 메시지의 의미를 해석하지 않거나 메시지의 일부만 받을 수도 있다. 메시지가 잘 수신되고, 송신자가 의도한 메시지가 충분히 유사하다면 피드백은 의사소통을 효과적으로 만드는 수단이다. 피드백은 또한 원래의 메시지의 문제점들에 영향을 받는다.

효과적인 의사소통은 송신자가 의도한 것이 결과적으로 이뤄지는 의사소통이다. 효과적인 메시지는 다음과 같은 특성을 갖는다.

1. 언어적, 비언어적 메시지의 일치
2. 수신자가 단순하고, 구체적으로 이해할 수 있는 메시지
3. 송신자가 의미하는 것을 수신자가 이해할 수 있는 메시지
4. 수신자가 동시에 받는 다른 메시지들 사이에서 이 메시지의 중요성을 알 수 있도록 충분히 반복되어야 함
5. 심리적인 요인과 실제 소음이 충분히 감소되어야 함
6. 수신자가 피드백을 요구하고, 원래의 메시지를 수신하였다는 것을 확신하는데 충분한 시간을 가질 수 있는 경우

의사소통의 효과성은 메시지 송신자의 진실성과 정직성에 영향을 받는다. 송신자의 능력과 신뢰성을 믿는 수신자는 메시지와 메시지가 기대하는 바를 받아들이는 경

향이 있을 것이다. 효과적인 의사소통을 하는 사람들은 함께 의사소통하는 사람들의 감정과 상황에 맞추어 의사소통을 조율하고 상대방에게 민감하다. 그들은 과도하게 공격적이거나 대결하지 않으면서도 자기주장을 한다.

클라이언트가 아닌 다른 전문가, 클라이언트 환경에 의미 있는 타자, 또는 클라이언트의 욕구 달성을 방해하는 상황에 어떤 식으로든 관여된 다른 사람들과 1:1 의사소통을 하는 경우가 종종 있다. 이러한 관계는 조직이나 지역사회의 변화에 초점을 맞추고 있을 때 특히 중요하다. 이 섹션에서 논의되는 의사소통의 원칙은 클라이언트와 관련되지만, 협상적이거나 적대적인 성격의 의사소통 또는 클라이언트가 아닌 사람과의 상호작용에도 적용할 수 있다. 사회복지사가 상대방이 자신과 다른 시각을 가진 것을 알았을 때 명확한 의사소통은 반드시 필요하다. 때때로 메시지를 명확화 함으로써 이러한 차이가 해결될 수 있다. 차이를 명확하게 이해할 때 일이 진전되는 경우도 있다.

Brett Seabury는 사회복지사가 클라이언트와 중요한 타인들과의 의사소통에서 직면할 수 있는 여러 가시 문세점들을 확인했다.

1. 이중메시지 : 두 개의 대립되는 메시지를 동시에 또는 차단된 상태로 연속적으로 보내는 것
2. 모호한 메시지 : 수신자에게 거의 의미가 없거나 여러 개의 가능한 메시지를 가지고 있는 경우
3. 지시하는 대상의 혼돈 : 단어가 개개인에게 다른 의미를 가질 경우 또는 의사소통에 관계되는 다른 사람이 이해하지 못하는 전문용어인 경우
4. 선택적 집중과 해석 : 이것은 메시지의 왜곡이나 의미의 혼돈을 초래함
5. 과부하 : 한 번에 수신자가 해석하고 반응할 수 있는 것보다 더 많은 메시지를 받는 경우
6. 관습이나 순서의 불일치 : 이것은 기대되거나 관습적인 행동 패턴을 따르는데 메시지의 순서가 잘못된 경우
7. 조정자 양립불가능(Regulator incompatibility) : 메시지를 교환할 때 한 편의 의사소통을 조정하는 말하기, 듣기의 패턴과 눈맞춤이 다른 한편에게 알려지지 않거나, 사용되지 않거나, 받아들여지지 않는 경우

효과적인 의사소통의 다른 장애물들은 부주의, 의미를 이해했다고 가정하는 것,

메시지를 교환할 때 (숨겨진 아젠다를 가지고) 다른 의도로 의사소통을 하는 것이다. 문화가 다른 경우에 의사소통은 특히 문제가 많은데 메시지의 구조가 문화마다 다르기 때문이다. 같은 언어를 사용하더라도 단어를 다르게 사용하거나 다른 의미를 가질 수 있다. 각 문화마다 그 문화의 방언과 표현을 가지고 언어의 배합(형식)도 다르다. 그러한 차이는 메시지를 듣는 것에 어려움을 가져오며 커다란 오해를 만들 가능성이 있다. 행동체계가 목적을 달성하도록 하기 위해 사회복지사가 기능해야 한다면 효과적인 의사소통의 장벽을 극복해야 한다. 사회복지에서 의사소통은 대화이다. 사회복지사와 클라이언트는 개방적으로 말하고 상호이해를 추구한다. Floyd Matson과 Ashley Montagu는 The Human Dialogue 도입에서 의사소통을 다음과 같이 말했다.

"의사소통은 "명령"이 아닌 "교환"이고, 가장 고도의 지식은(세계의, 자신의, 타인의) 분리가 아닌 연결을 통해, 객관성이 아닌 상호주관성에 의해, 멀어진 격리가 아닌 사랑의 행동으로 닮은 어떤 것에 의해 추구되는 것이다."

이것이 가장 효과적인 형식의 의사소통의 본질이다. 이러한 의사소통은 함께 일하는 상호작용의 과정에 활력과 영양분을 주고 유지한다.

면담 : 상호작용의 도구

면담은 사회복지사에게 기본적인 도구이다. 그것은 사회복지사와 클라이언트간의 상호작용을 작동하기 위한 구조이다. 사회복지사는 각자 자신의 면담 스타일을 개발한다. 면담은 예술이고 기술이며, 그것을 행함으로써 면담방법을 배우게 된다. 면담에 대한 지침은 면담 방법을 배우는데 도움이 될 수 있다. 이러한 지침들은 면담을 준비하고, 면담 단계를 알고, 면담 기술을 개발하는 것을 포함한다.

각각의 면담은 특수한 목적이나 목표를 가져야 한다. 일반적으로 면담의 목적은 어떤 과업이나 기능을 수행하기 위해 필요한 정보를 얻거나 클라이언트의 욕구에 대처하고 그의 문제를 해결하기 위해 함께 활동하는 것이 될 수 있다. 특정 면담의 목적은 함께 하는 활동의 단계, 기관의 기능, 서비스 방법, 클라이언트의 욕구, 상황의 본질에 따라 다를 것이다. 면담의 목적 뿐 아니라 다음과 같은 여러 변수들이 면담의 특징에 영향을 미친다.

1. 면담이 어떻게 시작되었는가? 클라이언트의 자발적인 행동인가? 공식적, 계획적, 정기적인 면담인가? 아니면 클라이언트의 요구에 부합된 것인가? 클라이언트의 생활공간에서 일상적인 활동과정 중에 면담이 이루어지나?
2. 면담장소. 사무실, 가정, 입원실, 또는 다른 장소에서 면담이 이루어지는가?
3. 사회복지사와 클라이언트 각자의 경험. 사회복지사와 클라이언트가 이전에 서로 접촉한 적이 있는가? 이러한 만남이 시간 제한적인가 아니면 장기간의 계획인가?

각각의 면담은 다를 것이다. 사회복지사는 면담을 구조화하고 지침을 마련하는데 있어 면담의 목적과 클라이언트의 욕구에 따라 융통성을 가져야 한다. 면담은 상호작용과 관계성을 촉진하는 방식으로 수행되어야 한다.

자원의 제한과 감소, 매내지드 케어의 발전은 간결하고 문제해결에 초점을 맞춘 면담을 더욱 강조하였다. 그 결과 클라이언트와 함께 활동할 수 있는 시간이 제한되었다. 어떤 세팅은 여전히 무제한적이고 개방된 서비스를 제공한다. 그러나 미래에는 분명히 대인서비스 전달체계를 통하여 시간 제한적인 서비스 형식을 취할 것이다.

시간 제한적이라는 것은 사회복지사가 최대한의 효과성을 달성하는데 있어서 효율적인 시간의 사용에 높은 우선순위를 두어야 함을 의미한다. 이것은 클라이언트에 대한 각각의 면담에 해당된다. 이것은 사회복지사가 변화의 목적과 목표를 개발하고 달성하는데 초점이 맞추어져야 함을 의미한다. 이것은 면담이 상호작용과 관계성을 촉진한다는 것과 상반되는 것처럼 보인다. 그러나 사회복지사가 클라이언트에 공감한다면, 사회복지사는 클라이언트가 가져온 근심거리를 해결하는 방향으로 움직일 때 클라이언트의 욕구가 가장 잘 충족된다는 것을 알게 될 것이다. 그 과정에서 클라이언트는 또한 도움 없이 변화를 가져오는 것을 배우게 될 것이다. 이것은 클라이언트의 자기 결정을 최대화하는 사회복지의 가치와도 일맥상통한다. 따라서 클라이언트는 자신의 강점을 만들고 문제해결 기술을 개선시키는 해결중심접근(solution-focused approach)으로부터 이득을 얻을 수 있다. 그것은 관계를 형성하는데 소비하는 시간이라기보다 사회복지사가 클라이언트와 상호 작용하는 방식이다. 클라이언트가 스스로 결정할 수 있는 인간으로서 가치있고 존중받는 존재라는 것을 명확히 할 때 좋은 원조관계가 이루어질 것이다. 이것은 문제해결 과정으로부터 분리된 것이 아니라 문제해결과정의 기본적인 부분이다.

면담 준비

면담을 준비하는 사회복지사는 세 가지 과업을 갖는다. (1) 면담을 위한 환경 계획 (2) 면담 내용 계획 (3) 조율. 이러한 과업들은 클라이언트와 접촉하기 전에 수행되어야 한다.

사회복지사는 면담의 물리적 조건에 대해 생각한다. 사무실에서 면담을 한다면 사회복지사는 함께 일하기 좋은 상태로 사무실을 정리한다. 사회복지사가 책상 뒤에 앉는 것은 클라이언트와 장벽이 될 수 있기 때문에 책상과 의자의 배치도 고려해야 한다. 편안하고 산만하게 만드는 물건이 많지 않은 사무실이 이상적이다. 사회복지사는 전화벨 소리와 문의 노크소리 같은 방해물을 피하려고 노력한다. 사회복지사가 기록하거나 녹음기를 사용하려고 한다면 클라이언트가 완전히 알도록 하지만, 활동을 혼란스럽게 하지 말아야 한다. 다른 사람들이 대화를 듣지 못하는 곳에서 면담할 수 있도록 장소를 마련한다. 사회복지사나 클라이언트가 모두 서두르지 않게 면담시간이 주어져야 하지만 면담이 너무 길지 않도록 한다. 사회복지사의 복장이 클라이언트에게 영향을 줄 수 있다는 것을 생각해야 한다. 사무실 밖에서 면담을 한다면 사회복지사는 클라이언트에게 편하고 방해되는 것이 거의 없는 시간을 선택한다. 예를 들면 가정에서 어머니와 면담을 하려면 아이들이 학교에 있을 때가 가장 좋다.

면담 내용을 계획할 때, 사회복지사는 서비스의 목적과 목표를 상기하고 이러한 특수한 면담의 목적을 확인할 것이다. 수행해야 할 과업을 고려해야 한다. 면담에서는 필요한 부가적인 지식이나 정보를 얻을 수 있을 것이다. 이전의 면담 기록이 있다면 그것을 검토할 수도 있다. 면담의 구조와 질문을 고려해야 한다. 이러한 계획은 면담에 형식과 초점을 주기 위해 행해지지만 사회복지사는 융통성 있게 준비하고 클라이언트가 기대치 않은 욕구를 가지고 있다면 면담의 구조는 변할 수 있다.

조율에 있어서 사회복지사는 먼저 클라이언트의 욕구와 감정을 예상하고, 이러한 감정과 욕구에 대한 자신의 반응을 생각해 보려고 한다. 사회복지사는 효과적인 의사소통을 방해할 수 있는 자신의 감정과 태도를 알려고 해야 한다. 그렇게 자신을 알게 되면 자신의 감정과 태도가 면담에 미치는 영향을 최소화할 수 있다. 사회복지사는 또한 면담을 방해할 수 있는 개인적인 욕구나 어떤 활동과 관련된 태도를 다룸으로써 클라이언트를 도울 준비를 해야 한다.

면담 준비는 사회복지사의 준비성을 촉진하는 한 방법이다. 이것은 클라이언트나 클라이언트와 함께 하는 활동이 중요하다는 것을 클라이언트와 의사소통하는 것이다. 효과적인 면담 방법을 준비하는 것이 바로 사회복지사의 준비성이다.

면담의 단계

모든 면담은 3단계로 진행된다. (1) 시작 단계 또는 초기 단계 (2) 중간 단계 또는 활동 단계 (3) 종결 단계. 각 단계마다 초점과 과업이 다르다. 각각의 면담에서 각 단계마다 일정 정도의 시간이 소요되지만 각 단계에서 필요한 시간은 앞으로의 일과 사회복지사와 클라이언트의 관계에 따라 다르다. 각 단계에는 "작은"변화 과정이라고 불리는 단계가 있다. 다음 3부에서는 변화지향접근으로서의 사회복지실천과정을 살펴볼 것이다. 각 국면은 사정, 계획, 행동, 평가, 그리고 종결이다.

면담의 시작 단계는 관계형성과 사정국면에 상응한다. 중간 단계는 평가, 계획, 행동단계를 포함한다. 중간단계에서는 계획을 실행하는데 나타나는 성공과 장애물을 평가하고, 계획을 지속할지 아니면 수정할지를 결정하고, 성공을 지속시키고 장애물을 제거하기 위해 행동하는 일이 진행된다. 마지막 단계는 면담의 종결 단계이다.

사례

Tim Brown은 지역사회 병원의 사회복지사이다. 그는 Mrs. Hernandez를 의뢰받았다. Tim은 이 클라이언트의 의뢰서를 살피면서 서비스를 시작했다. 의뢰서는 최근에 병원에서 스텝들과 합류했던 레지던트가 작성한 것이다. Tim은 그와 함께 일한 적은 없었기 때문에 이 상황에 그가 합류한 것을 몰랐다. 그는 Mrs. Maria Hernandez가 85세된 미망인으로 히스패닉이라는 것에 주목했다. 의사는 클라이언트가 요양원에 갈 것을 요구했지만, Tim은 그 생각에 반대하며, 질병 외에 다른 요소가 없다면 요양원에 가는 것은 최후의 방법이 되어야 한다고 생각한다.

준비

Tim은 Mrs. Hernandez의 병력을 살펴보기 위해 차트를 보았다. 그녀는 2일전 병원에 입원하였다. 그녀는 스스로 일어날 수 없어서 집의 마루에 누운 채 이웃에 발견되어 입원하였다. 그녀는 호전되었고 어떤 합병증도 없었다. Tim은 수간호사에게 자문을 구하기로 하였다. 그는 이 간호사가 자신에게 매우 무뚝뚝하고 퉁명스럽다는 것을 알고 저항을 예상하여 상호작용에 대해 신중하게 준비하기로 했다. 그는 수간호사의 일이 과중함을 알고 그녀가 덜 바쁜 시간을 선택했다. 그는 필요한 정보를 얻을 수 있는 몇 가지 질문을 생각했다. 첫 번째로 그는 그 간호사가 Mrs. Hernandez와 그녀의 생활 상황에 대해 아는지 묻고, 두 번째로 누가 Mrs. Hernandez를 방문했는지를 알기 원했다. 특히 Tim은 클라이언트의 가족 구성원이 어떻게 되는지에 관심이 많다.

Tim은 Mrs. Hernandez가 매우 불평이 많은 환자였지만 간호사에게는 거의 말하지 않았다는 것을 알았다. 그들은 그녀가 혼자 산다는 것을 안다. 그녀는 영어에 능숙하지 않고, 스페인어로 말하는 것을 더 편해하였다. 신부가 문병을 왔고, 이웃 한 명이 그녀에게 필요한 개인물품 몇 가지를 가지고 왔다. 매일 딸이 전화를 했고, 딸은 내일 중에 도착한다고 하였다. 간호사는 의사의 지시에 따를 것을 말하면서 Mrs. Hernandez에게 요양원 입소가 합당한지 논의하는 것을 거절하였다. Tim은 수간호사와의 활동관계를 유지해야 하고, 그녀가 현재 제공할 의지가 있는 모든 정보를 얻었다고 보기 때문에 더 많은 정보를 요구하지 않기로 결정하였다.

Tim은 Mrs. Hernandez와의 첫 만남을 계획하기 시작한다. 그는 Mrs. Hernandez와 일하는 과정에서 극복해야 하는 언어와 문화 장벽에 대해 고민한다. 그는 병원 스케줄을 고려해서 환자를 보호하면서도 면담이 방해받지 않을 시간을 선택한다. 그는 Mrs. Hernandez의 병실에서 면담을 해야 할 것이며 그 병실에는 다른 환자가 있어서, 가능한 사생활이 보장될 수 있게 대화를 하기 위해서는 침대 옆에 앉아야 한다는 것을 알고 있다. Tim은 언어와 문화 장벽을 어느 정도 극복해야 함을 신중히 생각한다. 통역자가 없기 때문에 그는 최상의 접근은 Mrs. Hernandez가 두 가지의 언어를 구사할 수 있다는 것(그는 아니지만)을 인정하는 것이라고 결정하였다. 그는 두 가지 언어 구사능력이 없음을 사과하고 Mrs. Hernandez에게 이러한 부족함을 보완해 줄 것을 그녀에게 요청하기로 결정하였다. 그는 Mrs. Hernandez와 함께 그녀의 관심사와 퇴원계획을 세울 때 그녀에게 중요한 것이 무엇인지를 탐색할 필요가 있다고 생각하였다. 그는 그녀의 이야기를 들을 필요가 있는데 그녀의 문화를 이해하고 그녀와의 연결고리를 가질 수 있기 때문이다. 그는 또한 그녀가 원하는 것과 퇴원할 때 필요한 자원을 알아내기 위하여 그녀와 의사소통할 필요가 있다. Tim은 클라이언트가 결정과정에 어느 정도 관여해야 함을 보여줄 필요가 있다. 그는 또한 딸이 언제 올지를 알아내고 딸에게 말하는 것에 대하여 Mrs. Hernandez의 허락을 얻을 필요가 있다. 그는 그녀의 현재의 생활 상황과 그녀의 지지망에 대해 보다 긍정적인 감정을 가질 필요가 있다. 이렇게 Mrs. Hernandez를 만날 준비를 하였다.

새로운 클라이언트와의 첫 면담 중에는 관계형성과 사정의 첫 번째 국면에 관심을 기울여야 할 것이다. 마찬가지로 마지막 몇 회의 면담은 종결에 더 초점을 맞출 수도 있다. 그러나 변화과정의 각 국면의 요소들은 각 면담에서 이루어진다. 해야 할 활동에 초점을 유지하도록 돕는 것 외에도 이것은 성공적인 변화에 필요한 세부적인 단계들을 강화하는 이득이 있다.

시작 단계는 사회복지사가 클라이언트의 이름을 부르며 만날 때 시작되고 클라이언트를 편안하게 해 주기 위하여 무엇이든 한다. 성인들과 일할 때 클라이언트가 자신의 이름을 불러달라고 사회복지사에게 부탁하지 않는 한 클라이언트를 공식적으로 호칭하는 것이 중요하다. 이것은 특히 아프리카계 미국인 같은 유색인종에게 중요한데, 이들은 성을 빼고 이름만 부르는 것은 열등하다거나 통제를 표시한다는 것을 경험해 왔기 때문이다. 일반적으로 히스패닉 문화에서 성인들에게 성을 빼고 이름을 부르는 것은 가족체계로 수용된다는 것으로 간주되어 왔다. 사회복지사는 면담에서 클라이언트가 적극적인 참여자가 되도록 하기 위해 긴장을 감소시키고 적대감에 대해서 논의하려 할 것이다. 이것은 마지막 세션 이후에도 클라이언트가 어떤 중요한 사건에 대해 공유할 것을 요구하면 그렇게 할 수 있다. 이것은 사회복지사가 자신의 관심사와 클라이언트를 계속 조율하도록 한다.

시작 단계에서 사회복지사는 면담의 목적을 규정하거나 이전에 만들어진 계획들을 돌아보기도 한다. 이 과정에서 면담의 목적과 어떤 특수한 욕구에 대해 클라이언트와 토의하기도 한다. 사회복지사는 수행할 활동에 대한 클라이언트의 감정을 끌어내고, 필요하다면 면담의 목적과 계획을 수정함으로써 목적과 욕구에 대한 클라이언트의 느낌을 수용한다. 따라서 사회복지사가 보호, 관심, 공감을 보여줌으로써 관계를 설정하거나 재설정하는 동안 현재 상황을 사정하게 된다.

이것이 초기 면담이라면 관계를 설정하고 상황을 초기 사정하는데 많은 시간이 필요할 수도 있다. 다양성의 이슈는 특히 처음 몇 시간의 면담 중에 두드러진다. 사회복지사는 클라이언트에게 다양성에 대해 배우면서 차이의 가치와 다양성을 존중하면서 의사소통해야 한다. 그러나 어느 정도의 시간은 해야 할 일을 착수하는데 할애해야 한다. 클라이언트의 욕구충족에 대해 사회복지사와 클라이언트의 생각이 다를 수 있기 때문에 사회복지사는 그들이 다음 주 동안 할 일이 무엇인지 클라이언트에게 물어야 한다. 여기에는 이것을 수행하기 위한 계획도 포함된다.

해야 할 일에 대해 클라이언트가 진전시킬 준비가 되면 사회복지사는 면담의 초점을 변화시킨다. Lawrence Shulman에 따르면 사회복지사는 "이 활동을 요구"할 필요가 있다. 이것은 거칠고 품위 없는 방식으로 이루어지는 것이 아니라 클라이언트가 활동을 시작할 필요가 있다는 것을 받아들이도록 돕는 확고한 방식으로 행해진다. 중간 국면은 그 다음에 시작된다. 이 국면에서 진행될 내용은 과업에 따라 다르겠지만 계획의 성공 평가, 계획의 수정과 지속, 그리고 계획을 수행하거나 장애물을 제거하기 위해 필요한 행동들을 포함해야 한다. 사회복지사는 클라이언트의 진행속도 뿐 아니라 제한된 시간에 따라 시간감각을 유지해야 하며, 내용이 과업으로부터 벗어날 경우에 초점을 다시 맞추고 목적을 재협상할 필요가 있다면 재협상한다. 또한 사회복지사는 의사소통의 효과성을 모니터해야 한다.

면담을 끝내기로 동의한 시간에 도달하기 전이거나 면담의 목적을 달성하였을 때 사회복지사는 다시 초점을 이동한다. 면담이 끝났을 때 사회복지사는 면담 중에 있었던 일을 요약하고 그것이 제공된 서비스에 어떻게 부합되었는지를 요약한다. 사회복지사와 클라이언트는 함께 다음 단계를 계획하는데, 여기에는 다음 면담 전에 각자가 해야 할 일, 다음 면담의 목적, 목표, 시간, 장소를 정하는 일 등이 포함된다. 이것이 단 한 번의 면담이거나 마지막 면담이라면 클라이언트와 작별인사를 하고, 다른 욕구가 있다면 다시 만날 수 있음을 알려준다.

사회복지사가 각각의 면담에서 종결을 잘 한다면 클라이언트는 서비스의 종결 시점에서 종결 준비를 잘 할 것이다. 그러나 사회복지사가 이것을 잘할지라도 어떤 클라이언트는 종결에 어려움을 겪을 것이다. 이것은 3부에서 자세히 다룰 것이다.

사례

초기 단계

Tim은 자신을 소개하고 침대 가까이로 의자를 가져가서 Mrs. Hernandez가 그의 얼굴을 볼 수 있도록 했고, 그들의 목소리가 옆 침대에 들리지 않도록 했다. 그는 Mrs. Hernandez에게 이웃과 잘 지내는지를 물어봄으로써 그녀의 청력을 알아보았다(여기서 그는 Mrs. Hernandez가 연령 때문에 청력이 좋지 않을 것이라고 가정하기보다 청력에 문제가 있다는 것을 알아냄으로써 클라이언트를 개별화하였다). 그는 명확하게 말하면 그녀가 들을 수 있다는 것을 알았다.

그리고 나서 그녀에게 자신이 누구인지, 그녀의 퇴원 문제에 대해 의논할 것을 의사가 요청했다고 말했다. Tim은 스페인어 기술이 부족한 것에 대해 사과했고, 그녀가 필요한 것을 그가 이해할 수 있도록 도와줄 생각이 있는지 물었다. 만약 그녀가 그렇게 한다면 자신도 그녀의 욕구를 충족시킬 수 있는 계획을 개발하도록 도와주겠다고 했다(그는 관계가 더 잘 형성될 때까지 요양원에 가는 문제나 어떤 특정한 날짜를 언급하지 않았다). Mrs. Hernandez는 동의했고, 요양원 입소 문제로 누군가가 방문할 것이라고 의사가 말했다고 했다. 그녀는 과거 50년 동안 살아왔던 집을 떠나기 싫다고 했다. 그녀는 사람들이 자신을 그저 홀로 남겨두었으면 좋겠다고 했다. Tim은 그녀가 거의 모든 것을 포기한 것처럼 슬퍼한다는 것에 주목했다. 그리고 나서 그는 요양원이 하나의 분명한 가능성이라는 것을 말했다. 그러나 퇴원 후 요양원이 가장 바람직한 보호 계획이라고 말하기 전에 그녀가 원하는 것을 좀 더 알고자 했다. 그는 Mrs. Hernandez에게 그녀가 왜 요양원에 입소해야 하는지에 대해 의사와 대화를 나누지 않아서 그렇게 결정한 이유를 모른다고 했다. 그는 그녀에게 먼저 말하기를 권했고, 그녀와 그녀가 바라는 것에 대해서 알기를 원했다. 그리고 나서, 더 좋은 계획이 있다면 그것을 의사에게 제안할 것이다. 그는 또한 그녀가 요양원 입소 여부를 결정할 것이라고 했다(클라이언트 자기결정). Mrs. Hernandez는 어떤 선택도 생각하지 않았다고 했다. Tim은 아마도 요양원 입소가 거론되고 있지만, 다른 가능성에 대해서도 알 필요가 있다고 대답했다(대화 중에 Tim은 Mrs. Hernandez에게 그녀가 그 문제에 대해 어느 정도는 선택할 수 있고, 그 상황에 대해 어떻게 느끼는지 알기 원한다고 말했다. 그는 일이 진전될 수 있는 방법을 증명하기 위해 토론을 사용하였다).

그리고 나서 Mrs. Hernandez는 슬픔이 가라앉기 시작했고, 요양원 입소에 대한 두려움을 말하면서 다소 동요되었다. 그녀는 자신을 돌볼 수 있으며 집에 돌야기기를 원한다고 말했다. Tim은 그녀의 집이 그녀에게 많은 의미가 있는 것처럼 보인다고 말했다. 그녀의 남편이 지역의 주물공장에서 직업을 얻기까지 그들은 이민 노동자였었다. 그 집은 유일하게 영원한 그들의 거주지였고, 거기서 6명의 자녀를 키웠다. 불행히도 지역경제가 변하여 6명의 자녀가 모두 일을 찾아 떠났다. 그녀는 누구라도 그녀에게서 집을 빼앗는다면 화가 날 것이라고 말했다. 잠시 그런 감정을 표현한 후 그녀는 조용해졌다(이 시간 중에 Tim은 그녀의 감정을 수용하고 그녀의 관심사를 경청하려는 입장을 유지하려고 했다. 일이 진행되기 전에 이 시점에서 이러한 감정들을 표현할 필요가 있음을 알기 때문에 그는 그녀의 동요에 어떤 불쾌감도 표시하지 않는 방법으로 응대하면서 감정을 조절하였다).

중간 단계

그리고 나서 Tim은 어떤 제안을 하기 전에 Mrs. Hernandez와 그녀의 상황에 대해 좀 더 많이 알 필요가 있었다. 그는 병원기록에서 얻어야 할 몇 가지 정보가 있다고 말했다. 이 시점에서 Tim은 몇 가지 실제적인 정보를 요청했으나, Mrs. Hernandez가 그 정보를 주었고 그는 더 자세하게 그 정보들을 탐색하였다. 예를 들면 그가 그녀의 생활 상황을 자세하게 말해 달라고 요청했고, 주변 지역에 범죄가 많이 발생하여 그녀가 여러 번 강도피해를 당했다는 것을 알게 되었다. Mrs. Hernandez의 자녀들은 그녀를 자신들에게로 모셔가고자 했지만, 집을 떠나는 것이 남편의 기억을 배반하는 것으로 느꼈고, 특히 남편의 묘소를 찾거나 돌볼 사람이 없었기 때문에 집을 떠나는 것을 거부했다. Mrs. Hernandez는 자녀들로부터 가끔 받는 돈과 사회보장제도에서 나오는 유족연금으로 살아간다. 작년에는 공과금의 일부를 납부하지 못하여 다양한 설비들이 차단당하였다. 그녀는 전화가 없고 최근에는 가스, 전기, 수도공사로부터 사용금지 경고를 받았는데 입원해 있는 동안 요금을 내지 못하였기 때문이다. Mrs. Hernandez는 또한 의료보호의 수혜범위를 벗어나는 병원비의 많은 부분을 납부하지 못한 상태이다. 그녀의 많은 친구들은 지난 몇 년 동안 사망하거나 이사 갔다. 그래서 당장 친구가 없다(이러한 대화를 하는 동안 Mrs. Hernandez는 함께 일하는 활동에 많은 부분 관여된 듯 했다. Tim은 관계가 시작되고 있다는 것을 감지했다. 그들이 논의의 많은 부분들을 반복할 필요가 있을지라도 Tim은 Mrs. Hernandez의 문화와 언어를 존중함으로써 유대감을 가질 수 있었다).

그리고 나서 그는 가족에 대하여 그녀에게 질문했다. 그녀는 자녀들이 모두 자신의 생계를 연명하고 있고, 자녀들에게 짐이 되는 것을 원하지 않는다고 하면서 이 부분을 이야기하기를 꺼려했다. Tim은 방문하는 딸에 대해 물었다. Mrs.

Hernandez는 그 딸이 가장 친근한 딸이라고 했다. 딸은 물건들을 정리해서 퇴원 후 어머니와 함께 지내면서 보호할 것이다. Tim은 이것이 Mrs. Hernandez와 딸이 미래의 대안을 선택할 때까지 단기간의 계획이라는 것을 의사에게 설명하는데 도움이 필요한지를 물었다. Mrs. Hernandez는 놀라서 "물론 그렇지요. 나는 의사가 나에게 귀 기울이게 할 자신이 없어요"라고 말했다. 그리고 나서 Tim은 딸이 오면 자신이 그녀와 이야기할 수 있는지를 물어보았다. 그는 Mrs. Hernandez에게 아마도 딸 역시 어머니와 함께 있으면서 일어났던 것에 대한 감정을 누군가에게 말할 필요가 있을 것이라고 했다. Mrs. Hernandez는 "그렇지요. 딸이 이것에 대해 말하는 것은 어렵지요. 그리고 나도 내가 해야 하는 것에 대해 생각할 수 있도록 딸이 나를 도와주면 좋겠어요."라고 했다.

종결 단계

이 시점에서 Tim은 그가 일하기에 충분한 관계를 개발해 왔음을 느꼈다. 그는 Mrs. Hernandez에게 요양원 입소가 필요하지 않으며 특히 그녀의 딸이 그녀와 당분간 머물 수 있다면 Mrs. Hernandez를 위한 장기간의 계획에 대해 모녀가 논의하도록 도울 필요가 있다고 생각했다. 그는 Mrs. Hernandez가 자신의 생활 상황을 변화시킬 준비가 되어있지만 지역사회에서 자신의 독립을 유지하도록 도울 유용한 자원이 무엇인지 모르고 있다는 것을 깨달았다. 그는 그녀가 의료보호, 푸드스탬프, 사회보장의 자격이 있지만 이것을 받아들이고 적용하는데 도움이 필요할 것이라는 것을 알았다. 그의 다음단계는 의사와 상황을 논의하고 딸이 상황을 어떻게 보는지 알기위해 접촉하는 것이다.

Tim은 Mrs. Hernandez에게 어떤 다른 관심을 갖고 있는지 물었고 그녀는 "없어요"라고 했다. 그는 그녀가 그의 스페인어에 능숙하지 못한 것을 참고 있는 것에 감사했다. 그녀는 "괜찮아요. 당신은 좋은 사람인 것 같아요"라고 했다. 그는 그녀에게 퇴원 후에 방문하겠다고 했다. 그녀는 끄덕였고 이것에 대해 만족하는 듯 했다.

면담 중 사회복지사가 사용하는 기술

함께 일하면서 지침을 주고, 지지하며, 관계와 효과적인 의사소통을 촉진하는 수단으로서 사회복지사는 면담 중에 6가지 기술을 사용한다: 귀납적 학습과 자연적 조사기술, 분위기 조성 기술, 관찰기술, 경청기술, 특히 반영적 경청,질문기술, 초점화,

지침, 해석 기술, 면담 기술은 특히 적당한 시간에 적당한 반응을 선택하고 사용하는 기술이다. 모든 기술처럼 이것은 일정기간 이상 개발해야 한다. 학생이나 사회복지사는 일상생활에서 의사소통 기술을 사용하면서 자신의 기술을 증진시킬 수 있다. 또한 연습 방법이 많이 개발되어 이러한 기술들을 습득하는 초기단계에 유용하지만, 그것은 기술이 전문적 수준에 도달하는 실제적인 클라이언트 상황에서만 유용하다. 이러한 기술들은 문화적 · 개별적 차이에 민감한 방식으로 활용되어야 한다.

귀납적 학습과 자연적 조사 : 이러한 접근은 5장에서 문화적으로 유능하게 되는 것이 중요하고 모든 다양성의 형태를 포함하도록 확장되는 것이라고 하였다. 귀납적 학습은 세 가지 개념을 갖고 있다. Doman Lum에 의하면 사회복지사는 먼저 문화와 다양성에서 유능해지기 위해 평생 학습적 접근을 취해야 한다. 이는 학습은 멈추지 않고, 생애를 통해 전문적인 개발이 이루어짐을 의미한다. 둘째, 사회복지사는 클라이언트 개개인을 알게 될 때 귀납적 학습을 해야 한다. 사회복지사는 클라이언트 개개인이 다양성을 경험하는 방법의 유사점과 차이점을 발견할 때 새로운 지식을 갖게 된다. 유사성은 문화적 배경이 다양한 집단 구성원들의 이전 관찰을 더욱 확고하게 한다. 차이를 관찰하면서 새로운 학습이 이루어진다. 따라서 사회복지사는 다양성에 대한 지식을 발전시킬 가능성에 대해 폐쇄적이어서는 안 된다. 세 번째 개념은 사회복지사가 다양성을 경험하는 매 시간에 학습자의 역할을 가정하고, 클라이언트는 교사의 역할을 가정하는 것이다. 이것은 클라이언트 개개인이 자신의 다양성 측면에서 전문가이고 개인적인 방식으로 다양성을 경험하는 것을 말한다. Lum은 "본질적인 질문"을 사용할 것을 제안했는데, 이것은 "X는 너에게 무엇을 의미하는가?" 여기서 "X라는 상징은 가족이나 사회경험, 감정, 신념 또는 문화적 의미를 말한다." 개방적 질문과 촉진적 의사소통 기술은 클라이언트의 이야기를 깊게 만들곤 한다.

자연적 질문은 민속학적 방법에서 유래하였다. 그것은 문화에 대해 배우기 위해 귀납적 과정을 사용한다. James W. Leigh는 이것을 모르고 있다는 것을 모르는 입장에서 시작하는 것으로 기술했다. 이것은 사회복지사가 지식을 수집하기 위해 규정된 지침서를 사용하고 현재 상황에 대한 가설과 이 가설에 기반하여 계획을 만드는 연역적 과정을 사용하는 전통적인 사회복지와는 다르다. 전통적인 사회복지는 모르고 있다는 것을 알고, 지식획득과정을 안내하기 위해 이 지식을 사용한다. 모르고 있다는 것을 모르는 것은 클라이언트와의 상호작용에서 알려진 것은 무엇이든 개방되어야 한다는 것을 의미한다. 지식획득은 미리 기술되지 않고, 클라이언트와의 상호작용으로부터 펼쳐진다. 사회복지사는 Leigh가 전반적 질문이라고 한 것이 클라이언트의 경험을 개방하기 위해 계획되는지 질문한다. 클라이언트의 역할은 "문화 안내자"이고 사회복지사의 역할은 "이방인"이다. 이로부터 개방적 상호작용, 계획과 행동이 나온다.

이러한 접근들은 생태체계 강점접근과 부합된다. 사실 Lum은 문화적으로 유능하게 되기 위해 강점 접근을 사용할 것을 지적했다. 덧붙여 클라이언트의 문화 맥락에서 그를 관찰할 필요성이 있는데, 이것이 생태체계 접근을 하는 것이다. 이 장에서 제시한 사례에서 Tim은 Mrs. Hernandez를 단순히 요양원에 의뢰하기보다 그녀가 원하는 것과 그녀에게 유용한 자원을 탐구하기로 결정하였을 때 귀납적 학습을 사용했다. 그는 그녀처럼 두 가지 언어를 구사하지 못함을 사과하였고, Mrs. Hernandez에게 그가 그녀를 이해하게 도와줄 것을 요청하면서 학습자의 입장을 취하였다. 그는 클라이언트에게 교시의 역할을 주었다. 그는 의사나 병원이 제시한 계획이 아니라 클라이언트에게서 나온 정보로부터 계획을 세웠다. Mrs. Hernandez와의 상호작용 중 Tim은 다양한 양상의 논의를 위해 개방 질문을 사용했다. 예를 들면 그녀의 가정에 대해 질문하면서 Tim은 Mrs. Hernandez에게 자신의 집에서 사는 것이 무엇을 의미하는지 물었다. 그는 또한 이웃과 자녀들에 대해 물었다. 이러한 주제들은 Mrs. Hernandez에게 중요했으며 그녀는 기꺼이 이웃과 자녀에 대해 이야기해 주었다. Tim이 요양원 입소나 병원에 머무는 것을 가지고 그녀에게 접근했다면 Mrs. Hernandez는 자신을 개방하지 않았을 것이다. 대신에 그녀는 개방했고 자신에게 중요한 것에 대해 말할 수 있었다.

분위기 조성 기술 : 행동체계 작업에서 가능케 하는 요소들인 이해, 개방, 정직을 만드는 상호작용의 특징으로서 세 가지 요소가 있다. 이러한 세 가지 요소들은 공감, 진실성, 비소유적 따뜻함이다.

공감은 사회복지사가 클라이언트를 수용하고 보호하는 것을 클라이언트에게 의사소통하는 능력이다. 이 시점에서 공감은 사회복지사의 복지보다 클라이언트의 복지를 우선적으로 고려해야 함을 의사소통하는 것이다. 공감은 클라이언트의 감정을 개방적으로 받고 인식함으로써, 클라이언트의 메시지를 정확하게 이해함으로써, 그리고 메시지에 대한 구체적인 피드백을 클라이언트에게 줌으로써 표현된다.

진실성은 사회복지사가 신뢰할만 하다는 것을 클라이언트에게 의사소통하는 사회복지사의 능력이다. 그것은 사회복지사를 그러한 정보에 대한 클라이언트의 욕구를 충족시키는 방법을 가진 사람으로 알게 함으로써 표현된다. 그것은 또한 사회복지사의 언어적 · 비언어적 메시지의 일치성을 반영하는 것이다. 그리고, 진실성은 사회복지사가 클라이언트에게 동의하지 않고 클라이언트의 행동과 의사소통이 불일치할 때에도 클라이언트에게 정보를 제공하는 것을 포함한다. 이러한 기술은 정직을 요구하지만, 정직은 클라이언트의 감정과 관심사에 민감한 방식으로 의사소통된다.

비소유적 따뜻함(nonpossessive warmth)은 관심사나 친밀감에 대한 욕구에 대해 클라이언트와 의사소통하는 능력이다. 이것은 클라이언트가 의사결정을 하도록 하고, 부정적이거나 긍정적인 감정을 가질 수 있고, 가치 있게 느껴지도록 한다. 이것은 비난하지 않고 친근하고 방어적이지 않은 특성을 가진다. 비소유적 따뜻함은 사려 깊음과 친절함, 클라이언트의 성장과 안녕을 기뻐함으로써 클라이언트에게 긍정적인 관심과 존경을 표현한다.

이러한 3가지 요소는 사회복지의 가치와 관련이 있다. 사회복지의 기본 가치 중 하나는 모든 인간의 가치에 대한 신념이다. 이것은 사회복지사가 클라이언트를 개인으로 존중하도록 한다. 이것은 사회복지사가 클라이언트의 모든 행동을 인정한다는 것을 의미하지는 않는다. 어떤 클라이언트는 도덕적으로나 법적으로 잘못된 행동을 한다. 사회복지사는 클라이언트의 결점이나 잘못에도 불구하고 인간으로서 받아들인다. 사회복지사가 이렇게 할 수 있을 때 그는 클라이언트를 개인으로서 판단하지 않고 그의 이야기를 경청할 수 있다. 이것은 사회복지사를 공감으로 이끈다. 인간에 대한 가치에서의 진실된 신념은 사회복지사가 존엄성과 존경을 가지고 클라이언트를 만나게 한다. 그것은 사회복지사가 좋아하지 않는 어떤 것을 클라이언트에게서 발견할지라도 그를 한 인간으로서 돌보아주도록 한다.

모든 대인관계의 분위기는 관계의 성격과 의사소통의 질에 영향을 미친다. 수용의 분위기를 조성하고 유지하며, 성장하도록 하는 분위기는 사회복지사의 레파토리의 중요한 부분이다.

면담은 단지 의사소통의 한 형태이다. 면담에서 사용하는 기술은 덜 공식적인 사회복지 상호작용에서도 사용된다. 그것은 관계를 형성하고, 활용하고, 유지되도록 하는 기술이다. 사회복지실천 1:1 행동체계에서 사회복지사의 책임은 클라이언트에게 접근하여 관계를 형성하고 의사소통의 공통 기반이 마련되도록 하는 것이다. 이를 위해 사회복지사는 클라이언트를 이해하고, 클라이언트의 욕구를 충족시키고, 상황을 해결하기 위해 함께 활동할 의지가 있어야 한다. 의사소통과 관계의 향상은 생태체계 강점접근의 성공에 매우 중요하다. 성장과 변화의 초점은 체계들 간의 상호작용과 상호교류에 있다. 클라이언트와 타인들과의 상호작용, 클라이언트에 대한 타인들의 상호작용을 변화시키는 클라이언트의 능력에 따라 성공이 결정된다. 따라서 사회복지사는 클라이언트가 성장과 변화를 가져오기 위하여 이러한 기술을 습득할 수 있도록 도와야 한다.

여기의 사례에서 Tim은 퇴원하여 딸과 함께 있고 싶어하는 Mrs. Hernandez에게 맞출 수 있을 때 공감할 수 있었다. 그는 스페인어 구사능력이 부족하다는 것을 인정하였을 때 정직과 진실을 증명하였다. 그가 클라이언트의 이야기를 경청하고, 위기에 대처하는 의시를 보여주고, 클라이언트가 원하는 것을 위해 옹호하였을 때 클라이언트에 대한 보호와 관심을 보여줄 수 있었다. Tim의 접근은 Mrs. Hernandez와 함께 활동하면서 긍정적인 분위기를 만들었는데, 이는 클라이언트에게 긍정적인 반응을 가져왔고, 클라이언트의 견지에서 상황을 이해할 수 있게 하였다. 결국 클라이언트의 기대와 자원은 Tim이 클라이언트와 함께 성공적인 계획을 개발할 수 있었던 기반이었다.

관찰기술 : 클라이언트는 비언어적 · 비행동적인 방식으로 정보를 주고 감정을 표현한다. 그들은 또한 다른 정보가 주어지고 논의되는 방식으로 정보를 제공하고 감정을 표현한다. 클라이언트가 실제로 있는 상황에 관심을 갖고, 클라이언트의 언어적 표현의 타당성을 체크하고, 피드백을 목적으로 할 때 이러한 비언어적 자료에 대한 민감성은 유용하다. 사회복지사는 다음의 내용을 관찰해야 한다.

1. 신체언어 : 클라이언트가 앉는 방식, 책상 두드리기, 얼굴표정 같은 행동으로 무엇을 말하는가?
2. 시작하고 마치는 문장의 내용 : 이러한 문장은 특히 중요한 자료를 내포하는 경향이 있다. 이런 문장은 클라이언트와 환경에 대한 클라이언트의 태도를 이해하는 실마리를 준다.

3. 대화의 전환 : 항상 유사한 주제에서 대화가 전환될 때 이러한 전환은 특정 주제가 고통스럽고 금기시 되거나 클라이언트가 논의하기를 원하지 않는 것임을 보여준다.
4. 관련된 생각 : 클라이언트가 말하지 않은 감정을 사회복지사에게 알려줄 수 있는 다른 관련된 생각을 관찰하는 것.
5. 반복되는 것을 참고하기 : 클라이언트가 지속적으로 한 가지 주제를 가지고 올 때 그 주제는 클라이언트에게 또는 클라이언트가 돕기 원하는 사람에게 중요한 주제이다.
6. 불일치나 차이 : 불일치나 차이가 존재하는 것은 지금 논의하는 내용이 클라이언트에게 위협적이거나 이 시점에서 공개적으로 나눌 생각이 없음을 보여주는 것이다.
7. 스트레스나 갈등의 요점 : 다양한 문화적 배경을 가진 행동체계에서 스트레스나 갈등은 클라이언트의 기능에 대한 문화적 양상을 부적절하게 알고 있다는 것을 보여주는 것이다. 이것은 클라이언트의 입장에서 또는 편견이나 선입견을 갖고 오해를 초래할 수 있다.

사례

Tim은 Mrs. Hernandez의 의사를 만났다. 그는 자신을 Mrs. Hernandez를 담당하고 있는 사회복지사라고 소개했다. 의사는 퉁명스럽고 서두르는 태도로 "언제 그녀가 요양원에 갑니까?"라고 물었다(이러한 의사소통 태도 때문에 Tim은 흥미를 잃었다. 그는 경청에 장애를 만들었다. 반면 의사는 Mrs. Hernandez를 요양원에 보내는 것과 관련해서 Tim에게 말할 것을 생각하고 있을 것이다. 따라서 그는 주어진 메시지를 들을 준비가 되어 있지 않았다). Tim은 Mrs. Hernandez의 딸이 내일 도착할 것이고 그녀가 잠시 동안 어머니를 돌볼 수 있는 것 같다고 말했다. 그는 만약 Mrs. Hernandez의 상황이 그렇다면 이것은 지금 상황에서 실행해 볼 만한 계획이라고 생각한다(Tim은 의사에게 요양원이 바람직한 계획이라고 생각하지 않는다고 딱 잘라 말했다. 의사는 Tim의 이런 말과 태도를 자신의 권위에 도전하는 것으로 보기 때문에 Tim의 이런 말과 태도는 오히려 앞으로의 의사소통에 장애가 될 것이다. 대신 Tim은 의사에게 새로운 정보를 주고 그 의사가 새로운 정보에 따른 계획이 더 나은지를 결정하는데 관여하도록 한다).

의사는 "좋습니다. 만약 누군가 그녀와 함께 머문다면 집으로 퇴원해도 좋습니다." 그러나 의사는 그녀가 집에 혼자 있는 것은 원하지 않았다. 80세의 여성노인이 혼자 사는 것은 너무 위험한 일이다(이 대화를 통해 Tim은 의사의 계획이 Mrs. Hernandez의 특수한 의료적 상황과 관련되지도 않으면서 80세 여성노인에 대한 선입견에 따른 것이라고 생각하였다. 이러한 것은 Mrs. Hernandez와 그녀의 특수한 욕구에 대한 논의를 방해한다). Tim은 딸이 어머니를 돕기 위해 어떤 준비를 했는지 알아보러 가겠다고 의사에게 말했다. 그는 Mrs. Hernandez는 자신의 생활 상황을 변화시킬 준비가 되어 있고, 어머니와 딸의 장기 계획을 수행할 수 있도록 도울 누군가에게 어머니와 딸을 의뢰할 것이라고 말했다(Tim은 의사에게 홀로 사는 80세 여성 노인에게 요양원이 아닌 자원이 있음을 말하기를 원했다. 그는 선입견에 도전하면서 천천히 진행할 필요가 있음을 알았다. 그래서 그는 Mrs. Hernandez가 집을 얻고 어머니와 딸이 필요한 도움을 찾도록 돕기로 했다).

그리고 나서 Tim은 의사에게 Mrs. Hernandez가 퇴원 준비가 되어 있는지, 퇴원 후 어떤 특정한 보호가 필요한지 물었다. 의사는 그녀가 내일 퇴원할 수 있고 몇 가지 약과 충분한 휴식, 다이어트가 필요할 것이라고 하였다. Tim은 딸을 면담하고 계획에 대해 딸이 만족하는지 여부를 알려주겠다고 하였다(Tim은 의사에게 자신이 이 환자와 함께 일할 시간이 필요하고 의사에게 계속 알려 줄 것이라고 말하기를 원했다. 그는 딸이 한동안 어머니를 진실로 보호하기를 희망했다. 그러나 일이 그렇게 되지 않는다면 그는 영구적인 요양원 입소를 피할 여러 가지 대안을 가졌다. 또한 Tim은 요양원 입소를 위한 부적절한 의뢰에 대한 그의 걱정을 의사와 논의할 필요가 있음을 알았다. 그는 다른 병원의 사회복지사와 그 이슈를 토의하기로 하고 그들이 함께 문제를 해결하기 위한 계획을 진행시킬 것을 촉구하였다).

사례에서 Tim은 자신과 Mrs. Hernandez의 비언어적 행동을 관찰했다. 그는 그녀의 이야기의 중요한 부분을 조율했고, 클라이언트와 클라이언트의 환경을 이해하는데 도움이 된 중요한 정보를 개방했다.

경청기술 : 경청은 어떤 면담 상황에서도 아주 중요하다. 사회복지사는 클라이언트가 말해야 하는 것과 클라이언트가 질문과 반응에 응답하는 방법에 귀 기울인다. 초보 사회복지사들은 종종 자신이 말해야 하는 것과 질문을 우선적으로 강조한다. 좋은 질문은 클라이언트가 필요한 정보를 제공하고 대안들을 고려하고 활동할 수 있게 한

다. 만약 사회복지사의 듣는 기술이 부족하다면 면담의 완전한 가치는 실현되지 않을 것이다. 어려움과 문제를 다루기 위한 노력에 클라이언트가 존재하는 상황에서 적극적 경청은 면담의 많은 요점들에 대한 적당한 대응이다.

사회복지사는 언어 표현이 다소 다른 사람과 자주 의사소통하기 때문에 경청 기술을 개발하는 것이 중요하다. 클라이언트가 말하는 것을 들으면서 클라이언트가 의사소통하고자 하는 것을 이해하려고 노력하는 것이 중요하다. 이를 위해 사회복지사는 클라이언트에게 특정 단어가 의미하는 것을 이해하려고 노력한다. 사회복지사는 이상하고 듣기에 어렵기 때문에 의사소통이 차단되는 경향이 있음에도 불구하고 클라이언트가 말하는 것에 초점을 유지한다. 감정을 표현하는 단어와 클라이언트가 그 단어를 어떻게 표현하는지를 주목하는 것이 중요하다. 경청은 개방성과 수용의 태도를 반영해야 한다. 효과적인 경청은 적절한 시점에 사회복지사가 클라이언트와 말하는 것에 초점을 맞추는 것을 포함하고, 시기상조의 평가나 조언으로 의사소통을 차단하지 않는 것이다.

경청기술은 Mrs. Hernandez 뿐 아니라 수간호사, 의사와의 대화에서도 Tim에게 중요한 요소이다. Tim의 경청과 이해능력은 클라이언트, 의료진과의 행동관계를 형성한다. 그렇게 함으로써 그는 모든 사람이 수용할 수 있는 퇴원 계획을 수행할 수 있었다. Tim은 적극적 경청기술을 사용했는데, 이것은 그가 신중하게 듣고 사람들의 언어적 · 비언어적 행동을 관찰함을 의미한다. 그는 그들에게 자신의 관찰을 다시 반영했고 탐색과 명확화를 촉구했다. 그들이 말하고 경험하는 것에 우리가 집중하고 있다는 것을 안다면 그들로부터 협력을 얻어내는 것은 더 쉽다. 이것은 그들에게 진정한 의미를 갖는 방식으로 그들에 대한 보호와 관심이 있다는 것을 보여주는 것이다. 그것은 단지 말로만 끝나는 서비스가 아니라 진정한 방식으로의 관심을 보여준다.

질문 기술 : 여기서 중요한 것은 질문의 다양한 유형과 각각의 질문 유형의 유용성을 아는 것이다. 첫 번째 질문의 범주는 개방질문과 폐쇄질문이다. 폐쇄질문은 특정 대답을 요구한다. 예를 들면 “당신의 나이는 몇 세입니까?” 같은 것이다. 이러한 질문들은 사실적 정보를 얻기 위해 사용된다. 개방 질문은 클라이언트가 선택하는 어떤 방식이로든 규정하고 토의하고 질문할 수 있게 하는 것이다. 예를 들면 “당신의 자녀가 학교에서 나쁘게 행동하는 이유가 무엇이라고 생각하는가?”와 같은 질문이다. 개방

질문은 감정의 표현을 허용하고 주제에 대한 클라이언트의 지각을 얻을 수 있도록 한다. 클라이언트의 사회력을 조사할 때 보통 개방, 폐쇄 질문을 혼합하는 것이 유용하다. 이런 방법을 통해 사회복지사와 클라이언트간의 사실 뿐 아니라 클라이언트의 생애경험에 대해 토의할 수 있다.

또한 이끄는 질문과 반응하는 질문이 있다. 이끄는 질문은 클라이언트가 주제를 지속적으로 탐색할 때 좋은 방법이다. 예를 들면 "당신은 이 문제에 대처하려고 시도해야 합니다. 그렇지 않습니까?"와 같은 질문이다. 반응하는 질문은 클라이언트의 반응을 이끄는 것이다. 예를 들면 클라이언트가 어떻게 대처해왔는지를 토의할 때 사회복지사는 "당신은 어떤 방식으로 자녀를 돕는지에 대해 나에게 말해줄 수 있습니까?"라고 반응하는 질문을 한다.

대답과 동의에서는 클라이언트가 사회복지사에게 동의하는 것처럼 대답할 것으로 기대된다. 예를 들어 "당신은 오늘 기분이 좋으신 것 같습니다. 그렇지 않습니까?"와 같은 것이다. 이는 토론을 막고 클라이언트에게 사회복지사의 생각을 강요하기 때문에 일반적으로는 좋은 질문은 아니다.

대부분의 클라이언트에게, 여러 가지 생각을 하기보다는 한 가지 생각을 하게 하는 질문을 하는 것이 더 좋다. 클라이언트가 여러 가지 생각들을 연결하도록 도울 때 사회복지사는 여러 가지 생각을 담고 있는 질문을 한다. 질문이 매우 광범위한지 아니면 특정 영역에 국한되는지는 해야 할 일과 사회복지사의 스타일에 따라 다르다. 어떤 사회복지사는 처음에 광범위한 것을 얻고 다음에는 세부적인 것을 탐색한다. 어떤 사회복지사는 상황의 작은 부분을 먼저 질문하고 그리고 나서 나중에 광범위한 사항을 요구한다. 질문은 관계와 의사소통을 확장하기 위해 사회복지사가 사용하는 방법들 중 하나이다.

일반적으로 사회복지사는 너무 많은 질문을 하지 않는 것이 좋다. 그렇지 않으면 클라이언트는 즉석에서 질문이 퍼부어지는 것처럼 느낄지도 모른다. 또한 질문은 클라이언트 중심이라기보다 사회복지사 중심의 논제를 설정하는 경향이 있다. 많은 경우에서 클라이언트의 관심사에 반하는, 사회복지사가 논의하고 싶어하는 것을 말하도록 하는 면담으로 클라이언트가 통제되는 경향이 있다. 또한 질문은 일방적인 경향이 있고 피드백, 상호작용, 또는 상호교환에서 주고받을 수 있는 기회를 거의 가질 수 없다. 질문하지 않고도 클라이언트의 관심사를 구체화하는데 지침이나 초점을 제공하기 위한 다른 방법들이 있다.

사례를 보면 Tim은 Mrs. Hernandez에게 주로 개방 질문을 사용했는데, 이는 그녀가 자신이 생각하는 가정의 중요성과 가족환경을 개방하도록 이끌었다. 그는 클라이언트가 어떻게 느끼는지를 추측하지 않고 클라이언트가 자신의 이야기를 하도록 했다. 그는 몇 가지 폐쇄 질문을 사용하여 기록에 필요한 정보를 얻었지만 그것은 Mrs. Hernandez가 자신의 관심사에 대하여 말하도록 한 후였다. 일반적으로 사회복지사가 클라이언트의 이야기와 관심사를 듣는 것에 관심을 보인다면 클라이언트는 기록하는데 필요한 정보를 줄 의지가 더 많을 것이다. 사실 일단 관계가 시작되고 사회복지사가 클라이언트의 욕구와 관심사에 집중해왔다면 그는 클라이언트에게 호의를 보이고 서류작업을 도울 것을 요청할 수 있다. 이런 관료주의적 방법은 클라이언트의 관심사들로부터 집중을 떨어뜨림으로써 관계를 약하게 하기보다 오히려 관계를 강하게 할 수 있다. 처음에 서류작업을 하는 것은 서류작업이 가장 중요한 것이라는 메시지를 줄 수 있다. 처음에 클라이언트에게 관심을 갖는 것은 클라이언트가 가장 중요하다는 메시지를 준다.

Tim은 의료진에게는 좀 더 폐쇄된 질문을 하였다. 그들이 바빠서 어떤 것을 설명하는 시간을 할애하기 원하지 않을 것이라는 것을 알았기 때문에 그는 의도적으로 폐쇄질문을 하였다. 그는 또한 어떤 정보가 그들로부터 필요한지, 자신이 고려하고 있는 몇 가지 사항들을 그들이 고려하기를 원했다. 폐쇄질문을 사용하면서 Tim은 토의를 위한 논제를 설정하였다.

초점화, 안내, 해석 기술 : 행동체계가 동의한 목표에 도달하는데 필요한 과업을 달성하도록 하기 위해 사회복지사가 사용하는 기술이다. 이것은 격려하고 말한 것을 해석하고 요약하며 감정, 의미, 아이디어를 반영하는 것을 포함한다. 이것은 클라이언트가 말하거나 사회복지사가 반응했던 것을 통합하는 기술이다. 따라서 클라이언트를 중심으로, 클라이언트에게 중요한 것과 클라이언트, 클라이언트의 다양한 배경, 환경, 욕구에 대해 사회복지사가 알고자 하는 것을 안내하고 초점화할 수 있다. 직면하고 정교화하는 능력은 어려운 분야를 향하여 행동하게 하고, 무엇인가를 해야 하는 상황이나 일을 이해할 수 있게 하기 때문에 중요하다. 이러한 기술을 효과적으로 사용하는 데에는 언제 들을지, 언제 초점을 맞출지, 언제 해석할지 그리고 언제 지시할지,

그 시점을 이해하는 것이 포함된다.

의역과 요약은 말한 것을 명확하게 한다. 명확화와 정교화는 이해를 확장시킨다. 이슈와 사실을 이해하면서 사회복지사와 클라이언트의 활동은 공동의 노력으로 진전될 수 있다.

Mrs. Hernandez에 대해 가능한 한 많은 질문을 하지 않기 위해 Tim은 필요할 때마다 면담에서 격려, 의역, 반영, 요약을 하였다. Mrs. Hernandez가 자신에게 중요한 어떤 것에 대해 말했다는 것을 알았을 때 그는 그녀에게 경청하고 있고, 이해했음을 말하였다. 그녀가 말을 끝냈을 때 그는 그녀의 메시지를 반영하기 위하여 의역을 사용했다. 예를 들면 그녀가 자녀들에 대해 말하는 것을 들은 후 Tim의 대답은 "그래서, 당신의 자녀는 당신에게 많은 의미를 주는군요. 그러나 당신은 그들에게 짐이 되기를 원하지 않는군요. 맞습니까?" 감정 반영의 예에서 Tim은 "나는 당신이 남편을 사랑했고 정말로 그를 많이 그리워한다는 것을 알았습니다."고 말하면서 그녀의 남편에 대한 이야기에 반응했다. 그녀의 가정이 그녀에게 무엇을 의미하는지 들었을 때 Tim은 "남편과 함께 한 삶에서 당신의 가정은 매우 중요하며, 집을 떠나는 것은 남편의 유언을 존중하지 않는 것 같군요"라고 하면서 그 중요성을 반영하였다. 이러한 기술은 면담에서 중요한 자료를 초점화, 명확화 하는데 도움이 될 것이다. 이런 기술을 사용함으로써 Tim은 Mrs. Hernandez의 이야기를 경청했고, 관심이 있음을 그녀가 알게 했다. 그 기술은 일종의 지침으로서 작용했는데, 그것들이 Tim이 이해할 수 있는 분야에 대한 메시지를 주기 때문이다. Tim은 또한 그녀가 가정, 남편, 자녀들과 하고 싶어하는 것을 간단하게 짚어가면서 Mrs. Hernandez와의 활동을 끝내려고 면담의 끝에서 요약기술을 사용할 것이다. 이러한 요약은 면담의 마지막으로서 사용되고 Mrs. Hernandez는 자신의 말이 경청되었다는 것을 알게 될 것이다.

직면과 침묵은 사회복지사에게 어렵다. 직면은 감정, 이슈, 불일치가 드러나는 것이다. 직면은 이러한 요소들을 발견하고, 그것들을 다루는 방법을 찾기 위해 시도하는 것을 포함한다. 감정, 이슈, 불일치가 숨겨진 채 있다면 그것은 활동을 방해할 것이다. 침묵은 저항, 좌절, 분노를 나타내지만, 한편으로는 사회복지사와 클라이언트가 반성하는 시간을 제공할 수 있다. 사회복지사는 침묵을 불편하게 보는 대신에 침묵의 본질을 이해하고 그것을 적절하게 사용하려고 시도할 수 있다. 반성의 시간은 함께 활동할 때 유용하다. 저항과 관련된 침묵은 클라이언트가 불편감을 갖도록 해서 클라이언트는 무엇인가를 해야할 것이다. 이것은 함께 활동하는 것에 초점을 맞추도록 도울 수 있다. 좌절과 분노를 감지한 사회복지사는 그것을 클라이언트에게 개방하여 활동이 진전될 수 있도록 다루어야 한다.

Tim은 Mrs. Hernandez에게 직면을 사용하지 않았지만 그는 훗날 의사에게 직면을 사용하였다. 그는 Mrs. Hernandez를 사후관리 하였을 때 Tim은 의사에게 그의 태도가 홀로 사는 여성 노인에 대해 어떻게 생각하는지 물었다. 의사는 보호라는 점에서 더 좋을 것이라고 생각했다고 단호하게 말했다. Tim은 "한편으로는 당신이 환자에게 최상의 것을 하는 것처럼 보이지만 다른 한편으로는 요양원이 그들의 독립성을 빼앗아간다면 이것은 그들에게 최상의 것을 행하는 것으로 볼 수 없습니다. 게다가 우리가 85세가 되었을 때 우리가 스스로 결정할 일을 누군가가 결정하기를 원하지 않을 것입니다. 당신은 어떻게 생각하시나요?"라고 말했다. 의사는 Tim에게 그가 중요한 것을 이야기했다고 말했고 다음에 Tim과 그것에 대해 더 이야기하자고 했다.

면담을 이끄는 것은 사회복지사의 책임이지만 면담을 통제하지는 않는다. 사회복지사는 클라이언트가 제공하는 모든 자료와 감정의 표현을 듣고 질문하고 초점화 하고 가이드하고 지시하는데, 이렇게 함께 이뤄가는 과정은 바람직한 결과를 가져온다.

요약

이 장에서 강조하는 것은 행동체계와 클라이언트의 생태체계의 구성원들 간에 나타나는 1:1 상호작용이다. 행동체계의 구성에는 클라이언트에 대한 이해와 사회복지사의 기술이 필요하다. 특히 저항적인 클라이언트와 행동체계를 구성하는 것은 숙고해야 한다.

관계는 행동체계의 응집력의 특성을 보여주는 것이고, 클라이언트를 돕는 목적이 있다. 관계는 클라이언트와 사회복지사 모두의 생애 경험에 의해 영향을 받는다. 문화적 다양성을 배경으로 하는 관계는 사회복지사가 이해해야 하는 특수한 특징을 가진다. 의사소통의 과정은 다양한 방법으로 방해받을 수 있다. 사회복지사는 이러한 방해물과 그것을 다루는 방법을 알아야 한다.

면담은 1:1 행동체계를 사용하기 위한 중요한 상호작용 도구이다. 면담을 준비하고 면담을 목적 지향적으로 만드는 것이 중요하다. 각각의 면담은 초기단계, 중간단계, 종결단계의 3단계로 진행된다. 사회복지사는 귀납적 학습, 자연적 조사, 분위기 조성, 관찰, 경정, 질문, 초점화, 지침제공, 해석 등의 다양한 기술을 사용한다.

클라이언트와의 1:1 상호작용에서 사용하는 원칙과 기술은 클라이언트를 위해 자원을 제공할 수 있는 사람들, 지역사회 사람들과 함께 하는 다양한 상황에서 중요한 사람들과 함께 일할 때도 사용한다. 1:1관계를 형성하고 사용하는 능력은 사회복지사의 핵심 기술이다.

학습질문

1. 면담 상황에서 클라이언트의 욕구를 최대한으로 충족시킬 수 있는 방법은 무엇일까?
2. 원조관계의 개발을 촉진할 수 있는 방법은 무엇일까?
3. 왜 관계의 개발이 원조 상황에 필수적인가?
4. 면담의 세 가지 국면은 어떻게 다른가?
5. 원조과정에 관여하는 비자발적인 클라이언트를 격려하는 방법은 무엇일까?
6. 원조상황에서 저항은 어떻게 나타나는가?
7. 면담 상황에서 저항을 다루는 것과 관련되는 Biestek의 관계의 원칙을 논하라.
8. 문화적 배경이 다를 때 의사소통하는 것이 왜 어려운가? 그럴 경우 사회복지사는 어떻게 의사소통을 촉진하는가?
9. 사회복지 면담에서 질문과 경청사이에 필요한 균형을 논하라.

제3부

사회복지실천 과정

사회복지실천 과정

3부의 초점은 서비스과정의 내용, 즉 욕구충족을 위한 클라이언트와 사회복지사의 활동과정이다. 활동과정은 학습의 목적을 위해서만 상호작용 과정과 분리될 수 있다. 상호작용과 서비스는 욕구에 대한 전문적 반응을 보는 2가지 방법이다. 일반주의 사회복지실천 과정은 이 책에서 언급하였듯이 지식, 가치, 기술에 기반 한 변화과정이다. 그것은 인간체계의 교류로의 개입이다. 3부는 1, 2부에서 이미 소개한 개념, 제시한 자료들을 토대로 심도 깊은 내용을 다룰 것이다.

과정은 사정, 계획, 행동, 그리고 평가의 네 가지 주요구성요소로 개념화될 수 있다. 사정이 계획보다, 계획은 행동보다, 그리고 행동은 종결보다 앞섬에도 과정은 순환적 특성을 갖는다. 계획은 환경속의 개인에 대한 새롭거나 다른 이해를 하고자 하는 욕구를 만든다. 행동은 부가적인 계획에 대한 욕구를 이해하거나 증명하는데 사용할 새로운 정보를 만들어낸다. 행동의 결과에 대한 사정인 평가는 과정 중에 계속 이루어지며, 새로운 이해, 때로는 새로운 계획과 행동을 이끌어낸다. 따라서 네 개의 국면은 항상 존재하지만, 활동에서 한 가지 혹은 여러 가지 국면에 초점을 두고 더 많은 관심을 갖게 된다.

상호작용 과정뿐 아니라 모든 네 개의 국면이 개입을 구성한다. 모든 국면은 클라이언트와 클라이언트의 환경간의 교류에서 변화에 영향을 미친다. 모든 것은 개인과 사회체계의 사회 기능에 영향을 미칠 수 있다. [그림 1, p.260 참고]은 사회복지실천과정을 보여준다.

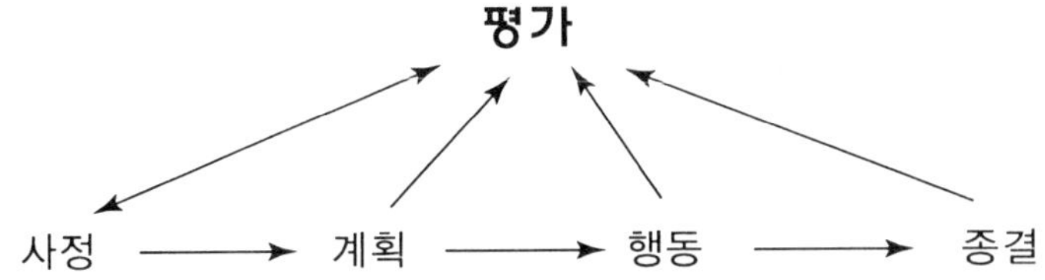

[그림 1] 사회복지실천과정

일반주의 실천을 하는 사회복지사는 변화과정에서 클라이언트 체계로서 또는 변화과정의 초점으로서 개인, 가족, 집단, 조직, 지역사회와의 활동을 준비한다. 그러나 적당한 체계를 결정하는 것은 복잡하다. 학생들은 변화과정의 각 국면을 다루는 동안 다양한 크기의 클라이언트 체계를 다루는 것에 혼란스러울 것이다. 3부의 전반부 4개의 장은 개별 클라이언트와 함께 일하는데 초점을 맞추면서 변화과정의 각 국면을 다룰 것이다. 후반부 3개의 장은 가족, 집단, 거시체계와 함께 하는 변화과정에 초점을 맞춘다. 학생들은 일반주의 사회복지실천에서 이렇게 다양한 체계들에 대해 생각하고 함께 일하는 것이 통합된 것임을 이해해야 한다. 일반주의 사회복지실천을 하는 사회복지사는 다양한 규모의 체계에 대해 개방적인 태도를 가져야 한다. 사회복지사는 어떤 수준에서든지 필요한 수준에서 가장 효과적으로, 가장 효율적으로 변화를 주도해야 한다. 이 책에서는 학습을 위해 다양한 규모의 체계를 인위적으로 구분하였지만, 이는 다양한 체계와 변화과정을 활용하는 것에 대해 학생들의 이해를 돕기 위한 것이다. 일반주의 사회복지실천가로서 사회복지실천과정을 분리하는 방법을 권장하는 것으로 이해해서는 안 될 것이다.

9장에서는 개인 클라이언트에 초점을 두고 사정하는 국면의 내용을 다룬다. 사정단계, 교류적 사정의 특성, 생태체계에서 활용 가능한 자원과 강점에 대한 내용에 중점을 둘 것이다.

10장에서는 개인 클라이언트에 초점을 둔 계획을 논의할 것인데, 여기에는 생태체계 내의 자원과 강점에 근거를 둔 목적과 목표를 담고 있는 행동계획을 개발하는 것이 포함된다. 관심을 가져야 할 단위, 전략, 역할, 과업, 기법 등도 논의될 것이다. 다양성이나 위험집단 등 행동계획에 영향을 주는 요인들을 탐색할 것이다. 또한 계획에 대한 사회복지사와 클라이언트의 동의에 대해서도 논의할 것이다.

11장에서는 일반주의 사회복지실천을 하는 사회복지사가 개인 클라이언트와 함께 직접적, 간접적 실천을 하는데 중요한 활동을 규명하고 논의할 것이다. 구체적인 직접 실친 활동으로는 (1) 서비스전달체계, 의뢰, 중개 및 옹호역할에 대한 논의를 포함한 자원의 활용 (2) 임파워링과 클라이언트를 가능케 하기 (3) 위기개입, (4) 지지적 사회복지 (5) 활동의 활용 (6) 중재 등이다. 개인과의 간접적 실천 활동은 영향력의 활용, 사례옹호, 서비스조정, 사례관리 등이다.

12장에서는 개인 클라이언트에 초점을 두고, 평가와 종결을 다룰 것이다. 이 장에서는 평가의 종요, 단일체계연구(single system design)와 같은 평가에서의 조사기법, 변화과정의 국면동안 이루어지는 평가를 살펴볼 것이다. 또한, 종결의 유형, 계획된 종결, 종결의 요소를 살펴볼 것이다.

13장에서는 가족에 초점을 둔 일반주의 사회복지실천을 다룰 것이다. 다인상호작용(multiperson interaction)의 개념을 소개하고, 사정, 계획 직접적/간접적 활동, 평가, 종결 등 가족과의 작업에서 변화과정을 활용하는 것을 논의할 것이다.

14장은 다인클라이언트 체계(multiclient system)로서 소집단과의 일반주의 사회복지실천에 초점을 맞출 것이다. 이 장에서는 집단의 목적, 소집단의 사정, 계획, 행동, 평가, 종결을 다룰 것이다.

15장은 거시체계와의 일반주의 사회복지실천에 대한 내용을 다룰 것이다. 이 장은 욕구사정의 과정, 프로그램 기획, 자원개발, 체계내로부터의 조직 변화, 거시체계와 일하면서 집단에 속해 있는 사회복지사에 대한 것을 포함한다. 영향력 행사, 옹호, 지역사회조직실천을 포함하는 지역사회변화행동을 살펴보면서 이 장을 마무리할 것이다.

제9장 사정

학습목표

1. 복합적인 과정으로서 사정에 대한 깊은 이해
2. 일반주의 사회복지실천 방법으로 사정을 시작하는 기술
3. 사정과정에서 클라이언트와 관련된 욕구에 대한 이해
4. 서비스를 제공할 가장 적합한 클라이언트 체계를 결정하는 능력
5. 사정과정에 맞는 적절한 지식을 선택하고 적용하는 능력
6. 불충분한 사정의 불확실성을 관대하게 다루는 능력
7. 판단 또는 의사결정 기술
8. 욕구와 성취의 장애물을 인식하는 기술
9. 당면한 상황에 가장 유용한 사정도구를 선택하는 기술
10. 생태체계에서 강점과 자원을 발견하는 기술
11. 교류사정(transactional assessment)의 기술

일반주의 사회복지실천 과정의 첫 번째 단계는 사정이다. 사정은 과거에는 '진단'(diagnosis)으로 불리기도 하였다. 8장에서 논의한 면담은 상황을 사정할 때 정보의 중요한 원천이다. 또한 사회복지과정의 사정단계는 "조사, 진단, 치료"라는 고전적인 용어로 불리던 국면을 포함한다. 사정은 '분석'(analysis)이라는 용어를 사용할 때 논의되는 단계이다. 개인, 가족, 소집단, 기관, 지역사회에 대한 이해를 발전시키는 것은 사정의 중요한 측면이다. 전문적인 상호작용을 하기 위해 체계를 이해하는 것은 개입이나 서비스 과정에서 사정 단계의 핵심이다.

[그림 5-1]은 느끼고, 생각하고, 행동하는 생태체계인 환경속의 개인을 이해하기 위하여 사정하는 동안 사용된다. 사정과정에서 개인에 대한 이해를 높이기 위해서 사회복지사는 클라이언트와 클라이언트 환경체계 내에 있는 사람들의 느낌과 생각과 행동을 이해해야 한다. 또한 사회복지사는 교류가 생태체계 내 다양한 측면에 어떻게 영향을 미치는가, 그리고 어떻게 영향을 받는가에 대하여 이해하고자 해야 한다. 사회복지과정의 다른 모든 요소들과 더불어 다양성도 고려해야 한다.

사정은 클라이언트가 가진 강점과 자원, 클라이언트의 환경을 보완해주는 체계, 이 생태체계 내의 교류 등을 포함한다. 사회조사(social study)는 사정이다. 개인의 사회력은 6장에 나와 있다. 우리는 이 장에서 [표 6-1, p.155 참고]을 살펴볼 것이다. 이 장에서 사정을 논의하면서 먼저 클라이언트 개인에 대한 사정에 초점을 맞춘다. 그러나 일반주의 사회복지 실천에서는 다른 체계에도 초점을 맞춘다. 사실 일반주의 실천을 하는 사회복지사는 변화과정에서 함께 일해야 하는 체계에 대해 개방적인 태도를 가져야 한다. 13장부터 15장은 가족, 집단, 거시체계(조직과 지역사회)와의 변화과정에 초점을 두고 있고, 이 장에서는 이들 체계와 관련된 몇 가지 내용을 다룬다. 더구나 조직은 개인들로 이루어져 있기 때문에 개인을 사정할 때의 요소는 다른 조직을 사정할 때나 변화의 대상을 사정할 때 모두 유용하다. 정보 수집을 위해서는 질문지와 심리 테스트와 같은 연구도구들을 같이 사용할 수 있다.

Max Siporin은 사정을 "행동이 기초가 된 이해의 과정이자 결과"라고 정의한다. 사정은 정보를 수집하고 분석하며, 이용 가능한 사실들이 의미를 산출할 수 있도록 적절히 조화시키는 것이다. 이 책의 관점에서 보자면 사정은 계획과정을 포함하지 않으며, 그 자체가 독립적인 단계이다.

Mark A. Mattaini와 Stuart A. Kirk는 사회복지사들이 사용하는 다양한 사정방법과 접근으로서 심리사회적 접근, 분류체계, 행동주의적 접근, 컴퓨터를 사용한 사정방법, 생태체계관점, 전문가 체계를 고찰하였다. 일반주의 사회복지실천에서 활용되는 접근과 가장 비슷한 것은 생태체계 접근이었다. Mattaini와 Kirk는 이러한 접근은 복잡한 사정 자료를 조직하는 방법이라고 하였고, 이러한 접근을 통해 심층적이면서도 폭넓은 사정을 할 수 있다고 하였다.

일반주의 관점에서는 변화를 위해 생태체계강점관점을 사용하며, 일반주의 관점의 사정을 이해하기 위하여 다음의 다섯 가지 개념을 논의할 것이다: (1) 사정과정 (2)

클라이언트체계의 선정 (3) 사정 국면의 중요 요소 (4) 사정국면의 각 단계 (5) 교류사정.

사정과정

사정은 사회복지사가 클라이언트를 만나기 전부터 시작된다. 일반적으로 클라이언트나 클라이언트의 다른 자원인 의뢰자가 서비스를 의뢰한다. 대부분의 기관에서는 기본적인 정보나, 인테이크 서식 작성을 요구하기도 한다. 보통 서식에는 클라이언트의 이름, 주소, 나이, 생일, 결혼상태, 전화번호, 서비스 요구나 의뢰 사유 등을 쓰게 된다. 사회복지사는 그 서식을 받으면서 이미 새로운 클라이언트에 대한 생각을 하기 시작한다. 사회복지사는 서비스 요청 사유를 보면서 클라이언트의 초기 욕구와 관심을 알게 된다. 사회복지사는 클라이언트 이름을 통해 성별과 민족적 특성 등을 알 수 있을 것이다. 또한 주소를 보고 클라이언트가 살고 있는 지역사회나 지역에 대한 정보를 얻을 수 있다. 사회복지사가 그 지역에 대해 잘 알고 있다면 그 클라이언트의 사회경제적 정도, 인종, 문화적 패턴 등도 추측할 수 있다. 그러나 사회복지사는 클라이언트를 만나기 전에 이러한 사항들을 넘겨짚어서는 안 된다. 클라이언트를 만나서 분명히 확인을 해야 할 것이다.

차별이나 억압의 위험을 갖고 있는 인구집단에 속한 클라이언트와 관계를 맺을 때, 사회복지사는 이 책의 2부에서 제시된 다양성을 인정하는 접근을 사용한다. 사회복지사는 문화적 배경이 다양한 집단에 대한 자신의 경험과 태도를 살펴본다. 그는 자연스럽게 정보들을 이끌어 내고 클라이언트의 이야기를 듣는다. 이렇게 함으로써 그는 클라이언트에게 배우고 듣는 역할을 하고, 클라이언트는 교사나 가이드의 역할을 한다. 이렇게 함으로써 문화적으로 다름으로 인해 있을 수 있는 장애가 오히려 관계를 형성할 수 있게 하는 것이다. [표 6-1, p.155 참고]은 다양성을 이해하기 위한 도식을 보여준다.

최근에는 거의 모든 기관들에서 사례 파일에 필요한 문서자료들을 갖고 있다. 기록은 5장에서 논의되었다. 대부분의 기록은 사정 서식을 갖고 있다. [표 6-1]은 대부분의 개인 사정 서식에서 포함하고 있는 기본적인 사회력 조사를 도식화 한 것이다. 여기에는 인구학적 특성과 환경속의 개인에 대한 배경정보, 욕구와 관심 이해, 강점과 자원, 한계점을 사정하는 내용이 포함된다. 이 서식은 많은 기관에서 다양한 방법으로 사용되고 있다. 사정 서식에서 필요한 더 구체적인 정보와 서식의 제목과 내용 등은 다양하다. 반면에 많은 기본적인 정보들은 비슷하며, 그 정보들은 조직에서 제공하고자 하는 서비스에 초점을 맞춘 것이다. 예를 들면 의료기관에서의 사정은 개인의 건강과 병력을 강조하고, 학교에서는 교육적 성과나 어려움을 강조한다.

학생이나 신규 사회복지사는 초기면담에서 사정서식을 사용하는 경향이 있다. 그가 면담에 긴장할 경우 더욱 그렇다. 그러나 이것은 중요한 실수이다. 서류작업에 초점을 두는 것은 클라이언트에게 잘못된 메시지를 전달할 수 있다. 이것은 클라이언트의 관심이나 욕구보다 서류작업이 가장 중요하다는 오해를 불러일으킬 수 있다. 첫 번째나 두 번째 면담에서 대부분의 클라이언트는 문제를 드러내지 않는다. 이렇게 할 경우 클라이언트는 다음 면담에 오지 않을 가능성이 많다. 이는 원조관계를 시작하면서 클라이언트와 관계를 맺는데 실패했기 때문이다. 사회복지사는 서식의 내용을 숙지하고 있어야 하며 서식을 사용하지 않아야 한다. 대부분의 기관에서 사정단계는 2, 3회의 면담으로 진행되며, 그 기간동안 사회복지사는 문서작업 전에 정보를 수집한다. 만약 첫 면담 이후에 서식을 작성해야 하더라도 관계를 형성하는데 도움이 될 양식을 사용하는 방법이 있다.

사회복지사는 자신의 기관의 서류체계를 이해하기 위해 사례 파일을 살펴본다. 사회복지사는 사정서식에 있는 기본적인 내용들을 숙지하고 있어야 한다. 또한 이 자료들에 익숙해지기 위해서는 일정 시간이 걸릴 것이라는 것도 알아야 한다. 사회복지사는 각 클라이언트와의 첫 번째 면담 이전에 서식을 읽어본다. 면담은 날씨나 기관을 찾기가 어떠했는지 등의 가벼운 대화로 시작하여 적절한 시기에 서비스에서 바라는 점을 질문한다. 예를 들면 "무슨 일로 우리 기관에 오게 되었나요?" 라고 하거나 만약 가정방문을 하거나 기관 밖에서 만나는 경우라면 "우리는 서비스요청을 받았는데요. 당신이 말해줄 수 있는 것들이 있나요?" 라고 사회복지사가 물으면 클라이언트는 편안하게 느끼게 되고, 첫 면담에서부터 문제와 같은 것을 토론하지 않아도 되게 이끌게 된다. 클라이언트가 자신의 이야기를 하는 것에 따라 사회복지사는 사정서식을 작성하는데 필요한 정보를 알아야 한다. 사회복지사는 주제 영역에 초점을 둔 질문을 더할 수도 있다. 좋은 질문은 누가, 무엇을, 어디서, 언제, 어떻게 와 관련된 질문이다. 만약 사회복지사가 이러한 질문에 대한 답을 이해할 수 있다면 상황속의 개인에 대해 더 잘 이해할 수 있을 것이다. 이러한 질문들은 역시 환경속의 클라이언트에 대해서 더 잘 알게 해 주고 사정서식 작성에도 도움을 준다.

만약 사회복지사가 인내심이 있고 클라이언트와 첫 만남이라면 클라이언트에게 자신의 이야기를 하게하고 관심사를 표현하게 함으로써 정보를 수집하는 동안에도 클라이언트와 관계를 형성할 수 있을 것이다. 이것은 사실 다양한 상황에서 비슷하게 적용된다. 클라이언트에게 초점을 맞춤으로써 사회복지사는 클라이언트가 중요한 사람이고 클라이언트의 요구와 관심에 주의를 기울이고 있다는 것을 전달할 수 있다. 이것은 신뢰를 구축하는 것이고, 관계형성에 중요하다. 사실 사회복지사는 이 접근 외에 다른 선택의 여지가 별로 없다. 만약 클라이언트가 서비스를 거부한다면 사회복지사는 정보 수집하는 데 많은 시간을 허비하는 것이 된다. 만약 사회복지사가 클라이언트를 믿지 않는다면 정보는 거의 가치가 없다. 한번 클라이언트가 사회복지사가 진심으로 듣고 있다고 느낀다면 클라이언트는 사회복지사의 문서작업을 돕는 역할을 하게 된다. 조사를 위한 면담이 몇 번으로 진행되느냐에 따라서 다르다. 두 번 또는 세 번으로 진행된다면 첫 면담에서 더 필요했던 것에 대하여 다음 면담에서 물어볼 수 있다. 만약 조사를 위한 면담이 한 번만 진행된다면 사회복지사는 면담의 마지막 몇 분간에 다음과 같은 질문을 함으로써 클라이언트의 도움을 구할 수 있다. "제가 서류를 작성하기 위해 몇 가지 필요한 것이 있는데 답변해 주시면 도움이 되겠습니다."라고 도움을 청하는 질문을 통하여 서류를 작성할 수 있고, 클라이언트가 사회복지사를 돕고 사회복지사가 클라이언트를 도움으로써 양방향의 관계 구축에도 도움이 될 수 있다.

클라이언트 체계 선택

가장 중요한 결정 중 하나는 서비스를 제공할 적절한 클라이언트 체계를 선정하는 것이다. 본문에 언급했다시피 일반주의 접근은 개인, 가족, 집단, 조직, 지역사회와 함께 일하는 것을 요구한다. 일반주의 사회복지사는 개인이나 조직을 클라이언트로 상대하거나 대상의 규모에 관계없이 변화노력을 기울인다. 클라이언트 체계를 어떤 것으로 선택할 것인지는 계획단계에서 결정되기도 하지만 보통은 사정단계에서 결정된다. 변화노력이나 관심의 초점을 선택하는 것은 계획과정의 일부이다. 클라이언트 체계를 선택하는 것은 사정과정의 핵심이며 개인, 가족, 집단, 조직, 지역사회 사정 방법이 사용된다.

클라이언트라는 용어는 6장에서 언급하였듯이 사회복지사의 도움이 필요하거나 어느 조직에 고용된 사회복지사의 도움을 받고 있는 개인이나 조직을 말한다. 학생들과 대학을 졸업한 사회복지사들은 개인단위의 클라이언트를 가장 많이 상대한다. 그 다음으로는 가족이나 가족의 하위체계가 클라이언트가 되는 경우가 많다. 집단은 주거서비스제공기관이나, 주간 보호프로그램, 예방과 성장, 아동과 청소년발달을 위한 프로그램 등에서 자주 활용되는 방법이다. 일반적으로 대학을 졸업한 사회복지사가 조직이나, 지역사회를 대상으로 일하는 경우는 매우 적다. 클라이언트의 유형은 기관에서 제공하는 서비스의 성격에 따라서 우선적으로 결정된다. 또한 기관에 속한 사회복지사의 역할과 지위에 따라서도 결정이 된다. 예를 들면 석사출신 사회복지사는 가족상담이나 집단상담, 치료가 필요한 개인을 담당할 가능성이 더 높다. 학사출신 사회복지사는 가족이나 집단을 상담하거나 지지를 제공하는 경우가 많지만, 치료에 대한 훈련을 받지 않은 경우가 많다. 대부분의 기관에서 관리자와 수퍼바이저는 석사출신인 경우가 많고 이들은 기획과 기관정책 결정에 책임을 갖고 있다. 전문적인 지역사회조직 실천가는 석사출신인 경우가 많지만, 학사출신 사회복지사도 조직이나 사회수준의 변화에 초기시점에 참여할 기회가 있다. 그래서 사회복지사는 이 모든 체계에 대응할 준비가 되어야 한다.

사회복지사가 개인수준 클라이언트 이상의 큰 조직과 일해야 하는 경우에라도 서비스의 초기요구는 개인이나 몇몇 사람들인 경우가 많다. 욕구나 관심을 사정하는 과정에서 사회복지사는 가족이나 가족조직(부부, 부모, 부모자녀, 형제자매체계)을 가장 적합한 클라이언트로 발견하게 되는 경우도 많다. 사회복지사는 집단, 특히 비슷한 욕구나 관심이 있는 사람들로 구성된 집단에서 서비스를 더 잘 받을 사람을 신뢰하게 된다. 사회복지사는 기관의 기능에 따라 서비스전달체계나 클라이언트의 욕구충족에서 변화가 있을 수 있음을 알 것이다. 또한 사회복지사는 상황에 영향을 받거나 집합적인 행동이 필요한 지역사회의 단면들을 볼 수도 있다. [표 9-1]은 다양한 규모와 단위의 클라이언트 체계를 선택함에 있어서 몇 가지 일반적인 기준 사항을 제시하고 있으며, 이것은 10장에서도 다룰 것이다.

사회복지사가 초기의 욕구나 관심에 대해서 논의하기 시작함에 따라 그는 서비스전달체계의 적절한 수준에 대해서 개방적인 태도를 가져야 한다. 이렇게 하면서 같이 일하게 될 클라이언트 체계를 결정할 것이다. 그는 환경속의 인간에 우선적인 초점을 맞춘다. 그는 자신의 조직 내 서비스전달체계의 특성과 지역사회 다른 조직의 서비스전달체계의 특성에 대해서 알고 있다. 또한 지역사회의 각 부분의 관심사에 대해서도 알고 있다. 적절한 클라이언트 체계를 선택하는 것은 사회복지사와 클라이언트간의 상호결정이다. 그 결정은 환경속의 인간, 서비스전달체계와 지역사회의 맥락에서 이루어진다.

사정의 주요 요소

사정은 변화과정의 핵심으로서 복잡한 과정이다. 클라이언트가 개인이든, 가족이든 소집단이든 아니면 클라이언트의 환경 내에서 더 넓은 체계이든지 클라이언트를 더욱 발전적으로 이해하는 것이 필요하다는 것은 상호작용 과정과 관련된 이 책의 2부에서 이미 논의하였다. 이러한 틀은 정보 수집을 위한 도구이지만, 틀 외부에 있는 관련 자료에도 관심을 가져야 한다. 사정이 창조적인 과정이긴 하지만 문제해결과정을 포함하고 있다는 점에서 과학적이라고도 할 수 있다. 사정의 중요한 특성은 다음과 같다.

[표 9-1] 클라이언트 체계와 관심을 가져야 하는 단위와 일할 때의 지표와 반대지표

	지표	반대지표
개인	• 정보제공 • 정보수집 • 구체적인 서비스 • 의뢰 서비스 • 다른 가족과 관련 없이 개인에게만 주요하게 관련된 욕구 • 다른 실현가능한 개입 없음 • 정신내적 문제 • 변화과정에 있는 의미 있는 체계에 포함되어 도움을 줄 수 있는 개인 • 개인적 선택	• 일대일 원조관계에서 기능을 할 수 없는 것 • 행동지향적인 서비스가 필요한 경우 • 가족이나 욕구가 있는 동료집단과의 상호작용에 초점 맞추기 • 더 큰 체계의 변화에 의하여 가장 잘 성취할 수 있는 욕구

	지표	반대지표
가족	• 주요 문제가 가족 상호작용 안에 존재하는 것 같다. • 가족 구성원 한 명이 다른 구성원의 변화노력을 방해한다. • 개인의 기능장애는 가족문제의 증상이다. • 개인의 기능을 이해하기 위하여 가족 상호작용을 이해할 필요가 있다. • 가족의 의사소통이나 역할기능을 조사할 필요가 있다.	• 가족붕괴를 향한 돌이킬 수 없는 추세 • 가족구성원의 심각한 손상이 참여를 방해한다. • 개인을 돕기 위해 가족과 더불어 일할 필요가 있다. • 공통된 관심이나 목표가 없다. • 사회복지사가 파괴적인 상호작용을 다룰 수 없다.
	• 혼돈에 빠진 가족은 질서를 잡을 필요가 있다. • 가족의 선택	
소집단	• 개인은 유사한 상황에 직면하고 상호변화로부터 유익을 얻을 수 있다. • 개인에게 미치는 집단영향은 크다. • 사회화 기술의 발달을 제시한다. • 활동을 활용하는 것이 바람직하다. • 환경변화에 초점을 둔다. • 자연적으로 형성된 집단의 활용	• 개인은 집단에 압도당한다. • 개인은 집단에 파괴적이다. • 공통의 목적이나 목표가 존재하지 않는다. • 충분한 응집력의 요인이 존재하지 않는다. • 환경은 집단이 적어도 어느 정도까지 목표에 도달하도록 허락하지 않을 것이다.
조직	• 조직기능에 관련된 문제 • 조직 요인 때문에 영향 받는 개인과 충족되지 않은 욕구가 있다. • 사회복지사는 클라이언트에게 서비스제공에서 오는 압박을 받는다.	• 클라이언트에게 부정적인 결과의 위험이 크다. • 클라이언트 서비스가 무시되거나 취소될 것이다.
지역사회	• 필요한 자원과 서비스의 결핍 • 서비스 조정의 결핍 • 지역사회가 조직에 영향을 주고 가족이 욕구충족을 방해한다. • 지역사회기능은 많은 개인과 가족에게 부정적으로 영향을 준다.	• 조직의 경우와 같다.

1. 사정은 계속되는 과정이다. 사정은 원조노력이 진행되는 동안 내내 일어난다. 초기단계에서는 사정에 일차적인 초점이 맞추어진다. 그러나, 어떤 일에 대한 욕구가 있거나 체계들 간의 교류에 개입해야 할 때는 마지막 단계에서도 사정은 일어날 수 있다. 클라이언트와 사회복지사가 치료과정에서 함께 일할 때, 새로운 정보가 이용가능해지고 새로운 이해가 나타날 수 있다. 이것이 바로 진행되는 사정으로서의 한 부분인 것이다. 진행되는 사정과정은 사회복지사와 클라이언트가 함께 일하는 사회복지과정으로서 인간과 상황에 대해 훨씬 더 깊은 이해를 할 수 있도록 한다.

2. 사정에는 두 가지 측면이 있다. 그 두 가지는 상황 속의 클라이언트를 이해하는 것에 초점을 두는 것과 계획과 행동의 기초를 제공하는 것이다. 인간과 관련 체계, 그들의 상호관계, 그들의 환경에 대해 정보를 수집해야 한다. 또한 욕구, 욕구충족의 방해물, 문제, 그리고 욕구와 문제에 중요한 개인과 체계에 대해서 정보를 수집해야 한다. 강점, 한계, 변화를 위한 동기, 그리고 개인과 관련된 체계의 변화에 대한 저항 등을 살펴보는 것도 중요하다. 환경과 큰 체계를 다룰 때, 고려해야 하는 상황과 체계의 인구학적 자료를 수집하는 것도 중요하다.

다양한 방법으로 정보를 수집할 수 있다. 가장 중요한 점은 문제와 상황, 욕구에 대한 클라이언트의 인지와 감정이다. 클라이언트의 인생에 있어서는 그가 전문가이기 때문에 클라이언트의 이야기를 존중하며 관심을 기울여야 한다. 비언어적인 의사소통을 포함하여 클라이언트가 말하는 방법도 중요한 정보를 제공해준다.

정보의 또 다른 출처는 이전의 사례기록이나 다른 관심 있는 사람들로부터 얻은 보고 자료이다. 만약, 사회복지사가 클라이언트보다 다른 사람들로부터 정보를 얻고자 한다면, 클라이언트는 그것을 자원 활용으로 인식하고, 그러한 정보의 원천에 관하여 제안하며 사회복지사가 정보를 얻을 수 있도록 허락할 것이다. 수집한 정보는 욕구나 관심사에 분명하게 연결되어야 한다.

3. 사정은 클라이언트와 사회복지사의 상호작용 과정이다. 클라이언트는 그의 능력을 최대한 발휘하여 사정의 각 측면에 참여한다. 사정의 주요 내용은 면담과 집단토의에서 클라이언트와 사회복지사의 상호작용을 통해 얻어진다. 또한 사회복지사가 클라이언트를 면담하면서 관찰한 것도 자료의 원천이다. 그리고 생활상황에서 클라이언트를 관찰함으로써 자료를 얻기도 한다. 사회복지사는 사실의 의미를 파악하기 위하여, 또는 환경 속의 개인을 이해하기 위하여 관찰하고 수집한 자료에 대해 클라이언

트와 논의한다. 사정의 상호과정은 클라이언트에게 자존감을 주며, 클라이언트가 생각하고 믿는 것이 중요한 것이라는 것을 표현하도록 함으로써 클라이언트를 임파워하는 방법이 된다. 클라이언트는 자신이 소극적인 수혜자가 아니라 수행해야 할 일에 중요한 파트너라는 것을 깨닫게 된다.

4. 사정과정에는 움직임이 있다. 이해하는데 필요한 정보를 파악하기 위하여 상황을 관찰할 때 움직임이 발생한다. 이것은 정보 수집과 그 의미를 설명하면서 발생한다. 사실과 여러 부분들의 의미는 전체 상황을 이해하기 위해 함께 조합을 이루게 된다.

5. 수평적이고 수직적인 탐색이 중요하다. 사정의 초기단계에서는 상황을 수평적으로 보는 것이 도움이 된다. 모든 가능한 부분들, 상호작용, 관계를 폭넓게 살펴봄으로써 상황이 파악된다. 이러한 수평적인 해석의 목적은 문제해결을 성취하는데 필요한 장애물을 파악하기 위한 것이다. 그 후 상황이나 문제해결에 가장 중요하다고 인식된 부분을 수직적으로 심도 있게 조사하게 된다. 정보수집의 과정은 수평적인 방향에서 수직적인 방향으로 이동할 수 있고, 사회복지사와 클라이언트가 함께 욕구, 문제상황을 탐색함에 따라 몇 차례 수평적인 것으로 돌아갈 수도 있다. 사회복지사는 수평적인 접근과 수직적인 접근을 적절하게 사용할 수 있는 기술을 가져야 한다.

6. 지식기반은 이해를 증진시키는데 사용된다. 사회복지사는 자신의 지식기반을 상황속의 클라이언트에 대한 이해를 증진시키는 수단으로 사용한다. 개인을 이해한다는 것은 인간의 발달과 다양성을 고려한다는 것이다. 가족을 이해하는 것은 가족구조와 가족과정을 아는 것과 관련된다. 기관을 이해하는 것은 관료구조를 고려하는 것이다. 지역사회의 기능을 이해하는 것은 경제적, 정치적인 지식을 요구한다. 환경을 이해하는 것은 조직이론에 대한 이해와 물질과 에너지의 교환, 조직간 정보의 교환에 대한 이해를 필요로 한다.

7. 사정은 상황속의 욕구를 인식하고, 문제를 정의하고, 문제의 의미와 패턴을 설명하는 것이다. 사정은 욕구를 구체화하고, 욕구충족의 장애물을 파악하는데 있어 생활주기를 통해 성장과 변화의 과정을 활용한다(이 내용은 이 장의 뒷부분에서 더 설명할 것이다).

8. 사정은 개입이 이루어지는 동안 클라이언트와 환경의 강점을 강화시키려는 시각을 분명히 갖도록 한다. 개인은 자신의 한계가 아니라 강점을 통하여 성장한다.

신체, 정신, 감정, 행동적 부분의 강점 사정을 통하여 클라이언트와 함께 목적과 목표, 가장 성공할 것 같은 과업을 설정하는 것이다. 클라이언트의 강점을 사정하는 것은 클라이언트 체계와 환경 또는 상황이 가지고 있는 욕구를 충족시킬 수 있는 자원을 사정하는 것이다.

9. 사정은 개별화된 것이다. 인간상황은 복잡하며, 어느 상황도 같지 않다. 개인에 따라 사정은 다르며 클라이언트의 상황에 따라 달라진다. 그러므로 독특한 상황과 관련된 여러 가지 부분들을 고려해야 한다. 사정은 클라이언트의 독특성과 상황을 고려하여 실시된다. 특히 사회복지사와 인종이나 사회문화적인 배경이 다른 클라이언트를 사정할 때 더욱 그러하다. 사회복지사의 관점이 아니라 클라이언트의 관점에서 상황의 의미를 살펴보아야 한다.

10. 판단이 중요하다. 많은 결정사항들은 각각의 사정과 관련되어야 한다. 고려해야할 부분, 적용할 지식기반, 클라이언트를 관여시킬 방법, 문제를 정의하는 방법에 따라 결정이 이루어진다. 이 결정의 종류는 사정내용과 해석에 크게 영향을 미친다. 클라이언트의 시각에서 본 중요한 문제를 주의깊게 평가해야 한다. 또한 사회복지사가 중요하지 않다고 한 문제들이 클라이언트의 시각에서는 중요한 의미를 가질 수 있다. 또한 반대일 수도 있다.

11. 이해의 한계가 있다. 어떠한 사정도 항상 완벽할 수 없다. 어떤 상황을 완벽하게 이해하는 것은 불가능하다. 그것은 또한 바람직하지도 않다. 이해에는 시간이 걸린다. 욕구를 가진 클라이언트는 신속하게 원조를 받아야 하는 경우가 많다. 사회복지사는 원조를 제공하는데 어떤 이해가 필요한지를 결정해야 하고, 새로운 이해에 대해 주의를 기울여야 한다. 사회복지사는 이해에 한계가 있는 불확실성을 편안하게 받아들이고 사정의 진행과정에서 신뢰감을 가져야 한다.

사정이라는 과업은 다음과 같은 특성을 갖는다. (1) 클라이언트의 욕구나 관심사, 클라이언트와 환경의 강점과 자원을 규명하는 것이다. (2) 욕구와 관심사에 대하여 더 충분한 이해를 하기 위한 정보를 규명하고, 욕구를 충족시키는데 적절한 방법을 결정하는 것이다. (3) 사정은 정보의 수집과 분석이다. 의사결정에는 의미를 해석하는 것, 정보를 요청하는 것, 상황의 각 부분들의 관계를 탐색하는 것 등이 포함된다. 의사결정에서는 사람들, 욕구, 상황, 클라이언트와 생태체계의 강점과 관계를 고려한다.

판단

판단은 사정의 중요한 요소이다. 판단은 의사결정이다. Harriett Bartlett은 “전문적 판단은 한편으로는 지식과 가치 사이에서 교량 역할을 하며, 또한 개입활동이다. 사정은 실천에서 전문적 판단을 처음으로 적용하는 것이다.”라고 말하였다.

사정의 특성을 말할 때 미시체계(개인, 가족, 소집단)에 초점이 맞추어짐에도 불구하고 거시체계(조직과 지역사회)에도 같은 특성들이 적용된다. 개인, 가족, 소집단은 거시체계의 하위체계이기 때문에 거시체계의 사정내용은 하위체계의 사정과 관련된다. [표 7-1, p.184 참고]은 거시체계 사정의 구조를 제공해 준다. 이 내용은 특정체계에 따라, 특정 서비스의 필요에 따라 적용되고 개별화될 수 있다. 이것은 또한 개인, 가족, 집단, 조직, 이웃이 일하고 있는 생태체계 내에서 지역사회의 부분을 사정하는 데에도 활용된다. 일반주의 실천을 하는 사회복지사의 중요한 특성은 거시체계와 미시체계를 모두 사정하는 지식과 기술을 갖는다는 것이다.

가치는 의사결정 과정에 많은 영향을 미친다. 우리의 지각과 사고는 가치에 의해서 영향을 받는다. 우리는 가치와 사고가 일치하지 않는 것을 숨기려는 경향이 있다. 어떠한 일에 대한 우리의 편견은 우리가 어떻게 상황을 지각하는가에 영향을 미친다. 우리에게 친근한 방식으로 지각하는 것이 더 쉽기 때문에 우리와 친근하지 않거나 다른 것은 지나쳐버리기 쉽다. 다른 배경을 가진 사람에게 개입할 때 사회복지사는 자신의 가치가 의사결정에 어떻게 영향을 미치는가를 인식하는 것이 중요하다. 사회복지사의 가치관에 의해 정보의 의미를 결정함으로써 클라이언트의 관점으로 바라볼 수 없게 되어버릴 수도 있다.

예를 들어, 개인을 강조하는 성격이론을 활용하는 사회복지사가 확대가족과 종족을 중심으로 하는 American Indian 클라이언트에게 개입할 때, 클라이언트와는 다르게 상황을 바라볼 것이다. 사회복지사는 클라이언트가 자기결정에 대한 적절한 기회를 갖지 못하였다고 판단할 것이고, 클라이언트는 사회복지사가 가족이나 종족에 대한 클라이언트의 책임을 보호하지 않았다고 그 상황을 바라볼 것이다. 사회복지사는 개인의 권리를 가장 중요한 요소로 생각하는 자신의 가치관을 통해 상황을 바라보았던 것이고, 클라이언트는 가족이나 종족을 우선시하였던 것이다. 즉 다른 가치체계는 같은 상황을 다른 방식으로 바라보게 한다. 사회복지사는 클라이언트와 함께 일하기 전에 가치와 관련된 이러한 차이점에 대해서 해결책을 간구해야 한다.

Harriet A. Feiner와 Harriet Katz는 여성과 가족구조와 관련된 신념들이 실천상황에서의 판단에 영향을 미친다는 것을 지적하였다. 일반적으로 유지되어 온 근거 없는 신념–예를 들어 여성과 남성은 경쟁해서는 안 되고 여성은 양육 역할만 수행해야 한다–은 남성과 경쟁적으로 투쟁하려고 하는 여성 클라이언트에게 개입할 때 많은 영향력을 미칠 수 있다.

의사결정은 전문적 판단에 있어 중요한 요소이다. 이 판단은 논리와 증거에 기초한 결정이며, 사실과 가정과 추론이 무엇인지 규명하는 목적을 갖고 있다. 가치가 가정이나 추론에 미치는 영향력을 생각해야 하고, 지각을 분석해야 한다.

지식기반을 적용하여 설명하고자 할 때, 적절한 지식을 선택하였는지 살펴보는 것이 중요하다. Florence Hollis는 사회복지교육을 위해 지식을 선택하는데 활용되는 세 가지 기준을 제시하였다. 이 기준은 특수한 실천상황에서도 지식을 선택하는데 고려될 수 있다.

1. 선택은 사정된 현상, 고려해야 하는 상황과 관련되어야 한다. 문화에 따라 환각에 대해 다른 의미를 갖고 있다. 백인의 문화에서 환각은 치료가 필요한 정신질환의 신호로 간주된다. 어떤 문화에서는 환각을 인간이 영적인 세계로 접근할 수 있는 선물로 간주된다.

2. 선택은 사회복지 맥락에서 지식이 유용한지 여부와 관련되어야 한다. 사회복지는 인간은 자기결정을 할 수 있다는 관점을 가지고 있다. 매우 결정론적인 어떤 지식이 있다면, 그것은 변화에 대한 조금의 희망도 보여주지 않기 때문에 사회복지에 적절하지 않을 것이다. 결정론은 인간이 선택권을 가지고 있고, 상황이나 문제에 보다 적절하게 적용될 수 있는 여러 가지 선택을 만들어 낼 수 있다는 생각을 부정한다. 변화에 대한 희망이 없거나, 선택의 가능성이 없다면, 사회복지 과정은 이루어질 수 없다.

3. 지식이 갖고 있는 힘의 특징을 고려해야 한다. 하나의 소규모 표본에서 발전된 지식은 다른 상황의 대규모 표본에서 나와 가설을 검증함으로써 발전된 지식에 비해 힘을 가질 수 없다. 즉, 한 명의 클라이언트와 일하는 것은 활용되는 지식의 힘을 고려하지 못하기 때문에 다른 클라이언트와 일하는 것과 같을 수 없다.

결정은 우선 일차적으로 클라이언트의 욕구와 기호, 강점을 결합하여 이루어져야 한다. 사정에서 판단을 내릴 때 활용되는 원칙은 다음과 같다.

1. 개별화—상황속의 개인과 체계는 각각 다르다. 효과적으로 사정하기 위해 체계의 독특한 국면을 인식하고 이해해야 한다. 이러한 이해는 기본적으로 클라이언트체계로부터 나와야 한다.

2. 참여—사정과 의사결정과정에 클라이언트가 참여하는 것은 클라이언트의 욕구와 기호를 인식하면서 사정을 발전시키는데 중요한 도구가 된다. 나아가 어떤 방식으로든지 클라이언트의 참여가 없이는 클라이언트의 강점을 사정할 수 없다.

3. 인간 발달—사정에서는 인간이나 체계에 대한 깊은 이해의 수단으로 개인과 사회체계의 발달적인 과정을 인식한다. 발달단계에는 문화적, 인종적 요인이 영향을 준다는 것을 인식해야 한다.

4. 인간의 다양성—개인, 체계, 문화적 집단의 다양한 측면을 인식하는 것은 사정의 또 다른 중요한 요소이다. 여기서는 다양한 인구의 독특한 강점을 고려해야 한다.

5. 목적 있는 행동—모든 행동이 의미를 가지고 있다는 점을 인식하는 것은 사정과정에서 행동의 의미를 추구하도록 한다.

6. 체계적 교류—사정과정에서는 상황속의 개인에 대한 이해를 추구함에 있어서 스트레스와 에너지를 주는 생활의 교류, 적응적/부적응적인 대인상호작용과정, 환경적인 반응과 무반응을 규명한다.

7. 강점과 자원—클라이언트와 환경의 긍정적인 특징과 강점을 규명하고 인식하는 것이 중요하다.

개별화와 참여, 인간발달, 인간의 다양성, 목적 있는 행동, 체계적 교류, 강점과 자원을 활용함으로써 사회복지사는 클라이언트를 규정하고 클라이언트의 욕구, 해결되기 바라는 것을 밝힌다. 이러한 가치의 영향력과 적용할 적절한 지식의 선택이 잘 결합되면 사정은 환경 속의 클라이언트를 이해하는데 도움을 준다. Mary K. Rodwell은 자연주의적 연구 패러다임에 근거한 연구를 통해서 사정모델을 제시하였다. 그 모델은 이 장에서 논의한 것과 유사하며, 그녀는 “자연주의의 틀은 총체적 사정을 통해 상황과 인간에 대해 깊은 이해를 하도록 하며, 사회 환경, 물리적 환경과 인간의 관계에 대해 학문적인 연구를 하게 한다."고 하였다.

한편 아래의 사례는 가족의 예지만, 가족의 각 구성원과 개별적으로 일할 수도 있다. 그러나, 사회복지사는 기본적으로 어머니나 하나의 체계로서 가족과 일하는 것을 선택할 것이다. 이것은 사회복지사가 클라이언트 체계를 선택하는 좋은 예를 보여준다.

사례

학교 사회복지사는 P부인이라는 히스패닉 여인을 만나도록 의뢰를 받았다. P부인의 세 명의 학령기 자녀 중 두 명은 학교와 관련된 욕구를 갖고 있었다. 10세인 Juan은 과업을 잘 수행하지 못하고 교실에서 부적절한 태도를 보인다. 6세인 Angela는 학교에 결석을 많이 하면서 이모와 있으려고만 한다. 8세인 Jose는 명석하고 잘 적응하며 지내는 것 같다. 사회복지사는 아이들의 아버지가 6개월 전에 갑자기 사망하였다는 것을 알고 있다. 사회복지사가 사용한 사정의 원칙들은 다음과 같다.

1. *개별화* – P부인은 자녀의 문제가 남편(아이들의 아버지)의 죽음으로부터 온 스트레스가 관련이 있다는 것을 알고 가족의 재조직화가 필요하다는 것을 인식하고 있었지만, 한편으로는 가족이 충격을 굉장히 많이 받고 있는 것을 걱정하였다. 그녀는 세 명의 자녀가 서로 다른 방식으로 반응한다는 것을 이미 알고 있었다. 그녀는 문제에 영향을 미치는 다른 스트레스가 있다면 이것을 찾아내기 위해 조사해줄 것을 원하였다. 그녀는 히스패닉 문화에서 남성은 가장으로서 큰 힘을 갖고 있고, 가족을 조직하는데 통제력을 갖고 있다는 것을 알고 있다. 남편과의 사별, 아버지의 상실은 기본적인 가족조직의 해체를 나타내는 것이다.

2. *클라이언트의 참여에 대한 고려* – 사회복지사는 P부인에게 그녀가 생각하는 대로 상황에 대해 이야기하자고 하였다. 사회복지사는 P부인에게 분명하지 않은 부분을 질문하였다. 또한 도움받기 원하는 부분에 대해서도 질문을 하고 주의를 기울였다. 사회복지사는 P부인이 가족에 대한 책임감에 매우 압박을 받고 있음을 발견하였다. 그녀는 초기에 직장에서 일하느라고 자녀에게 소홀했다는 것에 대해 죄책감을 느끼고 있었으며, 많은 새로운 책임 속에서도 남편과의 사별을 애도할 수 있는 기회를 가질 필요가 있었다. 사회복지사는 P씨가 가족 내에서 대부

분의 주요 결정을 내려왔고, 자신과 가족을 돌볼 수 있다는 것에 대해 긍지를 갖고 있었다는 것을 발견하였다.

사회복지사는 P부인의 허락을 얻은 후 각각의 자녀들이 현재의 상황을 어떻게 생각하는지 알아보기 위해 자녀들과의 면담을 실시하였다. Angela는 학교에 결석하는 것에 대해 말하는 것을 매우 어려워하였다. 사회복지사가 Angela에게 아버지의 죽음에 대한 느낌을 그려보라고 하자 Angela는 눈물을 글썽거리면서 그리고 싶지 않다고 하였다. 사회복지사가 Angela는 이모를 좋아하는 것 같다고 하자 Angela는 미소를 지었다. 사회복지사는 이모를 좋아하는 이유를 물었다. Angela는 이모가 자기와 함께 놀아주고, 자기를 보살펴준다는 말을 했다. 사회복지사는 Angela에게 집에서 놀아줄 수 있는 누군가를 그리워하는 것 같다고 하자, Angela는 다시 위축되고 불안해졌다. 사회복지사는 이 시점에서 더 이상 깊이 조사하지 않았다.

Jose와의 면담에서 사회복지사는 아버지의 죽음 이후 집에서의 일에 대해 어떻게 생각하는지 물었다. Jose는 어머니가 항상 바쁘고, 슬퍼보였다고 말했다. Jose는 어머니가 아버지를 너무나 그리워한다고 생각하고, 자신도 그렇다고 했다. 그는 어머니를 도우려 했고, 엄마에게 '좋은 아이'가 되고 싶다고 하였다. 또한 자신의 형인 Juan이 어머니에게 걱정을 끼치지 않았으면 좋겠다고 말했다. 사회복지사가 이에 대해 자세히 묻자, Jose는 형이 아무하고나 싸우려하고 항상 자신의 방식대로만 행동하려 한다고 말했다.

Juan은 면담하는 것을 너무 어려워하였다. 그는 그냥 앉아서 사회복지사의 질문을 무시하였다. 지금의 문제는 자신과는 아무런 상관이 없다고 하였다. 사회복지사는 Juan에게 어머니를 돕는데 관심이 있다는 것을 확신시켜주면서, 단지 Juan의 느낌을 알기를 원한다고 말했다. 여전히 그는 말하기를 거부했고 사회복지사는 면담을 종결했다.

3. *인간발달에 대한 고려* - 가족 구성원 각각의 발달단계를 고려하였다. P부인은 36세로 친밀감 대 고립감의 단계에 있다[표 1-1, p.24 참조]. 결혼생활 동안 그녀는 이 단계를 거의 잘 지냈으나, 남편의 죽음으로 이러한 결말은 실패로 돌아가고 고립의 상태로 남아 있다. 그녀는 아내로서의 정체성을 상실하고 또다시 정체감 대 역할 혼돈의 단계로 돌아가 버렸으며 생계를 책임져야 하는 미망인이라는 새로운 상태에 있는 사람으로 자신을 생각했다. P부인의 가까운 친척이나 확대가족 중에는 P부인이 살아온 문화에서 남성이 수행하던 "가장"역할을 해 줄만한 남성이 없었다.

세 명의 자녀는 모두 근면성 대 열등감의 단계에 있지만, 모두 다른 경험을 갖고 있다. 6세인 Angela는 이제 막 이 단계로 옮겨왔고, 아버지의 죽음에 대한 반응은 어머니에게 가깝게 밀착되어 있다. Angela가 퇴행하지 않고, 열등감이 생기지 않도록, 그리고 독립적으로 기능하는데 필요한 기술을 발전시킬 수 있도록 사회복지사는 Angela의 상황을 주의 깊게 살펴보았다. 8세인 Jose는 좋은 모습으로 이 단계에서 발전을 하는 것처럼 보였다. 그는 자신에 대해 좋은 감정을 갖고, 필요한 기술을 발전시키고 있었지만 아버지의 상실에 대해서는 많은 도움이 필요한 상태였다.

10세인 Juan은 잘 하고 있지 못하였다. 적어도 아버지의 죽음에 대한 반응에서는 어느 정도의 시간이 필요했다. 그러나 사회복지사는 P부인과 이야기를 하면서 Juan이 학교를 싫어한다는 것을 알 수 있었다. Juan은 1학년 때 읽기를 매우 어려워했고, 여전히 잘 읽지 못한다. 사회복지사는 이 어려움을 이해하기 위해 어떤 검사가 필요하다고 생각했다. Juan은 약간의 불안을 갖고 있고, 가족 중에서 가장 나이가 많은 남성이며, 어린 연령에도 불구하고 가장 역할을 해야 한다는 것을 느끼고 있는 것 같았다.

이 가족의 가족발달은 가족구성원의 개별화 대 아버지의 죽음 당시의 유사상호적인 조직단계에 있다(13장 참조). 아버지의 죽음은 가족체계의 현 상태를 혼돈스럽게 했고, 어머니와 Juan의 지지의 중요한 원천을 제거해버렸다. 또한 그 가족은 "가장" 역할을 하는 중요한 성인 남성 없는 가족을 재정의 하는 상황에 처하게 되었다.

4. ***인간의 다양성에 대한 고려*** – 이 히스패닉 가족은 중류층 이하의 가족으로서 전통적으로 성인 남성이 하던 가장역할을 아무도 할 수 없는 상황이다. 이 가족은 의미 있는 종교적 유대감도 없다. 중요하게 고려해야 할 것은 이 가족이 한 부모 가족이며, 가족이 의존할 수 있는 가까운 친척이나 확대가족이 없다는 것이다.

5. ***목적 있는 행동에 대한 고려*** – 사회복지사는 Angela와 Juan의 행동이 의미가 있고 이것은 적어도 부분적으로 아버지의 죽음과 관련된다고 보았다. Angela는 어머니와 이모에게 매달리는데, 이것은 그들마저도 상실할까 봐 두렵기 때문이다. Angela의 발달단계에서 Angela의 공포는 어머니, 이모와 떨어지기 싫다는 양상으로 나타나는 것이다. 그러므로 그들이 의도적으로 Angela를 홀로 남겨두지 않고 잘 보살펴 줄 것이라는 것을 이해시키는 방법으로 돕는 것이 필요했다. 그러나 Juan은 관계를 깨뜨리는 반응을 하고 있고, 그의 환경에서 중요한 여성

에게 문제가 되는 행동을 하고 있다(P부인은 자신의 욕구를 충족시키기 위하여 Juan이 집안의 남성 역할을 해 주기를 원했다). Juan은 친구집단에서 자유와 남성다움을 느꼈다. 친구집단에서 인정받으면서 Juan은 때로는 반사회적 행동도 하였다. Juan은 긍정적인 남성상을 가짐으로써 남성다움을 발전시킬 수 있는 다른 방법이 필요하였다. Jose는 어떤 부정적인 행동도 나타내지 않았으나, 지나치게 착하게 행동함으로써 아버지의 죽음에 대해 반응하고 있었다. Jose가 상실감을 다루는데 도움이 필요한지를 탐색해야 한다.

6. *체계적 교류에 대한 고려* – 이 가족의 어려움의 일부분은 적어도 아버지의 죽음으로부터 기인한 것이다. 이 스트레스는 어머니에게 영향을 주어 양육능력을 감소시켰다. 이전부터 있었던 Juan의 학교생활문제는 이 새로운 스트레스에 의해 더욱 악화되었다.

7. *강점과 자원의 규명* – P부인은 자녀들에게 매우 관심이 많았고 자녀들의 욕구를 충족시켜주기를 원했다. 직장 때문에 "좋은 엄마"의 역할을 할 수 없었지만, 그녀는 직장을 가질 수 있었다. 그녀는 자녀들 각각이 아버지의 죽음에 대해 서로 다른 방식으로 반응한다는 것을 알고 있었다. 그녀는 도움을 받고 싶어 했다. 도움을 줄 수 있는 성인으로 이모를 고려하였고, 이모는 어머니와 자녀들에게는 자원이 되었다. 가족 구성원간의 관계는 대부분 긍정적으로 보였고, 아버지에 대한 기억도 좋았다.

사정의 단계

사정은 변화과정의 첫 번째 국면이다. 여기에는 두 가지 기본적 국면이 있다. 각 국면은 변화과정의 단계들이다. 이 단계들은 다음과 같다.

1. 초기의 관심사나 욕구 규명
2. 관심사나 욕구의 특성 규명
3. 생태체계의 잠재적인 강점과 자원 규명
4. 자료선택과 수집
5. 이용 가능한 정보의 분석

6. 이용 가능한 정보의 분석을 바탕으로 한 계획 수립
7. 계획을 수행하기 위한 행동
8. 각 단계와 계획이 완료되었을 때 결과 평가
9. 서비스의 종결단계에서 변화들을 통합

처음의 5단계는 사정단계이다. 6단계는 계획의 국면이며, 이는 10장에 제시되어 있다. 7단계는 행동단계이며 11장에 제시되어 있다. 8장과 9장은 종결국면의 평가이며 12장에 제시되어 있다.

사회복지사는 문제해결과정에 클라이언트를 어떻게 포함시킬 것인가를 결정해야 한다. 이 결정은 상황에서 클라이언트가 함께 일할 에너지와 의지를 얼마나 많이 갖고 있는지에 달려있다. 클라이언트의 참여는 일에 대한 클라이언트의 인지적, 정서적 능력에 달려있다. 예를 들어 위기상황에서 즉시 행동해야 하고 클라이언트는 상황에 압도되어 있을 때 사회복지사는 초기해결에 대한 부담이 덜한 상황보다 더 적극적인 역할을 할 것이다. 긴급한 위기에 처한 클라이언트가 상황을 해결하는데 참여하지 않는 것은 아니다. 오히려 사회복지사가 클라이언트를 어떻게 참여시키느냐, 어느 정도까지의 과정이 클라이언트에게 분명하게 알려지느냐가 중요하다. 변화과정을 교육하는 것은 클라이언트를 참여시키는 전략이 될 수 있다.

변화과정에서 어려운 과업 중 하나는 욕구와 관심사를 구체화시키는 것이다. 클라이언트는 원조상황에 올 때 초기 욕구와 관심사를 갖고 온다. 클라이언트와의 초기 몇 회의 접촉에서 논의한 내용에 근거하여 사회복지사는 표현된 욕구가 실제 욕구가 아닐 수 있다는 것을 깨달을 것이다. 사회복지사가 초기 욕구와 관심사의 근거를 분명히 함에 따라 사회복지사는 욕구와 관심사의 특성을 가정한다. 환경속의 클라이언트를 생각하는데 활용되는 이론적 지식을 분명히 하는 것 역시 가정을 만들어 내는 하나의 방법이다. 가정이 명백해지면 초기 욕구와 관심사의 형성을 검증하는데, 필요하다면 재진술하는데 필요한 정보를 규명할 수 있을 것이다. 상황 속의 클라이언트를 이해하고 활용할 수 있는 정보를 분석한 후에 표현된 욕구를 분명하게 할 수 있다.

욕구와 관심사를 분명히 하는 것은 사정에 있어서 다음 4단계의 기본이다. 계획과 행동은 욕구와 관심사를 적절하게 분명히 함으로써 강화될 수 있다. 욕구와 관심사의 공식화에는 3단계가 있다. 1) 욕구의 인식 2) 욕구충족의 장애물 인식 3) 욕구 충족

의 장애물을 제거하는 맥락에서의 욕구의 공식화 이다. 한번 욕구와 관심사가 규정되면, 사회복지사와 클라이언트는 욕구와 관심의 본질을 고려하고 그들의 욕구를 충족시킬 수 있는 환경내의 잠재적인 강점과 자원을 발굴해야 한다. 이것은 정보의 선택과 수집, 그리고 이용 가능한 정보의 분석 다음으로 이어진다. 사회복지사가 관심을 갖는 욕구는 사회기능과 관련되어 있고, 계획된 변화에는 클라이언트와 클라이언트의 생태체계에 존재하는 강점과 실제 또는 잠재적인 자원이 필요하다는 것을 기억해야 한다.

초기 욕구와 관심사 규명

1. 초기 욕구의 규명–욕구 규명을 하기 위한 첫 번째 자료는 클라이언트가 자신의 이야기를 어떻게 하는가이다. 사회복지사는 클라이언트의 언어적인 문맥을 들을 뿐 아니라 비언어적인 의사소통의 요소도 주의 깊게 살핀다. 사용된 대명사, 동사의 시제, 단어, 어조와 억양 등은 욕구의 의미를 이해하는 실마리가 된다. 사회복지사는 또한 클라이언트가 말하지 않은 것, 즉 빠뜨린 사항들도 주목할 수 있어야 한다.

유능한 사회복지사는 종종 필요한 것에 대한 예감을 갖고 있다. 이 예감은 사회복지의 예술적인 부분이고, 창조성의 한 부분이다. 예감은 매우 유용하지만 그것이 사실로서의 힘을 발휘하기 전에 검증되어야 한다. 예감은 일반적으로 클라이언트보다 사회복지사의 경험에 의한다. 그렇기 때문에 예감한 것에 대해 클라이언트와 이야기를 나누기 전에 클라이언트의 현실적 측면에서 이런 생각을 평가해 보는 것이 중요하다.

클라이언트가 제공한 자료, 지식기반에 근거한 예감과 생각, 다른 원천을 통해 얻은 유용한 정보를 활용하여 클라이언트의 욕구를 규명하기 시작할 때 상황에 의미 있는 다른 체계들이 규명될 수 있다. 상황에 의미 있는 체계란 욕구성취가 안됨으로써 영향 받을 수 있고, 상황에 영향을 주며, 욕구충족의 자원이 될 수 있는 것들을 말한다.

기관과 서비스 전달체계에 주의를 기울여야 한다. 만약 기관의 기능이 클라이언트가 욕구를 성취할 수 있게 하는 서비스를 갖고 있지 않다면, 클라이언트는 이것을 알고 있어야 한다. 서비스 전달체계의 특성은 욕구가 충족되지 못하는 것에 중요한 요소가 된다.

2. 욕구 충족의 장애물 인식하기–일단 욕구를 인식하면, 왜 욕구가 충족되지 못

했느냐를 생각할 수 있게 된다. 사회복지사의 과거 경험, 가치, 이론적 틀은 장애물에 대한 가정을 할 수 있게 한다. 이러한 임시적인 가정은 검증되어야 한다. 클라이언트와 그의 상황에 대한 부가적인 정보도 필요하다. 클라이언트와 중요한 체계들이 자신의 관점을 제시할 수 있는 기회를 제공해야 한다. 사례 기록이나 사회체계에 대한 설명과 같은 문서 자료들도 유용할 것이다.

생태체계강점관점에서 보면 장애물의 위치는 의미 있는 체계들 간의 관계에서 발견된다. 이러한 방법으로, 모든 체계의 욕구가 인식되며, 문제는 어느 한 체계의 책임에 의해서가 아니라, 상호작용의 특성을 갖고 있다고 간주된다.

Carel Germain과 Alex Gitterman은 사회 기능에 문제를 초래할 수 있는 세 가지 상황을 제시하였다. 그것은 1) 스트레스가 되는 인생의 전환 2) 의사소통과 관계의 어려움 3) 환경의 무반응성(unresponsiveness)이다. 환경 속의 클라이언트를 사정하는 것은 욕구충족의 장애물의 특성을 규명하는 하나의 방법이다.

스트레스적인 인생의 전환은 개인과 사회체계가 발달단계에서의 과업을 수행하는데 어려움을 겪으면서 나타날 수 있다. 그러므로 사정은 발달단계, 수행하지 못한 과업을 규명하는 것과 관련 있다. 그리고 자신의 문화나 다양성의 특성과 조화를 이루는 과업성취의 기회가 부족한 결과 어려움이 발생할 수 있다.

스트레스적인 인생의 전환의 다른 형태는 지위의 변화이다. 배우자의 죽음으로 혼자가 된 것, 직업을 잃어 실직자가 되는 것, 졸업 또는 낙제 등이 포함된다. 새로운 지위는 새로운 역할을 필요로 한다. 새로운 역할에 대해 준비가 되어있지 않은 경우도 있다. 배우자의 상실로 인해 일터에 나온 어린 자녀가 있는 여성은 한 부모로서의 요구, 자녀들이 아버지의 상실에 대해 적응하도록 돕는 것, 직장에서의 요구를 갖는다. 한 부모 역할의 요구와 일의 역할은 갈등하거나 압도될 수 있다.

또한 위기 상황도 스트레스와 밀접한 관련이 있다. 개인과 체계가 자신의 현 상태에서 대처하고 유지할 수 없을 만큼 변화가 클 때, 위기가 발생할 수 있다. 이러한 상황에서는 문제를 해결하는 것 뿐 아니라 체계가 환경에 대한 기대를 충족시켜줄 수 있도록 어떠한 방법으로든 현 상태를 회복할 수 있도록 해주는 것이 필요하다.

개인이나 체계가 다른 개인/체계와 효과적으로 의사소통할 수 없기 때문에 사회기능상의 문제가 발생한다. 다른 문화적 배경을 가진 사람들은 사회제도와 관련하여 상당한 문제를 갖고 있다. 예를 들어 학교가 다른 문화적 배경을 가진 아동의 욕구를 인식하지 못하는 것은 학교와 관련된 부모의 능력을 평가절하하게 하고, 아동의 교육적 욕구를 충족시키지 못할 것이다. 개인이나 가족이 현존하는 자원을 활용할 수 없거나 심지어는 자원에 대해 모르는 경우도 있다. 학교는 문화적 요인에 대한 이해가 부족하여 개인이나 가족의 강점을 모를 수 있다. 중요한 문제는 정확한 의사소통이 없고 이것이 관계의 어려움을 초래한다는 것이다. 문화적 배경이 다름으로써 발생할 수 있는 또 다른 문제는 아이들의 욕구에 대한 학교의 무반응이다. 이러한 환경적인 무반응은 스트레스를 유발하고 대처를 어렵게 한다. 환경의 무반응은 두 가지 형태이다. 필요한 서비스 공급이 부족한 경우가 있다. 문화적 배경이 다른 클라이언트가 활용할 수 있는 방법으로 필요한 서비스를 공급하지 못하는 것이다. 후자의 실패사례는 사회복지사 입장에서 클라이언트에게 과도한 기대를 갖는 것, 클라이언트의 문화적 가치와 규범을 침해하는 방식으로 서비스를 제공하는 것, 클라이언트가 문화적으로 다른 환경에서도 쉽게 기능할 수 있으리라고 기대하는 것 등이다.

3. 욕구와 관심의 형성–장애물이 인식되면 문제의 공식화가 가능해진다. 문제를 공식화할 때는 충족되지 않은 욕구, 욕구의 충족을 가로막는 장애물, 장애물을 유지시키는 요소 등을 고려한다. 사회적 기능의 교류적 특성을 인식하면서 가능한 한 구체적으로 욕구와 관심을 밝히는 것이 중요하다.

욕구를 구체화하는 데에는 몇 가지 방법이 있다. 건강이나 영양의 욕구를 충족시키기에 충분한 수입과 같이 구체적인 자원이나 서비스가 부족할 수 있다. 욕구는 또한 심리사회적 발달 욕구의 관점에서 구체화될 수 있다. 예를 들어 10세 아동이 일상생활기술을 발달시킬 수 있는 기회를 갖지 못한 경우가 있을 수 있다. 이것은 아동이 유능감을 느낄 필요가 있다는 이해가 부족하거나 과잉보호함으로써 어머니가 자신의 죄책감을 보상하려고 하는 경우일 수 있다. 욕구는 인생의 전환에서 양육, 결혼, 직업의 영역에서 부적절한 역할성취라는 점에서 구체화될 수 있다. 또 다른 방법으로는 사람과 사회체계의 관계라는 관점에서 욕구가 구체화될 수 있다.

관심과 욕구를 형성한 다음 단계에서는 욕구충족의 장애물에 대해 진술하는 것이다. 장애물에는 잠재적인 자원과의 관계를 인식하는 것을 포함한다. 이것은 명확하게 진술되어야 하고, 장애물의 교류적 측면도 인식해야 한다.

관심과 욕구의 형성의 예로는 세명의 학령기 자녀가 있는 젊은 편모인 P부인을 들 수 있다. 빈 역할을 채워줄 확대가족 없이 한 부모로서 일하면서 자녀를 양육해야 하는 요구에 대처하고, 남편과의 사별을 애도하고자 하는 욕구로부터 인생의 전환기 욕구가 생겨났다. 두 가지 역할을 수행해야 하는 상황, 갈등하고 애도의 감정으로 압도되어 있는 상황, 장애물이 생긴 것이다. 자녀 중 한 명은 학교에서 문제가 있고, 다른 한 명은 학교에 가기 싫어했다. 학교에서는 상담을 위해 어머니가 직장에서 시간을 내줄 것을 요구했다. 그녀는 급여가 적은 비서직에 종사했는데, 고용주는 그녀가 자리를 비우는 일이 너무 많다며 해고하겠다고 위협하고 있다. 장애물의 원인을 조사할 때, 그녀의 대처능력에 영향을 줄 것 같은 몇 가지 요소들은 다음과 같다.

1. 남편과 사별한지 6개월 밖에 안 되었기 때문에 P부인은 상실감에 애도할 필요가 있다.
2. 그녀는 자신에게 긴장을 주고 자녀들을 힘들게 하는 가족의 재정문제에 대해 알아야 한다.
3. 그녀는 한 부모 역할에 대해 알아야 한다. (그녀는 자신에게 과도한 요구를 했고, 자녀들에게 미안해 했다.)
4. 자녀양육에 적절한 자원이 필요하고, 재정적으로 어려웠다.
5. 그녀는 자신이 이용할 수 있는 자원을 알아야 한다.
6. 그녀는 더 높은 급여를 받을 수 있는 직업을 가질 수 있는 기술이 필요하다.
7. 한 아들은 아버지를 그리워하고 그 감정을 처리하는데 어려워하였다. 그 아이는 인생에서 중요한 남성상을 필요로 하는 것처럼 보였다.
8. 어린 딸은 방과 후에 이웃에 사는 사람에게 보호받는 것을 싫어했다. 방과후에 이모의 집에 있는 것을 좋아했다. 그 아이는 방과 후에 돌봄을 받는 긍정적인 느낌을 원했다.
9. 학교는 너무 혼잡했고, 문제를 가진 아동들을 다룰만한 자원이 필요하다.
10. 이 가족은 더 큰 히스패닉 공동체와 더 밀접한 관계를 갖기를 원했다.

장애물의 원천은 태도와 가치, 지식과 이해, 행동, 대처기술, 과도하게 부과된 역할, 환경적 기대, 아직 인식하지 못한 이용 가능한 자원, 또는 활용 자원의 부족상태에 존재한다. 일반적으로 장애물의 원천은 하나가 아니고 복합적인 상황으로 존재한다. 관심과 욕구를 형성할 때는 앞의 사례에서와 같이 욕구의 복합성을 인식하고, 욕구충족의 장애물을 구체화해야 한다.

관심이나 욕구의 특성 규명

사회복지사와 클라이언트가 사정국면을 진행할 때 환경속의 인간에 대한 가정이 있으며, 그런 가정은 사정과정에서 매우 중요한 역할을 한다. 사정을 시작하면서 사회복지사는 (1) 상황을 이해하기 위해서 어떤 정보가 중요한지 (2) 클라이언트와 그의 환경의 욕구를 충족시키기 위해서 어떤 자원이 활용가능한지를 결정해야 한다. 첫 번째 것을 완수하기 위해서 사회복지사는 관심이나 욕구의 특성을 가정해야 한다. 사회복지사는 사회 환경에서 인간행동에 관한 지식, 다양성과 인간발달에 관한 지식, 욕구의 특성을 강조하고 있는 Maslow와 Towle의 욕구규명체계에 대한 지식을 활용해야 한다. 예를 들면 Maslow의 위계를 적용하여, 욕구가 음식, 옷, 쉼터, 건강보호와 같은 기본적인 욕구와 관련되는가? 안전에 관한 욕구, 사회화, 자존감, 자기실현, 인지적 이해에 대한 욕구가 있는가? Towle의 욕구의 요소를 적용할 때 욕구는 정서적이고 지적인 성장의 욕구인가? 관계의 욕구인가? 영적 안녕의 욕구인가?

다음 단계로 사회복지사는 특정 상황에서 욕구를 만들어내는 것을 탐색하기 위해 지식과 창의성을 결합한다. 예를 들면 사회복지사는 P부인이 슬픔에 휩싸여 있고, 새롭고 익숙하지 않은 일들에 대한 스트레스에 대처하기 위해 남편에 대한 기억을 기릴 방법을 찾을 수 있다는 것은 가정할 수 있다. 사회복지사는 Juan의 학교에서의 행동이 그의 아버지의 죽음에서 야기되었다고 가정할 수 있다. 그러나, 아버지가 사망하지 않았더라도 Juan은 어떤 어려움을 경험할 수도 있다. 사회복지사는 Angela가 엄마에게 집착하는 것이 엄마를 잃을지도 모르는 걱정때문이라고 가정할 수 있다(안전의 욕구). 사회복지사는 Jose가 애도과정의 협상단계에 있어서 아버지의 죽음이 자신의 나쁜 행동의 대가여서 착하게 행동하는 것으로 볼 수 있다. 사회복지사는 아버지의 죽음이 가족의 와해에 영향을 미쳤고 매일의 스트레스에 대처하는 가족의 능력에 긴장을 주고 있다고 가정할 수 있다.

사례

P가족의 욕구는 가족구성원들의 다양한 관점에서 형성될 수 있다. 가족과 직업

의 요구 때문에 적절하게 슬퍼할 기회를 갖지 못한 미망인으로 볼 수 있다. 가정의 재정관리에 대한 지식이 필요한 미망인으로 볼 수 있다. 가족을 적절히 지원할 수 있는 일자리를 가질 수 있는 기술이 필요한 미망인으로 볼 수 있다. 큰 아들의 욕구를 생각해 볼 수 있는데, 그 아이는 아버지의 사망에 대한 분노를 행동으로 보여주고 있는 것이다. 또한 어머니와 보모의 보호에 행복해하지 않는 딸의 욕구도 생각할 수 있다. 또한 전체 가족과 관련하여 욕구를 형성할 수 있다. 이 경우에 아버지의 사망, 특히 히스패닉 문화에서 이것은 가족에게 큰 상실인데, 이로 인해 가족조직과 기능에 혼란이 발생한 것으로 볼 수 있다. 욕구는 가족이 기능하는데 자원이 필요함에 따라 형성될 수 있다. 욕구가 최종적으로 형성되는 것은 어떤 체계를 클라이언트로 보며, 체계의 가장 시급한 욕구가 무엇인지 생각함으로써 이루어진다.

생태체계의 잠재적인 강점과 자원 규명

세 번째 단계로 넘어갈 때 사회복지사는 무엇이 욕구충족에 필요한 변화를 가져올 수 있는지에 대해 깊이 생각해야 한다. 사회복지사는 클라이언트 체계와 생태체계의 잠재적인 강점과 능력, 장점, 가능성을 규명하면서 시작한다. 개인과 가족, 집단, 조직, 지역사회가 욕구 충족을 위해 어떻게 해야 할까? 무엇이 잘 하는 것일까? 사회복지사가 했어야 하는 일과 해야 하는 일은 무엇일까? 클라이언트체계의 전형적인 욕구충족유형에서 벗어나 있는 현재의 상황은 어떠한가? 그리고 나서 사회복지사는 생태체계가 안정되어 상호 만족스럽게 욕구를 충족시킬 수 있기 위해 개발하고 유지하고 보존해야 할 것이 무엇인지 가정한다. P가족의 경우 이러한 가정은 다음과 같이 구성된다.

1. 각 가족구성원은 P씨가 없는 삶에 적응하고 슬픔을 표현할 수 있다.
2. P부인은 지지체계와 함께 필요한 지식을 갖춘다면 새로운 역할을 해 낼 수 있을 것이다. 그녀는 직업이 있고, 가족을 부양하고 있다.
3. Juan은 똑똑하고 학업의 욕구가 충족된다면 학교생활에도 성공할 것이다.
4. Jose는 좋은 학생이고 학교생활을 잘하고 있다.
5. Angela는 이모를 좋아하고 이모와 함께 있을 때 안정감을 느낀다.
6. 가족구성원들은 서로 사랑하고 서로의 욕구를 충족시켜 줄 능력이 있다.

7. 지역사회 자원은 이들 가족의 양육, 학업의 욕구, 상담 등을 도와줄 수 있다.

변화과정의 이런 점에서 사회복지사는 가능한 일을 숙고하면서 현실적이어야 한다. 어떤 크기의 클라이언트 체계와 일할 때 의미 있는 질문은 이 욕구를 충족시키는데 무엇이 있어야 하나? 하는 것이다. 이런 질문은 사회복지사가 한계와 결함을 찾기보다 가능성을 찾도록 한다.

정보수집과 선택

욕구의 특성과 자원의 강점에 대한 가정은 초기에 정보수집 단계를 정착시키는데 중요하다. 가정이 진실인지 아니면 다른 가정이 더 필요한지, 점검해야 할 가정이 있는지를 결정하는데 정보가 필요하다. 사회복지사는 목적 없이 정보를 수집해서는 안 된다. 정보수집의 두 가지 주요 이유는 클라이언트의 욕구를 충족시켜주기 위한 것과 기관의 관료적 요구를 충족시키기 위함이다. 후자의 경우에 클라이언트를 규명하기 위하여, 또는 보험사나 제 3자 지불체계에 청구하기 위하여, 자격기준을 맞추기 위하여, 전문적 실천의 기본 기준을 충족시키기 위하여 정보를 수집할 수 있다. 정보수집에서는 클라이언트의 비밀보장 권리를 지키기 위하여 주의해야 한다. 이것에 대해서는 5장에서 논의하였다.

상황을 이해하기 위해 사회복지사는 자신에게 확인해보는 것이 유용하다. 누구에 대하여, 무엇을, 어디서, 언제, 어떻게 알고 있는지 확인할 필요가 있다. 이러한 다섯 가지 질문의 영역은 전형적으로 이야기를 구성할 때 리포터가 사용하는 것이다. 이것은 역시 사회복지사가 상황의 모든 측면을 이해하고 있는지 확인할 때도 유용하다. 여섯 가지 항목으로 확대하면 '왜' 라는 질문이 들어간다. 그러나 이것은 과정의 분석에는 포함되지 않는다.

가정을 바탕으로 하여 사회복지사는 상황을 이해하기 위한 정보를 선택하고 클라이언트와 클라이언트의 환경의 욕구를 충족시키기 위한 계획을 발전시킨다. 2부와 13, 14장에서 설명한 다양한 도구들을 활용해서, 클라이언트체계와 생태체계의 규모에 따라 사회복지사는 각 도식에 관련된 부분들을 선택한다. 예를 들면 개인과 일할 때는 사회력 전개의 틀(the Schema for Development of a Social History)을 선택한다. 개인[표 6-1, p.155 참고]은 전반적인 지침으로 사용된다. 가족력도식의 관련부분[표 13-1, p.431 참고]이 클라이언트의 욕구충족과 상황이해에 중요하다면 개인과 가족의 상호작용을 이해하는 것과 관련된 것으로 활용된다. 지역사회도식의 관련부분[표 7-1, p.184 참고]은 상황에 영향을 주거나 욕구충족에 접근할 수 있는 지역사회내 체계를 사정하는데 유용하다.

유용한 정보 분석

사회복지사가 반드시 분석해야 하는 일반적인 영역이 있다: (1) 강점과 자원, 환경속의 인간에 대해 사회복지사가 이해하고 있는 것은 무엇인가 (2) 어떤 변화가 필요하며 알고 있는 것은 무엇인가 (3) 상황을 더 잘 이해하기 위해서 필요한 정보는 무엇인가 (4) 성공적인 변화를 가져오기 위해서 필요한 정보는 무엇인가.

이러한 네 영역을 분석할 때 사회복지사는 클라이언트와 환경에 대한 통찰력을 얻기 위해 지식기반에 따라 분석해야 한다. 과정을 진행하면서 사회복지사는 자신의 분석을 클라이언트, 생태체계의 관련부분과 함께 점검한다. 사회복지사는 클라이언트 또는 중요한 사람들에게 자신이 상황에 대해 이해하고 있는 것이 정확한 것인지, 클라이언트가 중요하다고 생각하는 다른 부분이 있는지를 확인해야 한다. 사례에서 "P부인, 당신의 남편에 대한 기억을 간직하고 싶은 것 같은데요. 맞나요?" "남편을 기억하는 것에 대해 어떻게 느끼는지 더 말해 줄 것이 있나요?"라고 물어볼 수 있다.

사회복지사는 클라이언트에게 욕구나 바라는 변화가 무엇인지 물어본다. "이 상황에서 당신의 욕구가 실현될 수 있다면 어떤 일이 일어나기 원하나요?" "이 상황이 해결되고 당신이 원하는 것이 이루어진다면 어떤 모습일 것 같나요?"라고 물어볼 수 있다.

정보를 분석하면서 사회복지사는 환경 속의 인간에 대하여, 계획을 진행하는데 충분한 강점과 자원에 대하여 이해할 수 있게 된다. 사회복지사가 클라이언트의 관점에서 상황을 이해하는 것을 바탕으로 "왜"라는 질문에 답해야 하고, 욕구충족의 장애물이 무엇인지 볼 수 있어야 한다. 사회복지사와 클라이언트는 클라이언트에게서, 또는 클라이언트의 생태체계나 사회복지사의 생태체계(서비스전달체계)에서 욕구충족을 위한 강점과 자원을 어느 정도 확실히 알고 있다. 만약 더욱 많이 이해해야 하거나 발견해야 하는 강점이나 자원이 더 많이 있다면 사회복지사와 클라이언트는 더 많은 정보를 수집하기 위하여 사정과정의 초기단계로 돌아가야 한다.

분석이나 사정의 다른 단계에서 새롭거나 이전에 알지 못하던 욕구나 관심이 밝혀질 것이다. 그렇게 되는 이유는 몇 가지가 있다. 신뢰관계가 이루어지기 전에는 클라이언트가 밝히기 꺼려하는 정보가 있었다든지, 클라이언트가 욕구를 인식하지 못했던 경우가 있을 수 있다. 이런 경우에 사회복지사와 클라이언트는 1단계로 돌아가서 욕구를 형성하고 남아있는 단계를 진행해야 한다.

이용할 수 있는 정보를 분석할 때 사회복지사는 환경속의 인간을 이해하기 위해 지식과 기술, 특히 사회체계이론과 생태체계에 대한 지식을 활용한다. 사회복지사는 클라이언트의 관점에서 클라이언트의 다양성을 이해하기 위해 자연주의적 질문을 하며 다양성을 포용하는 접근을 활용한다. 사회복지사는 지금의 상황을 이해하고 욕구충족을 위해 해야 할 것을 알기 위해 실천의 지혜와 경험을 활용한다. 욕구와 욕구충족간의 차이를 분석하기 위하여 분석적 사고를 한다. 사회복지사는 클라이언트, 클라이언트의 생태체계, 서비스 전달체계의 강점과 자원을 밝히기 위해 창의성을 발휘하고, 클라이언트의 욕구충족을 위해 할 수 있는 일을 클라이언트와 함께 브레인스토밍한다. 따라서 분석은 사회복지과정에서 사고의 핵심이라고 할 수 있다.

교류사정

인간 상호작용의 교류적인 특징은 매우 복잡하며, 이것은 사정을 어렵게 하는 원인이 된다. 교류사정은 복잡한 상황을 조사하고 그 복잡성에 대해 의미를 두고 순서를 정하는 사회복지사의 능력과 창조성에 달려있다. 교류사정은 관련된 다양한 체계에 영향을 미칠 수 있는 활동과 계획을 고려하는데 특히 유용하다.

사회복지사는 클라이언트와 생태체계의 자원과 강점을 이해해야 한다. 여기에는 일어나는 상호작용에 대한 이해도 포함한다. 앞서 논의한대로 상호교환의 유형은 물질과 에너지와 정보를 포함하는 체계 내에서 일어난다. 상황을 분석할 때 사회복지사는 어떤 물질이 필요하고 그것의 출처가 어디인지를 분석해야 한다. 예를 들면 환자가 어떻게 음식과 옷을 얻었는가? 누가 관련되어 있고 무엇을, 어디에서, 언제, 어떤 방법으로 얻었는가? 에너지의 측면에서 사회복지사는 어떤 관계에서 클라이언트가 에너지를 얻는지, 무엇이 에너지를 배출하는지를 고려하게 된다. 정보의 차원에서, 사례에서 사회복지사는 P부인이 겪고 있는 애도의 과정에 대한 정보를 알 필요가 있을 것이다. 누구 또는 무엇이 이러한 정보의 원천이 되는가? 그녀는 어디서 정보를 얻는가? 그 정보는 가족의 애도과정에 어떤 영향을 미치는가? P부인이 필요로 하는 것에 대한 다른 정보는 무엇인가? 그녀는 누구로부터 그 정보를 얻는가? 어디서, 언제, 어떤 방법으로 정보를 얻는가?

교류사정의 틀이 제시되기 시작하였다. Paula Allen-Mears 와 Bruce A. Lane이 제시한 생태체계틀이 하나의 예이다. 그들은 고려해야 할 변수들을 찾아내고 구조틀에서 자료, 자료의 출처, 자료가 연결되어 있는 체계로 3가지 영역을 구축하였다. 구조틀은 사정에 필요한 심도 깊은 이해를 위해 결론을 이끌어낸다. 다양한 범위의 자료를 수집하고 구조틀 안에서 분류하는 것은 자료간의 관계를 보여줄 수 있다.

교류사정의 본질을 고려할 때 일반주의 사회복지사는 기능, 욕구, 개인의 관심, 가족, 소집단, 조직, 사회의 관심을 사정할 도구가 필요하다. (1) 이중 관점, (2) 도식화, (3) 사회적 지지망 분석 과 같은 세 가지 도구가 교류사정에 유용하게 사용된다. 5장에서 언급한 바와 같이 가계도는 또 하나의 교류사정 기술이다.

이중 관점

앞에서 언급한 바와 같이, Dolores Norton의 이중 관점의 개념은 소수인의 어려운 상황을 묘사하고 있다. 이중 관점은 "클라이언트의 직계 가족과 사회조직과 같은 큰 사회조직에서의 인지, 이해, 가치판단, 행동에 있어서 의식적이고 체계적인 반응"이다. 개인의 근접한 환경 안에서 기능하는 좀더 작은 체계, 두 체계가 규범, 가치, 기대, 기능의 방식과 일치하지 않을 때, 개인과 가족, 문화적 집단에 의견차이가 생긴다.

이중 관점을 활용하여 사정할 때 사회복지사는 특히 두 체계사이의 충돌하는 기대에 대해 그 차이점을 조사한다. 차이의 정도와 차이점의 수는 체계간의 불일치성을 판단하는데 중요하다. 체계가 차이점을 어떻게 지각하는지, 그 차이점이 체계의 기능에 어떠한 영향을 미치는가도 또한 중요하다. 이러한 종류의 사정을 할 때는 특수한 문화 집단에 대해 단지 지적인 이해만 필요한 것이 아니다. 개인이나 집단의 구성원에 대해 특수하고 직접적인 환경체계와 관련된 이해가 필요하다. 이중 관점은 좀 더 크고 지배적인 사회내의 소수 문화로부터 특수한 문화적 집단이나 개인의 상호작용을 사정할 때 특별히 유용하다.

지배적인 문화와 다른 가치, 문화, 기능방법을 가진 클라이언트와 상황을 다룰 때 사정과정의 하나로서 이중 관점의 접근을 사용하는 것이 현명하다. 개인이나 체계에 있어 차이의 정도와 영향력에 대해 결정하고, 그 차이가 크고 영향력이 의미가 있다면, 동기와 저항을 판단하는 것이 중요하다. 또한 문제 상황에 영향을 미치고, 욕구충족에 영향을 줄 수 있는 지배적인 사회체계에 적응할 수 있도록 적절한 개입을 결정하는 것이 중요하다. 상황에 도움이 되는 대처기제가 있다면, 두 체계간의 불일치성에 의해 영향을 받는 클라이언트와 함께 판단하는 것도 중요하다.

이중 관점을 사용하는 것은 푸에르토리코 문화의 성격을 고려하여 묘사할 수 있게 한다. Sonia Ghali는 대부를 통한 확대가족구조의 혈연관계, 미혼여성의 순결의 강조, 내적 통합과 개인성의 강조, 삶의 상황에 대한 숙명론적이고 소극적인 접근, 가족, 친구, 이웃을 첫 번째 도움 받을 자원으로 활용하는 것, 성직자와 선생의 조언에 대한 높은 존경, 영적인 것의 활용, 신비주의에 대한 믿음, 스페인어를 사용하는 것, 부자에 대해 온정주의적이고 가난한 이에 대해 호의적일 것이라는 기대 등을 특성으로 지적하였다. 물론, 이런 것들이 푸에르토리칸 클라이언트에게 사실인가에 대한 결정을 내리는 것이 중요하다. 이러한 특성들은 주류문화와 비교할 때 분리된다거나, 다른 언어를 사용하거나 다른 기대를 하는 것, 다른 방식으로 표현하는 것 등등으로 나타난다. 조화를 이루지 못하는 것에 대한 사정은 푸에르토리칸 클라이언트에 대한 교류적 영향을 이해하게 해 준다.

도식화

도식화는 상황의 중요한 부분간의 관계를 그림으로 나타내는 도구이다[그림 9-1, p.294 참고]. 이것은 14장에서 설명한 소시오그램의 변형이다. 우선 클라이언트나 상황의 초점은 원으로 그린다. 이 초점이 다수의 체계이면 그 체계안의 사람들의 관계는 소시오그램내의 원으로 표현된다.

상황내의 또 다른 중요한 체계들은 원으로 표현된 초점 체계의 주위에 위치한다. 초점 체계내의 주목된 개인을 중심으로 여러 가지 관계를 그린다.

도식화는 상황에 대한 역할 구조를 사정하는데 유용하다. 도식을 통해 초점 체계 내에서 또는 초점 체계를 둘러싼 환경 내에 존재하는 역할 기대의 불일치성을 검증할 수 있다. 도식으로 과부하 된 역할과 수행하지 못하고 있는 역할을 볼 수 있다.

도식을 활용하여 상황의 교류적 성격을 분명히 할 수 있다. 또한 원조 상황에서 이용할 수 있는 자원과 강점을 규명할 수도 있다. 체계간의 관계를 이해하는데 있어

조직 체계나 지역사회 체계를 다룰 때도 활용할 수 있다. 그리고 보다 큰 체계 안에서 주요한 사람들 간의 관계를 서술할 때도 활용된다.

사회적 지지망의 분석

도식화하는 기술과 밀접한 관련이 있는 것은 개인이나 가족의 사회적 지지망을 분석하는 것이다. 도식화는 중요한 사회적 지지 자원을 규명하도록 한다. **사회적 지지망 분석**은 지지의 특성을 구체화하도록 한다.

Elizabeth M. Tracy와 James K. Whittaker는 연구를 위하여 사회적 연계망 격자를 개발했다. 이러한 격자는 개인이나 가족의 사회적 지지망 분석에도 유용하다. 사정에서 고려해야 할 부분은 지지가 제공되는 삶의 영역(일, 학교 등), 지지의 종류(강력한 지지, 감정적 지지, 정보적 지지 등), 지지가 제공되는 간격, 지지를 받는 사람에게 지지가 비판적이거나 문제가 되지는 않는지, 지지 제공자와 가까운 정도는 어느 정도인지, 지지 제공자와 알아온 기간이 얼마인지, 얼마나 자주 접촉하는 지이다.

목표 설정이나 개인, 가족, 집단이 활용가능하거나 활용할 잠재적 가능성이 있는 자원이나 사회적 지지를 활용하는 것과 더불어 일반주의 사회복지사는 사회적 지지망 분석을 위한 사정도구를 개발해야 한다. 혜택 받고 있지 못하거나 억압받는 사람들과 일할 때는 특히 중요하다. 왜냐하면 위치를 정하고 발전시키고 지지망을 활용하는 것은 권한부여의 수단이기 때문이다. 매내지드 케어와 한정된 자원의 문제를 갖고 있는 현 시점에서 이러한 영역의 실제적인 지식을 발전시키는 것을 점점 중요해지고 있다.

사례

도식을 통해 P씨 가족과 그 가족의 교류에 대해 몇 가지를 이해하게 되었다. [그림 9-1, p.294 참고]

1. 어머니는 단지 하나의 지지적 관계, 자매와의 관계를 갖고 있다. 자녀와의 관계, 일에서의 관계는 그녀에게 더 많은 것을 요구한다. 그녀는 부정적이고 문제가 있고, 깨진 관계로 둘러싸여 있다.
2. 아버지와 매우 가까웠던 장남도 문제가 있고, 부정적이고 깨진 관계에 둘러싸여 있다.
3. 딸은 어머니와 매우 밀착된 관계를 맺고 있으며 이모와 좋은 관계를 형성하

고 있다. 학교, 보모와의 관계는 부정적이다. 이러한 관계 양식은 학교 문제에 대한 대답을 보류시킬 것이다. 이런 관계는 어머니와의 관계를 더욱 밀착시켰고, 보모를 싫어하게 되었으며 학교가는 것보다 이모의 집에 있는 것을 원하게 했다.

4. 둘째는 좀 더 긍정적인 관계를 가지고 있으며, 문제 행동을 보이지 않는 자녀였다.

P부인 가족은 남편과 아버지를 사별한 것에 따른 슬픔에 압도당한 것처럼 보였다. 구성원들은 각자의 방식으로 슬픔을 해결하였다. 결과적으로 가족들은 서로 거리감을 느꼈으며 가족체계가 가족구성원들의 스트레스와 느낌에 영향을 주지 못했다. 가족들은 P부인이 일을 찾고 보육서비스를 이용하는 등의 기본적인 욕구 충족에 있어서 적응유연성을 가졌다. 그러나 가족구성원들이 직면한 새로운 요구에 대처하기 위해서는 그들의 정서적 욕구가 충족되어야 한다. 문화적 측면을 고려한 원조를 통하여 가족성원들이 역할과 책임의 관점에서 재균형을 갖도록 하고, 남편과 아버지에 대한 기억을 유지하는데 도움을 받을 수 있었다. 교회와 가족을 연결하는 것은 이 과정에 도움이 되었다.

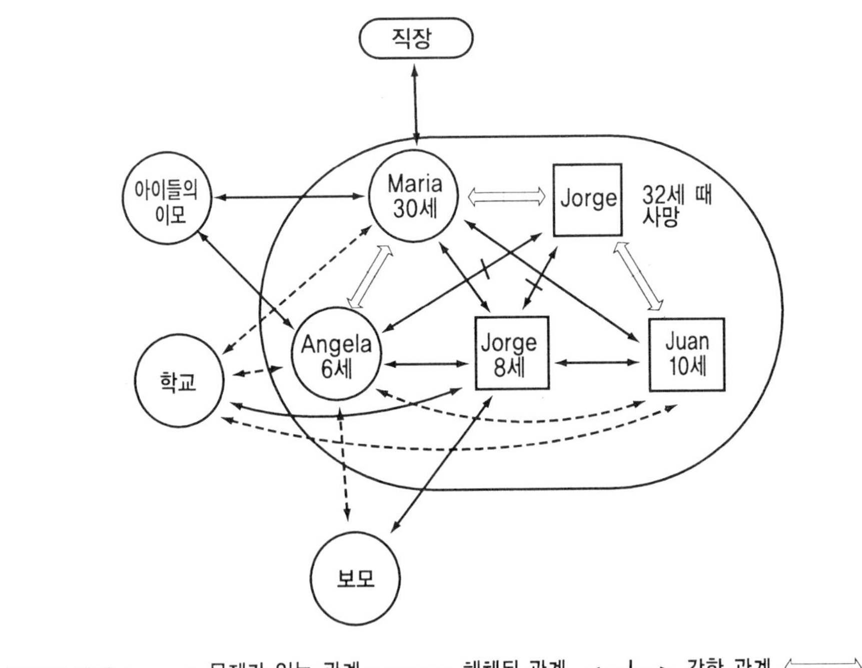

[그림 9-1] 가족과 상황에 대한 그림

요약

사회복지 사정은 특정 목적을 위한 특정 준거틀 안에서 적절하게 조화되는 모든 활용 가능한(그렇지만 불완전한) 사실들로 구성된다. 여기에는 다음과 같은 요소들이 포함된다.

1. 상황과 관련된 모든 실재를 규명하는 것
2. 이러한 실재에 관한 이해를 발전시키는 것
3. 역할이나 관계 구조를 명확히 하고 상황 안에서의 교류적 특성이 보여지도록 이러한 방법을 통해 실재를 정리해보는 것
4. 상황속의 욕구와 욕구 충족의 장애물을 규명하는 것
5. 상황 속에 존재하는 개인과 체계의 강점과 자원을 규명하는 것
6. 갈등하는 문화적 기대를 규명하는 것
7. 교류적인 관점으로부터 관심사와 욕구를 형성하는 것
8. 부가적으로 필요한 정보, 이해를 강화하는데 사용되는 지식기반, 상황 속에 작용하는 가치 등을 인식하는 것
9. 이용 가능한 정보를 평가하는 것
10. 관련된 사회 정책, 상황 속의 압력, 관련된 기대들, 상황 속의 현실적이고 잠재적인 자원을 인식하는 것
11. 상황 속에서 일어나는 잠재적 변화가 관련된 모든 체계에 미치는 영향력을 규명하는 것

사정은 사회복지사에게는 핵심적인 전략이다. 다른 기술과 마찬가지로 사정기술을 개발하고 실천해야 한다. 이것을 발전시킬 수 있도록 준비해야 한다. 전문적인 상호작용과 원조는 사정 기술에 달려있다.

학습질문

1. 6장의 사례를 보시오. 만약 당신이 이 상황을 사정한다면 더 찾아야 할 부가적인 정보는 어떤 것들인가? 당신이 필요한 정보를 얻기 위한 정보의 원천으로 무엇을 활용할 것인가?

2. 8장의 자료를 검토하시오. 면담 과정에서 클라이언트 상황의 욕구나 관심을 사정하기 위한 과정을 어떻게 보는가?
3. 전문가적 판단의 개념을 생각해 보시오. 지금 현재 당신이 이러한 개념을 활용하는데 있어서 강점은 무엇인가? 이러한 개념을 다루는데 있어서 당신의 현재 관심사는 무엇인가?
4. 변화 과정에서 '예감'과 '느낌'은 어떤 역할을 하는가?
5. 주류문화와 문화적 배경이 다른, 당신이 아는 사람을 생각해 보시오. 이중 관점을 사용해서 그 사람이 문화적, 사회적 체계 내에서 어울리거나, 어울리지 않는 점을 사정하시오. 어울리지 않는 것을 다루기 위해 당신이 제안할 것이 있는가?
6. 도식화 기능을 활용하여 당신이 알고 있는 어떤 문제 상황에 대한 그림을 그려보시오. 당신은 그 그림에서 상황 해결을 위한 실마리를 볼 수 있는가?
7. 사정단계에서 욕구나 문제를 밝히기보다는 강점관점을 활용할 때의 이점에 대해서 논의하시오.

제10장 계획

학습목표

1. 계획 과정 이해
2. 사회복지목적의 본질과 목표를 발전시키기 위한 기술 이해
3. 관심단위(unit of attention) 선택의 기술
4. 역할과 과업의 선택을 포함하여 특정 실천상황에 사용할 전략을 규정하는 기술
5. 활동계획에 영향을 미치는 요인에 대한 이해와 특정 실천상황에서 이러한 요인들의 영향을 확인하는 기술
6. 계획수립에 활용할 자원을 확인하는 기술
7. 계획과정에서 다양성의 중요성과 차별받거나 학대받을 위험이 있는 대상자에 대한 권한부여의 필요성 이해

계획은 변화에 초점을 둔 행동과 사정을 연결하는 가교이다. 계획은 사정과정의 일부로 간주된다. 사정에 있어 계획을 고려하는 것이 중요하긴 하지만 이 단계에서는 계획을 하기 위해 자원을 사정하는 것에 강조점을 둔다. 계획과 사정은 전체 과정에서 중요한 측면이며, 계획과 사정을 분리하여 생각해야 한다. 계획은 사정에 기초를 두고 있고 사정의 산물이다. 계획은 문제 해결과정의 일부분이고, 학습을 위한 목적을 제외하고는 일반주의 사회복지실천의 과정에서 분리될 수 없다. 계획은 섬세한 합리적 선택에 기초하고, 가능한 범위 내에서 판단이 이루어져야 한다.

사정과정은 상황 속의 인간을 이해하고 잠재적인 자원을 규명하는 것이다. 계획과정은 사정내용을 바람직한 결과를 기술하는 목적 진술(goal statement)로 변경하는

것이다. 계획은 목표에 도달할 수단을 규명하는 것과 관계가 있고, 계획에는 초점이 되는 체계를 규정하고, 관심단위 전략, 역할, 사용할 과업 등이 포함된다. 계획에서는 과업을 계속 만들고, 시간계획을 세분화하고 투입되는 비용을 고려한다.

사회적 기능과 관련하여 계획할 때, 인간의 잠재력과 적응력을 증진시키도록 설계된 활동을 포함한다. 그것은 또한 개인의 욕구에 반응하는 환경의 능력을 증진시키도록 계획된다.

전략적 사고는 계획의 인지적 근원이 된다. 이것은 서로 잘 맞는 부분과 함께 계획을 발전시키는 복잡한 과정을 뜻하며, 이 과정은 우연히 일어나는 것이 아니고 선택에 의해 이루어진다. 계획에서는 양자택일을 고려하고, 각 대안의 유용성을 평가하고, 각각의 결론을 예측한다. 계획은 최종 목표뿐 아니라 궁극적인 목적을 구체화함으로써 과정과 결과를 모두 고려한다.

계획수립은 기술이다. 과정 중의 작업은 복잡한 결정을 요구한다. 이러한 결정은 인간의 특성과 기능에 대한 광범위한 지식과 가능한 개입전략을 가짐으로써 이루어진다. 더 나아가 사회복지, 클라이언트, 지역사회의 가치를 고려해야 한다. 비슷한 상황에서의 사회복지사의 경험도 결정에 영향을 준다. 계획은 목적을 행동과 연결한다. 개인과 사회체계간의 교류에 개입하는 것이 계획의 맥락이다. 최종 목적은 계획된 변화이다. 계획은 논리적 관계를 갖는 상호 연관된 부분과 구체화된 부분으로 구성된다. 각각의 행동에 대한 이유가 구체화된다.

인간과 사회적 상황의 복합적인 특성 때문에 계획의 결과를 확실하게 예측할 수는 없다. 그러나, 과정이 진행됨에 따라 변화의 융통성도 있지만, 잘 개발된 계획은 그렇지 않은 계획보다 바람직한 결과를 이룰 가능성이 높다.

계획을 개발하는 과정에서 클라이언트 중심의 관점과 과정을 유지하는 것은 중요하다. 계획 국면 동안 클라이언트가 과정에서 제외되는 경우가 많다. 클라이언트를 포함시키기 위해 계약서를 작성하는 방법을 활용한다. 계약은 목표달성을 위해 클라이언트와 사회복지사의 책임감과 동의된 목표를 구체화한다. 지금까지 사회복지사는 정보수집에서 클라이언트에게 크게 의존해왔다. 계획의 개발은 변화를 향한 실천을 시작하기에 충분한 정보가 준비되었다는 것을 의미한다. 그래서 사회복지사는 그 정보를 받아서 스스로 계획서를 작성하고자 할 수 있다. 이런 일은 실천에서 자주 일어난다. 가끔은 사회복지사가 서류작업을 끝내야 하는 압박을 느끼기 때문에 발생하기도 한다. 어떤 경우에는 사회복지사가 자신을 변화매개인으로 생각하고 변화 과정 자체에 기본적인 초점을 두고 변화과정을 시작하고 싶어할 수 있다. 경험이 없는 사회복지사나 학생들은 자신의 능력과 기술을 보여주고 싶어하거나 기술을 발달시키는 것에 대한 불안을 보상하고자 할 수 있다. 또한 사회복지사는 원조 과정을 통제하는 클라이언트를 불편하게 느끼기도 한다. 그러나 클라이언트가 이 계획 단계에 전적으로 참여하지 않으면 실패가능성은 증가하기 마련인데, 이것은 클라이언트가 보다 역량을 갖게 되고, 문제해결능력을 향상시킬 수 있는 기회를 갖지 못하고, 스스로 결정할 권리를 침해당했기 때문이다.

계획을 수립할 때는 클라이언트의 참석 하에 작성하거나 또는 계획을 최종 확정하기 전에 클라이언트와 검토해야 한다. 물론 클라이언트의 동의 없이 계획을 수립할 수 없다. 클라이언트의 동의가 없는 계획은 사회복지사의 기대를 충족시키기 위해 클라이언트를 조종하게 만든다. 이것은 사회복지사의 가치와 윤리에 위배되는 일이다. 클라이언트와 함께 목표를 세운 것이 아니라 사회복지사가 작성했는지를 알아보는 하나의 방법은 반복을 확인하는 것이다. 일정기간 동안 볼 때, 클라이언트를 위한 목적을 작성한 사회복지사는 똑같거나 비슷한 목표를 반복해서 적용할 것이고, 계획을 개별화하는데 어려움을 갖게 될 것이다.

계획은 클라이언트의 환경과 배경에 민감해야 한다. 계획과정에는 개별화되고 문화적인 가치와 다양성이 통합되어야 한다. 이것을 확실하게 하는 최선의 방법은 클라이언트를 전적으로 참여시키는 것이다. 또한 계획은 장애물이나 한계가 있는 영역을 극복하거나 강화하면서 클라이언트체계와 환경의 강점에 기반하여 세워져야 한다. 빈곤, 계층, 인종, 문화, 결혼여부, 가족관계, 민족, 종교, 성별, 나이, 신체장애, 또는 성적지향에 따라 차별과 억압받는 인구집단에게는 특히 역량강화에 대한 계획을 가져야 하며, 다른 사람들의 고정관념이나 태도가 변화될 필요가 있다는 것을 인식시켜야 한다. 클라이언트와 사회복지사의 양측 모두에게 다른 사람들과의 상호작용에 있어 자기주장성(assertiveness)은 필요하다. 이것은 환경에서 변화의 표적을 규명함으로써 계획 속에 나타나야 한다. 이런 집단의 구성원들이 차별이나 억압에 적응하도록 하는 것은 인정할 수 없다. 역량강화와 옹호를 통해 차별과 억압에 직면하는 것은 진정한 변화를 이루기 위해 필요한 것이다.

계획의 구성요소

행동계획은 시간에 따라 다루어야 할 복잡한 인간상황과 관련되기 때문에 계획의 구성요소를 규명하는 것은 복잡한 계획을 다루는데 도움이 된다. 계획수립은 세 가지 구성요소로 이루어진다. 목적과 목표, 관심단위, 그리고 사회복지사와 클라이언트의 역할과 수행될 과업을 포함하는 전략이다.

목적과 목표

목표란 노력의 전체적이고 장기적으로 기대되는 결과이다. 전체적인 계획의 복잡성 때문에 최종 목표는 보통 중간 목표가 이루어진 후에 도달한다. 목적은 다양한 사람들이나 그 상황에 연관된 사회체계와 관계가 있을 것이다. 목적과 목표는 다양한 체계의 욕구를 사정하고, 욕구충족의 장애물을 확인함으로써 수립된다. 목적과 목표는 장애물 제거나 욕구충족을 위한 새로운 방법을 개발하는 것과 관련이 있다.

학생이나 신참 사회복지사는 어떤 포맷을 사용해서 적절한 목적과 목표를 세우는 것이 어렵다는 것을 알게 된다. 사회복지사는 융통성이나 개별성을 고려하기 위해 자신의 진술을 제한하거나 여지를 남겨두는 경향이 있다. 이러한 것은 클라이언트가 자신의 결정을 존중하고 미리 예측하지 않은 문제점들을 고려하고자 하는 바램에서 생겨난다. 그러나 계획은 직접적이고 명확하게 진술되어서 기대하는 것이나 결과가 분명하고, 과정을 정확하게 측정할 수 있어야 한다. 그렇지 않으면 누가 무엇에 책임이 있는지에 대한 혼동이 생겨날 것이고 과정과 결과물을 측정할 수 없을 것이다. 목적 진술은 분명해야 하지만, 계획이 변경될 여지는 있다. 무엇인가가 제대로 되지 않는 것이 확실할 때, 그 계획은 변경되어야 한다. 그러나, 계획에서의 융통성이 명확하게 정의된 목적, 목표, 과업의 필요성을 모호하게 해서는 안 된다.

많은 사회복지사들은 환경 속의 인간을 사정하면서 향상되거나 변화할 수 있는 다양한 일들을 볼 것이고 모든 것을 바꿔놓길 원할 것이다. 클라이언트들은 자신의 안녕상태가 부정적으로 받아들여짐으로써 쉽게 기가 꺾일 수 있다. 덜 복잡하고, 클라이언트가 변화하고자 하는 주요 영역, 그리고 변화가 큰 차이를 가져올 것 같은 영역에 초점을 맞추는 것이 최선의 방법이다. 개인과 일할 때의 일반적인 지침은 과정 동안 세 개 이상의 목적을 잡지 않는 것이다. 여러 가지의 장애물과 어려움에 직면한 개인을 위해서는 더 많은 목적이 필요할 것이다. 그러나, 클라이언트가 한정된 시간 안에 두 가지 또는 세 가지 이상의 목적을 다룬다는 것을 기억할 가능성은 매우 낮다. 가족이나 집단은 구성원의 크기에 따라서 세 가지 이상의 목적이 필요할지도 모른다. 그러나, 한 명의 구성원에게 두 개나 세 개 이상의 목적을 기억하도록 요구해서는 안 된다. 아동이나 스트레스 상황에 처해 있거나 한계를 가진 이들에게는 하나나 두 가지의 목적이 한 번에 다루기에 적절하다.

목적은 환경의 강점이나 자원 뿐 아니라 클라이언트 체계의 강점에 기반을 두어야 한다. 강점중심 접근으로 계획을 수립할 때는 클라이언트 체계와 환경의 수용능력에 기반을 두고 계획을 세울 수 있다. 그렇지 않은 계획은 클라이언트가 숙달하지 않았거나 익힐 수 없는 기술에 근거를 두었거나, 쉽게 접근할 수 없는 자원에 근거를 둔 것일 것이다. 그 결과는 엄청난 불확실성, 다시 말해 너무 많은 가정에 근거를 둔 계획이 되기 쉽다. 불확실성이 많을수록 실패의 확률은 더 높다. 강점중심접근으로 계획을 수립하는 것이 성공을 보장할 수는 없더라도, 이것은 가능성을 증가시키고 클라이언트가 기술과 자원획득을 기다리기보다 즉시 행동하도록 한다.

너무 광범위하고 일반적인 목표를 정하는 것에는 위험이 따른다. 광범위한 목표는 정확성을 잃게 된다. 일반적인 목표는 세분화하고 단기 목표를 세우는 것이 좋다. 단기 목표는 계획을 손쉽게 이루도록 시간별로 세운다. 즉 첫 번째 목표는 두 번째 목표를 향해 일하기 전에 이루어져야 한다. 목표는 전체 상황에서 관련되어 있는 사회구조나 개인에게 기대되는 특정 변화를 서술해야 한다. 사실 큰 계획 속에 작은 계획이 세워져야 한다. 이러한 접근은 일반적인 목적을 향한 진행을 평가하고, 상황에 어떤 변화가 있거나 미리 인식하지 못한 영향과 결과가 있을 때 계획에 맞추도록 한다.

목표를 서술할 때는 목표에 도달한 방법보다는 바라는 행동적 결과를 표현하도록 해야 한다. 다시 말하면 서비스를 받는 것이 목적이 아니라 목적이나 목표를 이루거나 욕구를 충족시키기 위해 계획된 과업에 초점을 맞추어야 한다. 또한 각각의 목적과 목표를 이루는데 필요한 구체적인 일시를 기록해야 한다. 목표는 특정 부분에 초점을 맞추고, 구체적이고, 측정 가능해야 한다. 목적 진술은 목표보다 광범위하고 일반적이다. 목표는 빈도, 지속기간, 시간계획에 대해 구체적으로 진술해야 하고, 목적 진술은 보다 광범위할 수 있다. 예를 들면 "Bob과 그의 학교체계간의 상호작용은 성공적인 학업성취를 이룰 것이다"라는 진술은 긍정적인 행동을 구체화하는 정도, 완수하게 될 시간계획 등이 구체화되지 않았다. 보다 구체적이고, 측정 가능한 목표를 진술하기 위해서는 질문의 연속, 즉 누가, 무엇을, 어떻게, 어디서, 언제와 같은 관점에서 생각하는 것이 유용하다. "누구"라는 것은 사람 또는 행동을 취하는 사람, 변화의 표적이 되는 사람을 말한다. 행동을 취하는 사람은 목적과 목표 진술에서 가장 먼저 나와야 한다. 그 다음에는 "--할 것이다"라는 것이고, 이것은 문제 상황에 대해 바라는 것에 대해 긍정적이고 명백한 진술을 하는 것이다. 다음으로는 목적이나 목표가 성취되거나 욕구가 충족된다면 "무엇"을 "어떻게" 해야 하는지를 진술해야 한다. 다음으로는 가능하다면, 변화의 표적이 "누구"인지를 규명한다. "언제" 부분에서는 시간, 빈도, 행동이 일어나는 기간, 완수할 시간계획을 서술한다. 이러한 지침에 따라 목표를 진술한 예를 보면 다음과 같다.

목표 : Bob은 4월 15일까지 학교에 있는 동안 1주일 내내 규칙을 따를 것이다.

"Bob"이 "누구"에 해당된다. "규칙을 따른다"는 것이 "무엇"이다. "학교에서"는 "어디"와 "언제"를 뜻한다. 기대되는 빈도는 "항상"이다. "1주일"은 기간을 말하며, "4월 15일까지"는 시간계획을 말한다. 이렇게 진술하면 누가 무엇을 할 것이고, 어디서, 언제할 것인지가 분명해진다. 기대에 대한 혼돈도 없고, 진행과 결과에 대해 즉각적으로 측정할 수 있다.

목적은 합리적으로 실행될 수 있어야 한다. 다시 말하면 목표를 이룰 수 있는 기회가 있어야 된다는 것이다. 실행 가능성을 생각할 때는 시간과 에너지 요인을 고려해야 한다. 그리고, 다음과 같은 질문을 해봐야 한다. 사회복지사와 클라이언트가 특정 목표를 향해 나아갈 충분한 시간이 있는가? 에너지가 충분히 있는가? 필요한 자원은 충분한가?

목적과 목표를 진술할 때는 부정적인 용어보다는 긍정적인 결과로 진술하는 것이 좋다. 즉 "Bob은 --하지 않을 것이다"보다는 "Bob은 --할 것이다"와 같이 진술하는 것이 좋다. 목적과 목표가 긍정적이면 클라이언트가 문제에 초점을 맞추기보다 바람직한 결과에 초점을 맞추도록 한다. 이렇게 함으로써 변화를 가져올 행동을 강화할 수 있다. 또한 긍정적 초점은 클라이언트에게 상황이 해결될 수 있다는 희망을 준다. 사람들은 반드시 원하는 것이 아니더라도 일어날 것으로 기대하는 것을 예측하거나 예언하면서 행동을 하는 경향이 있다. "자기충족적 예언"은 자신의 행동이 결과에 영향을 미친다는 것을 의미한다. 클라이언트가 바람직한 변화를 가져올 것 같은 행동에 초점을 맞출 때 클라이언트는 성공할 수 있고, 자신의 환경으로부터 긍정적 강화를 더욱 많이 받을 것이다.

목적의 실현 가능성을 평가하는데 클라이언트가 가장 도움이 되는 경우가 많다. 따라서 클라이언트는 목적수립에 관여해야 한다. 이렇게 함으로써 클라이언트는 목적에 도달하는데 필요한 행동들을 하게 동기화될 수 있다. 클라이언트는 목표를 이루어 가면서 전체적인 목적을 이루고자 하는 희망을 얻는다.

사회복지실천 과정에서의 모든 결정처럼 목적과 관련된 결정은 가치 판단에 의해 영향을 받는다. 목적선택이나 결과 진술은 바람직한 것에 기초를 둔다. 바람직하다는 것은 가치판단이다. 사회복지의 가치는 목적, 과정, 과정에 포함된 목표를 이룰 수 있는 방법에 영향을 미친다. 왜냐하면 인간은 자신에 대하여 결정할 권리를 갖기 때문에 사회복지사는 클라이언트의 욕구와 가치를 배제한 채 목표달성을 위한 수단을 사용해서는 안 된다. 사회복지사는 목적과 목표를 개발하는 데에서도 클라이언트의 생활방법, 다양성, 문화적 요인을 존중해야 한다. 사회복지사는 선택한 목적이 적절한지 지속적으로 평가해야 한다. 계획을 적용하면서 변화하는 상황에 목적을 맞추는 융통성이 있어야 한다.

다른 상황에는 다른 유형의 변화와 목적이 있어야 한다. 변화의 유형에서는 다음과 같은 내용을 고려해야 한다.

1. 지속적인 관계 – 환경속의 인간을 변화시킬 기회가 없거나 필요한 도움을 줄 의미 있는 사람이 부족할 때 이용된다.
2. 구체적인 행동변화 – 클라이언트가 특정한 증상이나 행동 패턴에 어려움이 있거나 클라이언트가 자신의 상황에 일반적으로 만족할 때 이용된다.
3. 관계변화 – 관계에 문제가 있을 때 이용된다.
4. 환경적인 변화 – 환경의 어떤 부분, 또는 개인과 환경간의 교류에 변화가 필요하다고 인식할 때 이용된다.
5. 방향의 변화 – 가치갈등이 있거나 분명하지 않을 때, 클라이언트 체계가 목적이나 노력의 방향이 분명하지 않을 때, 해결하기 어렵거나 불가능하여 희망이 없을 때 이용된다.

목적을 세울 때 사회복지사의 기대, 클라이언트의 환경안의 의미 있는 타인들의 기대, 클라이언트의 기대를 고려하는 것은 중요하다. 목표에 대하여 이 삼자의 설정이 다를 수 있는데 각자 상황을 다르게 보고, 욕구를 다르게 규정하기 때문이다. 이들 간의 목적이 일관성이 있는지 여부를 규명하고, 재조정이 이루어져야 한다. 클라이언트의 목적을 가장 중요한 것으로 고려해야 하고, 사회복지사는 환경과 결과가 이러한 기대를 충족시키지 못할 수 있다는 것을 알려주어야 한다. 사회복지사와 클라이언트가 함께 결정하면서 사회복지사가 생각하는 목적은 통합되거나 없어질 수도 있다.

요약하자면, 목적과 목표는 욕구충족과 관련되어야 한다. 목적과 목표는 결과의 관점에서 진술되어야 하고, 구체적이고 측정 가능해야 한다. 목적과 목표는 실현가능해야 하고, 긍정적인 방향이어야 하고, 클라이언트가 바라는 것을 반영하도록 개발되어야 한다.

관심 단위

관심단위는 변화노력을 위해 초점을 맞춘 체계이다. 관심단위는 일반적으로 전반적인 목적과 관련되지만, 구체적인 목표와 관련하여 관심을 갖는 단위와는 다를 수 있다. 관심단위는 사람이 될 수도 있고 사회체계가 될 수도 있고, 사람과 사회체계간의 교류일 수도 있다. 또한 클라이언트가 될 수도 있고 상황에 영향을 미치는 의미 있는 어떤 것이 될 수도 있다. 즉, 관심단위는 변화행동에 초점을 맞춘 체계이다.

관심단위는 개별 클라이언트가 될 수 있다. 또한 비슷한 개인적 욕구나 공통의 욕구를 충족시키기 위한 몇몇의 클라이언트일 수도 있다. 클라이언트와 상황에 영향을 미칠 어떤 방법을 갖고 있는 개인일 수도 있다. 또는 클라이언트의 욕구를 충족시키기 위한 서비스에 관심을 갖고 있는 지역사회의 어떤 집단일 수도 있다. 생태체계의 다양한 부분들 간의 상호작용과 교류는 관심단위가 될 수 있다. 예를 들면, 앞에서 예를 든 Bob이라는 소년과 학교체계간의 관계가 조화를 이루지 못하는 것이 관심단위가 될 수 있다. 구체적인 변화를 위한 관심단위는 Bob과 학교가 되겠지만, 궁극적으로는 변화가 필요한 그들 간의 상호작용이 관심단위이다.

변화과정이 보다 구체적인 목표에 관련된 행동으로 나뉘어짐에 따라 몇 개의 목표와 소계획을 동시에 다루게 되는 경우가 종종 있다. 각각의 소계획과 관련된 관심단위를 구체화하는 것이 중요한다. 예를 들면 전반적인 목적은 클라이언트에게는 바람직한 삶의 상황이 될 수 있다. 클라이언트의 상황에 대한 이해와 관련된 목표를 세워야 한다. 이러한 이해를 갖기 위해 초점체계는 클라이언트가 될 수도 있고, 필요한 정보를 제공하는 자원으로 현재의 집주인이 될 수 있다. 다른 목표는 집주인이 클라이언트의 특정 욕구를 충족시킬 준비가 되어야 하는 것이다. 준비가 되면 집주인은 초점체계가 된다.

관심단위는 개인, 가족단위, 개인들과 관계가 없는 소집단, 조직, 지역사회가 될 수 있다. [표 9-1] p.269은 여러 종류의 체계를 선택하는데 있어서 지표와 반대지표를 제시하고 있다. 모든 목적과 목표에 맞는 적합한 관심단위를 규정하는 일은 중요하다. 관심단위는 클라이언트, 다른 사람, 상황에 관련된 사회체계일 수 있다.

전략

전략은 상황에서 변화를 위한 총체적인 접근이다. 전략에는 사회복지사와 클라이언트의 역할, 각각이 해야 할 일, 방법, 사용할 기술 등이 포함된다. 전략은 "어떤 목적과 관련하여 사람이나 체계에 영향을 주기 위한 조직화된 시도"라고 정의할 수 있다. 전략이라는 단어는 전투계획과 관련된 군사 용어에서 유래한다. 그것은 경기에서도 사용되는 말이다. 경기할 때 경기자의 행위는 상대방 경기자의 행위에 달려있다. 전략은 복합적인 원인을 내포하고 있다. 행동이 다른 사람의 행동과 관련있다는 말은 행동은 독립적이라기보다는 행동에 대한 기대, 행동사정, 타인의 반응 등과 관련된다는 의미이다. 따라서 인간의 사회적 기능의 교류적 특성을 인정하는 것이다.

사회복지사는 클라이언트와 생태체계의 감정, 생각, 행동을 고려하면서 전략을 생각하기 시작한다. [그림 5-1, p.106 참고]은 이러한 요인들이 서로에게 어떻게 영향을 미치는지를 보여주고 있다. 인간체계는 개인들로 이루어져 있다. 따라서 감정, 생각, 행동은 모든 인간체계의 구성에서 나온다. 전략을 개발할 때 사회복지사는 관심단위의 관점에서 클라이언트와 클라이언트의 환경 속의 여러 인간체계들의 감정, 생각, 행동을 고려하게 된다. 관심단위는 변화전략의 초점이 되는 개인, 가족, 집단, 조직, 지역사회체계이다. 그 체계에서 사람들의 감정, 생각, 행동이 변화함으로써 의도된 변화가 일어난다. 사회복지사는 이러한 요소들에서 변화에 영향을 줄 수 있는 것을 사정하고 클라이언트와 함께 최선의 선택을 한다. 예를 들면 관심단위가 클라이언트라면, 사회복지사는 클라이언트의 관심을 표현하고 욕구를 충족시키는데, 어떤 감정, 생각,

행동을 복합적으로 사용하는 것이 좋은지 클라이언트와 논의한다. 이 장의 후반부에 나올 사례에서 사회복지사는 Bob이 새로운 학교에 대한 자신의 느낌을 바꾸도록 도움으로써 학교에서의 행동이 변화되도록 할 수 있었다. 사회복지사는 교류의 변화가 생태체계의 이러한 측면들에 영향을 줄 것이고, 또한 영향을 받을 것이라는 것을 생각하였다. 사례의 예에서 사회복지사는 상황에 대한 부모와 학교의 접근(행동)을 변화시키기 위한 전략으로 지식(생각)을 사용했다. 이것은 Bob이 학교에 대해 보다 긍정적으로 느끼도록(감정) 하고 학교와의 상호작용(행동)을 향상시키기 위한 것이다. 변화전략을 개발하고 선택하는데 있어서 사회복지실천 과정의 다른 요소들과 함께 다양성의 영향을 이해해야 한다. 사례 예에서 사회복지사는 교과과정에 아프리카계 미국인의 기여에 대한 내용(생각)을 첨가하여 다양성에 대한 가치(감정)를 표현하도록(행동) 하였다.

관심단위가 클라이언트가 아니라 개인이나 다른 체계일 때 변화전략의 궁극적인 목적은 체계행동의 변화 또는 그 체계와 클라이언트와의 상호작용의 변화로 클라이언트 체계의 욕구가 충족되는 것이다.

상호작용은 하나의 행동 측면이다. 사회복지사와 클라이언트는 감정, 생각의 변화를 통해 상호작용을 할 수 있지만, 행동의 변화는 셀 수 있다. 반면에 클라이언트가 관심단위라면 클라이언트의 감정, 생각, 행동을 변화시키도록 돕는 것은 변화전략의 목적이 될 수 있다.

일반적인 전략이 많은 상황에 사용될 때, 전략은 몇 가지로 구분될 수 있다. 전략은 합의전략, 갈등전략, 시위전략, 협상전략으로 구분된다. 사회복지는 실천에 있어서 여러 가지 접근을 발전시켜 왔다. 이것은 실천모델 혹은 실천이론이라 불린다. 이렇게 실천을 개념화(위기개입, 부부공동 가족치료, 지역사회개발 등)함으로써 총체적인 접근을 할 수 있고, 그것은 전략으로 간주될 수 있다.

어떤 전략은 상황에 대하여 철학적 접근을 제시한다. 예를 들면, 사회행동접근은 권력구조에서 균형을 이루지 못함을 가정하며, 권력을 재분배하는데 갈등전략을 사용할 것을 권유한다. 권력재분배가 바람직한 것인가에 대한 가치판단은 이 전략을 선택하는데 지침이 된다. 다른 전략은 이론적 기초를 갖고 있다. 사회화 이론에 기초를 둔 사회화 모델이 그 예이다. 대부분의 전략은 가치의 가정, 지식의 가정 뿐 아니라 규정할 수 있는 실천이론을 갖고 있다. 전략은 행동의 실천이라는 측면에서 지식과 실천을 연결하는 하나의 방법이다.

전략선택에 있어서 사회복지사는 특정한 전략에 기초한 지식과 가치가 자신의 가치나 세계관과 일치하는지 결정해야 한다. 사회복지사는 전략을 사용하는데 필요한 지식을 갖고 있는지 알아야 한다. 사회복지사는 표면적이든, 암묵적이든 전략의 가치가 클라이언트나 클라이언트의 상황과 조화를 이루는지 판단해야 한다.

전략은 클라이언트의 욕구를 충족시켜야 하고 클라이언트의 생활방식을 유지시킬 수 있어야 한다. 문화적으로 다양성을 지닌 집단의 클라이언트와 그들의 문화에 대한 이해의 필요성을 기술하고, 그러한 클라이언트에 대한 서비스전달체계에 그러한 이해를 적용하고자 한 책이 많이 있다. 이 문헌에서는 클라이언트의 생활방식과 원조방식이 조화를 이룰 수 있는 결정을 할 것을 권고한다.

예를 들어, 흑인과 푸에르토리코인을 위한 서비스를 논의하면서 Emelicia Mizio와 Anita Delaney는 인종주의와 차별이 그들의 생활에 어떻게 영향을 주었는가를 인식하는 것이 중요하다고 하였다. 그들은 핵심전략으로서 옹호를 사용하고 생태학적, 체계론적 지식에 근거한 상담전략을 사용할 것을 권고한다. 저자의 Native American 학생은 Siporin의 상황적 접근과 기능적 접근이 그들의 문화에 적합할 것이라고 지적하였다.

다른 전략과 다른 종류의 서비스는 사회복지사에게 다른 역할을 수행할 것을 요구한다. 역할이란 단어는 여기서 고정된 행동유형과는 약간 다른 의미로 사용되었다. Robert Teare와 Harold McPheeters는 역할이란 "공통의 목표(목적)를 향해 수행하는 이타적 행위의 집합"이라고 정의하였다. 역할은 사회복지사가 특정 원조상황에서 자기를 활용하는 방법이다. 역할은 사회복지사와 서비스를 제공하는 특정 기관의 기능에 따라 다르다. 예를 들어 보호제공자 역할은 단기적이고 위기에 초점을 맞춘 서비스에서는 최소한으로 활용되지만, 요양원에서는 자주 활용되는 역할이다.

Teare와 Mcpheeters는 일반주의 사회복지실천가의 12가지 역할을 다음과 같이 설명하였다.

1. 아웃리치(outreach) 사회복지사 – 지역사회의 클라이언트에게 직접 가서 욕구를 확인하는 것이고, 서비스를 의뢰하는 것까지 포함한다.
2. 중개자 – 개인의 욕구와 자원의 특성을 사정한 후, 정보를 제공함으로써 개인

이 적절한 서비스에 연결되도록 하는 역할이며, 접촉과 사후관리도 포함한다.

3. 옹호 – 거부당할 수 있는 상황에서 클라이언트가 서비스를 받도록 돕고, 특별한 욕구를 가진 사람들에게 서비스가 확대되도록 돕는 역할이다.
4. 평가 – 정보수집, 클라이언트나 지역사회 욕구 사정, 대안 탐색, 행동계획의 역할이다.
5. 교사역할 – 사실과 기술을 가르친다.
6. 행동 변화자 – 특정 행동의 변화를 목표로 하는 활동을 한다.
7. 동원자 – 새로운 서비스나 프로그램을 개발하기 위해 자원을 동원하도록 원조하는 역할을 한다.
8. 자문가 – 다른 전문직이 기술과 이해를 증진시키도록 돕는 역할이다.
9. 지역사회계획가 – 지역사회가 욕구를 충족시킬 수 있는 방법을 계획하도록 돕는다.
10. 보호제공자 – 문제를 해결할 수 없을 때 사람을 돌보거나 지지하는 역할이다.
11. 자료 관리자 – 의사결정에 사용할 자료를 수집하고 분석하는 역할이다.
12. 행정가 – 서비스와 프로그램을 계획하고 실행하는 역할이다.

이 외에도 조정자 역할이 있다. 조정자는 여러 사회복지사와 전문가, 다른 서비스 제공자들이 기능하도록 하여 조화로운 서비스가 제공되도록 하는 역할이다. 조정자는 모든 사람들의 일을 알고 고려해야 한다. 이 역할은 사례관리자 역할이라고 할 수 있다(이것은 11장에서 논의할 것이다). 다른 역할은 조력자 역할(enabler role)이다(하나의 전략으로서 '조력'(enabling)에 대한 논의는 11장을 참고하시오).

Ronald Simons와 Stephen Aiger는 클라이언트의 특성과 욕구에 따라 역할을 선택해야 한다고 하였다. 그들은 사회복지사의 역할을 선택할 때 고려해야 하는 클라이언트의 특성을 다음 4가지로 제시하였다. 1) 클라이언트의 욕구와 바램 2) 클라이언트의 자원 3) 클라이언트와 관련된 사회복지사와 클라이언트의 기대 4) 클라이언트가 인식하고 있는 사회복지사의 기대이다. 역할에 대하여 Teare와 McPheeters와는 다르게 정의하지만, 그들은 특정 상황과 클라이언트의 어려움에 어떤 특정 역할이 중요한지 설명하였다. 자원결핍 상황에서는 중개자 역할을, 기회부족의 상황에서는 옹호의 역할을, 역할이 적절치 못한 상황에서는 교사 역할을, 비현실적인 역할기대에는 직면하는 역할을, 역할기대의 갈등 상황에서는 조정자 역할을, 역할전환의 스트레스 상황에서는 공감적인 경청자 역할을, 역할이 우유부단할 때는 역할을 분명히 해주는 역할이 필요하다.

일반적으로 역할과 과업은 사회복지사와 사회복지사의 기능과 관련하여 논의된다. 그러나, 역할은 클라이언트에 의한, 클라이언트와의 행동과 상호작용을 포함한다. 즉 상호호혜적인 관계를 뜻한다. 그래서 계획을 수행할 때, 클라이언트의 기능과 과업에 주의를 기울일 필요가 있다. 계획은 사회복지사의 역할을 구체화 하고, 클라이언트와의 상호호혜적인 역할을 고려해야 한다. 과업은 클라이언트가 완수해야 하고, 사회복지사는 과업을 구체화한다. 과업은 구체적인 행동이자 활동이다. 또한 과업은 해야 할 일을 구체화한 것이다.

임시적인 목적과 목적에 관련된 관심단위가 규명된 후 전략이 개발된다. 전략이 규명된 후 조작적 목적, 또는 목적과 목표를 개발하게 되고, 역할과 과업이 보다 구체화될 것이다. 과업과 목표는 관련되어 있다.

목표를 달성하고 궁극적으로는 목적을 달성하기 위하여 **과업**이 진행된다. 과업은 일회적으로 또는 지속적으로 일어나는 일들을 기술하기 위해 사용된다. 과업은 계획된 행동을 위해 "누가, 무엇을, 어떻게, 어디서, 언제"할 것인지를 포함한다. 일반적으로 계획에서 사회복지사의 과업이 먼저 나타난다. 목표를 달성하는데 있어서 사회복지사가 모니터링하거나 어떤 것을 촉구하거나, 클라이언트에게 보상함으로써 사회복지사가 목표의 한 부분이 될 경우에는 그렇지 않다.

과업은 연속적이어야 하고, 완수해야 하는 시간이 정해져야 한다. 이것은 결국 서비스를 위한 전체적인 시간계획이 된다. 계획을 실행하는데 필요한 자원을 구체화하고 자원을 어떻게 획득할 것인가를 지시하는 것도 중요하다. 과업에는 클라이언트와 사회복지사의 시간 투자가 포함된다. 클라이언트가 부담해야 하는 비용이나 기관의 기금 등 금전적인 부분도 구체적으로 나와야 한다. 기관, 지역사회시설, 서비스, 행동체계의 다른 사람들도 자원이 될 수 있다.

계획은 언제나 수집한 정보와 정보의 사정에 기초한다. 계획은 항상 클라이언트나 클라이언트의 보호자가 충분히 참여할 때 발전된다. 계획은 사회복지사가 무엇을 할지, 노력과정에서 클라이언트의 책임은 무엇인지에 대해 클라이언트와 협약한 것이다.

모든 행동 계획은 계획의 목적이 얼마나 잘 성취되었는지 평가하기 위한 기제를 갖고 있다. 평가는 전체 개입과정에서 지속되며, 이것은 12장에서 논의할 것이다.

계획은 특정한 과업이 완성될 때나 여러 가지 목표가 이루어질 때 그것을 구체화할 수 있는 기제를 가져야 한다. 이것은 각 목표를 완수한 날짜를 정확히 기록하는 것처럼 간단할 수도 있다. 복잡한 목적을 향해 나아갈 때 과업의 흐름을 시간대로 나타내는 방법을 사용할 필요가 있다. [그림 10-1]은 시간계획의 한 유형을 보여주는 예이다.

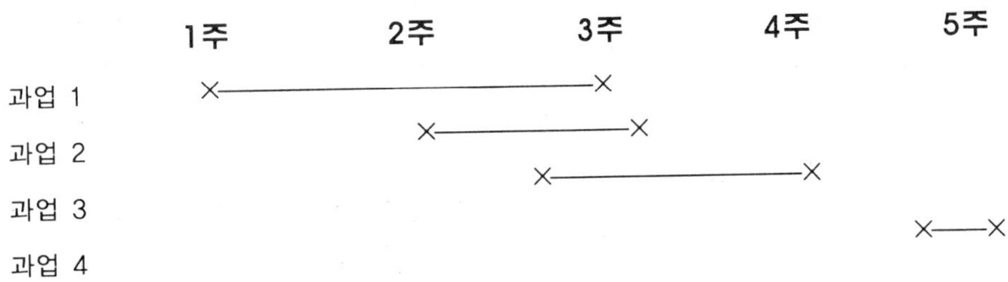

[그림 10-1] 시간계획

계획은 융통성이 있어야 한다. 계획이 진행됨에 따라 새로운 정보와 사정이 더해질 수 있고 결국 계획수정이 불가피할 수 있다. 계획개발은 구체적이어야 한다. 계획을 구체적으로 수립함으로써 서비스는 보다 클라이언트의 욕구와 바람에 부합될 수 있고, 책무성을 증진시킬 수 있다. 그러한 계획은 계획의 요소에 대해 가능한 한 폭넓은 결정을 하게하고, 이 책에서 설명하고 있는 일반주의 사회복지실천의 하나의 지표가 된다.

행동계획을 개발할 때, 몇 개의 다른 계획을 갖고 각각의 계획을 분석하여 선택하고, 그것이 특정 상황에 적절한지 고려해야 한다. 여기서는 각각의 계획의 강점과 한계를 고려해야 한다. 선택된 계획은 생각하고 있던 계획의 부분들의 조합일 수도 있다.

사례

I. 배경

Bob Jones의 행동에 문제가 있어서 학교는 지역사회서비스기관에 연락을 했다. Bob과 다른 아이들간에는 인종에 대한 부정적인 별명을 부르는 일이 자주 있었다.

Bob은 Jane과 Jerry Jones의 자녀이다. 그들은 네 명의 자녀가 있다. 그 가족은 아프리카계 미국인이며, 저소득층 지역에 살고 있다. 그들은 그 지역에 사는 두 가정의 아프리카계 미국인 가정 중 하나이다. Mr. Jones는 노동자로 일한다. Bob이 학교에서 갖는 즉각적인 욕구가 있기 때문에 이것이 계획의 초점이 되었다. 그리고, 학교와 지역사회의 인종적 편견에 초점을 두었다.

II 행동계획

A. 목적 A : Bob과 학교체계의 상호작용은 성공적인 학업성취를 이룰 것이다.

1. 목표 1 : Bob은 4월 15일까지 1주일 내내 학교에서 규칙을 따를 것이다.

a. 클라이언트의 과업 : Bob은 3월 15일까지 교실에서 행동할 때 필요한 세 개의 기본 규칙을 외울 수 있을 것이다.

b. 사회복지사의 과업 : 3월 10일까지 사회복지사는 Bob의 선생님이 Bob에게 매 시간마다 구두상의 피드백을 주고, 매일 수업종료시에는 문서상의 피드백을 주도록 조정할 것이다.

Bob과 존은 못된 행실로 학습분위기를 분열시키지 않는다.

c. 부모의 과업 : Jones씨 부부는 선생님의 문서 피드백을 계속 확인하면서 선생님의 긍정적인 피드백에 대해서는 주말에 Bob에게 긍정적인 행동에 대해 보상해 줄 것이다.

B. 목적 B : 학교는 4월까지 교과과정에 다양성의 내용을 통합함으로써 아프리카계 미국인에 대한 긍정적인 태도를 강화할 것이다.

1. 목표 1 : 선생님은 매 교과과정에 아프리카계 미국인의 기여에 초점을 맞춘 내용을 개발하고 적용할 것이다.

a. 사회복지사의 과업 : 3월 10일까지 사회복지사는 아프리카계 미국인이 예술, 문학, 과학, 역사, 수학에 기여한 점에 대해 학생들이 할 과제를 개발하기 위해 교원들과 토의할 것이다.

b. 교사의 과업 : 3월 24일까지 교사는 아프리카계 미국인이 예술, 문학,

과학, 역사, 수학에 기여한 점을 통합한 과제를 개발할 것이다.

III. 관심단위

학교는 여러 가지 측면에서 클라이언트이고, Bob과 그의 가족과 함께 도움을 요청한다. Bob과 친구들 간에 생긴 인종적 긴장의 변화에 초점이 맞추어져 있다. 학교와 지역사회는 다양한 인구의 구성원과 접촉할 기회가 거의 없고, 인종적 편견과 고정관념이 표면화되어 있다. 많은 작은 지역사회와 마찬가지로 학교는 지역사회의 기대와 규범을 중심으로 기능하며, 그것을 따르는 체계이다. 학교는 자원으로 활용할 수 있는 많은 인적 자원을 갖고 있다. 사회복지사는 강점관점을 강조함으로써 교직원과 학생들이 아프리카계 미국인에 대해 긍정적으로 민감해질 수 있는 방법을 제공함으로써 가족을 위해 행동할 수 있다. 사회복지사는 이 계획이 저항에 부딪힌다면 보다 주장적으로 행동할 수 있도록 준비해야 한다.

Bob은 갈등의 한 부분이기 때문에 클라이언트 또는 관심단위이다. 어떤 면에서 Bob은 관심을 끌기 위해서 집에서 하는 행동을 학교에서도 한다. Bob은 현저하게 아프리카계 미국인 학생의 태도로 학교에 가곤 하면서 방어적으로 행동했을 것이다. Bob은 평범한 아이이고, 전에는 어른들과도 잘 지냈다. 그의 부모는 자녀들을 잘 양육하고 잘 돌보고자 한다. 사실 가족은 자녀들에게 더 좋은 교육과 환경을 주기 위한 마음에 더 작은 소도시로 이주한 것이다.

IV. 전략

사회복지사인 Maria는 학교에서 Bob과 그의 가족을 옹호하였다. 사회복지사는 부모와 학교가 Bob에게 새로운 태도를 갖도록 하기 위해 아동양육에 대한 지식을 활용하였다. Maria는 교육전략을 사용하였고, 부모와 학교간의 조정자 역할을 하였다. Maria는 Bob의 행동을 변화시키기 위해 부모가 긍정적인 방법으로 행동하도록 하였다. Maria는 학교가 다양성에 가치를 두면서 교과과정을 확대하는 동안 학교가 상황에 대해 호의적으로 반응하도록 도왔다.

Maria의 과업은 학교인사와 접촉하여 학교에서의 문제를 토의하고 그들을 격려하고 다양성에 가치를 두는 적절한 환경을 제공하면서 Bob과 어떻게 일을 해 나갈지에 대해 제의한다. 교사가 상황을 더 잘 이해할 수 있도록 가족의 사생활을 침해하지 않는 범위 안에서 Bob의 배경을 알려줄 수 있다. 사회복지사의 또 다른 과업은 Jones 부인과 교사 중의 한 사람이 함께 일하면서 학교에서의 잘못된 행동에 대해 의견을 나누도록 한다. 그들이 함께 할 일이 생기면 매주 학교와 Jones 부인이 연락하도록 중재하는 것도 Maria의 주요 과업이다. Maria는 상담지도교사와 교사가 가족의 강점과 한계, 이 강점과 한계가 Bob을 다루는데 영향을 미칠 수 있다는 것을 현실적으로 이해하도록 할 수 있다.
부모의 과업은 Bob으로부터 학교에서 있었던 일을 알아내고, Bob이 좋게 행동하도록 격려하고, 그렇게 했을 때 보상을 주는 것이다.
교사의 과업은 Bob에게 동기부여를 하며, 긍정적인 행동이 유지되도록 하고, 그렇게 했을 때 지지하는 것이다. 또한 다양성의 가치를 존중하고 가치를 두는 학습 환경을 조성하기 위해 개입 초기부터 다양성과 관련된 과제를 통합하는 것도 주요 과업이다.
상담지도교사의 과업은 Bob이 학교에서 잘못 행동했을 때 상담하고 잘 행동했을 때 Bob을 지지하는 것이다. 또한 상담지도교사는 Bob이 성인이자 친구로서 상담지도교사를 신뢰하도록 돕고, Jones부인이 Bob에 대해 이야기하고 Bob을 위해 행동을 시작하도록 하는 것이다.
Bob의 과업은 선생님께 예의바르게 행동하고, 학교과제를 잘 하고, 이야기 할 것이 있을 때 선생님과 상담교사에 가는 것이다.
교장선생님의 과제는 Bob의 교실이나 운동장에서 일어날 중요한 일에 대해 Maria와 Jones부인에게 알려주는 것이고, Bob과 노력하는 교사를 지지하고, 교과과정에서 다양성에 대한 내용을 개발하고 적용하는 것이 가능하도록 하는 것이다.
계획은 목표에서 나온 시간계획 내에서 목적과 목표가 이루어졌는지 여부를 관찰하여 평가할 것이다.

행동계획에 영향을 주는 요인들

행동계획은 사회복지의 독특한 특성을 반영한다. 각 계획은 관여된 사람과 상황에 따라 다르다. 각각의 행동계획은 구성 부분에 있어서 모든 다른 행동계획과 달라야 한다. 계획의 구성 요소뿐 아니라 계획의 개발에 영향을 주는 다양한 요소들을 구체화하는 것이 중요하다. 계획에 영향을 주는 7가지 요인들은 다음과 같다. 1) 계획이 수행되는 지역사회 2) 계획에 대한 기관의 인가 3) 계획이 반영하고 있는 사회적 욕구 4) 계획에 관여하는 사회복지사 5) 계획에 관여하는 클라이언트 6) 불이익을 받고 억압받는 인구와 관련된 이슈와 더불어 이러한 체계의 구성원들의 다양성의 이슈 7) 이상 모

든 것의 강점과 한계

지역사회

하나의 체계로서 지역사회는 행동계획에 중요한 영향을 주는 체계이다. 클라이언트는 지역사회의 특징을 반영하는 지역사회의 부분이다. 지역사회는 클라이언트에 대한 기대를 갖고 있다. 행동계획은 그 계획이 이루어지는 환경을 고려해야 한다. 한 지역사회에서 실현가능한 것이 다른 사회에서는 실현될 수 없을 수도 있다.

지역사회의 문화는 계획에서 고려해야 할 중요한 요소이다. 도움을 받는 것에 대한 태도는 특히 중요하다. 자조나 친밀성이 높이 평가받는 지역사회에서는 개별사회사업 서비스를 확대하기보다 자연적인 원조체계가 잘 기능하도록 강화하는 것을 행동계획에서 선택할 것이다.

지역사회의 서비스 전달체계는 고려해야 하는 요인이다. 이상적인 서비스 전달체계는 큰 도시 지역사회에서 다양하고 구체적인 서비스가 있어야 된다는 가정을 한다. 이러한 가정은 그러한 상황에 구체적으로 맞는 전략을 개발하도록 한다. 그러나, 이러한 전략은 다른 서비스 전달체계를 갖고 있는 다른 소도시에서는 적합하지 않다.

기관

행동계획에 있어서 기관의 영향을 고려할 때, 사회복지사는 기관 내에서 자원과 구속의 영향을 받는다. 구속이란 제공할 수 있는 서비스의 종류나 재정상의 고려점, 시간의 우선순위요인, 기관의 조직에 의해 나타난다. 고려해야 할 자원은 사람(전문직), 구조, 자금, 사회복지사가 활용할 수 있는 물자, 사회복지과정과 목적달성을 확장할 수 있는 클라이언트이다. 클라이언트에 대한 서비스에서 기관체계를 기술적으로 활용하는 것은 계획에 중요하다.

기관은 지역사회의 한 구성 부분이며 지역사회체계의 필수적인 하위단위이다. 기관은 지역사회로부터 인가를 받고, 적어도 부분적으로 그 의지를 표현해야 한다. 기관은 자원에 있어서 지역사회에 의존하고 있다. 사회복지기관은 주로 기여금이나 세금의 형태로 지역사회로부터 받는 재정지원 없이는 거의 기능을 하지 못한다. 클라이언트에게 서비스를 제공할 때 다른 종류의 자원이나 지지 역시 중요하다. 계획을 세울 때는 지역사회의 욕구와 가치관, 기관이 제공하는 서비스의 영향력을 고려해야 한다.

계획을 세우는 과정에서 기관의 구조와 기능이 클라이언트에 대한 서비스에 영향을 미친다는 것을 인식해야 한다. 이러한 인식은 사회복지사나 클라이언트에게 서비스 제공에 관련된 현실감을 느끼게 한다.

조직의 측면에서 고려해야 할 또 하나의 중요한 요소는 매내지드 케어(managed care)가 조직과 사회복지사의 기능에 어떤 영향을 미치는가이다. 매내지드 케어는 현재 건강관리, 정신건강, 약물남용문제에서 가장 많은데, 이러한 접근이 결국 사회복지서비스의 다른 영역에도 적용되고 있다. 실천 영역에서 사회복지사가 매내지드 케어의 영향을 받는 두 가지 상황이 있다. 첫째는 기관이 매내지드 케어의 보험보장에 의해 보상받는 서비스를 제공할 때이다. 또 하나는 사회복지사가 매내지드 케어회사에 소속되어 있는 경우이다. 첫째 사례에서 사회복지사는 보상되는 서비스 기간과 서비스 종류에 제한을 받게 된다. 두 번째 사례에서 사회복지사는 매내지드 케어계획에 의해 사정, 의뢰, 모니터링 할 의무가 있다. 어떤 매내지드 케어 제공자는 사회복지사가 특히 정신건강 분야와 약물남용치료에 있어서 사정기술과 의뢰의 능력을 갖고 있다고 믿고 있다.

중요한 고려사항은 NASW의 사회복지사 윤리강령에서는 사회복지사가 클라이언트의 관심을 우선적으로 고려해야 한다고 요구하고 있는 것이다. 이것은 사회복지사 자신 또는 고용주의 관심보다 클라이언트의 관심을 최우선으로 해야 한다는 것이다. 매내지드 케어에 대한 가장 큰 비판 중 하나는 클라이언트에게 가능한 것을 제한하고 비용이 비싼 서비스를 제공하지 않는 것이다. 사회복지사는 환경과 관계없이 클라이언트에게 가장 이익이라고 생각하는 것들을 하도록 허락되지 않는다. 이러한 상황에 도전하는 것은 용기를 필요로 한다. 사회복지사를 고용하고 있는 어떤 조직은 윤리적이라는 NASW의 인가를 받을 수 있다. 사회복지사는 지역 NASW에 비윤리성에 대한 보고를 해야 한다.

사회문제

사회문제에 대한 기대와 태도는 다양하다. 통제, 개선, 예방수단을 승인받고 개발함으로써 이러한 태도와 기대는 기관에 맡겨진 과업에 영향을 준다. 어떤 문제는 병이나 일탈로 또는 환경적 영향으로 생겨난 것으로 보인다.

Elliot Studt는 실천분야의 개념화에서 실천분야를 설명하는 세 가지 조직의 차원을 지적하였다. 그것은 사회문제, 사회적 과업, 사회복지서비스 체계이다. 사회문제를 고려할 때는 왜 그 문제가 지역사회와 사회체계에 관련되는지를 생각해 보는 것이 중요하다. 다음과 같은 질문이 유용하다. 그 문제가 지역사회의 일반적 복지문제에 어떻게 영향을 주는가? 왜 지역사회가 행동을 위한 욕구가 있다고 보는가? 주된 관심의 조건은 무엇인가? 그 문제가 가족이나 개인의 사회적 기능에 어떤 영향을 주는가? 이러한 질문에 답이 나오고 사회적 정책과 프로그램이 개발됨에 따라 사회적 과업은 특정한 사회문제를 조절하기 위해 해야할 일을 찾는 것이다. 사회적 과업은 사회문제에 영향을 받는 개인을 돕기 위해 해야할 일을 포함한다. 이러한 과업은 사회의 여러 부분의 기대, 즉 납세자, 전문가, 입법가, 사회조정자, 사업상의 이익에 부응해서 발전된다. 그래서 사회적 과업은 때로 불분명하고 서로 모순되는 기대로 구성된다. 이것이 바로 과업이 힘들고 목표기대가 불분명해지는 이유 중 하나이다.

예를 들면, 법을 어기게 하는 사회 기능에 문제를 갖는 사람과 갑작스러운 병 때문에 사회기능에 문제가 있는 사람에 대하여 우리는 분명히 다른 태도를 취한다. 전자의 경우엔 교정 작업으로 시작하려 하고 후자의 경우는 건강요법으로 치료하려 할 것이다. 사회통제는 교정 작업에 더 관심이 있다. 처벌을 자주 사용하며, 더 많은 위법의 위험으로부터 지역사회를 보호하는 전략을 사용한다. 병의 치료는 의학적인 면에 최우선의 관심을 갖는다. 사회는 갑작스런 병으로 인해 사회적 기능에 문제를 갖는 사람에게 지대한 관심을 가져 왔다. 선택된 전략은 병을 치료하고 사회기능의 문제점을 극복할 수 있는 수단을 제공하는 것이다. 사회 정책은 사회문제에 대한 관심과 태도를 반영한다. 서로 관련 있는 사회정책은 행동계획개발에 항상 고려되어야 한다. 사회문제를 향한 사회적, 개인적 태도는 사회복지사가 해결하려는 문제에 관련되고 클라이언트는 계획과정에 중요한 영향을 미친다.

사회복지사

각각의 사회복지사는 독특한 사람이다. 사회복지사의 첫 번째 도구는 그 자신이다. 사회복지사는 한 인간으로, 전문가로, 기관의 피고용자로, 사회복지공동체의 일원으로 중요하다. 사회복지사 자신은 행동계획에 영향을 미치는 하나의 요소이다.

사회복지사의 개성 때문에, 사람이 처한 상황에 대한 정해진 이론이 없기 때문에, 사회복지사들은 어떻게 인간의 상황을 설명할 것인지, 왜 사회복지실천을 선호하는지를 설명하고 싶어 한다. 어떤 사회복지사는 도움이 되는 이론으로 자아심리학을 선호할 것이고, 심리사회적 개별사회사업을 이용할 것이다. 또 다른 사회복지사는 절충주의이론의 기초를 이용하고 문제해결접근이나 치료집단을 이용할 것이다. 비록 사회복지사와 클라이언트가 함께 행동계획을 전개한다 할지라도 사회복지사의 선호와 우선권과 기술이 반영된다.

기관의 피고용자로서 사회복지사는 제한과 지지를 받는다. 사회복지사는 자신의 일에 대하여 책임이 있다. 사회복지사는 기관구조 안에서 기능을 발휘해야 하고 다른 사회복지사와 상호의존적이다. 지역사회일원으로 그 지역사회로부터 압력을 받기 쉽다. 한 사회복지사의 선호와 영향은 다른 기관이나 지역사회의 다른 사회복지사가 계획을 수립하는데 영향을 준다.

사회복지사가 매내지드 케어 기관에 속해 있을 때 사회복지사는 사회복지사의 가치와 윤리를 인지하고 있어야 한다. NASW의 윤리강령은 사회복지사가 그를 고용한 조직과의 의사소통에서 지켜야 하는 것들을 제시하고 있다. 클라이언트의 욕구가 조직과 맞지 않을 때에는 심각한 윤리적 딜레마를 가져올 수 있다. 만약 조직이 구성원에게 다양한 서비스가 포괄하는 내용의 범위를 알려줄 의무가 있다고 했을 때 클라이언트는 어떤 것이 적용되고 적용되지 않는가를 알고 참여하게 된다. 그러나 클라이언트의 이러한 요구는 기민한 소비자가 되는 것이며 이것은 모든 경우에 적용되지 않을 수 있다. 클라이언트에게 계획과정에 있어서 법이 허용되는 범위 안에서 누릴 수 있는 그들의 모든 이익과 권리에 대해서 알려주는 것은 사회복지사의 의무이다. 예를 들면 클라이언트가 조직이나 규제를 가하는 조직에 대하여 호소해야 하는 상황에 처했을 때 사회복지사는 클라이언트에게 이것을 알리고 호소과정을 도와야 한다. 만약 조직이 전반적인 내용을 알려주지 않는 공식적이거나 비공식적인 입장을 갖는다면 사회복지사는 적합한 권위기관에 이것을 보고할 법적인, 윤리적인 책임이 있다. 규제하는 기관 이외에 NASW는 자체적으로 개인과 조직에 의해 가해지는 폭력을 조사하는 과정을 가지고 있다. 또한 사회복지사는 클라이언트가 필요로 하는 서비스를 얻을 수 있도록 대안적인 자원에 대한 정보를 가지고 있을 의무가 있다.

만약 매내지드 케어 계획에 의해 보상을 조절하는 조직에서 일하는 사회복지사는 클라이언트의 욕구에 맞춰서 이익이 최대화 될 수 있도록 해야 하며, 클라이언트가 요구하는 서비스를 받을 수 있도록 해야 한다. 클라이언트에게 해당되는 보상범위에 대한 지식이외에 사회복지사는 필요한 서비스를 지원할 준비가 되어 있어야 한다. 사회복지사는 기관내부의 서비스 전달이 효과적으로 되도록 해야 한다. 이것은 개입의 효과를 최대화할 수 있는 시간계획을 의미하기도 한다. 사회복지사는 과업 중심적이어야 하고 성과에 초점을 맞춤으로써 제한된 시간계획안에 과업이 완수되도록 해야 한다.

매내지드 케어의 상황은 보험이 적용되는 계획안에서, 제한된 시간 내에 효과적인 계획을 신중하게 세우도록 하고 있다. 이것은 정확한 사정과 과업과 해결중심의 계획을 발전시키는 것을 요구한다. 시간제한은 사회복지사가 성공적인 완수를 위한 과정을 수행하기 위해 원조 관계를 유지하는 능력을 저해할 수도 있다. 클라이언트가 보험적용상의 한계와 즉각적인 행동을 위한 요구의 한계를 알도록 하는 것은 필수적이다. 그렇지 않으면 클라이언트는 사회복지사의 서두름을 배려 없음으로 여길 수 있다. 시간이 제한제이어서 클라이언트가 의사 결정이나 계획과정에서 요구하는 것을 무시할 수는 없다. 클라이언트의 자기결정권은 여전히 전문적인 사회복지 접근의 핵심이 되어야 한다. 상황 안에서 선택을 하도록, 최대한의 이익을 옹호하고 성공적인 계획을 하도록, 최대한의 자원을 활용하도록 클라이언트를 돕는 것은 매내지드 케어의 상황 안에서 성공적인 계획을 이끌어내는 주요 요소이다. 과정에 클라이언트가 참여하는 것은 사회복지사와 클라이언트가 대립하지 않고 함께 일할 수 있도록 한다. 먼저 언급한 바와 같이 생태체계강점접근은 서비스 전달에 있어서 효과적이고 효율적인 접근이다. 현재의 강점과 자원을 발전시키는 것은 전체 구조에서 변화할 부분을 찾는 것보다 핵심 사항이다. 그러나 이러한 접근을 활용할 때 어떤 매내지드 케어 조직은 사회복지사의 활동을 상환 가능한 것으로 인지하고 있지 않다. 허가된 계획에 대한 옹호와 연결과업은 상환을 획득하기 위해 필수적이다.

클라이언트

클라이언트의 독특함은 사회복지사와 상호 작용한다. 클라이언트는 지역사회, 이웃, 특별한 여러 집단, 특정한 가족에게 생겨난다. 클라이언트는 생물학적, 사회적, 정신적 존재다. 클라이언트는 자아상을 갖고 있고, 가족과 지역사회 내에서 역할을 가지고 있고, 가치관, 희망, 소원이 있다. 클라이언트는 봉사할 권리, 참여할 권리, 실패할 권리를 갖고 있다. 클라이언트는 의미 있는 상황속의 중요한 사람과의 상호작용의 결과뿐만 아니라 준거집단의 기대에 부응해야 한다. 클라이언트는 강점과 적응력과 대처할 능력이 있다. 클라이언트는 특별한 동기부여와 능력과 기회를 갖고 있다. 더 중요한 것은 클라이언트가 독특한 목표와 소원을 갖고 있는 것이다. 클라이언트가 사회복지사와 함께 문제를 해결하는 방법에 선호하는 것이 있을 수도 있다. 클라이언트의 욕구는 독특하기 때문에 그 욕구에 대하여 계획도 독특하여야 한다.

클라이언트의 역할은 여러 가지 요인에 달려있다. 이 요인들은 그의 개인적 상황, 조직체나 기관 속에 처한 상황이나 사회복지사가 선택한 역할에 따라 다르다. 클라이언트는 행동계획에 영향을 미치는 중요한 요인이다.

다양성과 위험집단

계획을 수립할 때 중요한 사항은 다양한 체계의 구성원들 사이의 동질성과 차이점을 고려하는 것이다(계획단계에 함축되어 있는 것을 더 잘 이해하기 위해 2장의 다양성에 관한 논의를 재검토한다). 다양성은 과정 안에 흡수되어 있고 사회복지사와 클라이언트와 조직에게 영향을 미치기 때문에 계획단계에서 중요한 요인이다. 예를 들면 클라이언트는 그의 윤리나 인종집단에 부정적인 생각을 가진 기관의 도움을 받아들이기 힘들 수 있다. 반대로 이러한 장벽을 넘어서는 것은 클라이언트와 기관에 더 강력한 연대감을 줄 수 있다. 기관 측에서는 기관의 서비스에 대해 소외감을 느꼈던 것으로부터 사회의 일원이 되는 것으로 연결다리를 구축할 수 있을 것이다. 클라이언트는 기관의 서비스에 대해 현재까지는 접근하지 못했지만 점차 중요한 자원으로 여기게 될 것이다.

지역사회에서 다양성의 요인은 계획에서 중요한 역할을 한다. 지역사회의 문화가 동질적인 경우에는 표준화를 더 기대하게 된다. 동질성이 응집력과 지역사회의 전통과 유산에 대해 자부심을 가져온다는 것은 긍정적인 측면이다. 부정적인 측면은 '다른 것'을 인정하지 않는다는 점이다. 그러나 '동질성'에 가치를 두는 것이 '다른 것'이 나쁘다는 것을 의미하는 것은 아니다. 사람들은 '다양성'과 '다른 것'에 강점이 있다는 것을 깨닫게 될 것이다. 그러나 두려움과 편견을 극복하는 것이 쉬운 것은 아니다. 사회가 상대적으로 동질적일 때 계획과정은 사회의 기대에 맞추어지기 쉽다. 이러한 기대는 사회가 받아들이는 범위 이상의 행동을 용납하지 않는 일정한 기대행동을 요구한다. 이러한 상황은 이웃간에 강한 윤리적 자부심을 가지고 있는 시골에서 더 자주 볼 수 있다.

보다 이질적인 지역사회는 더 넓은 범위의 행위를 용납할 뿐 아니라 편견을 극복하는 범위도 더 넓다. 불행히도 많은 인종집단과 미국의 지배적인 백인 문화 사이에서 클라이언트는 자신이 두 개의 잣대 아래 있다고 느낄 것이다. 클라이언트가 무엇을 하던 간에 한쪽 측면에서는 부정적인 평가를 받을 것이다. 계획단계에서 사회복지사는 다양성과 편견의 잠재성과 압박감에 클라이언트가 실패하지 않도록 논의할 필요가 있다.

체계의 강점과 한계

위에 언급한 각각의 체계는 강점과 한계점을 가지고 있다. 좋은 계획수립에서 첫 번째로 고려할 점은 한계를 조사하면서 강점을 구축하는 것이다. 한계는 극복해야 하는 장애물로 구성되어 있다. 그러나 시작점은 강점을 근거로 한 접근이다. 사회복지사는 기관, 지역사회, 사회적 이슈가 있는 상황, 사회복지사, 클라이언트, 클라이언트의 환경, 작용할 수 있는 다양성의 요인들의 능력과 잠재력을 찾아내야 한다.

강점중심접근에서 성공적이기 위해서 사회복지사는 자신에 관하여 잘 알고 있어야 하고, 상황 안에 있는 다른 요소들에 관하여 아는 것 못지않게 자신의 인식을 알아야 한다. 문제 중심접근을 할 때에는 상황이 잘못되어 가고 있는 것으로 인식하는 경향이 있다. 또한 문제 중심접근에는 문제의 원인은 클라이언트라는 것이 잠재되어 있기 때문에 클라이언트가 변해야 한다고 본다. 게다가 체계의 변화는 개인의 변화보다 더 꺼려지는 과업인 것처럼 보인다.

환경 속의 인간과 강점접근은 사정하는 중에 상황의 모든 면을 고려한다. 상황의 모든 면은 변화를 위한 계획에 포함될 필요가 있다. 강점중심접근은 클라이언트와 체계의 능력과 가능성에 기반을 둔 계획을 세운다. 클라이언트와 체계가 변화를 준비하기 위해 새로운 기술과 능력을 갖도록 요구하는 대신에 계획은 클라이언트와 조직이 이미 할 수 있는 것에 근거를 둔다. 예를 들면 Maria는 Jones씨와 Jones부인, Bob이 할 수 있는 것을 찾아냈다. Maria는 역시 학교가 좋은 환경을 제공할 수 있다는 사실을 찾아냈다. Maria는 Bob이 학교에서 하는 행동을 보고 Bob이 적절한 행동을 할 수 있는 능력이 있다는 것을 찾아냈다. Maria는 학교가 아프리카계 미국인을 위한 교과과정을 인지함으로써 다양성의 메시지를 주는 중요한 역할을 할 수 있을 것으로 보았다. 그래서 각 부분은 각자 이미 가지고 있는 기술을 활용하여 변화에 기여할 수 있었다.

강점접근은 사회복지의 기본적인 두 가지 가치, 즉, 모든 개인이 가치가 있다는 신념과 클라이언트에게 자기결정권이 있다는 가치와 완전히 들어맞는다. 또한 사람들은 누구나 인간 존재로서 천부적인 가치가 있다고 보기 때문에 사회복지사와 클라이언트는 능력을 지향하며, 이러한 가치는 클라이언트가 변화를 만들어내도록 한다. 강점접근은 클라이언트가 자기결정권을 연습하고 자신의 삶에 강력한 힘을 가지고 있음을 인지하게 한다. 사람들이 스스로 결정할 수 있게 함으로써 자신의 결정대로 행동할 필요가 있다. 클라이언트의 강점을 강조하는 것은 추상적인 개념으로서가 아니라 현실적으로 자기결정을 할 수 있다는 것을 깨닫게 한다.

계획과정

계획은 클라이언트와 함께 하는 공통의 과정이다. 학생들과 신참 사회복지사는 종종 어디서 시작해야 할지, 우선순위를 어떻게 결정해야 할지, 시간계획은 어떻게 세우고, 과업이나 계획의 다른 면들을 어떻게 진행할지에 대해서 어려움을 갖는다. 목적을 설정할 때 사회복지사는 몇 가지의 접근방법을 할 수 있다. 한 가지는 가장 필요한 또는 목표와 관련된 관심사를 설정하는 것이다. 예를 들면 필요한 것에 대해서는 "Bob은 학교와 긍정적인 관계를 통해서 만족감을 얻을 수 있게 될 필요가 있다"라고 할 때 목적은 "필요로 하는 것" 또는 "가져야 하는 것"으로 바꿔 말할 수 있다. 그래서 목적은 "Bob은 학교와 긍정적인 관계를 가질 것이고 만족스러운 진행과정을 가질 것이다"라고 서술할 수 있다.

종종 사회복지사나 클라이언트는 목적의 문장으로 욕구를 분명히 하는데 어려움을 갖는다. 목적을 설정하는 두 번째 방법은 클라이언트에게 묻는 것이다. "이 욕구가 충족되면 당신의 삶은 어떻게 될까요?"라고 물으면 클라이언트는 이루었으면 하는 목적을 말할 것이다. 사회복지사는 일이 어떻게 되었으면 좋겠느냐고 물어볼 수도 있고 다른 사람들이 어떻게 되었으면 좋겠는지 물어볼 수 있다. 만약 사회복지사와 클라이언트가 이러한 질문에 대한 답을 가지고 있다면 목적은 형성된 것이다. 목적은 "Bob은 학교에 긍정적인 느낌을 가질 것이고 그와 관련된 모든 것을 할 것이다."라고 할 수 있다.

다음의 질문은 목표를 설정하는 것에 관한 것이다. 만약 사회복지사와 클라이언트가 현재 상황에 대해 뚜렷한 인식을 갖고 있고 목적을 설정한 후라면 그들은 클라이언트가 있는 곳과 가기 원하는 곳을 알 수 있다. 그들은 완수해야 하는 일의 방향을 알고 있다. 목표는 목적을 위한 중간역할을 하고 목적으로의 과정은 측정할 수 있어야 한다. 이러한 단계에서 중요한 것은 클라이언트에게 이번 주(또는 2주 안에) 무엇을 할 수 있는지를 묻는 것이다. 그것에 차이가 있는가? 또는 한 달 안에 할 수 있는 것과는 어떤 차이가 있는가? Bob의 사례에서는 Bob이 선생님의 말씀을 잘 듣고 싸우지 않게 되는 것이라고 할 수 있다. 사회복지사는 이것을 이 사례에서 목표로 정한다. 다음 질문은 어떤 일이 일어났으면 좋겠는지, 당신에게 필요한 자원이 무엇인지, 이것이 당신의 변화에 가치가 있는 것인지, 어떤 자원을 필요로 하고 그 자원을 얻을 수 있는 곳은 어디인지이다. 이러한 질문의 답은 사례에서 과업으로 발전할 수 있다.

이러한 접근은 다양성을 포용하는 실천을 할 수 있게 한다. 이것은 클라이언트가 목적과 목표를 설정하고 자신의 문화와 다양성 집단에 적절한 과업을 설정하는 것에 달려있다. 만약 이러한 계획의 요소들이 사회복지사로부터 나온다면 그것은 사회복지사의 가치와 관점을 반영할 것이다. 계획이 클라이언트의 다양성과 부합하기 위해서 사회복지사는 클라이언트의 다양성과 관련된 중요한 요소들에 대한 질문을 해야 한다. 예를 들면, 사회복지사는 Bob이 이웃과 싸우는 이유가 무엇이며, 그런 행동이 지금의 새로운 상황에서 어떻게 달라질 수 있는지를 질문할 수 있다.

사회복지사는 클라이언트에게 자문을 받으며 계획을 발전시킨다. 사회복지사는 클라이언트 중심의 접근을 하게 된다. 사회복지사는 클라이언트를 그 자신의 삶과 욕구 충족과 상황의 해결을 위해 할 수 있는 것을 가장 잘 알고 있는 전문가라고 인정한다. 사회복지사는 자신의 역할을 촉진자라고 본다. 사회복지사는 클라이언트가 자신을 위한 변화 진행과정으로 해온 방법을 클라이언트의 삶의 다른 부분에 적용할 수 있도록 한다. 사회복지사가 클라이언트와 이러한 접근을 할 때, 사회복지사는 클라이언트가 자신의 인생 상황에서 희망하는 변화를 가져오도록 행동할 수 있도록 권한부여를 하고 긍정적인 관계를 구축하게 된다.

사회복지사와 클라이언트 사이의 동의

사회복지사와 클라이언트가 행동계획발전과 사정에 함께 일할 때, 해야 할 일과 일하는 사람에 대하여 의견일치가 이루어져야 한다. 이 동의는 계약서의 형태를 가질 수도 있다. 이 계약서는 사회복지사와 클라이언트가 서로 이해한 것일 수도 있고 공식화된 문서계약일 수도 있다. 계약의 형식은 특정 클라이언트와 기관이나 정책에 따라 다르다.

계약은 많은 기관에서 사회복지사와 클라이언트의 상호작용의 한 부분으로 인정된다. 그러나 최근에 계약서 사용이 두 가지 측면에서 도전받고 있다. Pamela Miller는 서비스 제공자가 계약서를 사용함으로써 클라이언트로 하여금 서비스 제공자가 감정 이입이라는 서비스의 중요한 요소를 사용하는 전문직이라는 생각을 갖지 못하게 한다고 하였다. 사회복지사는 클라이언트를 위한 서비스 제공의 권리를 가지고 있다는 것을 나타내면서 계약서를 요구한다. Tom Croxton은 사회복지에 이용되는 계약서는 법적의미가 결여되어 있어서 정확하지 않다고 지적하고 있다. 이 정확하지 못한 계약은 오해와 모호함과 갈등을 일으키기 쉽다.

이런 견해로 보면 사회복지사와 클라이언트 사이에 사용할 계획을 나타내는 단어로 계약보다는 포괄적인 의미를 갖는 동의라는 말이 더 좋겠다. 계약이라는 단어도 사회복지에서는 결코 법적인 계약이란 뜻으로 써 오지는 않았다. 일반주의 사회복지접근에서 동의는 해야 하는 일에 대한 사회복지사와 클라이언트 사이의 이해로 생각할 수 있다. 어떤 경우에는 문서화된 계약서일 수도 있지만 반드시 그럴 필요는 없다.

동의하면 동기화되고, 클라이언트를 신뢰하게 된다. 과업을 수행하는데 책임감과 해야 할 일을 잘 잊어버려서 자주 상기시킬 필요가 있는 클라이언트에게 계약은 매우 유용하다. 계약은 때로 문서화하는 것이 더 효과적일 때도 있지만 항상 그럴 필요도 없고 때로는 오히려 바람직하지 못할 때도 있다. 저항적이고 사회복지사를 신뢰하지 못하는 클라이언트에게는 문서가 오히려 장애가 되고 말로 하는 약속이 더 도움이 될 것이다. 위험에 처한 클라이언트는 빨리 도와주도록 하고 계약의 진전을 지연시키거나 아주 없애는 것이 최선이다. 빠르게 말로 의견일치를 보는 것이 필요할 것이다. 계약한 특별한 클라이언트에게나 상황에는 융통성이 있어야 하고 적절해야 한다. 그것은 부과된 과업이나 밖으로 나타나는 성과를 얻으려는 기계적인 과정이 아니라 협력을 증가시키기 위한 도구이다. 그러나 문서화하든 문서화하지 않더라도 클라이언트의 사례기록과 계획은 클라이언트가 검토해야 한다.

계획하고 계약하는 것은 사회복지 노력에 누가, 무엇을, 왜, 어떻게 하는지를 분명하게 밝히려는 수단일 뿐이다. 그것은 특별한 상황에 처한 사람에게 사회복지과정을 개별화하는 수단이다. 계획과 계약은 책임감과 사정을 위한 수단을 제공한다. 계획과 계약은 특정한 상황에 처한 사람에 대한 지식과 그 상황을 개선하기 위하여 해야 할 일을 연결하는 일을 한다. 계획은 바람직한 변화를 이루기 위한 기회를 확대해 준다.

요약

행동계획을 세우는데 아래의 지침이 참고가 될 것이다.

1. 각 행동계획은 전체 사회복지과정의 한 부분이다. 이것은
   - 개인의 사회적 욕구에 기초한다.
   - 강점접근에 근거하여 변화하는 과정을 통해 발전한다.
   - 계획과정의 모든 측면에 다양성이 내포되어 있다.
   - 역동적이고 유동적이다. 즉 새로운 지식에 따라 상황의 재평가, 욕구와 문제의 재형성, 새로운 목표전략과 과업이 이루어질 수 있다.
2. 각 행동계획은 분명하게 제시되어야 한다.
   - 목표가 분명해야 하며, 그 목표는 개인적 · 사회적 욕구와 직접적으로 관련되어야 한다.
   - 계획에는 관심단위가 포함된다.
   - 사용한 전략, 사회복지사의 역할, 클라이언트와 다른 사람들의 과업, 이 모든 것이 관련되어야 한다.
3. 행동계획은 그것이 실행될 지역사회를 고려해야 한다.
   지역사회의 기대, 가치기준, 가치관, 자원, 서비스 전달체계 등을 고려해야 한다.
4. 행동계획은 기관이나 조직을 반영한다. 지역사회 영향, 기관조직 구조, 기능, 전개과정 등이 일하는 방법에 기여한다.
5. 사회문제의 특징은 행동계획발전에 중요한 변수로 인식된다.

6. 사회복지사의 기여는 전문적 지식, 가치, 기술에 기초한다. 그것은 전문적 판단을 위한 능력뿐 아니라 여러 가지 자원의 유용성을 결정하고 판단하는 능력을 포함한다.
7. 클라이언트는 상황에 독특한 점들을 갖고 온다. 이것은 욕구의 인식, 일련의 가치, 독특한 동기, 능력, 기회, 목적 등이다.
8. 행동계획은 사회복지사와 클라이언트의 상호작용의 산물이다. 계획은 때때로 사회복지사와 클라이언트 사이의 계약을 하게 한다.
9. 행동계획은 계획을 수행하는데 필요한 자원의 이용가능성과 목표달성의 가능성을 고려한다.
10. 행동계획은 시간계획을 포함한다.
11. 계획에는 평가를 위한 도구가 포함된다.

학습질문

1. 일주일 안에 자신 스스로 달성할 수 있는 계획을 세우라. 그것을 결론적인 말로 쓰고 목표와 관련이 있는 세 가지 목적을 분명히 하시오.
2. 관심단위를 분명하게 규정하는 것의 유익한 점은 무엇인가?
3. Teare와 McPheeters가 제시한 세 가지 역할과 더불어 클라이언트와 사회복지사를 위한 과업과 부수적인 역할을 토의하시오.
4. 클라이언트를 위한 행동계획을 세우면서 당신이 잘 아는 지역사회에 존재하는 문제점을 토론하시오.
5. 만약 당신이 유색인종, 여성, 게이나 레즈비언, 신체적 · 정신적 장애가 있는 사람과 일한다고 할 때, 계획과 계획과정에 다양성이 미치는 영향에 대해서 밝히시오.
6. 유색인종, 여성, 게이나 레즈비언, 신체적 · 정신적 장애가 있는 사람과 함께 개입계획을 세울 때의 세 가지 장점에 대해서 밝히시오.

제11장 직접적, 간접적 실천 활동

학습목표

1. 클라이언트의 욕구와 실천 활동을 적절하게 맞추어야 할 필요성 이해
2. 실천 활동을 선택하는 원칙 이해
3. 클라이언트를 돕는데 사용가능한 자원의 범위와 의뢰 과정에 대한 지식
4. 클라이언트가 사용가능한 자원을 활용할 수 있게 하는 방법 이해
5. 클라이언트를 임파워하고 가능성을 증진시키는 전략 이해
6. 위기의 본질과 위기 개입 과정 이해
7. 지지의 본질 이해
8. 클라이언트를 원조하는 활동 장소에 대해 이해
9. 클라이언트를 원조하는데 있어 중재의 활용 이해
10. 영향력 및 영향력의 사용 이해
11. 전략으로서의 환경 조정 이해
12. 서비스 조정 활동 이해

일반주의 사회복지실천과정에서 계획의 다음단계는 활동(action)이다. 각기 다른 상황에서 서로 다른 요구를 가진 다양한 클라이언트들은 사회복지사의 다양한 활동을 필요로 하게 된다. 어떤 상황에서는 평가와 계획단계의 활동들이 클라이언트가 변화를 위한 행동을 취할 수 있도록 필요한 도움을 제공한다. 때로는 사회복지사-클라이언트 유대관계의 발전이 도움이 되기도 한다. 이런 유대관계는 클라이언트가 사회복지사와 함께 문제 해결 행동에 참여하는 것을 촉진한다. 다른 상황에서는 사회복지사

측의 활동이 요구된다. 이런 활동은 유대관계의 발전과 평가에 도움이 될 수 있다. 사회복지사의 활동은 계획을 실행하거나 장애물이 발생했을 때 필요하게 될 것이다. 사회복지사는 원조 과정의 한 부분으로 클라이언트체계 이외의 다른 사람들이나 다른 체계에 다양한 활동을 할 것이다.

직접적인 실천 활동을 이해하기 위해, 우리는 [그림 1-1, p.33 참고]와 [그림 5-1, p.106 참고]로 되돌아가 보고, 다양한 직접적인 실천 활동이 어떻게 클라이언트의 정서, 사고, 행동의 변화를 돕기 위한 목적으로 실행되는지 기술하기 위해 또 다른 [그림 11-1]을 사용한다. 이것은 사회복지사들이 사용해온 모든 중재 방법들의 지루한 리스트를 보여주려는 것이 아니다. 대신, 클라이언트를 돕기 위해 일반주의 사회복지사들이 사용해온 우선적인 직접적 실천 활동을 기술하고 있다. 이러한 직접적인 활동들은 이 장에서 더 논의될 것이다. 클라이언트의 환경 내에 있는 체계에 사용되는 간접적인 실천 활동들은 그러한 체계에 속한 사람들의 행동과 상호작용을 변화시키는데 관여하게 된다. 그러므로 이러한 직접적인 실천 활동들 중 일부는 이 장의 후반부와 가족, 집단, 거시체계를 다루는 뒷 장에서 논의될 다른 접근방식들과 함께 환경 내 인적체계의 구성원에게 사용될 것이다.

영향력은 사회복지사가 클라이언트에게 영향력을 갖는다는 점을 인식시키기 위해 [그림 11-1]의 괄호 안에 포함되었다. 그러나 클라이언트에 대한 계획된 전략으로서 영향력의 사용은 사회복지사에게 많은 복잡한 문제를 갖게 한다, 왜냐하면 이것이 자기-결정을 손상시킬 수 있기 때문이다. 그러므로 영향력은 클라이언트가 위기 상황에 있거나 재앙에 직면했을 때 혹은 정말로 곤경에 빠져 있을 때 마지막 수단으로서만 사용되어야 한다. 계획된 전략으로서의 영향력은 보통의 경우 기관이나 지역사회 공동체에 대한 하나의 직접적인 실천 활동으로 사용된다. 이러한 내용은 15장에서 다룰 것이다. 영향력은 클라이언트를 위해 개인과 환경체계에 대한 간접적인 실천 활동으로 사용되며, 환경 변화와 서비스 조정도 마찬가지이다. 이것은 이 장의 후반부에 논의된다. 일반적으로 간접적인 실천 활동들은 체계의 행동 변화를 불러일으키기 위해 사용된다. 정서와 사고의 변화가 행동변화를 위한 전술로 사용될 수 있지만, 기본적인 전략은 행동을 변화시키는 것이다.

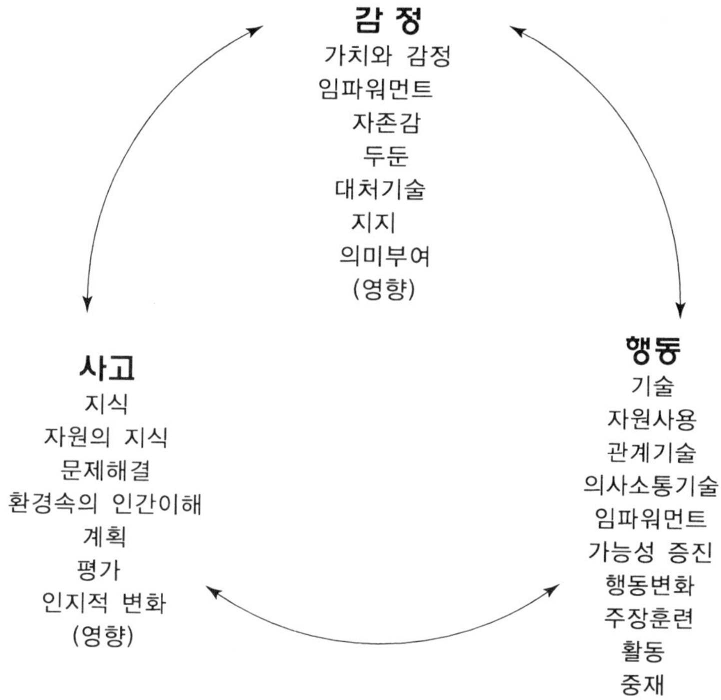

[그림 11-1] 변화전략으로서 감정, 사고 행동과 관련된 직접적인 실천행동

사회복지사들은 자신의 원조행동을 안내할 다양한 이론을 아는 것이 필요하다. 이러한 이론의 내용에 대한 깊이 있는 연구는 이 책의 범위를 넘어서는 것이다. 그러나 부록에서 사회복지사들이 사용하는 잘 알려진 이론, 접근, 모델에 대해 간략하게 요약하고 있다.

일반주의 사회복지실천가의 특징 중 하나는 폭넓은 다양한 가능성 있는 활동 중 특정상황에 가장 적합한 활동을 선택하는 능력이다. 사회복지실천은 두 가지 중요한 부분으로 나눌 수 있다: **직접적인 실천**(클라이언트와의 활동), **간접적인 실천**(클라이언트가 아닌 사람이나 체계와의 활동). 직접적인 실천은 먼저 개인, 가족, 소집단과 함께 하는 활동을 포함한다. 직접적인 실천은 가족이나 소집단 체계내의 교류 또는 개인, 가족, 소집단이 자신의 환경 내 사람이나 사회기관과 관계 맺는 기능방식을 변화시키는데 초점이 있다.

간접적인 실천은 클라이언트를 돕기 위해 클라이언트 이외의 사람들에게 취하는 활동을 포함한다. 이러한 활동은 개인, 소집단, 기관 또는 지역사회 공동체 단위로 이루어질 것이다. 이런 형태의 몇몇 원조활동은 이 장에서 논의될 것이다. 가족, 집단, 기관 및 지역사회공동체에 대한 간접적인 실천 활동은 13장에서 15장에 걸쳐 다루어질 것이다.

직접적인 실천 활동은 아래의 범주에 포함된다:

1. 관계를 발전시키기 위한 활동
2. 환경에 대한 이해를 발전시키기 위한 활동
3. 계획 과정에서 취하는 활동
4. 클라이언트가 가용자원을 알고 사용할 수 있게 하는 활동
5. 클라이언트에게 임파워 또는 가능성 증진을 위해 취하는 활동
6. 위기상황에서 취하는 활동
7. 클라이언트의 사회적 기능을 지원하기 위한 활동
8. 원조활동의 기본인 클라이언트와 함께 하는 활동을 위한 활동
9. 클라이언트와 그들의 환경 내 체계 간의 중재를 위해 취하는 활동
10. 사회복지의 임상 모델을 사용하는데 있어 취하는 활동

이 장에서는 자원의 사용, 임파워먼트와 가능성 증진, 위기 개입, 지지, 활동의 사용, 중재하기 등과 관련된 활동에 대해 논의한다. 관계의 발전과 상황에 대한 이해의 발전을 위해 취하는 활동, 계획과정에서 취하는 활동에 대해서는 이미 논의가 이루어졌다. 사회복지의 임상 모델을 사용하는데 있어 취하는 활동은 이 책의 범위를 벗어난다.

사회복지실천의 일반주의 접근에서, 사회복지사는 클라이언트와의 직접적인 업무 뿐 아니라, 개인 및 가족 클라이언트를 위해 개인, 소집단, 기관, 지역사회공동체와의 업무에도 관여한다. 이러한 업무는 종종 간접적인 실천 활동으로 분류되어 왔다. 기관 그리고 지역사회 공동체체계의 작업은 매우 빈번하며 때로 이것을 거시적 실천으로 기술하기도 한다.

1장에서 사회복지 내에서 역사적으로 유명한 원인-기능 논쟁이 논의될 필요가 있음을 지적했다. 그러한 논의는 또한 두 가지 필요사항에 대한 것이기도 하다: 사적인 어려움과 공적인 이슈들. 개인, 가족과 일하는 것은 일반적으로 기능의 문제 그리

고 사적-어려움의 필요에 대한 반응과 관련된다. 반면에 기관이나 지역사회에 초점을 둔 작업은 원인의 문제와 공적 이슈의 영역과 관련된다.

일반주의 사회복지사의 특징을 나타내는 것 중 하나는 사적인 어려움과 공적인 이슈 모두에 반응하는 사회복지사의 능력이다. 더욱이 일반주의 사회복지사는 각 현장상황 고유의 사적인 어려움과 공적인 이슈 모두를 확인하고 변화를 위한 적절한 활동 초점을 결정해야 한다. 이러한 초점은 사적인 어려움(개인과 가족)에 관한 것일 수도 있고 또한 사회적 이슈(기관과 지역사회공동체)에 관련된 문제일 수도 있다. 대개의 경우 사적인 영역과 공적인 영역 모두와 관련된 작업을 요구하는 것이 초점이다. 그러므로 일반주의 사회복지실천가는 직접적인 실천 뿐 아니라 간접적인 실천에 관한 지식과 기술을 가지고 있어야 하며, 적절할 때 두 가지를 결합할 수 있는 능력이 있어야 한다.

이 장에서는 특히 개인 클라이언트와 작업하는 경우 간접적인 실천 활동에서 사용되는 세 가지 접근법에 대해 논의한다.

1. 영향력의 활용을 포함하는 활동
2. 환경을 변화시키기 위해 설계된 활동
3. 서비스의 조정과 관련된 활동

위의 두 가지 접근을 논의하기 전에 먼저 영향력에 초점을 둘 것인데, 이는 영향력의 사용이 클라이언트와 함께 하는 활동과 클라이언트를 위한 활동에 모두 관련되기 때문이다. 사회복지사가 클라이언트와 함께 일할 때 변화를 위한 영향력은 사회복지사-클라이언트의 상호작용, 특히 사회복지사와 클라이언트간의 유대관계에 따라 많은 영향을 받게 된다. 간접적인 실천 활동에서 사회복지사는 클라이언트의 요구를 충족시키기 위해 종종 개인 및 소집단과 일하게 되는데, 클라이언트는 소규모 체계(개인, 가족)일수도 있고 집단(역기능적인 서비스 제공 체계나 사회문제로 오염된 지역사회 공동체 부문)일 수도 있다. 다른 요인들(사회복지사의 지식과 전문성, 물질적 자원, 가용 서비스 같은) 또한 중요함에도 불구하고 유대관계는 영향력에 있어 여전히 중요한 측면이다. 사회복지사의 지위와 명성 또한 영향력의 자원이다. 이러한 모든 영향력들은 함께하는 작업이 실제로 협동적이고 협력적일 때 사용된다. 때로 설득기법이 사용되는데 이것은 관련된 다른 체계 또는 체계에 협동적이고 협력적인 접근이 모든 관계자들에게 이익이 된다는 것을 확신시키기 위해서이다. 때로 협력과 협동이 불가능할 때도 있어서 직면, 협상, 심지어는 강압이 목표 달성에 필요한 경우도 있다.

사회복지사는 클라이언트를 위한 활동을 주도하고 참여하기도 한다. 또한 체계들 간의 중재가 요청될 때도 있으며, 다른 사람들이 활동을 수행하도록 자극하는 역할을 하기도 한다. 누가 활동을 하든 활동을 합법화하기 위한 수단이 강구되어야 한다. 사회복지사는 단독으로 활동하기 보다는 기관의 직원으로서 활동한다. 때로 사회복지사는 그가 속한 기관과 함께 또는 기관을 통해 활동할 수 있다. 합법성의 지지가 없이는 사회복지사는 변화노력을 지원하는데 필요한 영향력을 잃게 된다. 합법성이 없다면 윤리적인 문제들이 일어날 수 있다.

또한 활동은 사회복지사의 기술에 의존한다. NASW의 윤리강령은 사회복지사들이 능력을 가지고 있는 영역에서만 활동할 것을 규정하고 있다. 기관의 서비스 목표와 서비스를 제공하는 일상적인 방식에 따라, 사회복지사들은 다른 사람들보다 한 종류의 활동을 사용하는 경우가 더 빈번하다. 다양한 활동을 사용하는 기술은 시간이 경과함에 따라 여러 활동을 사용해 봄으로써 발전하게 된다. 다양한 욕구를 가진 여러 클라이언트를 돕기 위해, 사회복지사가 다양한 활동을 하는데 익숙해졌을 때 가장 효과적일 수 있고, 클라이언트와 상황에 가장 적합한 활동을 선택할 수 있게 된다. 일반주의 사회복지실천가의 레퍼토리에는 개인, 집단, 가족, 기관, 지역사회공동체와 할 수 있는 활동들을 포함한다. 종종 하나의 목표를 달성하는데 여러 형태의 활동들이 필요한 경우가 많다. 가능한 활동이나 전략 간에 중복이 있으며, 그래서 사회복지사들은 자주 창의적으로 전략들을 결합하거나, 특정 상황에 보다 적합한 대안을 결정하게 된다. 사회복지사의 기술은 활동이 서비스의 초점이 될 때 발휘되기 시작한다.

특정 상황에서 어떤 활동을 할 것인지 결정해야할 때, 아래의 몇 가지 원칙들을 사용할 수 있다:

1. 경제성—선택된 활동은 클라이언트와 사회복지사 모두에게 시간과 에너지 면에서 최소의 지출을 요구하는 것이어야 한다. 일반적으로, 사회복지사는 클라이언트가 도움을 받아서 할 수 있는 것이면 무엇이나 스스로 할 수 있도록 도와야 하고, 클라이언트가 스스로 할 수 없는 것들만 클라이언트를 위해 해줘야 한다.

2. 클라이언트의 자기-결정—클라이언트에게 가장 바람직한 활동은 가능한 언제나 사용되어야 한다. 사회복지사의 활동은 원조과정의 계획 단계 동안 클라이언트와 함께 계획하게 된다.

3. 개별화—어떤 활동이든 특정한 클라이언트 체계의 강점, 욕구, 특징에 맞춰 다르게 적용해야 한다. 사회복지사는 활동을 클라이언트의 특성과 상황에 맞춰 창의적으로 적용시켜야 한다.

4. 발달—사회복지사의 활동은 어느 정도는 클라이언트 체계의 발달 단계에 따라 달라진다. 다양한 도움은 개인, 가족, 소집단의 서로 다른 발달 단계에 적절해야 한다.

5. 다양성—활동은 클라이언트의 문화와 다양성에 일치해야 한다. 다양성을 잘 반영하는 실천 활동은 클라이언트가 동일시 하는 문화 또는 다양한 집단의 규준과 기대에서 수용될 수 있는 방식으로 서비스를 제공하는 것이다.

6. 상호의존성—사회복지사의 활동은 어느 정도는 클라이언트의 활동에 의존한다. 클라이언트의 활동과, 변화에 대한 클라이언트의 능력이 항상 고려되어야 한다. 사회복지사와 클라이언트의 활동은 상호보완적이어야 한다.

7. 서비스 목표에 초점—활동은 계획단계 동안 사회복지사와 클라이언트의 공동작업으로 개발된 서비스 목표와 관련되어야 한다.

클라이언트가 자원을 활용할 수 있게 하는 활동

일부 클라이언트에게는 요구를 충족시키는데 주요한 장애가 자원 부족이다. 때로 이러한 자원들이 사용가능함에도 클라이언트가 그것을 알지 못하거나 어떻게 사용할 수 있는지를 알지 못한다. 어떤 경우는 그 자원이 클라이언트의 요구에 반응하지 않기도 한다. 복잡하고 다양한 사회에서 모든 자원들이 모든 클라이언트에게 이용가능하지는 않다. 일반주의 사회복지사가 지역사회 공동체에 대해 이해해야 할 부분은 어떤 자원이 어떤 클라이언트의 요구를 충족시킬 수 있는가를 아는 것이다. 사회복지사의 중재 레퍼토리의 중요한 부분은 클라이언트와 자원을 적절하게 연결시키고, 클라이언트가 가용한 자원을 활용할 수 있게 하는 능력이다.

클라이언트가 가용자원을 사용하도록 돕기 위해, 사회복지사들은 네 가지 영역에서 지식과 기술을 가지고 있어야한다: (1) 사회복지사가 활동하고 있는 지역사회와 클라이언트가 생활하고 기능하고 있는 지역사회의 서비스 제공체계에 대한 지식 (2) 의뢰 과정을 사용하는데 필요한 지식과 기술 (3) 중개자와 옹호자 역할을 적절히 사용하는데 필요한 지식 그리고 이러한 역할을 수행하는데 필요한 기술 (4) 클라이언트가 자신의 삶의 상황을 책임지도록 임파워하는 방법에 관한 지식. 사회복지사는 클라이언트가 자신의 요구를 충족시킬 능력을 갖게 하고 그럼으로써 자신들의 사회적 기능과 대처능력을 향상시킬 목적을 가지고, 클라이언트가 가용자원을 사용하는 능력을 갖게 하기 위한 활동을 실행한다.

서비스 전달 체계

서비스 제공 체계의 구성요소를 정의할 때, 사회복지사들은 일반적으로 사회 서비스 기관과 전문가에 의해 제공되는 서비스에서 시작한다. 보다 광범위한 시각을 고려할 필요가 있다. 많은 이웃, 지역사회 공동체, 인종집단 내에는 공식적인 체계 외부의 원조 연계망이 존재한다. 이러한 자연적인 원조 체계는 사회복지사들이 지역사회 내 다양한 클라이언트 및 집단과 접촉하면서 알려지기 시작했다. 그러나 이런 체계와 어떻게 협력하여 일할 것인가에 대해서는 많은 것을 배워야 한다.

자연적인 원조체계는 클라이언트의 가족, 친구, 동료로 구성된다. 이들은 어떤 사람이 도움이 필요할 때 제일 먼저 도움을 요청하는 사람들이다. 클라이언트가 사회복지사에게 올 때는, 아마도 이런 자연적인 원조자들로부터 도움을 받고자 먼저 시도해 보았을 때일 것이다. 사회복지사들은 때로 이들의 원조기능을 완전히 떠맡기 보다는, 자연적인 원조를 강화하거나 지원할 수 있다. 확대가족은 많은 인종 집단, 소규모 마을이나 시골 지역에서는 언제나 중요한 원조 체계의 한 부분이었다. 예를 들어, 아 Mary카 원주민에게 확대가족은 매우 중요한 것이 사회복지사가 계획과정에서 이들 체계를 빠트린다면, 클라이언트는 제공된 어떤 도움도 사용할 수 없게 될 것이다. Ross Speck과 Carolyn Attneave는 지지망 치료라고 불리는 확대가족들과 함께 작업하는 방법을 개발해 왔다. 여기에서는 도움이 필요한 가족 구성원을 돕는데 확대가족을 포함하고 지원한다. 하나의 지지망은 상호 자원 공유를 통해 작동하는 체계의 연합으로 정의된다.

Eugene Litwak와 Ivan Szelenyi의 연구도 원조 자원으로서 가족, 이웃, 친족의 활용을 지지한다. 그들은 이웃간의 유대를 유용한 것으로 고려하는데, 필요에 대한 반응의 속도 때문이다. 그러한 유대를 가지고, 도움을 찾는 사람은 사적이고 즉각적으로 가용한 접촉을 하게 된다. 도움이 필요한 사람은 지속적으로 관찰되며 상황이 변화할 때 신속하게 도움을 제공한다. 가족 또는 친족은 특히 장기적인 유대관계가 존재하기 때문에 도움이 된다. 예를 들어, 부모가 사망하거나 장기적인 병원치료 또는 입원 시에 아이들을 돌볼 수 있는 자원이 된다. 친구 연계망도 강력한 정서적 요소와 자유선택의 측면 때문에 유용하다고 할 수 있다.

자연적인 원조 연계망의 또 다른 부분은 지역사회 내의 자연적인 원조자들, 지역사회 자선단체들, 자조 집단들이다. 때로 자생적인 원조자 또는 치유자로도 불리는 자연적인 원조자들은 원조기술을 가지고 그것을 상호 유대관계의 맥락에서 실행할 수 있는 사람들이다. 이들은 일반적으로 일상생활의 한 부분으로 도움을 주는 사람들이다. 그들은 변화 가능성에 대한 낙관적인 입장을 가진 열심히 일하는 보통사람들이다; 그들이 돕고자 하는 사람들과 똑같은 어려움에 처했었던 경우가 많은 성숙하고 친절한 사람들; 신뢰를 지킬 수 있는 믿을만한 사람들; 타인과 상호유대감을 공유하고 접근가능한 사람들. 그들은 많은 경우 그들이 돕는 사람들과 유사한 인생경험을 가지고 있었고, 유사한 가치를 공유한다.

이웃, 소규모 지역사회 또는 인종집단의 구성원들은 대개 이런 사람이 누구인지 알고 있다. 예를 들어, 히스패닉계 지역사회에서 Curandero는 어떤 사람이 정신적 또는 의학적 처치가 필요할 때 상담할 수 있는 자생적인 치유자로 알려져 있다. 그러나 전문가들도 지역사회 체계의 일원으로부터 도움을 받지 않고는 이들 치유자들을 찾는다는 것은 매우 어렵다.

Alice Collins와 Diane Pancoast는 자연적인 원조자들과 함께 작업하는 효과적인 방법들을 연구해왔다. 그들은 사회복지사들이 자연적인 원조자를 훈련시키려고 하거나 그들을 준전문가로 만들기 위한 시도를 해서는 안 된다고 믿는다. 오히려 사회복지사들은 자연적인 원조자를 가치 있는 자원으로 인식하고, 그들이 자신들 고유의 원조방식을 활용하도록 지원해야 한다. 자연적인 원조자들의 원조능력과 유능성을 인식하고, 그들과 자문을 요청할 수 있는 관계로 만드는 것이 필요하다.

지역사회 급부들 화재, 질병 또는 가족 구성원의 사망과 같은 재난을 당한 사람을 위해 조직되는 모금활동은 자연적인 원조체계의 또 다른 예이다. 많은 문화집단들은 공적인 기관으로부터의 지원에 비해 이러한 형태의 지원을 하는데 보다 편리하다. 사회복지사가 해야 할 일은 클라이언트의 지역사회와 함께 작업하면서 조직화 기술을 사용하면서도, 동시에 그 문화권에 있는 자선단체의 리더십과 책임감을 유지시키는 것이다. 자연적인 원조 체계들과의 작업에서 고려해야할 아래의 몇 가지 지침이 이 점에 있어서 유용할 것이다.

자조 집단 또한 자연적인 원조체계의 하나로 간주될 수 있다. 상호부조는 사람들이 상호간에 느끼는 책임감과 관련된다. 이러한 책임감을 수행하는 하나의 방법은 종종 자연발생적 기원을 갖는 자발적인 소집단인데, 이는 유사한 문제를 가진 사람들과 함께 발전해간다. 집단은 고립감을 경험하는 시점에서 타인과 연결성을 발전시킨다는 점에서 중요하다. 그들은 성장을 격려하고 자신에 대한 재정립을 도와주므로 유용하다. 어떤 집단은 집단 구성원들에게 악영향을 미치는 사회적인 이슈들에 관한 변화를 위해 작업을 하기도 한다. 이런 집단에서, 문제를 겪으며 살아왔던 사람들은 현재 그 문제를 겪고 있는 사람들을 돕는다. 도움은 모델링, 긍정적 강화, 지금-여기에 대한 강조를 통해 일어난다. 그런 집단의 예를 보면, AA(알콜중독자자조모임), 암환자지지집단, 미망인자조집단과 같은 생애 전환기를 맞이한 사람들의 집단이 있다.

자조집단과 공식적인 인간복지서비스기관의 관계는 종종 문제발생의 소지가 많은데 그것은 각자 다른 기능을 하고 있기 때문이다. 초점을 맞추어야 할 서비스가 다른 클라이언트 집단, 체계외부의 자원에 대한 욕구, 도움을 주는 사람과 도움을 받는 사람간의 관계와 같은 요인들에서 일반적으로 매우 다르다. 또한 자조집단과 인간복지 서비스기관간의 관계양상도 다양하다. Yeheskel Hasenfeld와 Benjamin Gidron은 다섯 가지 관계 패턴을 정의했다: 경쟁, 의뢰, (기능의)조정, 연합, 흡수. 관계 패턴과 상관없이 자조집단의 활용을 극대화하기 위해서 사회복지사들은 현존하는 관계양상을 인식하고 있어야 하며, 적시에 다른 방식의 관계패턴을 촉진하기 위해 작업해야 한다.

모든 자연적인 원조체계와 작업함에 있어, 사회복지사들은 이러한 체계가 비공식적이고, 개인적인 상호작용의 수단을 사용하는 일차적인 집단이란 것을 알아야 한다. 공식적인 관료 체계에 사용되는 전략과 기법을 이용하여 자연적인 원조체계와 작업하려는 시도는 의미 있는 상호작용과 조정 작용을 자주 방해하게 된다. 두 가지의 결과가 일어날 수 있는데: (1) 자연적인 원조체계는 원조활동을 멈추고 공식적인 체계가 도움 활동을 주게 한다; 이런 상황에서는 자연적인 원조체계는 붕괴된다. (2) 자연적인 원조체계는 공식적인 체계로부터 철수하여 막후로 사라진다; 이런 상황에서 사회복지사는 조정이나 협력을 할 수 없으며, 그래서 두 체계는 클라이언트가 양쪽 체계를 효과적으로 사용하지 못하게 하면서 따로 도움을 제공하게 될 것이다. 협력적 가능성 증진이 자연적 원조체계와 함께 기능하는데 가장 적절한 접근법으로 보인다. 자연적인 원조 체계의 지원이 극대화될 필요가 있다면, 사회복지사들은 공식적 그리고 비공식적인 연계망을 연결하는데 있어 창의적이어야 한다. 공식적 또는 비공식적인 체계 각각의 기능을 간섭하지 않고 의사소통을 유지하는 것이 가장 중요하다.

공식적인 서비스 제공 체계는 사회 서비스 기관 뿐 아니라 특정 프로젝트에 관심을 가지고 있거나 구성원들을 위한 자원을 보유하고 있는 조직들도 포함된다. 미국 재향 군인회는 퇴역군인과 그 가족, 특히 그 퇴역군인이 조직의 일원이라면 그들을 위해 어떠한 자원들을 제공할 수 있을 것이다. 라이온스 클럽은 언제나 시각장애 문제에 깊은 관심을 보여 왔고, 클라이언트가 안경을 필요로 할 때 도움을 줄 수 있다. 재활용 의류와 같은 자원들을 보유한 다른 조직들도 클라이언트를 위해 필요한 항목들을 제공할 수 있다. 사회복지사는 이러한 조직들의 자원에 대해 알고 있어야 한다.

클라이언트가 다양한 지역사회 기관과 전문가의 자원을 활용하도록 돕기 위해, 사회복지사는 가용한 서비스와 자원, 자원에 접근할 수 있는 방법에 대한 올바른 지식이 필요하다. 교사, 성직자, 의사와 같은 다른 전문가들과의 친분은 사회복지사가 자원에 대한 정보를 얻는데 도움을 줄 수 있다. 15장에서 논의될 조정, 자문, 팀 기능화에 대한 기술은 종종 클라이언트가 자원을 활용하도록 돕는데 중요하다.

사회 서비스 기관의 서비스 제공은 다양한 형태를 취한다. 기관은 다양한 서비스를 제공하기 위해 여러 종류의 사회복지사를 활용한다. MSW는 임상 서비스를 제공한다; BSW는 클라이언트를 지원하고 필요사항을 충족하도록 돕기 위해, 구체적인 서비스를 제공하기 위해 여러 방식으로 활용된다; 준전문가들도 일부 서비스를 제공하기 위해 활용될 것이다. 특정한 문화 집단과 함께 작업하는데 익숙한 자생적인 사회복지사들은 또 다른 자원이다. 비록 그들이 사회복지사에 비해 공식 교육을 받지 않은 경우가 많음에도 불구하고, 자생적인 사회복지사들은 도움이 되는 사회문화적 집단에 대한 지식을 가지고 있다. 가사 또는 허드렛일 서비스는 준전문가나 자생적 사회복지사들에 의해 제공될 수 있다. 자원봉사자들도 몇몇 서비스를 제공한다.

서비스는 기관 사무실에서 제공할 수도 있고 도움이 필요한 사람들에게 직접 다가가서 제공할 수도 있다. 기관은 단지 상담이나 임상사회복지만을 제공할 수도 있고, 음식이나 돈과 같은 물질적인 서비스나 자원을 제공하기도 한다. 어떤 기관은 본부에 쉽게 접근할 수 없는 지역이나 소규모 지역사회 내에 사회복지사들을 배치시키기도 한다. 다른 기관들은 원거리 지역에 있는 클라이언트에게 서비스를 제공하기 위해 지역-순회 접근을 사용한다. 이러한 방식에서, 사회복지사는 클라이언트와 만나기 위해 계획된 횟수만큼 한 지역을 방문한다. 주민수가 아주 적은 지역에 살거나 또는 매우 특별한 서비스가 필요한 클라이언트는 서비스를 받기 위해 지역사회를 떠나게 된다. 사회복지사가 클라이언트가 필요로 하는 자원 발굴을 도와야 한다면, 기관이 서비스를 제공하는 방법과 클라이언트가 보유하고 있는 자원에 대한 지식을 가지고 있어야 한다. 어떤 기관은 클라이언트가 이용하기 편리한 방식으로 서비스를 제공하지 않을 수 있다. 사회복지사들은 클라이언트를 구하기 어려운 서비스나 반응이 없는 기관에 의뢰함으로써 클라이언트들의 좌절감을 더하지 않도록 기관의 제한점을 숙지해야 할 필요가 있다.

클라이언트가 자원을 활용할 수 있게 하는 첫 번째 단계는 가용 자원에 대한 정통한 지식이다. 두 번째 단계는 클라이언트를 위한 적절한 자원을 선택하는 것이다. 이러한 선택은 클라이언트의 필요와 생활양식에 걸맞는 자원을 연결시키는 것이며, 이러한 자원은 클라이언트의 생활양식과 일치하는 방식으로 필요사항을 충족시킬 수 있어야 한다. 선택에 있어 클라이언트의 관여는 클라이언트와 자원을 적합하게 연결시키기 위해 필수적이다. 또한 사회복지사들은 서비스 제공 체계의 부문들을 특징지우는 관계 패턴의 변화를 도모하기 위해, 간접적인 실천 전략들을 사용함으로써 클라이언트의 필요가 더 잘 충족될 수 있게 해야 한다(15장 참조).

의뢰

의뢰는 사회복지사가 클라이언트들이 또 다른 자원을 알고 활용하게 할 수 있게 하는 과정이다. 이에 더하여 의뢰과정은 클라이언트에게 서비스를 제공하는데 도움이 될만한 정보를 가진 의뢰기관을 알려주거나 클라이언트에 대한 서비스가 유용한지 사후지도 하는 것을 포함한다. 사회복지사는 보통 정보의 공개로 불리우는 클라이언트 체계에 관한 어떠한 확인된 정보라도 외부 서비스기관과 공유하기 전에 클라이언트나 그의 보호자로부터 서면동의를 받아야 한다.

의뢰는 클라이언트의 필요사항이 사회복지사가 일하고 있는 기관에서 제공한 서비스로는 충족될 수 없거나 또는 보다 적절한 서비스가 다른 기관에서 제공될 때 사용된다. 사회복지사는 잠재적인 자원에 관한 지식과 서비스가 제공되는 방식에 대한 지식을 사용함으로써 잠재적인 클라이언트와 잠재적인 서비스를 적절히 연결시키고, 그렇게 함으로써 클라이언트가 그 서비스를 받을 수 있고 손쉽게 사용할 수 있게 한다. 의뢰 서비스는 사회복지사가 제공하고 있는 서비스와 함께 사용될 수도 있고 또는 우선적인 서비스로 활용될 수도 있다.

의뢰는 클라이언트의 승인 하에서만 가능하다. 사회복지사와 클라이언트는 잠재적인 서비스에 관해 논의하고, 사회복지사는 필요하다면 클라이언트가 새로운 기관과 초기 접촉을 할 수 있도록 돕는다. 이것은 기관의 전화번호를 알려주거나 약도를 알려주거나 또는 그 기관에 접근하는 방법에 대해 정보를 제공함으로써 가능하게 된다. 때로, 사회복지사가 클라이언트를 대신해서 그 기관과 통화하거나, 첫 접촉을 위해 클라이언트와 함께 그 기관을 방문하는 것이 도움이 된다. 사회복지사는 클라이언트가 의뢰기관의 서비스에 접근하고 활용하는데 필요한 자원을 가질 수 있도록 확실히 도와야 한다. 여기에는 교통편, 전화접촉, 재정적 자원, 탁아소 등이 포함된다.

사회복지사와 클라이언트는 또한 의뢰기관에 도움이 될 만한 정보를 논의한다. 클라이언트의 허락과 정보 공개에 대한 서면 동의를 받은 후, 사회복지사는 이들의 정보를 새로운 기관의 사회복지사에게 제공한다. 두 사회복지사가 서로 알고 있거나 클라이언트의 필요사항에 대해 논의할 수 있다면 매우 도움이 된다.

의뢰의 마지막 단계로서 자주 간과되는 것이 사후지도이다. 클라이언트가 찾고 있는 서비스를 받을 수 있는가를 판단하기 위해, 사회복지사는 클라이언트 및 유사한 도움을 필요로 하는 다른 사람들을 위한 서비스의 적절성에 대한 정보를 수집한다. 이것은 사회복지사가 미래에 적절한 의뢰를 할 수 있게 한다. 만약 클라이언트가 필요한 서비스를 받을 수 없다면, 사회복지사는 클라이언트를 대신해 요구사항을 주장하거나 다른 곳에서 필요한 서비스를 받을 수 있도록 지원하거나 혹은 왜 클라이언트가 서비스를 사용할 수 없는지에 대해 규명해야 한다. 의뢰 기술은 모든 사회복지사에게 필수적인 수단이다.

중개자와 옹호자 역할

클라이언트들이 가용 자원을 사용하도록 하는데 있어, 두 가지 주요한 역할이 활용된다; 중개자 역할과 옹호자 역할. 사회복지사가 이들 두 가지 역할의 차이점을 이해하고 상황에 적절한 역할을 선택하는 것이 중요하다. 중개자는 개인 또는 가족이 필요한 서비스를 받도록 돕는다. 여기에는 상황평가하기, 대안적 자원에 대해 알기, 클라이언트를 준비시키고 상담하기, 적절한 서비스 연결하기, 클라이언트가 자원을 얻고 활용하게 하기 등이 포함된다. 목표는 클라이언트와 필요한 자원간의 연결을 촉진시키는 것이다. 이것은 정보와 자원 제공하기, 클라이언트가 자원을 활용하는 방법 가르치기 그리고 기관과 협상하기 등을 포함한다.

옹호자의 역할은 "서비스 체계가 거절하게 될 클라이언트를 대신하여 서비스를 제공해 줄 것을 항변하고 싸우는 것"으로 구성된다. 예를 들어, 레즈비언 커플은 그들의 관계 때문에 거주지 제공받기를 거절당할 수 있다. 또한 HIV나 AIDS를 가진 사람이 의학적 처치를 거부당할 수도 있다. 대변자로서 사회복지사는 규칙이나 규정에 대한 다른 방식의 해석 또는 예외를 찾고, 클라이언트의 서비스를 제공받을 권리를 지적하며, 기관의 서비스를 받거나 사용하는데 장애가 되는 요인들을 제거한다.

옹호자 역할에서 사회복지사는 클라이언트를 대신하여 이야기한다. 옹호자 역할을 하기 전에, 사회복지사는 우선 클라이언트가 사회복지사측에서 이러한 방식의 중재를 원하는지 분명히 알아야 한다. 그리고 사회복지사는 대변자 역할을 할 경우 클라이언트에게 미칠 위험을 주의 깊게 평가해야 한다. 취한 어떤 행동이 클라이언트에게 문제를 야기시킬 수 있고, 자원에 대한 접근을 어렵게 할 가능성에 대해 숙고해야 한다. 클라이언트는 발생할 수 있는 위험을 분명히 이해해야 하며, 만약 서비스를 받게 된다면 그것을 반드시 활용하도록 동기 부여해야 한다. 단독 클라이언트를 위한 옹호자 역할을 의미하는 **케이스 옹호**는 클라이언트가 유자격자로서, 구체적인 자원을 얻기 위해 사용될 때 가장 효과적이다. 이것은 사람과 체계들이 한 클라이언트의 기능을 침해하는 경우에 또한 유용하다. 케이스 옹호자가 되기 위해, 사회복지사들은 갈등 상황에서도 편안할 수 있어야 하고, 갈등 관리 방법에 대한 지식이 있어야 한다. 사회복지사는 만일 클라이언트에게 최대의 이익이 제공되지 않는다면, 서비스 신청 철회의 필요성을 알아야 하고 기꺼이 협상해야 한다. 클라이언트는 사회복지사가 옹호자 역할을 하도록 자발적으로 허락하기 전에, 사회복지사에게 상당한 신뢰감을 가져야 한다.

사회복지사는 중개자 역할이 효과적이지 않을 때만 옹호자 역할을 사용한다. 가능하다면 언제나 클라이언트가 임파워되었다는 느낌을 얻을 뿐만 아니라 자신감을 강화하기 위해, 스스로의 권익을 위해 행동하게 하는 것이 더 나은 방법이다. 유사한 어려움을 가진 집단에게 제공하는 옹호는 15장에서 설명될 것이다. 옹호자역할에 대한 대안으로서 중재는 이 장의 뒷부분에서 논의한다.

사례

소아과 집중 치료 센터에 근무하는 사회복지사는, Norton가족이 그들의 미숙아로 태어난 아들 트라비스가 태어난 지 몇 시간 되지 않은 상태에서 그 센터에 오게 된 이래 계속 상담하고 있는 중이다. 트라비스는 현재 3달이 되었고, 일백 마일이나 떨어진 한 지역에 있는 고향으로 옮길 준비를 하고 있다. 가족들은 미숙아를 낳았다는데 대해 여전히 정서적인 혼란을 경험하고 있다. 부모는 거리 때문에 그리고 2세에서 6세 사이의 다른 세 자녀를 기르고 있기 때문에 일주일에 단 한 번만 방문할 수 있었다. 결속감에 여전히 다소 문제가 있고, Norton부인은 매우 취약한 자신의 아기를 본 것에 대해 두려워하는 것처럼 보인다. 트라비스는 미숙아의 일반적인 발달 지체보다 더 심한 지체를 보이고 있으며, 지속적인 건강 상태에 대한 모니터링과 더불어 영아자극프로그램이 필요한 상태이다.

사회복지사는 만약 이 아이가 병원에서 퇴원해서도 계속적인 진전이 있으려면, Norton부부가 다양한 자원을 사용하는 것이 중요하다는 점을 알고 있다. 그들이 소도시에 살고 있기 때문에, 사회복지사는 필요한 것들을 발견하기 위해 자신이 창의적으로 되어야 할 것임을 인식하고 있다. Norton부부로부터 서면 동의를 받은 후, 사회복지사는 트라비스를 집중치료센터에 보냈던 작은 병원의 사회복지사와 통화하고, 지역 가족 서비스 기관이 있다는 것을 알게 되었다. 이 기관은 Norton가족이 트라비스와 그의 미숙아 상태 그리고 그의 발달 지체에 대해 가지고 있는 정서적 문제에 대해 도울 수 있는 자원으로서 기능할 수 있다고 판단했다. 사회복지사는 Norton부부와 그 기관으로의 의뢰에 대해 논의했다. 사회복지사는 트라비스가 정상적으로 발달할 수 있도록 하기 위해, 다음 몇 달 동안 그들이 필요한 지원을 받을 수 있을지에 대한 자신의 걱정을 공유했다. 사회복지사는 그 기관이 영아 자극 프로그램을 설립하기 위해 Norton부부가 학교와 작업하는 것을 도울 수 있다는 점을 또한 알려주었다. Norton부부는 트라비스에 관한 그들의 걱정거리에 대해 누군가와 상의하고 싶다는 점과 사회복지사가 그 기관과 통화하고 가족과 트라비스의 필요사항에 대해 논의할 수 있다는 점에 동의했다.

사회복지사가 그 기관에 전화했을 때, 사회복지사는 그 기관이 Norton부부와 함께 작업할 의사가 있음을 알게 됐다. 그 기관의 사회복지사는 자신이 트라비스가 퇴원하기 전 Norton부부와 접촉하여 이주기간 동안 Norton가족을 돕겠다고 말했다(그 기관의 사회복지사는 지금 접촉하는 것이 Norton가족이 트라비스의 치료에 대한 걱정 때문에 압도되기 전에 관계를 발전시킬 수 있으므로 중요하다고 느꼈다). 그 사회복지사는 또한 자신이 몇 명의 미숙아 어머니들을 알고 있으며 집단으로부터 유익을 얻을 수 있을 것이라고 생각한다고 말했다. 그 사회복지사는 자발적으로 그들에게 전화하여 그들이 모임을 시작하기를 원하는지 확인하였다. 이 어머니 집단은 그들에게 아이들의 필요사항을 이해할 수 있도록 돕기 위해 자원이 될 만한 사람들을 활용할 수도 있을 것이다. 그 기관의 사회복지사는 Norton의 확대 가족에 대해 물었고, 그 지역 내에는 어떤 친척도 없다는 것을 알게 되었다. 그 기관의 사회복지사는 Norton가족이 지역에서 나이 많은 한 여성의 서비스를 활용하도록 제시했는데, 그 여성은 친할머니처럼 자녀를 돌봐 주는 것이 필요한 가족에게 도움을 주는데 적당한 사람이었다.

집중치료센터의 사회복지사는 이제 Norton가족과 트라비스의 퇴원에 대한 세세한 사항을 상담할 수 있겠다고 느꼈다. 사회복지사는 의뢰할 기관이 자체의 서비스와 다른 지역사회 자원으로의 의뢰를 통해 이 가족의 필요사항을 충족시킬 수 있으리라고 편안하게 느끼고 있다.

클라이언트에게 임파워먼트와 가능성을 증진시키기 위한 활동

대부분의 클라이언트들은 자신의 기능을 침해하는 상황을 변화시키는 과정에서 적극적인 역할을 할 수 있게 됨으로써 유익을 얻을 수 있다. 임파워먼트는 "개인이 그들 자신의 삶의 상황을 향상시키기 위한 행동을 취할 수 있게 하기 위해, 개인적, 대인관계적, 또는 정치적 파워를 증대시키는 과정"이다. 임파워먼트는 소수 집단들, 위기에 처한 사람들 그리고 여성들과 함께 작업할 때 하나의 선택 전략으로 제안되어 왔다. 임파워먼트는 파워의 문제가 광범위하게 퍼져있는 이슈가 되고, 가진 자와 못 가진 자의 간격이 극적으로 커진 현대 사회에서 특히 유용하다. 임파워먼트는 클라이언트에게 자신의 삶을 담당하고 무기력감을 느껴왔던 상황에서 자신의 파워를 사용하도록 하기 위해 필요한 지원, 기술 그리고 이해를 제공하는 것을 의미한다.

무기력한 느낌이나 상황에 사로잡혀 있는 사람들은 체계들과 어떻게 협상하는지에 대한 지식이 부족하고, 변화가능성에 대해 절망을 느끼며, 변화를 위한 활동에 참여하는데 필요한 자존감이 결여되어 있는 경우가 많다. 임파워먼트는 체계와 협상하는데 있어 클라이언트를 지원하는 것을 포함한다. 임파워먼트는 동기부여, 학습 그리고 자존감 고양을 통해 클라이언트들이 지역사회 체계들과 협상하는데 필요한 기술을 가진 유능한 사람이며, 자신들이 건강한 사회적 기능에 필요한 자원을 얻을 만한 자격이 있다는 점을 믿도록 한다. 임파워먼트는 클라이언트들이 사회의 급부를 받을 수 있도록 하며, 그들의 필요사항을 제공받는 데 방해되는 조건들을 해결하기 위한 활동 능력을 증대시킨다.

Ruth J. Parsons에 따르면, 한 문헌 연구는 임파워먼트 전략의 중요한 요인들이 지지, 상호부조, 클라이언트의 지각과 경험의 인증임을 밝히고 있다. 이러한 요인들이 존재할 때, 클라이언트의 자존감은 높아지고, 자기 확신도 커지며, 변화를 만들거나 행동을 취하는 능력도 증대된다. 어떤 임파워먼트 전략은 집단 구축을 필요로 한다; 비슷한 상황에 놓여있는 사람들과 함께 작업하기; 지지, 상호부조, 집단행동을 통해 비판적인 사고 교육하기; 유능성 평가 또는 강점과 대처기술 확인.

그러므로, 집단의 활용, 특히 상호부조 집단의 사용은 이러한 행동 전략을 향상시킨다. Silvia Staub-Bernasconi는 이 점을 지적했고, 의식개발, 사회적 대처기술 훈련, 네트워크 구성, 중재에 초점을 둘 것을 권했다. 또한 임파워먼트는 파워의 원천이나 파워의 구조와 함께 작업하는 것이 필요하다. 이러한 전략은 이 장에서 제시하는 일반주의 사회복지사 모델에 부합한다. 평가, 계획, 목표 달성 행동에 클라이언트의 참여 극대화를 강하게 강조하는 것이 임파워먼트의 중요한 하나의 요소이다. 요구를 충족시키는 방법과 클라이언트의 환경 내 체계들의 특성에 대해 가르치는 것도 임파워먼트의 한 부분이다.

임파워먼트 전략에서 유용한 하나의 기법은 의식 고양인데, 여기에는 클라이언트에게 상황의 본질에 대한 정보-특히 클라이언트 기능에 영향을 미치는 다양한 환경적 영향력에 대한 정보–를 주는 것을 포함한다. 이러한 작업은 클라이언트가 타인과의 관계 속에서 자신에 대한 이해를 높일 수 있게 한다. 사회복지사들은 이러한 기법 사용으로 클라이언트가 야기할 수 있는 분노를 편안히 받아들일 수 있어야 하고, 현재 하고 있는 작업을 촉진시키는 방식으로 분노를 활용하도록 도울 수 있어야 한다. 적절한 시기가 되었을 때, 사회복지사는 클라이언트가 분노를 넘어 다른 반응들로 바뀌어 가도록 돕는 것이 또한 중요하다. 클라이언트가 상황에 대한 보다 현실적인 관점을 얻을 수 있고, 따라서 변화 가능성을 이용할 수 있게 되는 것이 바람직하다.

집단은 의식고양의 강력한 보조물이다. 클라이언트가 새로운 관점을 갖고 분투하는 다른 사람들을 보는 것, 그리고 자신에게 도움이 되는 어떤 집단의 작업을 아는 것이 도움이 된다. 집단은 집단행동에 관여할 수 있고, 따라서 개인적인 파워에 대한 느낌을 증진시킬 수 있다. 집단은 상호 부조를 위한 지지 체계가 될 수도 있다. 한 집단에 참여하는 것은 자존감을 증대시키고 클라이언트들이 새로운 기술을 학습하도록 도울 수 있다. 집단에 대한 설명은 14장에서 다뤄질 것이다.

사회복지사와 클라이언트간의 관계의 본질은 이러한 전략을 사용할 때 중요한 하나의 고려사항이다. 임파워먼트 접근을 사용하려면 상호 존중을 확립하기, 클라이언트 강점을 강화하기, 파트너 쉽을 갖고 자원에 대한 정보와 지식을 공유하기 그리고 클라이언트를 자기 자신의 상황에 대한 '전문가' 로 인정하기 등이 필요하다. 사회복지사는 클라이언트를 압도하는 파워를 가진 또 다른 사람으로 보여질 수 있기 때문에, 사회복지사는 분리된 전문가로서보다는 동료로서 활동하는 것이 필요하다. 이것은 사회복지사가 자신의 준거 틀을 전문가로부터 협력자로 바꾸는 것을 필요로 한다. 사회복지사가 클라이언트에 대한 신뢰를 표현하고, 유능성을 지적할 때, 클라이언트는 자기–가치감 그리고 자신이 변화를 가져올 능력을 가지고 있다는 믿음을 갖게 될 것이다.

임파워먼트 전략을 보조할 수 있는 또 다른 기법은 자기–비난을 감소시키는데 초점을 둔 작업이다. 클라이언트는 자신이 당면하고 있는 어려움의 근원이 흔히 환경 내 체계들의 기능에 있다는 점을 알 필요가 있다. 사회복지사는 환경변화를 위한 특정 기술을 가르침으로써 환경을 변화시키는데 클라이언트가 책임감을 갖도록 도울 수 있다. 사회복지사가 옹호자 역할이나 자원의 동원을 통해 환경 변화를 위한 작업을 함에도 불구하고, 클라이언트가 참여하는 것이 중요하다. 그렇지 않으면 개인적인 부적절감은 더욱 강화될 것이다.

임파워먼트는 다른 전략들로부터 고립되어 사용되는 전략이 아니다. 오히려, 그것은 무력감을 감소시킴으로써 클라이언트가 자신의 삶을 담당할 수 있게 하는 목표를 갖는다.

클라이언트가 자신의 목표를 달성할 수 있는 가능성 증진이나, 원조는 임파워먼트와 유사하게 보일지 모른다, 그러나 미묘한 차이가 있다. 광범위한 용어인 **가능성** 증진은 한 개인 또는 체계가 다른 방법으로는 불가능한 어떤 활동을 수행하도록 돕는 것을 의미한다. 최근에 이 용어는 알코올이나 다른 중독과 관련하여 사용할 때 부정적인 의미를 가지고 있었다. 예를 들어, 파트너의 중독행동을 지지하는 행동을 하는 배우자는 종종 가능케 하는 자(enabler)로 불린다. 이 교재에서 사용되는 가능성 증진은 지지되는 행동이 바람직한 것이기 때문에 긍정적인 의미를 갖는다.

때때로, 클라이언트를 임파워 또는 가능성 증진 과정에서, 사회복지사는 긍정적인 사고와 행동을 강화하기 위해 클라이언트와 직접적으로 작업해야 할 필요가 있다. 클라이언트는 자주 자신과 자신의 상황에 대한 부정적인 관점을 강화하는 경험을 해왔다. 클라이언트는 아마도 좌절하거나 혹은 성공에 대해 희망하기보다는 실패를 예측하는 것이 보다 안전하다는 것을 학습해 왔을지도 모른다. 클라이언트는 상황에 관해 자신과 타인을 비난할 것이다. 그는 자기-패배적 사고와 행동에 빠져있을 수 있다. 사회복지사가 이런 일이 발생하고 있다는 느낌을 가졌을 때, 그는 클라이언트가 자신의 사고와 행동을 변화시키도록 지원함으로써, 성공적으로 자신의 목표를 달성하고 계획을 실행하게 해야 한다. 사고와 관련된 이러한 전략은 인지적 접근 또는 중재로 불리며, 부록에 개요가 소개되어 있다. 활동부분과 관련된 전략은 행동적인 접근이며, 이것도 부록에서 간략히 설명하고 있다. 몇몇 이론가들은 이 두 가지 접근법을 결합해 왔는데, 이것은 인지-행동적 접근으로 불린다.

이 접근의 배경에 있는 기본적인 생각은 사고가 느낌과 행동을 이끈다는 것이다. 부정적인 사고는 부정적인 느낌과 부정적인 반응행동을 이끌고, 긍정적인 사고는 긍정적인 느낌과 긍정적인 행동을 이끈다. BSW-수준의 사회복지사는 일반적으로, 이전에 지적했듯이 임상적 실천 모델에서 이러한 접근을 사용하도록 훈련받지 않는다. 그러나 클라이언트가 자신의 계획을 실행할 때, 긍정적인 사고와 행동을 개발하도록 클라이언트와 작업할 수 있는 것이 중요하다. 계획은 클라이언트가 하기로 동의했던 행동을 포함하고 있다. 이러한 행동은 목적 그리고 과업과 관련되어 진술된다. 만약 클라이언트가 어떤 것을 성취할 수 있다고 생각하지 않는다면, 그는 그렇게 하려고 하지 않을 것이다. 사회복지사는 클라이언트에게 상황에 대한 그들의 생각과 제안된 목표들, 목적들, 과업들에 대해 어떤 생각을 갖고 있는지를 질문한다. 사회복지사는 성공에 장애가 될 지도 모를 생각들을 경청한다. 사회복지사는 클라이언트에게 사고가 어떻게 계획을 실행하는데 있어 긍정적이거나 혹은 부정적인 영향을 미칠 수 있는지 알도록 돕는다. 좋은 질문들로는: (1) 만약 당신이 이것을 한다면 무슨 일이 일어날 거라고 생각하십니까? 또는 그 일이 벌어졌을 때 당신은 무슨 생각을 했었습니까? (2) 무슨 일이 일어나기를 원합니까? (3) 오늘 그 일이 일어나도록 하기 위해 당신은 무엇을 할 수 있습니까? 이번 주? 이번 달? (또는 다음 번?) (4) 그것을 하는데 당신이 보다 확신을 갖게 하기 위해 스스로에게 무슨 말을 할 수 있습니까? (5) 어떤 보수나 보상이 주어진다면, 당신이 그 일을 틀림없이 하는 것을 기억하도록 할 수 있습니까?

클라이언트를 임파워 혹은 가능성 증진 있어 인지-행동적 접근의 한 가지 중요한 기법은 자기주장 훈련이다. 이 기법에서, 사회복지사는 클라이언트가 자신의 요구를 달성하는데 보다 주장적으로 되도록 지원한다. 사회복지사는 일반적으로 클라이언트가 스스로를 위해 주장할 필요가 있는 상황에서 주장 행동을 연습하고 역할 놀이를 해 볼 수 있도록 참여시킬 것이다. 사회복지사는 클라이언트가 주장성과 공격성간의 차이를 구별하도록 돕는 것이 중요하다. 주장은 자신에 대한 긍정적인 표현이며 "나"로 시작하는 진술을 사용하는 것이 특징이다. 공격은 자신의 생각이나 느낌을 타인에게 강요하는 것이며, 일반적으로 "너"로 시작하는 진술이다.

때로 클라이언트는 타인과의 관계에서 행동 접근을 사용하는 방법을 배울 필요가 있다. 이것은 특히 자녀의 행동을 교정할 필요가 있는 부모에게 가치가 있다. 이런 경우의 하나의 예가 12장 단독 체계 연구 프로젝트의 사례예시에 포함되어 있다. 사회복지사들은 행동 수정을 위한 부정적 강화나 처벌을 사용하는데 불편을 느낀다. 왜냐하면 그런 방법을 사용하는 것이 많은 경우 사회사업의 가치와 윤리에 위배되기 때문이다. 더욱이, 클라이언트는 그들의 삶의 과정에서 많은 처벌과 부정적 강화를 경험했을 가능성이 높다. 소거와 긍정적 강화의 사용은 사회사업의 가치와 윤리에 위배되지 않는다. 기본적으로 **소거**는 없애고자 하는 바람직하지 않은 행동을 무시하는 것을 포함한다. 부모는 아이에 대한 초기의 반응이 습관적인 주목을 받기 위해 그 행동을 증가시킬 수 있다는 점을 알아야한다. 반대로, 일관성 있게 소거의 방법을 사용하면 일반적으로 원하는 목표를 얻게 된다.

긍정적 강화는 바람직한 행동에 대해 보상을 주거나 인정해주는 것이다. 부모들은 바람직한 행동을 관찰할 때마다 긍정적 강화를 줄 수 있고, 또는 어떤 행동을 보상할지에 대해 사전에 아이와 약속을 할 수도 있다. 가장 강력한 강화물은 그것을 받는 사람에 의해 확인된 것들이다. 강화가 매우 자주 주어지면, 보다 빨리 행동의 변화를 이끌 수 있다. 그러나 강화의 강도가 높다고 해서 변화된 행동을 아주 오래 지속시켜주는 것은 아니다. 반면에, 강화의 횟수가 적거나 얻을 수 없게 보인다면, 행동변화에 거의 영향을 미치지 못할 것이다. 때로 작은 보상이나 상징물은 보다 자주 사용되고 보다 큰 보상은 덜 자주 사용되는 방법을 사용할 수도 있다. 이것의 한 예로는 스타 차트를 들 수 있는데, 매일 어린이는 별 스티커를 받아서 차트에 붙인다. 충분한 별을 얻었을 때, 아이는 장난감으로 보상 받는다. 이런 방법에서는 별들이 매일 매일의 단위에서 긍정적인 강화물로 기능하게 되고, 장난감은 장기적 보상으로 작용한다.

긍정적 피드백은 긍정적 관계를 발전시키고 유지시키는데 매우 중요한 긍정적 강화의 한 형태이다. 많은 클라이언트들은 자신들의 삶에서 충분한 긍정적 지지를 받아보지 못했을 것이다. 그러므로, 그들은 충분한 긍정적 지지를 줄 수도 없을 것이다. 사회복지사는 관계에서 불만족스러운 것을 보게 될 때마다 긍정적 피드백의 부재가 있는가를 관찰해야 한다. 사회복지사는 긍정적 피드백을 주고받는 방법을 제시할 수 있다. 비록 이것이 상대편이 부정적 피드백이나 전혀 피드백을 받지 않는 상황에 익숙해져 있다면 시간이 걸릴 수 있지만 일반적으로 긍정적 피드백을 주면 긍정적 피드백이 돌아오게 마련이다. 피드백은 양육에서 중요한 부분이다. 부모는 자녀에게 기대하는 행동에 대해 지속적인 메시지를 주고 긍정적 혹은 부정적 피드백으로 계속해서 반응해 줄 필요가 있다. 긍정적 피드백은 부모가 자녀에게 줄 수 있는 가장 강력한 형태의 강화라고 할 수 있다.

클라이언트가 긍정적 사고와 긍정적 행동에 참여하도록 지원하는 활동은 그들을 임파워하고 가능성을 증진시키는데 중요하다. 자기주장 능력은 클라이언트가 스스로를 대변하고 주장하게 하기 위해 필요할 것이다. 긍정적 강화와 피드백은 좋은 양육과 성공적인 관계를 발전시키고 유지시키는데 필수적이다. 사회복지사는 클라이언트가 자신의 계획을 실행하도록 임파워하고 가능성을 증진시키는데 있어 이러한 방법들을 자신의 실천 속에 결합시킨다.

사례

1장에서 13장까지 A가족 사례에서, 사회복지사는 가능성 증진 접근을 사용하여 해결되었다고 보는 몇 가지 문제들을 밝혔다. 13장에서 그 가족과의 세션 동안, John은 자신이 모든 면에서 비난받는 것에 대해 그리고 특히 아버지의 눈으로 볼 때 자신이 올바른 일이라고는 전혀 하지 않는 것처럼 보이는 것에 대해 화가 난다고 말했다. 사회복지사는 John과 그의 아버지와 함께 이 문제를 탐색하고, 거의 주목받지 못하는 John의 긍정적인 행동들, 아침에 침대를 정리하는 것, 잔디 깎는 일, 침실을 청소하는 것, 무단결석 없이 매일 학교에 가는 것, 부모에게 자신의 거취를 알리는 것 그리고 귀가시간을 지키는 것 등을 확인했다. A씨는 "당연히 해야 할 일을 하는 것"에 대해 인정해줘야 하는 이유를 모르겠다고 했다. 사회복지사는 만일 월급을 주지 않는다면 일하러 갈 것인지 질문했고, A씨는 자신은 가족을 부양해야 하기 때문에 가지 않을 것이라고 대답했다. 사회복지사는 부모로부터 긍정적인 피드백을 받는 것은 아이들에게 "월급날"과 같은 것이라고 지적했다. A씨는 고개를 끄덕였고 "나는 그런 식으로 생각해 본 적이 없다"고 했다. 사회복지사는 존에게 긍정적인 일을 했을 때 무슨 말을 듣고 싶냐고 물었다. John은 "고맙다"는 말로도 충분하고 "잔디를 잘 깎았구나"라는 말을 들으면 대단히 좋을 것이라고 말했다. 사회복지사는 A씨에게 존의 긍정적인 행동들을 볼 때, 그에게 긍정적인 인정을 해줄 마음이 있는지를 물었다. A씨는 노력해보는데 동의했다.

사회복지사는 John과 학교생활의 어려움에 대해 상담하면서, John은 선생님들이 자신을 좋아하지 않는다고 느끼며 그래서 거의 노력을 하지 않는다는 것을 발견했다. 사회복지사는 John에게 선생님이 자신을 좋아하지 않는다는 것을 알려주는 특정한 예를 들어보라고 요청했다. John은 숙제에서 D학점을 받은 것 그리고 네가 지금보다 훨씬 더 낫게 할 수 있을 것으로 믿는다는 쪽지를 쓴 선생님을 이야기했다. 사회복지사는 선생님으로부터의 메시지에 대해 존이 무슨 생각을 했는가를 물었다. John은 그것은 자신이 게으르거나 어리석다고 말하는 것처럼 생각된다고 대답했다. 사회복지사는 이것에 대해 도전하고, John에게 그런 생각이 선생님의 말인지 그렇지 않으면 그가 스스로에게 말하고 있는 것인지를 물었다. John은 그것이 자기 자신의 말임을 인정했다. 사회복지사는 이어서 존에게 선생님의 코멘트를 이런 방식으로 해석했을 때 어떤 느낌을 받는지를 물었다. 그는 모든 것이 그를 화나게 만든다고 말했다; 그는 선생님을 기쁘게 하기 위해 할 수 있는 일이 전혀 없다고 느꼈으며, 그것이 적당히 하고 마는 이유였다. 상황에 대한 더 깊은 논의를 하면서, John은 자신의 부정적인 사고가 학교에서 잘하고 싶은 자신의 욕구에 어떻게 영향을 미치는지 알 수 있게 되었다. 사회복지사는 John에게 선생님이 자신의 실망감을 표현한 것일 수도 있지만 또한 낮은 점수를 받은 숙제가 그의 잠재력을 반영하는 것이 아님을 그에게 알게 함으로써 그가 더 열심히 노력하게 하는 것일 수 있음을 알도록 도울 수 있었다. 사회복지사는 존에게 그 수업에서 자신의 숙제에 대해 보다 긍정적인 태도를 만들 수 있는, 스스로에게 할 수 있는 말이 무엇인가를 물었다. 존은 처음에는 어떤 것도 생각해 낼 수 없었다. 그러나 약간의 도움을 받고, 자신에게 '나는 할 수 있어' 라고 말하는 것이 그를 더 열심히 노력하게 만들 것이라고 판단했다. 그는 다음 번 숙제를 하기 전 이것을 시도해보기로 동의했다. 그는 또한 선생님에게 도움을 요청하는 것에 대해서도 동의했다.

위기에 대한 반응 활동

클라이언트는 사회복지사를 방문하기 전에 자연적인 원조 체계의 자원이나 지역사회 기관들 뿐 아니라 여러 대처 기제들을 사용한다. 그들은 자주 심각한 스트레스 하에 있으며, 위기 상황에 놓여 있을 수 있다. 만일 클라이언트가 위기 상황에 처해 있다면, 사회복지사가 이런 상황을 인식하고 적절하게 반응할 수 있는 것이 중요하다. 위기 중재는 위기 반응에 대한 지식과 안내를 제공하는 사회사업 실천의 한 모델이다. 모든 일반주의 사회복지사들은 위기에 처한 사람과 더불어 실천할 수 있는 지식과 기술을 개발해야 한다. 위기에 대한 반응 활동의 주요 목표는 위기를 해결하고 사회적 기능을 회복시키는 것(위기 중재)이다. 이런 목표가 달성된 후, 사회복지사와 클라이언트가 함께 작업하기 원하는 다른 목표를 설정한다면 또 다른 활동이 이루어지게 된다.

위기 인식하기

위기는 스트레스 상황 그리고/또는 재앙적 사건이 개인이나 가족과 같은 한 체계를 불균형한 상태로 만들거나 또는 안정 상태를 유지할 수 없게 했을 때 존재한다. 대처를 위한 심대한 노력에도 불구하고, 과거 상황에서 사용해왔던 대처기제들이 더 이상 작동하지 않는다. 지속적으로 혼란의 상황에 놓인 개인 또는 가족은 위기라고 할 수 없다. 그런 상황에서 작업하는 것은 다른 활동을 요한다.

위기는 일반적으로 모든 사람들의 생활 경험의 한 부분이다. 위기에 처한 클라이언트를 바라보는 사회복지사들은 이들이 위기사건 전에는 적절하게 기능하고 있었다고 가정해야 하며, 원조 역할을 치료라기보다는 회복의 관점에서 보아야한다. 위기상황에서 보여지는 행동과 대처기제를 가지고 클라이언트들의 평상시 기능하는 능력을 평가하지 않는 것이 중요하다.

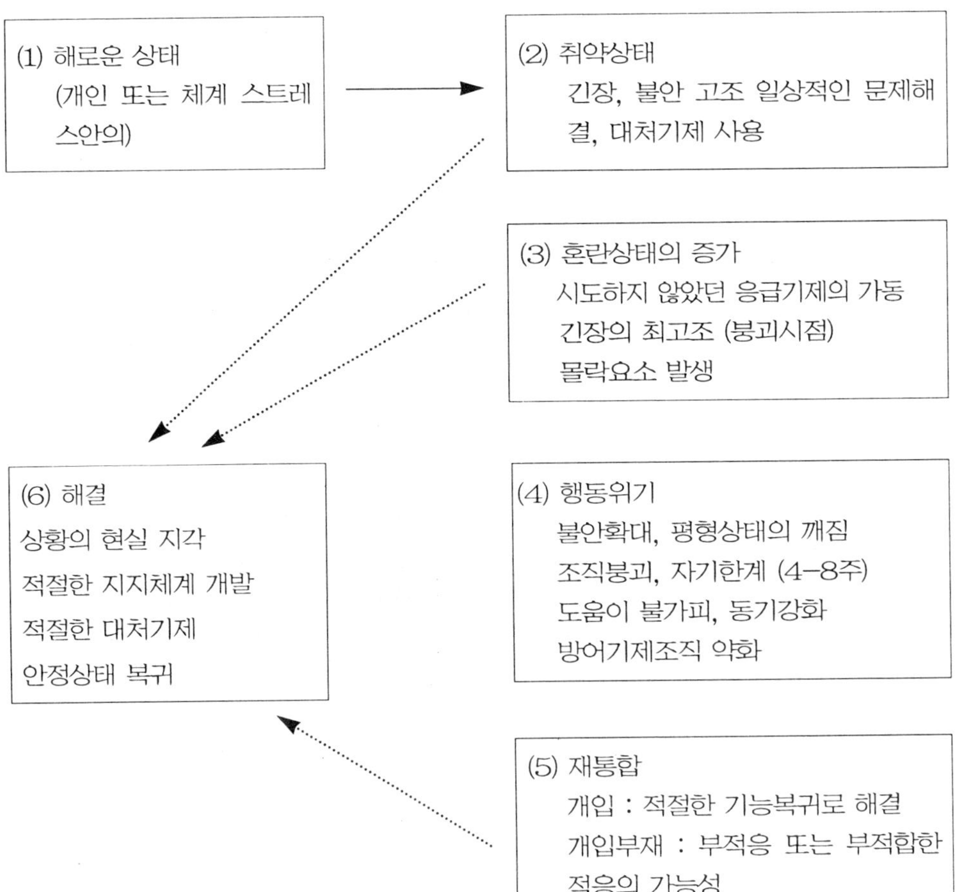

[그림 11-2] 위기과정

위기 상황은 상황적 그리고 발달적 요인 때문에 일어날 수 있다. 상황적 요인에는 개인이나 가까운 가족 구성원들의 질병, 가족구성원의 사망, 별거나 이혼, 생활 상황이나 생활양식의 변화 그리고 직업 상실 등이 포함된다. 이러한 상황적 요인들은 새로운 역할과 책임을 맡는 것 또는 타인들과의 관습적인 기능방식의 변화 모두를 요구한다. 때로 이러한 요인들은 일시적으로 심각한 스트레스를 야기한다; 불안정한 기간을 보내고 새로운 대처방법들을 시도한 이후, 새롭고 편안한 방식의 기능을 얻게 될 수도 있다. 다른 경우에 추가적인 스트레스 상황이 위기 상황을 더 악화시키기도 한다.

발달적 스트레스는 사람들이 한 발달단계에서 다른 발달단계로 옮겨갈 때 생길 수 있는 불안정감이나 스트레스로부터 일어난다. 이러한 발달단계 변화는 새로운 방식의 기능을 요구한다. 청소년기는 스트레스의 시기이며, 새로운 걱정거리들이 생기며, 필요한 것들이 충족되어지지 않는 때이기도 하다. 젊은이들이 성적충동을 다루고, 진로를 결정하며, 부모와 새로운 관계를 발전시키는 법을 배우게 될 때, 그들은 문제에 압도될 수 있으며, 위기가 생겨날 수 있다. 가족들 또한 또 다른 단계로 옮겨갈 때 위기를 경험한다. 첫 아이의 탄생은 새로운 방식의 사회적 기능을 요구한다. 따라서 추가적인 스트레스가 발생하거나 때로 위기상황이 일어나기도 한다.

[그림 11-2]는 위기 과정에 대한 전반적인 시야를 제공한다. 위험상태, 취약상태, 그리고 혼란의 증가는 위기 전 상태로서 빈번히 일상적인 대처 방법이나 개인적 지지체계의 도움에 의해 해결된다. 이러한 방법들이 해결을 가져오지 못할 때, 사람들은 위기상태로 진입하게 되며, 위기 중재가 활동을 위한 적절한 전략이 된다.

사례

Norton부인이 처음으로 새로 태어난 미숙아 아들을 보기 위해 왔을 때, 사회복지사는 그녀가 심각한 스트레스를 보이고 있음을 바로 알아차렸다. 그녀는 상당히 불안해 보였고, 육아실로 가기를 주저했으며, 아이를 보기 위해 용기를 불어넣어줘야 했다. 사회복지사는 Norton부부가 아이를 보러가기 전 그들과 상당한 시간을 함께 보냈다. 사회복지사는 신체 여러 부분에 많은 튜브를 끼우고 있는 신생아를 보는 것에 대해 준비시키고자 노력했다. 사회복지사는 미숙아의 탄생이 위기로 이끄는 스트레스의 원인이 될 수 있음을 알고 있었다.

Norton부부가 아들을 본 후에 사회복지사는 그들을 자신의 사무실로 초대했다. 사회복지사는 우선 그들이 아이를 보았을 때의 반응에 대해 이야기하기로 했다. Norton부인은 자신이 산산조각 나는 것 같은 느낌을 받았다고 이야기했다. 그녀는 아기를 해산일까지 가지고 있을 수 없었던 것에 대해 많은 죄책감을 표현했다. 그리고 나서 그녀는 "이것은 불운의 또 다른 일부에 불과하다"고 말했다. 사회복지사는 그녀의 말이 무슨 뜻인지 질문했다. Norton부인은 울음을 터뜨리면서 올해 모든 것이 잘못되어 가는 것 같다고 말했다. 사회복지사는 미숙아 탄생 외에 무엇이 잘못 되었는지를 물었다. Norton부인은 모든 불운은 그녀가 임신 3개월 때, 4살 된 아이가 심각한 질병에 걸리면서 시작되었다고 말했다. 그녀는 그 기간동안 아이를 많이 안아 올렸었고, 그것이 새 아기가 미숙하게 태어난 원인이 된 것이 아닌가 생각했다. 사회복지사는 그것이 원인인지에 대해 자신은 알지 못한다고 말했으나, Norton부인이 아픈 아이를 돌보는 것에 대해 죄책감을 느껴야만 하는가에 대해서는 의문을 가졌다. 다음으로 그녀는 그 밖에 다른 잘못된 것이 있는가를 물었다. Norton부인은 다시 울기 시작했고 두 달 전 그녀의 어머니가 갑자기 사망했다고 말했다. 그녀의 어머니는 새 아기가 태어난 후 방문해서 다른 아이들을 도울 계획을 가지고 있었다.

사회복지사는 이러한 스트레스 사건들이 일어나기 전 가족의 기능에 대해 질문했고 그들이 적절하게 기능했었음을 발견했다. 그녀는 적어도 Norton부인은 그리고 아마도 가족은 지금 위기 상태에 처해있음을 알았다. 그녀는 어머니의 사망 전에, Norton 부인이 아이의 질병과 임신으로 인해 위험 상태에 있었음을 감지했다. 그녀는 또한 어머니의 사망이 이러한 스트레스에 더해져 Norton부인이 현재 위기에 취약한 상태에 있다고 믿었다. 사회복지사는 Norton부인이 미숙아 탄생이라는 새로운 스트레스가 발생했을 때 어머니의 사망으로부터 회복되었었는가를 의심했다. 접촉을 통해, 사회복지사는 Norton부인의 많은 강점들: 가족에 대한 돌봄, 새 아들에 대한 관심, 어머니에 대한 사랑, 집안일을 관리하는 능력, 관련된 많은 체계들과 작업하려는 자발성—을 밝혀내고자 했다.

Norton부부와 함께 작업을 계획하면서, 사회복지사는 즉각적인 관심이 필요한 몇 가지 과업을 발견했다. Norton부인은 어머니의 사망과 아이의 출생에 대한 기분을 말할 수 있는 기회가 필요했다. 미숙아의 탄생에 대해 책임감을 느끼는 죄책감으로부터 벗어날 필요가 있었다. 부인에게 이러한 모든 스트레스 사건들을 한 걸음 떨어져서 다른 시각으로 보도록 돕는 것이 필요했다. 사회복지사는 Norton부부의 허락을 얻은 후, Norton부부와 함께 미숙아 출산에 관한 이유들을 논의 할 수 있는지 알아보기 위해 아이의 출산을 담당했던 의사와 이야기 했다. 사회복지사는

Norton씨가 이 시점에서 아내의 고통과 도움이 필요한 이유를 인식하도록 돕는 것이 필요함을 알았다. 사회복지사는 가족이 상의할 수 있는 목사가 있는지 물었다. 부부는 그렇다고 대답하고 그분이 Norton부인의 어머니가 사망했을 때도 도움을 주었다고 했다. 사회복지사는 Norton부인이 그 사건과 관련된 도움을 여전히 받을 수 있다고 생각했으므로, 그들이 그 목사와 만나도록 제안했다. 그녀는 그러한 갑작스러운 죽음을 다루는 데는 시간이 걸리게 마련임을 설명했다. 사회복지사는 이것이 아이가 병원에 있는 동안 그 부부가 할 수 있는 중요한 일임을 말했다. 사회복지사는 또한 아이를 자주 방문할 필요성을 논의하고, 그 부부가 아기의 진전에 대해 논의할 수 있도록 그 날 이후에도 당직의사를 만날 수 있게 약속을 정했다. Norton부부는 자신들이 멀리 떨어져 살기 때문에 일주일에 한 번 정도 밖에는 방문할 수 없다고 했다. 사회복지사는 그들이 다음 방문 때도 자신을 다시 만날 수 있도록 시간을 조정했다.

위기에 반응하기

위기에 처한 사람들과 상담할 때, 사회복지사는 위기의 시간적인 요소에 주의할 필요가 있다. 일반적으로 진정한 위기 상황은 4주에서 8주간 지속된다. 이 기간이 지나면 사람들은 새로운 대처방식을 발견한다. 위기 단계 동안 적절한 원조가 없으면, 효과적인 사회적 기능을 위한 능력이 감소되는 결과를 가져오게 된다. 그러므로 위기에 처한 사람들을 위한 도움은 즉각적이고 때로 매우 집중적이어야 한다.

사회복지사는 두 가지 핵심적인 과업을 갖는다: (1) 위기에 처한 사람과 무엇이 위기를 촉진하는가에 대한 이해를 발전시키는 것 (2) 원조 관계를 발전시키는 것. 이해를 발전시키는데 있어, 사회복지사는 위기를 촉진시키는 사건-그 사람을 위기로 밀어 넣는 사건-뿐 아니라 기저에 있는 스트레스 상황의 본질을 탐색한다. 사회복지사는 또한 클라이언트가 스트레스 상황을 해결하기 위해 시도해왔던 것(사용된 대처 기제)이 무엇인지 판단하고, 클라이언트가 상황에 대해 어떻게 느끼는지 공유할 수 있도록 격려한다.

사회복지사는 적극적으로 클라이언트의 염려와 필요에 반응함으로써 원조관계를 형성한다. 함께 상황을 탐색하고 클라이언트의 지각의 현실성을 파악한다. 사회복지사는 클라이언트의 대처 시도를 인정함으로써 그의 강점을 지지하고, 다른 대처 방법을 위한 구체적인 제안을 한다. 사회복지사는 클라이언트와 상황에 대한 자신의 이해를 공유한다. 사회복지사는 위기가 해결될 수 있으며, 이 어려운 기간 동안 클라이언트를 도울 것이라는 현실적인 희망을 전달한다. 클라이언트는 상황에 대한 느낌을 표현하도록 격려 받는다. 사회복지사는 클라이언트의 불안과 우울증에 빠질 가능성에 민감해야 한다. 만약 과도한 불안이나 우울이 생기면 사회복지사는 클라이언트가 유능한 정신건강 전문가를 찾을 수 있도록 돕는다. 사회복지사는 또한 클라이언트를 다른 필요한 자원에 연결시킨다.

위기가 지속되는 4주에서 8주 동안 함께 작업함으로써, 클라이언트는 일반적으로 새로운 대처 기제들을 발견하고 위기는 해결된다. 이 기간의 후반부에 사회복지사는 클라이언트의 문제 해결 기술을 증진시킬 수 있고 그로 인해 미래의 위기를 예방할 수 있게 된다. 위기기간 동안 집중적이고 직접적인 방식으로 클라이언트와 작업하는 것이, 클라이언트의 미래 사회적 기능상의 어려움을 예방하고, 클라이언트를 효과적인 방식으로 살아갈 수 있는 상태로 회복시키는데 도움이 된다.

가족 체계가 위기를 경험할 때, 위기 중재를 사용하는 것이 또한 적절하다. 때로, 소규모 집단에서 위기에 처한 개인과 작업하는 것도 가능하다. 사회복지사가 위기 상황에 놓인 여러 클라이언트들을 알고 있을 때, 이런 사람들이 위기 반응의 일부로서 갖고 있는 지각과 경험을 공유하게 하는 것이 도움이 될 수 있다. 어떤 위기 집단은 종결이 없는 방식을 취하는데, 위기의 후반부에 있는 사람들은 위기의 초반부에 놓여있는 사람들을 도움으로써 스스로도 도움을 얻게 된다.

지지 행동

지지는 원조의 보편적인 부분이다. Lois Selby는 지지를 "인간에게 인간의 인간성만큼 오래되었다"고 정확하게 표현했다. 지지라는 방법은 모든 일반주의 사회복지사가 갖고 있는 레파토리의 부분이지만 사회복지문헌에서는 거의 관심을 기울이지 않는 개념이다. Beulah Roberts Compton은 지지에 대한 사회복지계의 태도는 역사적으로 만성적인 클라이언트나 다른 치료수단이 가능하지 않은 사람들에게 제한적으로 사용되어 왔다고 지적했다. 지지는 거의 사회복지사가 시간을 할애할만하지 않다는 것이 우세한 개념이다. 이러한 개념은 사회복지사가 정신의학자 및 그들의 세계관과 경쟁

함으로 개발되어 왔다.

Florence Hollis는 사회복지 실천 과정의 하나로서 유지를 지적했다. 그가 사용한 유지라는 말은 지지의 개념과 매우 근접하고 먼저 비언어적인 방법으로 표현된다. Hollis는 유지의 구성요소나 기술의 일부로 클라이언트의 능력과 유능감의 표현, 관심의 표현, 도우려는 열망, 클라이언트의 상황과 그 상황에 따른 감정 이해, 격려와 재보증의 사용을 언급했다. 재보증은 현실적이어야 한다. 관심을 두는 상황에 대해 느끼는 감정을 수용하는 지지와 감정적 요소가 존재해야 함을 강조한다.

현대의 사회복지는 지지를 보편적인 기능으로 본다. 사회복지 문헌에서는 지지의 용도를 어려운 상황에 처해있는 사람들을 돕고 그렇게 함으로써 발전하게 하는 방법으로 인식한다. 그러나 사회복지 문헌에 지지의 성격을 규명하는 서술이 거의 없다. 이는 사회복지사가 지지가 무엇인지(지지의 특성규명)을 알고 있다는 전제하에 있는 것이기 때문인 것처럼 보인다. 지지의 용도는 사회복지지식의 실천학의 영역에 있는 관념처럼 보인다.

Judith Nelson은 지지의 절차를 "어떤 즉각적인 방법으로 클라이언트가 더 좋게, 더 강하게, 더 편안하게 느끼도록 도우려는 것"으로 정의한다. Judith Nelson는 지지의 4가지 종류를 다음과 같이 정의했다. (1) 보호: 지도, 편달, 조언 및 한계와 복잡하거나 위축되는 상황에서의 해결책 등을 주는 것을 뜻한다. (2) 수용: 사회복지사가 클라이언트의 노력에 함께 하고 있음을 알게 하는 것, 인간으로서의 가치를 가지고 있음을 확인해주는 것, 클라이언트의 감정과 상황을 이해하고 있음을 전달해주는 것을 뜻한다. (3) 확인: 클라이언트가 영향력 있고 유능한 사람이라는 것을 보여주는 것, 피드백을 주는 것, 희망을 주는 것, 칭찬과 재가를 전달하는 것, 클라이언트의 노력과 역할수행 등 격려하는 종류의 행위를 뜻한다. (4) 교육: 클라이언트가 효과적으로 대처하고 기능하는 방법을 가르쳐 주는 것, 필요한 정보를 제공하는 것, 클라이언트로 하여금 새로운 역할에 적응토록 사회화하는 것, 자아인식을 개발하도록 돕는 것을 뜻한다. 가르치는 방법 중 한 가지는 효과적인 대처방법을 모델링하는 것이다.

Judith Nelson의 이러한 분류는 지지가 클라이언트의 요구를 가장 잘 만족시킬 것이라는 것을 이해하는 데 유용할 뿐만 아니라 사회복지사가 지지하고자 하는 클라이언트의 기능적인 면을 규명하는 데 있어 중요하다.

Selby와 Compton은 지지를 클라이언트의 자아기능과 관련된 것으로 진단했다.

지지를 필요로 하는 사회기능의 세부적인 면을 규명하는 데 유용한 두 가지 방법은 과업이나 생애역할에 대처하는 견지에서 보아야 할지 모른다.

과업대처 접근방법은 사회복지사로 하여금 클라이언트가 삶의 어떤 상황(예를 들면, 고질적인 질병의 한계에 대한 인식)에 대처하는 경우의 과업들을 잘 이해하게 해준다.

생애역할 접근방법은 사회복지사로 하여금 클라이언트가 생애역할을 수행하는 과정상의 한계성, 어려움, 강점들을 규명하게 해준다.

예를 들어보자. 클라이언트가 부모로서 양육과정에 어려움이 있다면 사회복지사는 클라이언트의 식사준비와 같은 면에 주목해야 할지 모른다. 사회복지사는 클라이언트가 과업을 완수하는 방법과 자녀를 양육할 때 동기부여 하는 방법과 수단을 결정할 수 있도록 돕는다.

이러한 접근방법은 클라이언트의 약점보다 강점을 강화시키며 다양한 상황의 문제해결방법에 대한 생각을 강화시켜 준다. 지지를 중재(조정적인)적인 전략으로 이용할 때 사회복지사는 클라이언트의 요구(사회사업 실천의 모든 분야에서)를 정의해야 한다.

이러한 평가는 클라이언트의 상황인식과 클라이언트의 요구를 충족시키고자 한 현실적인 경험을 강조한다. 위협과 상실의 강점은 특히 언급해야 할 중요한 것이다.

이러한 평가는 클라이언트의 희망에 대한 역량, 클라이언트의 강점 그리고 환경이 제공할 수 있는 지지를 또한 고려해야 한다.

사회복지사는 클라이언트가 요구를 충족해줄 수 있는 행동과 태도가 무엇인지 결정해야 한다. 이러한 결정은 제공될 수 있는 구체적인 지지로 구성된다. 때때로 이것은 사회복지사의 관심과 보호를 실현하는 수단으로서 클라이언트에게 구체적인 자원과 견고한 서비스를 제공하는데 유용하다.

지지적인 접근을 사용할 때, 사회복지사는 수용하고 이해하고 편안하게 하고 인정하는 원조 경향을 개발하고자 노력한다. 그런 과정 속에서 클라이언트는 자신의 관심과 느낌을 열린 마음으로 대화하게 된다.

사회복지사는 적절한 노력으로 클라이언트에게 관심과 흥미를 표현하고 칭찬하고 격려한다. 그리고 생애과업을 완수하고 대처할 수 있는 능력에 대한 현실적인 믿음을 표현한다.

그리고 클라이언트를 지도하고 클라이언트의 직무에 필요한 기반을 제공한다.

문제는 적합하지 않은 지지에서 발생할 수 있다. 한 가지로 이런 문제가 있을 수 있다. 즉 클라이언트가 사회복지사에게 과도한 의존을 하는 데 위험성이 항상 존재한다.

사회복지사는 클라이언트의 측면에서 비현실적인 기대를 하지 않도록 지도해야 하고, 클라이언트 스스로 자립할 수 있거나 환경이 지지를 제공할 수 있을 때에는 도움을 주지 말아야 한다.

사회복지사는 클라이언트가 과도한 보호를 받고 싶어하거나 그들이 겪는 잘못된 것에 대한 보상심리가 강하다는 성향을 납득하고 있어야 한다.

사회복지사는 또한 평가적인 경향은 클라이언트로 하여금 반항감을 갖게 할 수 있고 그럼으로써 비생산적일 수 있다는 사실도 알고 있어야 한다.

사회복지사의 지지는 사회사업 노력의 중요한 요소이다. 사회복지사는 클라이언트의 자연스러운 환경 내에 적당한 지지체계를 만들 수 있도록 클라이언트를 돕는데 주시해야 한다. 친척, 친구, 가족, 목사, 교회로부터의 지지는 지지기능을 활성화시키는 데 필수적이다.

이러한 체계들이 적당하지 못하고 파괴되어 있다면 사회복지사는 클라이언트로 하여금 미래에 필요한 만족뿐만 아니라 현재상황을 해결하는 수단으로써 이러한 관계를 재정립하고 강화시켜 줄 수 있도록 도와야 한다.

과거에 사회복지사들은 클라이언트에게 지지역할을 수행하는 데 있어 많은 시간을 쓰는 데 익숙해져 있었다. 그러나 서비스에 대한 한계와 조절된 관심으로 초과적인 지지서비스를 제공할 시간을 단축시켰다. 사회복지사들은 특히 시간적인 한계로 서비스를 이용하기 어려운 상황에 있는 클라이언트에게 적당한 지지체계를 제공하는 데 시작지점이 됨을 알아야 한다.

지지가 좀 더 공식적인 지지체계에서 필요하다면 그러한 체계와 함께 관계개발에 우선권을 두어야 한다.

소규모집단은 지지를 제공하는 데 효율적인 것으로 알려져 있다. 이러한 지지집단은 질병이나 삶의 위험상황을 겪은 그리고 투병경험을 가진 가족성원을 둔 보호제공자를 돕는데 특히 가치가 있다.

사회복지사는 클라이언트 지역에서 유용한 지지집단과 자조집단을 알고 있어야 한다. 만약 그러한 집단이 필요하다면 사회복지사는 사회복지사 소속기관에 그 집단을 가입시켜야 될지 모른다. 만약 서비스가 필요한 또 다른 기관의 접근이 가능하다면 잠재적으로 그러한 집단을 포함시킬지 모른다.

조율된 보호와 제한된 서비스의 시대에 기관들도 서비스 시간제한이 없이 지지를 제공하는 수단으로써 이런 집단을 이용할 필요가 있다.

기관들이 이런 과업을 공유한다면 직원과 자원의 부담은 그리 크지 않을 것이다. 예를 들어 건강보호기관이 암환자를 후원한다면 지역의 상부기관은 보호제공자로서 지지집단을 후원할지 모른다.

지지가 적합하게 사용된다면 현상유지가 아니라 성장발전을 가져올 수 있다. 지지는 적극적인 강화를 제공하고 클라이언트로 하여금 어려운 상황에서도 생활하고 발전할 수 있는 힘을 줄 수 있다. 지지는 대부분의 사회복지사의 중재 목록(레파토리)의 일부가 되어야 한다.

사례

Ms. Gold여사는 60세의 과부이다. 그녀는 암말기로 생존기간이 8개월 밖에 안 남았다는 것을 최근에서야 발견했다. 해당 팀 소속 사회복지사는 Ms. Gold여사와 그 가족을 위해 3가지 일을 하기로 했다. (1) Ms. Gold여사가 필요로 하는 사항(자원)을 삶이 남아있는 동안 최상의 질로 제공하겠다는 점 (2) Ms. Gold여사의 남아있는 생애동안 어떻게 살 것인지 그리고 사후에 무엇(장례식, 유산처리 등 포함)을 원하는 지를 결정하고 해결하는 데 도움을 주겠다는 점 (3) 그녀가 몹시 필요로 하는 지지를 제공하겠다는 점. 사실 지지의 실천은 행해지는 주요 사업이 초점이다.

사회복지사는 Ms. Gold여사와의 관계를 발전시키고 사회복지사가 그녀의 삶을 함께 더 편안하게 할 수 있다는 것을 알도록 주의를 기울였다. 그녀에게 호스피스의 목적을 설명하고 자원봉사자가 그를 방문할 수 있게 하였다. 또한 개인생활의 활동과 만족스러운 죽음을 가져올 수 있게 하는 과업을 자원봉사자들이 도울 수 있게 하였다. 사회복지사는 자원봉사자가 Ms. Gold여사에게 서비스를 제공한 것만큼 자원봉사자들에게 지지를 제공한다.

개입전략으로서의 활동의 사용

활동이란 무엇을 할지 의논하거나 생각, 느끼는 것과 다른, 어떤 일을 행하거나 과업을 수행하는 것을 말한다. 활동은 클라이언트로 하여금 어려운 상황에서 역할수행 과정을 돕거나 소규모 집단에서 협동이 요구되는 활동을 하면서 모델링을 통해 이루어질 수 있다.

활동은 개인 기능과 체계의 변화를 가져오는 수단으로 활용될 수 있다. 사람들은 활동을 통해 합리적인 사회적 기능에 필요한 많은 방법을 배운다. 개인의 사회와 문화적인 측면에서의 사회화는 활동의 용도에 크게 의존한다.

활동은 사회기능기술을 개발시키고 자아의식을 향상시키는 수단이다. 활동은 자긍심과 적극성을 동시에 높이는 성취감을 맛보게 한다. 활동은 또한 평가개발에 유용하다. 사회복지사는 클라이언트의 행동을 관찰할 때 클라이언트의 상호행동과 상호교류패턴은 명확해진다. 사회복지사는 또한 클라이언트의 기능적인 역량과 함께 행동하는 사람을 관찰하면서 그 기능의 질을 평가할 수 있다.

전통적으로 활동은 사회적 일의 한 분야로서 그리고 특히 사회집단의 업무상의 게임과 기술의 활용 면에서 많이 이용되었다.

어린이의 연극치료 사용은 활동의 또 다른 활용이다. 협회의 사회 환경 치료(환경의 활용)는 또 하나의 활동의 활용이다(나중에 이 장에서 언급되지만).

어떤 가족치료사들은 가족이 가족활동을 계획할 수 있도록 한다. 혼란한 가족을 관찰하는 사회복지사들은 활동이 매우 유용하다는 것을 발견했다. 사람들이 배우고 있는 여러 방면의 학문에서는 경험학습을 강조하고 있는 활동이 어린이들과 함께 상담할 때 주요한 기술로 여겨졌고 행동지향적인 사람들에게 가치가 있는 것으로 고려되고 있다.

활동은 또한 도움이 필요한 다양한 상황에서 유용하다. 그리고 클라이언트의 많은 요구를 만족시키는 수단으로 활용될 수 있다.

활동은 신체적 개발과 신경계 제어 그리고 지적성장을 자극하는 것을 돕는다.

활동은 감정과 정서의 수용적인 이완을 시킬 수 있다. 그리고 패턴과 행동을 가르치고 자기수양을 하게하고 동료들의 인정을 가능하게 하고 지위를 향상시킨다.

활동은 결정을 하게하고 관계를 형성시키며 갈등을 해소하는 기회를 제공할 수 있다. 활동은 또한 새로운 관심과 기법, 역량을 개발할 수 있게 한다.

활동은 정상적 성장을 진행케 하는 동기부여를 가능하게 함으로써 사회적 기능을 향상시키고 개발하지 않음으로써 위험에 처해있는 사람들에게 유용함으로 다가올 수 있다. 개발하지 않는 이런 위험은 기회의 부족과 연관되어 있고 활동은 개발할 수 있는 기회를 제공할 수 있다. 이러한 것은 활동의 예방적인 접근법일 수 있다.

활동은 광의적으로 클라이언트의 행동을 촉발하는 그 어떤 것으로 정의할 수 있다. 이런 개념은 개인, 집단, 가족 모임의 일부분인 구조화된 활동들을 포함한다. 또한 사회복지사를 리더로서 조장자로서 참가하는 활동들도 포함한다.

또한 이 개념은 클라이언트가 계획과 연관된 다양한 과업들을 달성할 수 있도록 하는 행동을 포함한다. 어떤 전문가들은 이런 후자의 활동들을 숙제로 비유한다. 왜냐하면 클라이언트가 어떤 기간사이에 과업들을 수행해야만 하는 것에 동의하기 때문이다.

클라이언트로 하여금 어떤 기간 내에 수행하도록 준비를 요구하는 기간 내의 사례실습 또는 역할연기일 수 있다.

예를 들면 클라이언트는 적극성 훈련에서 더 적극적인 면을 요구하는 상황을 정한다.

스스로 큰 소리를 치는 양자택일 방법은 사회복지사(또는 집단이 훈련을 받는다면 그 집단)의 도움으로 더 발전되어 왔다. 상황은 클라이언트들이 일정기간사이에 실천할 것이라는 기대 하에 그 기간동안 설정되어 왔다. 그 다음에 클라이언트는 다음 회의시간에 보고서를 제출했다.

클라이언트가 해야만 하는 일을 지배할 수 있도록 활동을 클라이언트의 일로 발전시키는 것은 필수적이다. 더 활동적일수록 클라이언트는 자신의 목표를 성취하려고 하고 스스로 더 역량이 쌓인다는 것을 느낄 것이다.

활동은 특히 의기소침한 클라이언트에게 도움이 된다. 목표를 향한 움직임은 희망과 성취감을 불러일으킨다. 다른 사람으로부터 범죄행위나 난폭한 일을 경험하거나 당했던 클라이언트에게 있어서는 이들에게 활동이 일로 어떻게 연결되는가를 주의 깊게 관찰해야 한다. 활동이 이러한 클라이언트에게 부과된다면 감정이 더 절제된 상태를 요구하기 때문이다.

이러한 활동의 유형은 선택, 의사결정, 권한위임의 기회를 향상시킬 수 있어야 한다. 이러한 수행 및 제공될 유형의 활동은 또한 이러한 요소들을 포함해야만 한다.

물론 클라이언트는 공포와 부정적 상황이 없이 언제든지 어떤 활동이라도 참가할 수 있도록 여건이 허락되어야 한다. 사회복지사들은 활동을 신중하게 계획해야만 한다. 이러한 계획은 용법 내에서 행동의 특성기법에 대한 폭넓은 지식이 필요하다. Robert Vinter는 활동의 3가지 면을 규정화했다.

1. 활동에 참여하는 물리적 공간과 사회적 목적
2. 활동을 수행하는 데 필수적인 행동
3. 활동으로 인해 예상되는 반응행동

어떤 활동을 할 것인지 결정하기 전에 사회복지사는 이러한 구체적인 활동과 연관된 것으로 3가지 측면을 평가해야 한다.

행동에 영향을 주는 것으로 Vinter에 의해 논의된 6가지 요소는 다음과 같다.

(1) 행동이 예상되는 것에 대한 처방
(2) 행동을 지배하는 규칙의 종류와 기타 통제요소
(3) 활동을 물리적 활동으로 만드는 조항
(4) 활동에 참여하도록 요구하는 역량
(5) 요구되는 참여와 상호행동의 특성
(6) 활동에 내재되어 있는 보상의 특성

클라이언트의 능력과 활동의 사용을 평가하는 것도 중요하다. 특히 고려되어야 할 중요한 점을 다음과 같다.

1. 클라이언트의 특별한 욕구와 이해관계 : 욕구는 활동 전에 규명되어야 한다. 이해관계는 클라이언트가 논술한 욕구, 기법, 관심을 고려하여 규명해야 한다.
2. 활동에서 필요한 과업수행을 위해 클라이언트에게 특별히 요구되는 능력 : 연령별 집단의 성격을 이해하는 것은 중요하다. 클라이언트의 물리적 또는 그 외 다양한 하위집단의 일상적이지 않는 활동들을 이해할 수 있기 때문이다.
3. 클라이언트의 특별한 활동을 하게하기 위한 동기부여와 의도성 : 문화적 금

기사항 때문에 특정 활동을 할 수 없거나 편향된 일에 종사함으로써 행동해야 할 것으로 보이는 활동을 할 수 없는 클라이언트가 있을지 모른다. 클라이언트들은 가능한 대안들 중 선택할 수 있는 기회를 가져야만 한다. 클라이언트의 라이프스타일과 관계된 활동은 일반적으로 클라이언트에게 가장 유용한 활동이다.

4. 활동이 활용되도록 이해하고 지지하는 클라이언트의 지지체계와 공동체의 능력 : 이와 같은 요소들 또한 고려되어야 한다. 클라이언트가 수행해야 할 활동을 함에 있어 3가지 분석은 특별한 상황에서의 사용과 관련되어 있고 다음과 같은 사항이 필요하다.
   1. 활동을 수행하는 데 필요한 물질, 장비, 제반자원들
   2. 클라이언트가 활동을 수행하는 데 도움이 되는 사회복지사에게 요구되는 시간과 능력
   3. 활동을 수행하는 데 필요한 경향과 환경(활동을 허용하는 환경적 능력과 활동 수행 관련 환경적 지지)
   4. 활동을 수행하는 데 필요한 정보, 설명
   5. 활동을 수행하는 데 필요한 예방책과 안전장치
   6. 활동에 필요한 적응물

이상에서 논의된 4가지 평가 종류에 기반을 둔 결정은 특별한 활동을 하는 데 이용된다. 활동을 수행하기에 앞서 다음과 같은 과업들이 수행될 필요가 있다.

1. 모든 면이 이해되었다면 활동을 테스트하고 수행할 결정을 내릴 필요가 있다. 일반적으로 사회복지사가 미리 테스트하지 않고 클라이언트와 함께 활동을 사용하지 않는다. 적응력은 필요한 만큼 준비되어야 한다.
2. 모든 제공물과 장비는 준비되어 있어야 한다. 방과 그 외 공간이 준비되어야 한다. 사회복지사, 다른 스텝, 클라이언트 어느 사람이라도 특별한 과업을 위한 책임이 허락되어야 한다.

활동을 할 때 사회복지사는 지지적이고 적극적이고 말보다 행동이 앞서며 합당한 제한을 설정해나가야 한다. 또한 활동이 끝난 후 클라이언트와 활동의 과정과 결과에 대해 논의하는 것은 중요하다. 개입 전략으로서의 활동을 사용할 때 훌륭한 활동을 위

한 지침은 다음과 같다.

1. 좋은 활동이란 클라이언트의 요구와 흥미를 증진시킨다.
2. 좋은 활동이란 클라이언트의 연령, 문화적 배경 및 다양한 요소들을 고려한다.
3. 좋은 활동이란 클라이언트의 신체적, 정신사회적 개발을 가능하게 하고 증진시킬 수 있는 경험을 제공한다.
4. 좋은 활동이란 클라이언트의 참여기회를 최대한 많이 제공하고 유연성이 있다.

활동의 사용 가능성은 크고 다양하기 때문에 이 책의 범위에서 구체적인 활동의 활용과 관련 정보를 제공하기는 어려울 수 있다. 사회복지사들은 레크레이션 분야, 구조화된 집단 경험, 구체적 활동의 활용에 관한 지식을 얻기 위한 사회적 집단의 일로부터 학문을 이용할 수 있다. 활동을 활용함에 있어 사회복지사는 창조적 접근 방법을 사용하고 특별한 클라이언트의 요구를 수용하는 활동을 채택한다. 활동의 창조적인 사용은 도움이 필요한 클라이언트에게 매우 큰 영향을 줄 수 있다. 활동의 사용은 사회복지사들에게 일정한 기술과 이해력을 요구한다.

사례

열 살의 소녀는 자신을 감정을 표현하는 데 어려움을 갖고 있다. 사회복지사는 그녀에게 종이와 크레파스를 주고 자신의 감정과 관련하여 그림을 그리게 하였다.

그녀는 검은 색 크레파스로 파괴되어 있는 보트 하나를 그렸다. 사회복지사는 그 다음에 그림에 나타나 있는 그녀의 공포와 불안한 감정을 말로 표현하도록 도와주었다.

어린자녀를 둔 한 부류의 어머니들은 여성보호센터에서 모임을 갖고 있다.

모임의 목적은 어머니들이 자녀와 함께 다양한 감정을 표현하면서 상호작용을 하고자 하는 것이다. 사회복지사는 활동으로서 사람들의 다양한 감정을 표현하는 만화를 소개하는 그림책을 만드는 것을 선정했다. 어머니들은 자녀와 함께 그 책들을 이용한다. 책이 만들어지면서 책을 어떻게 사용하고 적당한 그림을 어떻게 할지에 대한 논의가 이루어진다.

한 가족은 가족 구성원들이 가족 집단에서 스스로를 어떻게 보는지를 이해하는데 어려움을 갖고 있다. 사회복지사는 필요한 정보를 도출하기 위해서 가족조각을 이용한다.

가족의 구성원은 다른 가족 구성원들에 대해 그들이 보는 대로 감정을 가장 잘 묘사할 수 있는 신체적 패턴을 배열한다. 이러한 행동적 방법은 새로운 이해와 가족이 원하는 변화를 토의할 수 있게 해준다.

중재로서의 행동

때로 사회복지사가 클라이언트의 욕구나 관심, 상황을 조사했을 때, 클라이언트와 클라이언트의 환경 내 상호작용 체계가 기능적이지 못하다는 것을 알게되는 경우가 있다.

Willian Schwartz는 중재 전략을 개인과 사회가 자기이행을 위해 상호요구가 서로 미치지 않는 과정을 중재하는 것, 그리고 사람들로 하여금 어려운 상황에서 협상할 수 있도록 돕는 것이라고 기술한다. 사회복지사의 관심, 중재행동의 초점은 클라이언트와 체계의 사회적 기능이다.

이러한 두 가지 요소 사이의 상호작용이 관심사이고 변화를 위한 목표이다. 중재는 사회복지 실천을 위한 생태체계적 접근법에 기반을 두고 있다. 이러한 접근방법은 클라이언트와 클라이언트환경 내 체계사이의 부조화에서 발생하는 요구에 주목한다. 클라이언트의 요구와 클라이언트의 환경 내 체계의 요구사이에 균형점의 개발과 복구는 이러한 상황을 해결하기 위해 필요하다.

중재역할은 사회복지사로 하여금 한 쪽에 치우침이 없이 클라이언트와 클라이언트 환경 속의 개인 또는 집단과 함께 수행되어야 한다. 중재는 직접적인 실천행동(또는 클라이언트에 의해 직접적으로 행해지는 행동)과 간접적인 실천행동(또는 환경 속의 체계로 클라이언트를 대표하는 일) 사이의 차이점을 연결해 준다.

이 책의 초반부에 A가족의 사례에서 존과 존의 아버지가 아들의 적극적인 행동을 위해 존에게 적극적인 피드백을 향상시키려고 하는 작업에서 사회복지사는 중재전략을 사용했다.

아버지는 그의 아들이 소극적인 행동을 지양하고 적극적인 행동을 하기 원했다.

그러나 존은 그의 적극적인 행동이 어느 정도 가치가 있다는 것을 듣고 싶어했다. 사회복지사는 존에게 적극적인 행동을 강화시켜줄 수 있는 적극적인 피드백을 실시함으로써 아버지를 확신시켜 줄 수 있었다.

이러한 상황에서 일을 하면서 사회복지사는 존이 소극적인 행동에 대한 비판을 받아들일 수 있고 또한 적극적인 행동에 대해 인식할 수 있었다면 좋았을 것임을 알게 되었다. 존은 이에 대해 동의할 것이라 기대한다. 왜냐하면 그것은 공정한 방법이었기 때문이다. 사회복지사는 어느 편도 들지 않았으나 존과 아버지가 합의점을 찾는데 도움을 줄 수 있었다.

Willian Schwartz, Serapio Zalba, Lawrence Shulman은 이러한 유형의 행동과 전략에 대해 언급했었다. Shulman은 환경적 체계에서 개인의 상호작용에 3가지 난관을 규명했다.

1. 체계의 복잡성 : 그들의 기능이 제도화되고 관료화로의 발전은 개인으로 하여금 체계접근방법과 체계에서 제공하는 자원들을 이용하는 방법을 이해하기 어렵게 만들었다. 이러한 복잡한 체계들은 낯설고 비인간적이고 종종 많은 클라이언트를 위축되게 만들었다.

2. 자기본위적인 이해관계 : 체계의 자기본위적인 이해관계는 다른 사람과 그들이 참여하는 더 큰 체계의 이해관계와 종종 갈등을 일으켰다. 그러한 자기본위적인 이해관계가 점점 증가할 때 그 체계는 상호의존성 그리고 상호간의 이해관계를 만드는 것이 필요하며 또한 체계의 기능을 더 촉진하기 위해서라도 그러한 작업이 필요한 것이다.

3. 의사소통문제 : 종종 체계에서 함께 일하는 것이 어려울 때 그것은 상호커뮤니케이션의 부족 또는 부정확한 커뮤니케이션, 서로에 대한 오해의 결과이다.

이러한 난관을 극복하기 위해 사회복지사와 클라이언트는 과업을 가지고 있다. 중재의 목적은 사회복지사가 하나 또는 다른 체계를 옹호하는 것이 아니라 두 체계가 서로 다른 체계에게 다가갈 수 있도록 돕는 것이며 그렇게 함으로써 서로의 공통된 목적을 달성할 수 있도록 하는 것이다.

사회복지사는 서로 다른 체계가 필요한 과업을 달성할 수 있도록 돕지만 사회복지사가 직접 체계들이 추구하는 목적을 향해 일하는 것은 아니다. 그 일은 클라이언트와 환경체계의 몫이다.

사회복지사가 달성해야 하는 주요 3가지 과업이 있다.

(1) 클라이언트가 환경 체계에 접근하도록 돕는 것

(2) 환경 체계가 클라이언트에 반응하도록 돕는 것

(3) 클라이언트와 환경 체계가 서로의 공동 목표로 나가는데 필요한 일을 하도록 권장하는 것

클라이언트가 환경 체계에 접근하도록 돕는 과정에 있어 사회복지사는 클라이언트와 환경 체계의 공통된 관심사와 목적을 제일 먼저 클라이언트로 하여금 주목하게 한다.

사회복지사는 또한 클라이언트가 이러한 목적에 다가가지 못하도록 방해하는 것으로 보이는 난관을 밝힌다. 사회복지사는 클라이언트가 이런 난관을 극복할 수 있는 방법과 그것을 극복함으로써 얻게되는 이점을 지적하면서 클라이언트로 하여금 난관을 극복할 수 있음을 독려한다. 사회복지사는 클라이언트와 환경 체계가 함께 일하는 방법을 발견한다면 생길 수 있는 비전을 클라이언트에게 제공하려고 노력한다. 이런 일을 하면서, 사회복지사는 사회복지사 자신의 참여를 보여주면서 사람과 협회가 공동의 관심사를 향해 함께 일하는 사회가 되기를 원한다. 사회복지사는 클라이언트가 접근하기 위해 무엇이 필요한지, 클라이언트가 이를 수행하기 위해 무엇을 결심해야 하는지 알게 도와준다. 사회복지사는 클라이언트가 비현실적인 기대를 발전시키지 않도록 기대의 한계를 규정하는 것도 잊지 말아야 한다. 환경 체계에 클라이언트가 접근할 수 있도록 돕는 과정에서 사회복지사는 그들의 공통된 흥미와 관심, 협동적 기능을 방해하는 장애물을 지적한다.

사회복지사는 환경 체계의 관심과 자원이 작동할 수 있도록 돕는다. 사회복지사는 환경 체계가 상황에 대한 이해를 높일 수 있는 정보를 제공할 수 있다. 어떤 의미에서 개인으로서의 클라이언트와 환경 체계는 둘 다 모두 클라이언트이다. 어떤 상황에서(예: 이혼) 사회복지사는 주요 만남의 중재자로 고용된 것으로 보인다. 양 당사자는 순간적으로 이러한 분위기 속에서 클라이언트로 보인다.

이러한 전략을 이용할 때 사회복지사가 클라이언트 그리고 환경 체계와 계약 또는 합의하게 되는 내용은 양당사자간 과업에 있어 문제를 극복할 수 있는 시도를 할

것이라는 점이다.

사회복지사는 계약서 내용을 준수하면서 양당사자가 자신의 과업을 수행할 수 있게 하고 또한 그 상황에서 예상되는 것이 무엇인지 그리고 그들이 과업을 수행할 때 요구되는 것을 돕는다.

Schwartz와 Zalba는 중재 전략을 사용하면서 Schwartz와 Serapio Zalba와 일할 때 필요한 4가지 단계 과정을 규명하였다.

1. 적응 : 사회복지사는 상황별로 상호작용과정으로 들어갈 준비를 항상 한다.
2. 함께 시작 : 사회복지사는 다양한 사람들이 서로 다른 사람에게 다가갈 수 있게 하고, 행동으로 해야 할 일을 돕는다. 계약을 협상한다.
3. 일 : 해야 할 일을 하는 것이다.
4. 전이(변환)와 종결 : 상황에서 떠나고, 함께 일하기를 종결하고, 사회복지사가 상황에서 분리되는 것으로 이루어진다.

Ernesto Gomez는 Chican 클라이언트와 함께 일하면서 4가지 단계 또는 국면을 소개했다. 그는 적응 단계를 특별히 강조한다. 그는 이 단계에서 클라이언트가 상황에 영향 받는 법을 강조하면서 그 문화에 적응하게 하는 것이 중요하다고 지적한다. 이것은 언어학적인, 그리고 다른 문화양식에 대한 관심을 포함한다. 왜냐하면 이는 도움을 필요로 하는 특정 클라이언트의 요구와 관련되어 있기 때문이다. 사회복지사와 클라이언트가 함께 일을 시작할 때 문화적인 평가를 하는 것은 문화적 요소가 상황에 어떻게 기여하는지, 그리고 어려운 상황에 대처할 때 문화가 어떤 자원을 제공하는지를 자세하게 가르쳐주고 있어 도움을 제공한다. 이런 접근은 다양한 집단구성원과 일 할 때 유용하다.

중재단계에서 일할 때 관심의 초점은 클라이언트와 환경 체계이다. 각자는 공동의 관심사를 인식하게 하는 데 도움을 주고 감정, 요구, 필요물을 인식하게 해준다. 이것은 사회복지사로 하여금 상황 속에서 역할과 규정을 알아야 할 것을 요구한다.

사회복지사는 해야 할 일의 주요 핵심과 구조를 제공한다.

사회복지사는 자신의 지식과 이해의 바탕아래 체계가 함께 일을 더 잘 할 수 있는 방법에 대해 아이디어를 제공한다. 분류와 문제해결은 노력의 도구로 중요하다.

중재전략은 소규모 집단에서 사용하도록 개발된 것이지만 개인에게도 동일하게 효과적이라는 것이 증명되었고 특히 제도화된 사람들에게 매우 유용했다. 또한 그러한 전략은 가족집단에도 사용되고 임파워먼트를 하려는 상황에서도 종종 사용된다.

영향력

"현실은 통제가 아닌 영향력을 증명한다."는 말은 사회복지사의 상황을 가장 잘 기술한 것이다. 사회복지사는 개입-상호교류적 입장에서 활동할 때 완전한 통제를 하는 것은 아니고 특정한 성과를 보증할 수 없다. 그 상황에 연관된 클라이언트와 그 외 사람들은 그 상황에서 어떤 행동을 해야 할지 결정하는 능력을 가진다. 이런 능력은 기관 상황, 아동과 함께 하는 활동, 보호 서비스 활동, 보호관찰 및 가석방 활동 같이 클라이언트 행동의 어떤 양상을 통제하기 위한 권위가 사회복지사에게 주어져왔던 분야를 제외하고 통제는 불가능하다.

영향력은 "다른 사람에 대한 영향력 행사, 개인 또는 조직 역량의 훈련을 통한 조직화 행동"으로 규정되어 왔다. 영향력은 힘이 있다. 그것은 변화, 설득 또는 확신, 장애극복, 동기화 그리고 태도 변화를 초래할 수 있다. 사회복지사의 투입은 요구되는 활동을 위한 호의적인 분위기를 조성하는 것, 활동이 요구되는 사람들의 동기를 강화시키는 것, 함께 해야 할 일에 대한 "비젼을 제시하는 것" 그리고 저항을 줄이는 것 등이다.

영향력에 대한 중요한 기반은 다양한 상황에서 다양한 사람들과의 관계를 개발하고 활용하는 사회복지사의 지식과 기술이다. 영향력은 계획된 변화 과정에 대해 알고 이를 이용할 수 있는 사람들에 의해 발현될 수 있다. 영향력은 인간 개발, 인간의 다양성, 다양한 사회문제, 서비스와 자원의 이용가능성에 대한 이해로부터 나올 수 있다.

사회복지사는 영향력 관련 자신의 기반은 물론 함께 일하는 다른 사람들의 기반도 이용한다. 환경, 조직, 지역사회의 변화를 위해 일할 때 영향력을 가진 사람들은 매우 유용하다. 권력있는 자리에 선출되거나 임명될지 모르는 영향력을 가진 사람들은 존경받으며 자원과 정보를 통제하고 중요한 결정에 관여한다. 그들은 흔히 은밀하게 통제하는 사람들이다. 가치는 영향력과 연관되어 고려되는 중요한 요소이다. 사람들은 변화가 자신의 가치체계 내에 있고 자신에게 중요한 어떤 것을 제공할 때 변화로부터 더 영향을 받기 쉽다.

사회복지사는 클라이언트와의 관계에서 행사하는 힘과 영향력의 본질을 알 필요가 있다. 영향력은 사회복지사-클라이언트 관계에서 힘의 차이의 선천적인 결과이다. 덧붙여 전문가의 지식이나 기술-사회복지사는 자신의 가치, 지식, 기술, 어떤 개인적인 특성으로 인해 이것을 가지는데-은 클라이언트에 대한 사회복지사의 영향력에 또한 공헌할 수 있다.

클라이언트는 영향을 받거나 받지 않는 것에 대해 어느 정도 선택할 수 있다. 영향을 받기 위해 클라이언트는 적어도 어느 정도 변화를 위한 동기가 있어야 한다. 영향 받을 의지를 자극하는 몇 가지 요소들은 상황의 불편함, 변할 수 있다는 신념, 지위나 자원을 얻기 위한 바램, 그리고 누군가를 위해 상황을 변화시키려는 바램을 포함한다.

Nora Gold에 의하면 "사회복지사는 클라이언트의 유능감을 증가시키고 클라이언트를 자신의 목적을 달성하는 잠재적인 힘을 가진 사람들로 보고 어떤 변화가 일어나든 자신이 변해야 한다는 힘을 인식하도록 도움으로써 클라이언트들에게 동기유발자로서 유용할 수 있다." 고 하였다. Gold의 인용은 다름 아닌 Helen Harris Perman-사회복지에서 문제-해결 접근의 창시자-으로부터 온 것이다.

저항은 동기의 반대이고 때로 이는 변화를 위한 욕구보다 더 강하다. 변화에 대한 장벽-영향력을 받아들이기 위한-은 본래 문화적일 수 있다. 이데올로기, 전통, 가치는 모두 상황에 대한 문화적 영향력의 일부이다. 장벽은 또한 본래 사회적일 수 있다. 가족이나 동료집단, 상황의 규범, 또는 변화기관의 명성의 영향력은 변화에 대한 사회적 장벽이 될 수 있다. 또는 장벽은 본래 조직적이다-사람보다는 절차를 고려하는 경쟁적인 분위기나 조직의 분위기-가족 의사소통의 패턴은 변화에 대해 장벽이 될 수 있다. 두려움, 편견, 에너지와 기술 부족 같은 개인적 장벽 또한 영향력을 받아들이고 변화하는 개인의 능력에 영향을 미친다. 이러한 장벽들은 모두 원조상황에서 관계의 상호교류적인 성질의 부분이 될 수 있다.

영향력의 과정은 상호교류에 연루된 하나 또 그 이상의 체계와의 관계에서 실행된다. 다른 관계에 의해 영향 받는다는 점에서 이러한 관계는 본래 상호교류적이다. 사회복지사와 영향을 받는 체계 사이의 관계는 사회복지사의 영향력의 중요한 원천이다. 사회복지사의 노력에서 중요한 과업은 사회복지사가 그 상황에 다양한 영향력의 원천을 가져오도록 허용하는 종류의 관계를 조성하는 것이다. 사회복지사가 그 상황에 다양한 영향력의 원천을 적용함에 따라 연루된 하위체계들 사이의 관계에 변화가 발생하게 된다. 사회복지사의 지식과 기술은 물론 사회사업 가치는 영향력의 어떤 원천을 사용할지 또 그것들을 어떻게 사용할지를 결정하도록 이끈다.

영향력의 사용과 관련하여 윤리적으로 고려할 점이 있다. 영향력과 조정, 통제, 또는 힘의 남용 사이의 차이점에 대한 관심은 특별히 중요하다. 클라이언트와 다른 사람들은 전형적으로 사회복지사의 통제의 길이의 한계를 이해하지 못하고 법률적으로 허용된 것보다 사회복지사에게 더 많은 권위를 부여한다. 클라이언트는 사회복지사가 그들이 생각하기에 사회복지사가 그들이 하기를 원하는 것을 하지 않는다면 수입을 유지할 수 없다고 믿을 수 있다. 그러한 상황은 클라이언트가 사회복지사가 말해왔던 것보다 사회복지사가 원한다고 믿는 것에 따라 행동할 때 복잡하게 될 수 있다. 사회복지사는 그들의 권위를 클라이언트를 통제하는 것으로 사용할 수 있다. 그러나 이것은 자기결정의 가치를 부정하고 또한 누가 어떤 일을 어떤 기반에서 할 권리를 가지는지에 대한 관심사를 불러일으킬 수 있다. 동시대적 상황에서 자기결정 그리고 비밀보장 같은 사회사업 가치는 기관의 명령, 법정에서 보고된 법, 또는 다른 실천의 제약에 의해 제한받는다.

다음의 3가지 질문은 모두 영향력이 사회사업가치 안에서 사용된다면 활용될 수 있는 질문들이다.

1. 누구의 욕구가 영향력의 사용에 의해 만족되는가? 그것이 클라이언트의 욕구라면 그것은 사회사업 가치 내에 있다. 만약 사회복지사의 욕구라면 그렇지 않다.
2. 사회복지사와 클라이언트가 함께 협동하는 과정에서 목적이 설정되었는가?
3. 모든 관여된 것에 대한 선택의 자유가 최대한 가능한 정도로 고려되고 유지되었는가?

영향력은 사람들과 그들의 체계사이의 상호교류에서 개입을 계획하고 실행하는데 있어 사회복지사에게 관심 받는 중요한 사항이다. 힘의 차이가 자주 사회복지사와 클라이언트 사이에 존재하기 때문에 영향력의 오용을 예방하는데 관심을 기울여야 한다. 영향력 또는 자아의 사용은 사회사업 가치체계내에서 사용될 때 그 기능을 가능하게 함으로써 도움을 줄 것이다.

사례

8세 소녀의 히스패닉계 어머니는 딸의 피부발진 관련 의료적 도움을 받을 것을 병원 간호사로부터 권유받아 왔다. 어머니는 이런 권고를 따르지 않고 학교사회복지사에게 무엇을 할 수 있는지 알려달라고 요청하였다. 학교사회복지사는 건강보호에 대한 문화적인 태도를 고려했다; 권고를 따르는 것과 관련된 어려움이나 불가능은 학교, 학교간호사, 지역 건강보호체계, 가족 관계, 가족의 결정과정 등 여러 가지 영향 때문일 수 있다. 어려움은 언어장벽, 건강보호 및 재정적 자원에 대한 지식부족, 또는 다른 가족문제들로부터 일어날 수 있다. 엄마와 학교 간호사, 학교사회복지사의 관계는 자연히 상호교류적으로 보여진다.

이 사례에서 사회복지사는 여러 방식으로 상황에 영향을 미칠 수 있다. 그는 간호사의 권고가 좀 더 히스패닉 문화에 일치되는 방식으로 주어지는지 여부를 알기 위해 학교간호사와 문화적 함의을 논의할 수 있다. 이 과정을 통해 간호사와 엄마사이의 관계 변화 활동을 함으로써 상황을 변화시키고 따라서 상황의 상호교류 특성을 변화시킨다. 학교사회복지사는 엄마에게 그들의 중요성을 설명하거나 건강보호를 지향할 수 있게 하고, 가능한 건강 클리닉에 의뢰하거나 심지어 엄마와 딸에게 첫 예약을 해줌으로써 간호사의 권고를 따르도록 영향을 미칠 수 있다. 만약 히스패닉 원조자가 가능하다면 사회복지사는 이 원조자에게 왜 보호가 필요한지 설명하고 치료를 받을 수 있도록 엄마와 함께 활동할 것을 요구할 수 있는데, 이는 제3자에게 영향을 미치는 것으로 그는(제3자) 결국 엄마에게 영향을 미치게 될 것이다. 만일 사회복지사가 여러 유사한 상황들을 보아왔다면 그는 히스패닉 문화에 대한 직원교육 같은 방법으로 이런 클라이언트들에게 좀 더 가능한 체계를 만들기 위한 방법들에 대해 건강보호체계에 영향을 미침으로 학교체계에서 변화를 위한 활동을 할 것이다. 학교사회복지사는 모든 히스패닉 아동들과 그 부모의 욕구에 좀 더 반응할 수 있도록 학교 체계에 영향을 미칠 수 있다.

환경변화

환경조정은 클라이언트의 사회적 기능을 확장시키는 수단으로서 클라이언트의 환경에 변화를 가져오는 전략이다. 특히 환경에서 3가지 요소가 변화를 위한 표적으로 고려되는데 공간, 시간, 관계이다. 환경적 변화는 Mary Richmond의 시대 이후로 사회복지의 전략이 되어왔다. *환경치료*라는 용어는 Florence Hollis의 활동에서 나타나는데, 그는 클라이언트의 상황에서 변화를 초래하는 것으로서 환경치료를 논의했다. Max Siporin은 상황개입을 "구조적, 문화적, 기능적 패턴"을 변화시키는 것으로 규명했다. "행동의 장에서의 변화"를 논의할 때 Siporin은 "환경은 이러한 장에 거주하거나 사용하는 사람들의 행동, 감정, 자아상에서 영향을 미쳐왔다"고 지적했다.

Richard Grinnel과 Nancy Kyte는 커다란 공적 기관에서 사회복지사에 의한 환경수정의 이용에 관한 학습을 보고했다. 작가는 이것은 일반적으로 생각하는 것 보다 좀 더 복잡한 기술이라고 말했다. 이것은 환경이 클라이언트와 교류하고 그들의 기능에 충격을 주는 복잡한 체계이다.

*환경 심리학*은 개인에 대한 환경의 영향을 이해하기 위해 요구되는 심리학적 지식의 어느 정도를 공급한다. 이 지식은 욕구, 관계, 영역, 개인기능의 양상과 관련되는 프라이버시, 거리에 영향을 미친다. 이 분야가 발달함에 따라 사회복지사는 이 전략의 사용에 대한 좀 더 많은 이해를 가져야 한다.

Carel Germain과 Alex Gitterman은 *사회복지 실천의 생활 모델*에서 인간 기능의 생태학적 양상을 매우 강조했다. 그들은 환경 속의 사람들이 클라이언트를 위한 자원을 제공할 뿐만 아니라 클라이언트 행동에 대해 반응함으로 그의 행동에 영향을 미칠 수 있음을 지적하며 사회적 환경과 물리적 환경을 구별했다. 물리적 환경을 고려할 때 "만들어진 세계"와 "자연세계"는 모두 포함된다. 사회복지사가 환경조작의 전략을 오래 사용해왔음에도 지식기반은 실천의 지식이나 보편적 이해의 영역에서 유지되어 왔다. Germain과 Germain은 환경을 조작할 때 사용하는 초보적 지식기반을 제공했다.

생태체계 접근을 사용할 때 인접한 환경에 있는 개인이나 가족, 공식적 · 비공식적 체계 사이에서 상호교류를 변화시키기 위해 행동한다. 인접한 환경을 규명할 때 근접성과 관계는 모두 중요하다. 가족은 개인에게 있어 자주 근접환경 내의 주요체계가 된다. 개인과 가족에게 이웃, 확대가족, 친구, 그 외 중요한 사람이나 체계가 그렇듯 학교나 직업의 장은 중요한 체계이다. 클라이언트와 일할 때 첫 번째 선택은 이러한 체계가 클라이언트의 욕구를 만족하는데 있어 그를 도울 것으로 클라이언트 자신을 동기화시키는 것이다. 그러나 자주 클라이언트와 중요한 사람, 환경 내의 체계 사이의 관계는 개발되고 확장되고 또는 회복된다. 이것이 욕구가 해결되지 않아 클라이언트가 사회복지사로부터 도움을 요구하는 이유가 될 수 있다. 클라이언트의 편에서 일할 때 사회복지사는 이러한 의미 있는 사람이나 체계와 접촉하고 중요한 관계를 개발, 확장 또는 회복할 행동을 취할 필요가 있다.

중재는 환경에서 체계와 함께 하는 중요한 행위이다. 중재는 공식적, 비공식적 체계 모두에 사용될 수 있다. 그 외 중요한 기술은 의사소통, 매매, 협상, 문제해결, 갈등해결 증진 기술이다. 사회복지사는 환경 내 클라이언트 및 체계와 함께 일하거나 각각과 분리해서 일할 수도 있다. 분리해서 일하는 목적은 상황을 해결하기 위해 일종의 합동노력으로 이동하는 것이다.

사회복지사는 좋은 의사소통을 위해 자신의 의사소통기술을 사용한다. 이러한 기술은 8장에서 다룬다. 사회복지사는 좋은 의사소통의 모범을 보이고 사람들에게 좋은 의사소통을 위해 의사소통 패턴을 변화시킬 것을 요구한다.

의사결정, 문제해결 기술은 상황을 해결할 계획을 개발하기 위해 함께 일하는 능력을 포함한다. 사회복지사는 문제해결의 다양한 모델에 익숙하기 때문에 클라이언트와 그의 생태체계 구성원을 도울 수 있다. 덧붙여 사회복지사는 그들이 결정하거나 문제를 해결하기 위해 진행 과정을 진전시키도록 도울 수 있다.

협상, 타협, 갈등 해결은 해결되지 않은 차이가 존재할 때 사용된다. 이러한 접근은 관련된 집단의 욕구와 관심사를 확인하고 이러한 욕구에 대처하는 방법 찾기를 포함한다. 욕구가 확인되면 사회복지사는 다른 사람들로부터 욕구에 대한 반응을 끌어낸다. 사회복지사는 상황과 관련있는 사람들에게 그들의 욕구에 대처하기 위해 주고받기를 요구할 수 있으며, 집단 사이에서 상호호혜적으로 욕구에 대처할 방법을 제안할 수 있다. 사회복지사는 과정을 통해 오랜 시간 지속될 수 있는, 상호이익을 얻을 수 있는 합의를 얻으려고 시도할 지도 모른다. 다음과 같은 몇 가지 질문이 사용된다. (1) 이 상황에서 무슨 일이 일어났는지 알고 싶은가? 무엇이 당신의 욕구를 만족시킬 것인가? 그것은 당신을 만족시키기 위해 무엇을 할 것인가? (2) 당신은 이것을 해결하기 위해 무엇을 할 의지가 있는가? (3) 당신은 ~에 대한 의지가 있는가? (4) 만약 ~라면, 당신은 ~할 의지가 있는가? (5) 당신은 이것에 대해 무엇을 하기를 원하는가? 이러한 질문들은 사람들로 하여금 자신의 생태체계의 다른 사람들의 욕구를 만족시킴으로써 자신의 욕구를 해결하는 방향으로 움직이도록 계획된다. 욕구가 균형을 잡을 때 생태체계는 균형이 잡힌다.

환경에서 변화를 위한 계획을 할 때 사회복지사는 관계, 공간, 시간의 변수를 틀로 사용한다. 관계는 클라이언트의 능력을 확장시키기 위해 영향을 받아야만 한다. 이러한 것은 신체적 장애를 가진 사람의 상황을 예로 들을 수 있다. 환경내 사람들이 클라이언트를 보호하여 그가 결정을 할 수 없고 자신이 소유한 신체능력도 거의 사용할 수 없다면 유능감을 덜 느낄 것이다. 그러나 보호제공자가 적절한 독립을 격려한다면 그들의 유능감은 확장될 것이다.

변화는 클라이언트 환경의 공간적 차원에서 이루어질 수 있다. 공간은 그것을 차지한 사람에게 적절해야 한다. Irene Gutheil에 따르면, 물리적 공간을 고려할 때 중요한 요소는 공간의 특징과 그러한 특징이 빌딩의 디자인과 가구 배치를 수정함으로써 변화할 수 있는지 그렇지 않으면 고정되어 있는지와 같은 것이다. 또한 영역, 개인 공간, 밀집, 프라이버시 등의 이슈도 중요하다. 이러한 관심사들은 특히 거주 상황에서 중요하지만 사무실과 서비스가 제공되는 공간을 평가하는 데서도 고려되어야 한다.

신체장애를 가진 사람에게 물리적 장벽은 자기 충족감을 가로막을 수 있다. 유능감은 장벽이 제거될 때 확장된다. 물리적 환경은 개인이 요구하는 프라이버시를 보장해야한다. 감정과 행동에 영향을 미치는 빛과 색깔의 효과를 고려해야 한다.

공간에서 발생하는 활동과 활동하는 동안에 상호작용 하는 방식은 중요한 고려사항이다. 사람들에게 적절한 친밀감이 제공되어야 하는데, 너무 밀접하거나 너무 거리가 먼 것은 불편감을 일으킬 수 있고 사람들을 철회하게 할 수 있다.

시선접촉을 가능하게 하는 공간적 배치는 어떤 상황에서 중요하다. 원형배열은 각자가 모든 사람을 볼 수 있기 때문에 사람들이 서로 이야기하는 것을 장려한다. 모든 사람이 말하는 사람을 바라보는 방 배열은 집단 상호작용을 감소시키고 오직 말하는 사람에게만 집중하게 한다. 사회복지사는 클라이언트와 그들의 욕구에 대한 이해 및 사람들이 더 적절하게 기능하기 위해 공간이 어떻게 변해야 하는지를 판단하는 공간 배열에 대한 이해를 사용할 수 있다.

집단과 함께 일하는 사회복지사가 대인상호작용이 일어나는 모임장소에 의자를 배열할 때, 사회복지사는 공간을 조정하고 환경적 변화를 만들어왔다. 사회기관의 물리적 환경이 배열되는 방식은 클라이언트를 편안하게 또는 불편하게 느끼게 하고 바람직하지 않은 행동을 불러일으키거나 건설적인 행동을 가능하게 할 수 있다. 물리적 배열은 때로 클라이언트의 서비스 이용여부 혹은 욕구 충족 실패여부에 차이를 가져올 수 있다.

거주치료시설에서 아동의 입주는 환경 변화의 한 형태이다. 시설은 아동을 도울 수 있는 환경(공간, 프로그램, 직원 관계)을 활용한다. 환경치료는 환경을 차지하는 사람들의 태도와 관계를 치료도구로 활용한다. 병원, 요양원, 그 외 시설에서 환경 치료를 활용할 수 있다.

환경변화는 클라이언트의 사회기능을 방해할지도 모르는 관계, 공간, 시간 요소를 특히 강조하면서 상황에 대한 완전한 학습과 사정이 선행되어야 한다. 계획이 클라이언트의 문화 및 라이프스타일과 갈등하지 않도록 문화와 라이프스타일이 물리적 환경과 시간 이용을 어떻게 규정하는지 관심을 기울여야 한다.

사례

요양원에 있는 사회복지사는 자금정책 때문에 다른 거주자들과 함께 방을 써야 하는 몇몇 환자들이 낮에 잠깐이라도 혼자 있을 기회가 필요하다는 점을 주목하였다. 이런 거주자들은 자신을 보러오는 방문객을 만날 수 있는 개인적 공간이 필요한 듯 싶었다. 사회복지사는 이러한 욕구를 주간직원회의에 가지고 갔다. 처음에 직원은 개인공간을 위한 방이 없다고 말하면서 어쩔 수 없다는 태도를 보였다. 사회복지사는 낮이나 초저녁에 100% 사용되지 않는 공간을 확인하기 위해 시설을 돌아다녔다. 그는 이른 아침과 오후에 단지 2시간 동안만 사용되는 작업실을 발견하였다. 또한 2개의 편한 의자가 놓여있는 2개의 골방을 찾았다. 추가적으로 사회복지사는 날씨가 좋을 때 편한 의자가 제공된다면 방문을 위해 사용할 수 있는 외부공간이 있다는 것을 알았다. 다음 직원회의에서 사회복지사는 자신이 발견한 사항을 보고했다. 기관장은 누가 필요한 가구를 제공할 것인지 물었다. 활동지도자는 작업실에 있는 편안한 코너를 사용해도 좋다고 말했다. 그는 또한 프로젝트동안 보조자가 필요하다고 말하고 이것이 그들에게 좋을 것인지 궁금해 하였다. 2개월 이내에 확인된 장소는 편안한 개인적 공간으로 변모되고 거주자들은 그것의 사용을 위한 지침서 개발에 참여하였다.

활동 스케쥴이 달라짐에 따라 클라이언트에 대한 서비스에서 시간 요소가 달라질 수 있다. 사람들의 생활 속에는 신체적, 정신적 활동 시간과 침묵의 시간이 있다. 다양한 시간에 따른 클라이언트의 욕구를 고려함으로써 사회복지사는 클라이언트의 욕구에 부합되는 방식으로 할당된 시간을 사용한다. 예를 들면 아이들이 하루종일 학교에 있을 때, 방과 후에는 보통 조용하게 앉아있기보다 신체활동을 준비한다. 어머니와 함께 일할 때 사회복지사는 가족 요구가 큰 시간은 어머니가 자신의 욕구를 반영할 수 있는 시간이 아님을 알아야 한다. 약속시간은 클라이언트 생활의 시간리듬이 고려되어야 한다. 사회복지사는 이러한 시간 요소에 민감하고 클라이언트에 대한 서비스가 잘 이루어지도록 스케쥴을 변화시키며 일할 수 있다. 환경 조작의 전략을 사용할 때 사회복지사는 관계, 공간, 시간 활용을 위해 상황을 사정하고 계획한다. 변화를 계획할 때 사회복지사는 관계, 공간, 시간에 대한 이해를 활용하는 것이 중요하다. 사회복지사는 또한 사회적 기능에 있어서 클라이언트의 노력을 지지하기 위한 환경을 구조화하는데 있어서 창의적이어야 한다.

서비스 조정

조정은 둘 또는 그 이상의 서비스 제공자들의 협력 활동이다. 활동의 조정은 개인이나 가족과 같은 클라이언트에 초점을 맞출 수 있고(미시적 조정), AIDS나 발달 장애를 가진 특정한 범주에 속하는 개인에 초점을 맞출 수 있다(거시적 조정).

협력과 조정이 마치 동의어인 것처럼 사용되지만 이 책에서 사용되는 바와 같이 둘 사이에는 차이가 있다. 협력은 함께 일하는 것 또는 공통적인 행동 계획을 사용하는 둘 또는 그 이상의 협력자들의 팀워크이다. 조정은 행동을 위한 공통계획을 의미하지는 않는다; 사실 두 가지 또는 그 이상의 행동계획일 수 있다. 협력과 팀워크는 2종류의 조정이다. 이 섹션에서 여러 가지 다른 조정 방법이 제시된다.

조정이 효과적일 수 있기 위해서는 바람직한 목적을 위해 함께 활동하는 정신이 있어야 한다. 예를 들어 이 목적은 만성적인 정신질환자가 있는 지역사회를 유지하는 것과 같은 것이 될 수 있다. 이는 사회화와 직업재활 서비스는 물론 주거서비스, 의료모니터서비스, 수입유지서비스 등과 같이 다른 기관에 의해 제공되는 서비스의 조정을 요구한다. 공적 서비스는 물론 정신건강, 직업재활 분야, 그 외 기관들이 모두 참여할 필요가 있다.

또 다른 예로, 특정 지역사회가 노인들의 욕구 충족을 가능하게 하기 위해 일련의 서비스를 제공하는 것과 같은 공동의 목적을 가질 수 있다. 이것은 노인센터의 서비스, 공공건강보호기관, 공공 사회서비스, 그리고 지역사회에서 가능한 다양한 다른 서비스의 조정을 포함한다. 목적은 특정한 노인 클라이언트를 돕는 것뿐만 아니라 기존의 서비스를 좀 더 적절하게 노인들의 욕구에 반응할 수 있게 하는 것이 될 수 있다. 공통적인 목적은 많은 노인에게 유익할 수 있는 필요한 서비스의 네트웍이 될 것이다.

조정의 중요한 면은 관여하는 모두가 상호만족하는 것이다. 연관된 개인이나 기관은 타인에 대한 그들의 서비스를 조정하는 것이 이익이라고 믿을 필요가 있다. 이러한 공동이익의 감정은 개방된 교환과 만족의 감정을 이끄는데, 이것은 생산적인 관계를 위해 필요하다. 조정은 공식적인 사회서비스기관들보다 광범위한 일련의 자원들을 포함한다. 그것은 다양한 훈련을 받은 전문가, 학교와 교회 같은 지역사회 기관의 서비스 공급자, 지역사회 자조집단의 지도자; 친구, 가족, 동료 같은 비공식적 자원을 포함할 수 있다.

조정을 막을 수 있는 한 가지 요소는 다른 전문적 훈련을 받은 사람들이 클라이언트와 클라이언트의 욕구에 대한 다른 관점을 가지고 있는 것과 관련된다. 의사는 노인들의 약한 건강 상태를 주요 이슈로 간주한다. 사회복지사는 이들의 지지체계부족을 주요이슈로 간주한다. 노인센터장은 격리를 예방하기 위해 사회화를 위한 욕구를 확인할 것이다. 각 전문가는 클라이언트를 위해 각자 다른 욕구를 옹호할 것이다. 의사는 요양원 입주를 주장할 것이다. 노인센터장은 센터의 활동에 클라이언트를 관여시키기를 원할 것이다. 사회복지사는 클라이언트의 바램을 확인한 후 지지체계를 개발하려고 할 것이다.

각 전문가들은 자기 고유의 사회적 과업을 수행하고, 자신만의 방법으로 기능하며, 자신만의 가치와 지식 기반을 가지고 있다. 사회복지사가 다른 훈련가 들과 함께 일할 때, 다른 전문가들의 관점을 이해하는 것이 중요하다. 다른 전문가들과 관련된 이슈, 중복되는 관심과 서비스영역들은 확인되어야 한다. 사회복지사는 전문가들 사이에서 잠재적인 긴장을 알아야 한다(다른 전문가들과 함께 일하는 것은 5장에서 논의된다).

모든 전문가들이 클라이언트나 클라이언트의 욕구에 대해 같은 방식으로 생각하거나 생각해야만 한다는 기대는 조정에서 중요한 장벽이다. 차이를 이해하는 것이 조정방식으로 함께 활동하는 첫 단계이다. 이러한 이해는 조정관계를 개발시키는데 사용되고 존경과 수용을 이끌 수 있는 각각의 전문가들의 명확한 능력의 확인을 돕는다. 다른 전문가들의 공헌에 대한 존경과 수용은 조정 행동에서 필요한 구성요소들이다.

비공식적인 분야로부터 나온 자원과 행동을 조정할 때 공식적이고 비공식적인 자원이 기능하는 다른 방식들을 아는 것이 중요하다. Eugene Litwak와 Henry Meyer는 일차집단(자연체계)과 관료주의(공식체계)의 기능에 있어서의 차이를 지적했다. *일차체계*는 섞여있고 개인적이며 애정적 결속을 가지며 대면접촉을 요구한다. 그들은 획일화되지 않고 상대적으로 독특한 사건들을 가장 잘 다룬다. 그들은 적응적이고 융통성이 있고 신속한 대처능력이 있다. *공식체계*는 비개인적이고 규칙 내에서 작동하며, 전문적이고 기술적인 전문성을 가지고 기능하며 공통적인 방식으로 대다수의 사람들을 다룬다. 두 종류의 서비스 체계는 중요하고 조정되어야 한다. Litwak와 Meyer의 중요한 공헌은 그들이 *조정의 균형이론*이라 불리는 것이다. 두 타입의 체계(공식적 그리고 비공식적)들이 너무 떨어져 있다면 의사소통은 일어나지 않을 것이다. 그들이 너무 가깝다면 그들의 차이가 각 다른 것의 기능을 막을 것이다. 각 체계가 가장 잘 기능하는 곳은 두 체계들 사이의 사회적 거리의 중간지점이다(중간지점은 두 체계가 서로 의사소통 할 수 있지만 너무 가깝지는 않아서 각 체계의 기능이 손상되지 않는 지점이다).

비교적 비공식적인 지역사회 집단에서 지역사회의 영향력과 자연주의 협력자를 알게 된 사회복지사는 비공식적 체계의 조정을 촉구할 관계를 개발시킬 수 있다. 비공식적인 체계에서 기능하는 사람들이 사회복지사를 알게 된다면 그들은 사회복지사와 의논하고 그에게 누군가를 의뢰하는 것이 좀 더 쉬울 것이다. 바꾸어 말하면 사회복지사는 이러한 협력자들이 좀 더 편안한 비공식적인 장에서 보편적인 관심사들을 논의할 수 있다.

다른 고려사항은 여성과 남성이 의사소통하는 방식들 사이에 차이가 있다. 전통적으로 여성은 의사소통시, 협력자를 찾고자 하고 반면 남성은 경쟁자를 찾는 경향이 있다. 여성은 대체로 덜 구조화된 장에서 좀 더 편안해 하고, 반면 남성은 보다 더 공식적인 의사소통을 하는 장에 끌린다. 자연주의 원조체계는 좀 더 자주 여성 체계인 것처럼 보인다. 공식적 체계는 남성과 여성이 모두 직원임에도 전통적인 남성적 의사소통에 좀 더 근접한 공식화된 방식으로 기능한다. 남성 사회복지사는 특히 비공식적 원조체계에서 일할 때 의사소통 스타일에서의 차이를 알아야 한다.

조정은 여러 기제를 통하여 수행될 수 있다. 하나는 흔히 다중서비스센터라 불리는 보편적인 장에서 유사한 인구를 돕는 사람들을 배치하는 것이다. 이것은 그러한 요구되는 서비스에 근접한 지역사회 장에서 다양한 기관들을 대표하는 기관 또는 개인 서비스전달자(예; 가족서비스 사회복지사, 지역건강간호사, 수입보장 사회복지사)를 배치함으로써 행해질 수 있다. 이것이 클라이언트에게 좀 더 접근성이 있을 뿐 아니라 전문가들 사이에 분담을 촉진하는 것이 될 것이라 생각된다.

서비스를 연결하는 또 다른 수단은 정보와 의뢰서비스가 되어왔다: 이것은 기능의 수단과 그것을 담당하는 직원의 능력에 달려있는 조정 기제로서 제공될 수 있다. 서비스에 대한 정보 제공을 강조한다면 조정 기능은 아마도 수행되지 않을 것이다. 의뢰와 클라이언트의 욕구와 관련된 서비스에의 접근을 가능하게 하는 것을 강조한다면 조정적인 서비스는 전달되는 서비스의 사후지도와 평가에 의해 확장된다. 평가는 또한 유용성이 없어 충족되지 않은 욕구와 요구되는 서비스의 확인에 따라서 프로그램 개발을 이끌 수 있다. 조정적인 접근에서 특히 고려할 만한 가치가 있는 것이 사례관리이다

사례관리

사례관리는 서비스 전달의 조정적인 접근으로 상당한 관심을 받아왔다. 그것은 아동복지, 정신건강(특히 만성정신질환)발달장애, 노년학 분야에서 유용하다는 것이 발견되었다. 사례관리의 활용은 클라이언트가 여러 가지 사회적 서비스 또는 건강 공급자로부터 일련의 서비스가 필요한 때 자주 지적된다. 그러한 서비스를 위한 공급은 연방정부의 법률에 의해 지지되었다.

사례관리 과정이 모든 장에서 다양한 방식으로 규정되어왔음에도 보편적인 맥락이 존재해왔다. Karen Orloff Kaplan에 따르면 과정은 5개의 구성요소로 이루어진다. (1) 사례확인 (2) 사정과 계획 (3) 조정과 의뢰 (4) 서비스 수행 (5) 모니터링, 평가, 재사정.

사정과 계획은 클라이언트 욕구뿐만 아니라 그의 비공식적인 관계망과 인접 지역사회에서 활용 가능한 자원 고려하기를 포함한다. 사정은 최대한 클라이언트의 투입으로 수행되고 필요한 자원을 확인하는 것을 포함하며, 그들을 클라이언트의 바람과 생활양식을 고려한 계획으로 엮는 것을 포함한다. 이렇게 함께 엮는 것을 보충 자원

패턴을 개발이라 말한다. 사례관리는 통합을 제공하여 자원이 중복되지 않고 클라이언트가 욕구충족을 위해 전체적인 관점을 이해할 수 있도록 한다.

사례관리는 협력적인 투입과 서비스 조정을 위해 필요한 정보를 제공하기 위한 다양한 자원에 이른다. 사례관리자는 창의적으로 새로운 자원을 개발하고 존재하는 자원을 수정할 필요가 있다. 규칙적인인 모니터링은 사례관리의 또 다른 과업이다.

보통 특정한 실천분야(아동복지, 노인대상 서비스)에서 서비스를 언급하면서 여러 가지 사례관리모델이 개발되었다. Jack Rothman에 의해 개발된 것은 과정이 좀 더 완전하고 명확하게 기술된 것처럼 보인다. 이 모델은 발굴이나 의뢰를 통해 기관에 접근하는 것으로 시작되고 인테이크와 사정을 통해 진행되었는데 이것은 목적 설정에서 단기와 장기적인 심리, 사회, 의료적 요소를 가진다. 이 경우 다양한 대안들이 가능하다; 개입계획, 자원 확인, 색인화, 클라이언트를 공식적인 기관이나 비공식적인 가족 등에 연결하는 것 등. 상담, 치료, 옹호, 정책적 고려를 포함하여 기관간의 조정이 또한 사용되지만 과정 고리 밖에 있어서 단지 필요할 때만 사용된다. 모니터링, 재사정, 결과평가는 또한 연결되어 있다. Rothman은 과정이 융통성 있게 활용되고 순환되어야 함을 강조했다.

사례관리와 관련하여 두 가지 목적이 있다: 보호의 연속성과 기능수준의 최대화.

*보호의 연속성*은 이러한 접근의 사용으로 이득을 얻는 많은 클라이언트들이 연장된 기간의 서비스가 필요하기 때문에 중요하다. 이러한 보호는 다른 지역사회와 기관의 범위에서 공급될 필요가 있다. 서비스를 위한 전체적인 계획은 상당히 바람직하다. 그리고 사례관리자는 자주 소망의 연속성을 제공한다. 이 접근이 적용되는 많은 클라이언트들이 약한 독립적 기능수준을 가지기 때문에 *기능의 최대 수준*은 중요하다. 사례관리 접근은 최대기능수준을 격려하는 계획을 이끌 수 있다.

Stephen P. Moore는 사례관리는 행동을 가능하게 하게 해야 한다고 했다. 공식적 서비스가 가족의 돌봄과 경쟁하거나 대체하기보다 또 다른 비공식적인 도움을 보충해야한다는 면에서 비난을 받고 있다. 이것은 서비스의 복합성에 부가될 수 있다. 사례관리자는 비공식적인 보호체계의 현재 잠재적인 강점, 한계, 기능을 고려할 필요가 있을 뿐만 아니라 이러한 체계에서 도움을 위한 잠재성을 개발할 필요가 있다. 그는 요구되는 자원에 따라 비공식적인 체계의 수행을 가능하게 하기 위해 비공식적 체계에 지지와 다른 서비스를 제공할 필요가 있다. 비공식적 체계와 관련한 스트레스 뿐 아니라 원조체계의 욕구를 아는 것이 중요하다.

사례

Larry는 그룹홈 거주가 필요한 발달장애를 가진 35세 남성으로, 그 부모는 나이가 많아 그를 보호하기가 어렵다. 기관의 사례관리자는 Larry의 시설입소를 의뢰하였으며 포괄적인 사정을 수행하였다. 사례관리자는 Larry와 이야기를 나누고 그가 보호작업장과 레크레이션 활동에 참여하며 지역사회 생활에 적응하는 단기간의 목적을 설정했다. 사회복지사는 작은 도시에 보호작업장이 있는 그룹홈을 선택했다. 사례관리자는 Larry가 대도시 생활에 적응할 필요는 없는데 이것은 지금 이 시점에서는 혼란을 가져올 뿐이라고 믿었다. 이 시설의 직원은 Larry같은 사람과 활동하는데 있어 매우 성공적이었다.

사례관리자는 보호작업장 직원(그는 Larry에게 일을 할당하고 함께 일하는데 성공적이었다)과 Larry의 관심과 경험을 논의했다. Larry가 배치된 공동체는 특히 레크레이션 활동이 활발했는데 이곳이 대학타운이고 학생들은 그룹홈 거주자들과 함께 일하는 것이 가능하였기 때문이다. 그룹홈 지도자와 사례관리자는 이 자원을 사용하기 위해 특별한 계획을 만들었다. 초기 배치단계 중에 사례관리자는 Larry, 그룹홈, 보호작업장을 주별로 접촉하면서 상황을 신중하게 모니터할 계획을 세운다. 그룹홈 매니저는 레크레이션 프로그램을 만들기 위한 책임을 가질 것이다. 적응단계 후에 사례관리자는 모니터가 빈번하지 않기를 원한다. 그런 시간에 Larry와 함께 장기 목적을 세우는 것이 중요할 것이다.

사례관리는 사회복지사가 직접적, 간접적 접근을 모두 사용할 것을 요구한다. 그것이 진정한 일반주의 사회복지사의 사회복지 실천이고 그것은 다양한 전략들을 함께 엮어서 복잡한 도전을 받고 있는 클라이언트의 욕구에 대응할 수 있다. 조정은 사례관리의 중요한 관심사이다.

요약

클라이언트와 함께 일하는 일반주의 사회복지사는 경제성, 자기결정, 개별화, 발달, 상호의존, 서비스 목적에 초점을 두는 원칙에 기초해야만 한다. 선택은 또한 사회복지사의 기술, 사회복지사의 개입 레파토리의 기술에 의존한다. 행동을 사용하는 차원은 다음과 같다.

- 클라이언트가 유용한 자원을 사용할 수 있게 하는 행동은 서비스 전달 체계, 의뢰과정의 이용에 대한 기술, 중재자와 옹호자 역할 기술에 대한 완전한 지식을 요구한다. 서비스 전달 체계는 공식체계는 물론 비공식적인 원조망을 포함한다.
- 클라이언트가 환경과 상황에서 변화를 가져오게 할 수 있는 행동은 무기력한 사람들의 임파워먼트를 허용한다.
- 클라이언트 편에서 긍정적인 사고와 행동을 확장시키는 것은 그들이 변화를 초래하도록 그들 내부의 강점을 유용화 시킨다.
- 위기에 대응하는 행동은 위기 상황을 인식하는데 기술을 요구한다. 위기에의 대응은 즉각적이고 활동적이어야 한다.
- 우선적으로 지지적인 행동은 특히 긍정적인 행동과 태도에 초점을 둔다. 그것은 과잉의존성에 반대하고 성장을 촉진시킬 수 있다
- 활동적인 행동은 특히 행동지향적인 사람과 함께 일할 때 유용하다.
- 행동은 도구이다. 행동을 활용할 때 사회복지사는 클라이언트의 생활양식과 특징을 고려한다. 또한 그것을 수행하는 활동과 과정의 고유한 특징을 고려해야 한다.
- 행동은 중재목적을 가지는데 이것은 클라이언트와 환경이 기능적인 방식으로 상호작용하지 않을 때 유용할 수 있다. 사회복지사는 클라이언트와 환경이 서로 만날 수 있도록 돕기 때문에 보편적인 욕구를 수행할 수 있다.
- 영향력을 미치게 하는 행동은 클라이언트를 위하여 다른 사람에게 관여하는 사회복지사의 개입 레파토리의 중요한 요소이다. 사회복지사는 영향력을 사용하고 영향력 있는 사람들과 일할 수 있어야만 한다.
- 환경변화를 초래하는 행동은 클라이언트의 환경에서 구조, 문화, 기능 패턴을 변화시키기 위해 사용되는 전략이다. 특히 중요한 패턴은 관계, 공간, 시간의 패턴이다. 이러한 전략은 사회복지사에게 창의적인 행동을 요구한다.
- 서비스의 조정과 관련되는 행동은 서비스 전달체계의 완전한 이해를 요구한다. 의사소통은 조정의 중요한 요소이다. 사회복지사는 서비스전달자들의 의사소

통을 도움으로써 조정을 부추긴다. 사례관리와 관계망은 조정을 개발하는 전략이다.

학습질문

1. 클라이언트와 함께 취하는 행동을 선택할 때 당신이 고려하는 요소는 무엇인가?
2. 당신은 공식 체계(기관)의 대변자로서 클라이언트가 필요한 자원을 얻기 위해 비공식 체계를 돕는 것에 대해 어떻게 할 것인가?
3. 여성, 유색인종, 위기집단과 일할 때 임파워먼트가 특히 중요하게 고려되었다. 당신은 왜 임파워먼트가 그러한 상황에서 중요하다고 생각하는가?
4. 당신이 직면하고 있는 상황을 고려하면서 당신이 그것에 대해 가지고 있는 부정적인 생각이나 감정을 기술하라. 그런 생각을 성공적인 해결을 예견하는 긍정적인 생각으로 변화시키고 감정과 가정을 기술하라. 긍정적인 사고가 그 상황에서 당신의 행동을 어떻게 변화시키는가?
5. 당신이 관여해왔던 상황에서 위기과정을 기술하라. 위기의 해결에서 가장 호의적인 것은 무엇인가?
6. 지지가 사회복지사가 취해야 할 적절한 행동이라고 믿는 어떤 상황을 말해보라.
7. 특정한 상황에서 호의적일 것이라고 생각하는 행동을 선택하라. 당신은 이러한 행동을 어떻게 선택하게 되었는가? 그것은 어떻게 구조화되고 표현되어야 하는가?
8. 중재모델이 적절한 상황은 어떤 것인가?
9. 조정의 다양한 형태의 강점과 한계를 논하라.
10. 당신이 친숙한 지역에서 자조집단이 만족시킬 수 있다고 믿는 욕구를 말하라.
11. 어떤 방식에서 사회기능이 비지지적인 환경을 지정하고 어떻게 좀 더 사회기능을 적절하게 지지하기 위해 환경을 변화시킬지 논하라.

제12장 평가와 종결

학습기대

1. 사회복지과정에서 평가에 사용되는 기술과 평가의 중요성 이해
2. 변화과정의 각 단계와 완수단계에서의 평가의 활용 이해
3. 평가과정에서 조사기법의 활용 이해
4. 사회복지과정에서 종결과정 이해
5. 종결의 종류 이해
6. 종결에 대한 사회복지사의 감정과 이러한 감정을 다루고, 인식해야 하는 필요성 이해
7. 종결과정의 구성요소 이해
8. 종결의 반응으로서 클라이언트와 끝내기, 분리하기의 중요성 이해
9. 의뢰와 이전과정 이해
10. 종결과정에서 사용한 기법과 기술 이해

본 장에서는 평가와 종결을 함께 다룬다. 평가와 종결은 다양한 측면에서 분리되지만 동시에 서로 연결되어 있다. 변화과정의 성공적 완성에 있어 평가는 목표를 성취했는지, 그리고 욕구를 충족했는지를 결정함으로써 종결의 기초를 제공한다. 평가는 변화과정을 통해 발생한다. 동시에 여러 가지 이유로 인해 과정내 어느 시점에서도 계획되지 않은 종결이 있을 수 있다. 사회복지사는 계획되지 않은 종결이 발생하더라도 클라이언트의 욕구에 반응할 준비가 되어 있어야 한다. 전적으로 계획되거나, 계획되지 않은 종결에 대한 반응을 결정하는데 있어 지속적인 평가는 사회복지사에게 중요한 지식을 제공한다.

사회복지과정의 지속적인 과정인 평가는 사회복지 변화노력의 목적과 목표가 성취되었는지를 결정하기 위한 수단이다[그림 1, p.260 참조]. 또한 평가는 목적과 목표를 이루고자 사용한 수단을 파악하는 것을 포함한다. 평가는 원조활동에서 발생한 긍정적이고, 부정적인 두 가지 측면에서 예기치 않게 발생한 결과물을 확인한다. 평가는 지속적이어야 하지만 각 단계가 완성될 때 특히 중요하다. 사정 후에도 평가가 있는데, 여기서는 필요한 정보를 수집했는지를 검토하고, 상황속의 클라이언트와 정보의 의미에 대해 적절한 결론을 내렸는지를 살펴보아야 한다. 계획 후에는 그 계획이 완전하고 실현가능한지를 결정해야 한다. 행동을 수행한 후 평가는 바람직한 목적이 달성되었는지를 판단해야 한다. 평가는 또한 종결 과정에서 중요한 부분이다.

평가는 기대했던 것이 실제로 일어났는지를 발견해 내는 것이다. 평가는 완성된 과업을 보고 방법과 전략이 기능했는지, 왜 그렇게 되었는지를 판단하는 것이다. 평가는 클라이언트와 의미 있는 사람들이 자신들의 관점에 따라 일이 진행되었는지에 대해 체크하는 기회이다. 어떤 일에 대한 평가는 모든 사회복지사의 전문적 의무이고, 지속적으로 이루어져야 하는 과정이다. 프로그램과 기관은 지속적으로 기관의 소명, 의도, 목적, 프로그램에 대하여 평가해야 하는 의무가 있다. 사회복지사와 기관은 수행에 있어 클라이언트와 지지해 주는 자원, 일반대중에 대한 책임이 있으므로 평가는 필수적이다. 사회복지사는 기관 내에서의 위계에 관계없이 어떤 방법으로라도 평가에 참여해야 한다. 기관과 프로그램 평가는 15장과 본장에서 논의할 것이다.

본장에서는 평가의 다양한 종류와 각 변화 과정의 국면동안의 평가, 평가에서 활용하는 기법을 고찰할 것이다.

사회복지과정의 마지막 단계는 **종결** 또는 최종단계이다. 종결과정은 종종 소홀히 다루어지지만, 사회복지 노력의 중요한 측면이다. 작업의 시작에서부터 종결을 함께 계획해야 한다. 클라이언트의 욕구 충족에 초점을 두는 사회복지 관계는 그러한 욕구가 충족되면 종결된다. 활동을 계획하는 시간계획은 적절한 종결의 시기를 구체화해 준다.

종결에서 클라이언트 체계의 배경과 종결의 이유를 고려하는 것이 중요하다. 삶은 시작과 끝의 전체 과정이다. 어떤 경험의 끝은 다른 경험의 시작의 신호이다. 종결 작업은 클라이언트의 사회적 기능을 향상시킨다. 또한 어떤 종결은 강한 감정을 불러일으킬 수 있다. 이러한 감정은 성장의 수단으로 활용될 수 있으나, 부정되거나 억압

될 수도 있다. 아마도 이후의 사회기능을 방해할 수도 있고, 촉진할 수도 있다.

종결을 고려하면서 두 가지 측면을 논의할 것이다. (1) 종결의 유형과 클라이언트와 사회복지사가 원조관계를 종결하는 이유 (2) 종결과정의 내용–감정다루기, 변화의 안정화, 클라이언트 평가 등.

평가의 유형

만약 행동계획을 개발하면서 평가를 계획한다면 그 행동계획은 사회복지사와 클라이언트, 기관에게 최대한의 정보를 제공하는 방법을 수행할 수 있는 확실한 방법 중의 하나이다. 만약 사회복지 과정이 시작하기 전에 평가에 사용할 정보가 규명된다면 그 정보는 평가에서 유용하게 사용될 것이다.

보다 효과적이고 효율적인 평가를 위해서 다양한 평가유형을 이해하고 평가과정을 수행하기 위한 방법을 이해하는 것은 유용하다. 평가에는 많은 목적이 있으며, 다양한 유형이 있다. 가장 단순한 형태는 어떤 일이 일어났고, 왜 일어났는지에 대해 생각하는 것이다. 사회복지과정의 종결국면 동안, 사회복지사와 클라이언트는 계약한 목표들이 이루어졌는지 결정하고 목표달성을 가능케 한 것들을 토의한다. 평가는 클라이언트에게 무엇이 유용했는지, 무엇이 다르게 행해졌는지 토론하는 것을 포함한다. 프로그램 평가는 좀 더 복잡하고 통계적 자료나 다른 조사 방법을 포함한다. 평가는 **총괄적**(summative)이거나 **형성적**(formative)인 것으로 간주된다. 총괄평가는 산출결과나 효과성과 관련이 있다. 형성평가는 실천과정을 살펴보는 것인데, 서비스의 다양한 단계동안 진행한 일들이 최종결과에 어떤 영향을 주었는지를 살펴보는 것이다. 그러한 평가는 관계의 특성, 회합의 내용 또는 활동이 진행된 세팅에 관심을 갖는 것이다. 이 두 가지 유형은 사회복지실천에서 중요하고, 평가과정에 포함되어야 한다. 이 부분은 평가의 다양한 방법을 강조한다. 평가의 유형은 사회복지과정의 단계, 프로그램이나 기관의 책무성과 관련된 자료에 대한 욕구에 따라 결정된다.

평가를 이해하는 한 가지 방법은 평가와 관련하여 사용하는 다양한 분류도식(classification scheme)을 고려하는 것이다. 첫 번째 분류는 그 평가가 특정 사례를 대상으로 하는 것인지, 기관 내 프로그램을 대상으로 하는 것인지, 또는 그 기관 자체에 대한 것인지에 관한 것이다. 특정 사례를 대상으로 할 때 평가는 사회복지사와 클라이언트가 함께 정한 목표가 달성되었는지 여부에 초점을 맞춘다. 과정에 대한 평가는 행동계획의 다양한 구성요소들이 목표달성에 어떻게 기여했는지에 초점이 맞추어진다. 활동과정에 대한 평가는 사회복지사와 클라이언트의 연합 노력이다. 왜냐하면 클라이언트는 보통 목표달성이나 다른 클라이언트와 관련된 자신의 상황에 대해 가장 좋은 정보원이기 때문이다. 종종 사회복지사들은 상황 속의 클라이언트에 관해 생각하고, 그 클라이언트와 다른 클라이언트의 관계를 생각한다. 이것은 그 사회복지사가 미래에 유사한 상황에 있게 될지 모르는 다른 클라이언트에게 접근하는 방법에 대한 이해를 발전시킬 수 있도록 한다.

프로그램과 기관 평가는 기관의 기능에 대한 효과성을 평가한다. 이러한 유형의 평가는 종종 서비스 공급의 효율성과 관계된다. 이는 사례평가처럼 개별화되기는 어렵다. 평가유형에 따라 다른 방법과 기술이 필요하다.

프로그램 평가는 4가지 목적이 있다. 첫째, 외부에서 자금과 승인을 제공하는 외부로부터의 요구를 충족시키기 위함이다. 둘째, 클라이언트 만족의 지표를 제공할 수 있다. 셋째, 새로운 실제 지식과 사회복지사의 능력을 발전시키는데 사용될 수 있는 정보를 제공할 수 있다. 넷째, 프로그램 평가는 새로운 서비스가 필요함을 증명할 수 있고, 서비스 제공자나 기금주, 일반 대중에게 효과성을 보여줄 수 있다.

두 번째 분류는 질적 평가와 양적평가이다. 양적평가는 조사대상자의 반응을 평균화하고 수치를 활용하여 만족도를 측정하는 것이다. 이러한 방법의 이점은 통계적 계산을 통해 결과물이 무작위 오류 때문인지 서비스와 관련된 것인지를 결정할 수 있다는 것이다. 단점은 충분한 정도의 개개인의 경험을 수집할 수 없기 때문에 의미 없는 자료가 될 수 있다는 점이다. 질적 자료는 사람들의 경험과 관련된 질문에서 수집된다. 이는 클라이언트의 관점에서 서비스의 포괄적인 그림을 보여주는 이점이 있다. 그러나 양적자료 수집보다 시간과 비용이 많이 든다는 단점이 있다. 게다가 클라이언트 집단 샘플이 더 적고, 자료의 분석이 어렵다. 오늘날 서비스 전달체계는 조직적 관리 경향과 평가에서의 양적자료 활용에 의해 영향을 받는다. 임상적 실천은 행동심리학에서 영향을 받았고, 행동의 측정을 강조한다. 또한 정보와 기록의 전산화 경향은 양적자료를 요구하고 있다. 그러나 대부분의 사회복지사들은 인간기능의 질적 요인 때문에 양적자료만 다루지는 않는다. 비록 행동은 측정 가능하지만 기분과 감정은 측정할 수 없고, 질적 측정은 이러한 요인들을 평가하는데 더 기능적이다. 대부분의 클라이언트 조사는 두 가지 방법의 이점을 활용하기 위해 양적자료와 질적 자료를 포함해야 한다.

세 번째 분류는 임상평가(clinical)와 운영평가(management)이다. 이 분류는 질적, 양적평가와 밀접하게 관련되지만(일반적으로 양적자료를 활용하는 것이 운영평가이고, 질적 자료를 활용하는 것이 임상평가이다.) 이러한 평가유형의 적용은 매우 다르다. 운영평가는 내부의 스텝 구성과 프로그램 결정을 위해, 또한 서비스와 서비스를 지원하는 자원의 욕구 실현을 위해 활용된다. 임상평가는 전문가들(사회복지사와 수퍼바이저)이 활용한다는 한계가 있고, 평가에 클라이언트가 포함된다. 왜냐하면, 임상평가와 운영평가는 용도가 다른데 평가유형이 다른 경우에는 다른 정보를 수집해야 하고, 결과적으로 다른 결과를 기대하게 된다. 때로 두 가지 유형의 평가를 모두 활용한다. 이 방법은 자료를 이중으로 수집해야 하는 단점을 피할 수 있기 때문에 효율적이다. 그러나 두 가지 다른 목적을 위해 같은 정보를 사용하는 것은 어려울 수 있다. 운영평가는 통계적 자료가 필요하고, 이러한 자료는 특정 문제의 카테고리로 분류되기도 한다. 임상평가는 대개 욕구의 유형, 관심, 욕구와 그 해결책이 클라이언트와 클라이언트의 상황에 어떻게 영향을 받는지와 관련된다.

또 다른 분류는 Michael Key, Peter Hudson, John Armstrong이 개발한 것이다. 그들은 하드라인과 소프트라인의 연속선에 따라 평가방법을 구분하였다. 하드라인 평가는 프로그램 실행 전에 정한 목표, 방침에 초점을 맞춘다. 이 유형의 평가에는 어느 정도 과학적인 객관성이 포함된다. 소프트라인 평가는 감정과 의견에 바탕을 둔다. 각 결과는 다른 유형의 정보에 따르는 것이다. 사회복지사는 하드라인 정보가 평가에 필요한지 결정해야 하고, 만약 아니라면 하드라인 정보를 보충하거나, 내용을 이야기하기 위해 소프트라인을 사용한다.

각 분류유형은 평가의 다른 차원을 강조한다. 각각의 평가노력은 네 가지 분류에서 연속선상의 개념으로 분류될 수 있다. 평가방법, 기술을 선택할 때 평가 상황의 욕구를 고려하는 것, 가능한 분류(사례 또는 프로그램/기관, 양적 또는 질적, 임상적 또는 운영, 하드 또는 소프트)를 모두 고려하는 것, 특정 상황의 요구에 맞는 방법을 선택하는 것이 중요하다.

평가의 조사기법

평가수행에서 다양한 조사기술이 유용하게 활용되고 있다. 왜냐하면 평가와 조사는 여러 가지 고려사항과 관심을 공유하고 있기 때문이다. 사회복지사가 실천에서 평가와 조사에 익숙해져야 하는 중요한 이유는 (1) 서비스의 성공과 실패의 평가 (2) 실천가로서의 강점과 한계를 스스로 평가하기 (3) 전문문헌이나 훈련프로그램에서 발견된 다양한 접근과 기법의 잠재적 활용을 평가 (4) 책무성의 일부분으로서 이러한 결과를 보고하고 자원의 효율적 사용을 최대화함으로써 효과성을 더 높이기 위한 것이다. 마지막 부분은 다음에 보다 구체적으로 살펴볼 것이다.

본 논의의 목적은 사회복지실천에서 실천과 조사의 관계를 설명하고, 실천의 평가에 특별히 적용될 수 있는 몇 가지 방법과 기술을 살펴보는 것이다. 논의를 위해 선택한 조사기법은 단일체계디자인, 목적 성취척도, 그리고 설문조사의 이용과 면담, 관찰기법 등이다.

단일체계디자인은 문제해결이나 변화과정, 해결지향 접근에 적합한 조사방법이다. 10장에서 논의한 측정할 수 있는 목적과 목표와 관련된 내용이다. 사회복지사와 클라이언트는 욕구충족과 장애요인을 극복하기 위해 활동하면서 측정할 수 있는 계획을 수립하는 것이 중요하다. 그렇지 않으면 작업은 적합한 성과에 초점을 맞추기보다 목적없이 진행될 수 있다. 변화의 본질적인 요소는 희망이다. 클라이언트가 나아지는 것을 볼 때 상황이 더 나아지고 있다는 희망을 갖게 된다. 만약 클라이언트의 장점에 기초하여 계획을 세웠다면 더 빠른 진전이 있을 것이며, 전체적인 계획이 성공할 가능성은 더 많을 것이다. 클라이언트는 이미 갖고 있던 능력과 재능을 발휘할 수 있을 때 더욱 더 역량을 가질 수 있다. 클라이언트가 나아지는 것을 볼 때 변화에 대한 긍정적인 강화를 경험할 것이다. 과제의 성취는 클라이언트를 더욱 향상시킬 수 있다.

단일체계디자인은 어떤 크기의 클라이언트 체계에서도 활용될 수 있다. 시계열 디자인의 변량은 시간이 지남에 따라 측정이 이루어진다. 단일체계디자인에서는 같은 체계가 반복적으로 측정된다. 체계는 개인, 가족, 집단, 프로그램, 조직, 지역사회 모두가 해당된다.

가장 간단한 전통적인 실험 디자인은 실험집단과 통제집단을 활용한 것이다. 참가자들은 무작위로 각 집단에 할당되고, 결과물에 바이어스가 작용하지 않도록 한다. 실험집단은 서비스를 받고, 통제집단은 서비스를 받지 않는다. 실험의 종결과 함께 두 집단의 차이는 서비스에 의해 야기된 것으로 가정된다. 통계방법은 전형적으로 결과가 서비스보다 오차에 기인할 수 있는 가능성을 측정한다. 이 방법의 문제는 사회복지사가 클라이언트에게 서비스를 제공하지 않고 연기한다는 점에서 비윤리적이며, 특히 클라이언트가 서비스를 통해 도움을 받을 수 있음에도 실험을 위해 서비스를 받지 못한다면 더욱 문제가 된다.

때에 따라서 사회복지 평가자들은 전통적인 실험 디자인을 활용하여 조사 설계를 한다. 이때 통제집단은 서비스 대기자들을 활용한다. 통제집단에는 이후에 서비스를 제공하기도 한다. 그러나 대기자 중에서 무작위할당을 하는 것은 거의 불가능하기 때문에 이러한 설계는 보통 유사-실험이라 한다.

단일체계디자인에서 사람들은 실험 목적을 위한 서비스에 대해 거부하지 않는다. 단일체계디자인에서는 통계 방법을 적용할 필요가 없거나 통제집단과 실험집단이 동등하게 무작위할당을 보장하기도 어렵다. 대신에 클라이언트 체계는 스스로 자신의 통제집단이 된다. 개입이나 서비스를 시작하기 전에 표적이 되는 행동과 조건, 이벤트를 측정하는 경우가 이에 해당되며, 개입이나 서비스 후에 같은 행동을 측정하여 비교한다.

단일체계디자인에서 클라이언트는 조사 과정에 참여함으로써 평가과정에 대한 설명을 들어야 하고, 동의해야 한다. 변화과정을 통하여 클라이언트는 변화노력에 있어 파트너로 참가한다. "순수주의" 조사자는 이러한 접근을 매우 비판한다. 왜냐하면 개입이나 영향력이 변화를 일으켰는지를 알기가 어렵기 때문이다. 미리 알리는 과정이 특별히 클라이언트가 결과를 무시하거나 증진시킬 수 있는 일을 하도록 할 수 있기 때문이다. 그러나, 실천가들은 조사계획에서 순수성을 유지하기 보다는 환경의 변화를 통해 클라이언트를 돕는 것이 중요하다고 한다. 만약 클라이언트의 목표를 측정하는 것이 목적이라면 "순수주의자"들의 걱정은 지나친 것이다.

만약 사회복지사가 개입방법이나 서비스, 프로그램의 효과성에 대한 결과를 일반화할 필요가 있다면 바이어스를 통제하기 위해 더욱 노력해야 한다. 대부분의 목적에서 사회복지사가 상황의 성공이나 실패에 대해 주장하는 것에는 한계가 있음을 발견할 수 있다. 또 다른 선택은 평가를 계획하고 수행하는 방법을 상세히 서술하는 것이다. 이를 통해 다른 사람들이 결과에 대한 타당도와 신뢰도를 스스로 결정할 수 있도록 할 것이다.

개별 클라이언트의 경우 **단일사례디자인** 기법이 활용된다. 사정단계 동안 기초선이 클라이언트의 행동을 측정한다. 개입방법, 목적, 측정할 수 있는 목표들은 행동에 있어 원하는 변화와 관련된 것이며 확인할 수 있는 것들이다. 개입동안 목표를 향한 진전을 판단하기 위해 다양한 지점에서 표적행동을 측정한다. 개입이 끝난 후에 마지막 측정은 목표가 성취된 정도를 결정할 수 있다. 이러한 방법으로 개입의 성과물이나 측정 가능한 결과를 얻을 수 있다. 단일사례디자인의 사용은 타당한 실천의 신뢰할만한 방법을 제공한다. 이는 실천에 있어 경험을 통해 얻을 수 있는 "실천적 지혜"를 개발하는 중요한 부분이다. 사회복지사들이 실증적 증거를 더 많이 쌓아갈수록 실천의 결정에 있어 더 많은 확신이 생길 것이다.

단일사례디자인에 대한 비판점은 적용범위가 매우 제한되어있다는 것이다. 왜냐하면 사회복지실천에 있어 행동적 틀 안에서만 기법이 유용하기 때문이다. 또한 사람들은 이 방법이 질적인 질문에 대해 설명할 수 없을 것이라고 생각한다. 또한 개입 과정 중과 개입 후에 측정할 때 변화가 유지될 수 있을지에 의문을 가질 수 있다. 계획된 개입이 바람직한 변화의 원인인가? 아니면 변화에 기여한 치료 상황이나 환경 속의 다른 요인 때문인가? 단일사례디자인의 중요한 공헌은 목적과 산출에 초점을 맞추고, 측정된 산출결과에 대한 방법론을 제공한다는 점, 즉 소프트-하드 연속선상에서 하드 방향의 평가를 하도록 한다는 점이다.

단일체계디자인은 개입전의 사전조사와 개입후의 사후조사를 포함한다. 다른 변수는 기초선 기간 동안 몇 가지 측정된 변수들이며, 이것은 개입기간동안 지속적으로 측정할 것이다. 이것이 AB디자인이다. A는 개입이 일어나지 않았을 때이고, B는 개입 후의 시간이다.

모든 단일체계디자인의 측정에서는 주의 깊은 관찰이 요구된다. 타당도와 내적 신뢰도의 보장을 위해 측정은 가능하면 일관되게 이루어져야 한다. 이를 모니터하는 좋은 방법은 누가, 언제, 어디서, 무엇을, 어떻게 측정하였는지에 대해 주목하는 것이다. 일관성을 유지하기 위해서는 동일한 인물이나 집단이(누가) 동일한 일을(무엇) 같은 클라이언트 체계와(누구), 같은 장소에서(어디), 같은 시간에(언제), 같은 도구와 관찰 기법을 사용하여 측정하여야 한다. 이러한 환경 안에서 어떤 변수들은 자료나 정보의 타당도와 신뢰도에 있어 의문이 생길 수 있다. 즉, 관찰되거나 측정된 것이 변화할 수 있기 때문인데, 왜냐하면 시간과 장소가 다를 수 있고, 사람들은 다르게 보고, 해석하기 때문이다. 만약 측정을 통하여 무엇인가를 얻었거나 어떤 변화가 일어났다면, 사회복지사는 실제 전혀 관련이 없을 수 있는 차이점 두 가지를 비교할 것이다. 사회복지사는 어떤 확신을 갖고 결과를 활용하기 전에 존재하는 관계를 증명해야 할 것이다.

과정에 대한 측정이 부족하다는 점은 진전된 것에 대한 평가만큼이나 중요하다는 것을 지적해야 한다. 평가는 단지 성공을 측정하는 것이 아니라 실패를 측정하는 것이다. 일부는 클라이언트와 사회복지사가 계획된 변화에 따르지 않았다는 것을 발견할 수 있다. 만약 사회복지사가 어떤 기법이나 접근이 어떤 상황이나 어떤 집단에 적용되지 않는다는 것을 발견한다면, 이것은 실천적 지혜에 중요한 정보를 제공하는 것이다. 게다가 매내지드 케어(managed care)체제에서 사회복지사는 가능한 한 효과적이고 효율적이어야 한다. 따라서 클라이언트의 연금이나 상환이 줄어들거나 소모되기 전에 실수할 수 있는 여지가 별로 없다. 클라이언트와 기관의 재정적 손실을 예방하기 위해 사회복지사는 상황을 해결하는데 초점을 맞추고, 시간계획을 세워서 최소한의 노력으로 진행과정을 보다 빨리 할 필요가 있다.

위에서 언급한 것처럼 단일체계디자인은 어떤 크기의 클라이언트 체계에서도 활용할 수 있다. 조사대상을 관찰하고 측정할 수 있다면 변화를 측정할 수 있다. 개입, 서비스, 프로그램의 효과성에 대한 지표는 결과를 일반화할 수 있는지에 따라 결정된다. 큰 체계를 평가할 때, 장기적인 평가를 계획할 때에는 측정의 일관성을 유지하기 위해 특별히 주의를 기울여야 한다.

사례

실천영역에서의 단일체계디자인의 수행

Sue는 2년차 사회복지사로서 가족서비스 기관에서 일하고 있다. 그녀는 2년차의 실천과제로 단일체계디자인을 수행해야 한다. 그녀는 Mrs. Smith를 대상으로 하기로 하였다. Mrs. Smith는 7세 아들인 Jimmy를 돌보는데 필요한 지원을 받고 있다. Jimmy는 비행행동을 보이고 있으나 그녀는 Jimmy를 잘 다루지 못하고 있다. Sue는 Mrs. Smith를 만나서 긍정적 행동에 대한 보상체계 활용을 설명하였다. Mrs. Smith는 그 방법을 활용하고자 하였다. 그래서 Sue의 연구계획에 참여하는데 동의하였다. 다음은 Sue의 종결보고서이다.

I. 신상정보

A. 이름 : Mrs. S(비밀보장을 위해 생략)와 아들 Jimmy

B. 나이 : Mrs. S는 30세, Jimmy는 7세

C. 직업 : Mrs. S는 주부, Jimmy는 초등학교 2년

D. 현재 문제 : Mrs. S는 부모역할에 어려움이 있음. Jimmy는 말을 듣지 않고 자주 거절하고, 집안일을 거들지 않음.

E. 클라이언트 체계에 주요한 타인 : Mr. S는 영업사원으로 자주 출장을 다님. 따라서 Mrs. S가 우선적인 부모역할 하고 있음. 부는 아들에게 어느 정도 통제력 있으나 일상생활에 영향을 줄 수 있을 만큼 충분히 집에 있지 못함.

F. 수정해야 할 표적 행동 : Mrs. S는 아들이 말을 잘 들을 수 있도록 부모로서의 역할을 익힌다.

II. 개입방법과 근거

Mrs. S와 사회복지사는 "별차트"와 보상체계를 선택했다. 이는 행동 수정의 형태이다. Mrs. S는 매번 Jimmy가 적절한 반응을 보이도록 요청하고, 말을 들으면 금별을 차트에 붙인다. 차트는 주단위로 매일 매일이 칸으로 만들어져 있고, 냉장고에 붙여두었다. 한주 후에 Jimmy는 별의 수에 따라 보상으로 게임이나 장난감, 기타 다른 활동을 할 수 있다. 이러한 개입은 Mrs. S가 긍정적 행동을 인식하도록 하는 방법을 활용하는 것이다. Jimmy는 더욱 즉각적으로 긍정적 인식의 경험을 할 수 있었다.

III. 개입을 위해 계획한 성과

A. 목적과 목표

목적 A. Jimmy는 어머니의 기대와 요구에 긍정적으로 반응할 것이다.

1. 목표 1 : Jimmy는 어머니의 첫 번째 요구에 4월 1일까지 일주일에 세 번 이상 반응할 것이다.

   a. 과제 1.1 : Mrs. S는 Jimmy에 대한 기대를 표현하고 첫 번째 요청에 반응할 때마다 금별을 보상할 것이다.

   b. 과제 1.2 : Jimmy는 첫 번째 주에 10개 이상의 별을 받으면 게임이나 장난감, 기타 활동을 할 수 있다.

2. 목표 2 : Jimmy는 어머니의 첫 번째 요구에 4월 15일까지 일주일 동안 5번 이상 반응할 것이다.

   a. 과제 2.1 : Mrs. S는 과제 1.1을 계속할 것이다.

b. 과제 2.2 : Jimmy는 4째 주에 28개의 별을 모으고 5번째 주에 35개의 별표를 모으면 게임이나 장난감, 기타 활동을 할 수 있다.

Ⅳ. 클라이언트 성과를 모니터링 하는데 사용할 측정방법

매일의 행동 차트는 Mrs. S의 요청에 적절히 반응하도록 구성되었다. Jimmy는 첫 번째 요청에 긍정적으로 반응할 때마다 금별을 받는다. 각 토요일마다 Mrs. S와 Jimmy는 장난감이나 게임, 활동을 할 수 있는지 별을 센다. Mrs. S와 Jimmy는 별마다 가격을 매겼고 Mrs. S는 주간차트를 사회복지사에게 가져왔다.

Ⅴ. 기초선 자료 보고

사정 단계동안 Mrs. S는 Jimmy가 적당히 반응할 때 시간을 쟀다. 기초선 기간동안 Mrs. S는 Jimmy가 평균적으로 하루에 1~2회의 반응을 보였다고 보고했다.

Ⅵ. 개입자료 보고

개입단계동안 Jimmy의 반응은 점차적인 개선을 보였다. 첫 번째 주 동안 Jimmy는 금별 13개를 받았고, 평균 하루 2개 정도를 붙인 것이다. 매일 별은 1개에서 3개까지 붙였다. 두 번째 주는 21개의 별을 붙였고, 이는 하루 평균 3개의 별을 붙인 것이고 2개에서 5개까지 별을 붙인 것이다. 어떤 날은 5개까지 획득했다. 세 번째 주에는 31개의 금별을 붙였다. 3개에서 7개까지의 별을 붙였고 3일에 한번은 최소한 5개 이상을 붙였다. 네 번째 주와 다섯 번째 주는 최소한 하루 5개 이상을 붙였으며 목적 A를 위한 개입의 성공적 성취를 보여주고 있다.

Ⅶ. 표적행동의 변화 사정

기초선 기간동안 발생한 것과 비교해 볼 때 개입기간의 결과는 목적 A의 성공적 성취를 보여준다. 기초선 기간이 단지 일주일이기 때문에 결과를 볼 때 다소 주의를 기울여야 할 필요는 있다. 목표 1는 개입 세 번째 주에 성공적으로 성취되었다. 목표 2는 넷째 주에 성취되었고 다섯 번째 주 동안 유지되었다.

Ⅷ. 자료와 주관적 관찰에 기초한 개입에 대한 결론

행동차트와 긍정적 강화는 매우 성공적이었다. 개입기간동안 눈에 보이는 사건

없이, 개입이 중요한 변화를 일으킨 것을 가정할 수 있다. 위에서 언급한 것처럼 기초선 기간이 1주일 밖에 없었기 때문에 개입에 있어 몇 가지 주의해서 해석해야 할 점이 있지만, Mrs. S의 말에 따르면 기초선 기간이었던 그 주는 전형적인 모습이었다. Mrs. S의 이러한 말에 편견을 가질 이유가 없다.

목적 A는 4주간의 개입을 통해 성공적으로 성취되었고, 다섯 번째 주에도 유지되었다. Mrs. S와 Jimmy는 서로에 대해 긍정적인 느낌을 가졌고 차트를 계속 사용하기로 하였다. 이러한 반응을 통해 사회복지사는 그 개입이 변화의 원인이었음을 더욱 더 확신할 수 있다. 클라이언트들이 이 방법을 계속 활용하기로 했는데, 개입 이후에도 긍정적 결과가 유지될 것인지 여부는 알 수 없다. 개입을 중지했을 때 아마도 자연스러운 보상을 통해 성공적 상호작용을 할 수 있게 되어 지속적인 만족감을 경험하게 되는 것이 중요할 것이다.

단일사례디자인과 함께 자주 활용되는 기술은 **목적성취척도**이다. 이 기술을 사용할 때 목적은 산출결과가 5가지 척도로 측정되어질 수 있도록 만들어진다. 5가지 척도는 (1) 가장 바람직하지 않은 결과 (2) 기대한 성공 수준보다 낮음 (3) 기대한 성공의 수준 (4) 기대한 성공수준보다 높음 (5) 가장 바람직한 결과가 나옴이다. 격자표를 만들어서 몇 개의 목적을 기록하는데, 한 축에는 목적을 쓰고, 다른 한 축에는 예측한 성취수준을 기록한다.

목적성취척도의 주요 장점은 성과를 이루는데 성공과 실패를 측정할 수 있다는 것이다. 성과의 연속선을 구체화함으로써 기법은 성장요인을 포함한다. 또한 자료를 전산화하는데 필요한 상징적 코드로 전환할 수 있는 평가기제(5점 척도)를 제공한다. 격자표는 구체적인 서비스의 성과를 요약하여 파악할 수 있게 한다.

목적성취청도의 한계는 측정을 위한 척도를 만드는 데 소요되는 시간의 문제이다. 어떤 사회복지사들은 척도가 클라이언트와 함께 일할 때 더욱 더 유용할 수 있도록 하기 위해 지나치게 시간이 소모된다고 생각한다. 또한 어떤 바람직한 성과는 이러한 기술에서 필요한 형식에 맞추어 구체화되기 어렵다. 목적성취척도는 또한 단일사례디자인과 같은 한계를 갖는데, 예를 들면 개입의 변화와 관련된 질문, 목적의 성과 강조, 그리고 변화의 유지가 그것이다.

실천의 성과 측정에 있어 다른 형태는 과제성취척도(TAS)가 있다. 이 개입의 주요 공헌자는 William Reid와 Laura Epstein이다. 이들은 과제 중심적 실천을 활용하였다. Joel Fisher와 Kevin Corcoran은 320문항의 신속한 사정도구(Rapid-assessment instrument, RAIs) 자료집을 만들었다. 이것은 클라이언트 상황을 평가하는데 손쉽게 사용할 수 있다. 신속한 사정도구(RAIs)는 신뢰도와 타당도가 낮은 대신 동일한 클라이언트를 반복 조사할 수 있다는 이점이 있다. 개별화된 척도(Individualized Rating Scales, IRSs)는 자기보고식 척도라 불리우는 것이다.

실천가들을 위해 가장 공통적으로 사용하는 조사의 하나는 전문적 개발 활동이다. 전문 사회복지사는 전문적 지식과 기술을 향상시켜야 한다. 또한 전문성에 기초한 지식에 기여하고자 한다. 이는 사회복지사가 자신의 경력을 통해 지속적인 교육을 받아야 한다는 것이다. 대개 이러한 것은 전문적인 문헌을 읽고 연구하면서 기관 내 교육, 워크샵, 회의, 훈련프로그램에 참여하면서 이루어진다. 새로운 기법의 유능한 소비자와 사용자가 되기 위해 사회복지사는 다양한 클라이언트와 실천세팅, 환경에 그 도구를 적용할 수 있는 가능성과 도구의 질적 측면을 측정할 수 있어야 한다. 조사와 평가 영역에서의 견고한 기초와 지식기반이 있어야 이러한 평가가 가능하다. 또한 새로운 접근이나 기법의 훈련에는 유능하고 적합한 슈퍼비젼이 필요하다.

전문가적 지식기반에 공헌하고자 하는 열망으로 모든 사회복지사가 저널이나 책을 써야하는 것은 아니다. 그러나 공헌할 수 있는 기회는 일상 속에서 발생한다. 이는 동료와 다른 전문가와 함께 소논문이나 교육 자료를 공유하거나 워크샵이나 서비스 훈련의 실천현장에서 수행하고, 공식적 슈퍼비젼이나 동료 슈퍼비젼을 통해 "실천적 지혜"를 공유하고, 다른 사회복지사와 대인서비스 전문가들과의 연계활동을 통해 이루어질 수 있다. 이러한 일상적인 기여는 사회복지사들이 전문직의 초기에서부터 기능해 온 방법의 기초이다.

변화과정동안의 평가

타당도와 신뢰도는 평가와 관련된 조사영역의 중요한 개념이다. **타당도**는 정보의 정확성을 말하는 것이다. **신뢰도**는 반복된 측정이 동일한 결과로 나타나는지를 고려하는 것이다. 다양성을 포용하는 실천을 위한 자연적 조사를 하면서 지식은 일시적인 것으로 간주된다. 즉, 우리가 알고 생각하는 것은 유동적이고 고정되지 않았다는 것이다. 실천상황에서 정보는 인간상호작용의 맥락 안에서 교환된다. 그래서 정보는 주관적으로 해석되고 인식된다. Yvonne Lincoln과 Ergon Guban은 자연적인 조사과정에서 협상된 성과와 협상된 의미, 해석을 중요한 것으로 설명하였다. 환경속의 인간 접근에서 사회복지사는 클라이언트의 관점에서 "현실"을 이해하고자 한다. 또한 클라이언트가 진실한 생각과 감정에 다가갈 수 있도록 하는 것은 원조과정의 질과 신뢰 수준에 따르는 것임을 알고 있다.

우리는 클라이언트의 환경과의 상호작용을 고려하기 때문에 정보의 객관적 정확성을 확실히 알기란 불가능하며 필요하지도 않다. 중요한 것은 사회복지사가 클라이언트의 정보에 대한 해석과 인식을 이해하는 것이다. 문제는 클라이언트가 자신의 행동에 대해 어떻게 느끼고, 생각해야 하는지가 아니다. 그보다는 행동에 영향을 미치는 감정이나 생각이다. 사회복지사와 클라이언트가 자신과 환경에 대한 인식, 자신과 환경의 상호작용을 고려할 때 타당성이 확립된다.

실천상황에서 신뢰도는 사회복지사와 클라이언트가 주어진 상황에 대해 시간이 지나거나 동일한 상황에 처했을 때에도 일어날 수 있는 일이라고 생각하는지와 관련된 것이다. 다시 말하면 동일한 일이나 상황이 다시 발생할 것인가? 하는 것이다. 동일한 일이 비슷한 상황에서도 발생할 것인가? 만약 그렇다면 우리는 환경속의 인간을 이해하는 것이 더욱 확실해질 수 있을 것이다. 그렇지 않다면 클라이언트에 대해 더 많이 이해하기 위해 노력해야 할 것이다. 그러나 자연적 조사와 다양성을 포용하는 실천에 있어 사회복지사는 판단이나 관찰에 대한 절대적 결론을 잠시 유보한다. 즉, 비일관성이 발생할 수 있다는 것이다. 그보다는 사회복지사의 이해부족이나 상호이해의 부족, 또는 관계에 있어서의 신뢰 정도가 클라이언트가 자신의 생각과 감정을 개방하여 표현하기에 충분하지 않을 수 있음을 뜻하는 것이다.

우리는 클라이언트가 스스로 할 수 있는 만큼 드러낸다는 것을 믿는다. 클라이언트가 사회복지사를 믿지 않는다면, 해로울 수 있는 일을 드러내지 않을 것이다. 누구라도 다른 사람을 믿을 수 있다고 느낄 때까지 자신을 드러내지 않는다. 클라이언트에 대해 판단하는 대신 사회복지사는 충분한 신뢰를 형성하지 못한 책임감을 갖고, 관계속의 신뢰 개선에 노력해야 한다.

사회복지사는 변화과정을 통해 [그림 1, p.260 참고]에서 보는 것처럼 평가에 참여한다. 변화과정의 다섯 단계 중 첫째는 사정단계이다. 사회복지사는 사정을 위해 새로운 정보를 찾고, 정보를 통해 상황을 이해할 수 있는지 평가한다. 또한 클라이언트에 대한 자신의 인식과 해석을 검토한다. 합의는 변화의 기초를 세우는데 정보를 더 확신할 수 있음을 의미한다. 불일치는 클라이언트와 이해한 것을 협상하는 것을 의미한다.

이해의 필요성에서 볼 때, 사회복지사는 생태체계 관점에서 상황에 접근하고 환경 속의 인간과 체계의 부조화에 기초하여 해석하고자 한다. 클라이언트가 필요로 하고 일어나기 원하는 일은 일어나지 않는다. 사회복지사는 욕구충족의 장애물을 찾아야 한다. 사회복지사는 욕구가 충족되지 않은 이유에 대한 가정을 세우고, 욕구의 특성을 고려한다. 또한 사회복지사는 클라이언트의 강점과 자원, 클라이언트의 환경의 강점과 자원, 그것들 간의 상호작용, 사회복지사 자신의 생태체계의 강점과 자원에 대해 가설을 세운다. 이러한 사정 단계를 통해서 사회복지사는 자신이 갖고 있는 정보와 만들어 낸 가설, 가설을 지지하고 이해할 수 있도록 도울 정보에 대해 지속적으로 평가한다.

사회복지사는 환경 속의 인간, 생태체계 내의 강점과 자원을 이해하기 위해 정보를 수집하고 선택한다. 정보의 선택은 가설에 기초한다. 사회복지사는 가설을 검토하고, 가설을 지지하는 정보를 평가한다. 가설에 대한 증거를 통해 이해가 가능하다. 증명되지 않은 가설은 버리거나 더 많은 정보를 필요로 하는 질문거리로 남겨둔다.

분석의 평가는 중요하다. 앞으로의 진행을 위해 충분한 정도의 정보가 있거나 더 많은 정보를 모아야 한다면 사회복지사는 결정을 내려야 한다. 어떤 점에서 분석은 계획의 기초를 제공할 수 있는 정보를 제공한다. 이는 사회복지사가 판단해야 하는 것이다. 사회복지사는 환경 속의 인간과 자원과 강점에 대한 이해의 질에 대한 평가를 해야 한다. 피드백의 주요한 원천은 클라이언트이며, 클라이언트는 환경 속의 정보에 대한 다른 원천이기도 하다. 사회복지사와 클라이언트의 이해가 일치하고, 환경으로부터의 정보를 통해 지지되는 경우에는 사회복지사와 클라이언트가 내린 결정에 대해 높은 신뢰를 가질 수 있다. 인식에 있어서 최소한의 불일치나 차이는 더 많은 정보를 얻기 위해 문을 열어둔 채로 그냥 두는 것과 같지만 사회복지사들은 대개 이를 무시하고 그냥 진행한다. 중요한 부분의 불일치는 더 많은 활동이 필요하다는 것을 의미한다.

작업이 계획 단계로 진행되면 사회복지사는 목적과 목표, 과제의 질을 평가해야만 한다. 10장에서 서술하였듯이 사회복지사는 목적이 실행가능한지를 판단해야 한다. 또한 목표가 분명한지, 측정가능한지, 목적을 성취하기에 적당한지를 관찰할 것이다. 만약 그렇다면 목표는 목적의 성취를 위한 성과를 측정하는데 활용될 것이다. 또한 해야 할 일의 관점에서 누가, 언제, 어디서, 무엇을, 어떻게 할지를 구체화할 수 있다면 목표와 과제를 결정해야 한다. 마지막으로 사회복지사와 클라이언트는 계획에 동의하고 진행과정과 성취정도를 점검하기 위한 기제를 개발한다.

활동이 진행됨에 따라 사회복지사는 효과성을 평가해야 한다. 계획대로 진행되고 있는가? 그렇지 않다면 왜 안 되는가? 계획에서 변화가 필요한가 아니면 성공을 위해 장애물을 제거해야 하는가? 활동을 수정해야 하나? 새로운 활동이 필요한가? 초기계획을 폐기하고 새롭고 대안적인 계획을 수행해야 하나? 수정하기 위해 사정단계로 돌아가야 하나? 초기 욕구에 우선하는 새로운 욕구가 있는가? 이러한 질문을 해결하기 위해 사회복지사와 클라이언트는 변화과정의 진행에 따라 지속적으로 작업을 점검하고 평가해야 할 것이다.

계획의 완성 단계에서 사회복지사와 클라이언트는 결과물을 평가한다. 제일 우선하는 질문은 완수했는가? 잘 했는가? 욕구를 충족했는가? 하는 것이다. 측정할 수 있는 목표가 세워졌다면 첫 번째 질문은 대답할 수 있을 것이다. 클라이언트가 더 이상 욕구나 걱정이 없다면 두 번째 질문도 대답할 수 있을 것이다. 그러나 여전히 문제가 남아있다면 사회복지사와 클라이언트는 잘못된 것이 무엇인지 평가해야 하며 과정의 초기단계로 돌아가야 한다. 아마 시작단계로 돌아가야 할 것이다. 종결의 일부분으로서 평가는 본 장의 나머지 부분에서 다룰 것이다.

종결의 종류

목적을 성취하는데 성공적이었던 클라이언트의 경우에 사회복지사와의 활동을 종결하는 것은 어려움이 해결되었다는 것이며, 더욱 독립적으로 되었다는 신호이다. 또한 사회복지사의 도움없이 계속 유지해야 한다는 것에 대해 불안이 촉발될 수도 있다. 사회복지사가 다른 직장으로 옮기고, 대학을 졸업하기 위해 기관을 떠난다면 직장에서의 경험이 종결되면서 동시에 자신의 직업경력에 있어 새로운 시작에 앞선 흥분과 불안을 경험하게 될 것이다. 이는 종결과 관계된 양가감정을 보여주는 것이다.

인간은 유한한 존재이므로 모든 관계는 끝이 나게 되어있다. 이러한 사실 때문에 어떤 클라이언트는 종결과 관련된 고통이나 상실의 두려움을 회피하려고 한다. 이러한 두려움은 다른 사람과의 관계를 즐기고 삶의 다른 국면을 지속하고자 하는 욕구를 모호하게 만든다. 많은 클라이언트는 의미 있는 사람과의 관계에서 거절당하거나 고통과 상실, 유기를 경험하였다. 종종 상실의 패턴은 다음 세대로 이어지기도 한다. 이러한 경험의 결과를 극복하는 것은 사회복지과정에서 해결해야 할 주요 이슈일 수 있다. 따라서 종결의 이슈는 변화과정 자체에서 초점이 될 것이다. 사회복지사의 관여가 종결되는 것은 필수적이다. 클라이언트가 성공적으로 종결할 수 있도록 돕는 것은 변화를 공고화하는데 필수적이다. 따라서 이것은 종결을 다루는데 있어 사회복지사가 개발해야 하는 중요한 기술이다.

종결은 사회복지 현장에서 때로 부적절하게 고려되는 문제이기도 하다. 종결은 클라이언트 뿐 아니라 사회복지사도 고통스러울 수 있다. 사회복지사는 때로 클라이언트가 원하는 서비스보다 더 많은 서비스를 제공하며 시간을 연장하기 위해 서비스의 바람직한 목적을 변경하기도 한다. 이는 많은 비계획적 종결을 발생시킨 William Reid는 연구를 통해 다음을 증명하였다.

1. 단기간의 시간제한적 치료는 장기간이고 종결이 정해져 있지 않은 원조와 적어도 같은 정도의 지속적인 개선을 보여준다.
2. 장기치료와 관련된 개선의 대부분은 치료가 시작된 후에 단기간 내에 발생하였다.
3. 의도된 시간에도 불구하고 대부분의 치료과정은 상대적으로 단기간인 것으로 판명되었다.

단기서비스가 점차 강조되고 있다. 단기서비스는 장기서비스에 비해 계획단계에서 클라이언트의 욕구와 기대를 더 많이 고려한다. 계획은 더욱 구체화되고 목적을 이루기 위한 특정 목표와 시간 계획이 세분화된다. 목적은 측정할 수 있는 것이며 서비스의 의도가 충족되었거나 목적의 성취, 계약의 만족 등을 더 쉽게 알 수 있도록 한다. 종결은 클라이언트가 더 이상 원조를 필요로 하지 않는다는 것을 결정하기보다 사회복지사와 클라이언트가 더욱 적합하게 계획하도록 한다.

종결은 변화과정의 어떤 시점에서 발생할 수 있다. 사회복지사와 클라이언트가 목적을 성취하고, 클라이언트가 욕구를 충족하고, 스스로 문제를 해결할 수 있을 만큼 충분히 도움을 받았다고 느꼈을 때, 더 이상의 진전이 없고, 변화의 가능성이 거의 없을 때, 혹은 사회복지사나 기관이 클라이언트가 필요로 하는 자원이 없고, 기관이 필요한 서비스 전달에 있어 인가를 받지 못했을 때 종결이 발생할 것이다. 이러한 마지막 단계는 11장에서 논의한 의뢰로 종결될 수도 있다. 때로 클라이언트는 자신이 의존했던 체계의 변화가능성 때문에 위협받는다고 생각하여 종결할 수 있다.

사회복지사가 기관을 옮길 때, 클라이언트를 기관내의 다른 사회복지사에게 연결하거나 서비스를 지속하기 위해 다른 기관으로 의뢰하면서 종결이 이루어질 수 있다. 새로운 사회복지사와 클라이언트가 다른 목적을 위해 일하거나, 어려운 목적에 도달하기 위해 다른 전략을 사용하도록 결정을 내릴 수도 있다. 그러나 종결은 대개 사회복지사와 기관으로부터 클라이언트가 분리되도록 한다.

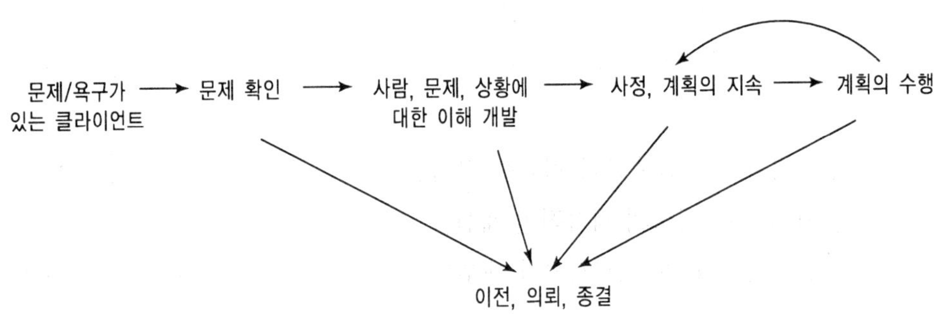

[그림 12-1] 사회복지과정에서의 종결의 위치

종결은 클라이언트와 함께 시작단계에서부터 논의되어야 한다. 또한 사회복지사와 클라이언트가 함께 계획해야 한다. 클라이언트가 제공된 원조를 활용하지 않고 있다고 생각될 때, 또는 클라이언트가 약속을 지키지 않거나 다른 방식을 찾고자 한다면, 종결의 가능성을 논의할 때이다. 이는 계획된 종결로 인해 얻을 수 있는 혜택을 최대화할 수 있고, 미래에 도움을 구할 수 있는 가능성을 저해하는 분노와 죄책감의 정서를 최소화할 수 있다. 클라이언트가 원하는 것은 자신의 욕구에 대해 누군가 다른 사람에게 말하고자 하는 것이다. 이러한 논의는 욕구에 대한 더 나은 이해를 가능하게 하고, 자원의 확인이나 욕구에 대해 세울 수 있는 계획들을 이해할 수 있도록 돕는다.

클라이언트는 사회복지사나 사회복지서비스 기관이 항상 개입하기를 원하는 것은 아니다. [그림 12-1]은 사회복지과정에서 종결의 위치를 보여준다.

사회복지사가 이직 또는 승진하면서 사회복지사-클라이언트 관계가 종결되었을 때, 클라이언트의 감정에 특히 주의해야 한다. 일부 경우에 기관과의 관계가 종결하게 되는 기회가 되기도 한다. 또 어떤 경우에는 클라이언트가 새로운 사회복지사로 의뢰될 수도 있다. 사회복지사가 계약을 지키지 않은 것에 대해 클라이언트는 화를 낼 수도 있다. 또한 과거에 경험한 분리에 대해 새로 인식하게 되거나 실망하게 될 수도 있다. 사회복지사는 클라이언트를 떠나는 것에 대해 죄책감을 느낄 수도 있고 계약을 깨뜨릴 수도 있다. 또한 사회복지사는 새로운 일이나 새로운 상황에 부딪힘으로써 발생하는 새로운 욕구에 대한 계획에 몰두하게 될 수도 있다. 사회복지사가 반드시 이동해야 한다면, 클라이언트에 대한 서비스 지속성을 방해할 수도 있는 감정을 인식하고 다루는 것이 중요하다.

현재의 일을 떠날 때 사회복지사가 클라이언트와 종결과정에 참여한다면, 클라이언트의 감정을 개방하는 것이 중요하다. 그러나 고통스러울 것이다. 때로 클라이언트는 이 과정에서 과거의 고통스러운 분리경험을 이미 다루었을 수도 있다. 사회복지사는 클라이언트의 분노와 슬픔을 받아들일 준비를 해야하고, 가능하다면 클라이언트가 새로운 사회복지사를 받아들일 수 있도록 도와야 한다. 유용한 기법은 사회복지사가 새로운 사회복지사에게 클라이언트를 직접 소개하고, 함께 모여서 이후의 작업에 대해 가능한 해결책과 방법들을 논의하는 것이다. 이런 세션 후에 사회복지사와 클라이언트는 관계의 종결을 위해 마지막 세션을 할 수 있다.

사회복지사가 이전 사회복지사로부터 사례를 인계받을 때, 개인이나 가족, 집단과 함께 종결에 대한 감정을 토론해야 한다. 과정이 계속 진행 중이라면, 클라이언트는 적응할 시간이 필요하다. 또한 새로운 사회복지사로부터 도움을 받을 준비가 되어 있지 않을 수도 있다. 시작과 종결이 함께 발생한다. 해결되지 않은 문제들이 장애물을 만들거나 다음 관계에 대한 부정적 기대를 만들 수 있기 때문에 가장 최근의 관계에 대해 판단해야 한다. 클라이언트가 이러한 감정에 대해 말할 수 있도록 하는 것은 새로운 원조관계를 수립하는 강한 연결다리가 될 수 있다. 이런 이유 때문에 사회복지사는 새로운 클라이언트와 이전의 경험과 그 경험에 대한 감정을 논의해야만 한다.

사회복지사가 클라이언트와의 종결을 효과적으로 진행하기 위해 사회복지사의 감정과 태도 때문에 발생할 수 있는 효과적인 종결의 방해물을 인식할 필요가 있다. 사회복지사들은 클라이언트를 붙들고 있는 경향이 있다. 이는 사회복지사들이 친밀한 관계를 종결하는 것을 꺼리기 때문에 발생할 수 있다. 클라이언트를 붙드는 다른 이유는 사회복지사들이 "완벽한 사례"를 추구하면서 클라이언트나 상황에 대해 더 많은 것을 기대하기 때문이다. 때로 사회복지사들은 클라이언트가 고통스러워하는 것에 대해 보상하고자 한다. 이러한 감정과 클라이언트의 욕구와 목적에 대한 초점을 인식하는 것은 효과적인 종결을 방해하는 것을 예방할 수 있다.

사회복지사–클라이언트 관계의 속성은 또 다른 요인이다. 밀접한 관계가 만들어지면 사회복지사와 클라이언트 모두 종결에 대해 강한 반응을 보일 수 있다. 이런 경우 감정의 손실을 조절할 수 있도록 종결 과정에 더 많은 시간을 투자해야 한다.

모든 클라이언트가 종결을 상실로 보는 것은 아니다. 특히 수강명령과 같은 경우 종결은 해방을 뜻한다. 어떤 클라이언트는 사회복지사와의 활동을 자신의 삶에 있어 막간극 정도로 보지만 이해를 높이고, 대처기술을 익힌 것에 대해 기뻐하고, 이후에 사회복지사의 도움 없이 삶을 지속할 수 있다는 것에 대해 만족한다.

Anne E. Fortune, Bill Pearlingi, Cherie D. Rochell의 연구는 클라이언트가 종결에 대해 긍정적 감정을 갖고 있음을 보여준다. 그들은 무언가 해냈다는 것에 대해 성취감과 자신감을 느낄 수 있다. 이 연구는 작은 지역 내에서 자발적인 참여자로 구성된 소집단만을 대상으로 했다는 한계가 있다. 또한 사례선택에서 성공적으로 종결한 사례만을 대상으로 한 한계가 있다.

Howard Hess와 Peg McCartt Hess는 맥락에 따라 종결에 차이가 있음을 지적했다. 관계의 특성은 계속적인 작업을 요구하고 종결이후에도 과정 안에 있던 사람들은 지속적인 관계를 기대한다. 그들은 일대일 관계와 구조화된 집단의 종결 간에 차이가 있음을 지적했다. 즉, 상실은 사회복지사 뿐 아니라 다른 집단 구성원들에도 존재한다. 가족과 친구집단에서 종결하는 유일한 사람은 사회복지사이다. 저자들은 상담, 교육, 자원동원의 전략이 있을 때 종결에 차이가 있음을 지적했다. 밀착의 성격과 종결의 영향은 이러한 각각의 상황에 따라 다르다. 종결단계의 내용은 각 상황에 따라 다를 것이다.

사회복지사와 클라이언트가 각 세션마다 지속적으로 함께 해왔다면 최종 종결의 수행에 좋은 토대가 되어 있을 것이다. 각 세션을 요약하면서 무엇을 했고, 무슨 일이 발생했는지를 보는 것은 클라이언트가 과정에 대해 긍정적인 감정을 갖도록 하며 활동을 완수하고 종결하기 전에 해야 할 일이 얼마나 더 있는지 알 수 있도록 한다. 종결계획은 갑작스런 종결과 종결로 인한 버림받은 감정을 피할 수 있도록 해야 한다. 각 세션마다 종결을 평가하면서 사회복지사가 클라이언트와 함께 일하고 있음을 이해하도록 돕고, 계획되지 않고, 위기를 일으킬 수 있는 종결이 발생하지 않도록 하는 관계를 만들 수 있다. 각 세션의 종결을 평가하는 것은 전체적인 종결단계에서 보다 완벽한 방법으로 종결할 수 있도록 돕는다.

다양성과 관련된 이슈가 종결에 포함되어야 한다. 문화적 가치와 태도, 신념 뿐 아니라 개인의 가치와 경험은 중요한 역할을 한다. 궁극적인 종결은 죽음이며 죽음에 대한 개인적이고 문화적인 태도와 신념은 종종 일반적인 종결에 대한 태도와 신념에 영향을 미친다. 사회복지사는 종결의 단계에 대해 알아야 하며, 문화적 경험과 종결에 대한 개개인의 경험에 대해 민감해야 한다.

많은 문화에서 종결할 때 선물을 주는 전통이 있다. 비록 이런 전통이 없다 하더라도 어떤 클라이언트는 감사의 표시로 사회복지사에게 선물을 주고자 할 것이다. 세션 전에 지불하는 재정적 절차와 기관으로부터 보상을 받는 경우를 제외하고 사회복지사는 클라이언트로부터 급부를 받아서는 안 되기 때문에 사회복지사에게 윤리적 딜레마가 된다. 선물을 주는 것은 클라이언트에게는 "빚을 갚는" 의미가 될 수 있고, 이는 사회복지 관계에 대한 오해를 일으킬 수 있다. 비싼 선물은 절대로 받아서는 안 된다. 비싸지 않은 경우는 기관의 정책에 따라야 할 것이다. 어떤 경우 사회복지사는 클라이언트와 수퍼바이저와 함께 이러한 윤리적 문제를 논의할 수도 있다.

위험에 처한 개인의 경우, 종결은 수용과 인식, 그리고 자신의 삶에 대한 권한과 통제를 추구하는 과정에서 위기를 뜻하는 것이다. 개입기간동안 획득한 임파워먼트는 사회복지사로부터 기인한 것일 수 있고, 클라이언트 자신의 능력에 대한 내부적 의심과 불안이 다시 발생할 수 있다. 클라이언트를 돕는 것은 클라이언트가 얻은 이득과 자산을 공고히 하고, 사회복지사의 지지 없이 자신을 보호할 수 있는 것이며, 이는 차별이나 억압을 경험한 사람의 종결에서 매우 중요한 이슈이다. 클라이언트는 차별과 억압에 대항하여 개별적이고 집합적으로 싸우는 것을 배울 필요가 있다. 이런 까닭에 클라이언트가 집단에 참여하도록 하는 것은 개입기간 동안 지속적인 지지를 보장할 수 있을 것이다.

종결 이후의 클라이언트의 지속적 성공은 한계와 장애가 존재하는 영역에서 얼마나 클라이언트의 강점과 환경에 기초하여 계획을 수립하였는지에 달려있다. 또한 일상생활을 통합하고 원조관계의 한 부분으로서 클라이언트가 문제를 해결하는 새로운 기술을 배우고, 사회복지의 가치를 경험할 수 있도록 사회복지사가 도운 정도에 따라 클라이언트의 성공이 달라진다. 이는 참된 사회복지를 대표하는 것이며 다른 대인서비스 전문가들과 구분되는 점이다. 클라이언트가 본래 가치 있는 인간존재로서 더욱 가치 있는 존재로 느낀다면, 또한 자신의 삶을 통제하고 자기결정권을 더욱 더 실현할 수 있다면, 그리고 그들이 사회적으로 수용된 욕구를 충족시킬 수 있을 만큼 충분한 정도의 자원에 접근할 수 있다면 진정한 임파워먼트를 이룰 수 있을 것이다. 이는 사회복지 개입이 단기간의 성공 뿐 아니라 더 깊고, 중요하며 장기간의 수준에서 성공적일 수 있음을 의미하는 것이다.

개인과의 작업에서 계획된 종결

클라이언트는 개인적인 방법으로 종결을 경험할 것이다. 그들은 관계에서 많은 만족감을 느낄 것이다. 또한 고통이나 버림받음, 거절에 민감하게 반응할 수 있다. 이러한 문제를 해결하도록 돕기 위하여 변화를 영속화할 수 있는 방법을 매우 중요하게 판단해야 할 것이다. 개입을 통해서 사회복지사는 클라이언트에게 관계와 종결이 어떤 영향을 주는지 인식할 수 있다. 사회복지사는 클라이언트가 자신의 삶을 어떻게 조절할 수 있는지를 설명해야 한다. 종결에 대한 클라이언트의 태도에 민감한 것이 성공적인 종결계획에서 중요하다.

사회복지사가 의존적이기 보다 독립적이고 상호의존적이었을 때, 클라이언트는 종결을 준비하고, 사회복지사의 개입 없이 삶을 준비해 나갈 수 있을 것이다. 그리고 클라이언트는 사회복지사가 하고자 하는 일에 대해 신뢰를 보여줄 것이다. 클라이언트가 극단적으로 "당신은 멋지고, 내가 당신을 알게 된 것은 신의 은총입니다. 그러나 나는 당신 없이 어떻게 할지 모르겠다"고 수다스럽게 이야기할 수도 있다. 사회복지사는 의례적인 인사나 신뢰를 수용하고 싶은 유혹을 조심해야 한다. 그렇게 하는 것은 클라이언트의 임파워먼트를 해치는 것이고, 일한 당사자를 인식할 필요가 있다. 사회복지계획은 클라이언트가 변화를 위한 우선적 노력을 하도록 하고, 목적과 목표를 성취함으로써 성공하였을 때 클라이언트는 신뢰와 인정을 받을 만하다. 만약 그들이 하고자 하는 일을 하지 못했을 때 참된 변화는 일어나지 않을 것이다.

가장 나쁜 것은 변화와 함께 사회복지사를 신뢰하게 된 것이 마술과 같이 사회복지사를 "구세주"로 생각하게 되는 것이다. 사회복지사는 이러한 신화를 빨리 제거해야 하고 사회복지사는 단지 클라이언트를 돕는 사람임을 분명히 해야 한다. 사회복지사는 클라이언트가 어려움에 직면하여 상황을 해결하기 위해 열심히 참여하도록 격려하며 클라이언트를 신뢰해야 한다. 만약 사회복지사가 특별히 도움이 되었다면, 이것은 사회복지사가 실천적 이유가 있어서 개입한 것이며 다른 사회복지사도 그렇게 도울 것임을 지적해야 한다.

개별 클라이언트와 일할 때 계획된 종결은 종결의 감정과 관련된 이슈들을 해결할 수 있을 만큼 충분한 시간이 있다. 이는 애도과정과 비슷하다. 그래서 사회복지사는 적어도 3, 4세션은 해결되지 않은 이슈를 다루어야 한다. 마지막으로 클라이언트는 유기되거나 거부되었다는 감정과 반대되는 성취와 긍정적 감정을 얻을 수 있어야 한다. 어떤 클라이언트는 종결과 관련된 감정에 직면하기보다 차라리 모임에 참여하지 않는다. 이런 경우 사회복지사는 클라이언트를 사후관리하면서 종결과정에 적절한 경험을 할 수 있는 기회를 제공한다. 클라이언트가 거절한다면 사회복지사는 사후관리 계약을 하여 클라이언트가 필요로 하는 도움을 받을 수 있음을 보장해 주어야 한다. 클라이언트가 다른 기관으로 가거나 의뢰되는 경우를 제외하고 클라이언트가 미숙하게 계획되지 않은 종결을 할 때도 유사하다.

계획된 종결은 설계, 규칙, 자금, 제한된 자원, 다른 환경에 의해 부가된 시간제한적 서비스와 관련될 수 있다. 매내지드 케어(managed care)의 등장은 보험회사로부터 보상받은 많은 서비스들의 한계를 초래했다. 비록 보험회사가 비용절감과 효과성을 강조하고 있지만 본질적으로 피보험자의 혜택은 제한되었다. 매내지드 케어체계는 사회복지사들이 지속적 서비스가 필요하다고 믿더라도 보험에서 지속적 서비스를 보상하지 못할 때 서비스가 지속되지 못하게 할 수 있다. 즉 기관은 보상금의 감소에 의해 위협받을 수 있다. 필요한 서비스의 감축은 NASW 윤리강령을 침해하는 것이다. 사회복지사는 클라이언트의 욕구에 기초한 서비스 제공을 위한 옹호나 서비스제한에 있어 재정적 이해 관계없이 서비스를 결정하기 위하여 조직에서 적극적으로 일해야 한다. 행정 관료가 결정하는 서비스나 진단에 의해 수립되는 임시 서비스들은 사회복지사나 클라이언트가 수용하기 어렵다.

매내지드 케어 영역에서 종결은 서비스 시작부터 있는 이슈이다. 사회복지사는 단기의 시간제한적 서비스를 제공하는데 익숙해질 필요가 있다. 클라이언트는 종결과정에서 이미 이전에 존재한 이슈가 있을 때 자신을 의미 있게 투자하지 않는다. 의미 있는 투자가 있을 때 단기간의 사후관리는 클라이언트의 종결 이후의 이동을 부드럽게 할 수 있을 것이다. 사회복지사는 클라이언트의 급부와 권리를 알아야 하고 클라이언트는 충분히 정보를 얻어야 한다. 사회복지사는 필요한 서비스를 옹호해야 하고 그 과정에서 클라이언트를 지원하고 다른 옹호활동을 지원할 준비를 해야 한다. 결국 사회복지사는 더욱 더 자연적인 원조자로서 또한 자조모임과 지지집단 같은 비전통적 서비스의 활용에 개방적이어야 한다.

종결의 구성요소

Allen Pincus와 Anne Minahan은 종결과정의 세 가지 주요구성요소를 정리하였다 : 분리, 변화의 안정화, 평가 등이다. 사회복지노력의 측면에서 이 세 가지 요소는 실천에서 혼합되지만, 논의와 연구 목적으로는 구분하였다.

분리

종결은 관계의 중지를 발생시킨다. 관계가 의미 있는 것이었다면 감정이 생긴다. 계획되지 않은 종결은 클라이언트가 자신의 감정을 다루어야 할 과제를 남길 것이고 그 결과 해결되지 않은 일이 남은 느낌을 갖게 된다. 클라이언트는 목적이 성취될 때 종결이 발생한다고 생각할 것으로 가정된다. 그럼에도 불구하고, 실제로 종결에 직면하게 되면 클라이언트와 사회복지사는 감정의 실재를 인식해야만 한다.

이러한 감정은 상황마다 다양하다. 그러나 일반적으로 공통적인 감정이 있다. 초기에는 부정적 반응이 많고, 종결 자체 또는 종결과 관련된 감정을 부인한다. 부인은 고통스러운 감정을 회피하고자 하는 방어기제이다. 이러한 기제의 지표는 이탈(flight) 현상이다. 이런 현상은 종결이 논의된 후에 약속을 지키지 않는 클라이언트가 하는 행동이다. 사회복지사는 클라이언트가 그냥 가버리도록 두거나 거래를 원한다고 가정하거나 이런 방식으로 종결의 감정을 다루지 않으려 한다는 생각을 하게 된다. 그러나

이 시점에서 클라이언트와 사회복지사가 종결과정을 통해 더 나아가기 위해서 사회복지사는 이러한 감정을 제거하는 것이 중요하다.

종결의 다음 단계는 대개 감정적 반응의 기간이다. 느낌이나 감정은 알려지지 않은 것에 대한 상실의 두려움 때문에 생긴다. 이는 분노뿐만 아니라 절박한 상실을 극복하는 슬픔과 비탄의 감정일 것이다. 과거의 실망과 분리로 인해 상처받은 감정이 되살아날 것이다. 그러면 과거의 행동패턴으로 퇴행할 수도 있다. 퇴행은 클라이언트가 아직 종결을 준비하지 않았음을 알리는 것이다. 이 단계에서 사회복지사는 클라이언트가 자신의 감정을 수용하고 이러한 감정과 두려움, 불안, 감정의 원인이 되는 과거 경험을 검토해 보도록 돕는 것이 중요하다. 감정을 점검함으로써 수용하고 돕는 것은 클라이언트가 감정을 통해 작업을 할 수 있도록 한다. 따라서 클라이언트는 비탄의 과정을 통과해 나갈 수 있고 도움이 되는 방식으로 관계로부터 분리될 수 있다.

분리를 다루는 다른 방법은 함께 일했던 것을 돌아보거나, 추억해보는 것이다. 이렇게 하는 것은 클라이언트가 함께 한 일에 대해 긍정적 측면을 볼 수 있도록 돕고, 성장 자체가 고통을 갖고 있음을 이해할 수 있도록 한다. 이때 사회복지사는 또한 클라이언트가 죄책감을 최소화할 수 있도록 해야 한다.

때때로 클라이언트는 종결이 가까워오면 새로운 문제를 제시한다. 사회복지사와 클라이언트는 이러한 새로운 문제를 왜 제기하였는지를 검토하고 새로운 문제에 초점을 맞추어 서비스를 계속해야 하는 타당한 이유가 있는지를 검토하여야 한다. 또한 클라이언트가 다른 방식으로 이러한 문제를 해결할 수 있는지도 보아야 한다.

클라이언트의 종결에 대한 감정은 매우 강렬하면서도 자연스러운 것이다. 관계의 강도나 기간이 최소한이라면 감정은 장기간의 관계보다는 대개 덜하다. 자발적으로 참여하지 않은 클라이언트라면 서비스 종결을 해방으로 여길 것이다. 서비스에 대한 성공이나 만족감을 느끼는 클라이언트는 서비스 경험이 긍정적이지 않은 사람과는 다른 감정을 느낄 것이다. 삶에서 중요한 상실과 분리를 경험한 클라이언트-특히 그러한 상실을 다룰 기회가 없었다면-는 의미 없는 사람을 상실한 클라이언트와는 다른 분리의 감정을 느낄 것이다. 클라이언트의 독립적인 능력이나 의존의 욕구 역시 감정에 중요한 영향을 미친다. 클라이언트가 종결을 다루는 방식에 중요한 요인은 그 시점에 전체로서의 삶에서 무엇인가가 일어나고 있다는 것이다. 만약 클라이언트가 많은 변화나 다른 욕구에 대처해야 한다면 종결은 더욱 어렵거나 구원으로 다가올 것이다.

사회복지사는 클라이언트와의 관계에서 분리를 위한 기술을 개발해야 한다. 이는 클라이언트의 감정과 욕구에 민감하고, 신중하여야 한다는 것이다. 분리에서 유용한 기법은 클라이언트가 감정을 다루고 종결 작업이 완성된 것으로 생각함으로써 개입을 끝내도록 하는 것이다. 약속을 점차 떨어져서 잡고 클라이언트 스스로 할 수 있는 것을 강조한다.

사회복지사는 분리와 상실에 대한 반응에 대한 자기인식을 가져야 한다. 만약 사회복지사가 이러한 과제를 다루기가 어렵다면 분리의 과업을 가진 클라이언트를 돕는데 어려움을 겪을 것이다. 사회복지사는 종결과정에서 일어날 수 있는 클라이언트의 감정에 어떻게 반응할 것인가에 대해 고민할 수도 있다. 이러한 감정은 단지 상실이나 슬픔뿐만 아니라 사회복지사와 클라이언트가 함께 일한 것에 대한 불만족 때문일 수도 있다. 모든 사람들은 불편한 것을 무시하거나 폄하하려는 경향이 있다. 이러한 불편함 때문에 만약, 사회복지사가 클라이언트의 종결에 대한 감정을 적절히 격려하지 못하고 함께 다루지 못했다면 그것은 클라이언트가 삶의 과업을 다루는 감정의 관리를 학습할 수 있도록 돕지 못한 것이다.

따라서 분리의 작업은 즉각적인 사회복지 상황뿐 아니라 클라이언트와 사회복지사의 과거, 미래의 상실과 관련되어 있다. 클라이언트의 분리를 돕는다는 면에서 사회복지사는 과거의 상실을 다루도록 돕고 상실과 관련된 해결되지 않은 감정을 다루도록 한다. 또한 클라이언트는 미래의 상실을 다루기 위한 대처기제를 필요로 한다. 인간기능의 한 부분으로서 슬픔과 상실을 다루도록 도울 것이다. 분리과정을 지나치거나 최소화하는 것은 클라이언트의 성장기회를 놓치는 것과 같다.

변화의 안정화

관계로 인한 종결과 분리의 감정을 다루어 클라이언트를 도우면서 클라이언트와 사회복지사는 때로 함께 작업하면서 어떤 일이 일어났는지를 검토한다. 이는 성장의 방법과 무엇이 성장을 가져왔는지에 대한 이해를 돕는다. 또한 클라이언트에게 미래의 문제에 어떻게 접근하고 다룰 지에 대한 지침을 제공한다. 클라이언트는 자신에게 도움이 되고 어떤 자원이 있는지를 알 수 있게 된다.

변화의 안정화를 위한 한 가지 방법은 발생한 일들을 다시 검토하는 것이다. 함께 한 시간들은 하나의 단계이면서, 중요한 단계이고, 삶의 과업에 더욱 더 잘 대처할 수 있도록 하는 성장의 단계이다. 이러한 관점은 다른 단계로 도약할 수 있도록 하며, 사회복지사가 아닌 새로운 관계를 통해 혹은 삶의 상황에서 지속적으로 반응하는 것을 포함한다. 계속적인 성장은 이루어진 변화를 안정화하는 하나의 방법이다. 사회복지사와 클라이언트는 다음 단계를 논의하고, 어떻게 클라이언트가 이 단계를 취할 수 있을지를 탐색한다. 그들은 필요한 지지와 자원을 획득할 수 있는 방법을 계획하고, 클라이언트가 이러한 단계를 거치도록 자원을 활용한다.

사회복지사와 클라이언트는 기관에 제기했던 상황과 비슷한 상황을 다룰 수 있는 가능한 방법들을 찾아보도록 한다. 그들은 다른 상황으로 옮겨갔을 때 발생할 수 있는 방법을 고려한다. 사회복지사와 클라이언트는 환경에서 다른 자원을 확인하고, 삶의 상황에 대처할 수 있도록 활용한다. 이는 자연적인 원조자나 다른 지역사회체계, 즉 레크리에이션 프로그램이나 비슷한 고민을 가진 사람들의 집단일 수도 있다. 이러한 자원들은 지지체계를 대체하거나 보충한다.

사회복지사는 클라이언트가 미래의 문제에 압도되면 기관으로 돌아올 수 있는 기회를 제공한다. 만약에 사회복지사가 더 이상 도움을 줄 수 없더라도 기관의 다른 누군가가 도움을 줄 수 있음을 클라이언트에게 알려주어야 한다. 클라이언트는 사회복지사가 서비스를 지속적으로 제공하지만 이동이 있을 수 있음을 알아야 한다. 특히 사회복지사의 충고에 반대하여 종결을 결정한 클라이언트에게 중요하다.

성장에 활용할 수 있는 자원과 미래의 성장을 위한 가능한 목적을 논의함으로써 변화의 안정화를 촉진할 수 있다. 이러한 논의는 사회복지사와 클라이언트가 함께 작업할 때 어떻게 변화가 발생하는지를 조사하는 것이다. 그 과정은 사회복지사가 클라이언트의 이해를 최대화하는 과정이다. 변화의 안정화 과정을 통해 사회복지사는 클라이언트가 성취감과 유능감을 얻을 수 있도록 돕는다. 클라이언트의 두려움을 인정하고 조사하면서 이를 다룰 수 있는 방법을 제안해야 할 것이다.

안정화는 성장과 변화에서 중요한 단계이다. 과업을 수행하는 의식적 노력이 없다면, 바람직한 변화를 유지할 수 있는 클라이언트의 능력은 감소할 것이다.

평가

종결의 세 번째 구성요소는 평가이다. 이전에 논의한 것처럼 평가는 사회복지노력의 진행과정의 하나이며 특히 종결과정에서 중요하다.

사회복지사와 클라이언트가 종결동안 평가에 참여하면서 중요한 초점은 목적이다. 목적은 사정과정에서 확인한 클라이언트의 욕구와 행동계획의 한 부분이다. 우리가 하고자 한 것을 성취하였는가? 하는 중요한 질문에 답해야 한다. 목적을 성취하고 욕구가 충족되었다면 서비스의 목적은 성취된 것이다. 만약 목적은 달성하였지만 욕구는 남았다면 목적이 적절하지 않았거나 다른 목적이 더 이루어져야 한다.

서비스 성과를 고려할 때 조사과정에서 목적을 살펴보는 것이 도움이 되고, 유용하거나 유용하지 않은 것이 무엇인지를 확인하는 것이 필요하다. 어떤 파급효과나 기대치 않은 결과물을 모두 지적해야 한다. 이러한 측면은 사회복지사와 클라이언트가 이후에 욕구를 충족할 수 있는 방법에 대해 더 잘 이해하는데 도움이 된다. 또한 그것은 사회복지사가 원조과정과 클라이언트와 함께 일할 수 있는 방법을 더 잘 이해하도록 한다.

사회복지사의 평가에 대한 개방성은 어떤 면에서 확실히 위험이 있다. 왜냐하면 사회복지사의 실수와 한계가 발생할 수 있기 때문이다. 클라이언트는 과도하게 비판적이고, 때로 과도한 불만족을 표현한다. 이는 클라이언트가 종결과 관련된 부정적 감정을 표현하는 한 가지 방법일 수 있다. 사회복지사는 이러한 감정을 방어하지 않고 수용할 필요가 있으며 부정적 감정을 검토하고 과거의 비현실적 불만족이나 유기의 감정에서부터 현재의 감정을 분류해야 한다. 왜냐하면 수행정도를 검토할만한 시간이 종결 과정 안에서 충분하지 않기 때문이다. 이는 위협적인 경험이지만 사회복지 실천에 있어 본질적인 것이다.

종결과정을 안내하는 능력은 클라이언트와 함께 작업하는 것에 대한 만족도에 영향을 미친다. 클라이언트는 어떤 일이 일어났는지, 지식의 향상과 발전을 검토하고, 과정 중에서 자신의 부분을 발견하고 경험을 다른 삶의 경험에 적용하여 보며, 지속적으로 성장할 수 있는 능력을 사정한다.

사회복지실천가는 분리와 변화의 안정화와 평가를 목적으로 혼합한 활동을 통해 종결한다. 이러한 활동은 클라이언트가 미래의 사회적 기능을 어렵게 할 수도 있는 감정을 잘 다룰 수 있도록 도울 것이다. 이러한 활동을 통해 클라이언트는 감정을 다루는데 도움이 되고, 따라서 이러한 감정은 미래의 사회적 기능을 방해하지 않게 된다. 클라이언트는 쉽게 지속적으로 성장하고 삶과 환경, 그들의 기대에 대한 활동에 대처하는 것을 배운다.

사례

실습종결에 대한 한 학생의 생각

사전적으로 종결은 "시간의 한계에 다다름, 끝남"이다. 나는 학기 초부터 한 시설에서 보냈는데 시간이 가면서 결국 많은 상실감을 느끼게 된다. 나는 시설 거주자들을 "나의" 사람들이라 생각하고 보호하고 있다. 나는 그들이 마치 나의 할머니, 할아버지인 것처럼 그들이 나를 보호하고 있다고 느끼면서 그들을 보살피고 걱정한다. 그럼에도 불구하고 학기가 끝나갈 때 그들 스스로가 생활할 수 도록 만들어야 했다. 한 예는 나의 카드게임집단이다. 나는 집단을 운영해 왔는데 그들은 더 이상 나를 필요로 하지 않을 만큼 독립적으로 되었다. 지금은 집단을 조직하고, 점수를 유지하고 심판 없이 함께 게임을 한다. 이 집단 구성원들은 스스로 즐길 수 있을 것이라는 것을 알기에 나는 큰 성취감을 가졌다.

그러나 나는 종결의 다른 측면이 있음을 알게 되었다. 나의 이기적인 부분이기도 하다. 말했듯이 나는 더 이상 그곳에 필요치 않았다. 진실로 나는 독립적인 집단을 만들었음을 알고는 큰 성취감을 느꼈다. 그러나 나의 대가는 권위의 상실이었고 내가 집단의 우두머리로 중요하고 필요한 사람이라는 느낌을 상실하였다. 나는 부모가 자녀를 세상 밖으로 보낼 때와 비슷한 기분을 느꼈다. 사실 당신은 자부심을 느끼고 다른 욕구를 더 느끼지 않을 테지만 그럼에도 불구하고 이기적인 상실감이 존재한다. 나는 사회복지사가 나처럼 성공했을 때, 나의 클라이언트가 더욱 자기-충족적이 되고, 덜 의존하게 되었을 때 자부심과 함께 이기적인 상실감을 느낄 것이라고 생각한다. 사람들은 성공의 중요성과 상실의 무의미함을 알고 그것을 다루는 방법을 배워야 한다. 내 경우에 나는 극단적으로 카드 집단이 나 없이 기능할 수 있는 수준에까지 이르렀을 때 매우 흥분했다. 거주자들 중 대부분은 슈퍼비젼이나 지도자 없이는 무엇인가 고려하고 스스로 즐기도록 사회화될 수 없었다. 그들은 스스로 생각하기를 거부하는 것 같았고 누군가 대신 즐겨주기를 기다리고 있었다. 이것은 확실히 계획된 활동이 있을 때를 제외하고 다른 사람과는 어울리지 않게 하여 사회성을 감소시킨다. 또한 정신적 자극이 감소되어 노인들은 전형적인 혼동과 건망증을 갖게 된다. 그래서 나는 어떤 사람을 독립적으로 만들 수 있었던 것에 자부심을 가지고 있었다.

나는 어느 날 종결에 대해 말하는 것을 매우 어려워하면서 "나는 2주 후에는 여기서 떠날 것입니다."라고 말하였다. 갑자기 종결이 현실이 아니라 단지 가까워진 것으로 느껴졌다. 나는 거주자의 반응을 살펴보았다. 어떤 이는 꽤 냉담한 반응을 보였다. 나는 그들이 다른 학생들이 오고가면서 전에 했던 행동을 보이고 있는 것이라고 해석했다. 그러나 어떤 거주자들은 진심으로 어려워하면서 내가 떠난다고 했던 말을 기억하지 못하고 자꾸 잊어버렸다. 그들은 내가 그 얘기를 했을 때 매우 놀랐다. 다른 거주자들은 언제 돌아오는지를 물었고 내가 벌써 간 것처럼 말했다. 나는 거주자들이 Jane에게 말할 수 있도록 유도하면서 특별한 일이 발생하지 않도록 조심했다. 그러나 관계가 만들어지면 때로 다른 누군가에게 말하는 것은 매우 어렵다. 나에게 말하는 것이 처음에는 좋은 관계를 위한 기초였다. 나는 이러한 모든 것을 요양원에서 종결이 어렵게 하는 것이라고 생각했다. 이는 다른 곳에서는 종결이 쉽다는 의미는 아니다. 나는 종결이 어렵다는 것을 안다. 다만 나의 상황에서 종결이 어떤 모습인지에 대해서만 말하는 것이다.

나는 종결이 내가 처음에 생각했던 것보다 더 복잡한 상황이라는 것을 배웠다. 나는 어떻게 거주자들이 상처를 받고, 따라서 다른 사람과 공유하고 개방하는 것이 필요하다는 것을 보았다. 그들은 학기가 끝날 무렵 단절에 대한 두려움을 관계의 개발을 통해 쉽게 극복했다. 그들은 학생들에 의해 사용되고 버려지고 있다고 느낄 수도 있다. 단지 사람들이 졸업을 위해 이용하고 있다고 느낄 수도 있는 것이다. 나는 내가 처음에 그 시설에 왔을 때 함께 일했던 거주자를 생각해냈다. 그녀는 확실히 누군가와 함께 했을 때 나쁜 경험을 가지고 있었다. 그래서 그녀는 다시는 상처받지 않으려고 했다. 그래서 내가 처음 방문했을 때 항상 혼자 지내고 싶어 했으며 내가 어떤 식으로든 보호해주는 것을 거부하였다. 그녀는 내가 하는 일이 단지 의무 때문이며 자신에게 도움이 되는 것은 아니라고 생각했다. 비록 내가 학기 내내 항상 자주 인사하고, 웃고, 이야기를 함으로써 그 장애물을 없애고자 노력했음에도 불구하고 그녀 자신이 만들어놓은 벽을 허물지 못했다. 그래서 나는 다시 가능한 한 부드럽게 시설에서의 생활이 종결되었음을 알렸다. 물론 내가 할 수 있는 만큼은 자주 방문할 계획이었지만 다른 일들로 인해 계획을 지키지 못했다. 나는 누군가가 나의 방문을 기다리는 것을 원치 않는다.

종결의 다른 측면은 아직 논의하지 않았다. 그것은 스태프와의 종결이다. 제인과 나는 가까이 지내면서 서로 도왔다. 속담에 머리 둘이 혼자 하는 것보다 낫다는 말이 있다. 나는 비록 학생이었지만, 우리는 정말 좋은 팀이었다고 생각했다. 나는 제인이 나 없이도 잘 해낼 수 있음을 알았다. 그러나 우리는 함께 잘 해왔고, 그녀가 그리웠다. 우리는 사회력 같은 새로운 프로젝트를 시작했고 나는 그녀에게 도움이 되기를 원했다. 새로운 포괄적 관리 계획이 거의 끝나가고 있었고 지금은 거주자들에게 가장 도움이 되고 있다. 나는 이러한 것을 보다 적극적으로 활용하지 못한 것이 아쉽다.

결국 나는 한 학기동안 요양원에서 즐겁게 일했고 내가 그 속의 한 부분이 되기를 원했다. 재미있게 지냈으며, 그들이 그리워질 것이다. 종결은 아직 어렵고 끝나지 않았다. 그러나 나는 거주자 각자에게 조금씩 주었고, 조금씩 얻었기 때문에 행복하다. 그리고 나는 즐거운 재결합을 기대할 수 있다.

요약

이 장은 평가를 지속적인 사회복지실천과정의 하나로 보았다. 평가의 다양한 유형과 그 유용성에 대해 논의하였다. 평가과정에서 조사도구를 활용하는 것을 설명하였고, 변화과정 각 단계의 평가를 논의하였다. 평가는 사회복지사가 반드시 가져야 하는 기술이고 모든 사회복지사가 사회복지전문가로서의 윤리적 원칙을 지키고자 한다면 참여해야 하는 과정이다.

사회복지과정의 마지막 단계는 종결이다. 이는 과정의 시작단계에서부터 계획된다. 종결은 클라이언트가 다른 사회복지사에게 이동하도록 할 수 있다. 종결과정의 세 가지 요소는 분리, 변화의 안정화, 평가이다. 잘 판단된 종결과정에 클라이언트가 참여하는 경우 사회복지사는 미래에 있을 사회적 기능을 위해 클라이언트의 기능을 강화해야 한다. 사회복지사는 바람직한 성과를 가져온 것에 대해 클라이언트와 평가하면서 전문적 능력을 향상시킨다. 종결은 전체 사회복지과정의 통합이다.

학습질문

1. 당신은 적절한 평가의 긍정적 성과물은 무엇이라고 보는가?
2. 평가에 있어 총괄적 접근을 사용하는 것의 이점은 무엇인가? 형성적 접근의 이점은 무엇인가?
3. 사례평가와 프로그램 평가간의 유사성과 차이점은 무엇인가?
4. 변화과정과 단일체계디자인은 어떻게 서로 맞추어지는가?
5. 사회복지사가 전통적 실험방법과 다른 조사 설계를 활용할 때 고려해야 하는 윤리적 이슈는 무엇인가?
6. 당신에게 중요한 사람과의 관계를 상실했을 때의 감정을 논하시오.

7. 클라이언트가 미숙하게 종결하게 되는 이유에 대해 논하시오.
8. 사회복지사가 의뢰받은 클라이언트를 새로 만났을 때 무엇을 염두에 두어야 하는가?
9. 클라이언트-사회복지사 관계의 성격은 어떻게 종결 과정에 영향을 미치는가?
10. 사회복지사는 어떻게 종결기간동안의 이슈를 적절하게 다룰 수 있는가?

제13장 일반주의 사회복지실천 : 가족

학습목표

1. 일반주의 사회복지실천에서 가족대상 실천의 중요성 이해
2. 일반주의 사회복지사의 다인클라이언트와 클라이언트 생태체계의 역할과 기능 이해
3. 일반주의 사회복지사와 가족 체계 간 상호작용의 본질 이해
4. 변화 과정에서 클라이언트 체계와 관심 집단으로의 가족대상 실천에 대한 지식
5. 가족 사정, 계획, 행동, 평가와 종결에 대한 지식

이 장은 다인체계와 일반주의 사회복지실천에 관한 개요를 보여준다. 우선 가족 및 집단과 다인 상호작용에 대한 개관을 살펴보고, 이후 가족대상 일반주의 사회복지 실천에 대해 살펴보기로 하겠다. 14장에서는 집단 대상 일반주의 사회복지실천을, 15장에서는 조직과 지역대상 사회복지실천을 살펴보기로 한다. 장을 분리하여 이 체계의 각각에 초점을 두는 것은 단지 교육적인 목적 때문이다. 일반주의 구조 안에서 실천을 할 때는 분리되지 않는다. 이 본문에서 보여주는 생태체계 강점 접근을 사용한 일반주의 실천의 개념에서 사회복지사는 적절할 때마다 변화 과정의 클라이언트 체계 혹은 관심 단위로서 개인, 가족, 집단, 조직, 지역사회와 자유롭게 일을 할 수 있다. 각 체계와 일 할 때 변화 과정에 대해 학생들이 더 잘 이해하게 하기 위해 각각을 분리하였다. 클라이언트 체계란 말은 도움을 찾거나 기관에 의해 서비스를 받은 개인, 가족, 혹은 체계에 관련이 있다. 관심 단위는 초점의 체계 혹은 변화 활동에 초점을 두는 체계나 체계들에 관련이 있다. 관심 단위는 클라이언트 체계, 환경 내 체계, 혹은 클라이언트 체계와 환경 내 체계 사이의 상호작용일 수 있다.

이 장은 다인상호작용의 논의로 시작한다. 이것은 다인 상호작용을 하는 근본적인 경험으로서의 가족과 다인클라이언트 체계로서의 가족을 보는 시각에 의해 일어난다. 결국 가족과의 변화과정의 각 단계는 가족과 사정, 계획, 행위, 평가와 종결을 포함하여 논의된다. 다른 체계와 변화 과정의 종결은 14장과 15장이 초점에서 살펴보기로 한다. 체계는 개인으로 구성되어 있기 때문에, 우리가 이전에 다뤘던 것들은 가족을 포함한 체계와 일하는 것과 또한 관련이 있다. 그러나 체계 안에서 일하는 것에서 주요 초점은 체계로서의 체계이다.

다인 상호작용

사회복지사는 종종 한사람 이상과 동시에 상호작용하도록 요구되는데, 특히 일반주의 접근을 할 때 그렇다. 이런 일은 클라이언트가 가족, 소집단, 단체, 기관, 지역사회에 있을 때 일어난다. 기관, 단체, 지역사회 체계가 클라이언트일 때, 상호작용은 보통 체계 내 사람들의 개인 혹은 집단과 같이 된다. 초점이 새로운 자원의 개발일 때, 과업 집단은 보통 포함된다. 생태체계 관점 접근을 하면서, 사회복지사는 클라이언트 가족과 같은 클라이언트 생태체계 내에서 체계와 일을 할 때, 한 번에 한 사람 이상과 상호작용할 수 있다. 사회복지사는 그가 팀이나 사례발표에서 혹은 위원회나 계획 집단의 구성원으로서 역할이 있을 때 동시에 한 사람 이상과 일을 한다. 이 집단은 조사, 평가, 정책입안, 계획, 교육, 문제해결, 치료적 목적을 가질 수 있다; 그들은 임시적이거나, 지정되거나, 계속적이거나, 스스로 만들 수 있다. 다중 상호작용은 사람들이 공통의 과업이나 목적을 나눌 때, 그 상황이 일대일 상호작용에 적절하지 않을 때 사용된다. 다중 상호작용의 사용이 요구되는 상황은 다음과 같다.

1. 각 개인이 다른 사람과 함께 하지 않고는 목표에 도달할 수 없다(예: 집단이 어떤 환경적인 변화에 작용할 때).
2. 각 개인이 전문가와 1대 1로 기능할 수 없고 동료들과 기능할 수 있다(예: 비행청소년 집단).
3. 집단 내 구성원들이 개인 이상의 상당한 영향력을 가지고 있다(예: 개인기능에 영향을 주는 가족).

4. 과업이나 목적을 가진 사람으로 여러 사람의 도움이 필요하다(예: 다학문팀).
5. 사람들이 비슷한 욕구나 관심사에 직면한다(예: 발달장애아동의 부모).
6. 클라이언트체계 내에서 체계와 일하는 사람들이 다른 모든 체계나 체계의 중요한 일부와 함께 할 때 더욱 효율적이다(예: 가족, 부모 등).

일대일 상호작용에 관해 8장에서 논의한 대다수는 가족과 집단 상호작용에도 또한 적용된다. 개인 간 관계는 과업 성취를 촉진하는데 중요하다. 가족이나 집단개입과정과 과업성취는 또한 효과적인 의사소통에 의해 향상된다. 관계와 의사소통은 사람들이 추가될 때 더욱 복잡해진다: 이 경우 상호작용의 교류적 특성은 더욱 주의를 기울여야 한다. 사실상 면접은 가족이나 집단 토의가 된다. 그러므로 면접을 촉진하는데 유용한 기술 중 다수는 가족이나 집단 토의를 촉진하는데도 또한 유용하다.

생태체계 강점 접근을 사용하면서, 사회복지사는 클라이언트가 자신의 생태체계의 일부인 다른 많은 집단의 구성원임을 유의해야 한다. 그 결과, 사회복지사는 클라이언트의 생태체계에서 체계와 일할 때, 다인 상호작용에 직접 참여해야 할 것이다. 더욱이, 사회복지사는 클라이언트가 그의 환경에서 다양한 체계와 접촉함에 따라 다인 상호 작용에서 필수적인 기술을 익히도록 돕는 것이 필요할 것이다. 이것은 클라이언트가 집단을 이끌거나 가족대상 실천을 하는데 있어서 숙련될 필요가 있음을 의미하는 것은 아니다. 그것은 클라이언트가 집단 내에서, 그리고 매일 일상적인 그의 가족체계 내 집단과 상호작용 안에서 자신을 발견할 수 있음을 의미한다. 클라이언트가 그렇게 할 때, 그는 자기 자신의 요구를 충족하는 동안 다른 사람의 요구도 충족시키는 법을 알 필요가 있을 것이다. 이것은 종종 클라이언트가 기관에 도움을 요청하게 되는 매우 어려운 문제이다. 생태체계에서 다른 사람과의 관계는 균형을 잃거나 갈등 상태가 될지도 모른다. 혹은 욕구를 충족시키기에 중요한 관계는 효과적인 방법으로 기능하지 않을 지도 모른다. 이러한 관계는 아마 일대일 혹은 다인일 것이다. 클라이언트는 양쪽 모두에게 서로 유익한 상호작용을 하는 것이 필요하다.

사회복지사가 가족과 집단을 대상으로 일할 때, 그들은 사람들 사이의 상호작용과 교류를 직접적인 대면으로 하게 된다. 8장에서 개인과 사회복지사의 상호작용에 대해 다루었다. 개인대상으로 일하는데 있어, 사회복지사는 상호적인 체계의 일부이다. 그러므로 사회복지사는 자신이 상호작용의 주요한 부분이기 때문에 이런 경우 자신이 가지는 직접적인 영향력을 아는 것이 필요하다. 가족과 집단과 일할 때, 사회복지사는 더 큰 상호작용 체계의 일부이다. 상호작용의 상당부분은 사회복지사와 개인 사이에 있는 것이 아니라, 가족이나 집단 구성원 사이에 있다. 사실상 사회복지사가 가족과 만나는 시간 외에 가족구성원들 사이에서 계속되는 상호작용은 매우 많다. 이것은 특정 집단의 경우에도 마찬가지일 수 있다. 그러므로 사회복지사가 상호작용에 영향을 끼칠지는 모르지만 사회복지사의 영향력은 다른 사람의 행동을 통제할 수 없으므로 훨씬 간접적이다.

사회복지사는 구성원들 간의 모든 상호작용에 직접적으로 개입할 수 없기 때문에, 보통 가족과 집단에서 일어나는 일에 영향력을 덜 미친다. 대부분의 경우 사회복지사의 적절한 역할은 촉진자이다. 이 역할에 관계되는 질문은 다음과 같다: 사회복지사는 무엇을 촉진해야 하는가? 언제 관찰해야 하고 언제 개입해야 하는가? 갈등이나 어려운 점이 나타날 때 무엇을 해야 하는가? 이러한 질문에 대한 대답은 가치로부터 많은 영향을 받는다. 사회복지사는 자신이 속한 가족이나 집단 경험에 대해 인식하고 있어야 한다. 특히 사회복지사 자신의 가족에서 이러한 경험은 충분한 가치가 있다. 가족은 문화와 가치의 원천이기 때문에 사회복지사는 자신이 담당하는 가족이나 집단 구성원들의 가치를 존중하는 것이 중요하고, 그 뿐 아니라 자신의 가치와 자신의 직업에 대해서도 인식하는 것이 중요하다.

관계에서 문화와 가치의 영향력을 인식하는 것 외에도, 사회복지사는 관계 기술의 발전을 촉진할 수 있다. 전형적으로, 사회복지사는 의사소통에서 성장과 변화 촉진, 갈등해결, 행동의 변화 등의 기술에 대해 알고 있다. 이러한 기술을 가족과 집단에게 가르치는 것은 개인, 가족, 집단 기능을 향상시키는데 필수적이다. 사회사업가치안에서, 그리고 가족이나 집단 구성원이 속한 문화적 체계 안에서 이러한 기술의 사용은 개인, 가족, 집단의 요구를 충족시키기 위한 기초적인 토대를 제공할 수 있다.

사회복지사가 다인클라이언트 체계에 효율적으로 되기 위해서는, 다음 세 가지를 이해하는 것이 중요하다: (1) 다인 상호작용의 근본적인 경험으로서의 가족 (2) 다인클라이언트 체계로서의 가족 (3) 그 시대 미국 사회의 가족의 형태의 다양성.

다인 상호작용의 기반이 되는 경험으로서의 가족

대부분의 사람들은 가족 안에서 삶을 시작한다. 물론 가족은 미국 백인사회에서 전형적인 가족인 핵가족과 상당히 다른 모습일 수 있다. 가족 경험의 부재는 적절한 대처 자원이 없다면 인간에게 파괴적일 수 있다. 이 논의는 인간이 가지는 최초이자 가장 중요한 다인 상호작용으로서 가족을 중심에 둘 것이다. [표 6-1, p.155 참고], [표 6-2, p.158 참고]와 [표 13-1]은 이 장이 가족을 다인 체계로 조사함으로써 개인, 다양성 요인, 가족을 바라보는 지침을 제공한다.

다인 상호작용에 대한 이러한 생각을 유발하는 기본적인 가정은 모든 인간을 위한 근본적인 이슈가 이 질문에 대답을 하고 있다는 것이다, "나는 개별적인 개체이고, 다른 사람에게 여전히 사랑받고 인정되고 있는가?" 다른 사람과의 관계를 유지하는 한편 누군가의 요구에 따르는 것 사이에서의 긴장은 인간관계의 기본이다. 최초로, 이 긴장은 가족 내 어린 아동과 그 부모 사이에서 나타난다. 아동은 자율성 및 독립을 추구하는 것과 의미 있는 애착에 대한 갈망 사이에서 망설인다(p.24 에릭슨의 발달단계에서 [표 1-1] 참조). 부모가 아동에게 그들이 무조건적으로 사랑 받고 인정받는다는 메시지를 성공적으로 전달할 때, 애착은 확실히 형성되고 아동이 개별적인 자주성을 세울 수 있는 토대를 제공한다. 메시지가 다른 의미일 때, 혹은 이해되지 않을 때 의심이 생기고 자신감은 더욱 상실된다.

간단한 말로, 만약 위의 질문에 대한 대답이 "네"이거나 그럴 것 같다면 아이들은 그 대답을 받아들이고, 자신이 사랑 받고 인정받는다는 것에 대한 안전함을 느낄 수 있다. 이것은 자아상, 자존감, 자아 가치감, 자아 존중감의 본질이다. 사람이 자신에 대해 무엇을 생각하고 어떻게 느끼는가? 위의 질문에 대한 대답이 조건적인 "네"이었다면(나는 당신이 ....하다면 사랑한다 혹은 나는 당신이 ....할 때 사랑한다), 아동은 다른 사람의 인정과 자신의 존재성과 가치를 위해 자기 자신의 외부를 보기 시작할 것이다. 만약 그 대답이 "아니오" 였다면, 아동은 자신이 가치가 없다고 결론짓거나, 그의 행동에 대한 영향을 주는 원인이 되는 다른 사람을 거부할지도 모른다.

이 마지막 상황은 아동이 학대나 방임당할 때 일반적으로 일어난다. 이러한 아동은 주로 자아 가치감이 지극히 낮다. 그런 아동은 자신이 취급받은 대로 다른 사람을 대한다. 첫 번째 예로, "우리 부모님이 나를 사랑하지 않으면, 누가 사랑하지? 나는 사랑스럽지 않은 존재인가 봐."라고 스스로 말한다. 두 번째 예로, "부모님이 나에게 관심이 없는데, 왜 내가 다른 사람에게 관심을 가져야 하지?" 이것은 아동기 시절 학대나 방임을 받은 많은 사람들이 감옥에 가는 사람의 대부분이라는 증거이다. 이러한 개인은 이기적인 사욕대로 행하는 것이 살아남기 위한 유일한 방법이라고 결론을 짓는다.

아동기 경험이 어떻든지, 우리는 경험을 가족 외부에서 행하고, 자신과 다른 사람의 기대 속에서 경험이 나타난다. 이 사실은 다인 상호작용에 필수적이며 클라이언트, 사회복지사, 그리고 우리가 만나는 체계 속의 사람들에게 영향을 준다. 우리가 누구인지 이해하는 것은 우리 가족이 나에게 준 영향을 이해하는 것을 의미한다. 클라이언트, 특히 가족을 대상으로 일을 시작하기 전에 사회복지사는 먼저 자신의 배경과 그것이 사회복지사 자신, 클라이언트, 사회복지사 자신의 세상에 대한 인식에 어떤 영향을 주는지에 대한 통찰력을 가져야 한다. 자기 인식과 건강한 자존감은 유능한 전문 사회복지사로서 자신을 개발하는데 필수적이다.

개인, 가족, 집단 대상으로 일할 때, 클라이언트의 자아상과 다른 사람과의 관계가 어떻게 가족 경험에 의해 형성되는지 기억해두는 것이 중요하다. 가족이나 집단 내 클라이언트를 대상으로 일하는 것은 그들이 수용과 독자성의 문제에 긍정적인 대답을 찾도록 돕는 기회이다. 사실상, 고유한 가치 내 사회복지 신념의 가치와 모든 인간의 존엄성은 이 질문에 긍정적인 대답을 나타낸다. 그러므로 사회복지사가 다른 사람에게 이 가치를 전달하고 가족이나 집단이 그것을 경험하게 하는데 성공적이라면, 각 개인은 더욱 긍정적으로 자기 존중감의 문제를 경험할 수 있다. 더욱 긍정적인 경험은 클라이언트의 미래 경험에 깊은 영향을 줄 수 있다.

가족이 자존감과 다른 사람과의 관계에 주는 영향을 이해하는 것은 개인, 가족, 집단의 사정과 개입에 기본이 된다. 개인의 발전과 관계에 가족이 영향을 주는 방식은 다인 상호작용에서 사회복지사가 무엇에 초점을 두어야 하는지에 대한 핵심을 제공한다. 가족을 체계로 바라보고, 그 구조, 기능, 발전, 역사를 이해하는 것은 중요하다. 또한 각 가족 구성원들의 욕구와 전체로서의 체계를 이해하는 것도 중요하다. 강점과 난제를 조사하는 것은 변화를 위한 전략을 세우는 기본을 제공한다.

사회복지사가 사회사업 가치를 가족과 집단을 대상으로 하는 실천을 이끄는데 사용할 때, 촉진자 역할에 관하여 제기되는 질문의 대답은 더욱 명백해진다. 사회복지사는 가족과 집단 내에서 각 개인의 존엄과 존중을 반영하는 상호작용을 촉진해야 한다.

사회복지사는 이러한 상호작용이 일어날 때 지지해야 하고, 일어나지 않을 때는 개입해야 한다. 가치와 문화의 차이를 알고 그 차이를 존중해야 한다. 구성원이 존중되고 각 사람이 최종 결정에 참여할 필요가 있다는 인식을 가지고 갈등 해결을 도와야 한다. 승자-패자 상황은 불가피하게 패자를 낳는다. 어느 한 사람이 패자라고 느끼거나 패자라고 느끼는 가족이나 집단에 속한다면 체계 내 모든 사람은 결과적으로 이 영향을 느낄 것이다. 승자-승자 상황은 그들의 요구를 충족시키는 모든 집단을 지지한다. 사회사업이 지지하는 가치에 열려 있는 것은 사회복지사가 가치를 강요하거나 조작하는 위험을 감소시킨다. 사회복지사는 클라이언트를 대상으로 일하던지, 혹은 클라이언트 생태체계의 구성원을 대상으로 일하던지 간에 인간을 존중하고 서로를 존엄과 존경심을 가지고 대하는 것을 지지한다.

다인 클라이언트 체계로서의 가족

체계로서 가족 대상 실천의 몇 가지 접근은 부록에서 요약하고 있다. 이를 깊이 다루는 것은 이 책의 범위를 벗어나는 것이다. 오히려 체계로서의 가족 대상 실천에 관하여 보여주게 되는 것은 사회복지사-가족의 상호작용이 발전하게 하고 변화과정을 촉진하는 행동의 이해와 원칙일 것이다. 가족대상 실천의 첫 번째 원칙은 가족 단위의 사회력이 전개되어(표 13-1 참조), 사회복지사가 가족에 대해 필요한 이해를 하도록 하는 것이다.

가족은 사회체계, 소집단 과정, 가족 구조와 기능에 대한 지식을 사용하는 체계로 보인다. 가족 집단은 소집단(14장에 언급된)과 같은 특성을 많이 가지고 있다. 그러나 가족은 특별한 소집단이다-주로 세대간의 집단이고, 오랜 시간에 걸쳐 존재하는 집단이며, 구성원들이 함께 보낸 시간의 정도와 가족이 구성원들에게 미치는 영향력의 힘 때문에 매우 강한 결속력을 가진 집단이다. 가족은 가족 구성원의 발달 단계와 연관된 고유의 발달 과정을 가진다.

두 번째 원칙은 서로 돌보고 이해하는 관계가 가족 단위의 특정 개인만이 아닌, 전체 가족 단위로 나타나는 것이다. 사회복지사는 가족이 잘 세워진 체계라는 것을 인식해야 한다. 사회복지사는 그 체계에 휘말려서도 안 되고, 개인 가족 구성원의 한쪽 편만 들어서도 안 된다. 모든 가족 구성원들의 기여를 발견하고 중요시해야 하며, 각 가족구성원은 개인으로 존중해야 한다.

세 번째 원칙은 상황에 대한 책임이 가족에게 있다는 것이다. 가족이 상황의 현실성, 즉 가족 문제에 있어 책임을 모든 가족이 진다는 것을 점차 직면하는 것은 중요하다. 이는 드러난 상황에 대해 탐구적인 태도를 전달함으로써 가능하다. 그것은 또한 사회복지사가 가족에게 가족 내 혹은 환경 내 상호작용에서, 문제는 종종 가족의 성장을 방해하는 징후가 되거나 가족 구성원들이 욕구가 충족되지 않다거나 욕구를 충족했다는 표시가 될 수도 있음을 설명한다면 도움이 될 것이다. 걱정은 종종 상황을 명확히 함으로써 줄어들 수 있다. 가장 중요한 것은, 원조상황이 욕구충족 작용을 함에 있어 가족이 안전한 환경이라는 것을 이해할 필요가 있다. 모든 가족 구성원의 권리를 존중하는 사회복지사는 그들을 비난하지 않음으로써 가족의 요구에 어떻게 함께 실천하기 시작할지에 관한 모델을 제공한다.

사회복지사는 가족이 전체체계로서 상황에 책임을 지도록 돕는다. 그때 가족은 체계로서의 가족, 가족의 개인 구성원, 가족(혹은 구성원)과 환경 사이에서 채워지지 않은 욕구를 충족시키기 위한 계획을 전개하고 수행하도록 기대된다. 사회복지사의 역할은 이 과정에서 가족들에게 힘을 주는 것이다.

네 번째 관련된 원칙은 그들이 특정 가족 구성원에게 책임을 지움으로 비난과 죄책감을 피하는 것이다. 생태체계강점관점을 사용함으로써 사회복지사는 가족의 채워지지 않는 요구가 가족체계 내 상호작용, 환경 내 상호작용과 관련될지 모른다는 것을 깨닫도록 돕는다. 사회복지사는 가족이 이러한 상호작용과 교류의 새로운 균형을 잡는 방법을 찾도록 돕는다. 환경적인 요인의 영향과 가족요구를 충족시키는 기술을 발전시키기 위한 필요성은 적절할 때 또한 강조된다.

가족대상 실천을 할 때, 사회복지사는 구성원이 스스로 말하도록 격려한다. 사회복지사는 어떻게 실행될 것이고 어떻게 의사소통을 해야 할지를 가족들과 논의한다. 이것은 가족의 가치체계와 문화에 민감한 방법으로 이루어져야 한다. 각 가족 구성원들은 그들의 염려를 다루는데 있어 이곳이 안전한 곳이라는 느낌을 받는다. 실천이 일어나는 물리적 환경에서는 주의를 해야 한다. 만약, 어린 아이들이 있다면 그들이 움직이고 조용히 놀 수 있도록 조성되어야 할 것이다. 각 가족구성원의 기대와 걱정이 드러나므로, 각자는 다른 멤버들의 기대와 걱정을 이해한다.

사회복지사는 가족들이 그들의 문화와 다양성의 상황 내에서 욕구의 본성과 관심에 관해 합의할 수 있도록 도우려고 애쓴다. 사회복지사는 가족이 무엇을 해야 하고 누가 그것을 해야 하는지에 관해 사회복지사와는 물론 구성원들 사이에서 동의를 얻도록 돕는다. 사회복지사는 가족 구성원들의 이해와 효과적인 가족 기능을 하는데 필요한 기술이 부족할 때 교육적인 접근법도 사용한다. 이러한 기술은 의사소통, 문제해결, 갈등 조정, 긍정적 강화, 인지 재구조 등을 포함한다. 변화의 저항을 다루는 기술은 대단히 중요한 데, 왜냐하면 가족은 종종 어려움의 원천의 기능뿐만 아니라, 개인 구성원들이 포기하기 매우 어려운 기능의 확립된 방법을 가지고 있기 때문이다.

가족 형태의 다양성

가족을 대상으로 일할 때 사회복지사가 어려움에 직면하는 경우가 있는데, 이는 그들이 원가족(그들이 성장한 가족)에 관한 걱정과 감정을 알지 못하거나 어떤 점에서 해결하지 않았기 때문이다. 사회복지사는 또한 그들의 개인 경험에 기초한 가족 기능에 대해 근거 없는 가정을 하기도 한다. 그러므로 가족 집단과 일하는 중요한 선행조건은 사회복지사가 자신의 가족에게 어떻게 영향을 받았는지에 대한 인식과 분석이다.

가족은 흔히 두 명의 부모와 두 명 이상의 자녀로 구성된다고 가정한다. 현대 미국 사회에서 이는 종종 진상이 아니다. 많은 부부가 무자녀로 지내기로 하고, 어떤 부모는 여러 번 이혼을 한다. 어떤 사람은 혼외 자녀를 두기도 하고 많은 부부가 그 자녀가 집을 떠난 이후 더 오래 살고 있으며 한 부모 가족, 손자녀를 양육하는 노부부 가족, 혼합가정의 수가 증가하고 있다. 사회복지사는 이런 다양한 가족 대상 실천 모델에 적응할 필요가 있다. 커플 혹은 부부치료는 남편과 아내로만 구성된 가족 실천을 하는데 토대를 제공할 수 있다. 노인 대상 실천을 할 때는, 부부만 남았던지 그들의 성인 자녀 및 그 가족과 있던지 간에, 이후의 발달상 과업에 대한 고려가 있어야 한다. 부모와 성인 자녀의 역할 전환은 피해야 한다. 과거에 미해결되거나 불충분하게 해결된 이슈는 다룰 필요가 있을 것이다. 노인 가족에게 종종 중요한 두 가지 과업은 (1) 가족을 발굴하고 지역사회자원을 사용하도록 도와서 노인들이 가능한 비제한적인 환경에서 살게 해주는 것 (2) 가족이 특정 구성원에게만 과중한 부담을 주지 않는 지지적이고 돕는 관계로 유지하도록 돕는 것 등이다.

한 부모 가족이나 혼합가족을 대상으로 실천할 때, 부재한 부모의 영향을 고려하는 것이 중요하다. 부재한 부모가 죽었는지 이혼했는지 처음부터 결혼하지 않았는지에 따라 다른 어려움을 가질 것이다. 아버지나 어머니는 양육하는 부모거나 공동후견인으로 합의한 상황에 있을 수도 있다. 한 부모 가족을 대상으로 실천할 때, 역할 과중과 한부모 가족의 욕구를 고려하는 것이 특히 중요하다. 죽음이나 이혼으로 인해 미해결된 감정이나 문제들이 있을 수도 있다. 가족 구성원의 부적절한 기대감도 있을 수 있다. 아동들이 어느 정도는 부재한 부모의 역할을 채울 것인데, 이 역할은 아동에게 너무 많은 스트레스와 책임감을 준다. 이런 가족은 종종 지지적인 지역사회 자원에 대한 욕구를 갖는다.

혼합 가족은 사회복지사에게 특별한 도전을 준다. **혼합 가족**은 부모가 이전에 결혼했었거나 관계가 있었고, 이러한 결혼이나 관계로부터 아이가 있는 가족이다. 다른 관계에서 나온 자녀와 같이, 현재 결혼이나 관계에서 자녀가 있을 수도 있다. 이러한 아동들은 "의붓형제")일 것이다. 가족 모두는 최소한 1명의 다른 구성원들과 "의붓"관계를 가진다. 어떤 아동들은 자신의 친부모를 만나러 떠날 수도 있다. 어떤 아동은 그들과 같이 살지 않는 부모를 방문하러 갈 수도 있다. 이러한 모든 것들은 사회복지사뿐만 아니라 가족에게도 매우 혼란스러울 수 있다. 모든 혼합 가족이 직면하는 근본적인 문제점 중 하나는 이러한 다양한 관계 속에 가족으로서 함께 사는 것에 어떻게 적응하느냐 하는 것이다. 대부분 두 번째 결혼은 가족 구성원이 적응할 수 없어 실패한다. 그러므로 일반적으로 이루어지는 실천은 종종 어려운 환경 속에서 적절한 관계를 발전시키는 것을 중심으로 이루어진다.

자녀가 부모의 이혼 및 결혼과 관련한 결정을 받아들이는 데 도움을 제공하는 것이 중요하다. 그 작업은 또한 가족이 현재의 현실을 중심으로 재구성하고 각자 구성원의 욕구를 충족시키고 의사소통과 기능에 순응하도록 돕는 것을 포함해야 한다.

사회복지사가 개입하는 어떤 가족은 복합적인 문제나 혼돈된 가족의 모습을 보일 수도 있다. 아동학대, 배우자 학대, 물질 남용은 종종 이러한 가족이 사회서비스 기관에 가져오는 문제들이다. 이러한 가족은 보통 사회복지사에게 자발적으로 찾아오지는 않고, 법원이나 서비스를 요구하는 다른 권위자의 명령에 의해 오게 된다. 이러한 어려운 상황에서 일할 때, 첫 단계는 사회복지사의 신뢰에 기반한 관계를 발전시켜야 한다. 이를 위해서 사회복지사는 일관적이며 유연해야 하고, 어떤 형태의 보복도 피해야 한다. 사회복지사는 가족들이 왜 그곳에 있으며, 협력을 하지 않은 결과가 무엇인지에 관해 가족들에게 정직해야 한다. 걱정과 공감이 비심판적인 태도로 표현되는 것은 매우 중요하다. 많은 경우, 사회복지사는 이전 세대로 돌아가 보면 어려움이 있는 과거력을 발견할 것이다. 또한 사회복지사는 그들이 일반적으로 사회에서 용납하는 방법으로 자신의 욕구를 만족시키지 못하거나 자신들의 욕구를 어떻게 채워야 하는지 알지 못하는 사람들임을 발견할 것이다. 생태체계 내에서 종종 가족의 상호작용은 제한적이고 갈등으로 가득 차 있다. 이러한 가족은 종종 우선순위를 세우고 사회적 기능의 기술을 발전시키는 도움이 필요하다. 그들의 의사소통 기술은 제한적일 수 있다. 이러한 가족은 역량을 발전시키는 것이 가장 중요하다.

사회복지사는 다른 문화 집단 내에서 가족 기능과 구조의 차이점을 이해해야 한다. 소수 문화집단에서 가족을 대상으로 실천할 때, 사회복지사는 가족이 문화 집단 내에서 어떻게 작용하는지 알기 전에 가족 기능을 추정해서는 안 된다. 일반적으로 집에서 가족을 만나는 것과 단기간 행동 지향적인 방식을 사용하는 것은 성공적인 접근법이다. 사회복지사는 가족이 지지적인 확대가족이나 직접적인 민족 공동체 체계의 방식으로 자신들의 문제를 풀도록 도와준다. 종종 소수집단 가족을 대상으로 실천하는 것은 외부의 지배적인 사회 체계와 그 제도에 그들이 잘 처신하도록 돕는 것을 포함한다. 이 때 생태체계 강점 접근이 특히 유익하다. 다수 문화 내 개인, 집단, 제도를 옹호하거나 조정하는 것은 필요할 것이다. 모든 가족, 특히 차별을 경험한 가족을 대상으로 실천할 때 중요한 목표는 가족과 그 구성원들이 자신들의 생활을 조절하는 것과 생태체계 간 교류의 영향에 의해 그들의 상황을 바꾸는 것이 가능하도록 하는 것이다(실천 전략으로서 가능성 증진은 11장에서 논의되었다).

사회복지사는 우리 사회에서 다양한 형태의 가족에 대한 이해를 확대하는 것이 필요하다. 사회복지사는 가족과 그 상황을 사정하고 가족을 대상으로 실천하기 위한 방법을 창의적으로 개발하는데 있어서 기술을 계발하는 것이 필요하다. 기술은 가족과 상호작용 하는데 필수적인데 이는 필요한 정보를 제공하고 필요를 채우며 사회기능을 향상시키기 위한 계획과 일에 참여하게 하기 위한 것이다.

두 인종이나 다인종 가족은 지난 몇 십년 간 실제로 증가하여 왔고, 미국이 다문화, 다민족 사회로 변해감에 따라 계속해서 증가할 것이다. 이러한 가족 중 일부는 두 인종 부부로 인해 생겨났고, 그 밖의 가족은 다른 인종의 아동을 입양하는 부부로 인해 생겨났다. 이 중 일부는 외국 입양으로 인한 아이들이다. 이와 같은 일들이 더욱 일반화되고 있음에도 불구하고 두 인종과 다인종 가족은 가족과 아이들의 피부색깔 때문에 편견과 차별에 직면한다. 게다가 이러한 가족의 일부는 그들의 문화나 인종 집단 어느 쪽에서도 받아들여지지 않는다는 것을 발견한다. 아이들은 이와 비슷한 태도를 경험할 수 있다. 두 인종 부모는 그들 자녀의 자아상과 자존감을 강화해주는 것이 필요하다. 사회복지사는 이러한 가족은 부정적인 태도와 행동에 맞서고 대처하는 것을 지지하는 것이 필요하다. 사회복지사는 모든 형태의 편견, 차별, 억압에 바로 맞서야 한다.

동성 파트너 가족은 게이와 레즈비언이 부부로서 합법적인 신분을 주장함에 따라 점차 인정받고 있는 특별한 가족의 형태이다. 이러한 가족 내 아동은 이전의 이성애 관계, 입양, 대리모, 인공 수정 등에 의한 것이다. 이성애 가족에서, 역할은 종종 성과 문화에 의해 주어진다. 이성애 커플의 경우 각 파트너가 가질 역할이나 역할을 나누는 방법에 대해 의논할 수 있는 의사소통 체계를 갖출 필요가 있다. 평등한 이성애 부부도 동일한 욕구를 갖는다. 많은 경우, 누가 무슨 일을 할지-요리, 육아, 잡무, 가사일 등과 같은-매일 의논하는 것이 필요하다. 동성 파트너와 그 자녀는 종종 많은 편견과 차별에 직면한다. 동성가족 내 아동은 그 가족과 가족 구성원의 긍정적인 모습과 함께, 이러한 부정적인 사회적 태도에 잘 견딜 수 있는 건강한 정체성을 확립하는데 부모의 도움이 필요하다. 예를 들어, 레즈비언 가족에서 아동은 두 어머니 두기를 격려하는 것을 볼 것이다. 아동이 이것을 강점으로 보는 것과 단지 이성애 부부의 자녀처럼 느끼는 것이 중요하다. 다시, 사회복지사는 이러한 가족이 사회의 부정적인 태도와 행동에 맞서고 대처하는 것에 지지를 보내는 것이 필요하다. 사회복지사는 개인적인 가치와 신념에 관계없이 모든 형태의 편견, 차별, 억압에 옹호해야 한다.

마지막으로, 사회복지사는 가족 환경 안에서 가족과 체계의 강점을 사정한다. 전통적인 핵가족과 다른 가족을 열등하게 보는 경향이 있다. 실제로, 모든 가족은 구조, 기능, 발전, 인종에 관계없이 강점을 가지고 있다. 혼돈스러운 가족도 구성원 욕구의 대부분을 제공할 수 있다. 이미 있는 것보다는 없는 것에 더욱 초점을 맞추는 경향 또한 있다. 만약 사회복지사와 가족이 가족체계, 생태체계의 강점을 볼 수 있다면, 성장과 변화가 이러한 강점 위에, 그리고 전체 체계의 주요한 분석을 맡는 대신에 생태체계 내 교류 위에 세워질 수 있다. 만약 사람들이 변화하려고 결심했다면, 그들은 약점의 위치에서가 아닌, 강점의 위치에서 그렇게 할 필요가 있다. 만약 그것이 체계가 이미 갖춰진 강점에 기초한다면 더욱 변화가 일어나고 지지될 것이다. 가족이 그렇게 할 수 없을 때 강점을 확인하고 지적해주는 것은 사회복지사의 책임이다.

가족 변화 과정

사회복지서비스의 초기 요구는 주로 개인이나 가족하위체계(부부, 부모, 자녀, 형제)와의 접촉을 포함한다. 이후, 개입에서 전체 가족이나 가족 내 특정 하위체계를 포함하는 것으로 확대될 것이다. 가족 실천의 초기 요구는 종종 부모-자녀 문제와 같은 하위체계에서 일어난다. 이 책에서, 가족 개입은 가족체계의 어느 부분에 초점을 두는 실천이다. 전체 가족의 초기 요구에 응하는 것은 어떤 세팅(아동복지 분야와 같은)에서는 빈번할 수 있지만 대부분의 사회복지사들에게 일반적인 것은 아니다.

사회복지사와 클라이언트체계는 전체로서 가족에게 서비스를 제공하는 것이나 하위체계로서 가족에게 서비스를 제공하는 것 중 가장 좋은 것을 결정해야할 것이다. 이 과정은 가족 대상 실천을 위한 지시와 역지시와 같이 9장에서 논의되었다(표 9-1 참조). 가족은 클라이언트 체계가 되는 것에 동의를 하거나 법원체계와 같은 의뢰 자원으로부터 지시를 받을 것이다. 어떤 예로는 가족, 하위체계나 특정 구성원은 클라이언트 체계의 변화 과정에서 관심을 기울이는 단위가 될 수 있다. 이 예에서, 사회복지사는 클라이언트가 가족과의 상호작용을 변화시키기 위한 개입을 한다. 가족 대상 실천을 할 때, 사회복지사는 9장부터 12장까지 기술된 변화과정 단계를 사용한다. 사정은 계획과 행동이 뒤따른다. 평가는 과정 중 계획의 완성에서 이루어진다. 평가는 서비스가 종결되었을 때 일어난다.

가족 사정

가족 사정은 9장에서 기술된 사정 단계와 비슷하다. 사회복지사는 욕구와 문제점을 확인하고 욕구와 문제의 본질과 가족 생태체계 내의 잠재적인 강점과 자원에 관하여 추측한다. 이러한 추측을 지지하거나 그러지 못한 정보를 선택하고 모은다. 사회복지사는 환경 내 가족을 이해하고 생태체계 내 가족과 자원의 강점에 근거하여 변화의 기초를 마련하기 위해 이용할 수 있는 정보를 분석한다. 만약 클라이언트 체계가 가족이라면, 주요한 사정 기록은 가족 사회력인데, 이것은 개인 구성원을 이해하기 위한 개인 사회력과 관련된 일부로 사용한다. 만약 클라이언트 체계가 개인이고 가족이 관심을 두는 단위라면 개인 사회력은 주요한 사정 기록이고, 관련된 가족 사회력의 일부는 가족을 이해하기 위해 사용된다.

클라이언트가 다인 체계일 때, 사회복지사는 체계의 구성원인 개인뿐만 아니라,

체계와 그 체계 내에 존재하는 하위체계 또한 이해해야 한다. 이것은 개인과 하위체계 사이의 관계를 이해하는 것을 포함한다. 사회체계이론은 다인체계를 표현하기 위한 한 가지 방법을 제공한다. 모든 사회체계는 구조, 기능, 발달 측면이 있다. 사진술의 비유는 이러한 세 가지 측면을 구별하도록 돕는다. 구조는 스냅사진으로 비유할 수 있다; 이것은 서로 때 맞추어 주어진 요점에 그 부분들과 서로의 관계를 묘사한다. 기능은 영화로 비유할 수 있다. 기능은 체계 과정의 본질을 묘사한다. 발달은 저속도 촬영 사진으로 비유될 수 있다; 발달은 가족기능의 단계를 묘사하고, 근본과 역사, 체계의 일대기에서 중요한 과거의 사건과 또한 관련된다.

가족은 개인의 기능에 가장 영향을 미치기 쉬운 체계이다; 가족은 개인의 욕구를 채워줄 책임이 있는 주요한 체계이다. 개인 기능은 종종 가족기능의 과거나 현재로부터 도전을 받는다. 가족체계 내에서의 도전 없이 개인의 욕구가 생길 수 없고 개인이 직면하는 도전이 충족될 수도 없다. 가족체계 내에서 이러한 변화를 일으키기 위해, 가족을 사회체계로 이해하는 것이 필요하다. 가족체계 내에서 개인의 자리를 아는 것은 또한 개인을 이해하는데 필요하다. 필요한 변화가 가족체계 내 구성원 간의 교류 속에 있을 때, 가족은 주의를 기울여야 하는 단위이거나 클라이언트 체계일 것이다. 사회복지사는 변화를 위한 가족체계의 강점, 동기, 능력, 기회를 판단하고 돕는 과정에서 가족체계를 끌어들인다. 가족은 클라이언트가 되는 과정을 경험한다.

사회력이 개인을 대상으로 하는 실천을 위한 사정 기록인 것처럼, 가족사회력은 가족체계 를 대상으로 실천하기 위한 사정 기록이다. (가족 개요를 위해 표 13-1 참조.) 가족 개요는 네 가지를 포함 한다: (1) 필요한 일반적인 정보 (2) 체계로서 가족 기술 (3) 가족 체계의 문제점과 욕구의 확인 (4) 가족체계와 욕구를 충족시키기 위한 환경의 강점과 도전 확인.

가족의 구조를 연구할 때, 각 가족 구성원을 많이 이해하는 것이 유용하다. 표 6-1(개인 사회력의 개요)의 적절한 사용은 이해를 발전시키는 중요한 도구일 것이다. 가족은 체계로 이해되어야 한다. 체계 구성원은 다른 사람보다 더 강한 관계를 가진 사람들이다. 가족의 경계-환경에서 가족의 분리-는 다른 중요한 사람들을 포함하고 가족의 관점 자체를 반영하기 위해 그려져야 한다.

그러므로 가족 체계는 조부모나 숙모 같이 집에서 같이 살 수도 있고 그렇지 않을 수도 있는 확대가족의 구성원을 몇 명 포함할 수 있다. 가정 혹은 이웃에 사는 친족이 아닌 사람도 포함할 수 있다. 가정을 떠난 자녀도 고려할 필요가 있는데, 이는 가족 체계와 가족 기능의 본질에 달려있다. 사망했거나 이혼으로 가족을 떠난 가족 구성원에게도 주의를 기울여야 한다. 가족체계와 기능에서 그들의 영향은 확인되어야 한다. 누가 가족체계에 속하는지를 판단하는 것은 복합가족의 경우 특히 어렵다. 종종 복합가족에서 자녀 양육권과 이전 결혼에서 낳은 자녀 방문은 개인과 관계의 결합에 변화를 주고, 이것은 유동적인 상태를 야기한다. 게다가 양부모와 양자 사이의 관계와 의붓자녀들 간의 관계는 깊지 않거나 갈등적일 수 있다. 이러한 가족관계는 복합, 이혼, 동거 파트너, 혼외 출산 자녀에게 더욱 복잡할 것이다.

[표 13-1] 사회력 전개 틀 : 가족

I. 일반적인 정보(기관의 필요에 따라)

A. 가족 구성원의 이름과 생년월일, 사망일
B. 결혼 날짜, 이전 결혼 날짜
C. 종교, 인종, 문화적 배경
D. 집에서 사용하는 언어
E. 처음 접촉한 날짜, 의뢰자

II. 체계로서의 가족(강점, 자원, 도전)

A. 가족 구조

1. 가족체계 내에서 기능하고 있는 모든 사람을 규명하라. 체계의 일부로 기능한다면 확대가족과 혈연가족이 아닌 사람도 포함하라. "사회력 전개를 위한 틀: 개인" [표 6-1, p.155 참고]의 적절한 일부를 사용하여 각 사람을 기술하라.
2. 하위체계-부부, 부모, 형제, 부모-자녀 하위체계나 그 외 하위체계의 기능과 관계를 기술하라.
3. 가족 응집력-가족이 그 체계, 경계, 관계를 유지하는 방법을 기술하라. 가족 구성원사이의 결속과 분리의 이슈, 가족규칙과 규범, 정서적인 분위기를 포함하라.
4. 가족 환경-다음을 기술하라:
   a. 생활 상태
   b. 사회경제적 지위
   c. 지역사회나 이웃의 특징 및 그 가족과 지역사회나 이웃과의 관계. 가족에게 중요한 지역사회조직과 기관, 그리고 이들과의 관계의 본질을 포함하라. 지역

사회와 이웃자원과 이 지역사회에서 가족을 위한 책임과 영향력을 기술하라.

d. 확대 가족 : 관련성; 확대가족 내 중요한 사람; 이 가족체계의 영향에서의 강점; 자원, 책임, 그것으로부터의 영향력

B. 가족 기능

1. 의사사통 패턴
2. 의사결정 패턴
3. 역할 수행
   a. 일과 가사일의 기준과 실천
   b. 부모역할과 자녀양육의 기준과 실천
   c. 체계 구성원 지지; 성장 격려, 돌봄, 관심
4. 가족이 습관적으로 채택하고 대처하는 매커니즘
5. 가족의 생태도 그리기.

C. 가족 발달-역사

1. 뿌리, 문화집단과 이전세대가 가족체계에 미친 영향.
2. 가족생애에 중요한 사건
3. 가족의 발달 단계
4. 가계도 구성

Ⅲ. 관심사 혹은 욕구

A. 이 가족이 왜 기관에 왔는가? 어떤 서비스를 요구하는가?

B. 가족 구성원 개인의 욕구(표 6-1, p.155 참조)

C. 가족 내 하위체계의 욕구(부부체계와 부모체계에 특별한 관심을 기울여야 한다) 적절하게 기능하는데 필요한 변화나 자원, 그 외 원조를 규명하라.

D. 가족체계의 욕구. 개인과 하위체계의 욕구가 가족체계에 어떻게 영향을 주는지 고려하라. 또한 환경적인 책임, 기대 및 체계로서의 가족에 영향을 주는 다양한 요인을 고려하라. 가족체계의 이러한 욕구를 충족을 가로막는 방해물을 규명하라.

Ⅳ. 욕구를 충족시킴에 있어 강점과 도전

A. 이 가족은 서비스가 제공된 결과로 무슨 일이 일어나기를 원하는가?

B. 서비스와 관련한 가족의 생각, 관심, 계획은 무엇인가?

C. 서비스 이용 동기 혹은 변화를 위한 가족의 동기는 무엇인가?

D. 대처와 변화를 위한 가족의 역량은 무엇인가? 무엇이 영향을 줄 것인가?

E. 변화를 위한 가족의 자원은 무엇인가(체계 내부의)?

F. 이 가족의 변화를 지지할 수 있거나 경감시킬 수 있는 환경적인 자원, 책임, 영향력은 무엇인가?
G. 변화와 관련된 가족 체계의 동기, 역량, 기회에 영향을 줄 수 있는 다른 어떤 요인이 있는가?
H. 이 가족에 대해 체계 및 환경의 현실적인 기대가 있는가?
I. 욕구충족과 관련하여 가족의 강점과 도전은 무엇인가?

가족 구조의 다른 부분은 하위체계이다-부부, 부모, 형제, 부모자녀 하위체계. 부부하위체계는 남편, 부인 혹은 파트너로서의 커플을 포함한다. 그들의 관계는 각자 파트너의 원가족으로부터의 분리와 각 파트너가 상대방을 부양하고 인정하는 능력의 관점에서 기술될 수 있다. 부모 하위체계는 어머니, 아버지 혹은 부부와 부모나 양부모로서 그들의 상호작용을 포함한다. 형제 하위체계를 이해하는 것은 어떻게 자녀들이 서로 관계되어 있는지와 관련 있다. 부모자녀 하위체계는 본질상 세대상의 것이다; 특별한 관심은 권위의 제한과 책임감이 세대간에 어떻게 그려지는가이다. 다른 하위체계는 가족 내에 존재할 것이고, 이는 규명되고 관계의 본질이 기술되어야 한다. Ann Hartman과 Joan Laird는 세대간 관점은 가족 체계의 발전적인 이해에 매우 도움이 되는데, 이것은 가계도의 사용이 도움이 될 수 있다고 지적했다(이 기술은 5장에서 소개되었다).

가족 구조를 기술하는 세 번째 고려사항은 응집력이다. 이것은 가족이 함께 결합하는 것이다. 그것은 가족의 정서적이거나 감정적인 분위기, 가족의 우리의식이며; 가족 구성원의 서로간의 연결이다. 건강한 가족 관계는 연결과 분리 모두를 인정한다. 연결과 분리의 두 가지 메커니즘이 기술되어야 한다. 가족 규칙과 규범(이 가족이 행동하는 방법)은 응집력의 표현방법이다. 어떤 상황에서 무엇이 인정되는지의 설명은 가족 구성원의 상관관계를 발견하는 다른 방법이다.

가족체계는 더 큰 환경의 일부이다. 그 환경은 가족에게 기대를 갖는데, 그것은 체계 내부로서 가족의 기능과 환경 내 다른 체계를 향한 책임감을 포함한다. 문화적 다양성의 사회에서 종종 마찰이 예상되는 일이 있다. 가족의 다양성 때문에 편견과 차별의 영향이 확인되어야 한다. 교회, 학교, 문화 집단, 확대가족 등과 같이 가족에게 영향을 주거나 가족을 위한 책임감의 기대를 가지는 체계에 대한 영향의 본질과 정도를 결정하는 것은 중요하다. 또한 가족에게 자원이 될 수 있는 환경 체계를 확인하는 것은 유용하다. 이 정보를 모으는 한 가지 방법으로써, Hartman과 Laird는 생태도를 발전시키는 기술을 개발했다(이 기술의 설명은 사례 예시에서 볼 수 있다).

가족 기능과 관련해서 고려할 중요한 특징은 의사소통 패턴, 의사결정 방법, 가족 구성원이 위임하는 역할을 수행하는 방법 등이다. 어려움을 가진 가족은 종종 다른 구성원의 욕구에 도움이 되지 못하는 의사소통 패턴을 가지고 있다. 이러한 패턴의 일부는 자녀를 통해 의사소통하는 패턴, 의사소통하는 자유의 결핍, 갈등적인 메시지 등을 포함할 것이다. 그러나 패턴의 확인은 체계의 기능을 이해하는데 중요하다.

사회서비스 기능을 이해하는데 있어 어떻게 결정을 하는지 아는 것은 중요하다. 이것은 어느 결정이 개인적인 것인지, 어느 것이 하위체계에서 만들어지고, 어느 것이 전체 체계에 속하는지 확인하는 것을 포함한다. 이것은 결정에 미치는 영향과 어떻게 그러한 결정이 의사소통되고, 수행되고, 강화되는지도 포함한다. 대부분의 가족에게는 다양한 가족 구성원의 욕구를 충족시키는 의사소통 패턴이 있다. 그러나 이러한 패턴은 특정 관계에서는 제한적일 수 있다. 예를 들어, 아동은 한 부모와는 긍정적 상호작용 패턴을 가질 수 있으나, 다른 부모와는 그렇지 않을 수도 있다. 의사소통의 긍정적인 패턴은 강점으로 작용하며, 목표는 가족 내 다른 관계에 이러한 패턴을 늘려 가는 것이다.

가족은 사회의 주요한 교육기관 중 하나이다. 기능하기 위한 어떤 사회에서, 가족은 사회에서 그들에게 위임하는 역할을 수행해야 한다. 이러한 기능은 개인을 위한 일반적인 욕구의 주요한 공급, 자녀의 보호와 양육, 문화의 연속을 포함한다. 이러한 기능을 수행하기 위해 가족 구성원은 가사, 소득제공, 부모, 자녀 등의 역할을 수행한다. 이는 일반적인 인간의 욕구와 모든 가족 구성원의 발달상 욕구를 충족시키는데 필수적인 역할이다. 일, 부모, 부부역할을 수행하는 것을 통해서 가족은 모든 구성원에게 지지, 성장의 격려, 걱정에 대한 관심을 준다. 이러한 역할이 어떻게 채워지는지 아는 것은 가족 기능을 이해하게 해준다. 이러한 역할의 한 가지 이상이 난제로 나타날 때라도, 이 역할은 자주 가족에게 중요한 강점으로 자원을 제공한다.

변화는 모든 인간 기능의 한 부분이다. 가족은 여러 방식으로 변화 한다; (1) 가족 구성원의 성장 (2) 생일, 가족을 떠난 자녀, 사망, 이혼 (3) 질환이나 장애로 인한 가족 구성원의 변화된 기능 (4) 변화된 환경 자원, 영향, 책임. 모든 체계는 변화에 대처하거나 변화 상황에 적응하는 메커니즘을 발전시킨다. 이러한 적응하고 대처하는 메커니즘은 그들의 공헌이 사회체계와 환경 속에서 변화를 겪는 가족체계의 적절한 유연성에 확인되고 관찰되어야 한다. 다시 말해서, 이것들은 강점과 레질리언스의 중요한 표시이다.

사회체계로서 가족을 이해하는 마지막 분야는 가족의 발달이고, 그것은 가족의 뿌리에서 시작한다. 현재 구조와 기능은 그 근원적 산물의 일부이다. 또한 가족의 문화적 배경을 이해하는 것도 중요하다[표 6-2, p.158 참고]. 가족 체계 내에서 중요한 변화, 적응, 대처를 요구하는 사건은 또한 가족의 발전을 이해하는데 중요하다. 가족 구조는 가족의 뿌리와 성장과 변화의 기초가 될 수 있는 자신의 문화의 자존심 및 가족 전통의 일부이다. 자기인식은 우리가 어디 출신이며, 우리의 가치, 신념, 삶의 방식이 우리의 과거와 우리 가족, 문화에 어떻게 반영되는지에서 시작된다. 가족과 문화유산을 이해하고 평가하는 것은 가족과 구성원을 강화시킨다.

모든 가족은 가족 구성원들의 변화 구성과 욕구에 따른 단계들을 경험한다. Sonya Rhodes는 가족생활주기의 7단계를 다음과 같이 말하였다:

1. 친밀 대 이상화 혹은 환멸 : 남편과 아내의 2인관계가 형성되었다. 발달 과업은 파트너에 대한 현실적인 이해를 발전시키는 것을 포함한다.

2. 공급 대 내부로의 전환 : 첫 자녀의 출생부터 마지막 자녀가 학교에 들어갈 때까지의 단계. 발달 과업은 가족 구성원을 위한 양육 패턴의 발전을 포함한다.

3. 가족 구성원의 개별화 대 의사 상호 조직 : 학령기 아동이 있는 가족 단계. 과업에는 부모가 자신의 정체성을 자녀로부터 분리하여 가족구성원이 가족체계외부에서 기회와 지지를 개발할 수 있게 하는 것을 포함한다. 그 외 과업은 각 가족 구성원의 개별화이다.

4. 동반자의식 대 고립 : 가족에서 10대 자녀가 있는 단계. 분리와 성이 중요한 주제이다. 과업은 자녀 독립성 증가에 대한 지식에 기반을 둔 부모-자녀 관계의 개발과 동반자의식에 기초를 둔 부부관계의 발전이다.

5. 재편성 대 구속 혹은 배제 : 이 단계는 자녀가 집을 떠나는 단계이다. 과업은 세대에 따라 재편성하는 것과 부모와 자녀 사이에 성인 대 성인 관계가 발전하는 것이다.

6. 회복 대 절망 : 부부는 집에서 자녀 양육하기를 제외한 관계로 재조정한다. 부

모-자녀 관계 또한 변한다. 이 때 과업은 관계의 재조정이다.

7. 상호원조 대 무익 : 부모는 이제 은퇴하기에 이른다. 부부는 주로 조부모이다. 과업은 세대 사이의 상호 원조 체계를 발전시키는 것이다.

사회 체계로서의 가족 연구는 또한 체계의 관심과 욕구 규명을 포함한다. 개인 구성원과 하위체계의 욕구가 가족 체계 욕구에 기여한다 하더라도 가족체계의 욕구는 부분의 욕구와 다르다. 가족체계의 욕구는 가족이 체계로서 그 자체를 유지하게 하는 것과 관련 있고, 여전히 구성원과 환경에 대한 책임을 다한다.

인종과 사회계층에 주의를 기울여야 하는 가족을 대상으로 실천할 때 특히 중요한 점은 복합체계 모델의 사용이다. 여기서 초점은 가족 기능의 상호작용 차원(가족, 확대가족, 다양한 공식적인 원조 기관)에 있다. 이러한 접근은 특정 인종 상황에 더 적합한 전략이던지 가족의 건강한 기능에 부정적인 영향을 주는 더 큰 체계에 변화를 가져올 선택을 하는 전략이던지 간에 사회복지사를 더욱 적절한 개입 전략으로 이끌 것이다.

사례

사회력 조사 : 가족 (1장에서 논의된 가족)

I. 일반적인 정보

A. 가족 구성원의 이름과 생년월일 :

아버지 : 헨리 A　　　출생 : 1966년 6월 12일
어머니 : 샐리 A　　　출생 : 1967년 4월 21일
자　녀 : 헨리 주니어　출생 : 1986년 11월 3일
　　　　존　　　　　출생 : 1989년 9월 10일
　　　　메리　　　　출생 : 1993년 2월 16일

B. 결혼 : 1986년 8월 24일. 부모 모두 첫 결혼. 부모는 고등학교 때부터 계속 연애.

C. 종교 : 가톨릭; 정기적으로 출석.

D. 문화/인종적 배경 : 백인, 이탈리아인

E. 집에서 사용하는 언어 : 영어.

F. 기관과 처음 접촉한 날짜 : 2003년 3월; 존의 행동과 학습 요구에 관한 관심 때문에 학교에서 의뢰.

Ⅱ. 체계로서의 가족

A. 가족 구조

헨리는 고등학교를 마치고 지금 운영하는 철물점에서 일했다. 전국적으로 체인점이 늘어나자, 열심히 오랜 시간 일해도 가게는 예전처럼 잘 되지 않았다. 헨리는 가족을 겨우 부양해왔다. 그는 가족과 보낼 시간이 거의 없었으나, 아들 중 한 명이 사업 물려받기를 희망하고 있다. 그는 존이 바르게 행동하고 어머니를 그만 힘들게 하기 원한다.

샐리와 헨리는 샐리가 졸업한 직후 결혼했다. 샐리는 계속 집에 있으면서 자녀를 돌보았다. 그녀는 가끔 가게 일을 도왔고 이를 위해 집 밖에 나가기를 즐겼으나 그녀는 남편이 자신이 사업에 많은 참여하는 것을 원하지 않는다고 믿는다. 그녀는 헨리 주니어나 메리와는 아무런 문제가 없으나 존은 어려운 아이라고 항상 느꼈다.

헨리 주니어는 고등학생이다. 그는 항상 모범생이었다. 그는 보이스카웃에서 열심히 활동하고 학교 내 클럽이나 운동경기에 참여한다.

존은 7학년이고 학교를 항상 어렵게 느꼈다. 그는 모든 사람들이 그가 형처럼 되기 원한다고 생각한다. 그는 노력했지만 그렇게 할 수 없어서 포기하고 있다. 그는 보이스카웃을 좋아하지 않고 여러 친구들과 놀러 다니는 것을 더 좋아한다.

메리는 5학년이고 모범생이다. 그녀는 집에서 엄마를 돕는 것을 좋아하고 아주 가까운 친구가 한 명 있다.

부부간에 대화가 거의 없어 보인다. 각자 가족 내 영역을 잘 구분하여 책임지고 있다. A씨는 집에 돌아왔을 때, 깨끗한 집, 잘 요리된 음식, 착하게 행동하는 자녀를 보기 원한다. A부인은 자녀를 도와주기 좋아하며, 특히 존에게 그렇다. 존의 행동과 A부인이 집밖에서 어떤 활동을 하고자 하는 바램과 관련해 부부사이의 논쟁이 증가하고 있다.

아이들은 자기 방식대로 살아간다. 아이들이 어렸을 때, 존이 헨리 주니어의 활동에 참여하려 했으나, 헨리 주니어는 이를 거절했다. 존은 포기했고 자신의 친구를 만들었다. 현재 헨리 주니어는 존의 친구들에 대해 매우 비판적이다. 아들 둘 다 메리와는 크게 관련이 없다. 가족이 무엇인가를 함께 하는 일이 좀처럼 없기 때문에, 자녀들이 친밀한 체계를 형성할 기회가 거의 없었다.

부모-자녀 체계는 주로 모-자 관계에 초점이 맞춰져 있다. 그녀는 성장하는 아들의 요구를 이해하는데 어려움이 점차 많아지고 있다. 부-자 관계는 거의 없다. 헨리 주니어는 보이스카웃을 통해 아는 사람들에게서 역할 모델을 발견한다. 존은 남성적인 관심을 추구하였으나 성공적으로 얻지 못했다; 이따금씩 그의 행동이 특히 나쁠 때, 아버지는 그에게 소리를 지른다. 메리와 어머니는 아주 친밀한 관계이다.

이 가족은 전통적인 가족 역할과 기능 방식에 대한 기대를 가지고 있다. 아무도 가족이 원하는 것을 자유롭게 토론할 수 없는 것으로 보인다. 현존하는 응집력은 이러한 전통주의와 관련 있다. 사업의 경제적인 어려움과 존의 최근 문제는 가족 분위기에 긴장을 가져왔다. A씨와 헨리 주니어는 가족생활로부터 빠져나가는 방식으로 이에 대응한다. A부인과 메리는 그들의 관계에 매우 만족하고 있고, 이러한 빠져나감이 특별히 스트레스가 되지 않는 것으로 보인다. 존은 가족에게 수용되지 않는 방식으로 이러한 긴장에 반응하는 것으로 보인다.

가족은 마을에서 좋은 위치에 있는 편안하고 오래된 집에 살고 있다. 자녀들 각자 자신의 방이 있다. 집은 이전에 누군가 살았던 것으로 보이지만 깨끗하다. 가족의 경제적 지위는 중하류계층이다.

이웃은 변하고 있다. 과거에는 많은 노부부들이 살았다. A부인은 이 노부인들과 시간을 보내곤 했으며, 그것을 매우 즐겼다. 최근에는 젊은 가족이 이사를 오고 있고, 여성들이 일을 해서 이웃이 함께 모일 시간이 없다. 또한 이러한 젊은 부부 중 일부는 시끄러운 파티를 열고 그들의 가족이나 이웃을 자랑하지 않는다.

A부인의 부모는 약 2년 전 4개월 간격으로 사망했다. 그녀는 친정어머니와 매우 친밀했고 그를 매우 그리워하고 있다. 그녀에게는 남자형제, 여자형제가 각각 1명씩 있는데, 그들은 멀리 떨어져 살고 그녀와 별로 친밀하지 않다. A씨의 아버지는 암으로 오랜 투병 끝에 4년 전에 사망했다. A씨는 아버지가 자신에게 큰 영향을 주었다고 강하게 느끼고 있으며, 같은 마을에 사는 자신의 어머니에게 소득을 제공해주기 위해 사업을 계속하지 않으면 안된다. 어머니는 최근에 노인을 위한 주택단지로 이사했고 적응에 어려움이 있다. 어머니는 종종 A씨가 일할 때 필요한 것을 요청한다. A부인은 자신은 시어머니를 도우려고 노력하지만 시어머니가 그 도움을 고마워하지 않는다

고 느낀다. A씨는 여자형제가 한 명 있다; 그는 그녀와 잘 지낸 적이 없다. 그녀는 시내에 살고, 항상 그에게 어머니에게 무엇을 해야 하는지 말한다.

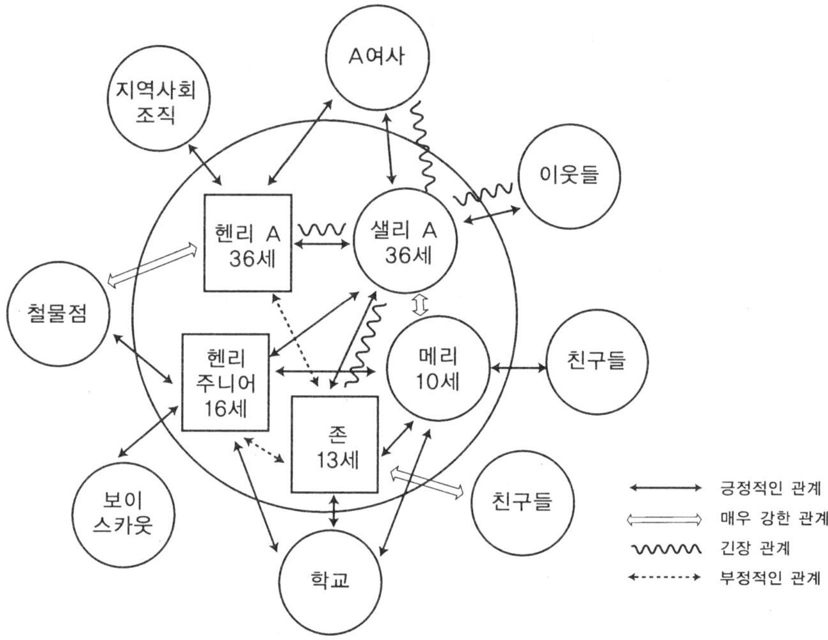

[그림 13-1] 생태도

B. 가족 기능(그림 3-1 참조)

이 가족에게는 개인적인 욕구와 바램에 관해 최소한으로 의사소통하는 것으로 보인다. A씨는 자신의 바램을 A부인에게 전달한다. 그는 사업상의 문제는 이야기하지 않는다. 그는 A부인이 자신의 어머니를 이해하지 않고 그녀의 요구만 관련시키는 것에 속상해 한다. A부인과 메리 사이에서는 의사소통이 잘 된다. 아이들 간의 의사소통은 주로 부정적인 것으로 보인다. A씨는 아이들과 거리가 있다.

A씨는 모든 재정적인 결정을 한다. A부인은 아이들과 가사 일에 관해 모든 결정을 하도록 기대된다. 각 개인은 다른 사람이 원하는 것을 알 것으로 예상하는 것으로 보인다. 자녀들은 의사결정에 포함되지 않는다.

가정관리 수준은 매우 높다. A씨는 비록 사업상 경제적인 어려움이 있지만 열심히 일하고 가족에게 적절한 재정적 지원을 한다. 부모역할은 A부인에게 주어진다. 그녀는 스스로 높은 기대를 하고 있다. A부인과 메리 사이를 제외하고 정서적인 면은 빠져있다. A씨는 헨리 주니어는 인정하고 존에게는 비난을 보낸다.

변화에 적응하고 대처할 때, 이 가족은 전통적인 역할, 열심히 일하는 것, 옳은 일을 하는 것과 관련된 일련의 지침으로 되돌아가려는 것으로 보인다. 그들은 변화나 개인의 요구에 적응하는데 더욱 기술이 필요할 것으로 보인다.

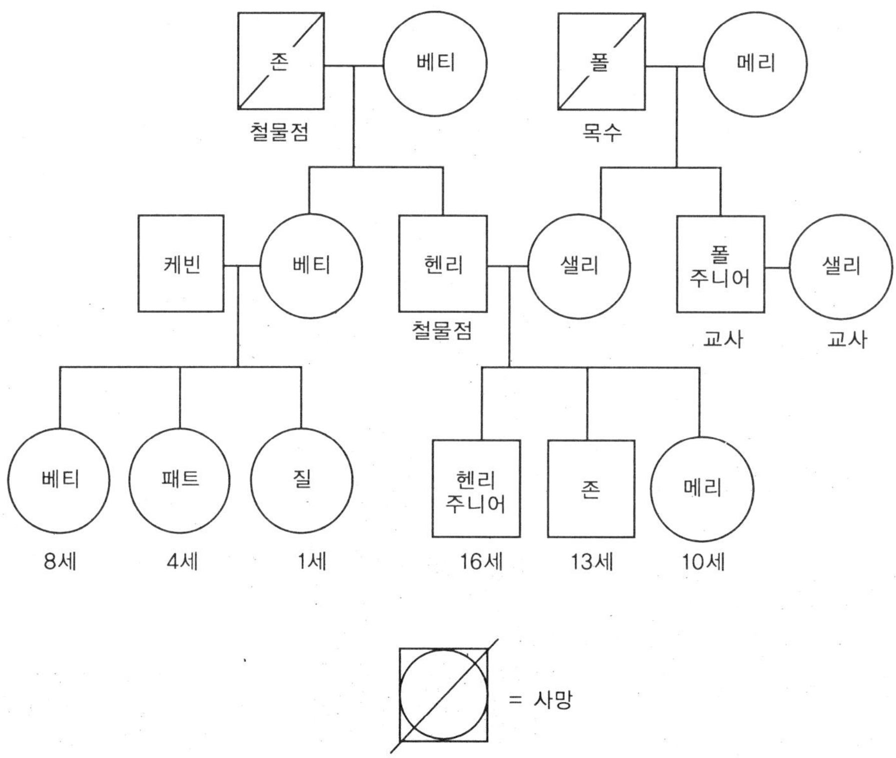

[그림 13-2] 가계도

C. 가족 발달력(표 13-2 참조)

이 부부는 자신들이 성장한 삶의 방식에 단단히 매여 있는 것으로 보인다. 그러나 한사람의 수입으로 사는 가족에게 제공되는 도전과 사업의 성공에 대한 위협은 이를 변화시킬 수 있는 긴장을 만들어낸다. 조부모는 아주 젊었을 때 모두 사망했기 때문에 둘 다 그들의 관념을 가지는 것처럼 보이지는 않는다; 그들은 삼촌, 숙모와도 거의 만나지 않았다. 그들은 어느 특정한 문화의 영향을 확인할 수 없으며, 단지 항상 열심히 일했고 스스로의 길을 고

수해온 평범한 사람들이라고 말했다. 부모의 죽음이 이 부부를 변화하게 하는 변화의 결정적인 지점으로 보인다.

이 가족은 가족 구성원의 개별화 대 의사 상호 조직 단계에 있다. 균형이 의사 상호 조직에 더욱 가까운 것으로 보인다. 초기 단계에서, 공급 보다 더욱 내부로 전환한 것과 친밀감이 잘 형성되지 않은 것이 아닌가 생각된다.

Ⅲ. 관심사나 욕구

존이 경미한 도벽 사건에 연루되고 학교에서 어려운 시간을 보내고 있기 때문에 가족이 도움을 받기 위해 기관에 의뢰되었다. A부인은 존의 문제를 다루는데 도움을 원한다. A씨는 존이 올바르게 되기 원한다. 존은 항상 큰소리로 혼내지 않고 상관하지 않고 자신을 내버려두길 원한다.

A씨는 다른 가족 구성원의 요구를 이해하는데 도움이 필요하다. 그는 사업과 어머니와의 관계에서 오는 스트레스에 관해 이야기할 수 있는 누군가를 필요로 할 것이다.

A부인은 그녀의 요구에 관해 남편과 의사소통하는데 도움이 필요하다. 그녀는 자신의 아들에 대한 가정교육 능력에 확신이 거의 없다. 부모의 죽음에 따른 갑작스런 슬픔과 이웃의 변화하는 현상에 있어 도움이 필요할 것이다. 그녀는 어떤 취미나 집 밖에서의 활동이 필요할 것으로 보인다.

헨리 주니어는 가족 구성원 중 가장 잘 적응하는 것으로 보인다. 그는 아버지와 더 좋은 상호작용의 혜택을 가질 것이다. 존은 그의 긍정적인 특성에 초점을 둔 아버지와의 관계가 필요하다. 그의 행동은 이 가족에게 도움을 위한 신호가 되는 것으로 보인다; 그러므로, 그는 더 잘 기능하는 가족을 통해 말썽꾸러기의 역할에서 벗어날 필요가 있다. 그의 학교생활의 어려움은 또한 조사해야 할 영역이 될 것이다. 왜 학교에서 항상 어려움이 있었는가? 고쳐야 할 최소한의 학습 어려움이 있는가? 그는 또래 남자아이들과 그 외 남성들과 긍정적인 관계를 가질 필요가 있다. 메리는 가족으로부터 벗어나도록 시도하는 도움과 어머니에게 과도하게 의존하지 않는 도움이 필요하다.

이 부부는 부부관계, 부모관계 모두 도움이 필요하다. 얼마나 친밀한지가 의문사항이다. 그들은 서로에게 요구를 표현하는 법을 배우고 이러한 요구에 어떻게 만족할만한 방식으로 반응할지에 대한 도움이 필요하다. 그들은 청소년 자녀의 요구 이해에서 제한적이었다. 자녀는 그들의 공동체를 회복하고 서로 의미 있는 관계를 발전시키는데 도움 받을 수 있다.

이 가족은 가족과 개별구성원의 요구를 충족시키는지 아닌지 판단하기 위해 그들의 생활방식을 조사할 필요가 있다. 이를 위해 특히 감정에 대해 의사소통을 더 잘 할 수 있도록 도울 필요가 있을 것이다. 가족은 환경으로부터 매우 고립되어 있으며, 개인으로 그리고 가족으로 보다 더 폭넓은 참여가 필요한 것으로 보인다.

Ⅳ. 욕구를 충족시키는데 있어 강점과 도전

가족은 존의 문제 해결을 요청하고 있다. A부인은 치료에 참여할 준비가 된 것으로 보인다. A씨는 저항적일지 모른다. 자녀는 부모로부터 자신의 역할을 할당받을 것이다. 부모는 둘다 책임감 있고 열심히 일하는 사람들이다. 이러한 특성은 부모가 변화를 약속한다면 강점이 될 것이다. 아마 존의 요구와 관련된 학교의 압력은 부모님이 반응할 수 있었던 것일지도 모른다. 만약 그들이 감정과 요구를 솔직히 표현할 수 있다면, 이 경험은 그들이 요구를 수행할 수 있도록 유도할 수 있었을 것이다. 그들은 자녀에 관해 매우 염려하는 것으로 보이고, 적어도 A부인은 그녀가 자녀 양육에 있어 도움이 필요하다는 것을 깨달았다. 이것은 그들이 자녀양육 집단상황에서 잘 할 수 있을 것을 의미하는 것이다. 이것은 또한 가족 외부 사람들에게 노출되어 보여준다. 지역사회는 가족의 요구를 충족시키는데 도움이 될 수 있는 좋은 가족서비스체계이다.

전문적인 관계를 발전시키고 가족 구성원 간 그리고 가족과 환경 간 교류에 개입하는 것을 고려하기 위한 기초로서 상황 내 가족의 강점과 도전을 확인하는 것은 중요하다. 이러한 교류에 대한 개입을 통해 사회복지사는 가족들이 개인 구성원들의 욕구뿐만 아니라, 체계로서 가족의 욕구를 충족시키는 것도 가능하게 할 수 있고, 가족이 사회기능을 향상시킬 수 있도록 도울 수 있다. 사회체계로서 가족을 이해하는 것은 강점과 도전을 확인하며 개입을 계획하는 수단이다.

가족과 계획하는 단계

가족체계와 계획을 세우는데 있어서 도전은 각자 개인의 요구와 목표를 다른 사람과 체계의 요구와 목표와 함께 균형 맞추는 것이다. 첫 번째 임무는 각 구성원을 위한 개별적이거나 개인적인 목표를 규명하는 것이다. 사회복지사와 이것을 사전에 논의했다 하더라도 구성원들이 가족의 다른 구성원들에게 자신의 목표를 말하는 것은 중요하다.

다음 단계는 체계 내 모든 사람을 포괄하는 공통의 목표를 명확히 표현하도록 가족을 돕는 것이다. 이 포괄 과정은 소속감과 팀웍을 강화하고 결속력을 증가시킨다. 모두를 포괄하는 목표를 세우는 것은 때로 어렵다; 그러므로 사회복지사는 목표를 간단하고 직접적으로 정해야한다. 예를 들어, 가족에게 공통의 목표는 서로 더 잘 지내는 것일 것이다. 다양성과 위험 집단에 대한 민감성은 개인의 강점, 가족 체계, 환경에 의존하고 있는 가족과 계획할 때 필수적이다.

일단 가족이 공통의 목표를 세운다면, 임무는 전체적인 목표를 성취하기 위해 가족의 역할을 명확히 하는 것뿐 아니라 서로가 개인의 목표를 성취하게 돕는 방법을 찾도록 지원하는 것도 있다. 사회복지사는 이 과정에서 가족을 돕는 중개와 협상이 필요할 것이다. 목표는 더 큰 생태체계 속에서 이용 가능한 강점과 자원뿐 아니라 개인과 전체로서의 가족 강점도 구축하는 것이어야 한다.

가족을 위한 개별적이거나 개인적인 목표와 공동의 목표에 더해, 중요한 다른 두 가지 형태의 목표가 있다: 상호 공유된 공동의 목표와 상호적인 목표이다. 공동의 목표는 두 사람 이상의 구성원이 다른 사람의 행동에 상관없이 어떤 방식으로 참여하거나 활동하도록 요구하는 것이다. 한 예는 모든 사람이 의사소통을 향상시키기 위해 서로 이야기할 때 "나" 진술문을 사용하는데 동의하는 목표이다. 한 사람이 잊어버리고 '나' 라는 단어를 넌지시 사용하는 것을 다른 사람이 너그러이 봐주지 않을 것이다. 반응할 때 "너는 '나' 를 사용하는 것을 잊어버렸어!" 라고 말하기보다는 "나는 '나' 진술문으로 듣고 싶어"와 같이 말할 필요가 있을 것이다.

상호적인 목표는 두 사람 이상의 구성원에게 다른 행동을 요구한다. 한 예로 부모는 가족이 가장 좋아하는 음식을 요리하는데 동의하고, 가족 구성원이 식사시간에 가족이 함께 앉는다는 약속에 동의하는 것이 목표이다. 상호적인 목표는 또한 우연적인 것일 수 있다. 이것은 보통 "만약 그때는"과 같이 진술된다. 예를 들어, 부모는 어떤 심부름을 하는데 따라 각 자녀에게 용돈을 주는데 동의할 수 있다. 이것은 "만약 요청했을 때 존이 잔디를 깎는다면 A씨는 그에게 20달러를 줄 것이다."와 같이 진술된다.

가족과 실천하는 세팅의 목표는 주의 집단이 가족체계 내 혹은 환경 속에 있는 것이다. 주의 집단은 개인, 하위체계, 혹은 체계로서의 가족일 수 있다. 주의 집단은 구조, 기능 혹은 체계나 하위체계의 발전을 포함할 수 있다. 변화는 내부 혹은 외부 경계, 관계, 결속력, 상호작용, 의사소통, 의사결정, 역할이나 역할 수행, 지지, 대처 메커니즘, 다양한 기술 등에 초점을 둘 것이다. 변화는 개인, 하위체계, 전체로서의 가족체계의 성장과 발전에 초점을 둘 것이다.

주의집단은 환경 속에 있을 것이다. 특히 가족이 필요로 하는 자원에 접근하고 이용할 수 있는 것은 중요하다. 차별과 억압을 경험한 가족에게 있어 이것은 필수적이다. 이런 가족들은 필요한 자원에 접근하는 것이 제한되어 있고 상황을 바꿀 희망의 거의 없다. 사회복지사의 역할은 자원에 접근하도록 가족을 원조하고 장벽이 있을 때 그들의 권위를 옹호하는 것이다.

10장에서 나타났듯이 일련의 목표와 과업은 누가, 무엇을, 어디에서, 언제, 어떻게 사회복지사와 가족 구성원이 계획을 수행하기 위해 일할지를 기술하는데 쓰이곤 했다. 좋은 목표, 목적, 과업의 요소는 같으며 여기에서 말로 기술하지는 않을 것이다. 그러나 일반적으로 한 사람 이상과 유발되는 가족 문제의 초점은 다르며, 주로 이 초점은 상호작용에 목표를 둔다.

가족과의 직접적, 간접적인 실천 활동

11장에서 다룬 직접적이고 간접적인 실천행동은 가족 대상 실천과도 관련이 있다. 실천은 클라이언트 체계로서 개별 가족 구성원, 가족, 하위체계에 초점을 둘 수 있다. 환경은 또한 변화과정에서 주의집단이 될 수 있다. 사회복지사는 가족이 클라이언트 체계에 있을 때 이중 초점을 가진다. 사회복지사는 목표를 달성하기 위해 가족을 돕는 행동을 취하며 동시에 또한 이러한 행동을 사용하는 기술을 습득하기 위해 가족을 돕는다. 변화 과정을 이용하여 클라이언트를 돕는 것은 그들에게 미래에 그들만의 변화를 유발하는 힘을 주는 것이다. 이것은 클라이언트의 자기 결정이라는 사회사업 가치의 진정한 의미를 가져다 준다.

다양성이 가득한 실천에서, 사회복지사는 가족의 다양성과 함께 일관성 있는 가족 행동을 조사한다. 사회복지사는 자신이나 사회의 관점을 가족이 해야 하는 것으로 강요하지 않으나, 가족체계에 맞는 것을 발견하도록 노력한다. 특정 문화에서 온 가족을 대상으로 실천할 때 어려움 중 하나는 남성과 여성의 역할 기대에 엄격한 경계선이 있다는 것이다. 이것은 일반적으로 가부장적 체계라고 하는 것으로, 가족의 으뜸 역할을 남성이 해야 한다는 것이다. 이 체계는 여성에게는 억압으로 보일지 모른다. 이 문화의 대부분은 "좋은 남편"이나 "좋은 아버지"를 자신의 부인과 자녀의 요구와 관심사를 의사결정과정에 결합한 사람으로 정의한다. 그는 부인과 자녀가 가진 요구를 살펴볼 의무가 있다. 이것은 자원이 제한적일 때 그에게 아주 큰 압력으로 다가온다. 어떤 사람은 자신의 요구만을 충족시키기 위해 우세한 지위를 이용하거나, 다른 가족 구성원의 요구를 억압한다. 그들의 문화 내에서, 이것은 “좋은 남편과 아버지” 역할에서 벗어난 것이다. 사회복지사는 문화 내에서 이 역할을 명확히 하기 위해 남편을 도울 수 있고, 이것을 수행하는데 필요한 자원을 얻기 위한 일을 남편과 할 수 있다. 사회복지사는 또한 자신의 권력을 나누는 것은 반드시 약점의 표시가 아니라, 실제로 강점의 표시가 될 수 있다는 것을 그가 알도록 도울 수 있다.

가족을 대상으로 실천할 때 다른 문화는 다른 성보다 훨씬 더 복잡하다. 만약 사회복지사가 여성이고 가족체계가 가부장적이라면, 사회복지사가 신임을 얻는 것이 매우 어렵다. 이러한 경우에는 사실적인 질문이 특히 도움이 될 수 있다. 질문을 하고 가족에게 문화적 지침의 역할을 줌으로써 그 과정을 털어놓도록 한다. 가족이 강점에 초점을 둔다면 문화적 배경을 더욱 편하게 논의할 것이다. 문화적 관습과 가치를 계획에 능동적으로 결합시키는 것은 필수적이다. 이것은 문화적으로 적절한 행동을 하게 하는 기초를 마련한다. 가족이 문화적 유산에 자부심을 가지고, 강점의 자원으로서 유산을 사용하는 것은 중요하다.

사례

A 가족과의 첫 세션 요약

사회복지사는 의자를 원모양으로 배열했다. 그는 가족들이 앉는 것에 따라 이 가족에서 어떤 분리의 표시를 보일 수 있으므로 일부러 의자 하나를 더 준비했다. A 부인과 메리는 서로 옆에 앉았다. A씨는 자신과 부인 사이에 의자 하나를 두었으며, 헨리 주니어가 그의 맞은편에 앉았다. 존은 잠시 동안 어디에 앉을지 주저하다가 헨리 주니어 옆에 앉았다. 그러나 의자를 자신의 형으로부터 약간 떨어지도록 옮겨 앉았다. 사회복지사는 존 옆에, 메리의 맞은편에 앉는 것을 택했다. A씨는 3시에 일자리로 돌아가야 하며 존이 바른 행실을 할 수 없는 것 때문에 왜 그들 모두가 참여해야 하는지 알 수 없다고 말했다. 사회복지사는 가족의 상황을 이해하기 위해, 자신은 전체 가족과 함께 이야기하는 것이 더 좋다고 대답했다. 그는 또한 가족의 한 구성원이 어려움이 있을 때 가족에게 어려움이 있는 것이라고 말했다. A씨는 “그것은 사실이에요, 우리 각자는 존의 행동에 영향을 받으니까요."라고 답했다(사회복지사는 이 시점에서 A씨가 더 깊은 직면에 대한 준비가 되어 있지 않다고 생각했기 때문에 이 말을 무시하기로 했다).

사회복지사는 각 가족 구성원들이 가족 문제를 해결하는 방법으로 무엇을 생각하는지 알고 싶다고 했다. 존부터 시작했다. 원으로 돌아가면서, 사회복지사는 자녀들이 A씨는 일이 어떻게 되어야 하는지 결정하고 A부인은 그 일이 그 방향으로 가는 것을 지켜보기 바란다고 말하는 것에 주목했다. A부인은 자신이 많은 문제들을 가능한 처리하려고 노력했지만, 아들들(특히 존)은 그녀의 능력 밖이었고, 그래서 남편에게 도움을 구했다고 진술했다. A부인의 진술에 따르면, 그는 사업 일을 결정해야 했고, 가족을 위한 최선을 아는 것이 편하다고 느꼈으나, 매일의 모든 결정을 하고 싶어하지 않았다고 했다. 그는 부인이 그가 원하는 것을 알고 그가 원하는 방향으로 일이 되는 것을 볼 수 있어야 한다고 생각했다. 사회복지사는 아이들이 걱정되었으나, 가족이 어떻게 기능하는지 이해하기 위해서 더 깊이 들어갈 필요가 있다고 생각했다.

다음으로 그는 각 가족 구성원에게 가족에서 일어나기 바라는 점에 대해서 물어보았다. 헨리 주니어가 처음으로 대답하였으며, 그는 존의 모든 문제를 비난하기 시작했다. 사회복지사는 자신이 잘못된 점을 묻지 않았고 비난하는 것에 편들지 않을 것이며 오히려 가족이 무엇을 원하는지 이야기하는 것이 더 유익할 것이라고 했다. 헨리는 "나는 이 싸움이 멈추기를 바랄 뿐이에요."라고 했다. 사회복지사는 싸움에 대해 명확하게 설명해주기를 요청했다. 이것은 부모의 논쟁과 싸움이 항상 존에게만 있는 것은 아니었다는 사실에 대한 논의를 이끌었다. 그 때 사회복지사는 가족 구성원들이 가족에게 바라는 바가 무엇인지 말하게 했다. 다음 사항들을 이끌어냈다: 메리는 헨리 주니어가 자신을 그만 괴롭히기 원했다. 존은 그들이 무언가 함께하기 원했다. A부인은 가족이 함께 조용히 이야기를 나누고, 사람들이 서로의 이야기를 듣기 원한다고 했다. A씨는 자신이 가족을 위해 얼마나 열심히 일했는지, 어찌하여 아무도 그의 노력에 고마워하지 않는 것처럼 보이는지에 관해 독백을 시작했다. 사회복지사는 이러한 감정을 이전에는 표현한 적이 없었고 다른 가족 구성원들이 들을 필요가 있다고 느꼈기 때문에 계속 이야기하게 했다. 헨리는 "그러나 아빠는 우리에게 도울 기회를 준 적이 없고, 한 번도 우리말을 들으려고 안 했어요, 말씀해 보세요."라고 했다.

이 무렵 사회복지사는 시간이 거의 다 되었음을 알려주었다. 그는 다음 세션에서 이 이슈를 충분하게 논의할 것이고, 이후를 계획할 시간이라고 생각했다. 그는 가족에게 논의가 필요한 사항과 가족이 계속 도움받기 원하는지 판단한 후에 다음 세션에 와야 할 몇 가지 이슈를 가지는 것으로 생각된다고 말했다. A씨는 그들이 더 오는 것이 좋을 것으로 생각된다고 말했다.; 그는 가족 구성원들이 얼마나 행복하지 않았는지 알지 못했었고, 그것에 관해 더 이야기하고 싶어했다. 나머지 가족도 그에게 동의했다.

가족 구조와 동성파트너와 같은 다양성 요인과 유사한 비심판적 질문 접근은 필수적이다. 가족을 스스로 명확하게 하고, 강점으로서 다양성을 보도록 돕는 것은 성공의 열쇠이다. 종종 이런 가족은 명확히 정해진 역할 기대가 없다. 직접적인 실천의 상당수는 기대를 가지고 가족을 돕거나 유연하게 역할을 다하는 것을 포함할 것이다. 필요한 과업은 가족을 강화하는 긍정적인 방법으로 이행되어야 한다는 것을 확실히 할 필요가 있다.

11장에서, 우리는 직접 실천행동을 다루었다. 가족과 실천의 경우에서, 그러한 직접 실천행동은 (1) 관계를 발전시키는 것 (2) 가족이 환경 속에서 가족의 이해와 계획을 포함한 변화 과정을 이용하게 하는 것 (3) 가족이 이용 가능한 자원을 알고 사용하도록 하는 것 (4) 가족에게 권한을 부여하고 능력을 강화하는 것 (5) 위기를 해결하는 것 (6) 가족의 사회기능을 지지하는 것 (7) 가족과 함께 하는 활동을 이용하는 것 (8) 환경 속에서 가족과 체계 사이를 중재하는 것 등에서 채택된 행동을 포함한다. [그림 11-1, p.329 참고]의 전략과 행동은 가족과 실천하는 것과 관련이 있다. 사회복지사는 가족 구성원들이 생각하는 것, 그들이 느끼는 방법, 그들이 서로 및 환경과 함께 행동하는 방법을 변화하기 위해 이러한 행동을 사용하도록 돕는다. 사회복지사는 가족을 체계로 초점을 두고 구성원들이 가족체계의 구조와 문화 내에서 모든 사람의 요구를 충족시키는 방법을 발견하도록 돕는다.

1. 관계를 발전시키는 활동—관계는 가족 대상 실천의 주요 요소이다. 기능을 잘 하는 가족은 건강하고 기능적인 관계를 가진다. 종종 클라이언트 체계 혹은 주의 집단으로서 가족과의 직접적인 실천 행동은 주요한 문제나 요구, 혹은 주요한 문제나 요구가 충족되는 수단 중 하나로서 그 구성원들 사이에서 관계를 발전시키고, 치료하고, 회복하고 강화하는 것을 포함한다.

좋은 관계는 다음 세 가지 능력을 요구한다: (1) 효과적으로 의사소통한다. (2) 결정하고 문제를 해결한다. (3) 갈등을 적극적으로 해결한다. 효과적인 의사소통은 "나" 진술문('나' 라는 단어로 시작하는 진술문) 사용으로 시작된다. 의사결정하고 문제를 해결하기 위한 성공적인 과정은 당사자가 동의하는 것이어야 하며, 이는 모든 사람의 요구가 충족되는 결과를 낳는다. 적극적인 방법으로 갈등을 해결하는 능력은 이기고 지는 것(승자-패자)과 반대로 둘 다 이기는 것(승자-승자) 전략을 사용하는 것이다.

적극적인 갈등 해결에서 협상하고 포용하려는 의지는 기본이다. 당사자는 이슈에 충실해야 하고 과거가 아닌 현재에 머물러야 한다. "나" 진술문 사용은 감정 표현을 고무하는 경향이 있다. "너" 진술문은 방어를 조장하는 경향이 있고, 다른 사람의 이름을 부르며 공격하기 쉽게 할 수 있다. 이 상황은 이기고 지는 것과 관련이 있다. 주제를 바꾸고 과거에 대해 이야기하고 다른 사람을 공격하고 폭력을 가하거나 위협하는 것은 다른 사람을 희생시키고 이기기 위해 사용하는 방법이다. 폭력과 폭력의 위협을 피하는 것은 중요하다. 가족 체계에서 이기고 지는 문제는 누군가 패배자가 있어야 한다는 것이다.

사회복지사는 그의 지식과 기술을 가족과의 관계를 발전시키고 가족 구성원들이 서로 강한 관계를 갖게 하는데 사용한다. 그는 효과적인 의사소통 모델이 되어 서로 효과적으로 의사소통하도록 구성원들을 가르치고 이끈다. 부적절하고 좋지 않은 상호작용이 일어날 때 사회복지사는 관련된 사람들의 상호작용 재구성을 돕는다. 예를 들어, 일반적으로 누군가를 경멸하는 소리로 부르는 것은 그 사람이 화가 났을 때 발생한다. 사회복지사는 그 사람에게 무슨 생각을 했으며 다른 사람의 이름을 부르기 전에 어떤 감정이었는지 질문한다. 이름을 부를 일이 생길 때, 사회복지사는 그 사람의 실제 감정을 "나" 진술문을 사용하여 직접적으로 말하도록 요청했다. 그 사람은 "나는 .....때문에 고통스럽고 화가 난다."고 말할 것이다. 가족의 부정적인 상호작용의 이면에는 채워지지 않은 욕구가 있다. 가족 구성원은 성장하고 발전하며 성공하기 위해 긍정적인 관계가 필요하다. 좋은 의사소통 기술, 효과적인 의사결정/문제해결 과정, 적극적인 갈등 해결은 긍정적인 관계를 유지하는데 필수적이다.

2. 가족이 변화과정을 활용할 수 있게 하는 활동—가족이 변화 과정 활용을 배우게 하는 것은 욕구를 충족시킬 때 장기적인 성공을 위해 중요하다. 이 접근은 가족(혹은 하위체계)이 클라이언트 체계일 때 주로 포함되어야 한다. 이러한 이해는 가족

이 가족 자체나 구성원과 그 환경 사이의 상호작용을 변화시키게 한다. 생태체계 강점 관점에서, 욕구는 생태체계 내 교류에서 불균형을 나타낸다. 교류가 바뀌는 것은 욕구를 충족시키는데 필요하다. 생태체계를 이해하는 것은 균형을 회복시키고 욕구를 충족시키는데 중요하다. 그것은 가족이 가족체계와 환경 속에서 강점과 자원을 확인하는데 도움을 준다.

가족을 환경 내에서 이해하는 것은 성공적인 계획을 위한 기본이다. 가족은 현재 상황을 해결하는데 함께 일하는 것으로 계획하는 기술을 배울 수 있다. 계획 기술을 가르치는 것은 모든 클라이언트 체계와의 중요한 직접적인 실천 행동이다. 이후의 행동은 가족의 계획 이행을 촉진하고 장벽을 제거하면서 배울 수 있다.

3. 가족이 이용 가능한 자원을 알고 이용할 수 있게 하는 활동—욕구충족의 방해물은 종종 자원의 부족이다. 가족은 자원에 대해 그리고 자원에 어떻게 접근하고 사용할지를 알아갈 필요가 있을 것이다. 가족이 클라이언트 체계가 아니라 하더라도 클라이언트의 요구에 가족이 반응할 수 있기 위해 가족이 자신들의 욕구를 충족시킬 수 있게 돕는 것이 중요할 것이다. 사회복지사는 지역사회 자원에 가족 구성원들을 의뢰하기 위한 중개 기술을 사용한다. 자원의 접근에 장벽이 있을 때 사회복지사는 가족을 옹호한다. 궁극적으로, 목표는 가족이 자신을 옹호할 수 있게 하는 것이다.

4. 가족의 역량을 강화하거나 가능성을 높여주는 활동—역량강화와 능력강화는 강점의 확인, 긍정적인 강화, 피드백, 주장, 인지와 행동적 변화 등을 포함한다. 가족은 구성원을 세우는 행동을 배울 수 있다. 이러한 행동은 가족이 변화 과정에서 클라이언트 체계와 주의 집단일 때 주로 사용되었다. 가장 강한 확신, 강화, 피드백은 자신의 부모로부터 온다. 훌륭한 자아존중감을 위한 기본적인 기초는 부모로부터의 사랑과 수용이다. 행동이 아닌 존재로서의 무조건적인 사랑이란 자녀가 가치 있는 인간으로서 자신이 무조건적으로 수용된다는 것이 아니다. 자녀가 무엇이 용납되고 용납되지 않는 행동인지를 배움으로써 자녀를 사회화하는 것은 부모의 책임이다. 메시지는 다음과 같다. "나는 너나 내가 느끼고 생각하거나 행동하는 것이 무엇이든지 한 사람으로서 너를 사랑해. 그러나 너의 행동은 이탈된 방법이야. 나는 너의 행동을 사랑하거나 좋아할 필요도 없고, 다른 사람도 그럴 필요가 없어." 사회복지사는 적절한 행동

을 형성해 가는 동안 자녀에게 건강한 자아 존중감을 세울 인정, 강화, 피드백을 부모가 사용하도록 돕는다. 사회복지사는 또한 가족이 각자의 욕구를 충족시키는데 인지와 행동의 변화를 적절히 사용하도록 돕는다.

5. 위기를 해결하는 활동—종종 서비스가 시작되었을 때, 가족은 위기에 처해 있기도 한다. 충족되지 않은 욕구는 위기 상황을 만들 수 있다. 체계 이론에서 체계의 한 부분이 스트레스나 충족되지 않은 욕구를 경험한다면, 그것은 체계의 다른 부분에 영향을 준다. 가족이 위기를 경험하는 상황은 재정 문제, 건강 문제, 관계의 어려움, 법적인 문제 등을 포함한다. 위기 상황 동안 가족의 보통의 대처기제는 압도당한다. 사회복지사는 가족이 요구를 충족시키고 위기를 해결하도록 세운 계획대로 발전시키고 행하는 대처 능력을 회복하도록 돕는다. 위기에 직면했을 때, 두 타입의 가족이 있다: 함께 끌어당기는 가족과 떨어져 당기는 가족. 물론, 거의 모든 가족은 함께 당기는 가족이 되기를 원한다. 함께 끌어당기는 생각은 변화를 위한 자극으로 사용되기도 한다. 부적절하거나 파괴적인 행동이 일어날 때, 사회복지사는 어떻게 그러한 행동이 함께 끌어당기는 가족에게 적합하거나 도움이 되었는지를 질문할 수 있다. 그는 이것이 어떤 행동일지에 대한 논의와 함께 이것을 추적할 수 있다.

6. 가족의 사회적 기능을 지지하는 활동—지지는 건강한 가족 기능의 중요한 측면이다. 우리 대부분은 가족으로부터 지지받는 것에 높은 가치를 부여할 것이다. 지지받을 때 우리는 거의 무엇이든지 대응할 수 있다고 느낀다. 우리가 지지를 받지 못할 때 절망하거나 상실을 채우기 위해 다른 것을 찾을지도 모른다. 지지는 가족이 클라이언트체계나 주의 집단일 때 사용될 수도 있다. 특히 위기에 처한 개별 클라이언트와 실천을 할 때 가족으로부터의 지지를 확보하는 것은 필수적인 행동이다.

커플에게 있어 자신의 배우자나 다른 중요한 사람으로부터 지지를 받는 것은 세상에서 아주 큰 차이점을 만든다. 함께 삶을 나누는 것은 행복과 불행을 나누는 것을 의미한다. 커플이 서로 코드가 잘 안 맞을 때 그들은 삶의 도전을 다루는데 힘과 에너지를 사용하기 보다는 서로에게 힘과 에너지를 사용하고 있다. 사회복지사는 불일치가 어떻게 그들의 관계를 약하게 하거나 강하게 하는데 사용될 수 있는지를 보여준다. 미해결된 이슈와 파괴적인 상호작용은 관계를 약하게 할 것이다. 건설적인 갈등 해결은 관계를 강하게 할 수 있다. 부부는 그들이 함께 이슈에 성공적으로 대응했을 때 서로 더 깊은 이해와 감사의 감정을 가질 수 있다. 결과적으로 관계에 대한 헌신은 더 강해질 수 있다. 결국, 불일치는 다른 사람들에게 그 사람의 방법을 유지하게 함으로써 서로의 사랑을 증명할 기회로 보일 수 있다. 그러나 이것은 어떤 협잡이 첨부되지 않아야 한다; 그렇지 않으면 그것은 속임수에 불과할 것이다.

7. 가족과 함께 하는 활동을 활용하는 활동—활동은 가족과 함께 할 수 있으나 가족이 클라이언트 체계일 때는 종종 제한된다. "과제부여"는 일상의 생활 속에서 가족 세션이 이루어지게 한다. 일단 가족 구성원이 세션에서 실천하기 시작한다면, 그들은 성공에 대한 희망을 가질 수 있다. 사회복지사는 구성원들에게 무엇이 일어났고 그것에 대해 어떻게 느끼는지 상세히 설명하기를 요청한다. 만약 그들이 변화에 대해 좋게 느낀다면, 사회복지사는 무엇이 이것을 더욱 자주 행하게 할지를 논의한다.

8. 환경 내에서 체계와 가족을 중개하는 활동—가족체계 내 중재는 가족이 클라이언트체계든지 관심집단이든지 간에 성공적인 가족대상 실천에 필수적이다. 사회복지사가 한 쪽 편에 설 때 다른 편과의 신뢰는 잃는다. 한 쪽을 택하는 것은 사회복지사가 한 쪽을 자기편으로 끌어들인다는 착각을 하게 함으로써 갈등과 경쟁을 증가시킨다. 진전되는 관계를 포괄하는 실천에서 사회복지사는 중재자의 위치를 선택하고 또한 그렇게 주어져야 한다. 사회복지사는 양쪽이 공통의 입장을 가지고 그들의 차이를 해결하도록 돕는다. 사회복지사는 다음과 같은 질문을 하며 협상과 타협의 대화를 시작한다: "이것으로 무엇을 하기 원합니까?" 어떤 일이 있어났으면 좋겠습니까? 무엇이 당신을 만족시키겠습니까? 당신은 무엇을 하기 원합니까? 이슈가 생길 때 사회복지사는 각자의 편이 타협에 이르는데 필요한 것을 주고받는 것에 대해 묻는다: "만약 그가 ....한다면, 당신은 ....하겠습니까? 당신이 ....을 얻기 위해 무엇을 선택할 것입니까? 당신은 ....할 의향이 있습니까?" 타협안을 중재하고 협상하는 동안 사회복지사는 또한 어떻게 가족 구성원이 그들 사이에서 이것을 할 수 있는지 모델이 될 수도 있다. 사회복지사는 또한 자원에 접근하는데 장애물이 있을 때도 중재를 사용할 수 있다. 중재는 일반적으로 옹호에 참여하기 전 첫 번째 선택이다.

간접적인 실천행동은 또한 클라이언트 체계, 주의 집단으로서 혹은 체계로서의 개인 구성원, 하위체계, 가족을 대신하여 사용된다. 간접적인 행동은 환경에 변화를 가져오는 것을 목표로 한다. 간접적인 행동은 가족 구성원이 배울 수 있으므로 그들은 미래에 자신의 이익을 위해 행동할 수 있다. 11장에서 논의된 간접적인 실천활동은 (1) 영향력의 사용 (2) 환경의 변화 (3) 서비스 조정 등이다.

1. 영향력을 사용하는 활동—일반적으로 사회복지사는 클라이언트 체계를 대신해서 영향력을 사용하는데, 클라이언트가 정말로 곤란한 위기상황이거나 최후의 수단이 되는 경우를 제외하고는 클라이언트 체계에게 영향력을 사용하는 것을 삼간다. 전형적으로 가족 실천에서 영향력은 클라이언트 체계가 개인이고 가족(혹은 하위체계나 구성원들)이 관심 단위일 때 사용한다. 이 경우 가족은 환경의 일부로 여겨지고, 영향력은 클라이언트를 대신해서 변화를 야기하는데 사용할 수 있다. 예를 들어, 클라이언트가 자신의 가족과 사이가 멀어졌으나 도움이 필요한 경우, 사회복지사는 그 관계를 회복하거나 적어도 회복하도록 격려하기 위한 노력으로 가족에게(클라이언트의 동의하에)연락할 수 있다. 영향력은 생각의 변화, 감정의 변화, 그리고 특히 환경 속에서 개인과 체계의 행동 변화를 가져오는 것을 포함한다.

다른 기관의 사람이나 직원이 클라이언트와 연결된 사회복지사가 있다는 것을 알 때 종종 침묵하며 이것은 그들이 행동하는 방식을 변화시킨다. 사람들은 사회복지사가 그렇게 했기 때문에 클라이언트의 욕구에 더욱 신뢰를 줄 것이다. 그들은 사회복지사의 지위나 권위 때문에 그에게 부탁을 하려할 것이다. 다른 기관의 사회복지사는 기관 방침의 문제나 전문적인 예우로서 이렇게 할 것이다. 사회복지사는 동료 전문가가 또한 개입될 때 그들의 실천에 대해 더 의식할 것이다. 사회복지사의 대다수는 환경에 개의치 않고, 성실하고 열심히 일한다. 그러나 사회복지사는 동료 전문가에게 자연스럽게 좋은 인상을 주기를 원하며, 이 사실만으로 클라이언트를 대신하여 변화에 영향을 줄 수 있다. 예를 들어, 사회복지사가 즉각적인 행동이 요구되는 상황의 클라이언트를 대신해서 서비스를 요청한다면, 클라이언트가 더욱 빨리 서비스를 받을 가능성은 늘어난다. 이와 유사하게 기관에 클라이언트와 동행하는 것은 서비스의 중요성에 대해 강한 메시지를 준다.

영향력의 사용은 잠재적으로 윤리적인 문제이다. 사회복지사는 반드시 필요할 때만 클라이언트에게 영향력을 사용해야 한다. 이것은 또한 다른 체계에 영향을 주는 것에도 해당된다. 사회복지사는 손쉬운 방법으로, 혹은 자신의 클라이언트의 호의를 얻거나 다른 클라이언트를 자신 편으로 만들기 위해 자신의 영향력을 일상적으로 사용해서는 안 된다. 이것은 클라이언트의 임파워먼트와 자기 결정에 해를 끼친다. 그것은 다른 기관이 사회복지사를 계속적으로 부정적인 시각으로 보게 하는데, 이는 즉각적인 관심을 필요로 하는 클라이언트가 생길 때 사회복지사가 서비스를 확보하는 능력을 제한하게 된다. 다른 기관은 즉각적이거나 특별한 주의가 필요한 클라이언트가 있을 때, 상호작용을 기대할 것이다. 자신의 영향력을 남용한 사회복지사는 자신 혹은 자신의 기관에서 충족할 수 없었던 것을 다른 기관에 대한 기대로 구성해낼지도 모른다.

2. 환경을 변화시키는 활동—시간, 공간, 관계의 변화는 또한 가족 실천과 관련이 있다. 관계는 직접적인 실천활동의 영향 아래, 일찍이 논의되었다. 간접적인 실천행동과 함께, 가족 구성원과 환경 사이의 관계는 주된 초점이다. 8장의 이러한 초기 세션과 상호작용의 논의를 검토하는 것이 이 관계에서 학생들이 실천하는데 기초를 제공한다. 생태체계강점 관점에서 가족의 욕구는 가족 구성원과 환경 사이의 교류에서 부조화가 포함될 것이다. 가족 내 한 명 이상의 구성원이 환경이나 지나친 요구로 인해 충족되지 않은 욕구를 경험한다면, 다른 사람이 욕구에 대처하거나 충족하려고 노력한 것처럼 다른 가족 구성원에게 영향을 미친다. 욕구를 충족시키기 위해 교류를 변화시키는 것은 개인과 생태체계의 균형을 되돌리는 것 뿐만 아니라 가족 내 스트레스를 감소시킴으로써 가족체계의 균형을 회복시키는 것이다.

가족이 시간 내에 변화하는 것은 일반적으로 예정 시간 내에서의 유연성을 의미하는데, 이것은 개인 대상 실천일 때보다 가족 대상 실천일 때 훨씬 더 어렵다. 가족크기, 구성원들의 나이, 직장이나 학교와 같은 환경적 요구는 구성원들이 다양한 과업을 겪고 수행할만한 시간에 영향을 준다. 조정하기 위해 사회복지사를 방문해야 하는 것뿐 아니라, 서비스와 활동을 예정하는 것은 복잡할 수 있다. 가족 대상 실천은 일반적으로 예정시간을 정하고 조절하는 것을 포함한다.

공간의 변화는 가족이나 구성원 한 명의 주거지를 변경하는 것과 같이 주요한 이동을 돕기 위해 가족이 사무실에 방문하여 묵을 곳을 정할 수 있다. 가족이 현재의 주거지에서 이사를 하기로 결정할 때, 사회복지사는 다른 주거지를 찾도록 돕는 것이 필요할 수 있고, 특히 정부 보조금을 이용하는 경우가 그렇다. 가족은 보험금이나 다른 비용을 보조받기 위해 자원에 접근할 필요가 있다. 가족은 차별을 경험하며, 권리보호가 필요할 수 있다. 사회복지사는 낮 프로그램에 들어가거나 가족의 한 구성원을 위한 주거, 교육, 혹은 양자택일의 장소를 조정하는 것에 포함될 수도 있다. 이것은 아동복지, 정신건강, 장애인 서비스, 의료, 노인서비스, 범죄서비스, 교정 등에서 일반적이다. 사회복지서비스는 구성원이 보호중이거나 사후관리 서비스를 받는 동안 의뢰하기, 배치의 안정성, 가족에게 서비스를 제공하는 것 등이 포함된다. 사회복지사는 때때로 프로그램 중에 서비스를 제공한다.

3. 서비스 조정 활동—서비스의 조정은 체계 혹은 가족 구성원으로서 가족을 대신하여 사용될 수 있다. 가족이 위기에 처해있거나 심각하고 복잡한 문제에 직면해 있을 때, 필요한 서비스를 조정하는 데 도움이 필요할 것이다. 이것은 위에서 말한 세팅에서 일하는 사회복지사의 일반적인 상황이다. 사례관리가 주로 사용되는 모델이다. 아동복지사례는 아동의 욕구를 채우는데 어려움이 있거나 학대하는 가족을 포함한다. 사례의 대부분은, 가족이나 개인 구성원에 의해 경험되는 복합적인 요구이다. 사회복지사는 서비스 조정 초기에 책임을 맡았고, 가족이 점차 책임을 떠맡거나 서비스 욕구의 감소를 경험할 것이라는 기대를 가진다. 다양한 가족보호모델이 1970년대 이후로 나타났고, 아동을 가정 외부에 배치하는 것을 방지하기 위해 설계되었다. 이것은 주로 단기간 집중적인 가정 내 서비스이다. 비용이 엄청나게 증가되어 정신질환자, 발달장애인, 정신지체인을 위해 주거와 기관의 보호에 다양한 양자택일 모델이 고안되었다. 청소년과 성인 교정체계는 비슷한 노력을 보여왔다. 개별 노인을 위한 서비스는 더욱 지역사회에 기초를 두는 것으로 변하고, 주거나 기관 보호의 비용이 증가함에 따라 불가피하게 더욱 양자택일의 서비스를 요구할 것이다. 모든 이러한 서비스는 사회복지사가 조정을 해주거나 다른 사회복지사가 주서비스의 조정자인 상황에 참여할 것을 요구한다.

가족이 클라이언트 체계이고 서비스 조정이 필요할 때, 사회복지사는 가능한 많은 과정에 가족을 포함시킨다. 시간을 초과해서, 어떤 가족은 스스로 이것을 하려고 할 것이다. 다른 가족은 서비스의 제공이 더 이상 필요하지 않을 것이다. 어떤 가족은 연장기간을 넘어서 여전히 도움을 요구할 것이다. 개별적으로 실천할 때 가능하고 클라이언트가 동의한다면, 사회복지사는 과정 중 가족을 포함시키려고 도전해본다. 이 추측은 가족은 보호서비스에서 계속적인 도움에 중요하고 더욱 변함없는 자원일 것이라는 것이다. 어떤 클라이언트에게는 그렇지 않을 수도 있으나, 대부분의 경우에 가족은 중요한 자원으로 남아있다. 때로 필요한 것은 사회복지사가 가족을 동원하거나 주요 구성원에게 정보를 주는 것이다. 그 외 사회복지사는 가족이 주는 것을 공급할 수도 있고, 어떤 부담을 경감할 가족을 위해 자원을 찾을 수 있다.

가족과의 평가와 종결

12장에서 평가에 대한 논의의 대부분은 가족 대상 실천에도 적용될 수 있다. 그러나 가족과의 평가는 더욱 복잡한데, 이는 가족이 환경 내 체계와 다른 상호작용을 하는 다양한 연령대에 있기 때문이다. 특별히 사회복지사는 체계로서 가족을 평가해야 한다. 이것은 가족 구조, 기능, 발전을 평가하는 것을 포함한다. 또한 클라이언트를 포함하는 다른 상황에서처럼, 사회복지사는 클라이언트 체계의 문화, 다양성, 가치 체계 내에서 개입해야 한다. 다양성 반응을 안전하게 보장하는 최선의 방법은 평가 과정에 가족을 포함시키는 것이다. 사회복지사는 연구 질문에 의존하여 가족의 구조, 기능, 발전이 문화 체계 내에서 어떻게 보였는지에 관해 질문을 한다. 종종 미국 내 가족은 다른 문화에서 온 부부가 자녀를 가지는 등 복합 문화적이다. 질문은 관련된 문화적 배경을 존중하며 응답될 필요가 있을 것이다. 사회복지사는 가족과 환경을 향한 넓은 사회에 의해 유지되는, 가족이 인식하거나 경험하는 태도가 어떤지에 관한 질문을 한다. 사회복지사는 도움이 어떻게 관찰되는지, 자신의 사정이 정확한지, 어떠한 목표와 행동이 문화나 다양성 체계 내에서 받아들여지는지 등에 관심을 가진다. 이것은 사회복지사에게 도움과 서비스가 효과적이고 적절한 것 같은지에 대한 분별력을 가지도록 한다.

가족과의 종결은 가족 내 개인이 개별 클라이언트와 비슷하게 감정을 표현하더라도 개별케이스의 종결과는 매우 다른 것으로 보인다. 가족에게 종결은 일반적으로 서로 간 관계의 끝이 아니라 사회사업과정 경험의 끝으로 나타난다. 사회복지사가 가족의 환경에 적절한 가족 역할과 관계, 긍정적인 상호작용을 지지함으로써 가족 체계의 긍정적인 기능을 보강하고 강화하는데 성공적이었다면 더욱 그렇다. 그러한 시점에서 성공적인 종결은 종결에 대한 욕구뿐 아니라 좋은 감정도 가져온다. 가족 구성원이 스스로 상황을 자신들의 것으로 받아들이려는 준비가 되었다고 판단하는 것은 특별한 일이 아니다. 그들은 모임의 시작이나 끝에 예전으로 돌아가지 않을 것이라는 것을 알릴 것이다. 만약 사회복지사는 가족에게 알게 했다면, 그것에 관해 계획을 세울 수 있을 것이다.

종결 후에도 가족은 계속 유지되기 때문에, 남아있는 문제를 해결할 때 시간이 적게 들어갈 것이다. 적어도 몇몇 구성원에게 종결에 대해 어떻게 느끼는지 표현할 기회가 주어져야 한다. 자녀에게 모임에서 가장 좋았던 점, 가장 좋지 않았던 점과 모임이 없어지면 가장 많이 잃을 것, 가장 적게 잃을 것에 관하여 구조화할 수 있을 것이다. 가족의 인생에 중요한 사건으로 남기기 위해 때로 저녁을 먹으러 가거나 나들이를 가는 것과 같은 비공식적인 축하행사를 할 수 있다. 일반적으로 사회복지사는 이 행사에 참여하지 않는다.

종결의 평가는 목표가 성취되었고 욕구가 충족되었는지에 초점을 둔다. 이것은 체계의 욕구와 구성원들의 욕구를 계속해서 충족시킬 가족의 능력 평가를 포함한다. 사회복지사는 가족에게 서비스를 평가하라고 요청한다. 적절하다면, 그는 무엇이 도움이 되었고, 무엇이 도움이 되지 않았고, 무엇이 도움이 되어왔었는지를 물어본다. 어린 자녀들과 이 질문을 고쳐 말하는 것은 필요할 것이다. 그들이 가장 좋아한 것, 그렇지 않은 것과 그들이 가장 많이 잃을 것과 가장 적게 잃을 것이 무엇인지의 질문은 이러한 피드백을 유도할 것이다.

요약

사회복지사는 변화 과정에서 종종 클라이언트 체계로서 아니면 주의 집단으로서 여러 사람과 실천해야 한다. 사회복지사는 효율적이기 위해 다인 상호작용 실천을 하는데 있어 지식과 기술을 가져야 한다. 가족은 종종 사회사업실천에 참여하는 다인체계이다. 사회복지사는 자기 가족의 영향과 다양한 가족에 대한 사회의 태도를 이해함으로 시작한다. 사회복지사는 다양한 가족과 일하는데 비심판적이고 사실적인 질문을 사용함으로써 다양성에 유능하게 대처하며 일한다.

변화 과정은 현재 욕구를 충족시키기 위해 그리고 미래 욕구를 충족시키는데 더욱 효율적으로 되기 위해 가족을 도울 때 사용된다. 사정 단계는 개별 구성원의 이해를 따라, 사회 체계로서 가족을 이해하는 것을 포함한다. 계획은 공통의 목표와 상호 혹은 공유된 목표를 개발하는 것을 포함한다. 직접적이고 간접적인 실천행동은 계획의 성공적인 완성을 촉진하고, 장벽을 제거하며, 그것을 대신해 작용하는 가족 기술을 가르치곤 한다. 평가는 과정을 통해 일어나고, 체계로서 가족의 구조, 기능, 전개를 보는 것을 포함한다. 성공적인 종결은 가족과 다른데, 이는 가족은 계속되고 개입은 끝나기 때문이다.

학습질문

1. 가족을 대상으로 실천할 때 무슨 이슈를 고려해야 한다고 생각하는가? 당신의 가족 상황에서 당신에게 개인적으로 미해결 되거나 중요한 것과 당신이 가족과 일할 때 그 과정에서 얻을 수 있는 것 등의 이슈를 확인하라.
2. 체계로서 가족을 대상으로 실천하는 것과 가족 구성원이 될 수 있는 개인을 대상으로 하는 실천과 비교해서 차이점을 논의하라. 가족 내 개인을 대상으로 실천하는 것보다 체계로서 가족대상으로 실천하는 것이 왜 중요한가?
3. 당신 가족의 사회력을 조사해보라. 당신은 가족의 구조, 기능, 발달에서 무엇을 발견하였는가? 가족의 강점을 무엇이라 보는가? 도전은?
4. 가족을 대상으로 실천하는데 강점이 될 어떤 지식과 기술을 당신은 가지고 있는가? 어떤 지식과 기술을 익힐 필요가 있는가? 당신은 어떻게 이를 얻을 것인가?
5. 다양한 가족과 실천할 때 다양성에 유능한 사람이 되게 하는 어떤 지식과 기술을 당신은 가지고 있는가? 어떤 종류의 가족이 일하기 편하다고 느끼는가? 어떤 가족과 당신은 불편하게 느끼는가? 더 편안해지려면 어떻게 해야 하는가?

제14장 일반주의 사회복지실천 : 집단

학습목표

1. 일반주의 사회복지실천에서 소집단의 중요성 이해
2. 일반주의 사회복지실천 내 다양한 직접 서비스 집단 이해
3. 집단 대상 일반주의 사회복지실천 내 변화 과정 이해
4. 소집단이나 가족 기능 안에서 다양한 관점을 인정하기 위한 집단과정 이해
5. 사회복지사가 소집단의 실천과 과정을 촉진할 수 있는 방법 이해
6. 소집단의 상호작용을 촉진하는 기술 시작

이 장에서는 일반주의 사회복지실천의 준거틀 중에서 집단을 대상으로 하는 실천을 고찰한다. 집단은 일반적으로 클라이언트와 과업집단에 직접적인 서비스를 제공하는 집단과 조직 및 공동체의 변화를 촉진하는데 사용하는 집단 등 두 가지로 분류된다. 이 집단의 목적은 구성원에게 유익을 제공하는 것이다. 변화과정은 직접 서비스 집단에서 몇 가지 방식으로 사용된다. 사정과 계획은 집단이 시작하기 전에 이루어진다. 사정은 사회체계로서 소집단을 이해하는 것을 포함한다. 사정, 계획, 직접 서비스 행위는 집단을 촉진하기도 하며 종종 집단 구성원들이 배우기도 한다. 평가는 집단 과정에 전반적으로 일어난다. 종결은 계획될 수도 있고 계획되지 않을 수도 있으며, 구성원들이 집단을 떠남으로 전체집단이나 개별구성원에 의해 경험될 수 있다. 직접 서비스 집단과의 사정, 계획, 행동, 평가, 종결이 고찰될 것이다. 과업집단은 15장에서 논의될 것이다.

집단의 목적

집단은 클라이언트체계나 다인체계이다. 사회복지사가 목적달성을 촉진하기 위해 전체로서 집단을 대상으로 실천한다는 점에서 집단은 체계로 이해될 수 있다. 직접서비스 집단은 서비스가 공통의 요구나 관심을 갖는 몇 명의 클라이언트에게 전달되는 것에 의해 형성된 것이다. 직접 서비스 집단의 이러한 논의에서 집단의 주요한 목적은 구성원의 요구에 서비스를 제공하는 것이다. 이 책의 이 장에서 고려되는 문제와 욕구의 본질은 다음과 같다: (1) 성장과 기술개발의 욕구 (2) 예방 서비스 욕구 (3) 지지의 욕구 (4) 상담의 욕구. 치료 집단은 사회기능에서 주요한 어려움을 극복할 필요가 있는 클라이언트를 위한 것이다. 이 책에서 치료를 제공하는 것은 주거세팅이나 입원세팅에서 일하는 잘 훈련된 MSW(석사학위 사회복지사)나 BSW(학사학위 사회복지사)에 제한하는 것으로 생각한다. 이 주제는 이 책의 범위를 벗어난 것이다.

BSW수준의 사회복지사는 집단사회사업서비스를 성장과 기술개발을 촉진하고 예방서비스, 지지, 상담서비스를 제공하는 목표를 가지고 제공한다. 이 서비스가 더 큰 욕구를 경험하는 사람들에게 제공될 수도 있긴 하지만, 대부분 성장과 기술개발집단은 일반적인 사람들에게 제공된다. 이 집단의 예로는 레크리에이션 집단, 교육 집단, 부모 집단, 사회기술훈련, 보이 스카우트와 같은 다양한 청소년 집단, 교회 집단 등이다. 이러한 형태의 집단에서 얻는 이득은 참여에서 온다.

그 범위의 다른 측면에 상담 집단이 있다. 상담집단은 중요한 결정이나 어려운 문제에 직면한 개인의 요구에 서비스를 제공하는 것으로 정의된다. 이 관점에서 상담집단은 결심을 하고 수행할 수 있거나, 도움을 받으며 문제를 해결할 수 있는 클라이언트를 위한 것이다. 반대로 치료집단은 그들이 성장과 기술개발 활동에 참여할 수 있거나 결심을 하고 수행하여 문제를 해결할 수 있기 이전에, 사회기능에 있어 두드러진 장벽을 극복하는데 도움을 필요로 하는 클라이언트를 위한 것이다. 예를 들어 파괴적인 행동을 보이거나 정서적으로 불안정한 아동은 레크리에이션 집단에 참여할 수 있기 이전에 이러한 어려움을 극복하기 위한 치료를 필요로 할 것이다. 그의 욕구를 충족시키도록 설계된 것이 아닌 집단에 참여하게 되었을 때 보통 희생양이 되고 다른 해로운 경험을 하게 된다. 직접서비스를 제공할 때, 사회복지사는 구성원들 사이에 사회기능의 폭이 넓은 것을 피하도록 주의해야 한다. 만약 사회기능에 불균형이 너무 많다면, 구성원들은 서로 어려움을 겪을 것이다.

지지집단은 다양한 상황을 제공받는다. 전형적으로 구성원은 이미 어려운 상황을 지내며 지지를 받았거나 그들이 통제하기 어려운 상황에 대처하는 도움이 필요하다. 지지집단의 첫 번째 유형에서 구성원들은 그들이 개별 혹은 집단 상담에서 그들이 만든 변화에 도움을 필요로 한다. 관리 보호 프로그램은 계속적으로 서비스 기간에 제한을 두기 때문에, 이러한 집단은 중요한 자원이다. 지지집단은 전형적으로 배상 받을 수 있는 서비스로 여겨지지 않으나 서비스의 이러한 유형을 제공하는 것이 중요하기 때문에 클라이언트는 상담이 끝난 후 지지를 받는다. 지지집단의 두 번째 형태는 클라이언트와 가족 암, 사별, 불치 상태 등과 같은 상황에 대처하도록 설계되어 있다. 이러한 상황에 대처하는 것은 특히 어려울 수 있는데, 이는 무력하고 절망적인 감정 때문이다. 비슷한 환경에서 다른 사람으로부터 지지를 주고받는 것은 이러한 도전에 직면했을 때 강력한 도움이 될 수 있다.

예방집단은 사회기능에 어려움을 겪는 위험 상황에 있는 사람들의 욕구를 돕도록 설계되어 있다. 예방 집단은 특별히 설계된 커리큘럼을 따르거나, 성장과 기술개발 활동이나 의사결정과 문제해결 과정을 사용할 수 있다. 여기서 차이점은 구성원은 위험한 상황에 있는 것으로 확인된 사람에 제한된 것이다. 예를 들어, 약물 예방 집단은 약물이나 알코올 남용을 하는 가족 구성원이 있는 청소년이나 약물이 보급되는 지역에 사는 청소년에게 적합하다. 이 형태의 집단은 DARE프로그램과 같은 커리큘럼을 사용할 수 있다. 레크리에이션이나 외부활동이 출석과 참여에 대한 보상으로 주어질 수 있다. 기술 개발과 의사결정은 구성원들이 마약을 거절하도록 격려하며 도울 수 있다.

집단의 목적은 구성원들의 결정에 영향을 준다. 나이, 성, 발단 단계, 사회기능은 중요한 고려사항이다. 집단의 목적은 또한 워커의 역할과 행해지는 서비스의 유형을 지시한다. 집단의 목적은 전체로서 집단을 위한 성공을 촉진시키기 위해, 그리고 구성원들의 이익을 최대한으로 책임지기 위해 실천의 모든 면에서 이해되고 통합되어야 한다.

소집단에서의 사정

소집단에서 필요한 사정에는 두 가지 주요한 형태가 있다: 성과와 과정. 성과물로서 사정은 집단의 시작 전에 각 잠재적인 집단 구성원들의 자료를 모으고 조직하는 것을 포함한다. 이것은 9장에서 기술된 단계를 활용하는 것도 포함한다. 비록 개인이 양쪽 집단의 목적과 다른 잠재적 구성원들과 "적합" 한지를 사정하는 것이 강조되지만, 수집된 자료는 9장에서 기술된 것과 비슷하다. 소집단을 조직하는 사회복지사는 동시에 두 관점에서 개별적인 사정을 해야 한다: (1) 면담한 개인의 이슈, 욕구, 관심사, 강점은 무엇인가? (2) 이 개인의 욕구는 다른 잠재적인 집단 구성원과 집단의 전반적인 목표와 어떻게 맞는가?

비록 집단의 목적은 구성원 선정에 영향을 줄 수 있으나, 일반적으로 집단 목적에 관하여 사회경제적 상태, 나이, 관심사 정도 등에서 다소 비슷한 구성원들로 구성하는 것이 바람직하다. 인종, 문화, 성의 균형은 집단의 전반적인 목표에 좌우되므로 중요할 수 있다. 소집단에서 구성원들은 서로의 강점을 배우고 사용하기 때문에, 이 범위 안에서 다양성은 집단 기능에 있어 자산이 될 수도 있다. 구성원의 경험에 있어 다양성은 그 불균형이 너무 크지만 않다면, 구성원들이 집단의 목적과 관련한 상황에서 대처하는 법을 서로에게서 배우기 때문에 또한 도움이 될 수 있다. 또한 잠재적인 구성원이 집단 세팅에서 다른 사람들과 어떻게 상호 작용할지와 어떤 역할을 그들이 맡을지를 결정하는 것은 중요하다. 의사소통 기술, 사회기술, 발달 단계는 잠재적인 집단 구성원의 시각에서 또한 사정되어야 한다.

어떤 경우에는 다양함보다 유사함이 또 어떤 경우에는 유사함보다 다양함이 더 선호된다. 예를 들어, 성 학대를 당한 사람들의 집단은 모든 구성원들이 같은 성이라면 아마 더 잘 기능할 것이다. 그러나 가족 구성원의 죽음에 대처하는 사람들의 집단은 비탄 과정의 다양한 단계에 있는 사람에게서 더 유익함을 얻을 수 있다. 다시 말해서, 집단의 목적은 어떻게 구성할지를 결정한다.

일단 집단이 시작되면, 집단 사정기술은 [표 14-1]에서 기술된 도구와 [그림 14-1]에서 나타나는 소시오그램의 활용을 포함할 수 있다. 이것들은 단기간에 특정한 사항에서 집단에 관한 정보를 제공하고, 집단 역동을 이해하는데 도움을 주거나 집단 지도자가 개입할 시점을 보여줄 것이다. 집단 역동뿐만 아니라 구성원의 진행 사항을 계속 정기적으로 사정하는 것은 사회복지사가 집단의 구조와 의도를 만들거나 고쳐 만드는데 또한 도움을 줄 것이다.

[표 14-1] 사회체계로서 소집단연구를 위한 개요

I. 구조

A. 경계

1. 이 집단의 목적, 사명, 과업은 무엇인가?
2. 집단 구성원을 확인하라. 그들을 개인으로 묘사하라. (표 6-1 일부를 적절히 이용하라.)
3. 다른 사람들로부터 이 사람들을 구분하는 요인은 무엇인가? 구성원은 어떻게 선택되었는가? 어떤 환경에 있을 때 이 집단의 구성원이 될 수 없는가?
4. 이 집단의 내력은 무엇인가? 형성된 방법과 이유는 무엇인가? 얼마나 오래 모임이 유지되었는가?
5. 사회복지사는 이 집단에서 어떤 위치인가?
6. 이 집단에서 환경의 영향력과 그 기능은 무엇인가? 환경적 기대, 충돌, 자원을 포함시켜라.
7. 경계의 개방적/폐쇄적 특성을 기술하라. 의사소통과 에너지 교환, 새로운 생각과 기능하는 방법의 개방성을 포함시켜라.

B. 경계

1. 집단 구성원들의 비율과 등급을 기술하라.
2. 소이오그램을 그려라.
3. 구성원들이 역할을 수행하는 방법을 기술하라. 모두 필요한 역할이 이루어지는가? 너무 많이 이루어지는 역할은 없는가? 어떤 구성원이 몇 가지 역할을 하는가?

C. 동맹

1. 집단을 함께 묶는 것은 무엇인가? 공통의 관심사와 친밀감을 기록하라.
2. 집단의 분위기를 기술하라.
3. 집단의 목표는 무엇인가? 목표가 모든 집단 구성원들에게 분명하게 알려지고 받아들여졌는가?
4. 이 집단에 기능하기 위한 기준과 규칙은 무엇인가? 그것들이 어떻게 전개되었는가? 그들은 다른 집단 구성원들에게 알려지고 받아들여졌는가?
5. 이 집단에서 구성원들을 위한 보상은 무엇인가?
6. 구성원들은 어떤 우선권을 집단에게 주는가?

Ⅱ. 기능

A. 균형/안정성

1. 이 집단은 변화하는 상황에 어떻게 적응하는가? 상황과 집단내 변화를 생각해보라.
2. 집단 유지에 얼마나 많은 시간이 소요되었으며, 집단 과업에는 어떤가? 이 균형은 적절한가?

B. 의사결정

1. 이 집단은 실천을 위한 기준, 목표, 계획에 관한 결정을 어떻게 하는가?
2. 집단 문제해결 메커니즘을 기술하라. 주의를 흩트리거나, 방해 공략을 사용해 문제해결에 방해를 주는 구성원이 있는가?
3. 집단 의사결정을 촉진하거나 방해하는 리더십을 기술하라.
4. 집단 구성원들이 집단 의사결정에 어떻게 영향을 주는가?
5. 갈등은 어떻게 해결되는가? 갈등은 개방된 상태에서 인식되도록 두는가?

C. 의사소통

1. 집단의 의사소통 유형을 기술하라.
2. 집단은 적절한 피드백 메커니즘을 가지고 있는가? 비언어적 의사소통에 주의를 기울이는가?
3. 모든 집단 구성원들은 적절한 의사소통 기회를 가지고 있는가? 특정 구성원이 말을 많이하는 경향이 있는가?
4. 의사소통하기 곤란해 보이는 내용 분야가 있는가?
5. 타문화간 혹은 타전문가간의 상호작용에서 나타나는 의사소통 어려움에 주의를 가지는가?

D. 과업 수행

1. 집단이 그 과업을 행하는 방법을 기술하라. 과업을 수행하는 상호작용의 질을 기술하라.
2. 주의를 산만하게 하거나, 방해 공략을 사용해 계획 수행을 방해하는 구성원이 있는가?

Ⅲ. 발전

A. 집단이 전개되는 발전 단계를 확인하라.

B. 계속적인 집단 발전을 방해할만한 요인을 기술하라.

Ⅳ. 강점과 제한점

A. 집단의 강점은 무엇인가?

B. 집단의 제한점은 무엇인가?

사회체계로서의 소집단 사정하기

집단이라는 용어는 종종 불명확한 넓은 의미로 사용된다. 사회체계로서 소집단의 정의는 용어에 제한점을 둔다. 사회체계로서 소집단은 서로 공통점이 있고 공통점을 함께 나누기 위해 직면하여 상호작용을 하는 세 명 이상의 사람들로 구성되며, 자신이나 다른 사람들의 요구와 공통의 문제를 해결하기 위해 참여한다. 효과적인 소집단은 집단 내 각 사람이 집단 내 다른 모든 사람에게 영향을 주도록 한다. 집단은 동일함을 증명할 수 있는 존재 혹은 체계이며, 그 부분을 합한 것 이상이다. 최선의 결과를 위해, 집단은 8명에서 10명을 넘지 말아야 한다. 과업 집단은 업무를 수행하기 위해 더 많은 구성원을 요구할 수도 있다. 지지집단은 더 크지만, 구성원은 변동적이다. 다른 모든 사회체계처럼 집단은 구조(시간 내 어떤 점에서 체계의 형식); 과업을 수행하기 위해 기능하거나 행동하는 방식; 그리고 시간이 지나며 단계들에서 일어나는 전개 등을 가진다. (그림 14-1) 소집단에서 효과적인 상호작용에 대한 충분한 이해를 하기 위해, 사회복지사는 이 세 가지 모두를 사정하는 것이 필요하다.

또한, 집단은 생태체계를 가지고 있으며, 어떤 체계는 집단 구성원이 공유하는 지역사회 체계처럼 중복될 수 있으나, 각 집단 구성원은 각자 자신만의 생태체계를 가진다. 대부분 집단의 목적은 일반적으로 구성원들이 그들의 생태체계로부터 요구를 충족시키고 그러한 생태체계에서 다른 사람의 욕구를 직면해가는 것을 돕는 것이다. 구성원들은 집단 외부의 삶에서 성장과 변화를 가져오기 위해 집단 내부에서 얻는 것을 사용하도록 되어있다. 과업 집단에서 목적은 집단의 생태체계에서 변화를 가져오는 것이다. 그러므로 사회복지사는 집단 내부와 외부에서 모두 그 목표와 목적을 성취하기 위해 집단을 촉진하는 기술을 발전시킬 필요가 있다.

구조 구조의 세 가지 영역은 경계, 관계틀, 동맹이다. 사회체계 내에서 경계는 기능을 둘러싼 상호작용 체계가 구성원들 사이에서 상호작용이 가지는 강력함을 더 이상 가지지 않는 것을 말한다. 때때로 집단 내 구성원들은 명백히 규정되지만, 어떤 때는 경계를 한정 짓기 어렵다. 그 예로 지역사회기관을 이용하는 집단은 드문드문 출석하는 것을 들 수 있다.

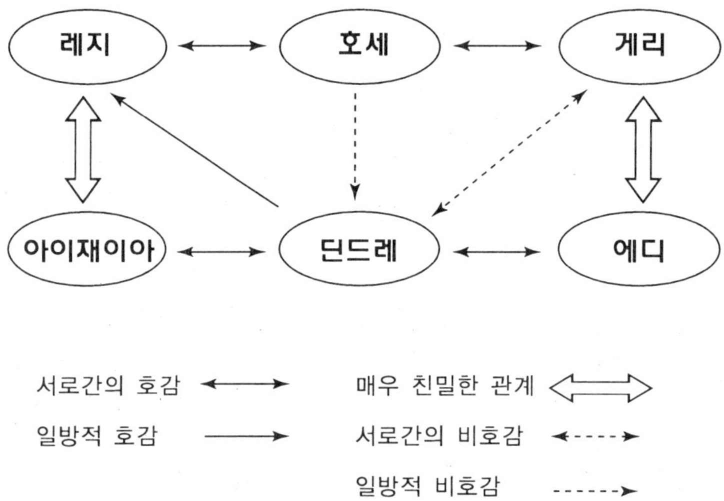

[그림 14-1] 그룹홈 내 비행소년의 소시오그램

경계를 검토할 때, 집단 구성원들이 누구인지를 고려해 보는 것이 중요하다. 모든 집단 구성원들은 개인력, 현재의 요구사항, 그들이 속한 다른 체계에서의 책임 등을 가지고 있다. 이는 집단 내 각 사람의 기능에 영향을 준다. 각 집단 구성원은 집단에 참여하며 나타난 요구에 어떠한 보상을 받는다. 어떻게, 왜 이 집단이 생겨났는지의 내력과 현재 구조에 영향을 줌으로써 생기는 초점, 구성원 구성, 기능방식 등의 변화는 집단 사정에 중요하다.

집단에서 사회복지사의 역할은 관계의 또 다른 구성요소이다. Henry Maier은 구성원-사회복지사의 상호작용에 세 가지 방침을 말하였다. A타입의 관계는 집단의 개입과 더 넓은 생활 속 상황 사이에서 엄밀한 경계이다. 사회복지사는 전문가로 여겨진다; 그가 집단의 나머지로부터 분리되는 위치라는 자격으로 기능하며, 집단의 기능을 통제하는 중요한 임무를 한다. B타입 관계에서 사회복지사는 집단의 한 부분 이상으로, 집단 기능의 촉진자라는 분명한 역할을 가진다. C타입 관계는 지역사회 집단이나 다학문팀과 같은 집단을 포함하는 것으로, 15장에서 다룰 것이다.

집단의 환경은 또한 집단 기능에 영향을 준다. 환경은 집단에 기대를 하고, 자원을 공급한다. 그 경계는 비교적 개방적일 수 있으며 폐쇄적일 수도 있다. 집단이 개방적 경계를 가질 때, 개인이 집단에 참여하는 것이 훨씬 쉽고, 집단은 환경으로부터 새로운 생각이나 다른 의사소통에 개방적이다. 집단이 폐쇄적일 때는, 외부에서 의사소통하므로 구성원 자격에 제한이 있다. 그러나 앞서 언급했듯이, 집단의 목적은 집단으로서 환경에 영향을 미치는 것이나, 요구를 만족시키는 균형을 가져오기 위해 구성원들이 개별적으로 환경에 영향을 주는 것 중 하나이다. 경계는 집단을 명확히 하는 것을 돕지만, 구성원들은 집단 밖에서의 생활을 계속해서 가지는데, 이것은 집단 안에서의 그들의 기능에 영향을 미치고, 그들의 기능에 영향을 받는다.

구성원들 사이의 관계는 몇 가지 방법으로 관찰될 수 있다. 이 중 세 가지는 다음과 같다:

1. 비율-순위패턴 : 어떤 집단에서 한 명(혹은 그 이상)의 구성원은 다른 사람보다 분명하게 지위가 더 높다. 이 관점으로 관계를 탐색할 때, 지위위계뿐 아니라 구성원들의 지위의 이유까지도 살펴보는 것이 중요하다.

2. 소시오그램 : **소시오그램**은 호감과 비호감의 양상을 보여준다. 이것은 또한 집단 내에서 하위집단과 관계의 친밀감정도를 보여준다. [그림 14-1]은 그룹홈 내 비행소년 집단을 보여준다. 레지와 아이재이아, 게리와 에디는 매우 친밀한 관계를 가지고 있다. 그들 사이에 혼합된 관계도 있다.

3. 역할 구조 : Kenneth Benne와 Paul Sheats는 집단에서 발전할 수 있는 역할의 3가지 범주로 집단 과업 역할, 집단조성(혹은 집단유지) 역할, 개인 역할을 규명하였다. **집단 과업역할**은 집단의 기능이나 과업의 수행과 관련되어 있다. 토론집단에서 역할은 창시자나 아이디어 기여자, 정보탐구자, 아이디어를 분명하게 하는자, 정보제공자, 의견제공자, 의견탐구자, 순응자 등이 있다. **집단조성(집단 유지)역할**은 체계로서 집단의 유지에 초점을 두는 것이다. 이 범주에 들어가는 역할은 격려자, 화합자, 타협자, 통제자이다. 통제자는 다양한 집단 구성원들의 메시지를 허락하고, 격려하고, 차단함으로써 의사소통의 흐름을 통제하는 사람이다. 세 번째 범주는 개인 요구를 만족시키지만 집단 관련 일에는 손상을 주는 **개인 역할**로 구성된다. 이 역할에는 지배자, 특별이득 간청자, 방해자 등이 있다.

종종 **리더십**은 역할로 여겨진다. 리더십은 특별히 효과적인 집단 기능을 위해 필요로 하는 사람들의 역할 수를 채우기 위한 것으로 생각된다. 역할을 채우는 사람, 어느 역할이 채워지지 않았는지, 많거나 중요한 역할을 수행하려는 인원 등의 확인은 집단 구조를 명확히 한다.

유대는 집단 응집의 질이다; 이것은 "나-그-그녀 감정"과 반대로 "우리 감정"이다. 그것은 집단 구성원들에 의해 여겨지는 공통의 집단 목표, 집단행동의 기준, 공통의 가치로 표현된다. 체계 용어로 안정 상태라는 개념과 관련이 있다. 안정 상태는 자기 유지와 자기 회복을 하는 부분의 특별한 형태이다. 다시 말해서, 그것은 안정성과 적응성 모두를 가져오는 체계의 상태이다. 기능 집단은 여전히 변화하는 상황과 환경에 순응하는 동안 적응성을 유지할 필요가 있다.

집단에서 존재하는 유대의 서술은 공통의 관심사나 임무, 친밀감, 관계의 욕구 등 집단을 함께 유지하는 것을 확인한다. 또한 중요한 것은 변화하는 상황과 환경에 적응하기 위한 집단의 능력뿐만 아니라, 집단의 목표, 기준, 가치를 확인하는 것이다.

집단의 구조는 경계, 관계구조, 유대의 측면을 확인하기 위해 기술된다. 구조는 집단이 시간이 지나면서 그 기능을 상호작용하고 수행하는 것에 따라 변한다. 사회복지사는 집단이 그 구성원 상호작용의 질을 강화하는 구조를 발전시키도록 하려고 애쓰며, 동시에 그 목적을 성취하기 위한 집단 능력을 강화한다. 일반적으로, 이것은 집단과 생태체계 사이(과업 집단에서처럼) 상호작용의 균형이나, 그 생태체계의 욕구와 그들만의 욕구를 충족시키기 위한 구성원들의 능력을 강화하는 것 중 하나를 포함한다.

기능 집단 상호작용은 집단 구성원의 행동과 다양한 구성원들 사이 상호작용에 의해 영향을 받는 복잡한 과정이다. 이 행동과 상호작용은 집단 구성원의 요구나 책임에 의해 번갈아 영향을 받는다. 이 과정은 또한 과업을 수행하고 유지하는 그 자체로서 집단의 요구에 의해 영향을 받는다. 어떤 집단이 기능하는 상황이나 환경은 또한 기능에 영향을 준다. 꽤 복잡한 이 기능은 자연적으로 교류된다.

집단 기능을 묘사하는 한 가지 방식은 *에너지 사용*의 관점이다. 모든 체계는 에너지의 양이 제한되어 있고, 에너지가 사용되는 방식에 따라 항상 긴장의 상태이다. 긴장은 집단 과업이나 집단 설계에 쓰이는 에너지의 관점에서 표현될 수 있다. 그것들은 변화나 적응의 이슈 대 안정성의 관점에서 표현될 수 있다. 각 집단은 이러한 에너지 문제를 다루는 방법을 발전시킨다.

집단 기능을 기술하는 또 다른 방법은 어떻게 정보를 사용하는가 하는 것이다. 이전에 언급했듯이 사회복지 노력의 상당 부분이 정보 교환을 포함한다. 집단 구성원은 집단 내에서 정보를 공유하고 집단 밖에서 정보를 사용한다. 그들은 또한 집단 밖에서 정보를 얻고 그것을 생태체계와 상호작용하는데 사용한다. 집단 내 과정의 대부분은 집단과 구성원들을 위한 목표와 목적을 성취하도록 설계된 정보의 교환을 포함한다. 구성원들은 집단 생태체계(과업집단)의 작용이나 그들만의(상담이나 지지집단)작용에서 배우는 것을 사용하도록 기대된다. 비밀보장의 요구는 집단으로부터의 개인적인 정보의 흐름을 제한할 수 있다(비밀보장에 대해서 더 보기 원하면 6장 참조).

집단 기능의 다른 측면은 *의사결정*과 *의사소통* 과정이다. 집단은 어느 역할과 과업이 어느 구성원에게 속해 있는지에 관해, 집단 결정에 관해 어떻게 의사소통하고 이행할지에 관해, 그리고 에너지의 사용에 관해 의사결정을 한다. 결정은 집단마다 다른 방법으로 된다. 때로는 합리적이거나 문제해결적인 과정이 사용되고, 때로는 화해가 수단이며, 때로는 한 명 이상의 집단 구성원이 집단의 나머지 구성원들에게 그들의 의지를 부여한다. 가끔 집단은 과거 경험에 기반을 둔 기능만 한다.

의사결정에 밀접히 관련된 것은 리더쉽, 힘, 통제, 그리고 갈등의 이슈다. **갈등**은 종종 집단 상호작용에 부정적인 요소로 보인다. 그러나 아마도 잘 관리된 갈등은 집단의 창조성과 문제 해결을 강화하는 힘이 될 수 있다. 갈등은 다양한 배경을 가진 사람들이 함께 작업을 하려고 하는 상황에서 일어난다. 갈등은 부족한 무언가를 위한 투쟁이다. 집단에서 이것은 주의, 힘, 지위 영향, 역할을 다하려는 권리 등일 것이다. 집단은 어떻게 갈등이 해결될지에 관해서 결정한다. 맡은 집단 상호작용에서 사회복지사의 과업 중 한 가지는 갈등 영역을 확인하고 집단개입이 갈등에 유익한 해결을 하도록 돕는 것이다.

의사소통은 집단 상호작용 과정의 핵심이므로 기능에서 가장 중요하다. 정보, 의사결정, 명령은 집단 구성원들 사이에서 의사소통을 통해 분류된다. 의사소통은 의견과 태도를 형성하고 수정하는 수단이다. 의사소통 과정은 누가 누구에게 무엇을 *의사소통*하는지에 초점을 둠으로써 설명된다.

집단 기능을 설명하는 다른 방법은 과업수행 과정을 인지하는 것, 즉 어떻게 집단이 그 과업을 수행하느냐 하는 것이다. 과업수행과정은 누가 무엇을 하는지와 위임된 일을 개별적으로 수행하느냐 안하느냐와 관련된다.

집단의 기능은 단순하게 집단 기능을 수행하는 움직임이 아니다. 구조는 움직임이 일어나는 것에 따라 변한다. 이 변화는 더 넓은 조직의 발전과 관련이 있고, 그 결과로 특수화와 안전화가 야기된다. 집단 내에 속하거나 함께 하는 워커는 집단의 상호작용에 영향을 주기 위해 애씀으로써, 집단이 기능과 과업을 수행할 수 있도록 한다.

발전 집단이 기능하고 구조가 변화함에 따라, 기대되고 확인할만한 단계를 연속으로 지난다. 각 단계에서, 집단은 다른 집단유지 요구를 가진다. 집단이 기능을 이행하기 위한 능력은 그것이 발달 단계를 통해 진보되는 것에 따라 향상된다. 집단은 다른 속도로 발전한다. 집단 발전을 돕는 요소는 다음을 포함한다.

1. 집단 기능, 과업, 목표에 구성원 참여의 강화
2. 구성원의 상호적 욕구 만족
3. 구성원들이 서로에게 느끼는 호감 및 돌봄
4. 역할 경쟁보다 상호교류작용
5. 집단 구성원 사이에서 다양성 존중
6. 집단이 함께 보내는 시간의 양
7. 개인 성장을 장려하는 상호작용
8. 집단 규범과 목표를 형성하게 하는 동질성의 정도
9. 구성원들 사이에서 다른 생각과 관점을 제공하는 이질성의 정도

집단 발전 단계는 다음과 같이 개념화 될 수 있다 :

1. 오리엔테이션 단계 : 구성원들이 처음 함께 모여 유사한 관심거리를 찾으며, 집단에 참여 한다. 과정 중 또한 접근회피심리과정도 존재한다. 과업을 둘러싼 기능의 양상이 발전하기 시작한다. 과업 역할이 생기기 시작한다. 이 상황에서 활동과 적응지도가 강조된다. 개인들은 집단에 속하고자 하는 욕구에 관하여, 그리고 다른 집단 구성원들에게 의존하게 될지를 결정한다.

2. 권위 단계 : 개인 구성원들에 의한 집단의 영향과 지배에 있어 어려움이 있다.

갈등은 다음과 같이 발전한다; 구성원들은 배반하고 개인 자율성을 찾는다; 힘과 지배가 이슈이다; 탈락이 생기기도 한다. 구조와 기능의 양상은 교정된다. 구성원들은 집단이 무엇을 해야 하고 어떻게 기능해야 하는지에 관한 생각과 감정을 공유한다. 이 공유를 통해 기준과 가치가 발전한다.

3. 협상 단계 : 집단은 직면하고 의견차이가 있으며 갈등을 해결해나가기 시작한다. 목표, 역할, 과업이 선정되고 용인된다. 집단 관습은 강해지고, 규범이 발전하며, 개인 참여가 증가한다. 집단 응집력은 강해지고, 집단 구성원은 정보와 의견을 나누는데 있어 더 자유로워진다.

4. 기능 단계 : 높은 수준의 집단 완성에 도달한다. 구조에 관한 갈등은 거의 없고, 기능 방식도 정립되었다. 역할은 차별적으로 구성원들에게 배분되고, 모두는 받아들였다. 의사소통 경로는 개방되어 있고 기능적이다; 목표와 기준은 알려주고 그들은 받아들인다. 집단은 변화하고 적응하는 능력을 가진다. 갈등과 긴장은 최소한의 에너지 사용으로 관리되고 문제해결 능력이 발전한다. 구성원들은 상호 의존한다. 계획이 이행되고, 과업은 완성되며, 목표에 다다른다. 집단은 그 자체와 개입을 평가할 수 있다.

5. 분리 단계 : 첫 네 단계에서 집단은 분리되기 시작할 것이다. 분리의 표시는 유대를 느슨하게 하는 것을 포함한다. 집단 상호작용의 빈도와 세기, 집단 구성원의 공통되는 기준이나 가치, 구성원들에게 영향을 주는 집단의 강점 등이 감소한다. 이와 동시에 일반적으로 구성원들은 집단 외부의 생태체계와 상호작용을 강화하고 증가시켜갈 것이다.

사례

I. 구조

A. 경계

1. 목적 : 집단의 소년들은 청소년 법원에 의해 그룹홈에 모두 배치되었다. 각 소년은 주로 재산범죄나 마약에 참여한 과거를 가지고 있다. 집단의 목적은 집, 학교, 지역사회에서 성공하는데 장벽이 되는 상황을 해결하기 위해 필요한 생활 기술에 관한 개입이다. 집단은 지역사회 서비스 프로젝

트에서 계획되고 수행된다.

2. 집단 구성원 : 집단에 6명의 구성원이 있다.

   레지는 16세의 아프리칸 미국인이고, 그룹홈에 11개월 있었으며, 퇴소일이 거의 다가오고 있다. 레지는 그룹홈에 보내지기 전에 길에서 생활했었으며, 몇 번의 절도죄와 마약소지 혐의를 가지고 있었다. 그는 어머니가 동거하는 남자친구가 그를 학대해서 집을 나왔다고 말했다. 그는 퇴소 후 어디로 갈지 확실하지 않았으나, 조부모가 돌보아 주기를 희망하고 있었다.

   아이재이아는 15세의 아프리칸 미국인이고, 그룹홈에 11개월 있었으며, 그도 역시 퇴소일이 거의 다가오고 있다. 아이재이아는 강도와 마약 등 범죄 이력이 많다. 그와 그의 두 명의 의붓 여자형제들은 할머니에 의해 양육되었다.

   호세는 16세의 멕시칸 미국인이고, 그룹홈에 8개월간 있었다. 그는 폭력배와 저지른 폭행과 차절도로 그 곳에 보내졌다. 그의 여자 친구는 그가 배치되었을 때 임신을 했었으며 그 이후에 남아를 출생했다. 호세는 그가 퇴소하면 직업을 얻어 여자 친구와 결혼하기를 원한다.

   에디는 14세 백인이며, 그룹홈에 3개월간 있었다. 그는 6형제 중 막내이며 몇 번의 차절도로 그룹홈에 보내졌다.

   딘드레는 14세 아프리칸 미국인이며, 마약사무소에서 감시인으로 일하다 잡힌 이후 그룹홈에 1개월간 있었다. 딘드레는 유스홈에서 보호관찰로 풀려난 이후, 도망쳐 왔다.

3. 이 소년들이 왜 집단을 구성하였는가: 이것은 소년재활프로그램의 일부인 비자발적 집단이다. 프로그램을 끝마치는데 실패하는 것은 주립 소년훈련학교나 어떠한 한정된 세팅에 배치되는 것을 의미하는 것이다. 소년들은 그들이 퇴소할 때까지 집단을 떠나지 않을 것이다.

4. 집단 내력 : 집단은 프로그램의 참여와 종료에 근거해 진행되는 집단이다. 집단은 퇴소하는 구성원들의 합의하에 권해야 한다. 후보자는 그들의 배치, 자신의 강점과 난국의 사정, 살 곳과 교육, 직업, 지역사회 서비스 계획 등의 포괄적인 퇴소계획 등에서의 어려움을 사정을 통해 보여야 한다. 집단은 월요일부터 토요일까지 매일 모인다. 현재 집단 구성원은 딘드레가 온 이후로 한 달간 함께 해왔다.

5. 사회복지사와 집단 : 집단을 돕는 두 명의 BSW 사회복지사가 함께 있으며, 토요일은 교대로 하고 있다. 이 집단의 사회복지사들은 A와 B의 결

합적 특성을 가진다(Maier의 유형학 참조). 그들은 A타입인 전문가의 역할에서 명확하지만, 집단이 너무 많은 과업을 하도록 한다. 그들은 특히 지역사회서비스 프로젝트, 가족 면담, 개별 면담 세션 등으로 집단 밖에서도 소년들과 많은 시간을 보내고 있다. 이것으로 인해 그들이 집단 구성원의 관점에서 한층 B타입이 되었다.

6. 환경적 영향 : 집단 구성원들은 두 생태체계를 가진다 : 한 개는 그들이 가족을 떠나올 때 떠난 것이고, 한 가지는 그룹홈에서 서로 공유하는 것이다. 그들의 대부분의 시간이 집단에서 함께 보내기 때문에, 그들은 환경 속에서 같은 경험을 많이 나눈다. 그들은 중학교나 고등학교를 다니고 반이 다르므로 이 상황은 학교에서와는 다소 다르다. 그룹홈은 10년 동안 운영되어 왔고, 지역사회는 그것에 익숙해져 있다. 집단이 맡은 지역사회 서비스 프로젝트는 매우 긍정적인 영향력을 가지고 있으나, 소년들은 비행자이기 때문에 지역사회의 어떤 부분에서 여전히 아웃사이더로 보이고 경계하듯이 대해진다. 지역의 소년 소녀 집단은 그들을 환영했고, 집단 구성원들은 YMCA와 관계를 형성했다. 어떤 소년들은 학교에서 운동회와 클럽에 참여한다.
7. 모임 합의 : 집단은 월요일부터 토요일까지 90분 동안 저녁식사 후 매일 리빙룸에서 모인다.
8. 시작과 종료 : 집단 구성원은 프로그램의 참여와 종료에 의해 결정되기 때문에, 집단은 폐쇄 경계를 가진다.

B. 관계 틀

1. 순위 : 이 집단에서는 점수와 순위가 없다. 모두 동등하게 보고, 모두의 생각은 받아들여진다. 그러나 퇴소를 준비하는 소년들은 그룹홈 밖의 생활을 위한 준비를 시범적으로 하기 위해 긍정적인 리더십 역할을 받는 것으로 기대된다.
2. 소시오그램(그림 14-1) : 집단 구성원사이에는 일반적으로 긍정적인 관계가 있으나, 소년들은 인종이나 민족과 나이에 따라 짝을 짓는 경향이 있다는 것을 알아야 한다.
3. 역할 : 레지는 집단의 조직자이며 자연스러운 리더이다. 그는 진지하고 구성원들이 잊어버릴 때 모두에게 책임을 상기시키며, 지역사회서비스 프로젝트를 조직하는데 가장 활동적이다. 모임에서, 그는 집단 구성원들의 좋지 않은 행동을 재빨리 지적하고, 긍정적인 대안을 찾는데 참여한다.

아이재이아는 아마도 가장 인기 있는 구성원일 것이다. 그는 유머러스하고 항상 그의 얼굴에는 미소가 있어 보인다. 때때로 그의 유머는 집단을 그들의 과업에서 동떨어지게 하지만, 그는 또한 책임감을 받아들이는 점에서 구성원들을 매우 쉽게 유머러스한 방법으로 어려움을 지적하는데 매우 숙련되었다.

호세는 경청자이다. 그는 자신의 문제를 해결하는데 노력을 다하지만, 그들의 조언을 위해 자신의 문제를 집단에서 나누기도 한다. 어떤 면에서 그는 일을 하는데 있어 집단의 나머지들에게 모델이 되는데, 이것으로 그는 부모가 그를 학대한 것에 책임을 지기 위해 노력하고 있다.

게리는 집단이 원하는 것마다 함께 하려고 하는 것으로 보이는 추종자이다. 그러나 최근에 그는 우스갯소리를 하거나 주제를 바꾸는 등으로, 때때로 집단 구성원들이 과업을 하는데 있어 혼돈에 빠지게 했다. 이것이 활동을 제한하는 동안, 그의 개인적 특성이 표출되는 표시처럼 보인다. 그가 불편해 하는 주제와 관련해서도 그렇다.

에디는 질문을 많이 한다. 그는 종종 집단 토론을 멈추게 하지만, 그는 실제로 집단에 어떤 방향을 주기 위해 질문하는데, 때때로 이것은 집단이 자신들을 돌아보고 어떻게 기능하고 있는지에 도움을 준다.

딘드레는 집단에서 긍정적인 행동을 기피하고 그의 행동에 책임을 지는 것을 거부함으로써 여전히 반항을 하고 있다. 그는 아직까지 집단에서 긍정적인 역할을 찾지 못했고 그는 괴롭힘을 당한다고 느낀다.

C. 유대

1. 그것은 무엇인가 : 그룹홈에서 함께 생활하는 청소년들이 그들의 상황에서의 공통성은 유대의 주요한 구성요소이다. 집으로 돌아가고 싶은 욕구는 대부분 중요한 것이다. 그들은 퇴소가 직원에게 승인받기 전에, 집단 구성원들 모두로부터 승인을 받아야 한다.
2. 분위기 : 분위기는 모든 사람이 참여하는 프로젝트나 외부활동을 계획할 때 가장 편안하다. 집단이 생활 기술에 대한 개입을 할 때 덜 편안하며, 특히 좋지 않은 행동이나 태도가 구성원에게서 확인되었을 때 그러하다.
3. 집단의 목표 : 집단 목표는 각 구성원들이 긍정적인 생활 결과를 가져오는 성공적인 결정을 하는 것을 배우는 것이다. 이것은 사회기술, 갈등해결, 의사결정, 계획, 개인과 사회책임과 같은 생활 기술을 배우는 것을 포함한다.
4. 집단의 규범 : 대부분 집단 규범은 프로그램, 개인과 집단행동에 대한 기

대 면에서 명시된다. 집단규범은 구성원들은 1시간 반 동안 지속되는 모든 모임에 참여해야 한다; 구성원들은 시간을 지켜야 한다; 논의된 자료는 비밀이며 다른 곳에서 논의되지 않아야 한다; 집단은 개별 상황에 초점을 두는 시간과 그룹 프로젝트나 외부활동 등을 계획하는 시간을 가져야 한다.

5. 집단의 우선순위 : 집단 구성원들은 집단에 높은 우선순위를 두어야 하는데, 왜냐하면 프로그램과 그들의 최후의 퇴소에 있어 성공은 중요하기 때문이다.

Ⅱ. 기능

A. 균형/안정성

1. 적응 : 최근 집단은 재편성으로 환경과 구성원이 안정적이지 못하였다. 가장 최근 구성원인 딘드레는 그가 가출하여 한 집에 침입하여 차를 훔쳤을 때, 법정에서 이송된 한 구성원을 대신하여 들어왔다. 딘드레는 적응하는데 어려움을 겪었다. 그 이전에는 몇 가지 성공적인 퇴소사례가 있었다. 집단은 대부분 최근의 실패를 논의하는데 많은 시간을 보냈고, 이것은 어떤 안정성을 얻는데 도움이 된 듯하다. 소년의 대부분은 힘든 일이 있거나 집이 그리울 때 같은 행동을 생각해온 것을 자백할 수 있었다. 그러므로 그들은 부정적인 것에서 긍정적인 것으로 변할 수 있었던 것으로 보인다. 구성원들은 딘드레에 대해 참고 있었으며, 그가 집단의 일부가 되는데 돕기로 결심했다.

2. 유지 대 과업 : 딘드레와의 첫 번째 모임에서 집단은 유지에 상당한 시간을 보냈다. 어떻게 집단이 잘 작용할지에 관해 많은 논의가 있었다. 계약이 딘드레에게 개입할 부분에 대해 상세히 이루어졌으며 아직 진행 중이다. 집단이 매우 자주 모이기 때문에, 대부분의 모임에서 최소한의 시간이 집단 유지에 사용되고 있다. 각 모임의 시작과 마지막에서 프로젝트에 관하여, 그리고 집단이 서로의 계약을 얼마나 잘 이행하고 있는지 논의한다. 집단은 함께 과업을 잘하고 있기 때문에, 균형은 적절하게 이루어진다.

B. 의사결정

1. 방법 : 결정은 합의에 의해 이루어진다. 예를 들어 프로젝트나 외부활동을 논의할 때, 구성원들은 몇 가지 가능성을 논의하고, 집단으로서 특정한 계획에 대한 결정을 한다.

2. 문제해결 : 문제는 성공적인 결정을 하고자 하는 집단 구성원의 특정한 노력과 관련이 있다. 양상은 구성원들이 가능한 해결을 위한 생각을 해내고 함께 각각의 해결책을 모색하는 것이다. 집단 해결은 합의에 의해 생성된 의사결정 이후에 이행된다.
3. 리더십 : 레지와 아이재이아는 리더십 역할을 공유하려는 경향이 있다. 둘 다 촉진하는 리더의 경향이 있다. 때때로 호세는 사회복지사에게 지도해주고 무엇을 할지 말해주기를 부탁함으로써 이 역할을 사회복지사가 맡을 수 있도록 요구한다.
4. 의사결정의 영향 : 집단 구성원 모두가 논의를 하는데 기여함으로써 의사 결정에 영향을 준다. 레지와 아이재이아는 그들의 기여의 질 때문에 가장 많은 영향을 주는 것으로 보인다.
5. 갈등 : 갈등은 집단 구성원에 의해 부정되거나 도전으로 받아들여진다. 사회복지사는 집단 구성원이 갈등을 인식할 때, 그들은 결정이나 과업을 위해 사회복지사에게 의견 제공을 요구하는 경향이 있다는 것을 안다. 이것이 사회복지사에 의해 지적될 때라도, 그들은 이것은 갈등을 회피하는 메커니즘으로 인식하려 하지 않는다. 그러나 이 부정 뒤에 그들은 차이점을 해결하기 위한 문제해결방식에서 집단으로서 실천을 한다.

C. 의사소통

1. 패턴 : 집단은 각 사람에게 각 이슈를 논의할 기회를 준다. 위에서 언급했듯이, 여기에는 몇 가지 장애물이 있다. 나이가 있거나 노련한 집단 구성원들은 의사소통 과정과 말하는 것뿐만 아니라 경청의 필요성도 알고 있다. 때때로 새로 왔거나 젊은 구성원들은 대화의 한 편에만 참여할 것이다. 다른 구성원들은 집단의 실천에 방해를 주는 이것에 주의를 가질 것이다.
2. 피드백 : 노련한 집단 구성원들은 종종 서로에게 패드백을 요청한다. 새로운 구성원들은 피드백을 요구하지 않으나, 오래된 구성원들에게서 피드백을 받는다.
3. 기회 : 각 집단 구성원은 집단 논의에 그의 생각을 말하도록 요구받는다. 만약 한 구성원이 방침을 벗어나서 발언권을 너무 오래 가진다면, 누군가가 끼어들어서 주제로 돌아오도록 논점을 이끌어 낸다.
4. 곤란한 내용 영역 : 개인의 책임은 집단에서 가장 문제가 되는 영역이다. 나이가 있거나 노련한 구성원들은 프로그램을 이수하기 위해서 뿐 아니라 이후의 생활을 위해서라도 이 영역의 중요성을 깨달았다. 새로 왔거

나 젊은 구성원들은 매우 회피적이고, 어떤 문제에 대해 다른 사람을 훨씬 더 비난하려고 한다.

5. 타문화의 요소 : 집단이 인종이나 민족으로 편을 지으려는 경향이 있다. 이 중 상당수는 서로의 경험을 나눔으로써 줄어든다. 구성원들은 자신의 피부 속 드러나지 않는 곳에서 그들은 모두 인간이라는 깨달음을 얻은 것으로 보인다. 그러나 집단에서 나타나는 몇 가지 분리 현상은 여전히 있다.

D. 과업 수행

1. 어떻게 과업이 수행되는가 : 프로젝트와 외부활동은 가장 열광을 불러오는 것으로 보인다. 개인적 책임을 논의할 때 보통 부정에 의해 직면되는데, 노련한 구성원들은 더욱 재빨리 승인을 한다. 집단은 최근에 갈등이 없었다면 자신의 일에 더욱 파고드는 경향이 있다. 일상적인 일과 매일 생활의 걱정을 논의하는 것은 초기에 많은 불만을 야기하고, 집단은 사회복지사로부터 많은 개입이 없이 문제를 해결하는 방법을 찾으려 한다.
2. 방해 전략 : 부정은 모든 구성원들이 어느 시점에서 사용하는 주요한 장애물이다. 새로운 구성원들은 그것을 자주 사용한다. 딘드레의 반감과 게리의 혼란은 전략을 방해하고 있으나, 주어진 상황에서 예측가능 하다.

Ⅲ. 전개

A. 단계 : 집단은 그 상황에 의존하는 다양한 단계의 요소를 보여준다. 최근의 새 구성원이 늘어나면서, 딘드레에게 개입을 할 때쯤 오리엔테이션과 권위 단계요소가 있었다. 전반적으로 주로 협상과 기능 단계에서 새로운 구성원이 목표를 세우고 오래된 구성원 목표를 채우는 것으로 보였다.

B. 방해하는 요인 : 부정과 투사는 구성원들이 매우 오랫동안 가지고 있었던 기본적인 방어기제로, 그것들을 포기하기가 매우 어렵다. 노련한 구성원은 꽤 빨리 그것을 했으나 이 반응은 가장 어려운 초기의 반응으로 계속 일어난다.

Ⅳ. 강점과 도전

A. 강점 : 집단은 잘 초점이 맞춰진 과업일 때, 특히 프로젝트에서 스스로 조직된다. 관계 틀, 동맹, 의사결정과정, 문제해결과정 등은 모두 집단 과업에서 매우 잘 기능한다.

B. 도전 : 집단 그 자체는 잘 기능하고 있으나, 개인 구성원은 특히 그들이 집에 돌아왔을 때 성공하는데 방해물에 직면한다. 나이 어린 구성원의 미성숙은

퇴소일이 다가오는 이들을 좌절시키고 있다.

집단 발달 단계를 확인하는 것은 사회복지사가 구조와 집단의 기능에 대해 더 많은 이해를 하며 집단에 반응하도록 한다. 그것은 또한 집단 기능에 정보에 근거한 반응을 제공해주는데, 이는 집단의 상호작용 과정을 강화시키는 수단이다.

사회체계로서 소집단을 이해하는 것은 집단 구성원으로서 효과적인 개입이나 다인 체계와 실천하는데 있어 필수적이다. 이것을 이해하는 것은 집단 내에서나 집단과 함께 실천을 할 때, 사회복지사의 상호작용과 개입에 지침이 된다.

소집단과 계획하기

소집단에 사용되는 계획에는 네 가지 방법이 있다. 이것은 (1) 새로운 집단을 위한 계획 (2) 각 집단 세션의 계획 (3) 집단세션 내 계획 (4) 집단 구성원에 의한 계획 기술의 발전과 사용 촉진하기 등을 포함한다. 이 마지막의 계획의 사용은 개인과 가족에서 사용된 것과 비슷하며 여기에서 반복되지 않을 것이다. 사회복지사는 소집단 경험을 계획하는 기술을 가르치고 목표, 목적, 과업의 성공적인 성취를 지지하기 위해 사용한다.

새로운 집단을 위한 계획

새로운 집단을 시작할 때 사회복지사는 수퍼바이저, 행정가, 다른 직원, 다른 기관과 일을 하고 잠재적인 구성원을 모집하는데 사용될 수 있는 계획과 프로포절을 체계화할 필요가 있다. 일반적으로 행정가와 수퍼바이저는 효율성과 효과성에 관심이 잇을 것이므로, 이러한 이슈는 언급되어야 한다. 다른 직원과 다른 기관은 왜 그들이 집단에 클라이언트를 의뢰하는지와 누가 적절할지에 관심이 있을 것이다. 잠재적인 집단 구성원은 그들이 참여로부터 무슨 이익을 기대할 수 있는지를 궁금해 할 것이다.

기관에 의해 전개되지만 않는다면, 프로포절을 만드는데 사용될 수 있는 형식이 많이 있다. 사회복지사는 왜, 누가, 무엇을, 어디에서, 왜, 어떻게의 질문에 필수적으로 대답해야 한다. "왜"의 질문은 집단의 목적과 참여자를 위한 잠재적인 이익에 대한 논의를 통하여 답을 얻는다. 프로포절은 누가 구성원이 될 지와 어떻게 그들이 모집될지의 기술이 포함되어야 한다. 회기 동안과 집단 과정 밖에서 무엇이 일어날지에 대한 기술을 포함해야 한다. 커리큘럼이 사용되어야 한다면, 내용의 목록과 회기의 샘플이 일반적으로 추가로 들어간다. 계획은 집단이 운영되는 장소와 시간, 회기의 지속 시간, 집단 종결 시기 등을 기술해야 한다. 필요한 자원과 어떻게 자원을 얻을지에 대한 기술이 있어야 한다. 이 자원의 비용이 예산 포맷에서 계산되어야 할 것이다. 모집 전단지나 편지의 예, 정보가 있는 동의 형식, 다른 자료 등이 포함되어야 한다. 덧붙여 집단의 평과 과정이 기술되어야 한다.

집단 세션을 위한 계획

집단 회기를 계획하는데 있어 사회복지사의 역할은 상당히 다양하다. 요소는 집단 구성원, 회기의 구조, 집단의 형태, 공동리더십 등을 포함한다. 나이 어린 구성원을 가진 집단이나 발달지연 혹은 심각한 손상(정신지체나 정신질환과 같은)을 가진 구성원들로 구성된 집단은 일반적으로 더 사회복지사로에게 계획이나 지도 등을 요구한다. 낮은 사회적 기능을 가진 구구성원들은 성공적인 임무 수행을 확실히 하기 위해 구조가 필요하다. 보통 회기는 토론과 활동을 이용함으로써 구조된다. 가장 일반적인 구조는 토론–활동–논의, 혹은 DAD이다. 사회복지사는 일주일 동안의 사건과 그 회기에서의 활동에 대한 토론을 이끈다. 집단은 활동에 참여한다. 이 활동은 어떤 이익과 매일의 생활에서의 사용을 포함한 활동 그 자체의 토론 다음에 온다. 다음 회기를 위한 계획이 또한 논의될 것이다.

성장과 기술개발 집단은 일반적으로 상당한 계획과 준비를 요구한다. 교육 집단은 사회복지사가 자주 교육자나 추천자 역할을 하기 때문에, 준비를 가장 많이 요구한다. 기술개발집단은 보통 사회복지사가 더 준비하는 등 구조된 활동을 가진 커리큘럼을 사용한다. 게다가 활동에 친숙하게 되기 위해, 사회복지사는 또한 지급물을 확실히 하고 참여를 촉진할 책임이 있다. 예방 집단은 종종 커리큘럼이나 구조화된 활동을 이용한다. 나이 든 청소년이나 성인의 지지 집단은 보통 덜 구조화되어 있다. 지지 지단 계획은 보통 정보, 강연자, 비디오, 유사한 자료 등과 같은 자원을 제공하는 것을 요구한다. 상담 집단은 가장 덜 구조화되어 있고 앞선 계획을 덜 요구하지만, 계획은 집단 과정 내에서 더 사용된다.

공동리더십을 사용하는데 있어 사회복지사는 각 회기 전후에 그들의 역할과 활동을 조정하여 서로 보완할 계획을 사용해야 한다. 사회복지사들은 서로 의견이 일치하고, 모순이나 혼란은 피한다. 일관성을 유지하는 것은 어렵지만, 집단 구성원들에게 복합적인 메시지를 보내는 것을 피하기 위해 중요하다.

집단 세션 내 계획

집단 회기 안에서 계획을 사용하는 것은 집단의 활동을 위한 계획에 참여하는 것을 포함할 수 있는데, 그 활동은 집단 회기 도중, 회기 사이, 혹은 미래의 정기적 회기 밖에서 발생할 것이다. 게다가 계획은 구성원들이 변화 과정, 의사결정, 혹은 문제 해결 등의 방법을 배우는 것을 도울 의도로 만들어진 집단 내에서 사용된다. 구성원들은 집단을 그들의 매일의 삶 속에서 변화를 가져오도록 만들어진 목표, 목적, 과업을 발전시키기 위해 사용한다. 집단 목표는 가족과 공통적이거나 공유된 목표와 유사하다(13장 참조). 개별적 목표는 10장에서 언급된 것들과 비슷하다.

잘 기능하는 구성원들과 DAD 구조를 사용하는 집단에서, 어느 토론 단계는 미래의 활동을 위한 계획을 포함할 수도 있다. 마지막 단계는 종종 다음 회기를 위한 계획을 포함한다. 그룹홈, 거주 프로그램, 기관 세팅 등에서 함께 사는 집단은 일반적으로 집단 회기를 세션 사이나 미래에 일어날 활동을 계획하기 위해 사용한다. 이러한 구성원들이 함께 살고 있기 때문에 그들은 또한 매일의 생활 활동을 관리하기 위해, 그리고 일어나는 문제를 해결하기 위해 집단을 이용할 필요가 있다. 변화 과정은 의사결정과 문제해결을 돕는데 사용된다. 계획은 이 활동에서 중요한 단계이다. 이러한 집단은 집단 활동과 지역사회 서비스 활동, 외부활동, 소풍 등과 같은 프로젝트를 오랜 시간 계획하는데 사용될 수 있다.

상담 집단에서 구성원들은 집단을 의사결정하고 문제를 해결하는 것을 돕기 위해 사용한다. 변화 과정은 이러한 활동을 촉진한다. 구성원들은 상황을 평가하고 계획을 세우는 것을 돕기 위해 집단을 이용한다. 집단은 계획을 수행하기 위해 지지를 제공한다. 그들이 의사소통하고 스스로 문제해결을 하는 과정과 서로가 함께하며, 구성원들은 미래를 위한 변화과정 사용의 지식과 기술을 얻는다.

소집단과 함께 하는 직접적인 실천 활동

다중클라이언트 체계로서 소집단 실천은 구성원이 집단 내 그들의 경험들로부터 최대의 이익을 얻는다는 것을 보증하는 동안, 사회복지사는 집단을 구조, 기능, 발전의 면에서 촉진한다는 것을 의미한다. 그러므로 집단실천은 집단으로서 자체를 유지하려는 집단의 욕구와 개별 구성원의 욕구의 균형을 맞추는 계속적인 과정이다. 개별 구성원의 욕구가 중요하므로, 11장에서 확인된 모든 직접 실천행동과 전략이 소집단 실천할 때 사용될 수 있다[그림 11-1, p.329 참조]. 게다가 8장에서 다루었던 상호작용기술은 집단실천에서 필수적이다. 마지막으로 13장에서 논의되었던 가족대상 직접 실천행동은 소집단과 또한 관련이 있다. 이것은 관계 형성, 변화 과정, 자원, 권한부여와 능력강화, 위기 해결, 지지, 행동, 중재 등과 관련된 행동을 포함한다. 실천행동은 계획 성취, 계획의 장애물 제거, 체계와 개별 구성원 모두의 기능 등을 촉진하기 위해 사용된다. 이 실천행동은 여기서 다시 반복되지 않을 것이지만, 학생은 앞서 나가기 전에 이 자료를 검토하고 그것들을 소집단에서의 실천에 포함해야 한다. 이 장은 집단 발전, 기능을 촉진하는 행동에 초점을 둘 것인데, 이 행동에는 (1) 집단 형성 촉진 (2) 토론 리더십 촉진 (3) 갈등 해결 (4) 집단 상호작용 강화 (5) 집단 발전 촉진 (6) 구조 집단 활동 등을 포함한다.

간접적인 실천행동은 집단에서 개인을 대신하거나 전체로서의 집단을 대신하여 필요로 할 것이다. 환경에 영향을 주거나 환경적 변화가 필요할 경우, 사회복지사는 그들의 이익에 따라 행동하는 집단을 지지하거나, 사회복지사가 선택한 행동에 집단을 포함하는 등의 모든 노력을 다할 것이다.

집단 형성을 촉진하기 위한 활동

사회복지사는 때때로 이미 형성된 체계나 집단을 대상으로 실천을 하지만, 가끔씩 집단을 형성할 필요가 있다. 사람들은 집단 구성원은 서로 알지 못할 것이라고 여긴다. 형성과정을 다루는 것은 집단이 그 목표를 다하기 위해 기능할 수 있을지 아닐지에 중요한 요인이 된다. 집단 형성에 네 가지 단계가 있다: (1) 집단 목적 세우기 (2) 구성원 선발하기 (3) 가망성이 있는 구성원과 첫 접촉하기 (4) 집단의 첫 모임 열기.

집단의 목적은 클라이언트의 요청이나 기관 직원의 결정에서 집단 전개를 통해 직면할 수 있는 욕구가 있다는 것이 밝혀질 수 있다. 집단을 형성하기 위한 몇 가지 이유는 다음과 같다 (1) 경험을 공유하는 것이 유익할 수 있는 비슷한 상황에 몇 명이 놓여 있을 때 (2) 집단이 '10대 시절 동안' 과 같이 개인들에게 미치는 영향이 클 때 (3) 변화의 표적이 새로운 지역사회 서비스의 전개 등과 같이 환경 속에 있을 때 (4) 자연집단이 존재할 때 (5) 다른 사람과의 관계를 향상시키기 위해 (6) 사회 고립을 경험하는 사람을 돕기 위해 집단은 실제 테스팅을 위해 사용되는 훌륭한 매개체인데, 왜냐하면 집단은 더 넓은 사회의 사회적 축소이기 때문이다. 집단이 공통의 목표나 목적이 존재하지 않을 때, 개인이 집단에 의해 압도되는 위험에 처해 있을 때, 단결하는 분위기를 만들어 가기 위한 공통점이 충분하지 않을 때, 환경이 집단 기능에 영향을 미치거나 목표에 도달하는 것을 방해할 때, 사회복지사는 시간을 아끼는데 익숙해서는 안 된다. 집단은 개인적 욕구, 집단 내부나 외부에서의 관계, 의사결정이나 과업 성취, 혹은 더 넓은 지역사회에서 변화를 위한 표적 등을 함께 실천할 수 있다.

집단이 기능하기 위해서 집단 구성원들은 약간의 공통점을 가져야 한다(어느 정도 목적과 기능은 공통점을 제공한다). 형성 과정 단계에서 사회복지사와 기관은 공통의 욕구를 확인하고 그 욕구를 장래 집단을 위한 목적으로 바꾼다. 사회복지사는 임시로 집단 목표를 세운다. 목적과 임시 목표에 기초해서, 사회복지사는 구성원을 선택하기 시작한다. 얼마나 많은 사람들이 집단에 있어야 하는지 고려 한다. 구성원이 상호작용 기술이 좋을 때 인원은 10명에서 12명 정도로, 모든 구성원들 사이에서 상호작용이 가능하도록 할 만큼 많아질 수 있다. 상호작용 능력이 거의 없는 클라이언트에게 집단의 크기는 5, 6명 정도로 제한되어야 한다.

집단 공통점은 어느 정도 미래의 구성원들이 서로 가지고 있는 관심에 기초를 둔다. 사람들은 다른 사람을 동경하고, 그들과 공통된 가치를 가지고, 그들을 존경하며, 어떤 방식으로 그들의 기능을 지지하기 때문에 그들에게 끌린다. 사람들은 자신과 비슷한 사람들에게서 대부분 편안함을 느낀다. 그러나 집단이 생산적이기 위해서는 구성원들이 충분한 차이점을 가지고 있어 각 집단 구성원이 독특한 기여를 할 수 있도록 하는 것이 필요하다. 사회복지사는 집단이 미래의 구성원들에게 관심을 끌기 위해서 얼마나 많은 공통점이 필요한지, 그리고 집단의 기능을 수행하기 위해 얼마나 많은 차이점이 필요한지를 결정해야 한다.

미래의 구성원을 선택하는데 있어서 사회복지사는 이러한 개인들이 집단에서 얼마나 잘 기능하는 것이 예상되는지와 그들의 기여가 무엇일지를 평가해야 한다. 미래의 구성원의 선택은 균형의 필요성과 이 구성원들의 개인적인 특징과 관련된 복합 요인에 기초한다.

집단 형성을 촉진하는데 있어, 사회복지사는 구성원의 다양성을 고려한다. 대부분 집단에서 다양한 배경을 가진 구성원들을 가지려고 하는 것이 일반적으로 가장 좋다. 한 구성원이 특별히 다른 배경을 가지기만 하면(집단에서 유일한 여성이거나 아프리칸 미국인인 것과 같이), 그 사람은 집단을 벗어난 것으로 느끼고, 집단을 떠날 위기에 있을 수 있다. 그러나 만약 같은 다양성을 나눌 수 있는 적어도 한 명의 다른 구성원이 있다면, 두 구성원이 그대로 있을 기회는 상당히 높아진다. 다양성에 관련된 집단 기능의 면에서 사회복지사는 구성원들 사이에 존재하는 차이점에 대해 개방적인 논의를 촉진하고, 집단이 차이점을 가진 다른 사람의 강점을 보고 어떻게 다양성이 그 집단을 강화할지를 깨닫도록 도와야 한다. 사회복지사는 모든 사람이 다양성에 가치를 두는 그의 관점을 공유한다고 추측해서는 안 된다. 그것은 사회에서 존재하는 편견은 또한 집단 내에서도 존재하는 것과 같다. 사회복지사의 역할은 집단 구성원들이 서로를 인간으로 여기도록 돕는 긍정적인 교환을 촉진하는 것이다. 공통점을 확인하는 것은 일반적으로 이 과정에서 첫 번째 단계이다. 구성원이 서로를 인간으로서의 가치를 인정할 수 있다면, 그들은 각 집단 구성원을 다양성을 가진 특별하고 개별적인 존재로 만드는 것이 무엇인지를 보기 시작할 수 있다. 유색인종, 여성, 동성애자, 비기독교인, 다양한 인종 집단 등을 향한 사회에서 편견이 주어질 때, 이 일은 매우 민감하므로 주의 있고 계획적으로 다루어져야 한다. 앞서 사회복지사가 능력의 수준을 집단 내 다양성에 대한 존중함을 가지고 발전했다면 가장 좋을 것이다. 이것은 선발 인터뷰 도중과 자기 사정과 몇 가지 조사를 함으로써 어느 정도 행해질 수 있다. 선발 인터뷰 도중 사회복지사는 미래의 구성원의 다양성에 관한 인식을 알기 위해 사실적인 질문을 사용한다. 집단 내에서, 사회복지사는 사실적인 질문의 사용과 다양성의 존중에 모델이 된다. 집단이 구성원들의 다양성에 대한 이해를 단합하여 할 수 있을 때, 구성원들은 서로에게서 많은 것을 배울 수 있고 집단은 자원으로서 끌어들일 수 있는 더욱 다양한 경험에 접근할 수 있을 것이다.

집단을 형성하는 다른 요소는 미래 집단 환경에서 나타나는 자원과 기대감이다. 이 요소는 집단에서 미래 구성원의 능력이 기능하는데 영향을 주고, 또한 집단이 기능할 수 있는 방식에도 영향을 준다.

사회복지사가 미래 구성원을 선택하는 과정을 다 완성했을 때, 다음단계는 각 사람과 초기 접촉이다. 초기 접촉 동안 사회복지사는 집단 목적과 그 사람이 집단 구성원이 되기를 고려하는 이유 등을 설명한다. 그들은 함께 집단이 어떻게 기능할지를 탐구하고 집단에 합류할 미래 구성원이 될지를 결정한다. 많은 방식에서 이 회기는 개별 클라이언트와 사회복지사의 초기 인터뷰와 비슷하다. 이 세션의 주요한 목적은 집단에 구성원이 참여하기 시작하는 것과 집단에 구성원을 적응하게 하는 것이다.

집단의 첫 모임은 집단 형성에 결정적이다. 집단 기능과 운영 방식은 다시 논의된다. 사회복지사는 구성원들이 집단에 합류하는 이유와 그들의 개인적인 목표를 집단에 관심을 가지고 나누는 것을 강화한다. 사회복지사는 구성원들 사이의 의사소통을 촉진하고 그들이 체계적인 집단 기준과 목표를 세우도록 돕는다. 집단은 집단의 기능을 수행하는 일을 시작한다. 모든 시도는 모든 구성원들에게 긍정적인 경험이 되기 위해 첫 회기에서 이루어진다.

적절한 집단 형성은 시간이 소모되지만, 적절히 이루어진다면 이후 시간을 절약하는 것이다. 그것은 집단 구성원들이 잘못 배치되는 기회를 줄이고, 구성원들이 집단 내에서 기능하도록 준비한다. 이 방법으로 집단 안에서 시간은 관련 없는 개별적 요구에 쓰이지 않고, 기능과 과업수행에 쓰일 수 있다.

집단이 진행되고 시간이 제한적이지 않을 때, 집단은 새로운 구성원을 어떻게 추가할지를 결정해야 한다. 지지집단과 자조집단 같은 개방 집단일 경우, 구성원은 언제든지 합류하거나 떠날 수 있다. 이러한 집단에서 특정한 구성원이나 구성원들은 누가 빨리 새로운 구성원을 집단의 기준에 적응시키고 그들을 집단에 소개하는 것을 도울 수 있는지 확인되어야 한다.

진행되고 있는 폐쇄 집단에서 새로운 구성원은 보통 누군가 집단을 떠날 때에만 추가된다. 사회복지사가 일반적으로 미래 구성원을 심사하는데 책임을 가진다. 자발적인 구성원을 가진 집단에서는 사회복지사가 새로운 구성원과 그 환경에 대해 묘사한 후 집단이 미래 구성원을 받을지 받지 않을지를 결정하는 책임을 가지거나, 사회복지사가 결정을 하는 책임을 가진다. 이 장의 앞선 사례 연구에서 그룹홈과 같은 비자발적 집단에서 기관의 직원은 접수과정을 통해 누구를 받아들일지를 결정한다. 사회복지사는 집단은 종결 문제를 해결했고, 새로운 구성원을 받을 준비가 되어 있다는 것을 확실히 해야 한다. 종결은 이 장의 나중에 더 상세히 논의될 것이다. 어떤 경우라도, 사회복지사는 집단 모임보다 새로운 구성원이 적응하게 할 것이고, 그 리고 나서 집단이 새로운 구성원이 출석하는 첫 번째 회기 중 오리엔테이션 과정을 이행하도록 촉진한다. 이 오리엔테이션은 소개, 집단 역할 논의, 참여에 있어 새로운 구성원에게서 기대되는 바를 논의 하는 것 등을 포함해야 한다. 새로운 구성원이 집단 과정에 참여하는 것을 촉진하기 위해 그 구성원과 처음 몇 회기에서 주어진 피드백에 관해 주기적인 확인이 이루어져야 한다.

토론 리더십을 촉진하기 위한 활동

토론은 집단에서 의사소통하는 수단이다. 사회복지사는 발전을 위한 토론하는 능력을 강화하는 업무를 집단에 리더십이 나타날 때까지 수행한다. 이 능력강화는 다음을 통해서 일어난다.

1. 분위기 조절 : 사회복지사는 물리적 분위기에 주의를 기울인다. 의자는 모든 구성원이 시선을 마주칠 수 있고 너무 가깝지도 너무 떨어져 있지도 않은 곳에 배치한다. 분위기는 따뜻하고, 친밀하며, 편안해야 한다.

2. 북돋우기 : 사회복지사는 생각을 공유하도록 격려한다. 사회복지사는 또한 집단 구성원들이 의견이 맞지 않는 것에 적대감을 가져오지 않도록 돕는다.

3. 상호 존중과 이해 격려하기 : 사회복지사는 구성원들이 그들의 공통점과 차이점을 이해하도록 돕는다. 차이가 있는 사람의 권리가 존중된다. 사회복지사는 모든 구성원들과 그들의 의견을 존중하는 것을 보여준다. 이 모델링은 종종 구성원들이 서로를 존중하도록 돕는다.

4. 과도한 의존 줄이기 : 사회복지사는 집단이 기능하는 방식을 발전하도록 격려한다. 사회복지사는 구성원들의 생각과 진실을 얻으려 하고 집단 구성원들이 필수적인 역할을 다하도록 돕는다.

5. 비참여자 이끌기 : 사회복지사는 토론에서 활동적이지 않은 구성원이 질문을 하거나 정보를 요청함으로써 기여하도록 돕는다.

6. 과도하게 공격적인 참여자 확인하기 : 사회복지사는 집단에 각 구성원이 참여할 기회를 가질 필요를 지적한다.

7. 집단이 목표와 욕구를 명확히 하고 언어화하도록 돕기 : 사회복지사는 집단 생각을 고무하고 집단이 의사결정을 하고 계획을 발전시키도록 돕는다.

8. 집단이 문제를 해결하도록 돕기 : 사회복지사는 이슈를 명확히 하고, 문제를 분석하고, 가능한 해결책을 발견하고 기술하며, 해결책을 평가하고, 결정한다. 또한 사회복지사는 집단이 방향에서 벗어났을 때, 집단이 초점을 잡고 적절하게 요약하도록 돕는다.

9. 집단이 구성원의 다양성을 인정하도록 돕기 : 사회복지사는 사실적인 질문을 사용하여 구성원들의 다양성을 적절히 탐구하도록 격려한다. 사회복지사는 집단이 다양성에 가치를 두는 것과, 각 구성원이 다양성으로부터 가지는 강점과 전체로서 집단에 가져오는 증가된 강점을 인정하는 것을 돕는다.

10. 집단이 갈등에 대처하도록 돕기 : 사회복지사는 갈등의 징후를 지적하고, 개인들이 시각과 상태 위치를 명확히 하도록 도우며, 공통점을 찾는다.

집단에 토론 리더십을 제공하면서, 사회복지사는 또한 그룹의 구성원들에게 그들의 리더십에 책임을 지는 방법을 가르치고 있다. 사회복지사는 집단이 구성원들의 일치나 의존에 대해 불필요한 압력에 놓이는 것을 피하도록 도울 필요가 있으며, 동시에 취약한 구성원에게 해롭고 비지지적인 반응을 허락하고, 독단적이고 말이 많은 구성원이 모든 주의를 받는 것에 관용한다. 집단 구성원이 어느 부분에서 책임을 질 수 있을 수 있을 때 바로 사회복지사는 토론 지도자가 집단 구성원들에서 쉬기 시작하도록 고무하고, 그러고 나서 능력강화 역할을 맡는다.

갈등을 해결하기 위한 활동

많은 사람들에게 갈등은 불안을 준다. 불일치는 싸움을 야기할 수 있다는 느낌이 있고, 제어되지 않는 싸움에 대한 두려움은 어느 정도는 갈등의 두려움을 설명한다. 다른 사람들은 갈등은 어떤 긍정적인 결과도 주지 못하므로 그것을 피하기 위해 노력해야 한다고 믿는다. 갈등은 제어되지 않은 싸움을 야기할 필요가 없다. 그것은 새로운 생각이 떠오르게 기능하는 새 방식으로 이끌 수 있다.

갈등은 다른 배경과 다른 경험을 하는 사람들이 서로 상호 작용할 때 기대된다. 소집단 안에서 갈등은 피해야 할 것이 아니라 관리되어야 한다. 집단의 과업과 기능이 무엇인지, 누가 역할을 할 것인지, 집단의 기준은 무엇인지 등에 대한 차이점은 논의되고 협의되어야 할 것이다. 협의는 모든 당사자가 갈등에 대해 그들의 관점과 갈등의 이유를 진술하는 과정이다. 이 관점은 어떤 사고하는 능력이 있는지, 그리고 당사자가 화해하려고 하는 어떤 부분이 있는지 등을 알기 위해 조사 된다; 그러고 나서 불일치를 중재하기 위한 시도가 이루어진다. 사고 의사소통은 종종 불일치의 일부가 된다. 각 관점은 보통 집단의 실천에 기여할 수 있는 무엇을 가지고 있다. 갈등은 피해야 하는 것이 아니라 오히려 개방적으로 가져와서 집단에 의해 다루어져야 한다.

다음은 갈등 해결에 도움이 되는 내용이다.

1. 갈등을 한 사람의 문제로서가 아니라 집단의 문제로 규정하라.
2. 모든 관점을 경청하고, 그들의 차이점뿐만 아니라 유사점도 찾으려 하라.
3. 모든 관점이 충분히 이해되도록 설명을 요구하라.
4. 이기고 지는(승자－패자)해결책은 피하라.
5. 갈등이 존재하게 되는 계기를 무시하지 말고 그것을 찾도록 하라.
6. 경쟁적인 분위기 보다는 협동적인 분위기를 갖도록 하라.

사회복지사는 사랑과 그들의 행동을 이해하는 기술을 가지고 있기 때문에, 집단이 갈등을 인식하도록 도울 수 있다. 갈등은 인식하는 것은 그것을 해결하는 첫 번째 단계이다.

갈등이 인식되지 않는다면, 갈등은 집단상호작용에 가장 파괴적인 것이 될 수 있다.

집단 상호작용을 강화하는 활동

사회복지사는 집단이 목표에 도달하고, 그 과업이나 기능을 수행하도록 하기 위해 특히 상호작용을 강화하는데 도움을 준다: (1) 구성원 관여 (2) 규범, 목표, 역할에 관한 의사결정 (3) 집단 토론 기술 (4) 모임을 구조화하기.

*구성원 관여*는 효과적으로 의사결정, 문제해결을 하는데 필수적이다. 집단의 분위기는 구성원 관여에 주요한 공헌을 한다. 이상적인 집단 분위기는 참여를 고무하고 우호적이며, 개별 구성원의 요구를 받아들이며, 이에 지지적이고, 민감하다. 집단 분위기는 효과성이 기대되는 것이고, 자기실현과 개혁이 장려된다. 포함과 신뢰를 강조

한다. 구성원들은 서로 협력하려고 한다. 이상적인 집단은 권위적인 힘을 가진 모습에 의존하기 보다는 구성원 사이에서 영향력과 힘을 고루 분배한다. 영향력과 힘은 구성원들의 지식과 기술에 달려 있다. 갈등은 억압되지 않고, 토론 과정에서 다루어져야 한다. 구성원들은 집단 실천에서 주기적인 평가에 참여한다.

관여와 관련한 까다로운 영역은 새로운 집단 구성원을 모임에 데리고 오는 것이다. 효율적인 집단은 조직적인 방법을 이용하여 새로운 구성원이 집단에 어떻게 기능할지, 목표가 무엇인지, 새로운 구성원에게 무엇이 기대될지를 이해하도록 한다. 새로운 구성원은 집단과 구성원들을 알아가는 시간이 필요하고, 집단은 새로운 구성원을 알아가는 시간이 필요하다.

효과적인 기능에 두 번째로 공헌을 하는 것은 *의사 결정 과정*이다. 기준, 목표, 역할에 대해서 의사 결정하는 동안 모든 구성원들이 과정에 참여하고, 가능할 때마다 합의에 도달하는 것이 중요하다. 모든 집단의 결정이 이 방식으로 되어야 하는 것은 아니다. 기준과 목표가 세워진 후 어떤 결정은 집단의 허락 하에 개인 구성원에 의해 내려질 수 있다.

기준을 세우는 과정은 **규범확립기**-명백한 기준에 의한 과정이나 행동이 명백하게 되는 기대되는 방식-으로 알려져 있다. 기준은 그들이 과업에 적절한지 알기 위해 조사된다. 정기적으로 기준은 그들의 유용성을 결정하는데 평가된다. 기준에서 필요에 따라 변화가 생긴다. 집단 기능에 가장 유용한 기준은 의사결정을 하는데 있어 인식을 받아들이고 집단의 개별성과 결속력을 지지하는 것이다. 다른 중요한 기준은 감정이 확실한 정보라는 것이다.

*집단의 발전*은 다른 공유된 책임이다. 목표는 명맥하고 집단 구성원에게 인정받아야 한다. 가능할 때마다 개인과 집단 목표 사이에 조화가 추구되어야 한다. 목표는 집단에 강요되어서는 안 된다. 목표가 우선순위가 되는 것은 도움이 된다.

*역할 정의*는 또한 전체 집단에 속한다. 어떤 구성원도 집단의 허락 없이 특정한 역할을 자동적으로 가져서는 안 된다. 메시지는 역할을 맡은 구성원들의 승인에 관해 모든 구성원들이 명백해야 한다. 역할이 넘치는 갈등-두 명 이상의 사람들이 같은 역할을 맡으려는 욕구-는 공공연하게 협의되고 대안이 찾아져야 한다. 타협은 역할갈등을 해결하는데 적절한 메커니즘이다. 어떤 사람도 역할 과중, 즉 필요한 역할에 비해 너무 많이 맡아서는 안 된다. 참여를 고무하는 한 가지 수단은 구성원들 사이에 역할

을 고루 분배하는 것이다. 역할이 어떻게 주어질지를 결정하는 주기적인 평가는 도움이 된다.

바람직한 집단 기능의 세 번째 특징은 집단 토론 기술이다. 집단 토론이 소집단인 것은 인터뷰가 일대일 행동 체계: 의사소통을 구조화하는 수단인 것과 같다. 집단 토론의 한 가지 정의는 "두 명 이상의 사람이 서로의 관념이나 신념, 혹은 문제에 대한 해결책의 상호 만족스러운 이해를 이루기 위해 서로 이야기를 나누는 것"이다. 협력적인 상호작용은 토론과 집단 과정에서 각자 개인의 주제에 대한 견해에 의해 영향을 받는다. 두 가지 요소가 바람직한 집단 논의에서 특히 중요하다: 훌륭한 의사소통과 집단 사고에 지침으로서 변화과정의 사용.

훌륭한 의사소통은 메시지를 주고 받는데 기술을 요구하고, 모두가 무엇이 일어나고 있는지를 알 수 있는 것이다. 아무도 대화를 독점하지 않는다. 피드백은 다음과 같다:

1. 평가하기보다는 기술하기
2. 일반화하기보다는 구체화하기
3. 참여하는 모든 사람의 욕구를 고려하기
4. 수신자가 조절하는 방향으로 이끌기
5. 적절한 시간대

집단 발전을 촉진하기 위한 활동

사회복지사가 관계가 없는 사람들의 집단과 실천을 할 때, 초점은 집단 상호작용에 있다. 체계는 형성되지 않았을 것이므로, 초기에 사회복지사가 상호작용에 참여하는 것은 집단 체계가 형성하는 것을 가능하게 한다. 다시 말해서 상호작용은 개인이 집단의 일부가 되고 집단에서 기능하도록 하는 것이다. 주요 초점은 집단-개인 구성원 상호작용이 아니라 집단 상호작용에 있다. 다시 말해서 사회복지사는 집단체계와 일을 하는 것이 아니라, 다른 개인들이 앞에 있는 개인들과 일을 하는 것이다.

사회복지사는 많은 방식으로 집단 과정에 영향을 주는데, 다음이 포함된다:

1. 수용 : 사회복지사는 개인 구성원의 감정, 태도, 생각, 행동을 받아들인다. 그

러한 수용을 통해서 다른 구성원들은 그들의 기여를 보고, 그들의 감정은 존중되는 것을 알고, 차이점은 인정하게 된다. 사회복지사에게 수용될 때, 집단 구성원은 집단 내에서 그들의 역할을 수행하기 위한 힘을 얻는다.

2. 관계 : 사회복지사는 각 구성원이 다른 구성원들과 관계를 가지고 상호작용 기술을 얻도록 돕는다. 사회복지사는 또한 관계를 구성원들이 그들의 공통점을 발견하는 것을 돕는데 사용한다.

3. 능력 강화와 지지 : 사회복지사는 구성원들의 자신을 인정하고, 자신을 표현하는 다른 사람들이 성취감을 가지고 집단의 활동과 의사결정에 스스로 참여하는 것을 돕는다. 또한 사회복지사는 집단과 그 구성원들이 그들의 집단 과정을 이해하고 그것이 수정되는 방법을 알도록 돕는다. 사회복지사는 사실과 집단이 기능하도록 하는 이해에 도움을 준다.

4. 행동제한 : 개인 구성원들의 행동이 그들이나 다른 사람에게 해가 되거나 재산이나 관계에 파괴적일 때, 사회복지사는 집단이나 개인 구성원이 그러한 행동을 제한하도록 돕는다.

5. 안내 : 사회복지사는 집단을 초점이나 임무를 유지하도록 돕는 것, 효과적인 의사결정을 가르치고 기술을 계획하는 것 등과 같이, 토론 과정에서 지침을 제공함으로써 돕는다. 사회복지사는 또한 과정 중에 활동과 집단 운동을 이끈다.

6. 경감 : 사회복지사는 집단 기능을 방해하는 긴장, 갈등, 두려움, 걱정거리, 죄책감을 경감시킨다.

7. 해석 : 사회복지사는 집단이 그들의 과업에 관하여 기관과 사회복지사의 기능을 이해하도록 돕는다. 사회복지사는 또한 감정의 의미 혹은 집단이나 구성원의 행동을 해석할 수 있다.

8. 관찰과 평가 : 사회복지사는 집단에서 무엇이 일어나고 왜 일어나는지 계속적으로 이해하려고 노력한다.

9. 계획과 준비 : 사회복지사는 집단이 기능하고 그 목적을 수행하도록 하는데 필요한 것에 따라 집단을 계획한다.

과정을 통해, 사회복지사는 집단 구성원들이 그들에게서, 그리고 생태체계에서의 강점을 확인하도록 돕는다. 사회복지사는 구성원들의 능력을 이 강점을 확인하는데 서로 돕도록 촉진한다. 그러므로 사회복지사의 역할은 어떤 면에서 구성원들이 서로 영향을 주어, 그들이 서로의 욕구를 충족시키도록 돕는 것이고 혹은 다른 면에서는 그들의 환경에 영향을 주어 집단과 개인의 욕구가 충족되도록 돕는 것이다. 집단을 그 과업을 수행하기 위한 체계로서 돕는 것은 다인 클라이언트체계에서 실천할 때 사회복지사가 초점을 두는 것이다.

사회복지사의 역할은 집단 발전 과정에 의해, 그리고 집단 구성원의 개별적 발전 과정에 의해 영향을 받는다. 오리엔테이션단계 동안 사회복지사는 집단에서 매우 활동적이다. 사회복지사는 집단 구성원이 그들의 욕구와 문제점을 나누도록 돕는다; 집단 구성원들이 집단 내에서 집단과 그들의 역할에 대해 결정하는 동안 거리를 유지하도록 한다. 편안하고 수용적인 분위기를 유지하기 위해 시도한다.

집단이 권위 단계로 넘어갈 때, 사회복지사는 구성원이 생각과 기능하는 방식에 도전하도록 한다. 사회복지사는 구성원이 갈등을 인식하고 다루는 것을 돕는다. 사회복지사는 집단과 구성원들이 함께 실천을 하기 위한 방법을 찾으려고 애쓸 때, 그들을 지지한다.

집단이 차이점을 협상하기 시작할 때, 사회복지사는 이 협상을 지지하고 집단이 갈등을 다루는 것을 계속해서 돕는다. 집단은 기준과 가치를 확인하고, 목표를 세우고, 역할을 협상하는데 도움을 받는다. 사회복지사는 감정과 생각을 명확히 한다.

기능 단계에서, 사회복지사는 집단이 가능한 독립적으로 기능하도록 한다. 사회복지사는 자원 제공자와 관찰자로서 서비스를 제공하고, 집단이 그 과정을 평가하도록 돕는다. 이 단계 동안 사회복지사의 집단의 과정과 실천에 대한 기여는 그 일을 함께 참여한 집단에 따라 무엇이 유용할지에 달려있다.

사회복지사가 분열의 시작을 느낄 때, 집단이 그 목적에 도움이 되는지에 따라 집단과 결정이 되어야 한다; 그러고 나서 도중에 분열이 일어나도록 하던지, 아니면 집단이 분열을 뒤바꾸도록 시도를 할 것이다.

결정이 뒤바꾸는 것으로 났을 때, 사회복지사의 역할은 집단이 분열의 이유를 결정하고, 기능의 적절한 단계로 집단을 회복하는데 필요한 단계를 밟도록 돕는 것이다. 변화 과정은 집단과 사용된다. 집단이 그 목적에 도움이 되었다면, 사회복지사는 집단이 무엇이 일어나고 있는지를 이해하도록 하며, 그들의 성취에 관해 좋게 느끼도록 돕는다.

집단을 구조화하는 활동

집단은 활동을 이용하여 기능이 가능하게 될 수 있다. 활동은 게임, 만들기, 다른 프로그램 자료 등과 같은 집단이 함께 하는 실천이 될 수 있거나, 구조화된 훈련이 될 수 있다. 사회복지사가 이 활동을 구조화 하는 방법은 집단의 발전에 영향을 줄 수 있다. 활동은 그 기능에 관해 결정하는 집단 데이터를 또한 제공할 수 있다. 구조의 다른 일부는 물리적인 능력과 시간, 모임의 장소를 사용하는 것이다.

다인 클라이언트와 실천할 때, 사회복지사는 네 가지 주요한 도구를 가진다: (1) 사회복지사와 그가 자신을 사용하는 방식 (2) 집단과정의 사용 (3) 의사소통의 수단으로서의 토론 (4) 구조와 활동. 이 도구의 사용을 통해 사회복지사는 집단이 기능하고, 과업을 수행하도록 하는데, 이것은 목표 성취를 이끈다.

일반주의 사회복지사의 상호작용의 레퍼토리는 일대일 상호작용뿐만 아니라 소집단과 실천하는 기술을 포함한다. 이 기술을 발전시키기 위해 사회복지사는 집단 과정의 지식과, 다인클라이언트 집단의 기능을 가능하게 하는 방법을 필요로 한다.

소집단 평가와 종결

개인과 가족과 함께 평가는 집단 실천 전반에 걸쳐서, 그리고 집단이나 개인 계획을 성취하는데서 일어난다. 평가 과정은 가족 실천과 유사한데, 사회복지사는 체계와 개별 구성원의 기능을 평가하는 것을 알아야 한다. 집단 발전의 단계는 가족 발전의 단계와는 다르기 때문에 체계를 평가하는 것은 다소 차이가 있다. 개인적인 평가는 가족과 같이 집단을 통해서 일어난다. 그러나 어떤 집단에서, 구성원들은 그들의 과업이 성취된 이후에 떠난다. 이 집단에서 과정과 계획의 성취에 대한 개별적 평가는 필수적이다. 모든 사람이 동시에 종결하는 시간제한적인 집단에서 사회복지사는 가족실천에서처럼 경험에 대한 피드백을 요구한다.

사례

그룹홈 내 비행청소년 집단의 세션 요약

1월 18일 : 오늘은 이전 구성원이었던 프랭크를 대신하는 딘드레의 집단 내 첫

날이었다. 딘드레가 모두를 처음 만났을 때, 집단은 그에게 왜 그들이 여기 왔고, 그들이 무엇을 하고 있으며, 프로그램 과정 중 그들은 어디에 있는지를 이야기하며 시간을 보냈다. 이 상황에 관하여 질문을 받았을 때, 그는 마약사무소에서 감시인으로 일을 한 것과 그와 다른 친구들이 어떻게 다른 사람의 차에 총을 쐈었는지를 자랑했다. 레지는 이것에 대해 그를 의심하며 딘드레에게 어디서 그 일이 생겼는지 물었다. 딘드레는 어떤 시간에 해야 하는지 상관하지 않았다고 말을 하며 거칠게 행동하려 하였다. 호세는 그에게 만약 그가 사람을 죽였다면 무엇이 일어났었겠는지 물었다. 딘드레는 그가 감옥에 있었어야 한다고 인정했다. 만약 그것이 그 사람이 가지고 있었던 20달러의 가치였었더라면 하고 레지에게 질문을 받았을 때, 딘드레는 매우 조용했다. 그는 나머지 회기에서 그렇게 많이 말을 하지 않았다. 집단은 잠간의 시간을 그들의 지난 지역사회서비스프로젝트를 논의하는데 보냈다. 그 프로젝트는 어떤 요양원과 발달장애 성인을 위한 센터에서 크리스마스 캐럴을 불렀던 것이다. 그들은 부활절에 지역의 요양원 중 한 곳에서 무엇을 하기를 원한다고 결심했고, 특히 날씨가 좋아질 때는 발달장애 성인에게도 하고 싶어했다.

소집단에서 성공적인 종결은 집단이 계속적인 집단인지 시간 제한적인 집단인지에 달려있다. 계속적인 집단의 경우에서 개인이 떠난다면, 개인은 양가감정을 가질 것이다. 그는 자신의 목표가 성취된 것에 좋은 감정을 가질 수도 있지만, 그를 도와준 사람들을 떠난다는 예상을 하면 슬플 수 있다. 집단이 응집력이 있었는지의 정도는 동맹과 지금 떠나는 소속감을 대표한다. 이것은 청년이 그가 독립했을 때 느끼는 것과 유사할 것이다. 개인에 의한 종결은 집단의 모든 사람들에게 언젠가 그들도 떠나거나, 집단이 종결할 것이라는 암시이다. 각 구성원들은 언제 그들에게 종결이 일어날지 궁금해 한다. 어떤 사람들은 그들의 목표를 성취하는데 더욱 박차를 가할 것이다. 다른 사람들은 예상을 하면 겁을 내거나, 두려움이나 불안감으로 퇴화하기도 할 것이다.

개인이 진행되는 집단을 떠나는 종결은 수료식, 수료증이나 어떤 의식을 포함할 수도 있다. 최소한 구성원은 그의 인사를 말할 수 있는 것이 필요하고, 그로 인해 그는 자신의 과업을 계속할 수 있다. 이것은 또한 집단이 다음에 올 새로운 구성원에 대한 준비를 하기 위해 필수적이다. 구성원들은 집단에서 그들의 종결을 끝내기 전에 두 세 회기를 더 하도록 격려 받을 수 있다. 만약 구성원들이 예고 없이 탈락되거나 갑자기 그들의 종결을 듣는다면, 남아있는 구성원들은 그들이 다시 다른 사람을 신뢰할 수 있거나 새로운 구성원에 대한 준비가 되기 전에 그들의 감정을 처리할 시간이 필요할 것이다.

시간 제한적인 집단에서 종결은 시작부터 마지막까지의 이슈이며, 구성원들은 이 사실에 근거해서 스스로 얼마나 많이 투자를 했는지 선택한다. 집단에 남아있는 사람들은 함께 종결을 경험할 것이다. 종종 축하의식이나 수료식이 이것을 기념하기 위해, 집단과 구성원의 성공을 강조하기 위해 계획되어야 한다. 어떤 집단에서 수료증은 적절할 것이다. 구성원들은 적어도 집단 경험에 관한 그들의 느낌을 표현할 기회는 주어져야 한다.

집단의 두 타입 모두에서 구성원들은 이른 탈락을 할 수 있다. 이 일이 일어날 때, 사회복지사는 그들이 집단에 돌아올 것인지를 알아보기 위해 그 구성원들에게 연락을 해야 한다. 사회복지사는 난관을 극복하는 것을 돕기 위하거나, 남아있는 구성원과 집단사이나 다른 구성원들 중 한 명의 문제를 협의하기 위해 요청될 수도 있다. 구성원이 돌아오는 것에 확신할 수 없거나 만약 돌아오는 것이 적절하지 않다면, 사회복지사는 대안 서비스를 준비해야 한다. 집단은 남아 있는 구성원들의 시간과 에너지를 투자했기 때문에, 그들은 사후 연락 이후 피드백이 필요하다.

요약

다인 상호작용은 중요한 일반주의 사회복지실천 활동이다. 다인상호작용에서 효과적이기 위해 사회복지사는 소집단을 사회체계로 이해해야 한다. 집단의 구조, 기능, 발전을 이해하는 것은 사회복지사에게 효과적인 상호작용의 방향을 준다. 집단의 목적은 집단의 본질에 영향을 주는데, 이것은 다른 사람들 사이에서 상담, 지지, 예방의 목적을 위한 집단을 포함한다. 집단의 사정에 두 가지 타입이 있다: 성과와 과정.

사회복지사는 과업을 수행하기 위해, 그리고 클라이언트에게 서비스를 주기 위해 소집단과 실천을 한다. 그들은 이 집단이 (1) 모든 집단 구성원이 집단에 참여하는 것 돕기 (2) 의사결정 과정 명확히 하기 (3) 토론 과정 북돋우기 (4) 집단 모임 구조화하기 등으로 기능하도록 한다.

일반주의 사회복지사는 체계를 기능하도록 하기 위해 다인클라이언트 대상으로 실천한다. 이것을 하면서 사회복지사는 집단이 집단토론 기술과 집단 기능을 촉진하기 위한 활동을 형성하고 사용하도록 돕는다. 사회복지사가 소집단과 실천하는데 사용한 직접 실천행동은 자기 자신, 집단 과정, 토론, 활동 등이다.

계획하는 것과 종결하고 평가하는 것은 집단 실천의 시작과 마지막에 중요한 과정이다.

학습질문

1. 소집단 연구의 개요를 사용하며, 당신이 참여했던 집단을 기술하라. 이것은 당신이 그 집단에서 무엇이 일어났었는지를 이해하는데 어떤 도움을 주는가?
2. 당신이 현재 속해있는 집단에 대하여 생각해보라. 그 집단이 더 효과적으로 기능하기 위해 당신이 할 수 있는 것이 무엇이라고 생각하는가?
3. 당신과 친밀한 집단에서 갈등 상황을 확인하라. 갈등의 원인은 무엇이었는가? 집단은 갈등을 어떻게 다루었는가? 갈등을 다루는데 더 좋은 법이 있었을까?
4. 당신은 기관 행정가에게 훌륭한 집단 형성을 위해 필요한 시간을 어떻게 정당화시킬 것인가?

제15장 일반주의 사회복지실천 : 조직, 지역사회

학습목표

1. 일반주의 사회복지실천에서 조직 및 지역사회와 함께 일해야 할 필요성 이해
2. 집단 구성원으로서 사회복지사의 역할 이해
3. 조직과 지역사회에서 변화를 가져오는 과업 집단 활용 이해 습득
4. 조직과 지역사회에서 나타나는 변화 과정
5. 지역사회 조직 실천의 다양한 방법 습득

이 장에서는 거시 체계와 함께하는 일반주의 사회복지 실천에서의 변화 과정을 다룬다. 변화를 가져오기 위해 BSW 수준의 사회복지사에게 조직이나 지역사회와 직접적으로 일할 것을 요청하는 경우는 드물다. 그러나 사회복지사가 기관의 구성원으로 또 지역사회 과업집단의 참여자로 변화과정에 참여하는 것은 매우 일반적이다. 사회복지사가 이러한 활동에 참여할 때 그는 서비스와 자원이 필요한 클라이언트의 편에서 활동한다. 사회복지사는 집단활동 및 사정, 계획, 직접적 · 간접적 실천활동, 평가시에 사용하는 자신의 지식과 기술로 조직 및 지역사회의 변화과정을 가져온다.

이 장의 첫 부분에서는 거시적인 실천과 사회정의를 논할 것이다. 이는 거시적인 실천 행동을 통하여 차별과 억압의 위기에서 사람들을 역량강화하는 것이 중요하다는 것으로 연결된다. 욕구사정, 프로그램 계획과 자원개발, 조직 내부 변화, 집단구성원으로서의 사회복지사에 대한 논의들이 전개된다. 지역사회 변화 행동은 영향력을 행사하는 것, 옹호전개, 지역사회 실천을 포함한다.

거시적 실천과 사회정의

일반주의 사회복지실천은 클라이언트 체계의 변화를 초래하기 위해 조직과 지역사회와 함께 활동하는 것을 포함한다. 이것은 차별과 억압의 위기에 있는 클라이언트를 대상으로 하는 사회복지실천의 중요한 양상이다. 현재의 그리고 과거의 역사적인 태도와 행동들은 이러한 집단이 정치적, 경제적, 사회적 권력에 근접하여 동등하고자 하는 것을 부정했다. 대부분의 차별 형태는 불법적임에도 불구하고 장벽은 여전히 존재하고 편견은 미국사회에 깊게 배어있는 듯하다. 개인이나 가족 그리고 인접 환경에 유일하게 초점을 맞추는 이러한 집단에 대한 실천은 진정한 변화를 가져올 수 없을지도 모른다.

사회복지의 가장 중요한 가치는 사람들이 사회적으로 수용되는 방법내에서 사회적으로 수용되는 욕구를 가질 권리이다. 만약 사람들이 어떤 권리를 포기하여 모든 사람의 권리를 보장할 것으로 기대된다면 그들은 자신의 권리가 또한 존중받도록 기대할 권리를 가진다. 정당한 사회는 모든 사람이 정치적, 경제적 사회적 이득에 참여할 동등한 권리를 가지는 곳이다. NASW윤리강령에서 제시된 중요한 윤리적 원칙은"사회복지사는 사회적 불공평에 도전한다"는 것이다[그림 3-1, p,68 참고]. 대부분은 클라이언트가 서비스나 자원에서 거부될 때 그들을 위한 옹호의 형태를 취한다. 그것은 또한 이 장의 뒷부분에서 논의될 옹호활동과 사회행동 조직화에서 구체화 될 것이다.

편견 및 차별과 싸우는 것은 용기를 필요로 한다. 사회복지사로서 우리는 참을 수 없는 것을 참지 않을 것이라는 태도를 가져야 한다. 우리는 옳고 정당한 것을 지지해야 한다. 그러나 사회복지사가 단지 사회적 불공평이 일어날 때만 활동한다는 충분하지 않다. 조직 그리고 지역사회 실천에서 예방적 접근 또한 필요하다. 사회복지사는 특히 여성, 유색인종, 동성애자, 그 외 억압받는 집단의 기회를 향상시키기 위해 자신의 조직, 그외 조직, 지역사회에서 변화를 일으킬 기회를 지속적으로 알고 있어야 한다. 우리는 시민 모두를 위한 공정한 치료를 추진함에 있어 신념의 용기를 가져야 한다. 사회복지사는 기관, 인간서비스망, 지역사회에서 요구되는 변화를 가져오기 위해 클라이언트를 위한 기술을 사용한다. 그들은 욕구를 사정하고 프로그램을 계획하며 자원 개발을 돕고 모든 사람에게 동등한 기회를 보증할 변화를 가져오기 위해 행동한다. 그들은 자신을 위해 말할 수 없는 사람들을 대변한다. 그들은 자신의 힘을 느끼거나 경험할 수 없는 사람들을 역량강화하고 유능감을 갖게 한다. 그들은 이러한 변화를 지지하기 위해 영향력을 행사한다. 그렇게 활동함에 있어서 그들은 주 차원이나 국가 차원 모두에서 전문가 조직을 지지한다.

욕구사정

지역사회와 지역사회 자원에 대한 사정, 집단 또는 상황 내 클라이언트에 대한 사정을 할 때 필요한 자원이 사용가능하지 않는 현실에 직면할 수 있다. 사회복지사는 필요한 자원을 개발하기 위해 활동할 책임을 가진다. 첫 번째 단계 중 하나는 **욕구를 사정**하는 것이다. 자원제공의 원천은 욕구의 본질과 영역에 관련된 어떤 자료를 요구하고 이는 새로운 프로젝트나 프로그램을 지지하기 전에 수집되어야 한다. 어떤 정부 자금모금 기관과 인가된 기관은 프로그램의 진행사항 중 재검토의 일부로서 욕구사정을 요구한다. 욕구사정은 기관, 기관의 집단 또는 지역사회 집단에 의해 수행될 수 있다.

사정은 여러 방식으로 수행될 수 있다. 첫째, 서비스에 대한 일반적인 견해나 서비스를 위한 욕구는 서비스 제공자, 소비자, 지역사회 영향력을 미치는 사람들과 같이 지역사회의 다양한 부분에서 얻을 수 있다. 이러한 정보수집에서 중요한 문제는 그것이 견해를 대표하는 것이지 요지부동한 사실은 아니라는 것이다. 그러나 이러한 메커니즘은 이 수단 이외에는 얻을 수 없는 정보를 제공할 수 있다. 그것은 문제의 완벽한 형상을 포착하는 사정도구를 계획하는 예비단계일 수 있고 사정에서 지역사회를 포함하기 위해 사용될 수 있다.

욕구사정을 위한 두 번째 메카니즘은 서비스의 현재 사용자들을 조사하는 것이다. 자주 전문가들은 내가 필요로 한다(I need)는 시각이 그들이 필요로 한다(they need)는 시각만큼 중요하다는 것을 잊는다. 욕구사정에서 사용자를 포함시키는 것은 서비스의 계획시에 중요한 정보를 얻을 수 있다. 그러나 사용자들이 자신들의 욕구를 명료화하는 것이 언제나 가능한 것은 아닌데 메커니즘이 욕구의 완전한 형상을 제공하지 않을 수 있기 때문이다. 예를 들어 노인은 욕구를 인정하는데 어느 정도 어려움을 가질 수 있다. 그들은 한계의 인정이 자신들을 요양원으로 강제 입주시키거나 그들이 피하고 싶은 방식으로 노화과정과 씨름하게 할 것이라고 느낄지도 모른다.

욕구를 판단하는 다른 메커니즘은 통계자료의 사용을 통해서이다. 예를 들어 지역사회에 노인 또는 빈곤선 이하의 사람들이 많다면(비슷한 지역사회와 비교하여) 해결하지 못할 욕구가 있을 가능성이 있다. 사회복지사는 통계자료를 사용하는데 주의해야 하는데 이러한 메커니즘의 사용이 후에 사실에 근거를 두지 않음을 증명하는 가정을 이끌지도 모른다.

보통 욕구 사정을 계획할 때 자료를 수집할 수 있는 여러 가지 방법들을 사용하는 것이 바람직하다. 욕구는 서비스에서의 갭, 서비스의 잉여분, 다양한 집단 사람들의 서비스 이용가능성, 필요한 사람들에 대한 서비스의 접근성, 그리고 서비스의 유용성(다양한 집단에게 사용될 수 있는 틀 내에서 제공되는가?)을 통해 욕구가 인식될 수 있다.

욕구 사정 도구를 계획하기 전에 지역사회, 욕구의 영역, 표적화 된 인구와 완전하게 익숙해지는 것이 중요하다. 지역사회 학습을 위한 도식이 7장에서 표시되었다[표 7-1, p.184의 참고]. 사정을 계획할 때 지역사회에 영향력이 있는 사람들이나 지역사회 조직체를 포함하는 것은 또한 매우 도움이 된다. 이러한 사람들은 사정을 위한 욕구를 해석하고 그것에 지역사회의 재가를 제공하고 그리고 그것을 만들기 위한 투입을 제공하도록 도울 수 있다; 이것은 지역사회에 수용가능 한 사정을 하게할 것이고 결과적으로 정확한 반응을 할 가능성을 더 증대시킨다. 지역사회 학습에 중요한 다른 사회체계들은 물론 가능한 자료의 출처 또한 확인될 필요가 있다. 후자의 범주는 인구사회학적 통계프로필, 중요한 정보제공자(문제를 경험하는 사람들과 직접적으로 접촉하는 사람들), 서비스의 소비자, 어려움을 경험하는 사람들 또는 잠재가능성을 가진 사람들, 그리고 일반적인 대중을 포함한다. 관심사와 욕구의 예비적 언급은 이 단계에서 전개되어야 하고 관심사나 욕구 그리고 잠재적 자원에 대한 가정이 언급되어야 한다.

필요한 배경 정보가 수집될 때 사회복지사는 욕구사정 설계를 시작해야 한다. 필요한 자료, 그 정보를 가장 잘 제공할 수 있는 사람들, 그리고 정보를 수집하는데 가장 적당한 방법에 대해 결정해야 한다. 정보는 직접 대면하여, 전화 인터뷰로, 질문지를 통해, 또는 기관이나 인구조사 같은 기존 자료 기록을 통해 수집될 수 있다. 일반적으로 각 응답자에게서 같은 정보를 수집할 수 있도록 돕는 도구를 개발해야 한다. 조사되는 정보는 인종, 성, 연령, 결혼 상태, 교육수준, 지역사회 거주기간 같은 인구학적 요소, 인식된 문제들; 서비스에 대한 정보를 어디서 얻는가; 도움의 탐색을 방해하는 요소; 그리고 필요한 서비스 등을 포함할 수 있다. 욕구사정계획의 개발은 상황에 따라 그것을 개별화 할 수 있는 창조성을 요구한다.

욕구사정계획이 개발됨에 따라 두 가지 다른 영역이 주목될 필요가 있다. 첫 번째는 홍보활동의 전개이다. 사람들이 정확한 정보를 제공할 수 있다면 사정과 그 목적에 대해 대중적으로 알리는 것이 필요하다. 홍보활동은 소식 공개, TV와 라디오 방송, 포스터, 회합과 지역 활동에서의 발표를 포함할 수 있다. 홍보에는 욕구사정의 전개에 관계되었던 지역사회 구성원들을 이용할 수 있다. 이러한 사람들에게는 재가를 줄 수 있고 그 노력을 믿을 수 있다. 욕구사정을 고려할 때 조사 시간을 고려하는 것이 중요하다. 사회복지사는 지역사회에서 일어나는 일을 알고 적당한 시간 내에 사정을 계획해야 한다.

또 다른 고려할 사항은 획득한 정보의 비밀보장과 관련되거나 또는 인권과 관계있는 것이다. 모든 광고는 정보가 어떻게 사용될지 그리고 비밀을 어떻게 보장할지를 지적해야 한다. 인터뷰를 하는 사람들은 비밀보장 이슈에서 뿐만 아니라 인터뷰를 어떻게 실행할지에 대해 훈련받아야 한다. 사정하는 동안 만나게 될 사람들을 대표할 수 많은 작은 표본의 사람들에게 도구(설문지)를 먼저 시험해보는 것이 도움이 된다. 이러한 테스트 사례는 계획가로 하여금 문제가 있고 잘못 해석되거나 응답하기 어려운 질문에 주의하도록 한다. 이러한 도움은 사정의 결과가 정확할 것임을 보증한다. 정보의 평가와 해석은 사정계획의 일부이고 특별한 정보와 관련된다. 일단 이러한 과정이 행해졌으면 사정에 참여한 사람들과 함께 결과물을 공유하는 것이 중요하다. 욕구 사정이 적절히 수행된다면 이는 개인과 가족의 욕구를 만족시키는 것과 관련된 과정이며 중요한 일부분이다.

사례

샐리, 존은 인구의 약 18%가 65세 이상인 지역에 있는 공공 사회서비스 기관에서 성인을 대상으로 서비스를 제공하는 사회복지사이다. 기관은 이런 나이든 사람들의 해결되지 않은 욕구에 관심을 가지고 그러한 욕구를 발견하고 그것을 만족시키는 자원을 개발하기 위해 함께 활동하는 사회복지사와 지역사회를 포함하는 프로그램을 개발해왔다.

샐리는 이 지역과 함께 약 1년 동안 일해오고 있는데 그 지역은 약 5,000명의 인구가 있다. 그녀는 이미 매우 완벽하게 지역사회에 대해 학습했다[표 7-1 p.184

의 참조]. 그녀는 이 지역사회가 욕구를 확인하고 노인들을 위한 책임을 받아들이는지의 여부를 발견하는 것이 불가능함을 안다. 그녀는 지역사회의 프로젝트에 관심이 있는 활동적인 노인 센터와 여러 개의 매우 활동적인 여성들의 교회집단이 있음을 발견해왔다. 샐리가 이 지역사회에서 살지 않기 때문에 지역사회로부터 프로젝트를 위한 재가를 받는 것이 필요하다.

첫 단계로 샐리는 노인센터 대표와 3개의 교회 여성 집단 대표와 약속하였다. 그녀는 이러한 대표들이 관계되는 것을 알았고 그들이 욕구를 파악하기 위해 공식적 또는 체계적인 수단들을 결코 생각하지 않았음을 알았다. 샐리는 그 후 공식적인 욕구 사정에 대한 생각을 소개했다. 그녀는 사정하는 것에 대해 주 정부로부터의 몇 가지 지침을 가지고 있다. 그녀는 또한 다른 유사한 지역사회가 그들의 욕구 사정의 결과로서 행해왔던 것에 대한 어느 정도의 정보를 가지고 있고, 각각의 인터뷰에서 결과물들을 공유하였다. 그녀는 지역사회가 그러한 과정으로부터 이익을 얻을 수 있다는 신념을 이야기하고 각자가 대표하는 조직이 도울 의지가 있는지를 물었다. 샐리는 단지 한 조직과 일해 왔지만 그녀는 지역사회의 프로젝트에 대한 계획이 욕구 사정에 기반하여 발달된다면 광범위한 지역사회조직을 기반으로 하는 것이 중요할 것이라는 것을 알고 있다. 그녀는 욕구 사정에서 여러 집단을 관여시키는 것을 포함하여 이러한 광범위한 기반을 초기 과정에서 설립하는 것이 발달된 서비스의 기회를 증가시킬 것이라고 믿는다.

집단지도자들은 너무 많은 시간이 걸리지 않는다면 관심을 보인다. 주정부로부터의 지침은 노인을 위한 100대의 전화와 일반대중을 위한 100대의 전화가 필요한 정보를 제공한다고 지적한다. 그녀는 각자가 2주 동안 10건의 전화만 할 수 있도록 각 조직으로부터 5명씩 총 20명의 자원봉사자를 희망한다. 그녀는 또한 노인센터의 대표에게 자신이 그 집단의 무작위 표집을 위해 전화번호부 책에서 60세 이상의 사람들을 확인할 수 있도록 도움이 필요함을 이야기한다. 대표는 그들이 2주 안에 만나 샐리에게 와서 그 프로젝트에 대해 이야기 할 것을 부탁한다.

첫 번째 교회집단 대표는 집단구성원들과 그 프로젝트를 논의하고 샐리에게 응답한다. 그녀는 이것을 한 달 내에 수행하고 그들이 도울 준비가 되었음을 말한다. 두 번째 교회집단 대표는 그녀가 주임목사에게 말해야 하고 그가 그 프로젝트를 승인할지를 알아서 샐리에게 응답할 것이라고 말한다. 그녀는 결코 실행하지 않았으며 샐리가 전화할 때 매우 회피했다. 샐리는 그 프로젝트에 합류하기를 희망하는 지역사회의 다른 집단 구성원 10명을 발견했기 때문에 이 집단을 설득하지 않았다. 세 번째 교회집단 대표는 그 집단이 자신들의 프로젝트로 너무 바빠 지금 당장 도울 수는 없지만 그 결과에 대해 알기를 원한다고 말했다.

이러한 사정을 위한 설계는 주 정부에서 개발되었다. 전화 걸기는 일반적인 지역사회의 무작위표본수집에서, 지역사회의 60세 이상의 사람들에게 수행된다; 도구는 각 집단에서 사용하기 위해 만들었다. 지역사회 표본은 5개 분야–외로움과 소외, 가정을 돌보는 능력, 영양, 교통, 일상생활 활동–와 관련 지역사회에 있는 욕구에 대한 견해를 물어보는 것이다. 60세 이상의 노인들은 이러한 분야에서 욕구에 대해 질문을 받았다. 응답자들은 또한 나이, 30마일 내에 가족이 사는지의 여부, 어떻게 그들이 건강을 평가하는지에 대한 것을 질문 받았다. 일단 조사가 끝나면 그 자료들은 컴퓨터 도표화를 위해 주 정부로 보낸다.

샐리는 이 절차를 자원봉사자 집단과 함께 검토했고 이 지역사회에 사는 사람들에게 어떤 다른 독특한 질문을 추가해야 할지를 질문하였다. 그녀는 이러한 사정이 그들 자신의 마을을 이해하기 위한 시도이고 그것이 자신들이 알기 원하는 내용을 반영할 필요가 있음을 설명한다. 그녀는 그들이 수집한 자료 중 주정부의 분석에 적절하지 않은 어떤 데이터는 그녀와 자원봉사자들에 의해 제거될 것임을 말했다

지역사회 집단이 필요로 하는 자원봉사자가 확보되고 조사를 위한 자료가 확정되었을 때 샐리는 공공 캠페인을 시작했다. 이 공공 캠페인은 곧 시행할 서베이와 그 목적을 지역사회에 알리기 위해 계획되었다. 정보의 사용과 관련하여 개인응답의 비밀보장과 결과물이 지역의 주간신문과 회의에서 소식공개를 통하여 지역사회에 공개될 방법에 대해 신중하게 토의되었다. 공공 캠페인은 또한 다양한 조직체의 만남에서 설명된다.

모든 지역사회 응답자들이 확인되었을 때 노인은 지역사회에서 60세 이상이라는 신원확인을 했고 샐리가 무작위 표본에게 전화했을 때, 자원봉사자들과의 만남이 시작되었다. 이 만남에서 샐리는 전화방문 중 자료수집에 사용되는 도구들을 건네주었다. 그녀는 전화 자원봉사자들이 욕구나 현존 서비스에 대해 응답자들이 묻는 어떤 말이나 질문도 메모할 것을 제안했다. 그녀는 양식이 주정부에 도표화를 위해 보내진 후 그들은 함께 응답자들의 경험과 말과 질문들에 대해 논의할 수 있었다고 집단에게 말했다. 그녀는 이 정보가 지역사회와 노인은 물론 조사의 질문에 응답한 사람들의 추가적인 욕구를 반영할지 모른다는 점에 주목했다. 그녀는 신중하게 모든 세부사항을 검토하고 얻은 정보의 비밀보장을 강조했다. 그녀는 일어날 수 있는 다양한 상황들을 어떻게 조정할지 논의하고 전화방문의 역할극에서 집단을 연습시켰다.

각 자원봉사자들은 그리고 나서 그들이 첫 10통의 전화를 끝낼 수 없는 경우 3가지 대안들을 가지고 10명의 명단이 배부되었다. 샐리는 2주 기간동안 모든 전화를 끝낼 필요성을 강조했다. 그녀는 자원봉사자들에게 어떤 문제가 생기면 반드시 그녀에게 연락할 것을 당부했고 그녀는 주말에 그들을 체크하고 2주 후에 그들의

양식을 수거했다. 샐리의 철저한 지역사회에 대한 지식과 신중한 지역사회 리더와 자원봉사자들과의 공동 계획의 결과 2주 후 5건의 전화를 제외하고는 모두 마쳤다. 2명의 자원봉사자들은 한 명의 자원봉사자가 예기치 않은 가족스트레스 때문에 끝낼 수 없었던 남은 전화를 끝내는데 동의했다. 주 정부에 분석을 위해 자료를 보낸지 한 달 후, 샐리는 결과를 받았다. 샐리는 자료의 진실한 의미가 이러한 특정 지역사회의 맥락 안에서 판단되어야 함을 알았다. 그녀는 자원봉사자와 클럽 사무원들이 진정한 이 지역의 전문가임을 알았다. 따라서 그녀는 노인들의 충족되지 않은 욕구를 판단하고 그러한 욕구에 대해 무슨 일을 할지 결정하기 위한 자료 분석을 하기 위해 관련있는 사람들과의 만남을 요청했다.

프로그램 계획과 자원개발

조직 또는 지역사회 수준에서의 계획은 일반적으로 어떤 종류의 과업집단을 포함한다. 계획과정은 상당한 시간을 필요로 한다. 소집단에서와 마찬가지로 집단의 목적과 관련된 포괄적이고 공통된 목적을 세우는 것이 중요하다. 본래 공통목적은 매우 넓은 의미에서 언급될 수 있다. 그러나 해결이라는 식으로 목적을 언급하지 않도록 주의해야 한다. 과업집단은 보통 성과를 위해 많은 투자를 하는 조직의 일부나 대표자들로 구성된다. 예를 들어 청소년 갱 집단에 대한 지역사회 과업은 법 시행, 청소년 법정, 학교, 약물남용기관, 그리고 청소년 조직으로부터 대표자를 구성하기 쉽다. 이들 각각은 문제에 대한 자신의 관점을 가지며 그러한 관점과 관련된 해결책에 투자한다. 보통 해결은 그러한 특별한 조직을 위한 더 많은 자원에 대한 욕구이거나 다른 조직의 하나로부터 다른 반응을 위한 욕구로 연결된다. 따라서 법 시행은 청소년 무법자가 되지 않게 하는 경찰관이나 법관이 충분하지 않다는 것과 관련지어 문제를 보기 쉽다. 청소년 법정은 더 많은 법원 사회복지사 배치를 위해 돈이 더 많이 필요한 것으로 문제를 볼 수 있다. 학교는 학교에서의 새로운 프로그램 또는 학교 무단 결석자에게 엄격한 법정에 대한 욕구로 목적을 설정할 수 있다. 약물 남용기관과 청소년 단체는 약물남용을 다루고 어린 사람들이 거리를 떠나게 하기 위한 프로그램이 더 많아야 한다는 욕구로 보기 쉽다. 지역사회 대응을 포함하는 공통목적을 만드는 것이 이러한 집단들이 함께 유지시킬 수 있는 열쇠이다. 예를 들면 집단이 갱 구성원을 반으로 감축시키는 지역사회목적을 채택하도록 촉구할 수 있다. 이러한 목적을 달성하기 위해 각 조직들은 그 일부를 실행하고 공동노력을 할 필요가 있다.

사회복지사들은 때로 상대적으로 재정적 비용이 적게 드는 그리고 창조적인 자원들을 가동시키기 위해 프로그램을 계획한다. 이 범주에 해당되는 두 가지 자원들은 자원봉사자와 자조집단들이다.

프로그램 개발은 10장에서 전개된 계획 과정을 사용한다. 계획이 개발됨에 따라 계획에 대한 지지를 끌어낼 수단에 관심을 기울여야 한다. 지지는(사회복지사와 행정가 모두와) 관련된 기관들뿐 아니라 지역으로부터 획득되어야 한다. 지역사회 자원을 요구하는 대부분의 프로그램은 지역사회 지지 없이 개발되기 어렵다.

보통 새로운 프로그램을 개발할 때 작은 것으로 시작하거나 프로그램으로부터 이득을 얻을 인구집단의 일부만을 돕는 것이 현명하다. 성공의 기회가 가장 큰 인구집단의 일부를 대상으로 시작하는 것이 또한 바람직하다. 이러한 방식으로 한다면 계획에서 결점을 찾아서 수정하기가 더 쉽다. 기억해야 할 또 다른 점은 대중적인 일과 관계있는 작은 프로그램에 대한 지지를 얻는 것이 더 쉽다는 것이다.

Jack Rothman, John Erlich, Joseph Teresa는 기관에서 개혁을 추진하는 것을 논의했다. 이러한 생각은 새로운 지역사회 프로그램들과 관련될 수 있다. 그들은 "개혁의 보급"대한 문헌에서 작은 것에서 시작하고 또한 사용확대를 계획하기 전에 새로운 프로그램을 증명하는 것이 바람직하다고 지지한 것을 지적했다. 다음 3가지 지침들이 새로운 자원을 개발하거나 동기화하는 프로그램을 계획할 때 유용하다.

1. 좋은 관계를 개발하고 의지하라
2. 프로그램 개발을 위한 목적과 계획을 명확히 하라
3. 프로그램에 유용할 수 있는 자원들을 현실화 하라

프로그램 계획은 기존의 기관 구조 안에서 또는 지역사회에서 발생할 수 있다. 만약 프로그램이 기존의 기관 구조 내에서 기능하게 된다면 기관의 관료와 직원의 지지와 관여가 중요하다. 프로그램이 지역사회 기반에서 개발된다면 지역사회 구성원들이 그 기능을 위한 우선적인 책임을 가질 것이다. 이러한 사람들은 가능한 초기에 계획에 관여될 필요가 있다. 보통 첫 단계로 여러 가지 지역사회 영향력들을 가지고 제안된 계획들을 논의하는 것이 중요하다. 이러한 논의는 사회복지사에게 계획시에 대해 필요한 정보를 제공할 것이다. 그것은 또한 프로젝트에 대한 지지를 얻을 때 이러한 중요한 사람들을 관여시킨다. 사회복지사는 합당한 지도자를 찾아 동기화시킬 수 있다. 그리고 나서 사회복지사는 지도자에게 회합 장소에 대한 정리, 회합의 세부사항에 관심 갖기, 그리고 회합 후에 지도자와 평가하기 등을 통해 회합에 대비하여 지도자를 준비시킨다.

프로그램을 개발하는 것으로 결정된다면, 조직에 따라 필요한 활동을 결정해야 한다. 이것은 공급 부서나 계획 위원회가 될 수 있고 또한 그 과정에 지역사회 사람들의 적절한 관여가 잇따라야 한다. 이 집단은 욕구 사정을 하는 것이 유용하다는 것을 발견할지 모른다. 집단은 프로그램 구조와 정책 개발에 관여해야만 한다. 다른 과업은 제안된 프로그램에 대한 지지를 얻는 것인데, 이것은 문서작업과 다른 자금동원 활동, 그리고 인력 모집과 고용을 포함한다. 또한 사회복지사는 어떤 과업들을 달성하는 방법에 대해 정보를 제공함으로써 기술적인 전문직의 역할을 수행할 수 있다.

때때로 설립된 지역사회 집단이 욕구를 알게 되고 이를 위해 어떤 것을 하기 원한다. 이러한 상황에서 사회복지사는 집단이 욕구를 입증하고 지지(돈, 사람 등)를 얻고 그리고 프로그램이나 자원들을 개발할 수 있도록 도울 수 있다. 예를 들면 지역사회 집단이 노인들을 위한 서비스에 관심이 있다고 하자. 사회복지사는 집단이 나이든 싱글 여성노인을 위한 주택이 이 지역사회에서 중요한 욕구(욕구)라고 지적하는 욕구 사정을 수행하도록 도왔다. 그 집단은 이러한 요구에 초점을 맞출 때 지역의 부동산 중개인에게 관심을 가질 수 있었고 여성노인들의 주택요구와 그들에게 유용한 좀더 적합한 주택 계획에 대한 이해를 높이기 위해 부동산 중개인과 함께 활동했다.

또 다른 시간, 특정한 문제에 관심이 있는 사람들의 집단이 나타났다. 사회복지사는 이러한 집단이 지역사회자원을 개발하도록 그들과 함께 또한 활동한다. 예를 들면 여성 집단이 매 맞는 여성에게 관심이 있었다. 사회복지사의 기능은 매 맞는 여성들과 그들의 욕구(요구)에 대한 이해를 제공하는 것이었다. 이러한 집단은 다른 지역사회에서 문제를 가지고 활동해왔던 여성들과 논의했다. 이 집단은 훈련 프로그램을 결정하고 전화 대응 서비스, 쉼터, 그리고 자조집단을 만들었다.

이런 예들은 토착집단이 클라이언트를 위한 지역사회 자원을 개발할 때 유용할 수 있다. 그러한 집단과 함께 일할 때 사회복지사는 계획을 이어받아서는 안 된다. 그는 집단이 기능하는 방식을 존중하고 활동을 조장해야 한다. 사회복지사들은 집단의 신뢰를 얻고 유지해야 한다. 그들은 개인들이 필요한 과업을 수행하고 개발된 절차와 자원들의 방법을 제안하고 전문가들과 다른 지역사회집단들이 가지는 어려움을 중재할 수 있어야 한다. 이러한 후자의 과업은 때로 필요한데 설립된 서비스나 다른 전문가들이 토착집단에 의해 위협을 받거나 질적인 서비스를 제공하는 능력에 대해 우려할 수 있기 때문이다.

연방정부와 주정부 자원을 감축하는 시기에는 인간의 욕구가 충족될 수 있다면 지역의 자원을 최대화하는 하는 것이 필요하다. 따라서 토착집단과 함께 프로그램을 계획하고 자원을 개발하는 것이 사회복지사에게 중요한 과업이 된다.

특정한 이슈를 언급하는데에 지역사회나 관련 있는 집단이 동기화 되도록 시도하는 사회복지사는 **과업집단**을 형성하기 원할지도 모른다. 과업집단은 또한 기관세팅 내에서 특정한 관심을 언급하기 위해 이용된다. 과업집단은 특정한 목적을 달성하기 위해 조직된 집단이다. 그들은 책임성과 특정한 과업의 명확한 선을 가지는 경향이 있다. 과업집단이 자주 영향력을 가지며 잠재적인 소비자와 서비스 제공자(다양한 아젠다와 사회적 지위를 가진 사람들)를 포함하기 때문에 집단 활동을 통하여 대인 관계적 그리고 과업 이슈를 언급하는 것이 중요하다. 각 구성원들은 자신이 때때로 공헌하는 것이 가치있는 것임을 느껴야 하고 이러한 공헌이 다른 구성원들에 의해 지각될 필요가 있다. 목적달성을 위해 다양한 기술을 제공할 수 있는 구성원들, 자원, 또는 서비스들을 가지는 것이 중요하다. 예를 들어 목적이 AIDS 환자들을 위한 호스피스 서비스를 설립하는 것이라면 기금을 조성할 수 있는 구성원, 두려움과 걱정을 완화시키기 위해 지역사회와 함께 효과적으로 활동할 수 있는 영향력 있는 사람들, 그리고 AIDS 인구와 네트웍를 형성할 수 있는 누군가를 가지는 것이 중요할 것이다. 과업집단에서 활동은 일반적으로 하위집단으로 나뉘어지는데 이것은 목적을 달성하기 위해 다양한 목표를 가지고 활동하게 한다. 이것은 기대되는 목표를 성취하기 위해 특정한 의무와 충분한 자율성이 주어진 각 지도자와 하위집단이 리더쉽을 공유해야 함을 함축한다.

사례

한 집단의 사람들이 40,000명의 사람들이 있는 그들의 지역사회에서, AIDS 환자들 대상 호스피스 프로그램에 대한 욕구를 논의하기 시작했고 AIDS환자들의 죽음 후에 그들의 가족들이 지지적인 도움에 대한 요구를 여러 번 표현했다. 사회복지사는 집단과정에서 기술적인 전문가로 이 집단에 연결되었다. 그 집단은 계획과정에서 변호사, 의사, 교장, 주 건강부서의 대표, 그리고 2명의 목사들을 포함한 여러 명의 지역사회 영향력이 있는 사람들을 포함시킬 수 있었다. 그 집단은 또한 간호사, AIDS환자를 둔 가족구성원들, 그리고 지역의 암환자 대표를 합류시켰는데 약 15명이 참여하였다.

사회복지사의 첫 번째 과업은 각 구성원들이 다른 사람들의 잠재적인 공헌을 이해하고 가치를 부여하는 행동분위기를 개발하는 것이었다. 동시에 집단의 첫 번째 비즈니스는 법률 구조를 개발하고 비영리 상태에 적응하는 것을 포함했다. 집단은 지역병원에서 일했고 병원내에서 업무를 위한 공간을 얻었다. 이 관계에서 사회복지사는 집단과정에 대한 이해와 집단에 공헌하는 구성원으로서 기능하도록 조직을 형성하는 기술을 사용했다. 그는 또한 호스피스를 형성하는 다른 조직체로부터 자료를 얻었는데 이는 집단의 심의에 어느 정도의 지침을 제공했다. 변호사는 집단형성의 법률적 국면에 대한 중요한 책임을 가졌다. 다음 단계는 성취 할 필요가 있는 다양한 과업들을 부과할 하위집단을 형성하는 것이다. 이것은 다양한 서비스 양상을 커버하는 직무기록과 양식같은 많은 활동문서를 개발하는 것을 포함했다(서비스를 위한 요구, 간호와 심리사회학적 사정, 의사들의 명령, 보호계획 등). 그것은 또한 서비스에 대한 욕구와 관련되는 것은 물론 존재할지도 모르는 관심사들을 말하는 거주자들을 교육하기 위해 지역사회와 일반적으로 함께 하는 활동계획을 포함한다. 하위집단들은 또한 자금모금, 자원봉사조직 그리고 회원모집에 관한 활동을 또한 한다. 서비스 작업도가 만들어졌다. 사회복지사는 하위집단들이 다른 지역의 호스피스가 개발된 자료들을 적응하도록 도왔다.

사회복지사는 암 관련 공동체, AIDS환자를 둔 가족 구성원들과 매우 성공적인 훈련 프로그램을 계획하고 조정하는 일을 함께 할 때 매우 적극적이었는데, 이는 각 세션에서 50명 이상을 참석시켰고, 프로그램 자원봉사자로 30명을 모집하는 결과를 가져오게 되었다. 훈련 프로그램의 성공은 우수한 홍보 캠페인에 일부 기인했다. 사회복지사가 관여할 필요는 없었는데, 다른 부서의 구성원들이 이 분야에 기술이 있었기 때문이다. 여러 구성원들이 자금 모금에서 매우 성공적이었다. 자금은 여러 지역사회 집단, 개인, 주 위원회로부터 얻었다. 한 어려운 과업은 책임보험의 획득이었다.

프로그램은 시행된 9개월 후 여전히 그 절차와 정책이 정교화되는 문제를 남겨두고 있었다. 환자들이 의뢰되었고 서비스가 환자와 사별단계 경험하는 그들의 가족에게 제공되었다. 사회복지사는 환자와 그 가족들에게 서비스를 제공하는 사람들과 함께 일하여 사회적 서비스의 조정자로 도움을 주었다. 처음 과업집단의 구성원으로 구성된 관료 위원회는 많은 기능을 했고 자원봉사자를 위한 월 단위 훈련 세션을 계획했다. 서비스의 지역사회 인식을 높이고 자원봉사자들의 모집을 증가하기 위하여 행동적인 홍보 프로그램이 지속적으로 수행되었다. 지역사회 보호 네트워과 함께 발전을 위한 계획들이 더 치밀하게 수행되었다.

자원봉사 프로그램 개발

자원봉사자들은 역사적으로 사회적 서비스의 전달에서 매우 중요했던 자원이다. 사회복지 전문성 개발 이전에 대부분의 사회적 서비스들은 자원봉사자에 의해 전달되었다. 사실, 초기의 사회복지사들은 자원봉사자들이었다. 모든 수준에서 사회적 서비스에 대한 정부 지지의 삭감으로 서비스 갭을 채우기 위해 자원봉사자들의 노력을 확장시키는 것은 점점 급박하게 되었다. 유능성, 비밀보장, 신뢰성의 이슈들은 자원봉사자들을 자원으로 고려할 때 점점 고조되었다. 전문가들은 그들이 서비스를 전달하는 데 가장 적합하다고 믿어왔다. 또한 자원봉사자의 형태는 변화되어 왔다. 많은 여성들은 현재 노동현장에 있고 자원봉사 규칙이나 기관 근무시간 내에 유용하지 않다. 은퇴한 사람들의 증가는 자원봉사의 중요한 원천으로 보여진다.

자원봉사자들을 효과적으로 활용하는 것은 자원봉사 프로그램의 개발을 요구한다. 자원봉사자들에게 적합한 역할과 과업들을 정해주는 데 책임을 갖는 사람이 있어야 한다. 직무기록과 기관정책이 있어야 한다. 이러한 과업들을 달성하기 위해 자원봉사 관리자는 클라이언트와 요구되는 서비스, 사람들을 자원봉사자로 동기화시키는 요소들에 대한 이해를 개발해야 한다. 자원봉사 관리자는 자원봉사자들이 제공할 수 있는 서비스를 확인하기 위해 직원과 함께 활동해야 한다. 사회복지사는 또한 사람들을 동기화하는 기술이 있어야 한다. 자원봉사 프로그램은 자원봉사자들을 모집하고 선별하며 직업을 가진 자원봉사자들에게 맞는 일을 연결하고 자원봉사자들을 오리엔테이션 및 훈련하는 수단들을 가져야 한다.

자원봉사 조정가는 자원봉사 프로그램의 개발을 계획하는 유일한 사람이어서는 안 된다. 조정가를 임명함에 앞서 집단은 프로그램의 욕구와 요소들을 결정하고 목적과 목표를 설정해야 한다. 집단은 기관 직원, 연관된 지역구성원들, 영향력 있는 사람들. 가능한 자원봉사자들, 그리고 도움을 받는 클라이언트들을 대표해야 한다. 이 집단은 조정가가 선택 되었을 때 이사국이나 고문집단으로 도움을 줄 수 있다. 그 집단은 조정을 선택하는 것에 대한 책임을 져야 한다.

기능적인 자원봉사자 프로그램과 그러한 프로그램을 개발하는데 이용되는 계획과정을 이해할 때 자원봉사 자원은 이미 클라이언트들에게 유용한 자원이 될 수 있으며 따라서 클라이언트들은 도움을 더 잘 받을 수 있다.

자조 집단

자조집단은 사회복지사가 개발할 수 있는 또 다른 자원이다. 이렇듯 자발적인 작은 집단은 상호원조의 중요한 구성요소이다. 현대 세계에서 지지 집단을 스스로 찾는 것이 언제가 가능한 것은 아니다. 사회복지사는 유사한 생활 상황과 도전을 가진 사람들이 서로를 찾고 상호원조를 제공할 수 있도록 도울 수 있다.

새로운 상황이나 어려움을 가진 사람들이 자주 무력감을 느끼기 때문에 같은 이슈로 활동하고 같은 상황에 맞추어 같은 기회를 가지는 사람들을 포함하는 것은 바람직하다. 그들은 자주 기꺼이 다른 사람들을 돕는데 이런 활동이 그들을 좀더 안정된 기능으로 되돌리는 것을 조장하기 때문이다. 미망인과 미망인 연결 프로그램은 좋은 예이다. 새롭게 미망인이 된 사람에게 1년 또는 그 이상 미망인이었던 다른 사람들이 방문 할 수 있다; 방문자는 참여자를 격려할 수 있다. 그 집단에서 새롭게 미망인이 된 사람들은 그들이 직면해야 하는 많은 걱정과 결정에서 도움받을 수 있는 다른 사람들을 찾는다. 많은 사람들이 정보 공유를 필요로 한다.

Brian과 Gail Auslander는 자조집단과 함께 일할 때 *자문 모델*이 적절하다고 제안했다. 그들은 자문과 관련하여 3가지 역할을 규명했는데 (1) 클라이언트와 관련된 욕구와 가능한 개입을 결정 (2) 원하는 변화를 얻는데 있어서 자조집단의 정책과 절차를 논의 (3) 집단 안에 있는 집단 구성원이나 개인이 요구할지도 모르는 자원들 사이의 연결이 그것이다. 후자의 역할은 정보를 제공하는 것과 요구되는 자원들에 접근하기 위한 절차에 대해 자문하는 것을 포함한다. 비슷한 집단이 어떻게 기능하는지에 대한 정보가 또한 제공될 수 있다.

자조 집단이 모든 클라이언트에게 해답이 되는 것은 아니다. 어떤 집단은 부적절한 의존을 조장하거나 복잡한 상황에 대해 너무 간단한 해결책을 추구한다. 어떤 집단은 강한 비전문적인 편견을 발달시킨다. 이러한 부정적인 특징들은 개발과정에서 사회복지사가 자문 역할을 계속하도록 계획된다면 피할 수 있는 것이다. 사회복지사는 자조집단들이 만남의 장소를 찾도록 도우며 필요한 자원을 찾도록 독려하고 정보와 훈련을 제공하며 적절한 사람들을 의뢰하고 그 집단이 지역사회와 전문가들에게 신뢰감을 발달시키도록 도우며 사회적 정서적 지지를 제공함으로서 그 집단을 지지할 수 있다.

사례

아동보호와 노인 서비스를 제공하는 주 정부의 사회 서비스 기관은 추수감사절 바구니와 크리스마스 선물 배급을 도와줄 것을 자주 요청받았다. 그 기관은 도움을 원하지만 "욕구가 있는 가정"과 가장 좋은 접촉방법을 모르는 여러 교회들이 있는 작은 도시에 위치했다. 그 기관의 사회복지사는 이미 일이 너무 많았고 지역으로부터의 이러한 요구가 어렵다는 것을 알았다. 신중한 논의 후에 아동보호 수퍼바이저는 자원봉사자가 이 프로젝트를 관리하는 것에 대해 고민했다. 업무 기록을 했으며 직원들은 클라이언트의 비밀보장을 어떻게 잘 할 수 있을지 논의했다. 사회복지사가 이러한 도움을 주고 싶어하는 사람들을 확인하고 클라이언트들이 그 도움을 원하는지를 판단하고 그리고 나서 어떤 음식과 선물이 가장 적합한지를 판단하는 것으로 결론지었다.

직원은 이 단기간의 자원봉사 프로젝트에 관심이 있을지 모르는 지역사회 여러 사람들을 제한했으며, 특별히 자격이 있다고 믿는 한 사람을 수퍼바이저가 접촉하기로 했다. 업무 기록을 하면서 보호 자원봉사자가 해야하는 것이 무엇인지 신중하게 기술했다. 또한 그들은 이것이 사람이 하기 원하는 일임을 알았다. 휴일 프로젝트의 자원봉사 감독자는 원조자가 될 수 있는 여러 명의 사람들에게 말했고 수퍼바이저는 그들을 위한 업무 기록을 개발하도록 도왔다. 수를 4명으로 제한할 것을 결정하였다. 감독자는 원조자를 모집하고 프로젝트를 계획하는 책임성, 이것은 욕구와 그들의 기부과정은 물론 도움이 필요한 사람들을 규명함에 있어서 기관 고용인과 함께 활동하는 방법과 관련된 교회와 조직의 의사소통을 포함했다. 기관은 사무실 공간, 전화, 그리고 단기간의 저장과 기부금의 분류를 위한 공간을 제공했다. 자원봉사자들과 기관사회복지사에 의해, 상황과 사회복지사의 관여와 클라이언트의 비밀보장에 대한 요구로 분배는 공유되었다.

휴일이 지난 후 사회복지사와 자원봉사 감독자는 그 프로젝트를 평가했다. 사회복지사는 그것은 그들에게 큰 도움이었고 자원봉사 지휘자는 진보를 위한 여러 제안들을 하고 다음해에도 다시 이 일을 하면 기쁘겠다고 말했다. 다음 달에 직원이 그 프로젝트의 성공에 대해 말하면서 그들은 자원봉사자가 이용될 수 있는 다른 분야에 대해 말하기 시작했다. 그 기관은 그리고 나서 더 광범위한 자원봉사 프로그램을 설정하는 것으로 하였다.

내부로부터의 조직 변화

역사적으로 조직을 변화의 표적으로 고려하는 것은 사회복지 문헌에서 거의 찾아보기 어렵다. 그러나 사회복지사는 클라이언트와 일할 때(특히 공적 부분에서)기관의 기능(정책, 절차 등)을 잘 알고 있다. 클라이언트의 욕구를 충족시키는 데 방해가 되는 원천이 있는데, 그것은 사회복지사가 기관 변화에 영향을 미치는 수단들을 발전시켜야 한다는 것을 말하는 것이다. 전략으로서 조직의 변화는 "클라이언트와의 관계에서 인간 서비스 조직의 효과를 확대시키는 수단으로 규정될 수 있다. [그것은] ... 공식적 정책, 프로그램, 절차 또는 조정 실천을 수정하는 목적을 위한... 상호 관련된 행동이며/의도된 결과는 제공되는 서비스의 효과성을 증가시키고 클라이언트를 돕는데에 방해가 되는 조직 상황을 제거하는 것이다." 이러한 전략은 조직 내에서 변화의 수단에 초점을 맞추고 조직의 중간 또는 낮은 수준에서 수행된다.

사회복지사는 사정으로 시작한다. 내부로부터의 변화 전략이 사용될 때 사회복지사가 개발해야 하는 다음사항을 이해해야 한다.

1. 사회체계로서의 기관 (이러한 이해를 개발시키기 위한 도식의 논의를 위해 7장 참고)
2. 욕구충족에 방해가 되는 원천 (정책인가 절차인가? 기관자원의 부족에서 기인하는가? 그것은 서비스를 전달하는 데 사용되는 방법에 의해 초래되는가?)
3. 욕구와 관련 기관기능에 영향을 미치는 기관과 지역사회의 내부에 있는 힘
4. 기관에서 변화를 초래하는데 사용되는 이용절차
5. 변화되어야 하는 욕구관련 그 분야에서 결정의 원천
6. 결정의 원천이 특히 예민할 때의 영향력
7. 추구하는 변화에 대한 결정주의자들의 수용과 저항

사정 과정은 클라이언트의 욕구가 성취되어야 한다면 변화를 요구한다는 것을 확인해야 한다. 변화가 발생해야만 한다는 것을 말하는 것으로는 충분하지 않다.

조직내에서의 변화를 계획할 때 모든 것을 포함하는 것이 중요하다. 기록 또는 지시를 이슈화함으로 변화를 가져오는 경향이 종종 있다. 이것은 변화로 영향을 받는 사람들이 분노, 저항, 심지어 파괴까지를 이끌 수 있다. 어떻게 변화가 발생하는지 하는 것은 무엇이 변화되어야 하는지 만큼 중요하다. 영향 받는 사람들로부터의 결과를 얻는 것은 변화를 초래하는 데 더 큰 투자가 가능하도록 보증하고 방해를 피하도록 돕는다. 클라이언트로의 투입은 적용 가능하고 실행 가능할 때는 언제든지 행해져야만 한다. 최소한 클라이언트의 욕구와 관심사는 우선적인 것으로 고려되어야 한다. 그리고 "사전옹호"도 사회복지사에 의해 이루어져야 한다. "사전옹호를 포함하는 것이 가능할지도 모른다. 큰 기관에서 중요한 변화를 계획할 때, 보통 기관의 다양한 수준의 대표로 과업집단을 구성하는 것이 바람직하다. 대표들은 그들이 대표하는 집단에 투입을 요청해야 한다. 과업집단은 일반적으로 집행부에게 변화를 권고하는 책임이 주어진다. 각각의 장, 단점을 분석하면서 여러 선택사항들을 만들어내는 것은 행정가가 기관의 다른 수준으로부터 투입을 병합하는 동안 역할을 만드는 그의 결정을 보류하게 할 것이다.

변화가 발생해야 하는 장소와 그 사이트에서 바람직한 변화를 구체화하는 것은 중요하다. 사정에서는 어떤 변화가 가능한지와 어떤 한계가 존재하는지를 구체화해야 한다. 변화 계획에서 고려될 필요가 있는 시간 요소들을 어느 정도 고려해야 한다. 예를 들어 관리가 중앙사무실로부터 부과된 변화 때문에 스트레스 하에 있다면 관리가 행동요원들과 다른 변화를 논의하는 것을 받아들일지 의심스럽다. 그러나 관리가 서비스 전달의 문제에 관심을 둔다면 그것은 더 나은 서비스를 초래하고 문제를 제거하는 변화를 논의하는 것이 받아들여질 것이다.

Herman Resnick과 Rino Patti에 의하면 변화과정은 다음과 같다.

1. 기관 기능의 문제에 대한 실천가의 지각
2. 실천가와 마음이 있는 것처럼 보이는 호감을 가진 동료들 사이의 변화 잠재력 사정을 포함한 논의
3. 사정에 관련된 사람들의 변화 노력에 책임

4. 추구될 목적의 형성
5. 변화에 대한 저항 분석
6. 행동체계의 형성과 자원의 동기화 (욕구가 있는 개인들이 증가되고 집단 발달이 일어남)
7. 행동계획 형성
8. 결정 수행자들에 대한 제안의 복종 : 욕구가 충족될 다른 행동을 취함

이 시점에서 변화는 수용되고 거부되고 또는 수정된다. 각 단계에서 새로운 정보 또는 투입이 획득됨에 따라 목적은 달라질 수 있다.

변화노력에 누가 포함되는지가 중요한 고려사항이다. 적어도 몇 명의 참가자는 기관 기능을 잘 이해해야 한다. 어떤 사람들은 직원들로부터 존경받고 가치를 인정받아야 한다. 어떤 사람들은 결정에 영향을 미칠 수 있는 사람들이어야 한다; 어떤 사람들은 특별한 변화를 교섭, 중재, 수행하는 기술을 가지고 있어야 한다. 기관 변화는 한 개인의 노력으로부터 나올 수 있지만 내부로부터의 변화 전략을 수행하기 위해서는 필요한 특성과 기술을 가진 사람들이 관계되어야만 한다.

조직의 변화를 발생시키는데는 많은 기술 또는 방법들이 사용될 수 있다. Patti와 Resnick은 8개의 협력적인 행동과 9개의 경쟁적인 행동을 지적했다. 협력적 행동은 (1) 정보제공 (2) 행동의 선택과정 공개 (3) 실험에 대한 지지 요구 (4) 학습 위원회 설립 (5) 상호작용을 위한 새로운 기회 창조 (6) 양심 또는 전문적 윤리에의 호소 (7) 논리적인 주장과 자료의 사용 (8) 부정적인 결과 지적. 경쟁적 행동은 (1) 청원에 굴복 (2) 열린 회합에서 맞서는 것 (3) 기관에 반대되는 재가를 얻는 것 (4) 의사소통 미디어 사용을 통해 공적인 비평에 가담 (5) 불복 촉구 (6) 스트라이크 (7) 피켓 (8) 소송 (9) 매매 협력적인 행동은 언제나 처음에 시도되어야 한다. 경쟁적인 행동의 이용은 협력적인 행동이 가능하지 않은 상황으로 제한되어야 한다. 경쟁적인 행동들을 사용하기 전에 사회복지사는 그러한 전략이 클라이언트에게 해를 가져올지와 개인적인 위기들이 연결되는지를 결정해야 한다.

Rothman, Erlich, Teresa는 조직에서의 변화를 초래하는 4가지 수단들을 규명했다.

1. 개혁추진하기—이것은 클라이언트 소집단과 함께 새롭거나 수정된 서비스를 시험함으로 실행된다. 그것이 성공적이라면 후에 대규모로 사용될 수도 있다. 서비스를 전달하기 위해 집단접근을 사용하는 것이 예가 된다.

2. 조직의 목적 변화시키기—이를 위한 한 가지 방법은 기관 내에 적당한 집단들의 힘을 증가시킴으로 영향력의 구조를 변화시키는 것이다. 예를 들어 클라이언트의 자문 집단을 개발하는 것은 클라이언트의 투입을 결정과정에 증가시키고 정보나 영향의 새로운 원천을 제공하는 것이다.

3. 참여 유도하기—이것은 기관의 기능에서 광범위한 참여를 격려하는 수단이다. 예를 들어 직원집단이 새로운 프로그램 계획에 참여할 수 있다. 참여를 유도하는 한 가지 방법은 공공인식 같이 참가자의 이득 제공을 통해서이다.

4. 역할 참여의 효과성 증대시키기—이것은 기관에서 활동하는 사람들에게 기대하는 역할을 명확하게 함으로 가능하다. 그것은 또한 다양한 직원개발을 격려함으로 수행될 수 있다.

사회복지사를 위한 내부 서비스 훈련은 새로운 서비스 전달아이디어를 소개하는데 이용될 수 있다. 사회복지사가 집단 상호작용 이용에 능숙하다면 때로 직원집단이 새로운 아이디어를 실험하고 적용하는 것을 가능하게 할 수 있다. 때로 사회복지사에게 내부 세션을 이끌어갈 기회가 주어진다; 이때 성인교육과 직원개발문헌으로부터의 지식이 유용하다.

Edward Pawlak는 조직에서 변화를 초래하기 좋은 시간은 리더쉽이 변하는 때라고 했다. 그는 새로운 리더쉽의 선택에 영향을 미치는 것과 규칙들이 해석되고 강화되는 방식이 바뀌는 것과 조직의 변화에 관계되기를 바라는 사회복지사들에게 제한을 하였다. 규칙 교정, 규칙 해석은 변화를 위한 또 다른 수단이다.

조직 변화에 많은 접근과 기술이 유용하다는 것은 명백하다. 접근의 선택은 추구하는 변화와 상황에 달려있다. 두 가지 요소가 고려되어야 하는데 사회복지사가 변화를 추구함에 있어서의 위기와 조직 내에 다른 사람들의 저항이다.

사회복지사가 내부의 변화에 관계될 때 3종류의 위기에 연루될 수 있다: 직업 상실, 상승되는 기동성의 제한, 그리고 활동관계 억제이다.

이러한 모든 위기들이 나타날 수도 있지만 위기의 범위를 표시하는데 있어 신중하게 사정해야 한다. 각 사회복지사는 이러한 전략을 사용하기 전에 연루된 위기를 다룰 의지가 있는지 여부를 판단해야 한다.

저항은 거의 언제나 변화행동에 어느 정도 보여진다. 변화는 체계의 기능을 뒤집고 불확실성을 초래한다. 따라서, 사회복지사는 저항을 완화하기 위해 계획을 수정할 준비를 해야함에 틀림없다. 저항을 다룰 때 타협의 태도가 자주 필요하다. 사회복지사들은 자신의 계획이 수용되더라도 대부분 부정적인 반응을 만나기 쉽다. 문제의 공동관심사에 관계된 사람들은 모든 사람들에게 수용될만한 해결책을 찾을 것이다. 저항의 본질을 이해하고 그것을 다루는 것은 내부로부터의 전략을 사용할 때 필수전략이다.

사회복지사가 우선적으로 조직체에 특히 관료체계 내에서 주로 일하고 있기 때문에 내부로부터의 변화전략은 사회복지사의 레파토리에 중요하다. 사회복지사의 윤리적 반응은 클라이언트가 욕구를 만족시키려는 방식에서 사회서비스의 인간적 전달을 지향하도록 활동하기 때문이다. 이를 위해서 조직내부의 변화를 자주 일으킨다. 사회복지사는 변화를 발생시키기 위해 내부로부터의 변화를 이용할 수 있다.

사례

청소년 거주시설의 새로운 사회복지사는 가족구성원으로부터 거주자 방문에 관여하여 특정한 정보에 주목했는데 이것은 그가 활동하지 않던 주말 중에 일어났고 그에게 알려지지 않았다. 그녀는 처음 주말 수퍼바이저와 그 상황을 논의했다. 주말 수퍼바이저는 모든 상호작용을 기록할 충분한 시간이 없고 나아가 이러한 접촉의 대부분이 거주자와 함께 행하는 일과 관련이 없다고 말했다. 사회복지사는 가족서비스 조정자—그는 어느 정도 변화가 있어야 하는 지에는 동의하지만 누가 말하기를 주말 직원이 그들의 기록을 변화시키도록 시도하는 것은 마치 "이를 뽑는 것"과 같다.

사회복지사와 그의 가족 서비스 코디네이터는 그들이 기록해 왔다는 것을 무엇으로 알 수 있는지를 논의하고 그들이 생각한 세분야에 동의했다; 부모와 청년사이의 일반적인 상호작용 패턴; 청년에서 가족 구성원들로의 어떤 감정의 표현; 그리고 가족 구성원들로부터의 행동적/언어적 지지적인 상호작용. 주말 사회복지사가 상대적으로 쉽게 이러한 세분야들과 관련하여 관찰된 자료에 의하여 기록차트가 개발되었다. 이후에 사회복지사와 가족서비스 수퍼바이저는 시설의 행정가와 함께 계획을 논의하고 그 계획에 대한 그의 지지를 얻음은 물론 가족 서비스 코디네이터가 직원회의에서 그 계획을 발표할 의지가 있음을 밝혔다. 직원회의에서 사회복지사와 가족 서비스 코디네이터는 정보를 필요로 하는 논리적 근거를 논의하고 기록차트를 제시하고, 주말 수퍼바이저로부터 반응과 대답을 듣고 그녀의 관심사에 응답한다. 주말 수퍼바이저는 요구된 정보에 대의 가치를 볼 수 있고 차트에서 몇 가지 수정할 사항을 제한하고 후에 이러한 것들이 주말 직원에게 보여지는 것에 동의하고 그들의 지지를 얻었다. 주말 수퍼바이저는 정규직원이 자신의 관심사에 귀 기울이고 응답하는 첫 시간이라고 말했다.

집단구성원으로서의 사회복지사

사회복지사는 자주 다양한 집단들의 구성원으로 참여할 것을 요청받았다. 이는 과업집단과 직원모임을 포함한다. 사회복지사는 자신이 구성원으로 있는 집단의 집단 목적과 과업의 성공적인 성취를 위해 집단들과 활동하며 지식과 기술을 변화과정에 이용한다. 이러한 집단들의 변화과정은 사정, 계획, 행동, 평가를 포함한다.

집단토의에서 변화과정의 사용은 집단사고를 구조화하는 수단이다. 집단의 모든 구성원들은 변화과정을 이해하고 집단이 사용하는 과정에서의 단계를 알아야 한다. 이러한 방식으로 집단사고는 욕구 확인과 형성에서 상황 분석, 가능한 목적 확인, 가능성 분석 그리고 계획의 선택까지 나아갈 수 있다. 따라서 계획은 구성원 개인의 공헌이라기보다는 집단의 재산이 된다.

변화를 시도할 때 집단이 어려움을 주는 측면들은 다음과 같다.

1. 욕구를 언급할 때 명확성의 부족
2. 필요한 정보의 부족
3. 비평적인 평가분위기
4. 순응에의 압력
5. 목적이나 계획의 미성숙한 선택

실행 계획이 집단 사고의 결과라면 이를 수행할 수 있는 더 좋은 기회가 있는 것이다. 집단의 역량을 더 확장시키기 위해 집단회합의 구조에 더 관심을 기울여야 한다. 집단회합을 준비해야 하며, 또 인터뷰가 준비되어야 한다. 여러 구성원들이 모임에 필요한 정보를 가져올 책임을 가져야 한다. 모임장소가 편안하고 정리되어 각 구성원들이 시선을 맞출 수 있도록 책임지는 사람이 있어야 한다. 아젠다(agenda)와 다른 필요한 프린트 자료를 볼 수 있고 어떤 방식으로든 기록을 책임지는 사람도 필요하다.

계획된 아젠다는 각 모임 초기에 검토되고 필요하다면 개정되어야 한다. 모든 사람들은 모임이 이루어지기 위해 목적이 있고 시간제한이 있다는 것을 알아야 한다.

모임의 중간부분은 그날의 과업수행에 사용된다. 필요할 때 집단은 집단유지를 위한 이슈를 다루어야 한다. 결정은 과업이나 목적 그리고 이러한 것들을 수행하는 과정에 초점을 두어야 한다. 모든 구성원들이 참가할 수 있어야 한다. 집단을 과업에 머물게 하고 순서적으로 조리 있게 변화과정을 통해 움직이게 도울 책임을 지는 사람이 있어야 한다. 정한 시간이 끝나기 전에 집단은 모임에서 성취한 것을 검토해야 하고 다음 모임을 위한 계획을 세워야 한다.

집단이 구성원들을 관여시키고, 결정하고, 생산적인 논의를 하고, 논의를 구조화하도록 도울 때, 사회복지사는 집단을 위한 가치 있는 자원이 될 수 있다. 집단 과정과 문제해결과정 그리고 집단회의에서의 기술적 지식은 집단에서 효과적인 멤버쉽의 기반을 형성한다.

집단 참여에서의 이슈들

집단참여의 여러 이슈들은 사회복지사가 소집단의 구성원으로서 참여할 때 그에게 특히 관련되는 것으로, (1) 팀 사용, 특히 서비스의 수단으로서 한 학문분야이상의 팀 (2) 위임된 형태에서의 리더쉽; 그리고 (3) 갈등 조정, 이것은 4장에서 논의되었다. 이러한 각각의 이슈들에 대해 사회복지사가 직면하거나 이해되지 않는다면 효과적인 집단기능을 방해할 수 있다.

팀의 사용

잘 기능하는 팀이 클라이언트에게 서비스를 제공할 때 매우 효과적일 수 있음에도 어떤 사회복지사들과 기관 행정가들에게는 팀접근이 문제를 가져오는 경우가 자주 있다. 이러한 문제들은 이해될 필요가 있고 이를 극복하는 몇가지 방식들이 고려된다.

팀은 "다양한 작업을 하는 동료들은 공통된 문제의 다른 양상이 가져오는 근본적으로 다른 기술들을 합치는 것"으로서 규정되어 왔다. 이러한 규정은 대부분 다학문적 팀에 더 적용가능하다. 그리고 함께 일하는 것에 대해 가장 큰 저항을 보이는 것도 다학문적 팀이다. 배경과 행동기대의 차이는 이러한 방해물의 중요한 원인이 되고 다양한 전문직의 전문성의 중복 문제를 가져온다. 이것은 많은 갈등을 이끌 수 있다.

팀이 자주 만나게 되는 문제들은

1. 팀 형성에 필요한 시간과 에너지 : 팀의 과업은 클라이언트에게 서비스를 제공하는 것이다. 서비스에 대한 즉각적인 욕구와 서비스를 요구하는 많은 클라이언트들은 팀 형성을 위한 시간과 에너지의 사용에 반대하여 영향을 미치는 팀에게 기대치를 둔다. 이러한 기대들은 팀 내에서 또는 팀이나 구성원들의 누군가가 작동하는 내부의 기관들로부터 온다. 그러나 효과적인 팀 기능은 시간과 에너지를 팀 구성원으로부터 요구한다. 팀 형성을 위해 할당된 시간과 에너지는 문제가 있을 수 있다.

2. 의사소통 : 팀의 모든 다른 구성원들에 의해 이해되지 않는 팀의 어떤 구성원들에 의한 기술적인 언어의 사용은 의사소통을 방해한다. 다른 훈련을 한 사람들은 자주 같은 용어를 사용하지만 다소 다른 의미를 가진다. 이러한 일이 발생할 때 의사소통에 문제가 있다.

3. 의사결정수행 전통 : 전문가와 기관은 의사결정이 이루어지는 방법의 전통을 발전시킨다. 관료제 조직에서 의사결정은 상부에서 이루어지고 하위사람들은 그 결정을 수행할 것으로 기대된다. 그러한 조직에서의 팀은 행정가(관리자)가 임명한 지도자를 가질지도 모른다; 임명된 지도자는 권위적인 입장을 가진다. 건강보호에서 의사는 높은 지위의 전문가로서 전통적으로 이러한 권위적 입장을 취했다. 이것은 수술실에서는 몰라도 보호 서비스 상황에서는 도움이 되지 않는다. 다른 결정 수행 모델은 모든 사람이 모든 양상의 서비스에서 동등한 결정적 힘을 가질 것으로 요구될 수 있다. 모든 팀 구성원들은 동등한 지식이나 또는 팀 서비스의 어떤 양상에 대한 이해를 가지지 않을 수 있다. 팀 목적 중 하나는 클라이언트의 서비스에서 사용되는 전문성의 다른 양상들을 조화시키는 것이다. 결정수행 과정은 이러한 이해의 다양성을 허용하되 과정이 합리적으로 유리하도록 조장할 필요가 있다.

4. 변화과정의 사용 : 소집단과 일할 때, 모든 사람이 목적을 받아들일 필요가 있다. 부적절한 욕구 인식때문에 팀 구성원들 사이에 목적의 차이가 발생할 수 있다. 만약 팀 구성원들이 상황을 다르게 보고 팀 목적을 이해하거나 수용하지 못한다면 숨겨

진 아젠다가 만들어질 것이다. 팀 구성원들이 변화과정의 다른 단계에서 기능한다면 계획에서 혼돈이 야기될 것이다.

5. 계획의 이행과 과업의 수행 : 팀 구성원들은 보통 그들의 일에서 얼마나 우선권을 갖느냐에 대해 다른 과업들과 다른 영향력들을 가진다. 이는 그 과업이 수행되는 것이 아니라 할당된 과업을 만드는 것이 되며, 특히 그러한 과업이 구성원들에게 억지로 강요될 때 더욱 그렇다.

6. 복잡한 조직 내에서의 기능 : 때로 조직들은 팀웍이 함축하는 것을 완전하게 이해하지 않고 팀 접근 사용을 제정하거나 인가한다. 조직은 팀이 기능하는 것에 대해 충분한 시간을 허용하지 않으며 팀이 기능을 발달시킬 수 없는 리더쉽을 부과할지도 모르며 다른 방식으로 기능하기 위해 팀의 능력을 방해할지도 모른다.

각 팀은 독특하고 따라서 고유한 기능 방법을 개발시켜야 한다. 어떤 팀은 클라이언트 서비스에 대한 통합된 접근모드로 협력적인 방식으로 기능할 것이다. 또 다른 팀은 자율적인 방식으로 적절한 구성원들이 서비스를 제공할 것이기 때문에 요구되는 서비스를 결정하는 공동의 접근을 사용할 것이다; 다른 팀들은 두 가지 접근을 다양하게 결합하여 사용할 것이다. 접근방법과 상관없이 가장 잘 기능하는 팀들은 헌신적이고 공통적인 이상을 나누며, 서로 간에 믿음이 있다. 구성원들은 또한 함께 일하고, 서로 배우고, 클라이언트와 공유할 의지를 가진다. 그들에게는 경쟁적인 분위기보다는 협력적인 분위기, 융통성 그리고 좋은 의사소통과 문제 해결방식이 있다. 또한 자신들이 속한 기관으로부터 지지를 받고 있다. 사회복지사는 팀이 해결을 위해 활동할 수 있도록 갈등적인 이슈들을 확인하고 결정수행과정에 참여함으로써 공헌할 수 있다.

리더쉽

리더쉽이 사람들에게 각기 다른 의미를 가지기 때문에 집단 기능에서 문제가 된다. 어떤 사람들은 지도자를 무엇을 해야 할지 모든 사람에게 말하는 사람으로 지각한다. 다른 사람들은 지도자를 다른 집단 구성원들과 함께 의논하지만 마지막 의사 결정을 하는 사람으로 본다. 다른 어떤 사람들은 지도자를 집단이 기능할 수 있게 하는 사람으로 본다. "지도자"라는 타이틀을 수행하는 사람들은 임명되기도 하고 선출되기도 하며 집단으로부터 출현하기도 한다. 어떤 사람들은 리더쉽이나 어떤 사람 또는 전문가들의 리더쉽에 대해 분개한다. 또 다른 사람들은 지도자가 집단에 완전한 책임감을 가지기를 기대하고 많은 특정한 전문가의 구성원들이 자동적으로 지도자가 되기를 기대한다.

이러한 인식에서 리더쉽의 의미는-여기에서 사용되었듯-좀더 이 "대인관계 영향력"으로 이해된다 이해된다. 그러한 영향력은 다양한 방식으로 사용되고 영향력의 일부는 그 집단의 기능을 심화시키는데 더 도움이 된다. 오직 한 사람-선출되었거나 출현한-이 완전한 리더쉽 책임감을 수행한다는 생각은 잘못되었다. 만약 집단 구성원들이 리더쉽을 공유된 책임감으로 이해한다면 많은 대인관계 갈등을 피할 수 있다. 집단은 모든 집단 구성원들의 지식과 기술을 사용하고, 리더쉽은 근접한 과업에 따라 변할 수 있다.

집단 구성원으로서 사회복지사는 영향을 미칠 수 있고 또는 집단이 과업과 기능 수행하는 것을 가능하게 할 수 있다. 이러한 가능하게 하는 것과 관련된 과업은 다음과 같다.

1. 결정되는 것을 아는 것 (그러나 그것이 집단을 위해 수행되는 것은 아님)
2. 집단이 무엇이 일어나고 있는지 확실히 아는 것; 모든 구성원에게 알려진 목적이 있는가? 집단이 그 목적을 아는가? 집단 규범이 표출되는가?
3. 집단이 그것이 어떻게 행해지는지 확실히 알도록 함. 변화과정의 어떤 단계에서 집단이 기능하고 있는 것인가? 집단에서 중요한 역할이 완수되는가? 모든 집단 구성원들의 공헌이 받아들여지는가? 의사소통이 모든 사람들에게 개방되고 이해되는가?
4. 일이 잘 수행되지 않거나 또는 좋게 느껴지지 않을 때는 잘못되고 있는 것을 평가하기 위해 집단이 멈춘다.

집단과정에 대한 지식이 있는 사회복지사는 집단에서 그들의 위치에 상관없이 어떤 집단이든 이러한 과업을 수행한다. 이를 위해 그들은 어떻게 그리고 언제 이러한 영향력을 실행할지에 대한 판단을 잘해야 한다. 이러한 방식에서 그들은 리더쉽을 행사하고 집단 기능에 영향을 미친다.

사회복지사의 과업

집단 구성원인 사회복지사는 집단 기능에서 집단에 매우 유용할 수 있는 세가지 과업-자문, 가능하게 함, 조화-를 수행할 자격이 있다. 자문 과업은 사회복지사에게 정보와 제안을 제공할 것을 요청한다; 제안이 수용되어야 한다는 요구는 없다 자문은 모든 집단 구성원들이 정보와 제안을 자신들의 특별한 견지에서 살피고 사회복지사가 공헌의 유용성과 타당성에 대해 피드백을 하도록 기대하는 것이다. 이러한 자문의 형태는 집단이 강점과 자원을 확인하고 행동 계획들을 개발시키기 위해 클라이언트와 상황에 대한 사고의 합류과정에서 연결될 수 있게 하는 수단이다. 자문을 통해 사회복지사는 집단에 전문성을 제공하게 된다. 이러한 전문성은 집단 기능의 영역에서 또는 집단과업에서 기부 형태로 존재할 수 있다.

촉진은 다른 사람들의 기능을 가능하게 하는 과정이다. 집단과정의 촉진화는 촉진하게 하는 과업의 한 형태이다. 사회복지사는 이러한 과업을 많은 방법으로 수행할 수 있다. 그들은 다른 집단 구성원을 돕는 행동을 지지하고 유용한 행동의 모델이 되며 적절한 질문을 하고 집단에 적당한 관찰과 감정을 제공할 수 있다. 그들은 다른 집단구성원들에게 집단과정과 기능에 대해 가르칠 수 있다. 다른 촉진 수단들은 구성원들이 주제에 머무르는 것을 돕고, 얘기되거나 결정된 것을 요약하고 다른 구성원들이 그들의 감정이 받아들여짐을 알게 하는 것이다. 사회복지사는 그들의 기술 때문에 집단이 문제에 머물러 행동하는 것을 도울 수 있다. 사회복지사는 문제를 부분으로 쪼갤 수 있는데, 이는 문제를 부분으로 나누고 어느 것이 우선적으로 행해져야 하는지를 정하고 다양한 부분들의 활동 순서를 결정하는 것으로 진행된다. 그들은 강점과 자원들을 확인한다.

피해야 할 몇 가지 행동이 있는데, 이는 다른 사람이나 그들의 가치를 비판하고 집단에 아이디어를 강요하고 집단내부 결정을 하고 너무 많이 이야기하는 것이다. 사회복지사는 집단과 그 기능을 학습하고 무엇이 언제 가장 도움을 주는지를 결정한다.

세번째 과업, 조정 과업은 모든 구성원들이 할당된 과업을 수행하고 있는지, 그 과업들을 수행할 때 각 집단의 활동이 다른 구성원들의 과업을 성취하는 방식으로 행해지는지를 평가하는 것이다. 조정은 다양한 구성원들의 활동이 갈등을 겪지 않고 다소 다른 집단 구성원들의 활동을 보완하는 것을 보증한다. 사회복지사는 자신의 개인적 그리고 사회적 기능의 넓은 시각 때문에 특히 이러한 역할을 수행할 수 있다. 그들은 다양한 파트의 계획을 보고 어떻게 부분들이 전체로 맞추어지는지를 확신하고, 언제 부적합이 존재하는지와 부적합한 계획들을 수정하는 수단들을 확인할 수 있다.

이 조정의 많은 부분은 관계를 형성함으로 행해진다. 사회복지사는 집단과업과 관련하여 모든 다른 집단 구성원들의 지위를 이해하고 각 구성원들의 욕구에 대한 이해를 얻으려고 시도한다. 집단 구성원과의 관계를 통하여 사회복지사는 차이를 중재하고 집단 기능에 대한 관찰을 제공할 수 있다. 이런 방식으로 사회복지사는 활동에서 집단을 원조하고 집단이 그것의 활동을 조정하는 것을 돕는다.

사회복지사는 자신이 속한 집단에 많은 것을 공헌할 수 있다. 집단 과정의 지식; 집단 기능을 방해할 수 있는 이슈들의 이해; 그리고 자문, 촉진을 가능하게 하는 것, 그리고 조정 과업을 수행하는 기술은 사회복지사가 이러한 공헌을 하는 확고한 기반을 그에게 제공한다.

시간제한 과업집단 사례에서처럼 과업집단은 보통 과업이 완성되었을 때, 집단이 변화를 위한 노력을 포기했을 때 또는 그것의 영향을 주던 권위가 끝났을 때 끝나게 된다. 일반적으로 과업이 완수되었을 때 일종의 의식이 잇따른다. 만약 집단이 과업을 완수하는데 실패한다면 어느 정도의 재요약이 필요할 수 있고 그것의 완수를 대략 설명하고 노력이 실패한 이유를 분석하는 것이 포함된 보고가 있어야 할 것이다. 이것은 집단 구성원들이 그들의 어느 정도 약속 불이행을 해결하도록 하고 미래집단이 같은 어려움을 피하도록 돕는다. 그러한 보고는 또한 성과에 관심을 가지는 다양한 권위에 대한 책임성이 요구된다.

관계가 중요한 소집단과는 달리 과업집단은 과업 그 자체에 초점을 맞추고 관계는 집단 목적에 2차적인 것이다. 개인 구성원이 탈퇴할 때 사후모임과 관련된 결정은 일반적으로 어떻게 개인이나 조직이 근접한 과업을 수행하고 그들이 집단 노력에 지지 또는 반격을 받았는지의 여부에 기반 한다. 사후지도가 구성원들에게 이루어질 수 있다.

영향력 있는 사람들의 관여

지지를 얻는 한 수단은 영향력 있는 사람들-힘과 권위를 가진 지역사회나 조직사회 안에 있는 사람들-의 관여를 통해서이다. 사람들은 그들에게 힘을 주는 명성을 가지기 때문에 힘을 가질 수 있다. 그들은 어떤 프로젝트가 돈을 얻는가, 누가 최고 관료에게 보고하는가, 또는 어떻게 규율이 쓰여지는가 같은 중요한 결정을 하는 위치에 있기 때문에 힘을 가질 수 있다. 다른 개인들은 역할이나 규칙이 아이디어, 정보, 재정적 자원 등을 통제하기 때문에 힘을 가지게 된다.

영향력 있는 사람들은 행동에 영향을 주는 힘을 사용하는 능력을 가진다. 이러한 사람들은 다른 사람들이 특정한 방식으로 행동하게 설득하고 그들의 시각이나 기능 방식에 대한 지지를 얻고 기능하는 바람직한 방식들에 대한 순응에 영향을 미친다. 그들은 자주 요구가 있는 자원들(돈, 인력 등)을 통제하고 다른 사람들을 벌주고 그들이 찬성하지 않는 행동들을 효과적으로 방해할 수 있다. 그들이 조직이나 지역사회의 모든 양상이나 체계 기능의 어떤 부분에서만 영향을 미칠 수 있다. 영향력을 미치는 사람들은 패턴 안에서 서로에게 관계되는데 이를 권력구조라고 부른다.

사회복지사는 여러 방식으로 영향력 있는 사람들과 일할 수 있다.

1. 프로젝트나 프로그램에 대한 승인은 프로젝트나 프로그램의 개발을 가능하게 하기 위해 영향력 있는 사람들로부터 얻어져야 한다.
2. 다른 사람들의 지지를 얻기 위해 영향력 있는 사람들이 행동을 개시하도록 하는 시도가 이루어져야 한다.
3. 영향력 있는 사람들이 무엇을 계획하는지 왜 그것들이 프로젝트 방해를 막는지에 대해 알아야 한다.

영향력 있는 사람들과 함께 일할 때 첫 단계는 이 사람들을 확인하는 것이다. 이는 체계를 잘 아는 사람들("체계 지식이 박식한")이 할 수 있다. 이런 사람들은 영향력 있는 사람들의 명성을 가지고 있거나 결정수행에서 포함되어야만 하는 사람들에 의해 행해질 수 있다. 영향력 있는 사람들이 항상 권위적인 지위를 가진 사람들과 같은 사람들은 아니다. 자주, 그들은 비공식적인 체계안의 장면 뒤에서 눈에 덜 띄고 기능을 덜 한다. 지역사회와 지역사회의 힘의 구조의 이해는 영향력 있는 사람들과 활동 시 필수적이다.

영향력 있는 사람들과 일할 때 사회복지사는 바람직한 변화와 왜 그것이 필요한지 명확히 할 필요가 있다. 그들은 확신 있고 논리적인 방식으로 사실을 표현할 수 있다. 영향력 있는 사람들에게 바람직한 변화가 어떻게 자기-이해에 있는지를 보이는 것은 자주 유용하다. 영향력 있는 사람들을 관여시키는 이 첫 단계는 그들에게 사회복지사가 지역사회 프로젝트를 수행하는데 동맹자가 될 수 있음을 알게 한다. 사회복지사는 영향력 있는 사람들과 일할 때 개방성과 융통성을 유지해야 한다.

기회포착의 예술은 영향력 있는 사람들과 함께 일하는데 유용하고 중요한 또 다른 기술이다. 이것은 시간의 민감한 지각과 영향력 있는 사람들이 관여될 준비가 되어 있는 때의 지각을 좋아하고 사회복지사의 도움과 전문성을 이용한다. 지역사회 행동에의 관여는 사회복지사에게 영향력 있는 사람들을 알고 그들에게 사회복지사들을 알게 하도록 하는 기회를 제공한다.

설득 기술은 영향력 있는 사람들과 함께 일할 때 중요하고 영향력 있는 사람들에게 변화를 위한 행동의 바람직성을 이해하도록 돕는데 자주 유용할 수 있다. 사회복지사는 어떻게 행동하는지를 배울 필요가 있고 조직과 지역 변화에 영향을 미치기 위해 영향력 있는 사람들의 지지를 이끌어낸다.

관계망

관계망은 또한 조정의 형태이다. **관계망**은 의사소통, 그리고 다양한 관심과 오리엔테이션들을 가진 사람들 사이에서 함께 일하는 방법의 개발과 유지이다. 관계망은 공식 체계 원조자와 자연주의 원조자가 함께 일하기 위한 수단으로서 약속을 가진다. 관계망의 기술은 공통적인 관심사를 기반으로 하는 관계망을 개발시키기 위한 잠재력을 가지는 사람들 사이에서 직접적 의사소통의 어떤 수단들을 개발시키는 것을 요구한다.

관계망을 개발시키는데 사용되는 한 가지 기술은 "공정성"이다. 특정 분야(여성들을 위한 서비스)에서 서비스를 전달하는 사람들은 홍보를 위해 방문을 받고, 공급되는 서비스를 비공식적으로 토의하기 위해 출현한 이미 알려진 사람들에게 제공한다.

공정성은 보통 지역사회가 서비스를 찾기 위한 기회로서 보여진다. 공정성에서의 비공식적인 열린 토의시 전문가와 다른 원조자들은 평범한 대중적인 관심사를 발견한다. 이러한 토의로부터 함께 일하는 것에 대한 결론이 만들어진다. 민감한 촉진자(가능하게 하는 자)는 관계망을 강하게 할 행동에 대한 심화된 계획을 격려할 수 있다.

다른 기술은 광범위한 지역 자원을 포함하기 위해 확장될 수 있는 지역사회 기관들의 월별 회합이다. 이러한 회합들을 위한 아젠다는 그들의 프로그램과 서비스를 보여주는 다양한 기관들로 구성될 수 있다. 현재의 지역사회 욕구들을 위해 시간이 있어야 한다. 장기간의 목적은 참여자들 사이에서 관계망이 형성되는 동안 개발되어야 하는 관계성이다.

기능과 의사소통의 다른 양상 때문에 공식적 체계들은 비공식적 체계들이 그들의 접근을 받아들일 것으로 기대해서는 안 된다. 관계망은 공식적 비공식적 체계가 함께 기능하도록 허용하는 혁신적인 패턴의 설립을 요구한다. 조정의 이러한 형식을 사용할 때 비공식성이 억압되서는 안 되고 도리어 존중되고 격려되어야 한다.

자연적인 원조자와 함께 조정할 때 그들에 대해 전문적인 기대치를 두지 않는 것이 중요하다. 전문가들은 이러한 개인들을 준전문가적인 능력에서 고려하고 관계에서 감독적인 입장을 취하는 경향이 있다. 이것은 두가지 이유에서 적당하지 않은데 먼저 자연주의 원조자들은 그러한 관계에서 품위가 떨어지는 느낌을 가지기 때문에 그것은 관계를 개발하는 어떤 기회도 파괴한다. 두 번째 그것은 자연주의 원조자의 구별되는 원조방법과 이에 따른 상황에의 공헌을 파괴할지도 모른다. 자문적인 입장을 이용하는 전문가들은 자연주의 원조자들과의 협력적인 관계를 좀 더 개발하기 쉽다.

효과적인 공헌에의 장벽은 다른 연루된 원조자들에 대한 존경과 신뢰의 부족, 원조자들 사이에서 적당한 정보 공유 부족, 클라이언트와 관련되어 무엇이 행해지는지에 대한 시각이나 가치들의 차이, 함께 나누고 일하는 능력의 부족, 협력적인 관계를 개발할 시간의 부족, 그리고 조정을 위한 기관인가와 지지의 부족 등이다. 생산적이고 만족할만한 조정은 상호적 이해, 공유된 목적. 협력적으로 일하는 장점이라는 느낌, 함께 일하는 능력, 그리고 협력적 관계를 개발하기 위해 필요한 인가가 현재 필요하다.

세가지 사회복지 기술이 사회복지사가 조정을 가능하게 하는데 유용하다. (1) 대중성을 감지하는 기술 (2) 참가자들 사이에서 의사소통을 가능하게 하는 기술 (3) 도움을 받는 사람들이 조정된 서비스의 장점을 알게 하도록 함으로써 흥분하고 동기를 가지도록 하는 기술. 이러한 기술들의 기반이 되는 것은 열린 그리고 이완된 의사소통을 위한 기회를 창조적으로 개발하는 능력이다.

조직체내와 조직체간의 관계에 대한 욕구, 장점, 조정에 관한 많은 사항들이 이야기되어 왔다. 그러한 관계를 개발하고 유지할 때의 기술과 기법과 관련된 것은 덜 규명되어 왔다. 다른 관계의 본성과 그것들을 격려하고 유지하기 위한 수단들에 대한 이해의 적용은 이러한 지식기반을 확장시킨다. 조정은 복잡한 서비스를 복잡한 상황에서 제공하는데 필요하다 조정은 도움을 받는 사람들 사이에서 기능적인 관계에 의존한다.

옹호

사정에서 체계 접근을 사용하는 사회복지사는 상황에 민감해야만 하는데 욕구를 달성하는데 방해가 사회 상황의 기능에 있기 때문이다. 자주 이러한 방해들은 한 사람 또는 가족뿐만 아니라 개인들의 집단에 영향을 미친다. 이러한 상황에서 사회제도를 변화시키는데 초점을 맞추는 전략은 고려될 필요가 있다.

옹호는 최초에서부터 사회복지사의 관심사가 되어왔다. 21세기 초 세틀먼트 하우스의 사회복지사는 그들이 함께 활동했던 사람들과 영향을 미쳤던 사회상황에 관심이 많았다. 정착이 이루어지지 않았던 1960년대, 옹호는 몇몇 사회복지사들의 중요한 초점이 되었다. 전문가의 원인-기능 논쟁은 사회제도를 변화시키는 것과 관련된 사회복지사의 관심사와 관련이 있다(이 이슈의 논의는 1장 참조).

옹호에 대한 문헌은 옹호(클라이언트의 서비스에 대한 옹호)와 옹호(사회문제의 희생자인 계층들의 서비스에 대한 옹호)를 모두 인지한다. George Brager는 옹호자를 사회문제의 희생자를 인식하고 사회상황의 수정을 추구하는 사람들이라고 규명해왔다. Robert Teare와 Harold McPheeters에 의하면 옹호자의 역할은 클라이언트가 그들이 특정한 욕구에서 거절될 수 있거나 확장된 서비스의 도움이 있어야 하는 상황에서 그들이 서비스를 얻을 수 있도록 돕는 것이다(Teare-McPheeters의 역할 분류를 위한 10장 참조).

개인의 계층을 위한 옹호에서 이용되는 많은 수단들이 있다. Robert MacRae는 다음과 같이 규명했다.

1. 생생한 사회복지 이슈에 관한 정책의 신중하게 언어화된 진술의 준비
2. 미결된 법제의 신중한 분석
3. 미결된 법률이 함축하고 있는, 중요한 법률에 대한 개인적 자문
4. 미결된 법제를 반대하거나 지지하기 위한 복지 분야의 외부에서 영향력을 미

치는 조직의 추구

5. 영향과 특권을 가지는 시민대표들로 구성된 특별 시민위원회 창조
6. 사회적 욕구의 연속적인 해석

J. Donald Cameron과 Esther Talavera는 "중요한 지역사회 계획과 집단 개발, 그리고 다른 지역사회 조직"에서의 참여를 강조했던 옹호 프로그램을 논의했다. 이러한 행동의 목적은 "스페인 말을 하는 사람들의 지역사회 욕구를 보이도록 유지하고 이러한 욕구들을 만족시키기 위한 자원들의 흐름에 영향을 미치는 것"이었다. 다양한 인종 집단과 함께 일하는 사회복지사에 대한 거의 모든 문헌은 이러한 집단들에게 제공되는 어떤 서비스의 중요한 요소로서 옹호를 요구한다.

Robert Sunley는 가족 옹호프로그램에서 유용한 것으로서 다음을 제시했다. (1) 학습과 조사 (2) 전문적 증언 (3) 다른 기관들과 함께 하는 사례회의 (4) 통합위원회 (5) 교육 방법 (6) 위치 획득 (7) 관료적 시정 (8) 프로젝트 증명 (9) 공무원과 법률가와의 직접적 접촉 (10) 연합 집단 (11) 클라이언트 집단 (12) 탄원 (진정)서 (13) 요구 주장, (14) 증명과 항의.

옹호에는 두 가지 중요한 접근이 있다. 첫 번째는 정치적 과정에 영향을 미치는 것이고 두 번째는 사람들이 영향을 받도록 조직하는 것-사회행동이다. 이러한 중요한 접근의 각각을 논의하기 전에 몇몇의 옹호사용에 속하는 이슈들을 고려할 것이다. 첫 번째는 기관 고용인의 지위, 특히 옹호 행동에서 공공기관의 고용인이다. 공공 고용정책에서의 제한은 공공 고용인이 이러한 옹호에 연루되는 것이 불가능하지 않더라도 그것을 어렵게 할 것이다. 이러한 사실은 사회복지사들에게 부가적 책임감을 주지만 옹호자가 되는 것을 제한하지는 않는다. 그러나 공공 고용인은 옹호하기 위한 어느 정도의 법적 수단을 찾을 수 있다. 이러한 것들은 법적 청취에서 증언하기 위해 매년 떠나는 것, 개인에 대한 정책의 영향에 대한 사실적 자료를 제공하는 것 그리고 클라이언트에게 그들이 권리를 위해 싸우도록 도울 수 있는 조직에 대한 정보를 클라이언트에게 제공하는 것을 포함한다.

옹호 행동은 역전을 초래할 수 있다. 클라이언트의 한 집단을 돕기 위한 정책과 절차들은 클라이언트의 다른 집단에게 부가적인 어려움을 초래할지도 모른다. 한 집단의 클라이언트를 위한 욕구가 있는 프로그램의 자금 모금된 돈은 또 다른 집단을 위

한 동등하게 가치 있는 프로그램으로부터 취해졌을 수도 있다. 옹호에 연루된 모든 사회복지사들은 신중하게 역전의 가능성이나 서비스 전달 체계의 다른 파트에서의 바람직한 변화의 노력을 사정할 필요가 있다. 그리고 나서 그들은 윤리적 숙고의 견지에서 개입 결정을 해야 한다.

또 다른 이슈들이 그러한 행동을 요구하지 않거나 원하지 않는 개인이 옹호에 연루되는 것의 윤리와 관련된다. 몇몇 클라이언트는 다시 차별 받는 것을 두려워하며 그들을 위한 옹호행동에서 얻는 것보다 잃는 것이 더 많다는 것을 느낀다.

옹호에 연루되기 전 사회복지사는 신중하게 사정하고 완전하게 그 상황을 이해해야 한다. 사회복지사는 어려움을 없애는데 다른 수단이 유용하지 않다는 것을 확신해야 한다. 관련된 위기는 완전하게 탐색되고 예상되는 성과를 위해 취해질 가치가 있다. 기대되는 성과는 실질적으로 결정되어야 한다. 프로젝트를 완수하기 위해 요구되는 자원은 유용성이 있어야 한다. 사용되는 사실은 증명되고, 적합하고, 요점이 있어야 한다. 가능하면 연구 기법이 사용되어야 하는데 그것은 변화를 위한 사례를 강화시킨다. 가까이 있는 모든 사실과 함께 사회복지사는 정책적 체계에 영향을 미치기 위해 또는 문제에 의해 영향 받는 사람을 조직하기 위해 활동할지의 여부를 결정할 수 있다.

지역사회 조직

지역사회 조직은 그 자체로 학문의 한 분야로서 이 책에서 다루는 영역을 벗어난다. 그러나 지역사회 조직은 여기서 짧게 언급될 것이고 그럼으로써 간접적인 거시적 실천분야에서 그것의 역할과 사회에 어떤 변화를 가져오도록 어떻게 사용되는지에 대해 인식할 수 있다. Roadman과 Tropman은 다음과 같이 사회적 이슈를 표현하고 변화를 촉진하는 것으로 사용되는 지역사회 조직 세가지 모델을 언급했다.

1. 지역발전 : 변화가 요구될 때 사회협동과 상호작용을 촉진하기 위해 사용되는 모델이다. 그리고 이 모델은 상세한 변화보다는 어떤 지역의 집중된 시민의 큰 모집단을 상대로 초점을 맞추는 과정모델로 주로 인식된다.

2. 사회계획 : 이 모델은 목적이 어떤 특별한 이슈와 관련하여 계획된 변화로 이

용되는 모델이다. 이 모델은 정보, 교육, 개인기관에 주로 이용되는 모델로서 일반대중보다는 전문가를 활용한다.

3. 사회행동 : 이 모델은 영향을 주는 사회문제에 관련한 행동을 직접적으로 일으키는 인구의 불리한 단편의 연합측면을 활용한다. 이 모델에 대해서 다음 장에서 좀 더 상세하게 논의한다.

많은 서비스 제공체제는 정치적 영역에서 벌어지는 조치에 의해 큰 영향을 받고 있다. 정치적 사회정책은 입법조치의 산물이다. 정책은 어떤 프로그램을 지지하고 정보기금을 어느 범위로 할 것인지 결정한다. 어떤 사회복지사들은 항상 이런 정치적 과정에 다양한 성공의 정도에 따라 영향을 주고 있다.

정치적 과정은 시대의 조류에 영향을 받고 있다. 자유 정치적 환경에서 사회복지사들은 더 많은 영향을 받고 보수적 환경 하에서는 영향을 적게 받는 경향이 있다.

최근 미국의 정치적 환경은 보수적으로 흘러가는 경향이 있다. 그럼에도 불구하고 사회복지사들이 위기에 있는 대중을 위한 적은 예산 때문에 그들의 주장을 높이고 있는 것에 비판적이다. 간접적인 서비스 위치에 있지 않은 다른 사회복지사들은 정치적으로 적극적인 행동을 해야 한다.

최고 지위에 있는 직접적인 서비스 제공 사회복지사들은 그들의 클라이언트에게 일어나는 사회적 정치적 변화의 영향을 완전히 이해하여야 한다.

사회복지전략은 정치적 과정에 영향을 주기 때문에 관련된 이해와 기법들을 가지고 있다. 지역, 주, 국가의 정치적 과정의 이해는 관련된 이슈의 이해에 있어 필수적이다. 개인적으로 정책결정자들과 그들이 다른 사람에게 어떻게 영향을 주는지를 아는 것은 중요하다.

주요 이슈화된 관심사가 사람들에게 어떻게 영향을 주는지에 관한 신뢰성 있는 자료는 중요하다. 이러한 자료는 사회적 문제가 클라이언트 집단에 어떻게 영향을 주는지 뿐만 아니라 대중의 다른 부분에도 어떻게 영향을 주는지를 포함하고 있어야 한다.

이러한 이해 속에 제안의 비용은 알아야 할 중요한 지식이다.

또한 평가는 어떠한 노출된 변화에도 대응하는 성격과 가능한 자원들로 구성되어야 한다.

이러한 정치적 과정에 대한 이해를 개발시키는 데 필요한 정보의 수집은 시간과 기법을 요구한다. 사회복지사들은 통계자료뿐만 아니라 정부발간물과 자료를 어떻게 이용하는지를 알고 있어야 한다.

이러한 자료들은 주와 연방의회, 도서관, 다양한 인터넷 시설에서 이용할 수 있다.

정치적 활동에 참여하는 것과 주요 정치 인사들과 함께 관계를 정립하는 것은 필요한 다른 정보들을 수집하는 수단일 수 있다.

사회복지사들은 정치적 과정에 관한 정보와 이해 그리고 관련된 특별한 이슈를 얻은 후에는 그러한 정치적 과정에 영향을 주는데 이용되어지는 적당한 방법을 결정해야 한다.

이러한 결정은 정치적 과정 안에 있는 이슈의 부문에 의해 결정될 것이다. 만약 결정이 토론단계에 있다면 가능한 입법을 위한 제안이 추구되는 선택일 수 있다.

정치적 과정에 영향을 주는데 이용되어지는 사회복지사들의 수단으로서 다음과 같은 것이 있다.

1. 정책결정자들에게 사실을 제공하고 이슈를 조사하는 것
2. 청문회에서 증언하는 것(언제든지 사용가능한 사실들)
3. 로비 또는 입안과정에서 입안투표에 일어나고 있는 영향을 주는 것
4. 현안 정책들의 지역적 영향과 관련하여 입안자들에게 정보를 제공하기 위해 서비스 제공자들과 함께 연합을 형성하는 것
5. 이슈와 관련된 주와 정부의 집단들과 함께 클라이언트에 영향을 주는 정책들과 관련한 가장(속임)된 일화(개인의 스토리)정보를 공유하는 것
6. 사회적 이슈와 사람들의 요구에 동정적인 후보의 선거활동에 종사하는 것
7. 정책결정자들에게 정보를 제공하기 위해 편지나 이메일을 보내는 것

정치적 과정에 영향을 주는 것은 복잡한 노력이다. 대부분의 사회복지사들이 큰 영향을 주는 관련된 지위에 있지 않음에도 불구하고 그들은 정치적 과정에 영향을 주는 유용한 방법들을 사용할 수 있어야 하고 사용해야만 한다.

사회복지사들은 그러한 과정과 이슈의 이해 아래 발전을 시켜야 할 의무가 있다. 그래서 사회복지사들은 책임질 수 있는 태도로 정치적 주장에 참여할 수 있어야 한다.

조직화된 사회행동은 애초부터 인간요구에 반응하는 사회복지 반응의 일부분이었다.

Jane Addams는 사회적 조건을 증명하면서 사회행동을 조직화했다.

이러한 방법론은 1960년대 사회적 불안기간 동안 널리 사용되었다. 그 시대 이후 이 방법론은 억압받는 사람들을 조직화하도록 지지하는 이론적 근거로 발전되어 왔다.

초점은 사회적 권력의 기반변화와 근본적인 제도적 변화에 근거를 두고 있다.

Saul Alinsky와 Richard Cloward, R.Elman에 의해 제공된 한 이론은 종종 일반대중적 방법론으로서 언급되었다.

그 방법론은 필요한 것은 무엇인지를 결정하는 것은 전문가가 아닌 그들 스스로를 희생자로서 자각하는 사람들이라는 것으로부터 시작된다.

이 방법론의 주요 논리는 사람들의 집단을 조직화함으로써 어떤 이익단체, 기관 그리고 정치적 단체에 압력을 행사할 수 있을 것이다 라는 것이다.

이 방법론의 신봉자들은 사회의 평등은 존재하는 이익단체들이 억압받는 사람들의 힘을 인식할 때에만 나온다는 것이다. 다른 말로 표현하면 사회적 힘의 근거는 새로운 사람들의 집단을 확장시키는 데 있다는 것이다. 이러한 방법론에 사용되어지는 수단들은 아래와 같다.

(1) 적대적 타켓에 대응하여 이슈와 행동을 구체화하는 것
(2) 부딪치는 것. 갈등이나 경쟁
(3) 합리적일 때까지 협상
(4) 매스미디어나 정치적 과정을 활용하는 것

사회복지사들의 첫 과업은 사람들을 조직화하고 그들을 활동에 참여시키는 것이다. 많은 방법들 중에 이러한 것은 자조적인 접근법이고 그것은 클라이언트의 임파워먼트와 직접 관련되어 있으며 또한 상호도움집단의 성장의 결과일 수 있다. 그리고 나서 사회복지사는 개인들로 하여금 행동으로 실천할 수 있도록 해야 한다.

사회복지사들은 사회제도가 모든 사람들의 욕구에 좀 더 반응적이 되도록 도울 의지가 있다면 옹호기술을 개발할 필요가 있다. 어떻게 개별사회복지사가 이러한 기

술을 사용하는지는 3가지 변수들에 의존한다.

1. 사회복지체계에서 사회복지사의 위치 : 어떤 기관들은 옹호에 대한 사회복지사의 관여에 제한을 둔다. 또한 협력적으로 결정수행자들과 일하는 사회복지사는 아마도 갈등전술을 사용하기를 원하지 않는다.

2. 행동에 관여하는 클라이언트의 바람 : 클라이언트가 옹호행동에 관여되는 위기에 놓이기를 원하지 않는다면 이러한 소망들은 존중되어야 한다.

3. 행동에 관여되는 위기 : 옹호행동이 클라이언트나 사회서비스체계에 반발이나 부정적인 영향을 초래할 잠재성이 있다면 옹호는 조심성 있게 그리고 오직 클라이언트나 서비스 체계가 가능한 부정적인 부분을 완전하게 이해할 때만 사용되어야 한다.

사회복지사는 전문가, 가능하게 하는 자, 교섭자, 또는 변화행동을 주도하는 사람들에 의해 요구되는 무엇이든지로서 도움을 준다.

사례

가족 서비스 사회복지사인 데이비드가 무주택 쉼터를 발달시키기 위해 지역사회범위의 노력을 수행한지 1년 후 그의 지역사회에서 주택이슈는 관심의 초점이 되었다. 많은 무주택 사람들이 고용되었거나 다양한 사회복지 프로그램으로부터 수입을 얻었지만 여유 있는 주택을 찾기가 불가능했다. 쉼터가 문을 연 1년 동안 데이비드와 그의 원초의 과업집단은 지역에서 저소득 주택의 부족과 관련된 정보를 수집했었다. 많은 존재하는 저소득 주택 단위들은 다른 목적들로 인해 상실되었고 상업적이거나 다른 주택개발을 위해 붕괴되었다.

그 이슈는 많은 저소득 사람들이 주거하는 아파트를 보유하는 땅에 주차램프가 설치되도록 할 지역변화를 위해 시 위원회가 요청되었을 때 최대이슈가 되었다. 데이비드는 무주택에 관심을 보이는 시 의원회의 의원, 전의 주 법률가, 주 사회서비스 기관, 아파트에 거주하는 저소득 레지던트, 그리고 원래의 과업집단에서 온 여러 명의 다른 관련된 시민들을 포함하여 소집단을 조직하고 만났다.

이러한 집단은 빨리 움직이는 것이 필요했는데 지역변화제안서가 시 의원회가 있는 약 2주 전에 와야 하기 때문이다. 집단은 데이비드가 도시에서 저소득 사람들을 위한 여유 있는 주택에 대해 수집했던 정보를 사정했다. 그들은 신문에 특집 기사를 싣기를 요청했고 이것은 어느 정도의 시민들의 관심을 불러일으켰다. 시의원회 구성원의 도움으로 그들은 지역 제안서를 계획하는데 관여했고 저소득 사람들의 주택상실의 영향에 대해 논의했던 시의원회 의원들과 시 직원을 만날 수 있었다. 그들은 지역변화와 관련된 공청회에서 공적인 증언을 계획했고 수행했다. 그들은 문제가 고려되었던 의원회 회의에서 아파트 거주민과 함께 출현했다.

성과는 시 의원회가 지역 변화를 상정했고 의원회 구성원들로 구성된 위원회를 임명했고 진전된 상황에 대한 학습에 시민을 관여시켰다. 데이비드와 그의 위원회는 이 위원회의 활동에 대한 모니터를 지속했고 필요한 정보를 수집하고 그들에게 제공했으며 욕구로 공증했다.

요약

거시체계와 관련된 일반주의 사회복지사는 체계를 위해 조직과 지역을 변화시키는 것을 포함한다. 자주 이것은 욕구가 있는 자원을 클라이언트에게 가능하게 하는 것을 포함한다. 사정은 욕구 사정으로 시작한다.

프로그램 계획과 개발은 새로운 자원을 개발하는 계획 과정을 포함한다. 프로그램 계획은 기관 내에서 발생할 수 있고 또는 지역사회 집단에 의해 사용된다. 자조 집단과 자원봉사 프로그램은 클라이언트에게 유용한 자원들을 확장시키는 2가지 수단들이다.

조직을 내부로부터 변화시키는 것은 기관 기능이 클라이언트의 욕구 충족에 대한 장벽의 원인일 때 선택전략이 될 수 있다. 이러한 전략을 사용하는 것은 사회복지사가 먼저 기관의 사회체계를 평가한다. 결정과 변화에 대한 저항을 강조해야 한다. 이러한 전략은 사회서비스의 인간적인 전달을 위해 일하는 사회복지사의 윤리적 책임감 때문에 중요하다.

옹호는 사회제도를 변화시키는 것과 관련된다. 두가지 중요한 접근이 사용된다; 정책적 과정에 영향을 미치는 것과 희생자들을 조직하는 것.

일반주의 사회복지실천가는 개인, 가족. 소집단, 조직, 그리고 지역사회에 서비스를 제공한다. 체계들 사이의 상호교류, 즉 사회 기능에 초점이 주어진다. 이러한 사회복지 접근은 클라이언트에게 초점을 두지 않는 사람들을 포함하여 아주 다양한 전략들을 요구한다. 이러한 전략들은 클라이언트를 위하여 다른 체계와의 행동을 포함하고 사회기능에 영향을 미치는 클라이언트의 환경에 초점을 둔다. 윤리적으로 사회복지사는 클라이언트와 일할 뿐 아니라 클라이언트에게 영향을 미치는 체계와 일하는 것이다.

학습질문

1. 당신 지역사회의 욕구를 확인하라. 당신이 욕구사정을 실행하는 것에 대해 어떻게 할지 논의하라.
2. 당신이 질문1에서 규명한 욕구를 충족시키기 위한 프로그램을 계획하고 개발하는 것을 어떻게 진행할 것인가?
3. 당신이 질문 1에서 규명한 욕구를 충족시키기 위해 조직된 과업집단에서 사회복지사로서 수행할 역할을 기술하라. 당신의 과업집단의 구성원으로서 원하는 사람은 누구인가? 왜 당신은 이 사람들을 선택하는가?
4. 클라이언트의 욕구를 충족시키려 하지 않는 기관에서 일하는 경우 윤리적 고려사항은 무엇인가? (그것이 책임성을 가지는 욕구) 당신이 기관에서 충족시켜야 할 변화를 발생시킬 때 얼마나 많은 위기를 가지게 될 것인가? 그것이 당신에게 내부로부터의 변화 전략을 사용하는 것이 적절하다고 생각하는 시점은 어느 시점인가?
5. 언제 옹호에 관여하는가, 반응이 불법이거나 클라이언트가 바라는 것인가? 어떻게 이 두 가지 시각이 조화될 수 있을 것인가?

글로서리

가계도(genogram) : 세대간 관계와 가족특성을 보여주는 회화적 사정 기제

간접적 실천(indirect practice) : 클라이언트를 돕기 위해 클라이언트보다 그 외 다른 사람들과 수행하는 활동

강점접근(strengths approach) : 클라이언트 체계의 강점과 능력, 클라이언트의 자연적 환경내에 있는 자원을 강조하는 사회복지실천접근

개입(intervention) : 변화로 이끌기 위해 인간체계나 과정과 관계를 갖는 사회복지사에 의해 수행되는 구체적인 활동

과업집단(task group) : 공통의 목적을 달성하기 위해 함께 일하면서 특정 문제에 관심있는 사람들이 모인 비교적 공식적이고 구조화된 시간제한적 집단

관심단위(unit of attention) : 변화활동에서 초점을 맞추는 체계로서 초점체계라고도 한다.

교류(transaction) : 생태체계내 사람과 체계간의 물질, 에너지, 정보의 교환

기능적 접근(functional approach) : 클라이언트의 비정상이나 질병보다는 원조상황에서 사회복지사의 역할과 과업을 강조하는 사회복지실천의 역사적인 모델

다양성을 포용하는 능력(diversity competence) : 사회에서 수용할만한 방법으로 특정한 문화적 배경을 가진 클라이언트에게 서비스를 제공하는 능력

다인원조체계(multiperson helping system) : 사회복지사가 소집단 클라이언트나 몇 명의 사회복지사가 팀을 이뤄 한 클라이언트와 일하는 상황

단일사례설계(single-subject design) : 조사대상의 수가 하나일 때 사용하는 연구방법. 기초선 자료와 목적을 향한 진행과정의 자료를 비교한다.

단일체계설계(single-system design) : 단일체계, 즉 개인, 가족, 집단, 프로그램, 조직, 지역사회를 시간 흐름에 따라 측정한다.

목적달성척도(goal-attainment scaling) : 목적을 구체화할 뿐 아니라 결과를 5가지 수준(기대한, 더 바람직한, 아주 바람직한, 덜 바람직한, 아주 바람직하지 않은)으로 구체화하는 평가 테크닉

문제(problem) : 어떤 개인이나 체계의 욕구충족에 장애가 있고, 개인이 욕구충족의 장애물을 스스로 제거하지 못하는 사회기능의 상태

문제해결과정(problem-solving) : 합리적인 방법으로 사회복지사가 문제를 해결하는데 사용하는 도구. 클라이언트와의 상호작용을 통해 진행된다. 문제규명, 문제에 대한 임시 가정, 정보의 선택과 수집, 정보분석, 계획개발, 계획의 적용과 평가의 단계로 구성된다.

문화적 유능성(Cultural Competence) : 해당 문화의 규범과 관습에 일치하는 방법으로 특정한 문화를 가진 집단에 속한 클라이언트에게 서비스를 제공하는 능력

사정(Assessment) : 상황속의 인간을 이해하기 위해 개입의 기초로 사용되는 사회복지실천의 계속적 과정

사회기능(social functioning) : 환경의 요구에 사람들이 대처하는 것

사회력(social history) : 개인이나 가족의 사정형태로서 클라이언트와 함께 일하면서 이해하는데 필요한 과거와 현재의 정보를 포함한다.

사회복지실천과정(social work process) : 클라이언트가 도움없이 해결할 수 없는 사회기능상의 문제를 해결하는 과정. 조사, 사정, 계획, 행동, 종결로 개념화된다.

사회체계(social system) : 상호연관되고 상호의존적인 부분(사람들과 하위체계)들로 구성된 체계

사회행동(social action) : 사람들(주로 억압받는 사람들)을 조직하여 권력분배의 변화를 가져오기 위해 사회제도에 압력을 가하는 변화전략

생애과정(life process) : 생애주기를 통해 발달하고 기능하는 개인과 사회체계의 생물학적, 사회적, 심리적, 영적 진행과정

생태체계 강점 접근(ecosystems strengths approach) : 성장과 변화를 촉진하는 과

정을 형성하는 문제해결접근과 생태학적, 강점 접근의 혼합

생태체계 관점(ecosystems perspective) : 환경 속의 인간 접근에서 모든 체계 사이에 시간을 따라 물질, 에너지, 정보의 교환을 탐색하는 접근

생태체계(ecosystem) : 사람 및 사람과 환경사이의 교류와 환경내 상호작용하는 체계의 전부를 포함하는 체계들의 체계

생태학적 관점(ecological perspective) : 클라이언트를 둘러싸고 있는 환경에 초점을 두고 실천에 대해 생각하는 방법

소거(extinction) : 바람직하지 않는 행동을 제거하는 방법으로 그것을 무시하는 테크닉

여성주의 관점(feminist perspective) : 차별이 있는 파워의 재분배와 관련된 접근 ; 여성과 소수집단과 활동할 때 유용.

역량강화(empowerment) : 사람들이 그들의 삶의 상황을 개선하는 행동을 할 수 있도록 개인적, 대인간, 정치적 파워를 증가시키는 과정

영향력(influence) : 개인적 혹은 조직의 역량 행사를 통해 다른 사람, 집단, 조직에 영향을 주려는 일반적인 활동

의료모델(medical model) : 의료현장에서 활용되며 조사, 진단, 치료의 과정이 특징

이중관점(Dual perspective) : 가족 및 지역사회체계와 보다 큰 사회체계의 가치, 태도, 행동을 동시에 이해하고 인식하며 비교하는 의식적 과정

인간 다양성 접근(human diversity approach) : 사람이 인간기능에 영향을 주는 문화, 인종, 성, 불가능한 조건을 고려하는 상황에 처해 있다고 보는 방법. 인간행동을 사람이 기능하는 사회적 상황과 높이 관련시켜 보는 것.

인터페이스(interface) : 두 체계 간 교류가 발생하는 접촉지점

일반주의 사회복지실천(generalist practice) : 클라이언트와 사회복지사가 함께 복잡성 속에 있는 욕구를 사정하고 그 욕구에 반응할 수 있는 계획을 발전시키는 실천. 전략은 개인, 가족, 집단, 기관, 지역사회와 함께 실천하기에 적절한 반응의 레파토리로부터 선택하게 된다. 주의를 기울이게 되는 단위는 변화될 필요가 있는 체계를 고려함으로써 선택할 수 있다. 계획은 수행되고 평가된다.

자연원조체계(natural helping) : 클라이언트의 친구, 가족, 함께 일하는 사람. 필요할 때 찾아갈 수 있는 비공식적 환경

중재전략(mediation strategy) : 환경 속에서 클라이언트와 체계가 서로 연결되어 공통의 관심사를 발견하고 바람직한 변화를 가져오는데 필요한 일을 하는 전략

지각된 욕구(felt need) : 클라이언트가 규명한 욕구

책무성(Accountability) : 사회서비스전달체계의 효율성 및 효과성 요인 평가

촉진(facilitation) : 다른사람을 효과적으로 기능할 수 있게 하는 것.

통제소(locus of control) : 행동 혹은 변화에 대한 욕구나 동기의 원천. 주요 관심은 개인 내에 존재하거나 환경 내에 존재

해결중심개입(solution-based interventions) : 신속하게 성공적인 해결책을 찾고 변화를 위하여 클라이언트를 임파워하는데 초점을 맞춘 접근

행동계획(plan of action) : 사회복지노력에서 계획된 변화를 수행하기 위한 방법. 이것은 목적, 목표, 관심단위, 전략으로 구조화된다.

혼합가족(Blended Family) : 현 가족관계에 속한 자녀뿐 아니라 예전의 혼인관계에 속한 자녀 및 부모가 함께 살고 있는 가족

환경속의 인간(person in environment) : 사회복지 실천의 초점. 사회복지사의 초점은 개인이나 환경이 아니라 개인과 사회적 상황에 영향을 미치는 양자의 상호작용

찾아보기

★ 용어 인덱스 ★

ㄱ

ㄷ

ㄹ

ㅁ

ㅂ

ㅅ

ㅇ

ㅈ

ㅊ

ㅋ

ㅌ

★ 인명 인덱스 ★

역자소개

▲ 한 인 영

- 학력 : 케이스 웨스턴 리저브 대학 사회복지학 박사
- 경력 : 의료사회복지사, 정신보건사회복지사로 10여 년간 실무경력
- 대표저서 : 학교와 사회복지실천, 의료사회복지실천론
- 현재 : 이화여자대학교 사회복지전문대학원 교수

▲ 장 수 미

- 학력 : 이화여자대학교 대학원 사회복지학과 박사
- 경력 : 서울적십자병원, 연희정신건강클리닉 의료사회복지사
- 대표저서 : 성인당뇨병, 의료사회복지실천론
- 현재 : 이화여자대학교 사회복지전문대학원 전임강사

▲ 최 정 숙

- 학력 : 이화여자대학교 대학원 사회복지학과 박사
- 경력 : 이화여자대학교 종합사회복지관 가족복지팀 상담실장
- 대표저서 : 가족복지실천론(역) 위기개입론(역)
- 현재 : 단국대학교 행정법무대학원 사회복지학과 전임강사

▲ 박 형 원

- 학력 : 이화여자대학교 대학원 사회복지학과 박사
- 경력 : 이화여자대학교 종합사회복지관 부장
- 대표저서 : 가족폭력(역), 위기개입론(역)
- 현재 : 서울사이버대학교 사회복지학과 전임강사

사회복지실천론 -일반주의 관점-

초판인쇄일	2006년 6월 20일
초판발행일	2006년 6월 30일
저　　자	Louise C. Johnson Stephen J. Yanca
역　　자	한인영 · 장수미 · 최정숙 · 박형원
펴 낸 이	오 무 근
펴 낸 곳	도서출판 하나의학사
출판등록	1988년 4월 1일 제 2-541호
주　　소	서울시 종로구 홍파동 13-4
전　　화	02) 730-2555, 2556
팩　　스	02) 730-2557

정가 28,000원

ISBN 89-92141-05-X-93330